Freudenstadt

1599–1999

Planstadt
Kurstadt

Freudenstadt

Chronik einer Tourismusstadt

Herausgeber:
Stadtarchiv Freudenstadt

mit Beiträgen von:
Renate Karoline Adler
Klaus M. Heckmanns
Maria Heidebrecht
Gerhard Hertel
Jörg Johannsen-Reichert
Dagmar Kraus
Susanne Quarthal
Bernhard Sandherr
Karl Sängle
H. Jürgen Schnurr
Ute Ströbele
Gerhard Wein

G. Braun

Mit freundlicher Unterstützung der Firma Schlott AG, Freudenstadt.

Umschlagbild:
Die wiederaufgebaute Stadt: Freudenstadt zu Beginn der 1960er Jahre.

Karl-Friedrich-Straße 14–18, 76133 Karlsruhe
Stadtarchiv Freudenstadt
Redaktion: Stadtarchiv Freudenstadt

Die Deutsche Bibliothek – CIP-Einheitsaufnahme

Planstadt Kurstadt Freudenstadt : Chronik einer Tourismusstadt ; [1599–1999] / Hrsg.: Stadtarchiv Freudenstadt. Mit Beitr. von Renate Karoline Adler ... – Karlsruhe : Braun, 1999
Nebent.: Freudenstadt
ISBN 3-7650-8219-8

Vorwort

Die Stadt Freudenstadt wird 1999 400 Jahre alt und feiert das Jubiläum der Stadtgründung mit einem vielfältigen Ganzjahres-Freudenfest. Zum erstenmal ist es gelungen, die Stadtgeschichte von der Gründung 1599 bis zur Gegenwart in umfassender Weise als gedrucktes Werk vorzulegen. Zugegeben einige insbesondere nach der Kreis- und Gebietsreform 1975 eingemeindeten Teilorte können auf eine teilweise viel ältere Geschichte zurückblicken. Auf diese wurde jeweils aus gegebenem Anlaß in eigenen Werken eingegangen.

Mit dieser Chronik versuchen die Autoren historische Informationen über die Entwicklung des Raumes, der Stadt und der Menschen, die darin gelebt und gearbeitet haben, aufzuzeigen. Dieser Datenspeicher lädt ein zur Erkundung bedeutender, wie alltäglicher geschichtlicher Ereignisse, er gibt Erläuterungen und mit den Plänen und Bildern die Möglichkeit des optischen Zugangs zur Vergangenheit. Er ist aber auch ein Nachschlagwerk, das rasch Auskunft über viele Fragen zur Stadtgeschichte bereithält.

Auch der Kenner Freudenstadts wird beim Blättern in der Chronik zahlreiche ihm unbekannte Daten und Ereignisse entdecken. Ihm wird manches wieder in Erinnerung gerufen oder er stößt auf Bekanntes. Viele Daten gerade zu unserem Jahrhundert verdeutlichen, daß dessen Geschichte mit den beiden Weltkriegen und ihren Folgeerscheinungen von so tiefen Einschnitten geprägt ist, wie vielleicht keines der drei vorausgegangenen.

Die für die Geschicke der Stadt verantwortlichen Männer und Frauen jeder Generation standen somit vor neuen Herausforderungen. Das gilt auch heute wieder, denn die Stadt befindet sich in einem beachtlichen Wandel.

Ein Gesamtwerk über die historische Entwicklung Freudenstadts gibt es bis heute nicht. Die historische Selbstdarstellung ist eine wichtige Aufgabe der Städte und Gemeinden für ihr Selbstverständnis. Eine Stadt, die nach außen wie nach innen eine eigene, unverwechselbare Prägung zeigen möchte, muß sich ihrer historischen Substanz versichern. Nur vor diesem Hintergrund kann Imagepflege und Imagewerbung ihre volle Wirksamkeit entfalten. Geschichtslosigkeit führt zwangsläufig zu Gesichtslosigkeit. Unser allzeit geschätzter Träger der Bürgermedaille und profunder Kenner unserer eigenen Geschichte, Gerhard Hertel, hat dieses vor einiger Zeit einmal zum Ausdruck gebracht.

Das 400-jährige Bestehen Freudenstadts bietet uns allen, unseren Gästen und Freunden der Stadt eine willkommene Gelegenheit, sich mit unserer Geschichte auseinanderzusetzen. Der ganzjährig geplante Festreigen mit dem geistigen Rahmen „Renaissance- und Lebens*Freuden*" bietet viele Gelegenheiten für ein besseres Miteinander in unserer Stadt und an der Schwelle zum neuen Jahrtausend den richtigen Ansatz für ein weiteres erfolgreiches Jahrhundert.

Ich danke allen Autoren, den beiden Archivarinnen Dr. Renate Karoline Adler und Maria Heidebrecht vom Stadtarchiv sowie Archivar Klaus M. Heckmanns für ihren Beitrag zum Gelingen dieses Buches. Besonderer Dank gilt auch der Firma Schlott AG für ihre großzügige Unterstützung.

Freudenstadt, im Januar 1999

Reichert

Erwin Reichert
Oberbürgermeister

Unter den Arkaden ...

An unsere Leser,

welch schöne und selten wiederkehrende Gelegenheit, eine Jahrhundertchronik zu schreiben!
Nur wenige Male wurde versucht, die Freudenstädter Geschichte insgesamt darzustellen. Zum erstenmal tat dies Unterlehrer Georg Heid aus Freudenstadt im Jahre 1852. Damals gab es die Stadt erst seit zweieinhalb Jahrhunderten. Und nun wird zum 400jährigen Jubiläum die Stadtgeschichte auf 400 Seiten vorgestellt.
Es ist keine Chronik im eigentlichen Sinne. Bekanntes konnte neu gewichtet werden, Neues wurde entdeckt und das wichtige Ereignis der Stadtgründung bewußt von verschiedenen Standpunkten aus beleuchtet. In dieser Ausführlichkeit und Vollständigkeit wurde die Geschichte Freudenstadts noch nie behandelt. Trotzdem werden vereinzelt Leser vielleicht das eine oder andere vermissen oder ein Ereignis als zu kurz behandelt empfinden.
Andererseits wurden ganz neue Wege in der Freudenstädter Stadtgeschichtsforschung betreten, ungewohnte Fragestellungen aufgeworfen, seither noch nie eingesehene Akten in den Archiven ausgewertet.
Zahlreiche Autoren beteiligten sich mit ihren Beiträgen an diesem Buch. Ihnen allen möchten wir unseren ganz herzlichen Dank für all die Mühe aussprechen und dafür, daß sie ihr Fachwissen zur Verfügung gestellt haben.
Auch in der Gestaltung des Buches versuchten wir dem Leser und seinem Leseverhalten entgegenzukommen. Schmälere Textspalten, Marginalien, viele Bilder und herausgestellte Bildtexte lockern auf. Wir danken dem G. Braun Buchverlag in Karlsruhe, besonders Herrn Dreikluft, für die gute Zusammenarbeit.
Für redaktionelle Mitarbeit möchten wir Herrn Klaus Heckmanns, Herrn Gerhard Hertel, Frau Ute Ströbele und Herrn Helmut Hofmeister unseren herzlichen Dank aussprechen. Um Korrekturen haben sich Herr Michael Leimbach und seine Kollegen vom Kepler- Gymnasium verdient gemacht. Auch ihnen sei vielmals gedankt.
Doch ein Buch muß nicht nur geschrieben, es muß auch gedruckt werden. Der Firma Schlott AG gilt unser herzlicher Dank. Nicht zuletzt möchten wir dem Gemeinderat der Stadt Freudenstadt sowie der Stadtverwaltung für die großzügige Unterstützung dieses Projekts vielmals danken.
Wir hoffen, daß alle am Werdegang Freudenstadts Interessierte gerne in diesem Jubiläumsband lesen werden und daß es uns gelungen ist, die Vielschichtigkeit der Geschichte am Beispiel Freudenstadts zu vermitteln. Auch soll mit diesem Buch eine Grundlage für die weitere Stadtgeschichtsforschung gelegt sein.

Freudenstadt, im Januar 1999

Renate Karoline Adler,
Maria Heidebrecht,
Stadtarchiv Freudenstadt

Inhaltsverzeichnis

Das Bärenschlößle im Christophstal.

Die Residenzstadt Herzog Friedrichs

Gerhard Hertel

Wie kam es zur Gründung Freudenstadts?

Die Gründung der Stadt Freudenstadt im „förchtig wilden" Schwarzwald gab von jeher Rätsel auf. So waren auch die „Lösungen" außerordentlich gequält. Lange Zeit hat einer vom anderen abgeschrieben, der Bergbau im Christophstal sei der Beweggrund für den Stadtgründer Herzog Friedrich I. von Württemberg gewesen, eine neue Stadt zu bauen.
Noch auf den Bildern vom Festzug der 300-Jahrfeier 1899 sehen wir Scharen von flüchtenden „Salzburger Protestanten", die in Bergmannstracht der neuen Stadt zuströmen, obwohl doch längst feststeht, daß die Bergleute nur einen kleinen Teil der Glaubensflüchtlinge ausmachten. Etwa 100 Bergleute konnten in den Gruben des Christophstals Arbeit finden. Soll für sie die neue Stadt, die der herzogliche Gründer für 3500 Einwohner durch Heinrich Schickhardt planen ließ, angelegt worden sein? (Zum Vergleich: Berlin hatte damals 6000 Einwohner.) Soll diese Großstadt für die Bergleute geschaffen worden sein, eine Stadt mit einem mächtigen Residenzschloß, größer als das Stuttgarter Herzogsschloß, mit Arkaden, die dem Schloß zugeordnet waren und in denen nach dem Willen des Herzogs fürstliche Hofgesellschaften flanieren sollten, mit einer einmaligen und einzigartigen Prachtkirche, die die großen europäischen Verbindungen Herzog Friedrichs in ihrer Wappendecke zeigte? Gewiß hat der Herzog diese Stadt auch für „Reklamezwecke" benutzt, um Bergleute anzulocken. Aber baut man eine solche Stadt für Reklamezwecke?
Der erste ernstzunehmende Historiker, der über Freudenstadt arbeitete, war Professor Eimer, welcher das schon in seiner 1937 erschienenen „Geschichte Freudenstadts" bezweifelt.
Er meinte, daß die Stadt für die Glaubensflüchtlinge, die aus Steiermark, Kärnten und Krain von den Habsburgern vertrieben wurden, gebaut worden sei. Aber wenn wir dieser These nachgehen, dann müssen wir feststellen, daß dem Dreizeilenplan Schickhardts, nach dem am 22.3.1599 die ersten Häuser der Stadt im Beisein des herzoglichen Gründers abgesteckt wurden, mindestens zwei Pläne vorausgingen, die zwar von Herzog Friedrich verworfen wurden, die aber ebenfalls Schloß und großartige Anlage in Anlehnung an Dürers Idealstadt aufwiesen. Diese Pläne müssen in den Jahren 1597 bis 1598 gefertigt worden sein, denn auch ein Schickhardt konnte solche Zeichnungen nicht einfach aus dem Ärmel schütteln. Schickhardt selbst gibt in seinem Verzeichnis der von ihm erbauten Städte an, daß er zuvor, „als da noch ein Wald gewesen, den Boden ziemlich tief habe untersuchen lassen." Da am 22. März in Freudenstadt noch Schnee liegt, kann das nur im Vorjahr oder noch früher gewesen sein.
Zu dieser Zeit aber war von der Ausweisung der Protestanten aus den Habsburger Landen noch nichts bekannt. Erzherzog Ferdinand von Steiermark hat sein Edikt der Vertreibung erst im Herbst 1598 erlassen, als die Planung Freudenstadts längst im Gange war. Und erst ab 1601, als auch in Kärnten die unmenschliche Vertreibungspolitik einsetzte, kamen Menschen vor allem aus Kärnten und Krain in diese Stadt, die der Herzog zu diesem Zeitpunkt Freudenstadt nannte.
Daß die Stadt dann schließlich für Herzog Friedrich keine Sperrfestung nach Westen sein konnte, wollte man in einer Zeit, als Frankreich „Erbfeind" war, nicht wahrhaben. Selbst als Friedrichs Enkel 70 Jahre später doch eine Festung aus Freudenstadt entwickelte, da geschah das immer noch in der Erinnerung an die schrecklichen Verheerungen, die Württemberg im 30jährigen Krieg von den Kaiserlichen – nicht den Franzosen, mit denen war Württemberg verbündet – zu erdulden hatte. Das geht auch klar aus dem Steuerfreipatent Herzog Eberhards III. von 1667 hervor. Der Feind stand im Osten, nicht im Westen.

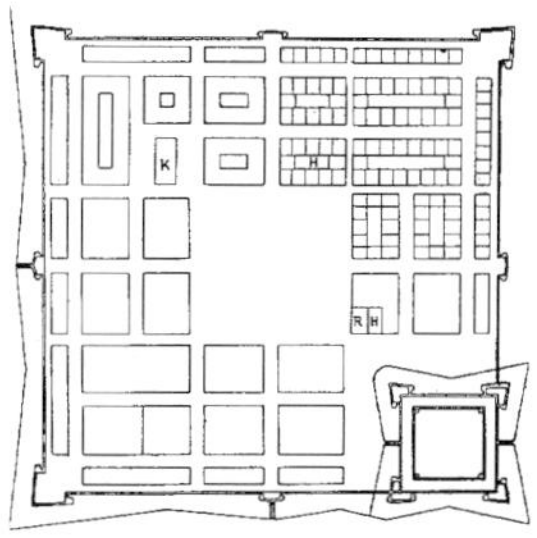

Erster Entwurf Schickhardts

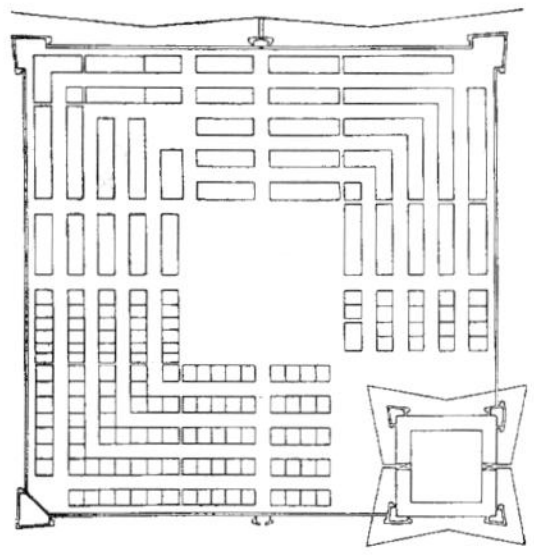

Zwischenlösung Schickhardts

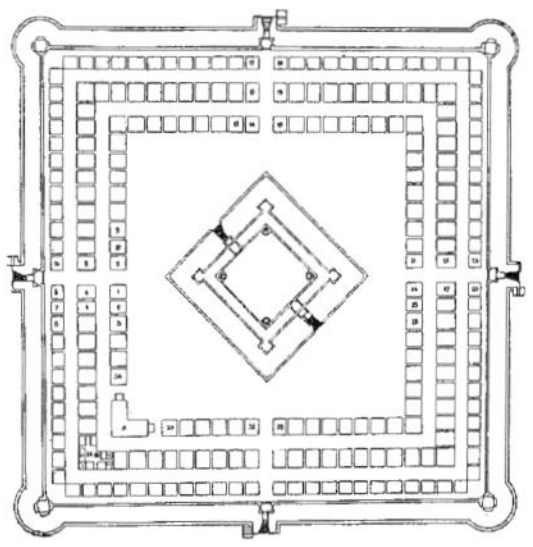

Der Bauplan (3-Zeilenplan – oder Leinwandplan) nach dem am 22.3.1599 die ersten Häuser der Stadt ausgesteckt wurden. Auf ihm sind auch die Namen der ersten Ansiedler festgehalten. Exulanten und Bergleute sind nicht darunter.

Friedrich I. von Württemberg aber war mit Frankreich eng verbunden, König Heinrich IV. nannte Friedrich seinen „ancien ami et allié de ma couronne" (den alten Freund und Verbündeten seiner Krone), und für seine vielfältigen Hilfen wurde Württemberg sogar das Herzogtum Alençon in der Normandie abgetreten. So war Herzog Friedrich der Verbündete Frankreichs und Englands in jenem großen europäischen Glaubensstreit, in dem König Heinrich danach strebte, in einem „großen Plan" Europa zu einer christlichen Republik der protestantischen und katholischen Staaten friedlich zu vereinigen. Das war ein Machtkampf der Ideologien, der beiden Prinzipien, wie Ranke das nannte, und dieses große europäische Spiel, das natürlich nicht in das deutschnationale Geschichtsbild paßte, hat man viele Jahre hindurch nicht zur Kenntnis genommen. Es war ein weltweiter Machtkampf mit dem Haus Habsburg, in dessen Reich die Sonne nicht unterging und das für seine Universalpolitik auf den Katholizismus als Herrschaftsinstrument nicht verzichten zu können glaubte. So ging es damals schon um die Freiheit, um Glaubensfreiheit, die der Franzosenkönig 1598 in seinem Edikt von Nantes seinen Hugenotten gewährte, aber auch um die Freiheit, sich satt zu essen, wie das Heinrich Mann einmal aus der Feder floß. Eigenartigerweise vergessen wir heute, wenn wir von Menschenwürde sprechen, daß dazu auch und in der Dritten Welt in erster Linie die Beseitigung des Hungers gehört.

Aus der Bergfreiheit vom 1.6.1597 – gedruckt 1599 – Herzog Friedrich I. mit der Kette des französischen Michaelsordens.

So bleibt festzuhalten: Württemberg stand auf der Seite der Freiheit. In der Zeit des großen Glaubensstreits entstand Freudenstadt im Zentrum Württembergs als Residenzstadt eines Staates, der nicht nur geographisch zwischen Deutschland und Frankreich stand.

1597 – ein entscheidendes Jahr für Freudenstadt

Die neue Stadt, die Herzog Friedrich am 22.3.1599 durch seinen Baumeister Schickhardt mitten in förchtigen Wald abstecken ließ, hatte zunächst keinen Namen. In den Rechnungsbüchern des „Kirchenkastens" aus dem der Herzog die Gelder für sein Bauvorhaben entnahm, heißt es 1600 und 1601: die neue Stadt ob St. Christophstal. 1601 ist diese Bezeichnung plötzlich durchgestrichen und durch den Namen „Frödenstadt" ersetzt. In der Zwischenzeit hatte Herzog Friedrich am 1. Mai 1601 durch ein Dekret, das er seinem Forstmeister in Dornstetten zukommen ließ, der Stadt ihren Namen gegeben. Das Christophstal selbst war zur Zeit der Gründung Freudenstadts ein Weiler, in dem schon lange Bergbau betrieben wurde. Schon 1267 wird bei der Abtrennung der Kirche des Kniebis ein Silberzehnter erwähnt, der zwischen der Mutterkirche in

Dornstetten und der Kniebiskirche geteilt werden solle. Das Christophstal gehörte unter den Stab Dornstettens. Da auch der Schwabenweg, die alte europäische Straße, die von der Champagne bis zum Balkan Verbindungsweg war, durch das Christophstal lief, war dieses Gebiet für Herzog Friedrich von besonderer Bedeutung. Zunächst ging es also tatsächlich um Bergbau.
Am 1. Juni 1597 erließ Herzog Friedrich von Württemberg eine Bergfreiheit, mit der den Bergleuten im Christophstal erlaubt wurde „in diesem unserem Tal Häuser, Stadel und Wohnungen zu bauen." Dazu gehörte, daß im Christophstal alle Samstag ein Wochenmarkt und im Jahr ein oder mehrere Jahrmärkte „gnädiglich vergunnt" wurden. Auch sei eine bürgerliche Obrigkeit gestattet. Wer im Christophstal ein Wohnhaus baue, solle Macht haben, zu backen, zu metzgen, Wein zu schenken, Kaufmannschaft, Krämerei und allerlei andere Gewerbe zu betreiben. Friedrich verwies in seiner Bergfreiheit darauf, daß vor etlichen Jahren schon ein Verweshaus (des Amtsverwesers) und eine Schmelzhütte, auch etliche Gebäude und Häuser erbaut worden seien. Nun, alle Überlegungen wurden unter Herzog Friedrich I. abgeschlossen; mit seiner Bergfreiheit von 1597 hatte er Nägel mit Köpfen gemacht.

Die Siedlung im Tal

Nicht unbeteiligt daran war der Bergrichter Melchior Höher, an den uns seine Grabplatte an der Dornstettener Kirche erinnert. 1599 war Höher gestorben. Aber wie kam er – ein Basler Bürger – ins Christophstal? Herzog Friedrich hatte ja schon seit 1593, als er als Nachfolger Herzog Ludwigs den württembergischen Herzogsthron bestiegen hatte, als „großer Liebhaber der Bergwerke" den Bergbau im Christophstal wieder in Angriff genommen. Aber der Bergmeister Schnitzer aus Tirol schien nicht der Mann zu sein, die Dinge ins richtige Werk zu setzen. Da begegnete dem herzoglichen Baumeister Heinrich Schickhardt in dem Mömpelgard benachbarten Giromagny der Bergrichter und Bergsachverständige Melchior Höher, der dort einem der Berggerichte im damals österreichischen Gebiet um Belfort vorstand und auch eine Silberschmelzhütte leitete. Dieser Sachverständige war also nun der Berater von Heinrich Schickhardt, dem es schließlich gelang, Höher abzuwerben und zum Übertritt in württembergische Dienste zu bewegen.[1] Schon 1596 ist er im Christophstal zu finden, wo er auch ein Haus erwarb. Mathilde Schnürlen berichtet in ihrem Buch „Geschichte des Württ. Kupfer- und Silbererzbergbaus", daß Höher bei seinen Untersuchungen den Knappenlohn mit 25 Batzen pro Woche (1 Batzen = 4 Kreuzer; der Gulden hatte 60 Kreuzer) als viel zu hoch empfand. Nachdem 1597 Höher zum Bergmeister im Christophstal bestellt worden war, beschwerte er sich erneut in einem Brief vom 27.11.1597 an den Herzog darüber, daß einem Häuer 25 Batzen „gereicht werden wiewohl vor einem halben Jahr, als Jakob Enderle und ich (Enderle war ein weiterer Bergsachverständiger aus Basel, den Herzog Friedrich zu Rate gezogen hatte) bei Euer Fürstlich Gnaden gewest, damals erklärt wurde, daß man einem Häuer nur 10 Batzen Lohn geben soll". Er wisse nicht, ob das mit dem Willen des Herzogs geschehen sei, daß man den Lohn nun wieder gesteigert habe. Deswegen hielt er es für notwendig, daß der Herzog die Bergwerksordnung und Bergfreiheiten gnädigst publiziere, auch daß den Knappen und Bergwerksverwandten auf der Allmende Plätz und Hofstätt vergunnt werden, damit sie ein Häusle erbauen, wo sie Weib und Kind und ein Stück Vieh halten könnten. Dieser Satz aus der Bergfreiheit, in dem der hochverdiente Archivar Dr. Rommel den Anstoß zur Gründung von Freudenstadt sah, war also keineswegs etwas Neues. Es war ein Glücksfall, daß vor kurzem im Hauptstaatsarchiv diese Archivalien[2] gefunden wurden, die die Dinge verdeutlichen. Daß es um die Senkung der Lebenshaltungskosten ging, die eine Verminderung des Lohnes rechtfertigte, wird in dem weiteren Vorschlag Höhers deutlich, man solle den Bergwerksverwandten verbilligtes Getreide anbieten. Höher ging es also um die Veröffentlichung der Bergfreiheit, die Herzog Friedrich erlassen hatte und die er allerdings schon am 27.7.1597 zum internen Gebrauch unter seinen Vögten in Umlauf gesetzt hatte.

Melchior Höher – 1597 Bergmeister im Christophstal

Herzog Friedrich selbst plante die Bergarbeitersiedlung im Christophstal

Friedrich antwortete am 30.11.1597 seinem „lieben Getreuen", daß er seinen Bericht von der Erbauung etlicher Häuslein für die Knappen und Bergwerksverwandten vernommen habe und daß ihm „das nicht zuwider sei, wenn auf der Allmand (wie er es ja in der Bergfreiheit vom 1.6.1597 selbst vorgeschlagen hatte) ihnen die Erbauung eigener Häuslein, Plätz und Hofstätt, Hüttlein und Gärtlein vergunnt würden, jedoch sollten die Hüttlein an solchem Ort erstellt werden, daß künftiger Zeit Stätt daraus werden möchten[3]." Hier ist also die deutliche Absicht Herzog Friedrichs dargestellt, im Christophstal eine Siedlung der Bergleute zu betreiben. Über die Bergfreiheit schreibt er Höher, daß diese allgemein durch den Druck publiziert worden sei. „Und wird die Bergwerksordnung in kurzem auch hernach folgen." Er erinnert sodann nochmals an seine „beständige Meinung", daß keinem Häuer mehr als 18 Batzen Wochenlohn zur Besoldung gereicht werden sollen.
So ist also die Meinung, Höher sei der geistige Ahnherr für die Gründung Freudenstadts, wohl kaum haltbar. Es war Herzog Friedrich selber, der die Bergarbeitersiedlung im Christophstal plante und der in Höher einen tüchtigen Beamten fand, der seine Pläne tatkräftig unterstützte. Höher ging es bei alledem um die Wirtschaftlichkeit der Bergwerke, die durch die hohen Löhne der Bergleute in Frage gestellt wurde. Er wollte den Bergarbeitern einen Ausgleich schaffen für die nach seiner Meinung notwendigen Lohnkürzungen. Es ist geradezu absurd – wenn wir den Beweggrund des scharfen Rechners Höher kennen – daß der Herzog daran gedacht haben sollte, sie zwei Jahre später in einer großen Stadt über dem Christophstal anzusiedeln. Warum sollte er den Bergleuten den Zugang zu ihrer Arbeitsstätte mit einem weiten Arbeitsweg erschweren? Die größere „Bequemlichkeit" war doch der Grund, der ihn die Lohnkürzung rechtfertigen ließ. Der Bergflecken im Tal war eindeutig geplant, wie das aus der Weisung des Herzogs, Provisorien so anzulegen, daß später daraus „Stätt" entstehen könnten, hervorgeht. Er ersparte den Arbeitern einen mühsamen und weiten Arbeitsweg und gab ihnen durch Viehhaltung die Möglichkeit, die Lebenshaltungskosten zu senken. So war also die Ansiedlung der Bergleute im Christophstal ein reines Rechenexempel. Die Gründung von Freudenstadt hatte damit nichts zu tun.

Die Großstadt im Schwarzwald – Herrschaft Württembergs über das Teilbistum Straßburg

Daß Herzog Friedrich im Spätjahr 1597 daran dachte, eine Großstadt im Schwarzwald zu planen, hat weitreichende politische Gründe, die in seiner Westpolitik zu finden sind, wie das auch Prof. Dr. Decker-Hauff in seiner Festansprache zur 900-Jahr-Feier des Klosters Reichenbach zum Ausdruck brachte. Württemberg hatte Besitzungen über dem Rhein; 1324 kam die Grafschaft Horburg mit Reichenweier im Elsaß zu Württemberg, 1397 war die Grafschaft Mömpelgard im frankophonen Sprachraum durch Heirat württembergisches Herrschaftsgebiet geworden. Die Brücke, die beide Landesteile vereinigen konnte, war das Bistum Straßburg, in dem seit 1592 ein evangelischer Bischof und ein katholischer Bischof um die Macht stritten. Zum Bistum Straßburg gehörte auch das Renchtal mit den Städten Oberkirch und Oppenau, das am Kniebis an württembergisches Gebiet stieß.
Man ging lange Jahre immer von der Tatsache aus, die Verpfändung des Renchtals (des rechtsrheinischen Teils des Bistums Straßburg) sei erst mit dem Hagenauer Vertrag 1604 erfolgt. Noch Pfarrer Lutz, der gründliche Erforscher der frühesten Geschichte Freudenstadts, hatte behauptet, daß die Gründung Freudenstadts keine hochpolitischen Gründe gehabt habe, weil ja Freudenstadt schon 1599 gegründet worden sei, die Abtretung des Teilbistums aber erst 1604 geschah. Lutz war nicht bekannt, daß Herzog Friedrich sich schon als Graf von Mömpelgard in den Straßburger Bischofskrieg zwischen Kardinal Karl von Lothringen und Markgraf Johann Georg von Brandenburg eingeschaltet hatte und schon 1592 ein Kondominum mit dem ev. Administrator von Straßburg, Markgraf Johann Georg von Brandenburg, über diesen Teil der Straßburger Besitzungen errichtet hatte. Am 19.9.1597 schloß Herzog Friedrich in Stuttgart mit dem Administrator einen

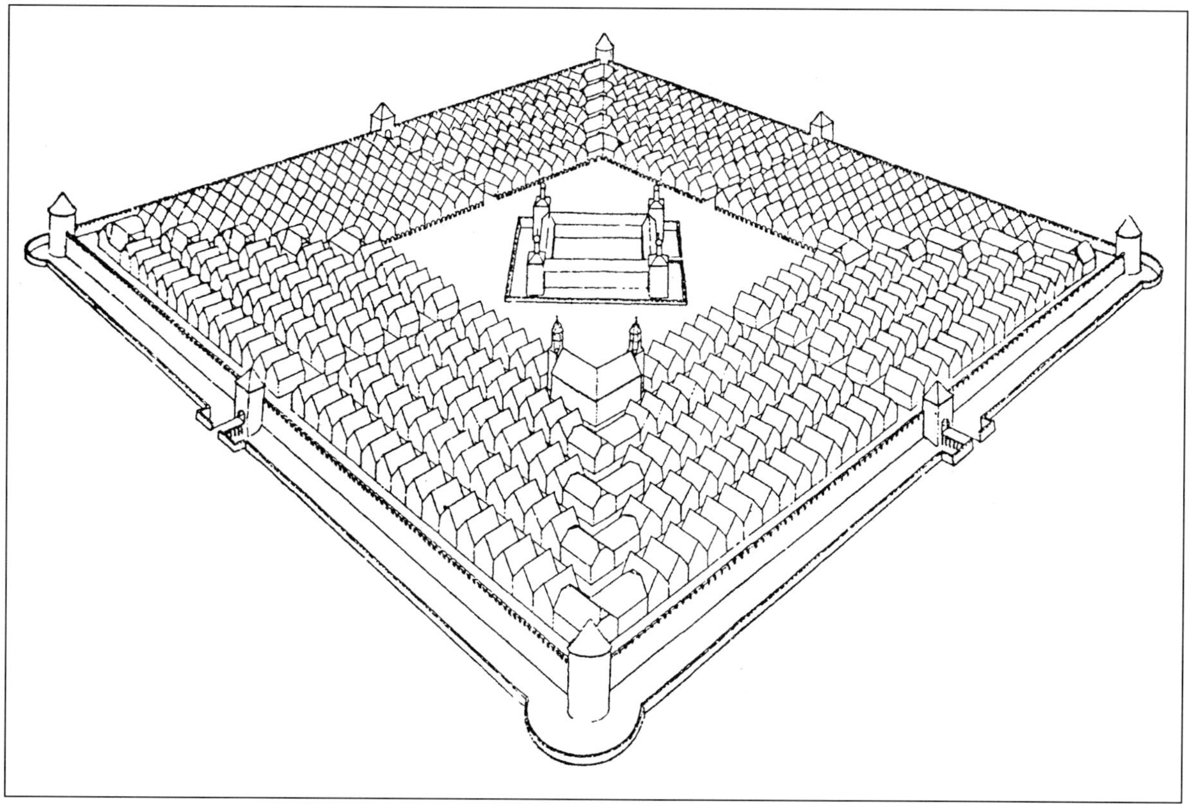

Die Residenzstadt Herzog Friedrichs I. mit mittelalterlicher Stadtmauer

Vertrag, der ihm die volle Herrschaft über das Renchtal übertrug und gleichzeitig seinen Sohn Ludwig Friedrich zum Koadjutor und Nachfolger des evangelischen Bischofs über das Bistum bestimmte, so daß der alte Traum der Württemberger, eine Landbrücke von den rechtsrheinischen Besitzungen Württembergs zu den linksrheinischen Landesteilen zu bilden, in unmittelbare Nähe rückte.

Im Stuttgarter Vertrag von 1597 heißt es[4]: „Nachdem der Hochwürdige durchlauchtige hochgeborene Fürst und Herr Johann Georg, Postulierter Administrator des Hohen Stifts[5] Straßburg, Markgraf zu Brandenburg, Landgraf im Elsaß, sein vollkommens Alter von Gottes Gnaden erreicht und daraus in Kraft des Pacifiktion-Abschieds die Regierung des halben Stifts angetreten, hat er sich mit dem durchlauchtigsten .... Fürsten und Herrn, Friedrich, Herzog von Württemberg und Teck, Grafen zu Mömpelgard wegen seines Sohnes Herrn Ludwig Friedrich, Herzogen zu Württemberg, Hochstift Straßburgs Domherrn, in eine Resignationshandlung eingelassen, darüber sich Streit und Mißverstand .... (eingestellt). Also haben darauf die auch hochwürdigsten durchlauchtigsten hochgeborenen Fürsten und Herrn, Herr Joachim Friedrich, Postulierter Administrator des Primats und Erzstifts Magdeburg und Herr Georg Friedrich, beide Markgrafen zu Brandenburg sich in die Sache geschlagen und mit hochgedachtem Herzogen zu Württemberg freundlich dahin verglichen, daß derselben Rät zusammenwirken und von Mitteln traktieren lassen wollten, wie solchen eingefallenen Irrungen in der Güte ohne Weitläufigkeit abzuhelfen."

Aus dieser Einleitung des Vertrags geht hervor, daß der Administrator Markgraf Johann Georg von Brandenburg durchaus bereit gewesen wäre, zu „resignieren" und gegen finanzielle Abfindung das Bistum Straßburg den Württembergern zu überlassen. Aber der Vater des Markgrafen, der spätere Kurfürst Joachim Friedrich von Brandenburg und die Brandenburger in Franken waren nicht bereit, auf diesen Handel einzugehen. Der Vater Joachim Friedrich, der selbst Administrator eines ehemals geistlichen Stifts, Magdeburg, war, war auch an dem geistlichen Gebiet des Bistums Straßburg interessiert. Andererseits konnte man Württemberg, das sich mit hohen Kosten seither am Bischofsstreit beteiligt hatte, nicht die kalte Schulter zeigen. So kam es dazu, daß der Sohn Herzog Friedrichs zum Koadjutor (Stellvertreter) und zum Nachfolger des seitherigen Bischofs im halben Teil des Bistums bestimmt wurde. Gleichzeitig wurde das Amt Oberkirch zum „allerbeständigesten" verpfändet und die Untertanen der württembergischen Herrschaft unterstellt. Übrigens hat sich Johann Georg von Brandenburg erst im Jahr 1610 verheiratet – mit Eva Christina der Tochter Herzog Friedrichs – deren Bruder, der ab 1608 regierende Herzog Johann Friedrich, ein Jahr zuvor die Schwester des Brandenburger Markgrafen, Barbara Sophie geheiratet hatte.

Die Ereignisse am Oberrhein

Könnte man so meinen, daß Brandenburg und Württemberg ein Herz und eine Seele gewesen seien, so beweisen die Archivalien des Hauptstaatsarchivs etwas anderes. Es gab Reibungen, weil die brandenburgischen Räte sich nicht immer an den Stuttgarter Vertrag hielten, der die

Markgraf Johann Georg von Brandenburg – ev. Bischof von Straßburg

Untertanen zu schuldigem Gehorsam gegen Württemberg verpflichtete. Schon 1600, als sich Herzog Friedrich mit Schickhardt in Italien befand, schrieb der Oberkircher Amtmann Scherer an Enzlin[6], den engen Vertrauten Herzog Friedrichs, daß Johann Georg von Brandenburg sich mit 40 Pferden nach Oberkirch begeben wolle. Enzlin antwortete, daß das Verlangen des Brandenburgers gegen den Stuttgarter Vertrag verstoße und daß das Amtshaus in Oberkirch Herzog Ludwig Friedrich zugewiesen sei, auch alle Untertanen angewiesen seien – „gebotten und verbotten" – allein Ihrer Fürstlich Gnaden zu gehorchen. Herzog Friedrich habe auf seine Kosten Soldaten und Munition nach Oberkirch gesandt. Im Februar 1600 wird Kapitän Melchior von Reichau zum Oberamtmanns-Stellvertreter für Scherer ernannt. Aber Johann Georg von Brandenburg läßt sich nicht abhalten; mit 25 Pferden und drei Kutschen trifft er in Oberkirch ein. Straßburg, die Reichsstadt, habe vor ihm die Tore verschlossen und Dachstein, sein Amtssitz sei schwach besetzt und die Festungsgräben zugefroren. Der Stuttgarter Vertrag solle nicht angetastet werden, es gehe um die Sicherheit des Administrators[7].

Die Lage scheint sich also wieder zugespitzt zu haben. Am 25.2.1600 schreibt Freiherr von Mörsberg nach Stuttgart, daß in Lothringen Kriegswerbung betrieben werde, um das Stift Straßburg vollends einzunehmen. An Hauptmann Sebastian Höpflin geht deshalb die Instruktion, er solle sich mit Soldaten nach Oberkirch begeben, auf die Festung achtgeben und mit Soldaten bewachen und verwahren. Falls weiter Soldaten nötig seien, solle sofort dem Vogt von Dornstetten berichtet werden. Am 27.2.1600 wird dem Oberamtmann in Oberkirch mitgeteilt, daß wegen Kriegsvorbereitungen Lothringens sowohl Brandenburgs als auch Württembergs zugunsten Soldaten nach Oberkirch gelegt werden und der Vogt von Dornstetten Befehl habe, weitere nachzuschicken[8].

In der gleichen Zeit kommt Benjamin von Buwinghausen, der „Ambassadeur" Herzog Friedrichs, vom französischen Königshof durch Eis und Schnee in der Gegend zwischen Bologna und Florenz bei Herzog Friedrich an, um ihm eine Botschaft des Königs zu überbringen. Schickhardt berichtet diese Tatsache in seiner Beschreibung der „Reis in Italien" in einem Nebensatz. Aber Schickhardt war auch in die Pläne seines Herrn nicht eingeweiht, wenn auch der Auftrag, die päpstlichen Festungen mit ihrer Bewaffnung zu beschreiben, ihn doch auf die politische Situation hätte aufmerksam machen müssen. Daß der Herzog nun sein Inkognito lüftet und an den Hof des Großherzogs von Toskana, dessen Gemahlin die Schwester des Straßburger Bischofs Karl von Lothringen ist, eilt, hat mit Sicherheit mit dieser Botschaft zu tun. König Heinrich, dem an einer Aussöhnung mit dem Haus Lothringen gelegen sein muß – deshalb auch die Heirat seiner Schwester (1598) mit dem Herzog von Lothringen – hat offensichtlich Herzog Friedrich an die lothringische Adresse gewiesen, die allein dem Württemberger die Abtretung des rechtsrheinischen Bistums garantieren kann. Denn Johann Georg war schon längst von seinem Vater, dem Kurfürsten, im Stich gelassen worden. Sofort nach der Heimkehr aus Italien werden dann auch im Elsaß Verhandlungen mit dem Kardinal von Lothringen aufgenommen, die zum Abschluß des Vertrags von Oberehnheim führten. Danach sollte der Kardinal gegen 330.000 Gulden das Amt Oberkirch den Württembergern überlassen. 1602 wurde der Vertrag in Molsheim noch einmal geändert, aber in der Zwischenzeit war nun der Krieg zwischen den beiden Parteien von neuem entbrannt. Nun scheinen auch die Unstimmigkeiten zwischen Württemberg und Brandenburg ihren Höhepunkt erreicht zu haben, denn am 16. Mai 1602 gibt der Herzog seinem Hauptmann Melchior von Reichaw[9] die Instruktion, sich sofort nach Oberkirch zu begeben und dafür zu sorgen, daß die Untertanen, dem Stuttgarter Vertrag entsprechend, zu schuldigem Gehorsam an „Verbotten und Gebotten" angehalten werden. Schultheiß und Gericht in Oberkirch und Oppenau sollen noch einmal eindringlich darauf hingewiesen werden, daß sie württembergische Untertanen seien. Obwohl Württemberg noch einmal Truppen unter Leutnant Steffelin Steinlin ins Oberamt legt, scheint der Administrator ebenfalls Soldaten nach Oberkirch geschickt zu haben, trotz großer Geldnot und hoher Schulden bei Württemberg. Ob der Brandenburger wohl von den Verhandlungen Württembergs mit seinem Gegenspieler Karl von Lothringen Wind bekommen hat? Denn Herzog Friedrich, der gerissene Diplomat, dessen Gepflogenheit es ist, immer wieder mit dem anderen Teil zu verhandeln, hat ihn sicher nicht

Kardinal Karl von Lothringen – der katholische Gegenspieler

in Kenntnis gesetzt. Nach dem Stuttgarter Vertrag war er ja auch verpflichtet, das halbe Bistum gegen den Lothringer zu verteidigen. Noch am 19.1.1603 schreibt er dem Brandenburger, er solle unter allen Umständen seine Festung Dachstein „erhalten"[10], nachdem das Stift „mehrerteils erobert worden ist". Aber nun greift König Heinrich von Frankreich ein und kommt persönlich nach Metz, um einen Waffenstillstand zu erreichen. Schon am 23.1.1603 hatte Kaiser Rudolph II. Johann Georg von Brandenburg aufgefordert „Kriegswaffen abzulegen und aus dem Stift zu weichen". 1599 hatte der Kaiser den Lothringer mit dem Bistum belehnt, nachdem dieser der Forderung nachgegeben hatte, den Habsburger Leopold (Bruder des späteren Kaisers Ferdinand II, der lieber „über eine Wüste herrschen wollte, als über ein

Benjamin von Bowinghausen, „Außenminister" des Herzogs

Land voller Ketzer") als Koadjutor (Stellvertreter im Bistum) einzusetzen. Die Lage für Brandenburg war also hoffnungslos.

König Heinrich hatte sich in Metz als Vermittler zwischen Brandenburg und Lothringen eingeschaltet. Buwinghausen, der Unermüdliche, berichtet seinem Herzog eingehend über alle Vorgänge (z.B., daß der König die Lothringer Herzöge empfange) und steht mit dem König in dauernder Verbindung[11].

Denn der König denkt nicht daran, die württembergischen Interessen zu vernachlässigen. Auch der alte Herzog von Lothringen (Vater des Kardinals) gibt Buwinghausen den Auftrag, Herzog Friedrich zu versichern, daß bei allem dem Interesse Württembergs Rechnung getragen werde. So wird auch dem Vorschlag Brandenburgs, Württemberg solle seine Garnison in Oberkirch aufgeben, nicht gefolgt. Die Verhandlungen werden nun in Nancy weitergeführt, wo auch Buwinghausen zur Stelle ist. Schon am 4. April schickt König Heinrich die Artikel des Waffenstillstandes mit einem freundlichen Schreiben an Herzog Friedrich[12], in dem er den Ambassador Buwinghausen lobend erwähnt. Nachdem der Kardinal von Lothringen als vom Kaiser belehnter Bischof von Straßburg den größten Teil des Bistums in Besitz hat, bleibt dem Brandenburger nichts anderes übrig, als die Entwicklung hinzunehmen. König Heinrich aber setzt seinen Verwandten, den Kardinal, weiter unter Druck, so daß dieser schließlich den Vertrag von Hagenau im Jahr 1604 abschließt, der endgültig das Amt Oberkirch an Württemberg verpfändet.

Die Habsburger in Straßburg

Karl, der Kardinal, hatte allen Grund, dem Franzosenkönig gefügig zu sein, hatte er doch im Jahr 1598 den Erzherzog Leopold zum Koadjutor angenommen, was der König angesichts des vom Habsburgischen Weltreich umklammerten Frankreich als bedrohlich empfinden mußte. Tatsächlich hat Karl von Lothringen den Koadjutor 1607 zu seinem Nachfolger bestellt. Für die Annahme des Habsburgers hatte er sich förmlich beim König entschuldigt und seine Zwangslage dargestellt. Ohne diesen österreichischen Koadjutor wäre er vom Kaiser nicht mit dem Bistum belehnt worden. Der König aber sah, daß hier das Haus Österreich erneut einen Machtgewinn erzielt hatte. Der unterschwellige Machtkampf ging also weiter, der dann im Jülich'schen Erbstreit 1609 seinen Höhepunkt erreichte. Bezeichnenderweise ernannte der Kaiser seinen Neffen, den Straßburger Bischof Leopold, zum Befehlshaber der kaiserlichen Truppen vor Jülich.

König Heinrich trat nun an die Seite der protestantischen Union, um seinen „Großen Plan", der ein föderatives Europa vorsah, zu verwirklichen. Durch die Ermordung Heinrichs durch einen religiösen Fanatiker wurde dieses Vorhaben vereitelt. Immerhin hat damals die Union auch das Bistum Straßburg besetzt; Herzog Julius Friedrich führte die württembergischen Truppen und Buwinghausen machte den Vorschlag[13], das „Bistum zu behalten". Aber Herzog Friedrich lebte nicht mehr, und die schwache Union und der schwache Nachfolger Johann Friedrich waren nicht in der Lage, sich durchzusetzen. So schlitterte man in den 30jährigen Krieg hinein, den König Heinrich und Herzog Friedrich verhindern wollten.

Nach Ranke war es die letzte Möglichkeit, den drohenden Zusammenstoß der „beiden Prinzipien" durch das Dazwischentreten Heinrich IV. zu vereiteln. Und Friedrich Schiller sah in der Politik Österreichs „anmaßende Ländersucht, die Freiheit und Gleichheit in Europa empfindlich störten". Heinrich IV. aber wollte mit allen Mitteln verhindern, daß sich die habsburgisch-spanische Weltmacht am Oberrhein festsetzte.

Von 1600 bis 1604 wurde also noch einmal heftig um das Fürstbistum Straßburg gestritten. Dabei nahm König Heinrich IV. unverkennbar Partei für Herzog Friedrich, den er den alten Freund und Verbündeten seiner Krone nannte.

Der gemeinsame Feind war das Haus Habsburg; es war sicher, daß Heinrich den habsburgischen Anspruch auf das Bistum nicht hinnehmen konnte. Herzog Friedrich aber konnte bei dieser Unterstützung darauf vertrauen, daß es ihm gelingen würde, die Landbrücke zum Elsaß und nach Montbéliard zu schaffen. So wurden die ersten Häuser Freudenstadts im Jahr 1599 durch Schickhardt im Beisein des Herzogs abgesteckt, einer Großstadt für 3500 Einwohner mit einem mächtigen Schloß, einer Schloßkirche und den den Marktplatz umziehenden Arkaden. Das hatte nichts mehr mit der Ansiedlung der Bergleute zu tun.

Wir können also festhalten: im Sommer des Jahres 1597 hat der Herzog die Gründung eines Bergfleckens im Christophstal beschlossen. Im gleichen Jahr aber ließen ihn die politischen Ereignisse am Oberrhein den Gedanken fassen, eine Residenzstadt im Herzen Württembergs zu gründen. Die Gründung Freudenstadts war somit ein europäisches Ereignis, eng verbunden mit der großen Politik und der Auseinandersetzung der beiden Antipoden Habsburg und Frankreich. Nicht umsonst ließ der Herzog an der Decke der neuerbauten Freudenstädter Stadtkirche den englischen Hosenbandorden und den französischen Michaelsorden in Stuck abbilden. Das ganze Spannungsfeld der damaligen politischen Situation war so gekennzeichnet.

König Heinrich IV. von Frankreich. Er nannte Herzog Friedrich I. „den alten Freund und Verbündeten seiner Krone" (Abb. links).

Herzog Friedrich I. von Württemberg mit dem englischen Hosenbandorden

Es ist unerfindlich, warum man diese großräumige Sicht des Stadtgründers seither außer acht gelassen hat und die Gründung auf das Kühlein, das man im Christophstal halten konnte, beschränkte. Zur Verdeutlichung sei noch einmal angefügt, daß die Bergstadt Marienberg in Sachsen bei 4000 Einwohner über 559 Gruben verfügte, während Herzog Friedrich auch als Optimist nicht damit rechnen konnte, die fünf bis sieben Gruben im Christophstal so zu betreiben, daß 3500 Einwohnern dort ihr Brot finden konnten. Friedrich selbst hat seine Pläne und hochfliegenden Gedanken nicht schriftlich fixiert; er war auch da immer ein „Geheimniskrämer". So konnte es nicht ausbleiben, daß man schon wenige Jahre nach dem Tod des Stadtgründers in Verlegenheit kam, die Gründung einer so großen Stadt vernünftig zu erklären. So kam es ja auch zum Streit der beiden Gruppen (Bergleute und Exulanten), die jeweils von sich behaupteten, ihretwegen sei die Stadt gegründet worden. Eimer, Vertriebener aus Straßburg und deutschnational bis in die Knochen, hat dann schließlich das große Spiel des Herzogs zusammen mit dem Franzosenkönig einfach verdrängt. „Es kann nicht sein, was nicht sein darf"; daß die Gründung Freudenstadts ein europäisches Ereignis war, konnte nicht mehr gesehen werden. Heute, da der alte unselige Nationalismus nicht mehr besteht, können wir aber die Geschichte so darstellen, wie sie sich wirklich zugetragen hat.

1599 – das Jahr der Gründung

Kritik der Landstände

Am 22. März 1599 wurden die ersten Häuser am Marktplatz abgesteckt

1599, als der Herzog am 22. März Freudenstadt gründete, lagen schwere Auseinandersetzungen mit dem Landtag hinter ihm. Der Landtag hatte die Übernahme von 400.000 Gulden für die Ablösung der Afterlehenschaft, unter die Württemberg unter Herzog Ulrich geraten war, nach langem Hin und Her bewilligt. Der Prager Vertrag vom 24.1.1599 mit dem Kaiser hatte diese Last, die vor allem von der steten Drohung überlagert war, daß das Land nach Aussterben der württembergischen Herzogslinie und einem Übergang an Österreich eine „Religionsveränderung" erfahre (daß Württemberg wieder katholisch werden würde), von Württemberg genommen.

Aber auch beim Landtag im März 1599 führten die Landstände eine Sprache, die den Herzog aufs höchste erbittern mußte. Da es bei diesem Landtag um die aufzubringenden Steuermittel ging, wagten es die Landstände dem Herzog in einem Memorandum in seine persönliche Lebensführung hineinzureden. Zwar begannen sie damit, sie wollten „Ihrer Fürstlich Gnaden nur eine wohlgemeinte Erinnerung geben und Ihr nichts vorschreiben, es sei aber zu Ihrer Fürstlich Gnaden Nutzen treuherzig gemeint." Die Ursache für die Schwächung von Kammergut und Kirchenkasten (die beide dem Herzog unmittelbar unterstanden) liege darin, daß die Hofhaltung gar zu groß und mit vielen Hofdienern überbesetzt sei.
Weitere Ursache des Mangels sei, daß der Herzog viele Alchimisten und fremde Künstler aufgenommen und mit großen Kosten und großer Besoldung unterhalte. Sie erinnere an den betrügerischen, hingerichteten Goldmacher (Honauer), die aufgenommenen Juden, das „Floß- und Neckargebäu", den Salzturm zu Murrhardt und sonstige ohne einträglichen Nutzen angefangene Bergwerke (damit ist vor allem das Christophstal gemeint). „Solches alles kostet das Jahr über ein groß Geld. Dagegen ist nicht zu zweifeln, wenn die Hofhaltung enger gezogen, die Alchimisten und fremde Künstler, Juden und unnötige Diener abgeschafft, daß hierdurch treffliches erspart werde." Schließlich wird die Ermahnung seelsorgerlich: „Wenn solches alles mit Ernst geschieht und ein rechtschaffenes bußfertiges Leben und Wandel hinfür in rechter Gottesfurcht mit fürleuchtendem guten Exempel angestellt und beharrt wird, so wird Gott seinen Segen verleihen."
Unschwer ist aus dem salbungsvollen Schlußsatz der Einfluß der Prälaten zu erkennen. Daß der Herzog auf diese Ermahnung mit heller Wut reagierte, ist mehr als verständlich. Die Landstände hatten sich einen Ton herausgenommen, der ihnen auch nach dem Tübinger Vertrag, der Verfassung, niemals zustand. Sie hatten den Bogen überspannt, denn die Prälaten waren nicht als Seelsorger beim Landtag, sondern als

weltliche Vertreter ihrer Klosterämter. So ist es also gewiß nicht der kleine Mann, den Friedrich mißachtete, wohl aber verbat er sich, daß man – Bonhoeffer hätte gesagt „in pfäffischer Weise" – sich in seine Intimsphäre, seinen Lebenswandel, der allerdings manchen Schatten hatte, einmischte, und daß die staatliche und kirchliche Ebene vermischt wurden.
Es mußte ihn in seinem hohen Sinn zutiefst beleidigen, daß man seine Projekte, die er nach seiner Devise „Deus aspiret caeptis" – Gott begünstigt meine Pläne – betrieb und die der Wohlfahrt des Landes dienen sollten (Schiffbarmachung des Neckars, Erschließung von Salzbrunnen, Ausbau des Bergbaus, Handelsniederlassungen von Juden), in dieser Weise besserwisserisch in Frage stellte. Der Konflikt mit den Landständen spitzte sich von da an zu. Die Bündnisse, die als Abwehrfront gegen die habsburgische Gegenreformation von ihm geschlossen wurden – darunter auch ein solches mit den Calvinisten der Kurpfalz, die den lutherischen Theologen Württembergs zutiefst verhaßt waren – wurden von ihm nie dem Landtag unterbreitet. Auch als er beim Landtag von 1607 durchsetzte, ein stehendes Heer anstelle des Landesaufgebots aufzustellen, nannte er nicht die Hintergründe, die in dem Unionsbündnis zwischen Lutheranern und Calvinisten zu sehen waren. Dazu war er nach dem Tübinger Vertrag auch nicht verpflichtet, seine Vorgänger aber hatten stets den Landtag in ihre Bündnisse eingeweiht. Das kam für Friedrich deshalb nicht in Frage, weil schon 1594 und 1595 die Landstände seine Aktionen im Straßburger Bischofsstreit kritisiert und ihn vor Bündnissen mit ausländischen Potentaten – England und Frankreich – gewarnt hatten. Der Historiker Grube schreibt dazu: „Daß man das immer wieder beschwörend vorbrachte, mußte Friedrichs Neigung verstärken, die Landstände über seine Bündnispläne und Verhandlungen im dunkeln zu lassen."

Die neue Residenzstadt – unabhängig von den Landständen

Sechs Tage, nachdem der Landtag seine Ermahnungen abgefaßt hatte, am 22. März 1599, ließ Herzog Friedrich die ersten Häuser der Freudenstadt abstecken. Freudenstadt wurde zu seinen Lebzeiten nie dem Herzogtum inkorporiert. Die neue Residenzstadt war dem Einfluß der Landstände entzogen; sie war vielmehr Friedrichs Privateigentum, das in seinen großen Plänen eine besondere Rolle spielte. Noch im Januar 1608, kurz vor seinem Tod, gab er den Befehl, für die geplante Hofhaltung Viehscheuern in der Stadt anstelle der Schöllkopfhäuser zu errichten, die ursprünglich der Hofhaltung dienen sollten.

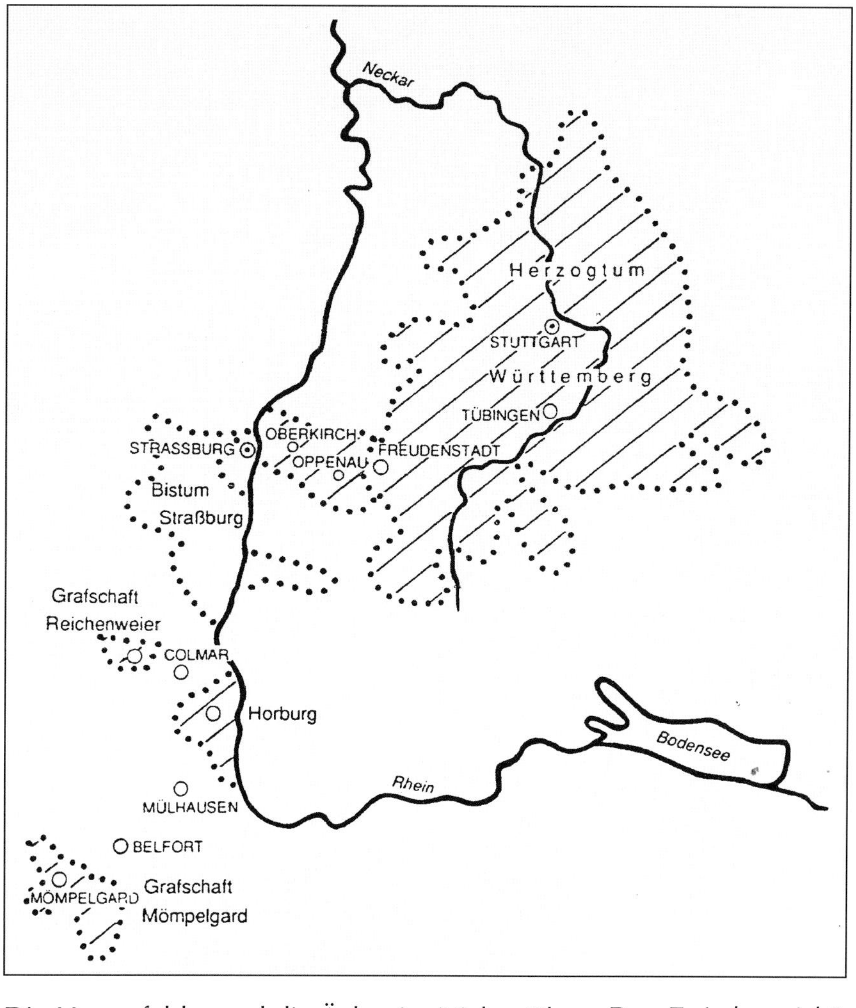

Das „Zwischenreich" Herzog Friedrichs I.

Die Herrenfelder und die Äcker im Nickentäle werden in diesem Zusammenhang erwähnt; sie sollten in Wiesen für herzogliche Fuhr (für die Zugtiere) umgewandelt werden. Der Herzog hatte also seine Pläne, aus Freudenstadt eine Residenzstadt zu machen, bis zu seinem Tode nicht aufgegeben. Der Tod des Herzogs war es, der im Januar 1608 das Schloßprojekt in Freudenstadt vereitelte.

Hinzuzufügen ist noch, daß Herzog Friedrich 1603 die badischen Ämter Liebenzell und Altensteig erwarb. Zusammen mit dem bereits 1595 von Friedrich besetzten Klosteramt Reichenbach, das dem württembergischen Kloster Hirsau unterstand und dessen Schirmherr Württemberg war, war nun die württembergische Grenze weit in den Schwarzwald vorgeschoben, in dessen Zentrum die neue Stadt wuchs. Mit dem Amt Oberkirch reichte Württemberg schließlich bis zum Rhein und hatte einen Fuß im Straßburger Bistum, dem als Koadjutor der österreichische Erzherzog Leopold, der Bruder Ferdinants, des Ketzerverfolgers in der Steiermark, vom Kaiser aufgenötigt worden war. Der Kaiser machte die Belehnung Karls von Lothringen mit dem Bistum von der Annahme eines habsburgischen Koadjutors abhängig. 1607 wird dieser selbst Bischof. Die habsburgische Macht, die mit Spanien bis in die neue Welt reichte und die Frankreich umklammerte, war dabei, nun auch im Elsaß mit den dortigen österreichischen Gebieten – Ensisheim, Belfort – einen Länderblock zu bilden, den König Heinrich IV. als bedrohlich empfinden mußte. Immer wieder forderte er von Karl, Bischof von Straßburg, der seinen evangelischen Gegenspieler Johann Georg von Brandenburg ausgeschaltet und nun endgültig 1604 im Hagenauer Vertrag sein Amt Oberkirch an Württemberg abgetreten hatte, den „Österreicher abzuschaffen". Das war aber dem vom Kaiser mit dem Bistum belehnten Kirchenfürsten nicht möglich. Um so begründeter war Friedrichs Hoffnung, die Nachfolge im Bistum mit Frankreichs Hilfe antreten zu können, um so das links- und rechtsrheinische Württemberg zu einem mächtigen Staat zusammenzuschließen, zu einem „Zwischenreich", das in das politische Geschehen kraftvoll eingreifen konnte. Friedrich war nahe am Ziel; wie schon bereits berichtet, wurde das Bistum 1609 von den Unionstruppen im jülichschen Erbstreit besetzt. Die schwächliche Haltung von Friedrichs Nachfolger und der Mord an König Heinrich IV. 1610 machten aber alles zunichte, was Friedrich mit so großer Energie betrieben hatte.

Habsburg umklammert Frankreich – König Heinrich IV. fühlt sich bedroht

Ist also die Deutung abwegig, daß die neue fürstliche Stadt das Machtzentrum eines großen Württemberg bilden sollte? Kein Geringerer als Prof. Dr. Decker-Hauff war der Meinung, daß Freudenstadt seine Gründung der Westpolitik Herzog Friedrichs verdanke.

Auf Herzog Friedrich aber, in dem viele Historiker den bedeutendsten deutschen Fürsten seiner Zeit sehen, trifft wie auf keinen anderen das Schiller-Wort zu; „Von der Parteien Haß und Gunst verwirrt, schwankt sein Charakterbild in der Geschichte."

Der nüchterne Politiker Friedrich

So ist es also nicht möglich, die Gründung Freudenstadts als eine Fürstenlaune abzutun. Man muß sich mit den politischen Hintergründen beschäftigen, die unmittelbaren Einfluß auf die Gründung der neuen Stadt ob St. Christophstal ausübten. Im Jahr der Gründung, 1599, unternahm Herzog Friedrich auch seine große Italienreise, die beileibe keine Lust- und Bildungsreise war. Am 15. November zog der Herzog – inkognito als Junker Fritz von Sponeck – von Urach aus mit acht Begleitern den Alpen zu, ohne vorher seine Frau und den Hof zu informieren. Erst von Urach aus verabschiedete er sich von seiner Frau und gab schriftlich dem Landhofmeister und etlichen Räten Anweisungen, wie sie sich in seiner Abwesenheit zu verhalten hätten. Die Reise war also von Geheimnis umwittert. Denn wer reist schon nach Italien in den Winter hinein? Schickhardt schilderte in seiner „Reis in Italien" sehr eindrucksvoll, wie beschwerlich die Übersteigung der Via Mala war, eines „grausam, wilden und hohen Gebirgs, mit liederlichen Brücken, die an die felsigen Berg angehenkt." So ging es durch Eis und Schnee nach Italien; daß man sich im „Feindesland" befand, ergibt sich auch aus den Aufzeichnungen Schickhardts, der in den päpstlichen Städten die Armierung genau beschreibt. So schreibt er über die päpstliche Stadt Ravenna, „sie habe eine ziemlich feine Rüstkammer, auch auf den Mauern und in dem Hof bei 30 klein und große Stück Geschütz". Friedrich wollte sich also über die Macht des Papstes, der damals noch über Divisionen verfügte, ein eigenes Bild machen. Schließlich hatte sein Schwager, Christian von Anhalt, noch 1591 ein Hilfs-

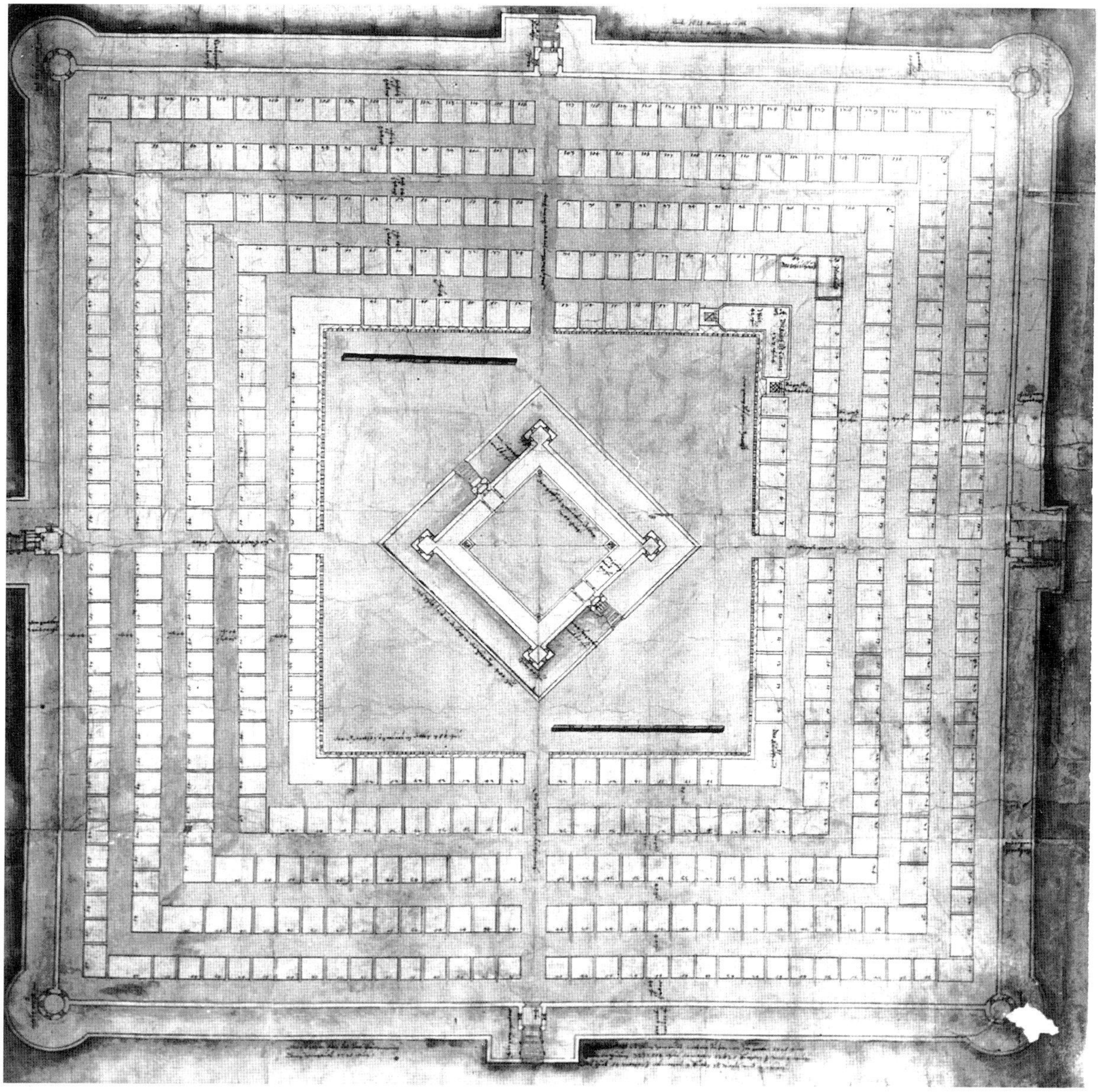

Schickhardts Stadtplan 1604

korps, darunter 6000 Engländer, dem König Heinrich zugeführt, der sich in Nordfrankreich mit einem päpstlichen Heer herumschlagen mußte.
Sicher hat Schickhardt seinen Zeichenstift zur Festhaltung von zahlreichen Kunst- und Bauwerken fleißig benützt, aber es ist doch auffallend, daß die eigentlichen Renaissance- Planstädte Pienza und Sabbioneta, die als Idealstädte geplant wurden, von der Reisegesellschaft nicht aufgesucht werden, obwohl sich Herzog Friedrich einige Zeit bei den Verwandten in Mantua aufhält. Die Planstadt Freudenstadt hat also in Italien kein Vorbild; lediglich die den Marktplatz umziehenden Arkaden mag Schickhardt in Bologna abgeguckt haben.

Herzog Friedrich war ein Tatmensch, kein Philosoph, ein nüchterer Politiker und Naturwissenschaftler. Als ihm Schickhardt seinen ersten Plan der neuen Stadt vorlegte, der die Stadt als Festung vorsah, fand dieser Plan nicht die Zustimmung des Herzogs. Auch der zweite Plan wurde verworfen, bei dem ebenfalls das Schloß fortifikatorisch an der Ecke der Stadt eingefügt ist. Und nun gab der Herzog den Anstoß zu der endgültigen Verabschiedung von Schickhardts Festungsgedanken: das Schloß setzte er – ohne fortifikatorischen Effekt – mitten auf den Marktplatz. Die Stadt sollte von einer mittelalterlichen Stadtmauer umgeben sein, die aber für die damalige Kriegsführung bedeutungslos gewesen wäre. Denn durch die Abtretung des rechtsrheinischen Bistums Straßburg war Oberkirch zum militärischen Mittelpunkt im Oberrheingebiet geworden, den Herzog Friedrich durch Schickhardt zur Festung ausbauen ließ und mit Truppen besetzte. Schickhardt blieb nun nichts anderes übrig, als die Pläne seines herzoglichen Dienstherrn auszuführen.

Der Stadtplan – ein Mühlespiel

Der Stadtplan, wie er 1601, als der Grundstein für die Kirche gelegt wurde und die Stadt ihren Namen erhielt, dem Werkführer Schickhardts, Elias Gunzenhäuser, übergeben wurde, ist in Wirklichkeit nicht Schickhardts sondern des Herzogs Plan, wenn wir davon absehen, daß die Konzeption des Mühlespiels wohl in Schickhardts Kopf als Ausdruck des Spielerischen der Renaissance entstanden ist. Es gibt dafür kein Vorbild; wir kennen aus Schickhardts Inventarium seine reichhaltige Bibliothek, in dem die Werke berühmter Architekten zu finden sind. So wird in dem Werk des Italieners Maggi von 1564 auch auf Dürers Planung einer Königsstadt Bezug genommen, die eine teilweise Zeilenbauweise vorsieht. Auch die quadratische Grundform ist bei Dürer vorgegeben, die später bei dem Italiener Cataneo, auch bei dem Franzosen Perret zu finden ist. Aber das Mühlespiel ist – dabei bleibe ich – die ureigenste Schöpfung von Schickhardt.
Völlig verfehlt ist es, die Planung mit der utopischen Christenstadt des württembergischen Theologen Andreae, Christianopolis, zu vergleichen. Andreae hat sein Buch im Jahr 1619 in Straßburg veröffentlicht und der Grundriß weist auf Freudenstadt hin, allerdings auf einen Plan, der nie Bauplan war. Der Nestor der Freudenstädter Geschichte Dr. Hans Rommel hat schon 1959 der Auffassung von Adolf Schahl, daß der evangelische Staatsutopismus Württembergs über Andreae in Freudenstadts Mauern zu Hause hätte sein können, heftig widersprochen. Das kann schon von der Chronologie her niemals stimmen. Rommel stimmt aber Schahl in der Beurteilung zu, daß Schickhardt als Baumeister des protestantischen Frühabsolutismus und des Merkantilismus zu bezeichnen ist. Schließlich steht in Schickhardts Plan das Schloß und nicht die Kirche im Zentrum der Stadt. Diese wurde als Schloßkirche im rechten Winkel in der südwestlichen Ecke des Marktplatzes errichtet und mit großer Pracht, mit den Wappen des Herrschaftsgebiets Württembergs an der Decke, errichtet. Von Schickhardt stammen mit Sicherheit die Baupläne; in den ersten Jahren, in denen sich Schickhardt in Mömpelgard aufhielt, wurde der Bau von dem Bauführer Elias Gunzenhäuser betreut. Schickhardt gibt in seinem Inventarium als Bauzeit die Jahre 1604 – 1608 an; in diesen Jahren vergibt Schickhardt die künstlerische Ausgestaltung an den Kalkschneider Gerhard Schmidt, der neben der Wappenecke auch die 26 Emporenreliefs, die die biblische Geschichte erzählen, gestaltet. Schickhardt gibt die Kosten mit 22.000 Gulden nicht richtig an; wie wir aus den Kirchenkastenrechnungen wissen, sind schon in den ersten Jahren des Kirchenbaus (bis 1603) mindestens 35.000 Gulden in der Kirche verbaut worden. Deren Rohbau war an die Maurermeister Michael Nagel und Daniel Zwybel, sowie an den Zimmermann Martin Martin vergeben worden. So ist auch die Meinung, der sogenannte Leinwandplan, der die ersten 30 Siedler der neuen Stadt aufzählt, sei erst 1604 entstanden, eindeutig falsch. Die Darlehen zum Bau der Häuser sind, was in den Kirchenkastenakten nachweisbar ist, schon in den Jahren vor 1601 von Herzog Friedrich ausbezahlt worden. Der Plan, auf dem die Kirche als Winkelhakenbau eingezeichnet ist, stammt aus dem Jahr 1601, in dem der Herzog seinem Forstmeister Gebelin schriftlich den Befehl gibt, darauf zu achten, daß die Gebäude in der neuen Freudenstadt der Planung entsprechend gebaut werden. Nach dem Leinwandplan, dem Werkplan des Bauführers Gunzenhäuser, wird am 2. Mai 1601 im Beisein des Herzogs der Grundstein für die Stadtkirche gelegt.

Aus dem Jahr 1604 stammt ein weiterer Stadtplan, der allerdings fünf Zeilen aufweist; er kann nur eine Weiterführung des Dreizeilenplans sein. In diesem Plan fehlen alle Festungsanlagen, die allerdings noch einmal in einem Übersichtsplan auftauchen, der auch das Schloß und die ersten Häuser im Aufriß zeigt. Dieser Plan wurde von Stadtbaumeister Wälde im Königlichen Staatsarchiv Stuttgart gefunden und schon 1865 für das Stadtarchiv fotografiert. Ihn zeitlich einzuordnen ist schwierig. Einerseits sind auf dem Plan die beiden Winkelhakenbauten der Kirche und des Kaufhauses eingezeichnet, andererseits fehlen die Arkaden; auch die Eckschanzen, die ebenfalls auf dem Plan von Christianopolis auftauchen, passen nicht in die Zeit von 1601, in der der Leinwandplan mit Rondellen und Stadtmauer bereits Gunzenhäuser (dessen Schrift der Leinwandplan trägt) als Werkplan diente. Vielleicht hat Schickhardt diesen Plan 1600 nach der Rückkehr aus Italien zeichnen lassen. Die Überschrift „Fredenstadt" von Schickhardts Hand mag später entstanden sein, da der Name nachweislich erst 1601 von Herzog Friedrich der Stadt gegeben wurde.

Die Finanzierung der Bauherren – die Glaubensflüchtlinge

Für die Freudenstädter, die im Jahre 1954 mit der „Hypotheken-Venus" auf der Wiederaufbausäule des Marktplatzes ihren Schulden ein Denkmal gesetzt haben, mag es ein geringer Trost sein, daß auch die Freudenstädter der ersten Stunde den Aufbau ihrer Stadt mit Schulden finanziert haben. Zwar gab es Bauplatz, Steine und Bauholz „gratis", trotzdem blieben bei der Errichtung der Häuser nicht geringe Schulden. Im Hauptstaatsarchiv in Stuttgart findet sich ein ganzes Büschel von Schuldanerkenntnissen der ersten Bürger, die übrigens mit dem Siegel der Stadt, das schon unser heutiges Stadtwappen zeigt, geschmückt sind[14].
Besonders schwer hatten es die „Exulanten", die aus „Anstiften der friedhässigen Jesuiter ins Elend gejagten Bekenner aus Steiermark, Kärnten und Krain." Da erscheint ein Michel Kokol (später wurde daraus Gogol, ein „Windischer", wie der Name ausweist) als „Supplikant" bei Herzog Friedrich. Der Herzog gibt folgenden

Die Wappendecke in der neuen Stadtkirche mit engl. Hosenbandorden und franz. Michaelsorden

Bescheid: „Dem Forstmeister, auch Bauverwalter Wilhelm Gebel und Martin Kramer, Lieber Getreuer, Michel Kokol Beck von Laibach aus Krain tut untertänigst supplizieren. Ist unser Befehl: Ihr wollt ihm einen Platz zur Erbauung eines Hauses in Freudenstadt mit litera Nr. 17 einräumen, du Forstmeister ihm wie anderen das notwendige Holz dazu widerfahren lassen und du Bauverwalter ihm 40 Gulden darleihen, die du von ihm nach und nach wieder einziehen sollst. So beschieht unsere Meinung, Stuttgart 12. August 1601. Friedrich"[15].

Da der Leinwandplan, auf dem die ersten Ansiedler aufgezeichnet sind, bereits am 1. Mai 1601 dem Forstmeister Gebel als „Visierung" überreicht worden ist, ist unser Asylant auf diesem Plan auch nicht zu finden. Daß aber nicht nur gebaut, sondern auch getauscht und geschachert wurde, ersehen wir aus einem Brief des Kokol, der am 31. Oktober 1601 bei Herzog Friedrich eingeht. Danach hat Kokol von seinem Landsmann Sebastian Krainer dessen Gebäude „erkauft", bekommt aber nun mit dem Bauverwalter Kramer Schwierigkeiten. Dieser nämlich will die 100 Gulden, die dem Verkäufer Krainer geliehen wurden, zurückfordern. Krainer fordert nun seinerseits die 100 Gulden, die Kokol an der Kaufsumme schuldig geblieben ist, von diesem zurück.

Im Sommer 1601 kommen die ersten Exulanten nach Freudenstadt

Für die Gründungsgeschichte der Stadt ist bedeutsam, daß „Exulanten", Glaubensflüchtlinge, sich schon im Sommer des Jahres 1601 in Freudenstadt einfanden, unter ihnen der Seiler Krainer und Michel Kokol. (Bisher war man der Meinung, die Exulanten seien erst 1602 nach Freudenstadt gekommen.) Es wird nun auch glaubhaft, daß der erste Mesner Schwarzrucker, ein Windischer, bereits zu Weihnachten 1601 in Freudenstadt eintrifft, wie aus einem Bittschreiben an den Herzog hervorgeht. So konnte sich auch 1602 der erste Pfarrverweser Leban aus Villach vom Herzog eine Pfarrstelle erbitten, am „liebsten in Freudenstadt, wo etlich Personen sein, die allein windisch (slowenisch) und nit teutsch verstehen."[16] Aber auch die Datierung des sogenannten Leinwandplans auf Mai 1601 dürfte damit gesichert sein: auf ihm ist weder Krainer noch Kokol verzeichnet, weil der Zuzug der Exulanten erst im Sommer 1601 begonnen hat.

1. Mai 1601 – Namensgebung der „Freudenstadt"

Dies wird nun vollends erhärtet durch das Gesuch des Glasers Jakob Burger aus Alpirsbach an Herzog Friedrich im April 1601. Herzog Friedrich antwortet: „Der Bauverwalter zu Dornstetten Martin Kromer solle Jakob Burger zur Verglasung der Kirchen in der Newen Stadt ob St. Christophstal zur Abrechnung eingeben. Sechzig Gulden. Dornstetten, 3. Mai 1601." Der Herzog erteilte seinen Befehl vor der Namensgebung der „Freudenstadt", die am 1. Mai 1601 in einem Befehl an Forstmeister Gebel erfolgt war.[17] Offensichtlich war das unter dem 3. Mai 1601 datierte Schreiben schon vorher ausgefertigt worden.

Der Fall des Burger ist deshalb bedeutend, weil Burger im Leinwandplan aufgeführt ist, also vor dem 1. Mai 1601 zu bauen begann. Sein Haus scheint schon fast bezugsfertig zu sein, denn am 18. August 1601 befiehlt Herzog Friedrich dem Bauverwalter zu Freudenstadt, zur Vollendung seines Gebäudes „obgemeldtem Glaser gegen Verpfändung seiner Behausung 100 Gulden vorstrecken und an unseren Gebäuden abverdienen lassen". Aber am 26. Oktober wendet sich Burger wieder an den Herzog wegen Fortsetzung seines Handwerks in den neuen Gebäuden (Schulhaus und Pfarrhaus) ihm noch 50 Gulden zu leihen, die er abverdienen will. Auch hier setzt Herzog Friedrich sein „placet" unter den Brief.[18]

Wir sehen also, daß schon im Jahr 1601 eine rege Bautätigkeit einsetzte, so daß schon 1602 – nach dem Bericht des Verfassers der schwäbischen Chronik Crusius – 80 Häuser errichtet waren. Der Streit, Freudenstadt habe ursprünglich „Friedrichstadt" geheißen, kann nun vollends als beendet gelten, hat doch der Herzog selber die Stadt immer nur Freudenstadt (Frödenstadt, Freydenstatt, Freidenstatt) genannt, ebenso die Beamten des herzoglichen Kirchenkastens. Eine Eingabe eines Herrn vom Adel, Ludwig Sauer von Khosick und Trefen, ihn wie seinen Vetter Hans Seyfried Gall von Rudolfseck (den ersten Obervogt von Freudenstadt) in Württemberg aufzunehmen, beantwortete der Herzog: „Wir wollen dir in deinem untertänigen Bitten gnädig willfahren, inmassen dann dir in unserem zum Bauen angefangenen neuen Stadt (Freudenstadt genannt) ein Platz zu einer Behausung und Gütern eingeräumt werden kann." Dieser Bescheid erging von Marbach aus am 15. Juli 1601.

Die Verfolgung durch die Habsburger

Diesem Bittgesuch des krainischen Edelmannes verdanken wir nun auch Einblick in die

Verfolgung der Evangelischen in den Habsburger Landen. Sein Landesfürst, der Erzherzog Ferdinand, habe seine getreuen Lande zu äußerstem Verderben und Untergang gebracht, „durch die auf der Jesuiter vergifteten Ratschläge" erfolgte Gegenreformation, die unter dem gemeinen Mann bereits begonnen hatte. Nicht nur sei durch die Vertreibung der evangelischen Prediger den der Augsburgischen Konfession zugetanen Landsassen und Untertanen die freie Religionsausübung genommen worden, sondern man habe die armen Leute so stark bedrängt, daß sie im harten, kalten Winter bei größtem Schnee oder Regenwetter mit Weib und Kind unter Zurücklassung ihrer Güter die herzoglichen Lande in kürzester Frist hätten räumen müssen; etliche fromme Christen habe man mit Geld und Gefängnis bestraft, wie Verbrecher zum Stadttor hinausgeführt und des Landes verwiesen ohne Gnade und Barmherzigkeit. Bereits sei es so, daß auch denen vom Adel gleicher Prozeß gemacht werde. Darüber werde auch der Grenzschutz ganz vergessen, weder Geld noch Proviant noch Munition sei vorrätig, ungeachtet der Erbfeind, der Türke vor der Tür stehe. Es sei, als ob Gott diese Länder mit Blindheit geschlagen habe. Weil nun sowohl er als andere vom Adel, deren treue Dienste gegen das Haus Österreich schon ganz vergessen seien, um dem hereinbrechenden Unheil zu entgehen zur Auswanderung entschlossen seien, frage er bei Herzog Friedrich an, ob derselbe bereit sei, ihn und die Seinen in Schutz und Schirm aufzunehmen.[19]

So wird nun auch dadurch deutlich: zwar wurde die Stadt nicht der Flüchtlinge wegen gegründet, wohl aber setzte der Zuzug von Protestanten, die aus Österreich geflüchtet waren, im Jahre 1601 ein, nachdem die Stadt vom Herzog ihren Namen, Freudenstadt, bekommen hatte; insofern mag die Deutung, die Stadtpfarrer Veringer bei der ersten Predigt 1608 in der neuen Kirche gab, zutreffen: „Nit allein weil unser Fürstlich Gnaden an der neuen Stadt eine besondere Freude gehabt, sondern weil hier etliche verfolgte Christen eine neue Heimat, eine Freudenstadt, gefunden haben."

So können wir also zusammenfassen:

- Die ersten Ansiedler, die auf dem Leinwandplan von 1601 aufgeführt sind, waren Württemberger aus der weiteren und näheren Umgebung (z.B. Rosenfeld, Alpirsbach, Dornhan). Wie der Fall Burger ausweist, sind ihre Häuser wohl schon im Spätjahr 1601 nahezu bezugsfertig.
- Schon im Sommer 1601 kommen Glaubensflüchtlinge aus Krain (Krainer, Kokol) hinzu. Sie haben aber die Stadt nicht gegründet und ihr schon gar nicht den Namen gegeben.
- Der Leinwandplan, auf dem bereits Kirche und Schulhaus eingezeichnet sind, ist mit größter Wahrscheinlichkeit die „Visierung", die Herzog Friedrich am 1. Mai 1601 dem Forstmeister Gebel überstellt.
- Die zahlreichen Schriftstücke des Kirchenkastens beweisen, daß Freudenstadt 1601 seinen Namen vom Herzog erhielt; vorher hieß die Stadt „ob St. Christophstal" – Friedrichstadt hat sie nie geheißen.
- Der Bau der Kirche und des Schulhauses ist 1601 in vollem Gange; neben dem Glaser Burger, der bereits mit der Herstellung der Fenster der Kirche betraut ist, nimmt Herzog Friedrich am 1. August 1601 den Schreiner Conrad Pfäfflin auf, dem er ebenfalls auferlegt, Schreinerarbeiten in der Kirche und am Schulhaus durchzuführen. Die Schuldurkunde des Darlehens von 1601 wird übrigens erst 1604 ausgestellt. Weitere Schuldner der ersten Baujahre sind: Gall Schmid und Matthes Mautz aus Beuren (Neuffener Amts), Adam Kölblin, Michel Schefold, der vom katholischen Glauben übergetreten ist, auch ein Hans Conrad, um nur einige herauszugreifen.

Der Name des Forstmeisters Gebel, der zusammen mit dem Bauverwalter Martin Kromer in den Weisungen Herzog Friedrichs im Jahr 1601 genannt wird, ist ab 1602 nicht mehr zu finden. In der Zwischenzeit war der Vogt Conrad Studion eingesetzt worden, so daß die Funktion des Forstmeisters, dem der Herzog am 1. Mai 1601 den Auftrag gegeben hatte, über die „Gebäu" der neuen Freudenstadt zu wachen, erloschen war. Statt dessen kommt nun der Baumeister Elias Gunzenhäuser im Januar 1602 nach Stuttgart, um Gelder für die neue Kirche abzuholen. Gunzenhäuser hat offensichtlich als Bauleiter Schickhardts die Kirche nach Schickhardts Plänen im Rohbau errichtet. Erst 1604 kommt Schickhardt nach Freudenstadt, vor allem um den Innenausbau der Kirche (z.B. die Stuckarbeiten des Gerhard Schmidt) zu leiten. Gunzenhäuser war es auch, der – nach Julius Baum – das Scheingewölbe der Kirche, eine großartige Zimmermannsarbeit, geschaffen hat. Er bleibt bis zum Jahr 1606, seinem Todesjahr, als Bauleiter Schickhardts in Freudenstadt.

Anmerkungen:

1 Dr. Hans Rommel, in FH VIII. Band 1955/60 Nr. 20 vom 14.1.61.
2 HSTAS A 58 a Bü 81
3 HSTAS A 58 a Bü 81
4 HSTAS A 44 Bü 81
5 Die Verfügungsgewalt des Administrators Johann Georg von Brandenburg über das „halbe Stift" ergab sich aus dem unter Vermittlung König Heinrichs IV. am 20.9.1595 als Saarburger Vertrag abgeschlossenen Pazifikations-Abschied. Danach erhielt Karl von Lothringen die Ämter Zabern, Kocherberg, Epfig, Benfeld, Molsheim, Sulz und Ruffach, der Brandenburger die Ämter Wanzenau, Markolsheim, Reinau, Dachstein, Oberkirch und Ettenheim. Karl von Lothringen hielt sich um 1600 nicht mehr an diesen Vertrag und vertrieb den Brandenburger nach und nach aus dem linksrheinischen Bistum.
6 HSTAS A 132 Bü 37
7 HSTAS A 132 Bü 37
8 HSTAS A 132 Bü 37
9 HSTAS A 132 Bü 41/42
10 HSTAS A 132 Bü 47
11 HSTAS A 132 Bü 47
12 HSTAS A 132 Bü 48
13 Axel Gotthard ‚Konfession und Staatsräson, Stuttgart 1992, S.102.
14 HSTAS A 284/28 Bü 34
15 HSTAS A 284/28 Bü 34
16 Staats- und Universitätsbibliothek Hamburg cod. theol. 1146
17 FB Nr. 6 1987 S. 13
18 HSTAS A 284/28 Bü 34
19 HSTAS A 343 Bü 3

Zwischen Utopie und Stein gewordenem Ordnungssinn

Freudenstadt – eine Renaissance-Gründung

Bernhard Sandherr

Ein Blick auf das Baugeschehen um die Mitte des 16. Jahrhunderts zeigt, daß die mittelalterliche Begeisterung und der schöpferische Schwung beim Bau von Kirchen oder gar Klöstern zu Ende war.[1] Als Beispiele dafür mögen das Ulmer und das Straßburger Münster sowie der Kölner Dom dienen: Der zwei Jahrhunderte dauernde Bau des Ulmer Münsters wurde 1543 eingestellt. Die Bautätigkeit am Kölner Dom fand 1560 ihr vorzeitiges Ende. Und der geplante Südturm des Straßburger Münsters wurde nie gebaut.[2]

Die drei Turmstümpfe, von denen der Ulmer und der Kölner im 19. Jahrhundert schließlich doch noch zu Ende geführt wurden, sind sprechende Zeugnisse für das Erlöschen der Gotik. Sie sind damit neben der Erfindung der Buchdruckerkunst, der Entdeckung Amerikas, der Reformation und dem Übergang von den Ritter- zu den Landsknechtsheeren[3] Markierungspunkte für das Ende des Mittelalters, für den Beginn der Neuzeit und damit der Renaissance in Deutschland.

Wenn es da und dort den Anschein haben sollte, daß noch eine Kirche aus jener Zeit stammt, dann handelte es sich in aller Regel um die Sanierung einer bereits bestehenden Kirche. Ein Beispiel dafür ist die Pfarrkirche in dem heute zur Stadt Freudenstadt gehörenden Grüntal. Bei ihr wurde im Jahre 1592 das wohl baufällige Schiff unter Erhaltung des spätgotischen Chors und des noch älteren Turms erneuert.[4]

Die Reformation bedingte, was zunächst überraschen mag, in Südwestdeutschland lange Zeit – mit Ausnahme von Schloßkapellen in den neu erbauten Schlössern – keinen Bau einer neuen Kirche[5]. Doch wird dies einsichtig, wenn man berücksichtigt, daß die Gemeinden die Konfession ihres Landes- oder Standesherrn anzunehmen hatten.[6] Die Gemeinden behielten also – gleichgültig, wie über sie bestimmt wurde – ihre Kirche.

Georg Beer, Schickhardts Lehrmeister

Doch auch in dieser Zeit wurde gebaut. Es waren nun nicht mehr die Bischöfe, Domkapitel, Konvente und bürgerlichen Gemeinden, die Kirchen und Klöster bauten, sondern es waren die mächtigen Fürsten, wohlhabenden Bürger und stolzen Städte, die in dieser Zeit Schlösser, Paläste, Rathäuser, Zehntscheuern, Fruchtkästen und Salzstadel errichten ließen. Damals wurden in Altwürttemberg insbesondere das Alte Schloß in Stuttgart und die benachbarte Alte Kanzlei gebaut, sowie die Schlösser in Tübingen, Göppingen, Kirchheim u. Teck, Schorndorf, Pfullingen, Neuenstadt am Kocher, Waldenbuch und Hellenstein über Heidenheim.[7]

Straßburger Münster – sprechendes Zeugnis für das Erlöschen der Gotik.

Eine heitere und gefällige architektonische Note hatten die Bauwerke, die damals Georg Beer als herzoglich württembergischer Hof- und Landbaumeister errichtete.[8] Sein 1584–1593 gebautes Stuttgarter Lusthaus[9] gilt als eine in der Stilepoche der deutschen Renaissance einmalig dastehende Leistung.

Im Jahr 1578 kam der damals 20-jährige Heinrich Schickhardt[10] zu Georg Beer in die Lehre und wurde dessen unentbehrlicher Mitarbeiter. Es ist davon auszugehen, daß Schickhardt neben dem Bau des Collegium Illustre – heute Wilhelmsstift – in Tübingen auch an anderen prominenten Bauvorhaben beteiligt war, mit denen die Herzöge Ludwig und Friedrich ihren Baumeister Beer betraut haben.

Eine ungewöhnliche Freundschaft

Am herzoglichen Hof in Stuttgart wuchs in diesen Jahren der spätere Herzog Friedrich I.[11] heran. Als designierter Thronfolger erhielt er eine hervorragende Ausbildung, studierte eine Zeitlang an der Universität Tübingen und konnte

auf weiten Reisen fremde Länder und Menschen kennenlernen und so seinen Horizont wesentlich erweitern.
Noch vor seiner Regierungsübernahme im Jahre 1593 ist Friedrich dem etwa gleichaltrigen Heinrich Schickhardt begegnet. Die beiden jungen Männer müssen verwandte Geister gewesen sein. Der gemeinsame evangelische Glaube und humanistische sowie literarische Interessen verbanden sie. Auch Schickhardt trieb es zeit seines Lebens auf Reisen. Kein Wunder also, daß die beiden sich, soweit der Standesunterschied es zuließ, anfreundeten. So sind gemeinsame Reisen nach Ungarn, Frankreich und Italien[12] bekannt. Schickhardt war zuvor schon[13] allein in Italien gewesen.
1608 machte der Herzog seinen Vertrauten Schickhardt zu seinem Hof- und Landbaumeister.

Herzog Friedrich I. von Württemberg.

Wichtige Aufgabe: Mömpelgard

Schon zuvor hatte er ihn mit Aufgaben betraut, die ihm am Herzen lagen, z. B. in der Grafschaft Mömpelgard.
Friedrich nahm Schickhardt 1590 zum ersten Mal mit nach Mömpelgard. Dort sollte er eine neue Siedlung bauen, die den Zustrom der Glaubensflüchtlinge aus Frankreich aufnehmen konnte.
Die Schickhardtsche Siedlung in Mömpelgard war bestimmt durch gerade Straßen mit rechtwinkligen Kreuzungen, rechtwinkligen Baublöcken[14] und einheitlichen Traufhäusern.

Reisen bildet:
Die gemeinsame Italienreise 1599/1600

Schickhardts Notizen, die er nach einem Besuch von Ferrara gemacht hat, zeigen deutlich, was ihn dabei besonders beeindruckt hat: „Am größten theil der Statt aber, besonders in der gegene umb den neuen Marckt, hat es schöne gerade lange weite Gassen ... alles schnurgerade – in so schöner Ordnung gebaut, das es eine Lust zu sehen ist.“ Und nach seinem Besuch in Livorno notierte Schickhardt: „Alle Häuser der Neuwen Staat hat der Großhertzog schön und Lustig, auch alle einander gleich anzusehen, in seinem kosten erbauwen lassen.“[15] Also schöne, lange, schnurgerade Gassen, und alle Häuser einander gleich, dies fiel Schickhardt auf. Und die hierin zum Ausdruck kommende städtebauliche Konzeption gefiel ihm offenbar. Sie kann ihn jedoch nicht überrascht haben; denn Schickhardt besaß die wesentlichen Werke italienischer Meister über Architektur und Städtebaukunst.

Ordnung, Schickhardts Lieblingswort

Der Begriff der Ordnung begleitete das Schaffen Schickhardts sein Leben lang. Als er Schiltach nach einem Brand im Jahre 1590 wieder aufzubauen hatte, schrieb er über die Stadt, sie sei „zuvor ganz ohnordentlich gebaut gewesen“ und sei dann „in guter Ordnung erbaut worden“.

Unter Ordnung verstand Schickhardt im Gestalterischen ganz wesentlich eine geometrische Regelmäßigkeit.[16] Diese stellte aber nicht nur, wie z. B. hier beim Wiederaufbau von Schiltach – und 25 Jahre später von Oppenau – etwa unter dem Gesichtspunkt des Brandschutzes ein wichtiges Kriterium für ihn dar, sondern sie entsprach auch seinem Lebensgefühl und Stilempfinden.

Herzog Friedrich, der Stadtgründer

Als für Friedrich die Gründung einer Stadt im Nordschwarzwald feststand, beauftragte er mit dieser Maßnahme nicht den herzoglichen Baumeister Georg Beer, sondern Heinrich Schickhardt.
Offenbar hatten sich die beiden auch in ihren städtebaulichen Vorstellungen und in ihrem ästhetischen Empfinden angenähert; möglicherweise eine Frucht ihrer gemeinsamen Reisen, insbesondere nach Italien. Nur so ist es zu erklären, daß der Herzog Schickhart zugebilligt hat, der Planung für die neue „Stadt bei St. Christophstal" die gleichen Prinzipien zugrundezulegen, die er schon bei der Mömpelgarder Neustadt angewandt hatte, nämlich Geradlinigkeit, Rechtwinkligkeit und Einheitlichkeit. Diese Eigenschaften gehen aus allen Plänen hervor, die für die Stadtanlage von Freudenstadt bekannt sind. Dabei kommt es in diesem Zusammenhang nicht auf Einzelheiten dieser Pläne an; also z. B. ob in dem einen oder anderen der wohl acht bekannten Pläne Baublöcke, also Anwesen „mit Hof und Gertle" vorgesehen waren oder Häuserzeilen, an deren Vorder- und Hinterfront unmittelbar Gassen vorbeiführten, oder ob eine drei- oder eine fünfzeilige Bebauung vorgesehen war,[17] ja nicht einmal, wo das vorgesehene Schloß und die anderen öffentlichen Gebäude, wie Kirche, Kaufhaus, Rathaus und Spital, liegen oder wie die Befestigung der Stadt beschaffen sein sollte.

Utopien in Wort und Bild

Freudenstadt wird immer wieder in die Reihe der Idealstädte eingeordnet, ja, es gilt gleichsam als Verwirklichung einer Utopie.[18] Der Begriff der „Utopia" wurde 1516 von dem englischen Gelehrten und Staatsmann Thomas Morus[19] in die neuzeitliche Literatur eingeführt. Seine Idealstadt, von der es keine bildliche Darstellung gibt, wird von ihm als fast quadratische, gutbefestigte Anlage am Hang eines Berges beschrieben. Die Straßenführung ist zweckmäßig. Das Hauptaugenmerk des Autors ist den Wohnhäusern gewidmet. Sie sind dreigeschossig, ansehnlich, einander gleich und in parallelen Zeilen angeordnet. An der Rückseite besitzen sie Gärten.[20]
Im Jahre 1527 veröffentlichte Albrecht Dürer[21] in seinem Werk „Etliche underricht zu befestigung der Stett, Schlosz und Flecken", das unter dem Begriff „Dürers Befestigungslehre" bekannt geworden ist, einen Plan für eine quadratisch angelegte Stadt.[22] Darin sind in Blöcken gegliederte Gebäudegruppen verschiedener Größe um einen nicht überbauten quadratischen Platz angeordnet. Die an allen vier Seiten der Stadtmauer in die Stadt führenden Straßen werden auf diesem Platz miteinander verbunden. Während dieser Plan kein Schloß vorsah, zeigte Dürer einige Seiten vorher[23]einen anderen Plan für ein „fest schloß". Dort umgeben detailliert beschriebene, umfangreiche Befestigungsanlagen einen großen quadratischen Platz, in dessen Mitte ein Schloß eingeplant ist. Auf der umgebenden Freifläche vermerkte Dürer: „Das ist der Platz darauf man für des Künigs volck die hewser sol pawen."
Der eine der Dürerschen Pläne erinnert an Schickhardts ersten Entwurf für Freudenstadt, der noch nicht die Zeilen-, sondern die Blockbauweise vorsah. Und der andere weckt mit der Lage des Schlosses und der sich auch hier um den Platz gruppierenden, nur schriftlich angedeuteten Bebauung „für des Künigs volck" Assoziationen zu Schickhardts späteren Plänen. Die Verwirklichung von Dürers beiden Plänen ließ sich also sowohl einzeln als auch miteinander kombiniert denken.[24]
Schon die zeitliche Nähe zwischen dem Erscheinen von Thomas Morus' Utopia (1516) und Dürers Befestigungslehre (1527), aber auch manche Ähnlichkeit der dort dargestellten Städte legt die Vermutung nahe, daß Albrecht

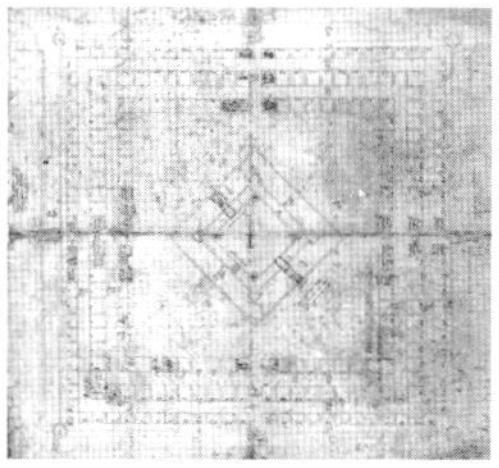

Schickhardts Planentwurf für Freudenstadt mit dreizeiliger Bebauung und Schloß in der Mitte.

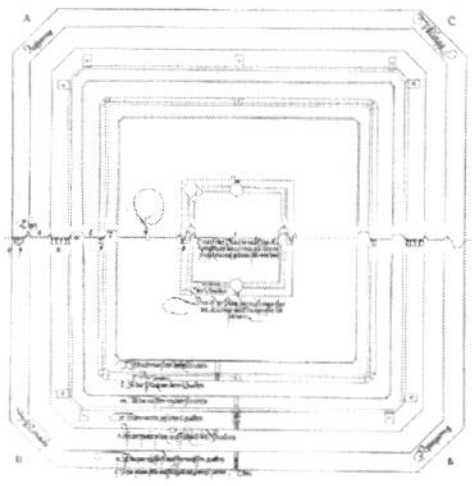

Dürers Plan für ein „fest schloß".

Dürers Pläne – Vorbild für Freudenstadt?

Dürer das Stadtkonzept von Thomas Morus gekannt hat.
Dieser hatte sein Buch Utopia dem Erasmus von Rotterdam,[25] einem der großen Humanisten jener Zeit, gewidmet,[26] mit dem Albrecht Dürer während einer langen Reise in die Niederlande regen geistigen Austausch pflegte.[27] Es liegt also nahe, daß Erasmus mit Dürer über sein und das ihm kurz zuvor gewidmete Werk des Thomas Morus gesprochen hat und über ihre beiderseitigen Vorstellungen von einer idealen Stadt.

Auch exotische Wurzeln?

Die mexikanische Stadt Tenochtitlán – Anregung für Dürers Befestigungslehre.

Höchstwahrscheinlich hat Dürer auf seiner niederländischen Reise noch eine weitere Anregung für das in seiner Befestigungslehre veröffentlichte Stadtschema erhalten. Während seines Aufenthalts in Brüssel im Jahre 1520 hatte er Gelegenheit, die von dem spanischen Eroberer Hernando Cortéz[28] seinem König, dem deutschen Kaiser Karl V., aus Mexiko übersandten Schätze zu besichtigen.[29] Ob sich unter den von Dürer damals besichtigten Gegenständen auch die von Cortéz an Karl V. gesandte Skizze mit dem Grundriß der mexikanischen Stadt Tenochtitlán[30] befand, geht aus seinem niederländischen Tagebuch nicht hervor. Allerdings wird diese Kartenskizze vier Jahre später in Nürnberg mit angeblicher Beteiligung Albrecht Dürers oder einem seiner Brüder gedruckt.
Die Planskizze der Stadt Tenochtitlán stellt eine auf einer fast runden Insel liegende Stadt dar.[31] Sie hat vier Eingänge, die auf Steindämmen zu erreichen sind. Die Straßen sind sehr breit und geradlinig. Die Stadt hat mehrere Plätze, wo Markt gehalten wird. Auf einem großen Platz in der Mitte erhebt sich eine Doppelpyramide mit zwei Tempeln. Bei aller Besonderheit der Stadtanlage von Tenochtitlan ist eine Ähnlichkeit mit dem von Dürer in seiner Befestigungslehre veröffentlichten Stadtgrundriß nicht zu übersehen.
Heinrich Schickhardts Ordnungssinn ist bereits aus anderem Zusammenhang bekannt. Dank dem von ihm geführten Bücherverzeichnis[32] ist überliefert, welche Bücher er besaß,[33] u. a. auch Dürers Befestigungslehre.

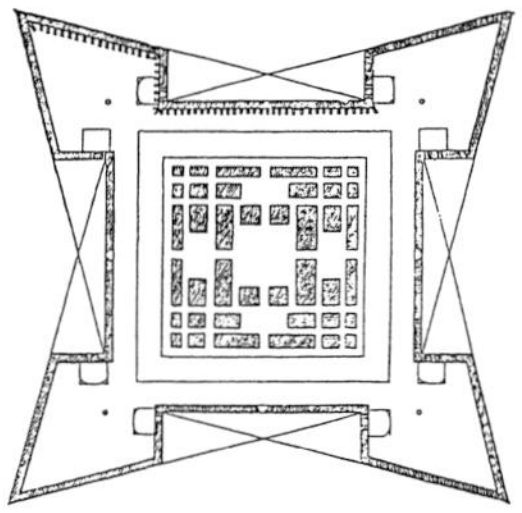

Stadtentwurf von Pietro Cataneo (1564).

Italienische Einflüsse

In dem Bücherverzeichnis Schickhardts sind neben anderen italienischen Architekturbüchern auch Werke von Pietro und Girolamo Cataneo aus den Jahren 1564 und 1584 über den Städte- und Festungsbau[34] aufgeführt. Beide enthalten Darstellungen befestigter quadratischer Städte mit mühlenbrettartig angelegten Straßen, die an die Pläne in Dürers Befestigungslehre erinnern. Es ist kaum vorstellbar, daß ihren Urhebern diese nicht bekannt waren.
In einer Zeit, die sich wie die Renaissance – und besonders die italienische – auf die Ideale des klassischen Altertums zurückbesann, spricht viel dafür, daß zumindest in Italien noch Reste alter römischer Städte, Legionslager oder Kastelle erhalten und bekannt waren, die weitgehend nach dem gleichen Muster gebaut waren:[35] block- oder zeilenartig angeordnete Gebäude um einen quadratischen oder rechteckigen Platz, die von einer Befestigungsanlage umrandet wurden. Die Schnittpunkte von Straßen und Befestigungsanlagen waren durch Tore, die Eckpunkte der Befestigungsanlagen mit Türmen gesichert.
Es liegt nahe, daß das Wissen um solche Anlagen in die Pläne Dürers und die der italienischen Autoren eingeflossen ist.

Welche Funktion hat der Herzog der neuen Stadt zugedacht?

Der konkrete Auftrag, mit dem Herzog Friedrich seinem Vertrauten Schickhardt die Planung der neuen Stadt übertrug, ist nicht bekannt. Auch ist umstritten, welche Funktion er der zu bauenden Stadt zugedacht hat.[36] Der Herzog wünschte unbedingt den von ihm ausgewählten Standort und hielt trotz der Bedenken Schickhardts daran fest. Die Stadt mußte also an der Kreuzung der bestehenden, über den Schwarzwald führenden Handelsstraßen beim St. Christophstal errichtet werden; ein Auswahlkriterium, wie es aus dem Mittelalter beispielsweise von den Zähringer-Städten[37] bekannt ist.
Für den in dieser Verkehrslage zu erwartenden Handel bedurfte es eines geräumigen Markt-

platzes und überdachter Verkaufsflächen, also etwa Laubengänge.
Die neue Stadt sollte befestigt werden. Dabei waren sich Bauherr und Baumeister offenbar nicht einig, was die veränderte Kriegskunst, insbesondere die Erfindung und Entwicklung der Feuerwaffen sowie der Übergang von den Ritter- zu den stehenden Landsknechtsheeren, gebot.[38] In diesem Zusammenhang spielte wohl auch die Frage eine Rolle, ob das vorgesehene Schloß in die äußere Befestigungsanlage integriert oder an repräsentativer Stelle inmitten der Stadt plaziert werden sollte.
Schon die Entscheidung für ein Schloß und erst recht die Wahl seines Standorts hatten ihre besondere Aussagekraft. Die Zeit der Pfalzen war längst vorbei, in der die Herrscher ihr Amt „im Umherziehen" ausgeübt hatten. Für einen vom Herzog einzusetzenden Vogt oder Obervogt, der den Sprengel zu verwalten hatte, hätte es keines Schlosses bedurft. Da hätte ein Amtshaus genügt. Die Festungen, wie z. B. die Hauptfestung in Tübingen[39] oder die Landesfestungen in Kirchheim u. T. oder Schorndorf waren Jahrzehnte früher unter anderen kriegstechnischen Voraussetzungen gebaut worden. Wenn Friedrich trotzdem weiterhin daran festhielt, in Freudenstadt ein Schloß zu bauen, dann muß er sich eine andere, zumindest eine zusätzliche Funktion dafür vorgestellt haben. Und diese könnte gewesen sein, sich und seinen Nachfolgern hier eine Residenz, eher wohl eine Nebenresidenz, einzurichten; für einen Herrscher, der aus dem Elsaß stammte, als Graf von Mömpelgard lange Zeit die westlichen Besitzungen von dort aus regiert hatte und dann als Herzog die Erweiterung seines Landes im Nordschwarzwald und im westlichen Schwarzwaldvorland ins Auge gefaßt oder bereits verwirklicht hatte, eine verständliche Absicht.[40]

Keine Platzverschwendung!

In jeder befestigten Stadt war der Grund und Boden wertvoll. In einer Residenzstadt, in der möglichst viele Handwerker und Kaufleute, aber auch die Ministerialen, das Hofgesinde und Kriegsleute wohnen sollten, galt dies noch in besonderem Maße. So wird verständlich,

Entwurfskizze für das Freudenstädter Schloß (H. Schickhardt zugeschrieben).

daß der Herzog sich gegen die Verschwendung des wertvollen Bodens durch die Anlage eines „Hof und Gertle" bei jedem Haus wandte. Wenn der Grund und Boden aber nur durch den Bau von Wohnhäusern genutzt werden sollte, dann kam – wegen der Licht- und Luftverhältnisse – keine Block-, sondern nur eine Zeilenbebauung in Betracht.
Das Schwanken zwischen den verschiedenen Größen des Stadtgebiets und zwischen einer drei-, vier- oder fünfzeiligen Bebauung[41] zeigt, daß sich die Vorstellung des Herzogs über die künftige Einwohnerzahl seiner Stadt wiederholt geändert hat.
Die genannten Folgerungen, die sich aus den verschiedenen Planänderungen ziehen lassen, zeigen, daß der Herzog nicht aus architektonischen oder ästhetischen Gründen auf der Änderung von Schickhardts Plänen bestand, sondern weil er während der Planungs- und Bauzeit sein Konzept für die Stadt und ihre Funktion immer wieder geändert haben muß. Daß Schickhardt zu Beginn über kein Konzept verfügte, ist bei einem so erfahrenen Baumeister, wie er es zu dieser Zeit schon war, nicht anzunehmen. Schickhardt begann mit Sicherheit nicht mit seiner Planung oder gar dem Bauen, bevor er nicht ein Konzept für die Aufgabenstellung der Stadt, ein klares Funktionsprogramm, aus dem Herzog und seinen Beratern „herausgefragt" hatte. Daß sich dieses dann während der Planungs- und Bauzeit doch noch in mehrfacher Hinsicht und teilweise sehr wesentlich geändert hat, läßt erkennen, daß dies nicht aus reiner Fürstenwillkür sondern aufgrund politischer und wirtschaftlicher Veränderungen geschah.

Bau der Viereckstadt – eine Utopie?

Heutzutage, in einer Zeit fast unbeschränkter technischer Möglichkeiten, ist kaum noch

Verwirklichung einer Utopie: Die Gründung Freudenstadts.

jemand in der Lage, den Begriff Utopie mit der Stadtplanung und dem Städtebau in Verbindung zu bringen. Es gibt kaum ein Problem im Städtebau, das der menschliche Erfindergeist – abgesehen von einer möglichen Unfinanzierbarkeit und dem Widerstand Betroffener – nicht lösen kann.

Aber für Schickhardts Zeit gab es im Städtebau noch Utopien. Allein schon eine Baumaßnahme in der vorgesehenen Größenordnung muß für die damalige Zeit eine Utopie gewesen sein. Seit Menschengedenken war weit und breit keine Stadt mehr gegründet worden.[42] Denn man brauchte sie nicht. Es gab, insbesondere in Südwestdeutschland,[43] schon genug, ja zu viele Zwerg- und Kleinststädte, die ohne größere Chancen im schon bestehenden Netz städtischer Mittelpunkte waren.[44] Und wenn eine Neugründung nicht etwa als Weiterentwicklung eines vorhandenen Dorfes oder als Ergänzung einer bestehenden Burg gedacht war, sondern wenn, wie man heutzutage sagt, „auf der grünen Wiese" oder hier „im finsteren Wald" gebaut werden sollte, dann war die Verwirklichung einer solchen Vorstellung vollends unvorstellbar, sie war eine Utopie.

Wenn die Versorgungseinrichtungen einer Stadt von damals auch nicht an den heutigen Maßstäben zu messen sind, die Einwohner benötigten Trink-, Brauch-, aber auch Löschwasser. Und in einer so kargen Gegend wie dem Nordschwarzwald war die Versorgung mit Lebensmitteln nicht unproblematisch. Eine Eigenversorgung kam nur in sehr geringem Umfang in Betracht. Schließlich wollte der Herzog keine Ackerbürger[45] in der neuen Stadt haben. Und woher sollten die Bauhandwerker kommen, wo während der Bauzeit wohnen, wie versorgt werden?

Eine Stadt, wie sie sich aus den verschiedenen Plänen Schickhardts ergab und wie sie in Freudenstadt verwirklicht wurde, gab es in dieser oder einer ähnlichen Form in Deutschland noch nirgends.[46] Dürers in seiner Befestigungslehre veröffentlichter Stadtgrundriß war eine Vorstellung, die bis dahin nie und nirgends (= u topo) so verwirklicht worden war und die hierzulande kaum jemand, außer Dürer[47] selbst, für realisierbar hielt. Insofern stellte die Entwicklung von Dürers Plan über die mutmaßlichen Überlegungen des Herzogs für eine Stadtgründung über Schickhardts im Jahr 1599 gefertigten Pläne bis zum ersten Spatenstich eine große Utopie dar. Erst mit der Umsetzung „im Walde ob dem St. Christophstal" wurde aus der Utopie Wirklichkeit.

Das Mittelalter kannte keine Utopien

Utopie, dies war ein gedankliches Konstrukt, das in der geistigen Welt des Mittelalters noch gar nicht möglich war. Für den mittelalterlichen Menschen war Gottes Gerechtigkeit in den Ordnungen des Lebens gegenwärtig. Eine innerweltlich bessere Ordnung konnte darum nicht eine grundsätzlich andere sein.[48] Da Thomas Morus mit der Schilderung seiner Idealstadt bewußt eine Anregung für eine neue Form menschlichen Zusammenlebens hienieden geben wollte, ist er von dieser für das Mittelalter charakteristischen Geisteshaltung abgerückt.

Auf der nächsten Sprosse der Leiter von der Utopie zur Verwirklichung steht Albrecht Dürer. Er stand mit seinem künstlerischen Anfangswerk noch im Mittelalter, entwickelte sich, ganz wesentlich auch unter dem Einfluß von Reisen nach Italien, von der spätgotischen Vielteiligkeit und Linienbetonung weg, hin zu renaissancehafter Einheitlichkeit und Körperhaftigkeit. Zum verbreitetsten Wissen über Dürer gehört, daß er seinen Darstellungen von Menschen nicht mehr nur überkommene Vorstellungen zugrundelegte, sondern daß er den Menschen selbst maß und Proportionen sowie Winkel am menschlichen Körper ermittelte[49] und die Ergebnisse in seinen Bildern verwertete.

Dieser Künstler also hatte einen genial einfachen und wie die wiederholte Verwendung seines Grundschemas in der damaligen italienischen und wohl auch französischen Fachliteratur zeigt, offensichtlich einleuchtenden und funktionsgerechten Stadtplan entworfen und in seiner Befestigungslehre veröffentlicht. Die Übernahme wesentlicher Grundprinzipien dieses Planes durch den damals schon erfahrenen Heinrich Schickhardt, ihre Billigung durch den intelligenten und nicht nur ästhetisch, sondern auch funktional denkenden Herzog Friedrich und letztlich ihre Bewährung in vier Jahrhun-

derten[50] dürften Beweis genug für die Qualität und Weitsicht des von Dürer entwickelten Konzeptes sein.
Seine Entstehungszeit und seine Herstellung durch einen Renaissance-Künstler allein machen ihn noch nicht zu einem Renaissance-Produkt. Doch dieser Plan trägt auch die Handschrift der Renaissance. Er ist „einfach, geradlinig, logisch", aber eben auch „nüchtern".[51]

Nicht die Kirche, das Schloß soll im Mittelpunkt stehen

Während im Mittelalter die Kirche, der Dom, das Münster im Mittelpunkt einer Stadt stand, ist dies in keinem von Schickhardts Plänen für Freudenstadt vorgesehen.[52] Im ersten Entwurf ist die Mitte der Stadt noch völlig frei gehalten. In späteren Plänen[53] wurde das zunächst an einer Ecke der äußeren Befestigungsanlagen vorgesehene Schloß mitten in den großen Marktplatz hineingeplant, wo es kaum mehr Verteidigungswert besaß.
Diese Änderung konnte nicht nur architektonische oder ästhetische Gründe haben. Sie war wie nur wenige Planänderungen kennzeichnend für das Selbstverständnis des Herzogs: Er, er war der Fürst, der große, mächtige Fürst. Alle Welt sollte es an seinem Schloß und an dessen herausragender Lage inmitten seiner neuen Stadt ablesen können.

Herzog Friedrich war ein gläubiger evangelischer Christ. Seine Politik, ausgeprägte Machtpolitik war wesentlich bestimmt von seiner Stellung als evangelischer Fürst. Er hätte es sicherlich als Gotteslästerung empfunden, eine Stadt ohne Gotteshaus zu bauen. Aus der Anordnung der Freudenstädter Kirche in einer der vier Ecken des Marktplatzes läßt sich jedoch ableiten, daß er sie nicht mehr, wie es noch im Mittelalter der Fall gewesen wäre, als das Herausragende betrachtete, sondern sie war im Grunde nur noch eine von mehreren öffentlichen Einrichtungen, die zumindest nach ihrer Plazierung auf einer Stufe mit den in den anderen drei Ecken des Marktplatzes geplanten Institutionen stand, also mit dem Rathaus, dem Kaufhaus und dem Spital.

Zwar war sie mit Sicherheit prächtiger, als die anderen drei ebenfalls in Winkelhaken-Bauweise vorgesehenen Gebäude wurden oder werden sollten, aber der wesentliche Unterschied in Lage, Größe und Repräsentationsausdruck sollte zwischen dem geplanten, allerdings nie verwirklichten herzoglichen Schloß und den vier Eckgebäuden bestehen, nicht zwischen der Kirche und den drei anderen Eckgebäuden. Also auch hierin Renaissance in Reinkultur.

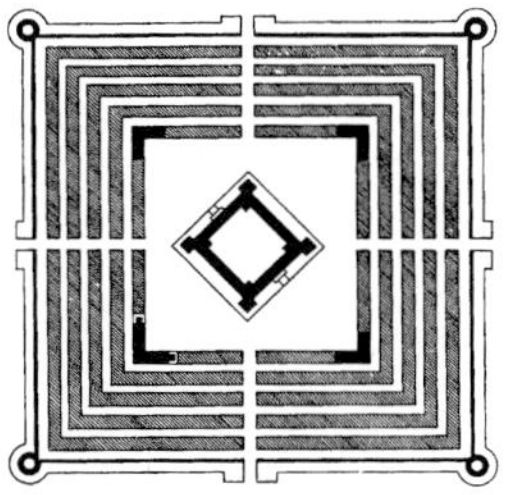

Schickhardts Stadtgrundriß (hier mit fünfzeiliger Bebauung) läßt für Phantasie keinen Raum. Wer sein Prinzip kennt, kann ihn aus dem Kopf rekonstruieren.

Die Freudenstädter Stadtkirche, ein Renaissancebau?

Die bisher getroffenen Feststellungen betrafen allesamt den unverkennbaren Renaissance-Charakter des städteplanerischen Konzepts von Freudenstadt und seiner Verwirklichung.
Dabei ist angeklungen, daß mit dem Begriff Renaissance, zumindest zunächst, weniger ein Bau- oder sonstiger Kunststil als vielmehr eine neue Art zu denken gemeint ist. Vereinfacht ausgedrückt war es der Übergang von der Jenseits- zur Diesseitsbezogenheit. In den Anfängen brachte die deutsche Renaissance noch keinen neuen Bau-, sondern nur einen Zierstil hervor. Das einzige, worin sich die Renaissance-Bauweise zunächst von der vorhergehenden spätgotischen unterschied, war das Ornamentale. Zu der Zeit, zu der die Freudenstädter Kirche gebaut wurde, war der neue Stil aber schon jahrzehntelang gang und gäbe. In Mömpelgard z. B. wurde im März 1601 der Grundstein für die von Schickhardt nach italienischen Vorbildern, aber unter Anpassung an die Anforderungen des protestantischen Kirchenbaus in lupenreinem Renaissance-Stil gebaute Martinskirche gelegt. Zwei Monate danach legte Herzog Friedrich den Grundstein für die neue Kirche in Freudenstadt.
Die an der Mömpelgarder Martinskirche ins Auge springende beinahe puristische Einheitlichkeit und Klarheit fehlt der Freudenstädter Stadtkirche völlig. Sieht man aus der Ferne ihre beiden Kirchtürme mit ihren welschen Hauben, geht man davon aus, es mit einer Renaissance-Kirche zu tun zu haben. Die in den beiden ersten Geschossen quadratischen und dann ins

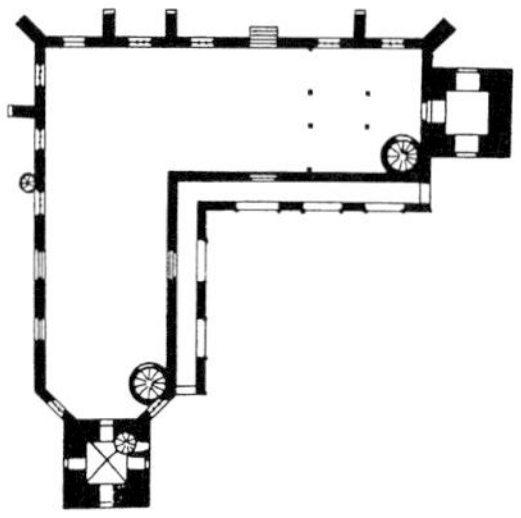

Grundriß der Freudenstädter Stadtkirche.

Martinskirche in Mömpelgard: Gleichzeitig mit der Freudenstädter Stadtkirche gebaut.

Achteck übergehenden Türme hätten aber geradesogut auch einen gotischen Turmhelm tragen können.[54] Das Kirchengebäude erweckt aus der Nähe Zweifel, ob es noch ein Werk der Gotik ist oder schon der Renaissance sein will. Die Spitzbogenfenster sprechen für das eine, die Laubengänge mit den breit angelegten Bögen, vor allem aber die Gestaltung des toskanischen Säulenportals auf der Marktplatzseite,[55] für das andere. Das Innere der Kirche weckt ähnlich zwiespältige Gefühle. Die Winkelhakenform erlaubte auf natürliche Weise, den für eine evangelische Kirche überflüssig gewordenen „Priesterraum", den Chorraum, entfallen zu lassen.[56] Und doch ergab sich in dem den beiden Kirchenschiffen gemeinsamen Winkel ein für die Aufstellung von Kanzel, Kreuz, Altar und Taufstein geeigneter Bereich. Die Decke der Kirche war mit einem eindrucksvollen gotischen Rippengewölbe geschmückt. Auf den prächtigen Schlußsteinen waren im Gegensatz zur Gotik keine religiösen Motive dargestellt, sondern Wappen und Orden, die der Verherrlichung des Herzogs, seiner Vorfahren[57] und seiner Verbündeten dienen sollten. Die Wappen seiner Amtsstädte und Klosterherrschaften symbolisierten die Ausdehnung und den Machtbereich seines Herzogtums.[58]

Es wird kaum mehr zu klären sein, ob die Stadtkirche nur deshalb so gotisierend gebaut wurde, um den Eindruck einer altehrwürdigen Kirche zu erwecken und damit die Tradition des Hauses Württemberg zum Ausdruck zu bringen,[59] oder ob sie für die Gemeindemitglieder, die ja alle aus nah und fern neu zugezogen waren, durch die Aufnahme gotischer Elemente vertrauter sein sollte und so eher Heimatgefühle vermitteln und zufriedenere und damit fleißigere Bürger schaffen konnte als eine nüchterne, strenge Renaissance-Kirche.[60]

Die bunte, vielgestaltige Ausschmückung der Kirche, insbesondere die Darstellungen aus dem Alten und ihrer Entsprechung aus dem Neuen Testament, waren vom Inhalt her ein Nachklang des späten Mittelalters mit seinen Biblia Pauperum,[61] von der bunten, sinnenfrohen Gestaltung her aber schon ein Vorgriff auf das beginnende Barock. Die Umrahmung der

Die Freudenstädter Winkelhakenkirche von innen.

Fenster, Türen und Emporen mit gemaltem Kartuschenwerk, Früchten und Putten zeigte jedoch ohne Einschränkung ihren Renaissance-Charakter.

An den Gebäuden war wenig vom neuen Geist zu spüren

So sehr die Anlage der neuen Stadt dem Wesen der Renaissance entsprach, so wenig war davon in ihrem Aufbau zu erkennen, soweit dieser nicht unmittelbar durch den Grundriß bedingt war. Diese Ausnahme galt vor allem für die den Marktplatz umgebenden Laubengänge.[62] Die öffentlichen Gebäude und vor allem die Bürgerhäuser waren sowohl im Äußeren wie in ihrer Raumaufteilung noch mittelalterlich.
Aber auch dies war typisch für die neue Zeit: Der Stadtgrundriß (und das geplante Schloß) sollten für alle erkennbar das Werk und Aushängeschild des Fürsten sein. Dies galt auch noch für die vom Fürsten gebaute Kirche. Die übrigen Gebäude waren ihm und seinem Baumeister offenbar nicht so wichtig. Dies galt besonders für die Bürgerhäuser und ihre Bewohner, soweit es nicht um ihre Nutzbarkeit für die politischen und wirtschaftspolitischen Ziele des Herzogs ging.
Wenn die Renaissance zuweilen als die Zeit des erwachenden Bürgertums[63] bezeichnet wird, so gilt dies in erster Linie für das Bürgertum in den freien Städten und dort nur für das Großbürgertum. Nur diese Bürger waren wohlhabend und konnten Pracht entfalten. Das Kleinbürgertum hingegen lebte weiterhin einfach und bescheiden wie in den Jahrhunderten zuvor. Dies traf erst recht für die Freudenstädter Bürger zu, die ja allesamt Neubürger waren und noch kaum die Möglichkeit hatten, zu Wohlstand zu gelangen.
Unabhängig davon galt beim Bau der Wohnhäuser in Freudenstadt der Grundsatz der Einheitlichkeit. Sie wurden im unauffälligen, herkömmlichen Stil gebaut, also das Erdgeschoß in Stein und die Obergeschosse in Fachwerkbauweise. Die württembergische Bauordnung von 1568[64] hatte Erker, Türschöpfe, Ausladungen und Ausstöße zum öffentlichen Straßenraum[65] hin untersagt. Die einfachen, bescheidenen Giebelhäuser, die jeder Eigentümer, wenn auch mit Unterstützung des Herzogs, selbst finanzieren mußte, konnten bei aller Genialität des Stadtgrundrisses keine großzügige Wirkung erzeugen.[66]

Schmucklos und schlicht die Häuser: nichts von sinnenfroher Renaissance.

Eine Würdigung besonderer Art: Christianopolis

Wenn heutzutage ein Architekt oder Städtebauer sein Werk vollendet hat und in einer Fachzeitschrift lobend erwähnt findet oder wenn ihm gar eine prominente Auszeichnung dafür verliehen wird, dann weiß er, es ist ihm etwas geglückt, was beispielgebend ist.
Etwas Ähnliches muß Schickhardt im Jahre 1619, also zu Beginn des Dreißigjährigen Krieges, erlebt haben. Damals veröffentlichte sein ihm wohlbekannter Herrenberger[67] Landsmann, Johann Valentin Andreae[68] das Werk „Christianopolis".[69] Die darin beschriebene und abgebildete[70] Christenstadt, ist eine Stadt für religiös Verfolgte. Sie ist quadratisch angelegt, hat vier Tore und vier dreigeschossige Häuserzeilen, die sich um einen quadratischen Markt legen. Sie ist mit Wällen und Eckbastionen versehen. Die Häuser besitzen zur Straße hin Arkaden und auf der Rückseite kleine Gärten. Der Platz in der Mitte der Stadt wird von einem runden Gebäude eingenommen, das dem Gottesdienst vorbehalten ist. Die Stadt Christianopolis weist in ihrem Grundriß verschiedene ins Auge springende Ähnlichkeiten mit Schickhardts Plänen für Freudenstadt auf.
Andreaes Utopie zielte auf eine lutherisch-republikanisch-ständische Verfassung auf der Grundlage der Armut und Gleichheit. Große Bedeutung maß er den Wissenschaften, vornehmlich der Mathematik und den Naturwissenschaften bei. Sie spielten für ihn eine wichtige Rolle in der Erziehung, die auf Gott ausgerichtet war, auf einen Gott des Maßes, der Klarheit und der Ordnung.[71] Eine Vorstufe und ein Abbild dieser göttlichen Ordnung hat Andreae in seiner Christianopolis gesehen. Und für sie wiederum war das damals junge Freudenstadt städtebauliches[72] Vorbild – jenes Freudenstadt, das mit seinen Wurzeln hineinreichte in einen Großteil der Strömungen und Entwicklungen, die in ihrer Summe die deutsche Renaissance geprägt haben.

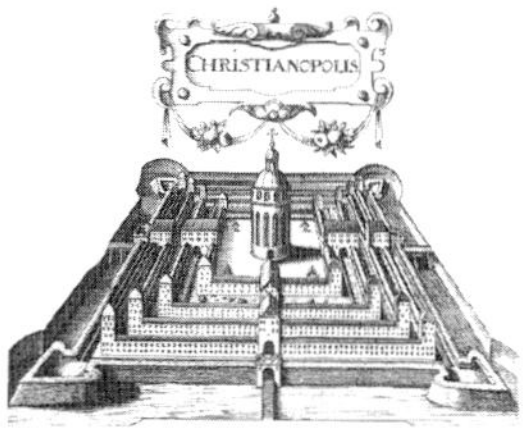

Modell der von Andreae zur Illustration seiner Staatsutopie ersonnenen Stadt Christianopolis.

Anmerkungen:

[1] Wilhelm Müseler, „Deutsche Kunst im Wandel der Zeiten", Berlin, 1970, S. 17

2 Der Nordturm wurde 1439 fertiggestellt. Ein 1483 gefertigter Entwurf für den Südturm kam nie zur Ausführung (Walter Hotz, „Handbuch der Kunstdenkmäler im Elsaß und in Lothringen", 3. Auflage, München, Berlin 1976, S. 261)

[3] Kaiser Maximilian I. gilt als „der letzte Ritter". Er hat von 1493 bis 1519 regiert.

[4] Eugen Gradmann, „Kunstwanderungen in Württemberg und Hohenzollern", Nachdruck der dritten Auflage, Stuttgart, 1955, S. 344. Die Pläne für diese Baumaßnahme stammten von Georg Beer, die Bauleitung hatte Heinrich Schickhardt (Adolf Schahl, „Heinrich Schickhardt – Archi- tekt und Ingenieur", veröffentlicht in „Zeitschrift für Württembergische Landesgeschichte", XVIII. Jahrgang, Stuttgart, 1959, S. 15–85, hier S. 30; im folgenden zitiert „Schahl").

[5] Werner Fleischhauer, „Renaissance im Herzogtum Württemberg", Stuttgart, 1971, S. 286

[6] Diese Regelung galt vom Augsburger Religionsfrieden, 1555, bis zum Ende des Dreißigjährigen Kriegs, 1648.

[7] Hans Koepf, „Schwäbische Kunstgeschichte", Band 4, „Renaissance, Barock, Klassizismus", Stuttgart, 1965, S. 7 ff.

[8] Koepf, a. a. O., S. 9

[9] Es ist im Jahre 1902 als Theater abgebrannt

[10] 1558 - 1635

[11] 1557 - 1608

[12] 1599 - 1600

[13] 1598

[14] Der bedeutendste Kunshistoriker Julius Baum (er war später Ordinarius für Kunstgeschichte an der Technischen Hochschule Stuttgart und danach Direktor des dortigen Württembergischen Landesmuseums) nannte diese Anordnung überspitzt kritisch ein „primitive(s) System der Aneinanderreihung rechtwinkliger Baublöcke" („Forschungen über die Hauptwerke des Baumeisters HEINRICH SCHICKHARDT in Freudenstadt, Mömpelgard und Stuttgart, sowie über die Schlösser in Weikersheim und Aschaffenburg"; Straßburg, 1916, S. 20; im folgenden zitiert „Baum"). Seine Verbundenheit mit Freudenstadt wird deutlich in dem Nachruf, den ihm Hans Rommel in den FH vom 14. Januar 1961 gewidmet hat: „.. bis zuletzt verblieb der gütige, weise und abgeklärte Gelehrte ein Freund unserer Stadt."

[15] Beide Notizen sind zitiert nach Schahl, a. a. O., S. 21

[16] Schahl, a. a. O., S. 22

[17] Die endgültige Bebauung wurde nach dem Tode von Herzog Friedrich auf vier Häuserzeilen festgelegt (Fleischhauer, a. a. O., S. 292).

[18] Hanno-Walter Kruft, „Städte in Utopia – Die Idealstadt vom 15. bis zum 18. Jahrhundert zwischen Staatsutopie und Wirklichkeit", München, 1989, insbesondere in dem Kapitel „Zwischen Utopia und Chistianopolis: Freudenstadt", S. 68 bis 81.

[19] 1477 oder 1478 – 1535. Der Titel seines Buches lautet: „Libellus.... de Optimo Reipublicae Statu, deque Nova Insula Utopia", also etwa „Büchlein über den besten Staat und über die neue Insel Utopia", Löwen, 1516

[20] Kruft, a. a. O., S. 68

[21] 1471 – 1528

[22] Bogen E I v

[23] Bogen D III

[24] Eine solche Kombination ist in dem Modell zu erblicken, das in der „Baustilfibel" von Heriberg Kürth und Aribert Kutschner, Berlin, 1978, S. 135, abgebildet ist

[25] 1466 – 1536

[26] Dies geschah nicht ohne triftigen Grund: Im Erscheinungsjahr von Thomas Morus' Utopia hatte Erasmus die „Anweisungen für den christlichen Fürsten („Institutio Principis Christiani") veröffentlicht , einen leidenschaftlichen Aufruf zu Frieden und Vernunft in der Politik. Und dieses Anliegen des Erasmus wollte Thomas Morus mit seinem Werk nachdrücklich unterstreichen (John Carter/ Percy H. Muir, „Bücher, die die Welt verändern", München, 1976, S. 118).

[27] Albrecht Dürer, „Das Tagebuch der niederländischen Reise", Einleitung und Anmerkungen von J.-A. Goris und G. Marlier, Brüssel, 1970 (im folgenden „Tagebuch"), S. 15, 48, 60 und 66.

[28] 1485 – 1547

[29] Tagebuch, S. 65

[30] Im Gebiet des heutigen Mexico City

[31] Karl Gutbrod, „DuMonts Geschichte der frühen Kulturen der Welt", Köln, 2. Auflage, 1978, S. 385 ff. Neben der Skizze hat Cortéz seinem König auch noch eine Beschreibung der Stadt geschickt.

[32] Wilhelm Heyd (Hrsg.), „Handschriften und Handzeichnungen des herzoglich württembergischen Baumeisters Heinrich Schickhardt", Stuttgart, 1902, S. 337 f., zitiert nach Heinrich Weizsäcker, Stadt- und Festungsbaumeister in Freudenstadt, in Württembergische Vergangenheit, Stuttgart, 1932, S. 289 – 304, hier S. 292 und 294

[33] Das Heyd bekannt gewordene Bücherverzeichnis stammt zwar aus dem Jahre 1631. Es ist also erst für diese Zeit nachgewiesen, daß Schickhardt die darin aufgeführten Bücher besaß. Doch ist davon auszugehen, daß der schon in jungen Jahren als vielseitig interessiert und bildungshungrig bekannte Schickhardt sie schon wesentlich früher erworben hat. Insbesondere Dürers Befestigungslehre war bei Schickhardts Eintritt in den Beruf schon fünfzig Jahre auf dem Markt. Und wann sonst hätte er dieses Werk und andere einschlägige Werke erwerben sollen, als v o r dem Beginn seines städteplanerischen Wirkens?

[34] Zitiert nach Kruft, a. a. O., S. 71 sowie Abbildungen 60 und 61

[35] Z. B. das Kohortenkastell in Rainau-Buch bei Ellwangen (Philipp Filtzinger, Dieter Planck., Bernhard Cämmerer, „Die Römer in Baden-Württemberg", Stuttgart, 1986, 3. Auflage, S. 494) Baum, a. a. o., S. 22

[36] Zwar hatte Herzog Friedrich die neue Stadt zunächst als Bergmanns-Siedlung im Christophstal gedacht, gab diese Idee aber bald zugunsten der Planung der Stadt auf der Höhe au (Manfred Eimer, „Geschichte der Stadt Freudenstadt", Freudenstadt, 1937, S. 10 ff., Hermann Bannasch in „Grundriß neuzeitlicher Städte II", Beiwort zur Karte IV, II des Historischen Atlasses von Baden-Württemberg und Gerhard Hertel, Ein bedeutendes Jahr für Freudenstadt, in: Heimat- und Museumsverein für Stadt und Kreis Freudenstadt (Hrsg.), Heimat- und Jahrbuch des Landkreises Freudenstadt 1997/98, Horb 1997, S. 157

[37] Z. B. Villingen („Handbuch der historischen Stätten Deutschlands", Sechster Band, Baden Württemberg, Stuttgart 1965, S. 705)

[38] Weizsäcker, a. a. O., S. 299

[39] Fleischhauer, a. a. O., S. 19

[40] Gerhard Hertel, „Freudenstadt zu Hartranfts Zeiten", Horb, 1983, S. 18 ff., insbesondere S. 28 f. und „Ein bedeutendes Jahr für Freudenstadt", a. a. O., S. 155 ff.

[41] Weizsäcker, a. a. O., S. 299

[42] Ein Blick auf die Karte „Fortentwicklung des Städtewesens bis zur Gegenwart" (Blatt IV, 5 des Historischen Atlasses von Baden-Württemberg) zeigt, daß Freudenstadt die einzige Stadtgründung im Landesteil Württemberg zumindest in der Zeit von 1500 bis 1648 war.

[43] Zu Beginn der Neuzeit lagen von 51 reichsunmittelbaren städtischen Siedlungen 31 im Schwäbischen Kreis. Daneben gab es hier überdurchschnittlich viele, nämlich 140 Landstädte (Historischer Atlas, a. a. O., Beiwort zur Karte IX,1, „Stadtherrschaft und Stadtrechtsfamilien im Mittelalter", von Michael Klein mit Vorarbeiten von Joseph Kerkhoff, S. 2)

[44] Historischer Atlas, wie vorhergehende Anmerkung

[45] Bei 287 Häusern, die 1612 bereits standen, befanden sich 18 Scheuern (Schahl, a. a. O., S. 24). Deren Eigentümer dürften aber nicht Bauern gewesen sein, sondern Handwerker, die nach der Art ihres Betriebs Fuhrwerke benötigten, also etwa Maurer, Zimmerleute, Brauer, Fuhrleute, aber auch Metzger, Hufschmiede und Viehhändler, die die Möglichkeit haben mußten, Schlacht- und Handelsvieh sowie Pferde unterzustellen und zu füttern.

[46] Es hat zwar da und dort schon Siedlungsbereiche mit regelmäßigem Grundriß gegeben, z. B. die ums Jahr 1350 angelegte Stuttgarter Hospitalvorstadt oder die Turnieracker-Vorstadt (Schahl, a. a. O., S. 22) aber eine ganze Stadt dieser Art, dies gab es vor Schickhardt nicht und dies war vorher wohl auch nicht vorstellbar.

[47] Dürers Befestigungslehre ist König Ferdinand, dem Bruder Kaiser Karls V., gewidmet. Dieser sollte nach Dürers offenbar ganz konkreter Vorstellung am Fuße eines Waldgebirges eine befestigte Stadt errichten (Weizsäcker, a. a. O., S. 297).

[48] Thomas Nipperdey, „Die Funktion der Utopie im politischen Denken der Neuzeit", in „Archiv für Kulturgeschichte 44, 1962, S. 357 – 378, hier S. 364, zitiert nach Kruft, a. a. O., S. 12 f.

[49] Albrecht Dürer vermittelte mit seinen Werken „Underweysung der Messung", Nürnberg, 1525, und „... vier Bücher von menschlicher Proportion", Nürnberg, 1527, dem nördlichen Europa erstmals die völlig neue Einstellung zur künstlerischen Schöpfung die sich in Italien während der Renaissance herausgebildet hatte (John Carter/Percy H. Muir, „Bücher, die die Welt verändern", München, 1976, S. 127 f. und „Kindlers Literatur Lexikon", Band 13, München 1986, S. 10688).

[50] Sonst wäre Freudenstadt nach seinen verschiedenen Zerstörungen, insbesondere der am Ende des Zweiten Weltkriegs, nicht immer wieder nach Schickhardts Plänen aufgebaut worden. Die einzige wesentliche Abweichung beim Wiederaufbau von 1950 – 1955 bestand darin, daß auf die frühere Bauweise einzelstehender Giebelhäuser aus wirtschaftlichen Gründen zugunsten in Reihenbauweise zusammenhängender Traufhäuser verzichtet wurde („Freudenstadt – Aus Trümmern neu erstanden. Ein Beispiel des deutschen Wiederaufbaus", o. O., o. J., (Freudenstadt 1955), S. 10)

[51] Müseler, a. a. O., S. 17

[52] Dies war für Hans Rommel ein wesentlicher Grund, einen Zusammenhang der Freudenstädter Stadtanlage mit Johann Valentin Andreaes Chistianopolis (s. das Schlußkapitel dieses Beitrags) zu verneinen („Schickhardt-Jubiläum 1958", in FH vom 14. Jan. 1961)

[53] Auf die Numerierung oder sonstige Bezeichnung der einzelnen Pläne Schickhardts wird hier verzichtet, weil sie in der Literatur nicht einheitlich ist. Baum a. a. O., S. 61

[54] Baum (a. a. O., S. 52) verweist auf die Ähnlichkeit mit den spätgotischen Türmen in Reutlingen, Tübingen, Rottenburg und Dornstetten.

[55] Fleischhauer, a. a. O., S. 288

[56] Die Freudenstädter Kirche war damit neben Mömpelgard eine der ersten chorlosen Kirchen, die wegen der unterschiedlichen theologischen Auffassung von der Realpräsenz Jesu in Brot und Wein vorwiegend in calvinistischen und weniger in lutherischen Kirchan anzutreffen sind (Schahl, a. a. O., S. 32 f.). Die Verwandtschaft der Grundrißgestaltung bei der Freudenstädter Stadtkirche und der Kirche in Dürers Idealplan wäre einer gesonderten Untersuchung wert.

[57] Genau genommen waren es nicht so sehr seine – weniger vornehmen – Vorfahren als die seines Vorgängers Ludwig (Fleischhauer a. a. O., S. 288).

[58] Fleischhauer a. a. O., S. 288 und Gerhard Hertel in „Freudenstadt zu Hartranfts Zeiten", a. a. O., S. 21

[59] Hertel, wie vorhergehende Anmerkung, und Fleischhauer, a. a. O., S. 289 f.

[60] Die Mömpelgarder Martinskirche war an der Stelle einer früheren Kirche für eine bereits bestehende Gemeinde errichtet worden. Sie hatte also nicht so sehr, wie die Freudenstädter Stadtkirche, die Funktion, eine erst entstehende Gemeinde zu integrieren.

[61] Baum, a. a. O., S. 51. Mit dem Begriff „Biblia Pauperum", Armenbibel, wurden spätmittelalterliche bildliche Darstellungen zur Belehrung der des Lesens nicht kundigen Gläubigen bezeichnet, in denen in der Regel Szenen aus dem Neuen Testament entsprechenden Geschichten und den dazugehörigen Propheten aus dem Alten Testament einander gegenübergestellt wurden.

[62] Baum, a. a. O., S. 28 ff.

[63] Müseler, a. a. O., S. 17

[64] Fleischhauer, a. a. O., S. 82

[65] Ausladungen sind Gebäudeteile, die im 1., 2., oder 3. Stockwerk eines Hauses über das Niveau der Wände des Ergeschosses hinausragen. Ein Erker ist ein vorgebautes Fenster, wobei dieser Vorbau von innen her begehbar ist. Ein Türschopf ist ein Windfang – der Schwabe sagt „Vorhäusle" dazu. Anstöße sind z. B. Köpfe von Balken, die auf der Streckpfette aufliegen, jedoch darüber hinausragen und so, ähnlich wie die Ausladungen, über das Niveau der Wände des Erdgeschosses hinausstehen. Allmenden dürfen laut Bauordnung nicht überbaut werden. Mit Allmende ist i. d. F. der der Allgemeinheit gehörende Platz, also Straßen, Wege, Gassen usw. gemeint.

[66] Fleischhauer, a. a. O., S. 292

[67] Kruft, a. a. O., S. 79

[68] 1586 – 1654

[69] Der eigentliche Titel lautet: „Rei publicae christianopolitanae descriptio", also etwa „Beschreibung des Gemeinwesens von Christenstadt".

[70] Joh. Valentin Andreae, „Christianopolis 1619", Originaltext und Übertragung nach D. S. Georgi 1741, eingeleitet und herausgegeben von Richard van Dülmen, Stuttgart, 1972, nach S. 48

[71] Gustav Jäger, „Schwabenväter als Erzieher", gedruckt als Manuskript (ohne Seitenzahlen), Murrhardt, 1982

[72] Die Einschränkung „städtebaulich", im Gegensatz etwa zu „geistig" oder „ideell", erscheint hier wichtig. Hans Rommel war in seinem Beitrag „Schickhardt-Jubiläum 1958" (FH vom 14. Januar 1961) der Idee, „Andreaes christlicher Idealstaat Christianapolis könnte in Freudenstadts Mauern zu Hause sein", mit Nachdruck entgegengetreten; und zwar mit dem Argument, in keinem der Schickhardtschen Pläne sei wie in Christianapolis der Kirche der beherrschende Platz zugeteilt gewesen. Hans Rommel hatte natürlich recht, wenn man nur auf das Fehlen einer zentral liegenden Kirche in Schickhardts Plänen abhebt. Sobald man aber fragt, warum im einen Fall die Kirche im Mittelpunkt steht und im anderen das Schloß, gelangt man auch insoweit zu einer Übereinstimmung zwischen den städtebaulichen Konzeptionen der beiden „Bauherren". Sowohl der Herzog als auch Andreae plazierten inmitten des Marktplatzes das, was sie für das Wichtigste hielten, der fromme Andreae das Gotteshaus und der absolutistische Fürst sein Schloß.

Freudenstadt und Christophstal 1599–1632

Dagmar Kraus

Herzog Friedrich I. von Württemberg, der Gründer der Stadt Freudenstadt, und seine Gemahlin Sibylla auf einer Medaille von 1593.

1599 gründete Herzog Friedrich I. von Württemberg an der Kniebisstraße zwischen Dornstetten und dem Kloster Kniebis, oberhalb der Bergwerke im St. Christophstal, eine neue Stadt, der er 1601 den Namen Freudenstadt gab.[1] Die Gründung, eine der ältesten frühneuzeitlichen Planstädte Süddeutschlands,[2] war erfolgreich, obwohl sie in einem klimatisch ungünstigen, agrarisch wenig attraktiven, schwach bevölkerten Grenzgebiet am Rande des württembergischen Territoriums lag und nicht – wie die Neustädte in Mömpelgard, Wolfenbüttel oder Hanau – im Anschluß an eine alte Residenz und als Erweiterung eines schon bestehenden bürgerlichen Gemeinwesens,[3] sondern aus wilder Wurzel im Wald errichtet wurde. Ganz in der Nähe, auf dem Rockesberg bei Unteriflingen, scheint im 13. Jahrhundert eine Stadtgründung gescheitert zu sein.[4] Freudenstadt dagegen überflügelte innerhalb von 25 Jahren nach der Ausmessung des Stadtgeländes fast alle altwürttembergischen Amtsstädte. Nach den Zahlen des 1624 von Johannes Oettinger veröffentlichten Landbuchs nahm Freudenstadt mit 463 Untertanen (etwa 2300 Einwohnern) unter den sieben größten Städten des Herzogtums hinter Stuttgart, Tübingen, Schorndorf und Kirchheim unter Teck sogar den fünften Platz noch vor Calw und Cannstatt ein.[5]
Wenn man die finanziell angespannte Situation des Herzogtums Württemberg zur Zeit Herzog Friedrichs durch die im Kaadener Vertrag vereinbarte Ablösung der österreichischen Afterlehenschaft, die Arrondierungspolitik Friedrichs durch zahlreiche Erwerbungen neuer Ämter von benachbarten Territorien, die unermüdliche Bautätigkeit und die kostspielige Hofhaltung des Renaissancefürsten sowie die krisenhafte Entwicklung am Vorabend des 30jährigen Krieges in Betracht zieht,[6] so stellt sich immer mehr die Frage nach den Rahmenbedingungen und Ursachen, die die Gründung von Freudenstadt zu einem Erfolg werden ließen.

Unter Herzog Friedrich I. (1599–1608)

Herzog Friedrich I. von Württemberg hatte 1593 die Herrschaft über das Herzogtum Württemberg angetreten. Als Regent, der alle Mittel nutzte, um seine Ideen auch in die Tat umzusetzen, hatte er sich schon als Graf von Mömpelgard (seit 1581) hervorgetan.[7] Um die Einkünfte seiner Herrschaft zu steigern, hatte er in der an der Burgundischen Pforte liegenden Grafschaft nicht nur die Landwirtschaft und den Weinbau gefördert, sondern auch Papiermühlen und eine Eisenhütte bauen lassen, die Salzgewinnungsanlagen in Saulnot errichtet und die Nutzung von Braunkohlevorkommen intensiviert. Die Stadt Mömpelgard selbst hatte er um eine Neustadt erweitert und mit Frédéric-Fontaine eine Siedlung für hugenottische Glaubensflüchtlinge anlegen lassen.[8] In der von ihm gegründeten Druckerei ließ er unter anderem die von ihm rezipierten Werke von Jean Bodin sowie Niccolò Machiavelli drucken.[9] Von althergebrachten Rechten seiner Untertanen zeigte er sich – wenn diese seinen Plänen und Anordnungen entgegenstanden – unbeeindruckt; ihre Verfechter – in Mömpelgard der städtische Magistrat – wurden im Falle eines Konflikts in der Regel abgesetzt und verhaftet.[10]
Herzog Friedrich I. gilt als Vertreter eines frühen Absolutismus, seine Wirtschaftspolitik kann als merkantilistisch beschrieben werden.[11]
Friedrichs Regentschaft in Württemberg ist geprägt von zielstrebigen landesherrlichen Eingriffen in die Struktur und Wirtschaft seines Landes.[12] Er vergrößerte das Herzogtum durch den Kauf oder Eintausch von kleinen Adelsherrschaften (Neidlingen, Pflummern, Marschalkenzimmern, Degenfeld, Kirchentellinsfurt) oder ganzen Ämtern (Besigheim, Mundelsheim, Altensteig, Liebenzell) benachbarter Fürsten, durch gewaltsame Inbesitznahme aufgrund von Rechtsansprüchen (Hirsauer Priorat

Reichenbach) oder durch Pfandschaften (straßburgische Renchtalämter Oberkirch und Oppenau). Instrumente seiner Wirtschaftspolitik waren die Errichtung von Monopolen (Eisengewinnung, -verhüttung und -handel), der Erlaß von Ausfuhrverboten (Garn, roher Flachs), die Förderung der Rohstoffveredelung (Einrichtung von Landesweberzünften), die Konzentration von Produktionszweigen an bestimmten Orten (Gründung der Leinwandfabrikation in Urach), die Erschließung und Ausbeutung von Rohstoffquellen (Bergbau), die Einführung oder Intensivierung von Sonderkulturen (Seidenzucht und -spinnerei, Anbau von Wein, Flachs und Hanf) und die Förderung des Handels (Privilegierung einer Niederlassung jüdischer Kaufleute in Neidlingen, Einrichtung von Jahrmärkten, Messen in Stuttgart und Tübingen).[13] Seinen schriftlichen Niederschlag fand dies im Erlaß von zahlreichen gesetzlichen Vorschriften für Handel und Gewerbe.[14] Unter seiner Herrschaft wurden vielfältige Baumaßnahmen in Angriff genommen, für deren Ausstattung er namhafte Künstler beschäftigte. Sein Interesse für die Naturwissenschaften, hinter dem auch der Wunsch stand, unedle in edlere Stoffe zu verwandeln, zog zahlreiche Alchemisten an seinen Hof.[15] Seine Hofhaltung war prunkvoll, er hatte ein Faible für Orden, Ehrungen und symbolische Handlungen (Hosenbandorden, Umritt um das Herzogtum 1604 mit dem Setzen der Herzogssteine).[16] Repräsentatives Beispiel für den Gestaltungswillen des Renaissancefürsten ist bis heute seine im Schwarzwald angelegte Gründung Freudenstadt.[17]

Die Investitionstätigkeit Herzog Friedrichs I. im Christophstal setzte 1594, ein Jahr nach Antritt seiner Regierung, ein.[18] Im Forbachtal und auf dem Schöllkopf war vermutlich schon im Mittelalter,[19] sicher nachweisbar jedoch seit dem frühen 16. Jahrhundert Silber- und Kupfererz abgebaut worden.[20] Vermutlich war die Hoffnung auf größere Funde an Edelmetall der Ausgangspunkt, der das Forbachtal für den Herzog zuerst attraktiv machte. Er dürfte das Bergbaurevier, das im Amt Dornstetten lag, schon aus eigener Anschauung gekannt haben. Es lag auf dem Weg von Mömpelgard und von den württembergischen Besitzungen im Elsaß nach Stuttgart an der spätestens im 13. Jahrhundert angelegten Kniebisstraße, die von Straßburg über das Renchtal und das Kniebiskloster nach Dornstetten führte, von wo aus man über Tübingen und Ulm nach Augsburg oder über Nagold und Böblingen nach Stuttgart gelangen konnte.[21] Wahrscheinlich ist dem Herzog bei seinen Kniebispassagen, 1596 hatte er dort auch Jagdglück,[22] der unerschöpflich scheinende, bislang nur extensiv durch Baiersbronn und das Waldgeding genutzte Holzvorrat bewußt geworden, den das abgelegene, an der Grenze zum Bistum Straßburg liegende, 1320 durch die Grafen von Württemberg erworbene Gebiet,[23] das bislang vor allem als ein militärisch zu sicherndes Einfallstor Straßburgs und seiner Verbündeten bekannt war,[24] aufzuweisen hatte. Hier boten sich offensichtlich – anders als in den waldärmeren württembergischen Bergbaurevieren – Möglichkeiten für einen Bergbau en gros.

Herzog Friedrich ließ – unterstützt durch Bergrat Dr. Georg Gadner, der schon unter Herzog Christoph mit Bergbaufragen betraut worden war, – neue Bergbaufachleute anwerben, den Abbau in alten Gruben wieder aufnehmen und Prämien für die Entdeckung neuer Fundplätze aussetzen.[25] Darüberhinaus setzte er eine unter der Leitung Gadners entworfene umfangreiche Bergordnung und -freiheit zur Neuordnung des gesamten württembergischen Bergbau- und Verhüttungsbetriebs samt Holznutzung in Kraft.[26] Sie sah unter anderem die Einrichtung einer landesweiten Bergbauverwaltung und die Einrichtung eines Bergamts in Christophstal vor, legte Aufgaben und Zuständigkeitsbereiche der Bergbaubeamten wie der Vertreter der Bergwerkseigner (Gewerken) fest und regelte die Arbeitszeit und die Löhne der Berg- und Hüttenarbeiter. Damit wurde bezweckt, neue Kapitalgeber für Investitionen im Christophstaler Bergbau zu gewinnen sowie die in Württemberg raren Bergbaufacharbeiter aus anderen Revieren anzulocken und auf Dauer an das Herzogtum zu binden. Hinzu traten unterstützende Maßnahmen: Friedrich I. schloß längerfristige Verträge mit finanzkräftigen Kapitalgebern über den Abbau bestimmter Gruben, Investitionsleistungen des Landesherren, Garantien für den Betrieb von Verhüttungsanlagen sowie Lieferung von Bergbaubedarf zu festgesetzten Prei-

Herzog Friedrich ließ den Abbau in alten Gruben wieder aufnehmen.

Innerhalb weniger Jahre wurde in Christophstal ein ständiges und ortsfestes Bergamt eingerichtet.

Der Bergmeister Melchior Höher sprach sich 1597 für Sparmaßnahmen im Bergbau aus.

sen ab,[27] stellte Bergbaubeamte und -arbeiter ein, betraute Ingenieure mit der Konstruktion von Wasserhebungs- und Erzförderungsanlagen und ließ neue Anlagen zur Erzverhüttung und zur Fertigung von Bergwerksbedarf erstellen.[28]
Innerhalb weniger Jahre wurde in Christophstal ein nicht mehr wie unter den Vorgängern nur kurzfristig besetztes, an wechselnden Orten tätiges, sondern ständiges und ortsfestes Bergamt mit Bergmeister oder -vogt und Geschworenen, Hüttenschreiber, Probierer und Schmelzer eingerichtet.[29] Hinzu kamen die Bergwerksinspektoren, die Vertreter der Gewerken (Schichtmeister und Steiger) sowie die Berg- und Hüttenarbeiter. Neben den Gruben und Stollen wurden auch die Verhüttungsanlagen wieder in Betrieb gesetzt: das Probierhaus, zwischenzeitlich verpachtet und verkauft, wurde 1601 zurückgekauft,[30] eine wohl zur Herstellung von Bergbaubedarf gedachte Schmiede mit wasserradgetriebenem Hammer (1595–1602) gebaut,[31] ein Pochwerk zum Zerkleinern (1596/97) und ein Waschwerk zur Scheidung von erzhaltigem und taubem Gestein,[32] eine Röste (1598?)[33] sowie eine Kupfer- und Silberschmelze mit wasserradgetriebenen Blasebälgen (1595–1598) zur Verhüttung der gewonnenen Erze errichtet.[34] Allerdings zeigten sich gewisse Anlaufschwierigkeiten. Einige der Fachleute mußten mangels Kenntnissen ausgetauscht,[35] die Schmelzvorschriften für die Verhüttung des Erzes optimiert werden, da die Ausbeute an Erz und Metall zu wünschen übrig ließ.[36]
Um die hohen Kosten im Bergbau zu vermindern, empfahl 1597 der aus Basel herbeigeholte Bergmeister Melchior Höher dem Herzog, die Löhne der Bergknappen zu senken und den Bergleuten Grundstücke auf der Allmende zum Bau eines Hauses und zur Führung einer Landwirtschaft zu gewähren.[37] Der Vorschlag scheint das Gefallen des Herzogs gefunden zu haben, wohl auch unter dem Aspekt, daß die Bergarbeiter durch den Bau eines Hauses und den Erwerb von eigenem Grund und Boden Anreize zur Gründung einer Familie und damit zu einer dauerhaften Seßhaftigkeit erhalten würden und ihre Subsistenz in investitions- oder erzarmen Krisenzeiten durch Ackerbau und Viehhaltung sichern könnten.

Allerdings überließ er es den Bergknappen nicht, eine dem Zeitgeschmack widersprechende ungeordnete Rodungs- und Bautätigkeit anzufangen, deren Resultat wohl schleppend errichtete, unzusammenhängende Gehöfte und Baracken an beliebigen Orten gewesen wären, sondern übertrug Heinrich Schickhardt den Auftrag, einen Plan für eine Bergarbeitersiedlung zu entwerfen.[38] Um den Bergleuten, die ihren Bedarf bisher in der 1 1/2 Stunden entfernten Bergstadt Dornstetten gedeckt hatten,[39] eine dauerhafte Ansiedlung erstrebenswert zu machen, sollte sogar eine neue Stadt ob St. Christophstal mit Kirche, Markt, Gewerbebetrieben und einer Stadtmauer entstehen. Zwischen November 1597 und März 1599 fertigte Schickhardt mehrere Entwürfe: zunächst eine von einer viertorigen Mauer umschlossene quadratische Anlage mit zentralem Marktplatz und schnurgeraden Straßen, die mit ihren inselförmig angeordneten Häuserblöcken an den Grundriß der 1521 entworfenen Bergbausiedlung Marienberg im Erzgebirge erinnert.[40] Da die Innenbebauung den Wünschen des Herzogs nicht entsprach, entstand ein modifizierter Entwurf: das vorgesehene Schloß – anscheinend dachte der Herzog an gelegentliche Aufenthalte – sollte nicht in einer der mit Türmen bewehrten Ecken liegen, sondern – dem Selbstverständnis des württembergischen Souveräns entsprechend – in der Mitte des stark vergrößerten Marktplatzes, und die Häuser sollten zeilenförmig, mit Gassen davor und dahinter, ohne Gärten, um den Marktplatz angeordnet werden.
Am 22. März 1599 (1. April heutiger Zeitrechnung) steckte Heinrich Schickhardt in Gegenwart des Herzogs in einem Waldgebiet oberhalb des Christophstals an der nach Dornstetten führenden Kniebisstraße die Hauptlinien der neuen, zunächst wie die Talsiedlung St. Christophstal, ab Mai 1601 dann Freudenstadt genannten Stadt ab.[41] Noch im gleichen Jahr begann der Wirt David Dreher mit einem durch den Herzog angeordneten Baukredit des Klosteramts Alpirsbach mit dem Bau einer Gastwirtschaft, die den Namen „Zum goldenen Barben" erhielt.[42] Kurz darauf begann ein Bäcker aus Owen zu bauen. Bis zum Mai 1601 waren 30 der vorgesehenen 244, etwa 60 Schuh x 40

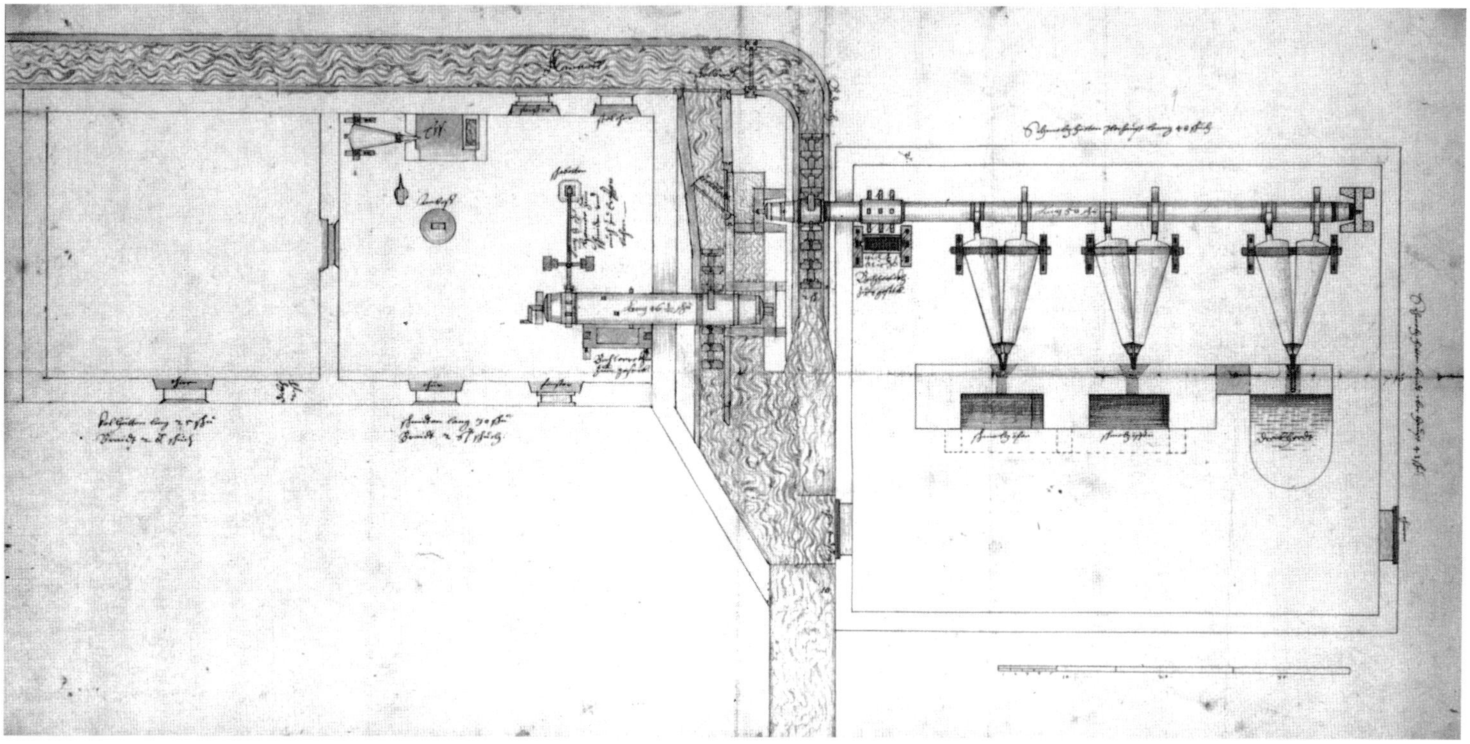

Plan für die Erzverhüttungsanlagen in Christophstal mit Kohlhütte zur Lagerung der Holzkohle (links), Hammerschmiede (Mitte) und einer Schmelzhütte (rechts) mit zwei Schmelzöfen und einem Treibherd, deren Blasebälge mit Wasserkraft betrieben wurden. (Zeichnung von Heinrich Schickhardt, 1595).

Schuh (etwa 17m x 11,5m) großen Bauplätze vergeben.[43] An der Straße Richtung Christophstal hatten sich zwischen dem Wirtshaus „Zum Barben" und der Bäckerei Glauner ein Maurer und ein Zimmermann angesiedelt. Neben der Bäckerei lag das Haus des Erzknappen Hans Staiger. Am Markt hatten sich der Schmelzer Hans Gritz aus Marschalkenzimmern und der Bergwerksgeschworene Caspar Ott niedergelassen. Die Zugezogenen, nur von wenigen ist der Herkunftsort – Alpirsbach, Aichstetten, Dornstetten – bekannt, stammten zumeist aus Württemberg und zwar aus der näheren Umgebung. Außer den Metall- oder Bergbauarbeitern (Schmiede, Erzknappen, Schmelzer, Bergwerksgeschworene) handelte es sich um Bauhandwerker (Maurer, Glaser, Zimmerleute), Lebensmittellieferanten (Bäcker, Metzger) oder in der Textilproduktion Tätige (Schneider, Weber). Mit den zugezogenen Handwerkern war eine Grundversorgung sichergestellt. Zudem waren die Voraussetzungen für eine Weiterentwicklung der Siedlung geschaffen. Herzog Friedrich dachte jedoch nicht daran, die Entwicklung sich selbst zu überlassen. Schon im Jahr 1601 leitete er wichtige Maßnahmen zur Verbesserung der Infrastruktur ein.

Die wohl einschneidendste Veränderung stellte dabei eine Neugliederung der Forstverwaltung dar. 1601 wurden der Baiersbronner Forst und das Dornstetter Waldgeding, die bislang dem Waldvogt von Nagold unterstellt waren, aus der Nagolder Waldvogtei herausgelöst und beide Bezirke als neugeschaffener Freudenstädter Forst einem eigenen Forstmeister unterstellt.[44] Damit waren keineswegs nur zwei bislang herrschaftsferne Waldgebiete einer nun vor Ort anwesenden – nicht im fernen Nagold weilenden – Aufsicht unterworfen, wodurch natürlich die Holznutzung der Bergbauinteressenten, der Bauholzbedarf für landesherrliche und Privatbauten wie auch der Brennholzbedarf der neuen Einwohnerschaft viel unmittelbarer zu steuern waren. Die Verwaltungsreform zielte auch auf Abschaffung althergebrachter, den landesherrlichen Forststrukturen in Württemberg zuwiderlaufender Sonderrechte im Waldgeding – Rechte zur Holznutzung und zur Jagd auf Niederwild –, die unter dem Schutz des ebersteinischen bzw. markgräflich-badischen Wildbannes bislang unangefochten geblieben waren. Als Forstmeister des neuen Forstes wurde der zuvor in Börtlingen tätige Forstmeister Wilhelm Göbel, wohl nicht zufällig aus der

Die Grundsteinlegung der Kirche fand in Gegenwart des Herzogs am 2. Mai 1601 statt. Die Bergknappen aus dem Christophstal legten eine Silber- und eine Kupfererzstufe in den Grundstein.

durch Bergbaugebiete geprägten Grafschaft Henneberg stammend, eingesetzt. Jagd und Holznutzung im Waldgeding und im Baiersbronner Forst wurden von seiner – durch die württembergischen Forstordnungen begrenzten – Erlaubnis abhängig gemacht. Über die gewöhnlichen Aufgaben eines Forstmeisters hinaus gingen die Anweisungen, die Holzzuteilung an die Bergwerkseigner den Verträgen gemäß zu handhaben, den plangerechten Bau der Bürgerhauser in der neuen Stadt zu überwachen und die Neuzuziehenden zu registrieren.

In der Stadt selbst begannen 1601 die Vorbereitungen für den Bau der Stadtkirche nach Plänen Heinrich Schickhardts, die den Bergarbeitern und den Einwohnern der neuen Stadt den weiten Weg in die Dornstetter Kirche ersparen sollte, und für die Errichtung des Pfarr- und Schulhauses.[45] Als Bauverwalter für die im Auftrag des Landesherrn durchzuführenden Baumaßnahmen wurde der Dornstetter Bürgermeister und Maurer Martin Kromer eingestellt, der schon seit 1595 am Bau der Verhüttungsanlagen im Christophstal tätig war und nun neben der Vermittlung von Krediten für private Bauherren die aus dem Kirchenkasten stammenden Gelder für den Kirchenbau zu verwalten hatte. Die Grundsteinlegung für die Kirche fand in Gegenwart des Herzogs am 2. Mai 1601 unter Beteiligung der Christophstaler Knappschaft statt. Die Großbaustelle zog weitere Bauhandwerker und Handwerksgesellen an, von denen sich ein Teil in Freudenstadt niederließ. Zur Regelung der Arbeitszeit ließ Herzog Friedrich schon 1601 eine Uhr anfertigen.

Ein weiterer Zuwandererkreis eröffnete sich durch die in den österreichischen Herrschaften Kärnten, Krain und Steiermark um 1600 verstärkt einsetzende Gegenreformation, die einen Flüchtlingsstrom nach Württemberg auslöste.[46] Der Asylantrag eines Krainer Adligen vom April 1601 dürfte den Herzog auf die Idee gebracht haben, das Wachstum seiner Neugründung durch die Aufnahme protestantischer Flüchtlinge zu befördern. Im Juli 1601 wird der Antragsteller auf Freudenstadt verwiesen, im Oktober lassen sich schon zwei Exulanten als Einwohner in der neuen Stadt nachweisen. Im November 1601 warb Herzog Friedrich dann verstärkt um in- und ausländische Zuzugswillige für seine neue Stadt bei den Bergwerken von St. Christophstal und gewährte jedem – über die in der Bergfreiheit von 1597/99 den Bergleuten zugestandenen Privilegien und einer möglicherweise mündlich zugesicherten oder für Neugründungen und Rodungsgebiete allgemein geltenden, auf 12 Jahre begrenzten Zehnt-, Steuer- und Abgabenbefreiung hinaus – eine Hofstatt zum Bau eines Hauses samt Bauholz und etliche Morgen (1 Morgen mit circa 31,5 ar) Felder zum Ackerbau ohne Bezahlung.[47]

Das Ausschreiben verstärkte nicht nur den Zuzug, es machte auch die Bereitstellung einer Feldmarkung nötig, die der Herzog der Stadt wohl noch 1601 zuteilte.[48] Johannes Oettinger berichtet später, daß etwa 2500 Morgen (circa 788 ha) Wald gerodet und zu Äckern und Wiesen gerichtet worden seien. Neben den etwa 100 Morgen (31,5 ha) für den Baugrund der Stadt selbst dürften in dieser Summe die 400 Morgen (circa 126 ha) um die Stadt herum gelegenes Gartenland, drei je 400 Morgen umfassende Zelgen für den Ackerbau gegen den Hirschkopf, gegen den Schöllkopf und in der Langenau sowie weitere 800 Morgen (circa 252 ha) enthalten sein, die den Bürgern teils gerodet, teils ungerodet überlassen wurden. Laut einer späteren Nachricht zog bei der Gründung der Stadt der Feldmesser Nikolaus Rettstatt aus Stuttgart zu, der die Vermessung der zu verteilenden Grundstücke durchführte. Möglicherweise wurde zur schriftlichen Fixierung der neuen Besitzer jetzt auch der erste Freudenstädter Stadtschreiber Hans Konrad Studion aus Aistaig eingestellt.

Ein Jahr nach der Grundsteinlegung für den Kirchenbau ließ der Herzog im Mai 1602 auch den Bau des zweiten herrschaftlichen Gebäudes in der Stadt, des Kaufhauses, nach Plänen Heinrich Schickhardts in Angriff nehmen.[49] Das unter Leitung von Elias Gunzenhäuser in einer Ecke des Marktplatzes errichtete multifunktionale, 1609 fertiggestellte Gebäude umfaßte zwei große Keller für die Lagerung von Wein und anderen Vorräten (später wurden auch eine herrschaftliche und eine städtische Arrestzelle eingerichtet), ein offenes, säulengetragenes Erdgeschoß mit Verkaufsständen und Metzgerbänken statt der bis 1609 auf dem Marktplatz aufgestellten Kramläden und Fleischbänke (Kaufhaus mit Waage, Sammelbehälter für Marktgebühren; hier wurden vermutlich auch die 1603/04 angeschafften Feuereimer aufbewahrt), ein Obergeschoß mit repräsentativen Versammlungsräumen beispielsweise für Sitzungen von Gericht und Rat (Rathaus) und Speicherräume wohl auch für die Lagerung von Getreide und Früchten im Dachstuhl (Kornhaus).

Im August 1602 zählte die neue Stadt schon 80 Häuser.[50] Im Dezember 1602 kamen weitere Glaubensflüchtlinge aus der Gegend von Villach in Kärnten an. Als erster Vikar in der jetzt zum Teil slowenischsprachigen Stadt wurde der Villacher Exulant Johannes Leban eingesetzt.[51] Er dürfte die ersten Taufen und Bestattungen in Freudenstadt durchgeführt haben, die in den seit 1603 geführten Tauf- und Totenbüchern eingetragen sind. Spätestens 1603 scheint ein Friedhof nordnordwestlich der Stadt an der in Richtung Baiersbronn führenden sogenannten Viehgasse angelegt worden zu sein. Vermutlich wurde auch schon 1603 der Unterricht an der Lateinschule aufgenommen. Die Deutsche Schule scheint im Wohnhaus eines zweiten Schulmeisters abgehalten worden zu sein.

Zwischen Juni 1602 und Februar 1603 ließ Herzog Friedrich eine weitere Verwaltungsreform durchführen.[52] Die Stadt Freudenstadt, die dorthin verbürgerten Bergleute im Christophstal und die 1601 aus Adelsbesitz erworbene Herrschaft Rodt mit Besitz und Einkünften in Lombach, Loßburg und Wittendorf wurden aus dem Amtsbereich des Dornstetter Vogts ausgegliedert und einem eigenen Vogt, dem bisher als Stadtschreiber in Winnenden tätig gewesenen Notar Konrad Studion, unterstellt. Mit der Einrichtung des Vogtsamts, dem die hohe Gerichtsbarkeit (Malefiz-, Leib- und Lebensstrafen) im neuen Freudenstädter Amtsbezirk (ab 1603 auch über die Bergwerke bei der Königswart und das Klosteramt Reichenbach) zustand, war vermutlich auch die Errichtung eines Galgens (Hochgericht) verbunden. Von nun an fanden jährliche Vogt- und Ruggerichte statt. Die Strafgebühren zog der Vogt ein, der jedoch auch die Gerichts- und Zehrungskosten zu tragen hatte. 1603 scheint sich in Freudenstadt auch eine bürgerliche Stadtverwaltung konstituiert zu haben: seit dem Spätjahr werden ein Gericht und zwei Bürgermeister genannt, der Rat läßt sich erstmals 1604 nachweisen.[53] Die städtischen Ämter und Gremien scheinen von Beginn an paritätisch mit Einheimischen und Exulanten besetzt gewesen zu sein. Die Stadt erhielt 1603 auch ein Stadtwappen (zwei Barben). Zur gleichen Zeit dürfte auch das Bürgergeld für den Erwerb des Bürgerrechts in Höhe von 1 Dukaten (2 Gulden) eingeführt worden sein.

Die Stadt erhielt 1603 ein Stadtwappen – zwei goldene Barben auf rotem Schild, dazwischen ein schwarzes F.

Bei der Musterung der Wehrfähigen des neugeschaffenen Freudenstädter Amts im Februar 1603 zählte der neue Vogt 254 männliche Bürger und Bürgerssöhne.[54] Hätte jeder Haushaltsvorstand ein eigenes Haus gehabt – tatsächlich teilten sich oft zwei oder drei Familien ein Haus und die noch nicht verheirateten Söhne lebten in der Regel noch im Haushalt des Vaters und ein Teil der Bürger und Bürgerssöhne war anscheinend auf der Wanderschaft – wäre die auf 244 Hofstätten konzipierte Stadt schon jetzt zu klein gewesen. Durch die Musterungsliste, die auch die Berufe der Verbürgerten angibt, ist auch erkennbar, wie sich die Bevölkerung zusammensetzte: 1603 hielten sich mindestens 24 Zimmerleute, 24 Maurer, 21 Bäcker, 16 Schreiner, 13 Schneider, 11 Bergleute oder Bergbaubeamte, 10 Schuster, 8 Schmiede, 7 Metzger, 6 Weber, 6 Glaser, 5 Tuchknappen, 5 Schlosser, 5 Krämer oder Handelsleute, 4 Müller, 4 Hafner, 4 Gastwirte, 3 Steinmetzen, 3 Seiler, 3 Köhler, 3 Gerber (2 Rot-, 1 Weißgerber), 2 Wagner, 2 Pflasterer (Pflastermacher), 2 Nestler (Schnürbandhersteller), 2 Kriegsleute/Soldaten, 2 Kärcher (Fuhrknechte), 2 Hutmacher, 2 Hufschmiede, 2 Holz- oder Waldhauer, 2 Fuhrleute, 2 Bader, 1 Scherer, 1 Ziegler, 1 Zargenmacher, 1 Uhrmacher, 1 Tüncher (Gipser), 1 Tiegelmacher, 1 Sichelschmied, 1 Schnitzer, 1 Sattler, 1 Sägmüller, 1 Messerschmied, 1 Leinenweber, 1 Kürschner, 1 Kammacher, 1 Goldschmied, 1 Engelsaitweber (Engelsait: billiger Wollstoff) und 1 Brunnenmacher in der Stadt auf, von den Beamten, den Geistlichen, den nur saisonal hier Beschäftigten, den Gesellen, den Taglöhnern, dem Dienstpersonal und den – in der Musterungsliste und anderen Quellen nur in Einzelfällen faßbaren – Frauen und Kindern einmal abgesehen.

1603 kaufte Herzog Friedrich den Schöllkopfhof, den er von einem besoldeten Meier bewirtschaften ließ.

Die inzwischen stattliche, durch Zuzüge aus Tirol und Kärnten wie auch durch jetzt einsetzende Geburten wachsende Bevölkerung erforderte nun einen weiteren Ausbau der Infrastruktur durch den Stadtgründer.[55] Zur Förderung der Versorgung der hauptsächlich aus Gewerbetreibenden und Handwerkern bestehenden Stadt Freudenstadt und der Bergwerksbetriebe kaufte Herzog Friedrich 1603 den Hof Schöllkopf, den er von einem besoldeten Meier bewirtschaften ließ, und wandelte das Schloßgut Rodt in eine ebenfalls von einem besoldeten Meier geführte Melkerei um. Im Christophstal ließ der Herzog, unterhalb des dort schon nach 1571 entstandenen Wirtshauses, eine Mahlmühle mit vier Gängen errichten und durch einen von ihm besoldeten Müller betreiben.[56] Die in einem Anteil am gemahlenen Getreide bestehenden, zu den Vogteieinkünften gehörigen Mahlgebühren, das Multer, wurde schon im Rechnungsjahr 1603/04 zur wöchentlichen Entlohnung der an den herrschaftlichen Gebäuden Arbeitenden ausgeteilt. Dies spricht dafür, daß erste Getreideernten von der neugerodeten Feldmarkung Freudenstadt eingeholt worden waren. Als Viehweide wies der Herzog der Bürgerschaft – insbesondere die Gastwirte und Metzger wie auch die Fuhrleute benötigten ja Schlacht- und Zugvieh – das Weidegebiet um die Kniebissteige bis zum Rotwasser zu.[57] 1603 wurde auch eine oberhalb von Christophstal liegende herrschaftliche Sägmühle – der Herzog hatte eine solche von Jakob Ehemann zu Baiersbronn erworben – ausgebaut:[58] hier dürfte das Bauholz für die auf einem Steinstock oder -sockel errichteten Fachwerkgeschosse und Dachstühle der Freudenstädter Bürgerhäuser zugesägt worden sein. Eine Ziegelhütte war schon 1603 in Betrieb.[59]

In der Stadt selbst wurden 1603 auf Pfingsten und Michaelis (29. September) die ersten nachweisbaren Jahrmärkte abgehalten, zudem wohl zwei Wochenmärkte, die der Stadt bei der Gründung, vermutlich 1601, gewährt worden waren.[60] Die Marktgebühren fielen je hälftig der Stadt und dem Vogtamt zu. Um die Einkünfte der Vogtei, die hohe Ausgaben, aber durch die Abgabenfreiheit der Neugründung nur wenig Einnahmen zu verzeichnen hatte, zu steigern, teilte der Herzog dem Vogt 1603 auch den zuvor dem Amt Dornstetten zustehenden Kniebiszoll und den Baiersbronner Zoll samt Weggeld und Judenzoll zu.[61] Mit den Einkünften mußte das Amt Freudenstadt jedoch auch einen Teil der Schneebahnfronen im Winter zur Räumung der Kniebissteige übernehmen, die bislang vom Amt Dornstetten und dem Gastmeister auf dem Kniebis geleistet worden waren.[62]

Im Hinblick auf die Erhöhung der Zolleinkünfte, die Erleichterung des Handels zwischen Freudenstadt, dem schon seit den 1590er Jahren unter württembergischem Einfluß stehenden Renchtal und Straßburg, wo bedeutende Messen stattfanden, sowie nicht zuletzt um die Reisen des Herzogs in die elsässischen Besitzungen und nach Mömpelgard bequemer zu machen und den Verkehr über den Kniebis in die aufstrebenden Renchtalbäder oder die Rheinebene zu fördern, ließ Herzog Friedrich ab 1603 auch die Landstraße über den Kniebispaß ausbauen.[63] Die alte Brücke über den Forbach wurde durch eine Steinbrücke ersetzt, die Steige verbreitert und mit Weichwegen versehen und die durch ein Hochmoor führende Strecke zwischen dem Kniebiskloster und dem Steinernen Kreuz, dem Grenzpunkt zwischen Württemberg und dem Gebiet des Bistums Straßburg, durch einen 12500 Schuh (circa 3,6 km) langen Knüppeldamm befestigt.

Die langsam Konturen gewinnende Neugründung weckte trotz ihres werbenden Namens nicht nur eitel Freude bei den Zeitgenossen.[64] Während sich 1599 lediglich der Prälat von Alpirsbach beschwert hatte, daß sein Kloster durch das Bergwerk im Christophstal ganz zerzaust werde, regte sich seit dem Jahreswechsel 1603 ein breiter Widerstand im Amt Dornstetten. Herzog Friedrich hatte sich ja nicht darauf beschränkt, eine von der Versorgung durch Dornstetten abhängige Arbeitersiedlung im Amt Dornstetten auf der Markung der Waldgedingsgenossen zu bauen, die den Bauhandwerkern, Bauern und Handwerkern der Umgebung neue Verdienstmöglichkeiten eröffnete. Er hatte vielmehr zur Ausstattung einer jetzt schon doppelt soviel Einwohner als Dornstetten zählenden, der alten Amtsstadt zur Konkurrenz gewordenen Stadt sowohl Baiersbronn als auch den Waldgedingsgenossen Teile ihrer Markungen sowie ihre Weiderechte auf dem Kniebis ersatz-

Beim Festzug zum 300jährigen Jubiläum der Stadt Freudenstadt 1899 stellte man die aus Österreich kommenden Glaubensflüchtlinge (Exulanten) dar. (Leporello vom Festzug, 1899).

los entzogen, wodurch diese zur Verkleinerung ihrer Herden gezwungen waren, hatte ihre Jagdrechte beschnitten, was zu einer Vermehrung des Wilds und der Wildschäden auf den waldnahen, nicht eingehegten und wegen des rauhen Klimas an sich schon ertragsarmen Feldern führte und die Untertanen wohl auch um einen gelegentlichen Sonntagsbraten brachte, hatte ihnen Gebühren für die Holznutzung auferlegt und diese selbst stark einschränken lassen, wodurch ein Zuerwerb durch Holzhandel und Flößerei unterbunden wurde, hatte die Harzerei verboten, wodurch manche Untertanen um ihren Lebensunterhalt gebracht worden waren, und war selbst vor dem ersatzlosen Einzug untertaneneigener Güter nicht zurückgeschreckt. Die vom Amt Dornstetten nach Stuttgart geschickten Bittschriften, die Untertanen ihrer alten Rechte und ihrer Subsistenzgrundlage nicht zu berauben, wurden barsch abgewiesen: der Herzog deklarierte die althergebrachten Rechte als zeitweilige Zugeständnisse, erklärte das Waldgeding durch die Bildung des neuen Forstes als abgeschafft, bezeichnete Eigentumsansprüche als unbegründet, ließ die Teilnehmer an einer durch die neue Forstordnung verbotenen Sauhatz durch die Amtleute zu einer Turmstrafe verurteilen und drohte, Bürgermeister und Gericht zu Dornstetten zu inhaftieren, wenn sie ihn weiterhin mit ihren in seinen Augen ungerechtfertigten Ansuchen belästigten. An dieser Haltung Herzog Friedrichs änderte auch das Eingreifen des Landtags nichts, der sich der Beschwerden des Amts Dornstetten annahm und nochmals darauf hinwies, daß die entzogenen Rechte die dortigen Untertanen an den Bettelstab bringe und schon etwa 8 Familien abgezogen seien.

Wenig beeindruckt von diesen ersten Widerständen setzte der Herzog in den kommenden Jahren den Ausbau Freudenstadts fort.[65] Da die Stadt schon 1603 mehr Haushalte zählte als der Dreizeilenplan Hofstätten verzeichnete, wurde der Stadtplan auf fünf Häuserzeilen mit insgesamt 490 Hofstätten erweitert. Immer noch kamen treckweise Flüchtlinge aus den österreichischen Gebieten. Der Tübinger Gelehrte Martin Crusius beobachtete im Dezember 1603 allein fünf Wagen aus der Grafschaft Tirol und zwei Wagen aus Kärnten, im Mai 1604 vier Wagen aus Laibach und zwei Karren aus Villach, die auf der Durchreise nach Freudenstadt durch Tübingen kamen. Um die hygienischen Verhältnisse zu verbessern, errichtete die junge Bürgerschaft 1604 in Fron ein Badhaus, an dessen Bau sich annähernd 200 Bürger durch Arbeits- oder Geldleistungen beteiligten.[66] 1604 wurde der Pfarrvikar durch einen Stadtpfarrer, Andreas Veringer, ersetzt, dem ein Diakon zur Seite gestellt wurde.[67] Trotz der großen Zahl von Menschen, die in der Stadt lebten, scheint es zumindest in dem durch die herzoglichen und Privatbauten geförderten Bauhandwerk einen Bedarf an Gesellen und Handwerksburschen gegeben zu haben.[68] Um unter anderem dem Mangel an Auszubildenden abzuhelfen, baten

weiter Seite 52

Silber – Kupfer – Messing

Klaus M. Heckmanns / Dagmar Kraus

Das Trockenpochwerk. Der Pochtrog A. Die Pochsäulen B. Die Querhölzer C. Die Stempel D. Die Pochschuhe E. Die Welle F. Der Hebling G. Der Däumling H.

In Christophstal wurde jahrhundertelang bergmännisch Fahlerz abgebaut. Dieses Erzgemisch, das hydatogen entstanden ist und sich zusammen mit einer Vielfalt von Mineralien, vorzugsweise Baryt, in Gesteinsspalten, sogenannten Gängen, abgelagert hat, enthält laut einer Analyse von Hilger und Sandberger aus dem Jahr 1891 für das Bergbaurevier Freudenstadt etwa 34 Prozent Kupfer, 26 Prozent Schwefel, 15 Prozent Antimon, 7 Prozent Arsen, 6 Prozent Eisen, 5 Prozent Bismut, 4 Prozent Kobalt und 1 Prozent Silber. Die Verhüttung des geförderten Erzes und die Weiterverarbeitung der dabei gewonnenen Metalle wurden in Christophstal in unmittelbarer Nähe der Fundstellen vorgenommen.

„Vom Kupfferschmeltzen und Sylberbrennen"

Die Gewinnung von reinem Silber und Kupfer aus dem Erz, wie sie in Schmelzvorschriften des späten 16. Jahrhunderts beschrieben wird, erfolgte schrittweise. Zuerst wurden die Erzbrocken mit Hämmern in Handarbeit grob zerkleinert und das taube Gestein ausgelesen. Danach wurde das kupfer- und silberhaltige Fahlerz in einem Pochwerk zerkleinert, indem man schwere Pochstempel über einen Mühlradantrieb mit Wasserkraft anhob und sie auf die in Pochwannen aufgehäuften Erzbrocken niederfallen ließ. Das feingemahlene Erz wurde dann in einem Waschwerk gewässert. Dabei setzten sich die schwereren Metallpartikel auf dem Boden ab, während die nichtmetallhaltigen leichteren Bestandteile mit dem Wasser weggeschwemmt wurden.
Um den Metallgehalt des Erzschlicks, das optimale Verhüttungsverfahren und die Art und Menge der notwendigen Zuschläge für den Schmelzprozeß herauszufinden, wurden Versuchsreihen mit kleinen Proben durchgeführt. Für diese Aufgabe stand im oberen Christophstal ein sogenanntes Probierhäusle zur Verfügung, das wie ein Experimentallabor eingerichtet war.
Nach dem Probieren konnte mit der Verhüttung großer Erzmengen begonnen werden. Zunächst kam das Erz auf den Röstofen. Durch das Rösten über einem Holzfeuer verbrannten oder verdampften der im Fahlerz enthaltene Schwefel und die Schwermetalle Arsen und Antimon. Danach wurde das Erz zusammen mit Holzkohle, Kalkstein und Eisenhammerschlag im Schmelzofen geschmolzen. Der nach Abschöpfen der Schlacke übrigbleibende Kupferstein wurde nach dem Erkalten mehrmals erneut zerkleinert, geröstet und geschmolzen, bis sich der Kupfergehalt von ca. 30 Prozent auf etwa 50 Prozent erhöht hatte. Um das Silber aus dem Kupferstein herauszulösen, setzte man beim näch-

Die zugestellten Schachtöfen – die Schmelzöfen A, die Vorherde B (Abb. links).

sten Schmelzprozeß Blei oder Bleierz zu und ließ die Legierung in Seigerpfannen erkalten. Die dadurch entstehenden Scheiben wurden dann auf dem Seigerofen unter Ausnutzung der unterschiedlichen Schmelzpunkte der drei Metalle vorsichtig erhitzt, bis die Blei-Silber-Mischung schmolz und in Pfannen aufgefangen werden konnte. War kein Seigerofen vorhanden, wurde das silberhaltige Kupfer mit Blei im Schmelzofen geschmolzen und die Blei-Silber-Mischung, die sich aufgrund des gegenüber Kupfer höheren spezifischen Gewichts am Boden ansammelte, aus dem unteren Teil des Ofens abgelassen.
Waren Kupferstein und Bleisilber – eventuell durch mehrfaches Wiederholen des Vorgangs – getrennt, wurde der Kupferstein durch Rösten zu Schwarzkupfer und auf dem Garherd zu reinem Kupfer weiterveredelt, während man die Blei-Silber-Legierung zur Oxydation des Bleis auf dem Treibherd erhitzte, die Bleischlacke abschöpfte und das übriggebliebene Rohsilber durch Feinbrennen mit Asche und Bier von den letzten Verunreinigungen befreite.
Für die Verhüttung des Fahlerzes waren um 1600 im Christophstal oberhalb des Talwirtshauses ein Pochwerk, ein Waschhaus, ein Röstofen sowie eine Kupfer- und Silberschmelze erbaut worden. Eine wesentlich ältere sogenannte Schmelzhütte befand sich talabwärts, etwas unterhalb der heutigen Forellenzucht.

„Vom Mössingbrennen“

Messing, eine Legierung aus etwa 70 Prozent Kupfer und 30 Prozent Zink, wurde im 16. und 17. Jahrhundert durch das Schmelzen einer Mischung aus zerkleinertem Kupfererz, Galmei und Holzkohle hergestellt. Das von den Schlakken befreite Messing wurde zu Rohmetallstücken (Zainen) für die Weiterverarbeitung gegossen. Eine Galmeimühle, in der das Zinkerz fein gemahlen wurde, läßt sich schon 1609 im Christophstal nachweisen. Ein Messingwerk zur Herstellung von Messinggeschirr und -draht wurde schon 1606 an der Stelle des heutigen Gasthofs „Zum Bad“ als herzogliche Faktorei errichtet.

Ein in Betrieb gesetzter Treibofen. Der Ofen A. Die Holzscheite B. Die Silberglätte C. Das Blech D. Ein Meister ißt Butter, damit das Gift, welches der Herd ausatmet, ihm nicht schadet E.

Durch die Zusammenlegung des Baiersbronner Forstes mit dem Waldgeding, hier in der Darstellung Georg Gadners 1593, schuf Herzog Friedrich I. 1601 den Freudenstädter Forst.

Margrafschafft Baden
Gemeine Grafschafft Eberstain.
Badaischer Vorst.
Baierbrunner Vorst.
Albperspachischer Vorst.
WALLDGEDING
SCHAYDGRUND
ROSSELBERG
OELMISSE
NOTLINS TRAUF
DIERREN GRUND
Reichenbach.
Marg. flüß.
ober Mußbach
under Mußbach
Glattbrun
Hallwang
Grondel
Aach
Dornstet
WEYLERWALD
ZINSBACH
SCHORRENTZ HARD
LENGENHARD
ESELSTEIG
Spilberg
Altenstaig
Pfalzgrauenweiler
Kressbach
Walldach
Braitenbach fl.
SCHELLENBERG
Dietersweyler
VOGTEY
BRAND
BYHEL
Glatta
Schopfloch
Lossburg
Lahnbach fl.

Durch den Erwerb des Bergwerks bei der Königswart war auch die Erwartung einer besseren Rentabilität der Verhüttungsanlagen verbunden.

jedenfalls die sieben Schlossermeister von Freudenstadt im August desselben Jahres um die Genehmigung einer Schlosserordnung, da die Landesordnungen anscheinend für die zum herzoglichen Kammergut zählende Stadt nicht verbindlich waren. Das Bäckerhandwerk war demgegenüber anscheinend überbesetzt, denn im Juni 1604 kam es zu Spannungen zwischen den mindestens 20 Bäckern zu Freudenstadt, die ein Monopol zur Versorgung der Bergleute mit Backwaren forderten, und der Knappschaft, die das ihr gewährte Recht in Anspruch nahm, das Brot für den Eigenbedarf selbst zu backen, oder möglicherweise auch günstigere Brotangebote über den Schichtmeister oder die Bäcker der umliegenden Orte bezog.[69] Der Vorgang weist auch auf Konflikte zwischen der zum Teil bettelarmen Bürgerschaft – viele der Exulanten hatten ihre Heimat unter Verlust ihres gesamten Vermögens verlassen müssen – und der relativ wohlhabenden, mit Sonderrechten ausgestatteten, nicht der Vogtsgerichtsbarkeit, sondern der des Bergrichtes unterstellten Knappschaft hin.

Auch für das Christophstal lagen nun neue Pläne vor. Nachdem dort endlich die ersten 400 Mark Silber, von denen die Bergwerkseigner dem Landesherrn keinen Metallzehnten geben mußten, erschmolzen worden waren, durfte Herzog Friedrich erstmals auf Silberzehnterträge hoffen.[70] Durch den Erwerb des Bergwerks bei der Königswart, das mit den ebersteinischen Rechten über das Hirsauer Priorat Reichenbach 1603 an Württemberg gekommen war und der Bergbauverwaltung im Christophstal unterstellt wurde, war sicher auch die Erwartung einer besseren Rentabilität der dortigen Verhüttungsanlagen verbunden.[71] Der Herzog scheint sich jedoch auf den unsicheren Bergsegen allein nicht verlassen zu haben, denn 1603/04 ließ er dort den Bau eines Eisen- und Stahlhammers unterhalb der Mahlmühle beginnen.[72] Für den Bedarf der Bergwerke an Werkzeugen hatte der Herzog schon 1595 eine wohl 1602 fertiggestellte Hammerschmiede neben der Kupfer- und Silberschmelzhütte oberhalb der Brücke über den Forbach errichten und Eisenschlacken aus Königsbronn als Zuschlag für die Verhüttungsanlagen ins Christophstal transportieren lassen.[73] Möglicherweise haben der schon eingerichtete Transport von Eisen aus dem Brenz-

Auf dem Ausschnitt der Karte des Baiersbronner Forsts von Johannes Oettinger von 1609 erkennt man den ab 1603 angelegten Knüppeldamm zwischen dem Steinernen Kreuz und dem Kloster Kniebis (links), die alte Kniebisstraße zwischen dem Kloster Kniebis und dem Christophstal, die Forbachbrücke mit dem Wirtshaus und der Mühle im Christophstal sowie die Stadt Freudenstadt mit der Kirche.

und Kochertal nach Christophstal, die großen Holzvorräte am Kniebis, die in der neuen Stadt zahlreich vorhandenen Arbeitskräfte und vielleicht auch die mit den Abteien Ellwangen und Königsbronn schon unter seinen Vorgängern begonnenen Streitigkeiten um Holznutzungen, Abbaugebiete, Metallverarbeitungsbetriebe und Untertanen bei der Entscheidung für ein Eisenwerk im Christophstal eine Rolle gespielt. Zudem galt dem auch für die Rüstungsindustrie wichtigen Rohstoff Eisen das besondere Interesse Herzog Friedrichs. Schon 1598 hatte er sämtliche Eisenproduktionsanlagen in Württemberg in seinen Besitz gebracht und war 1604 dabei, auch ein landesherrliches Eisenhandelsmonopol zu errichten, indem er den Vertrieb von Eisenprodukten neueingerichteten Eisenfaktoreien in Stuttgart, Tübingen, Urach, Schorndorf, Vaihingen und Freudenstadt übertrug und den bisher üblichen Verkauf auf Märkten oder durch den Hausierhandel verbot.[74] Schon im Februar und März 1604 lassen sich Sensen- und Sichelschmiede in Freudenstadt nachweisen, die vermutlich schon zu diesem Zeitpunkt Sensen, Sicheln, Messer und wohl auch Sägen in dem bereits fertiggestellten Eisenhammer produzierten, während der Stahlhammer – für dessen Bau der Herzog schon 1604 in Nürnberg vergeblich um einen Spezialisten angehalten hatte – auch 1607 noch nicht in Betrieb war.[75]

In den nächsten Jahren lag der Schwerpunkt der landesherrlichen Bemühungen im Ausbau des Begonnenen.[76] Zwischen 1605 und 1607 wurden die bislang nur provisorisch festgesetzten Grenzen der Freudenstädter Markung und die Reichweite der Übertriebs- und Weiderechte für die Gemeindeherden innerhalb der Waldgedings- und der Baiersbronner Markung – nicht ohne Protest der Nachbargemeinden – nach Anweisungen des Herzogs, der es sich nicht hatte nehmen lassen, die von ihm vorgesehene Grenze persönlich zu umreiten, durch Grenzzeichen (Lauchbäume) oder Grenzsteine markiert und schriftliche Grenzbeschreibungen angefertigt.[77] Nacheinander wurden der Weidgang auf dem Finkenberg bis zum Rotwasser, gegen Baiersbronn über das Dürre Reichenbächle bis ins Forbachtal 1605, die Grenze zwischen dem Hüttenteich und dem Hochgericht 1606 sowie von der Mergelgrube über den

Während in der Stadt die Märkte, Gasthäuser und das Bauhandwerk florierten, begann die „Goldgräberstimmung" im Christophstal langsam abzuflauen.

Buchholder, die Langenau und das Schöllköpfle bis zum Cloßengründle 1607 ausgesteint. Strittig gebliebene Punkte, die gemeinsam beweidete Flächen oder die Nutzung von Wegen für den Übertrieb von Nachbarherden betrafen, wurden durch Verträge, etwa mit den Waldgedingsgenossen im Januar 1607, geregelt.

In der Stadt selbst wurde neben dem Bau des Kaufhauses verstärkt der Innenausbau der Kirche vorangetrieben.[78] Der seit 1603 mit der Bauleitung betreute Baumeister Elias Gunzenhäuser, der Spezialist für die Konstruktion großer Säle war, dürfte das Hängewerk im Dachstuhl gefertigt haben. Um die Kirche zu einem Schmuckstück zu machen, scheute Herzog Friedrich keine Kosten und engagierte namhafte Künstler für ihre Ausgestaltung. Vorbild war die 1602 unter der Leitung Gunzenhäusers neu erbaute Kapelle bei dem von Herzog Friedrich um 1600 erweiterten Schloß Hellenstein oberhalb von Heidenheim.[79] Die Decke wurde mit Wappenschilden geschmückt, die der Kalkschneider Gerhardt Schmidt gestaltete: ein großes Wappen des Landesherrn und 141 kleine Wappen der württembergischen Amtsstädte, Marktflecken, Klöster, Herrschaften (Mömpelgard, Horburg, Reichenweier) und Pfandschaften (Alençon, Oberkirch, Oppenau).[80] Die Orgel für die Freudenstädter Kirche stammte von dem berühmten, schon im Kindesalter erblindeten Orgelbaumeister Konrad Schott, war allerdings zunächst für das Stuttgarter Lusthaus konstruiert worden und wurde 1606 auf Befehl des Herzogs in die „schöne Kirche" nach Freudenstadt verbracht.[81] Für ihre Bemalung schlug Schott dem Herzog den schon durch seine farbige Gestaltung der Backnanger Orgel empfohlenen, aus München stammenden Stuttgarter Hofmaler Georg Donauer und den Maler Jakob Spiegler aus Buchhorn vor. Den Kanzeldeckel fertigte der Bildschnitzer Peter Mayer. Mit der Ausmalung der Kirche, der Wappendecke und der Emporenbilder wurde der Maler Jakob Züberlin von Tübingen betraut.

Nachdem Herzog Friedrich 1604 die Renchtalämter Oppenau und Oberkirch als Pfandbesitz vom Bistum Straßburg erhalten hatte, konnte auch der Ausbau der Oppenauer Steige in Angriff genommen und 1606 fertiggestellt werden.[82] Die 1605 erlassene Zollordnung läßt auf einen regen Personen- (Fußgänger, Reiter, Wagen) und Warenverkehr (Saumtiere, Karren) mit Metall und Metallprodukten (Kupfer, Stahl, Eisen, Schwertklingen, Degen), Holz, Glas, Wolle, Hanf, Stoffen (Leinwand, Tuch), Vieh (Pferde, Rinder, Schafe, Schweine), Lebensmitteln (Küchenspeis, Äpfel, Birnen, Käse, Wein, Stockfisch, Salz, Honig), Kramwaren, Hausrat und Harz über den Kniebispaß schließen.[83]

Die steigenden Verwaltungsaufgaben in der anwachsenden Stadt scheinen 1605 eine Verwaltungsreform notwendig gemacht zu haben: anstelle des Vogtamts wurden nun eine Obervogtei, eine Untervogtei und eine Kellerei zur Verwaltung der herrschaftlichen Güter und Einkünfte sowie eine Geistliche Verwaltung für die zu Kirche und Schule gehörigen Liegenschaften und Einkünfte eingerichtet.[84] Als Obervogt wurde – wohl auch aus Rücksicht auf die Exulanten in der Stadt – der aus Krain stammende, in Württemberg ausgebildete Hans Seifried Gall zu Rudolfseck und Lichteneck, als Untervogt Johann Ziegelhäuser eingesetzt, während die Kellerei zunächst dem bisherigen Vogt Konrad Studion, ab Georgii 1606 Heinrich Weickersreuter übertragen wurde. Als Geistlicher Verwalter ist 1606 Hans Konrad Studion nachgewiesen. Amtshäuser für die neuen Beamten wurden zumeist aus Privatbesitz erworben, neben einem Untervogtshaus 1606 auch ein Helferhaus für den Diakon sowie 1608 ein Kellereiamtshaus.

Während in der Stadt die Märkte, Gasthäuser und das Bauhandwerk florierten und neben den verbürgerten Einwohnern Durchreisende, zeitweilig anwesende Handwerker und die mit der Ausgestaltung der Kirche befaßten Künstler verkehrten, begann die Goldgräberstimmung im Christophstal langsam abzuflauen.[85] Die bislang abgebauten Gruben lieferten nur noch wenig ertragreiches Erz, die Bergwerkseigner wurden vermutlich durch die Aussicht, auch noch ein Zehntel des Metallertrags an den Herzog abführen zu müssen, nicht gerade animiert, neue Gruben zu erschließen, und versuchten, ihre Ausgaben zu reduzieren. Um die hohen Lohnkosten zu senken, erhielten die Bergleute keinen Wochenlohn mehr, sondern wurden – ohne Ansehen der Arbeitszeit – für den Abbau einer gewissen Gangstrecke als Gedingehauer bezahlt. Zum Teil blieben die Gelder der Bergwerkseigner ganz aus. Dem Schichtmeister, der den Knappen den Lohn auszahlte, fehlten 1605 etwa 1400 fl. Um dem Problem Herr zu werden, scheint der Schichtmeister die Bergleute mit billig eingekauften Naturalien (Tuch, Getreide, Wein) entlohnt zu haben, bis sich die Knappschaft darüber beschwerte. Obwohl der Landesherr versuchte, die finanziellen Ausstände auszugleichen, verbesserte sich die Situation der Bergleute nicht wesentlich. 1606 gingen die Bergwerkseigner dazu über, ihre Gruben an die Bergleute zu verleihen, die nun als Subunternehmer, sogenannte Lehenhauer, Erz auf eigene Kosten abbauen mußten. Der Schmelzereibetrieb war vermutlich zunächst weniger betroffen, da seit Eröffnung der ertragreicheren Königswarter Gruben das dort gewonnene Erz im Christophstal verhüttet wurde.

Unterdessen hatte Herzog Friedrich für das Christophstal schon neue Pläne geschmiedet.[86] 1605 ließ er unterhalb der Eisenhammerschmiede neue Anlagen für die Verarbeitung von Kupfer bauen. Neben einem Kupferhammer wurde eine Messingfaktorei errichtet, in der das im Christophstal und bei der Königswart neben dem Silber gewonnene Kupfer entweder rein oder mit Zinn zu Messing legiert weiterverarbeitet und vertrieben werden konnte. 1606 wurden die Bauarbeiten, die der Werkmeister Kilian Kesinbrot ausgeführt hatte, abgeschlossen. Die Anlage umfaßte eine Galmeimühle zur Zerkleinerung des Zinkerzes Galmei, eine Messingbrennhütte, in der Messingbrenner aus Kupfer und Galmei Messing brannten und zu Schlag- und Drahtzainen (Metallstäbe für die Weiterverarbeitung) gossen, ein Gebäude zur Lagerung der Rohstoffe und Halbprodukte, zwei Messinghämmer, in denen die Schlagzainen von Messingschlägern weiterverarbeitet wurden, eine Drahtmühle zur Herstellung von Messingdrähten verschiedener Stärke durch Drahtzieher sowie Arbeitsräume für Messingschaber und Laboranten, die das hergestellte Tafelmessing und den Messingdraht durch Beizen, Schaben und Verpacken verkaufsfertig machten. Für die Leitung der Messingbetriebe, den Einkauf von Rohstoffen und den Vertrieb der Endprodukte wurde ein Generalfaktor für den Messinghandel eingesetzt, dem auch die Aufsicht über die Eisenproduktion übertragen wurde. Die Messinghandwerker, für die 1606 eigens ein Gebäude erworben wurde, waren zum Teil aus der Stadt Nürnberg abgeworben worden, die sich darüber 1606 erfolglos beim Herzog beschwerte.

Während sich die Messingproduktion erfolgreich entwickelt zu haben scheint, wurde 1607 offenbar, daß das Projekt des monopolisierten Eisenhandels nicht durchzusetzen war.[87] Die Untertanen beschwerten sich über die gegenüber den ausländischen Produkten teureren und in der Qualität schlechteren Sensen, Sicheln und Strohmesser, die im Christophstal aus dem im Brenz- und Kochertal gewonnenen Eisen hergestellt wurden. Gegenüber dem bislang üblichen Vertrieb über die Jahrmärkte und durch den Hausierhandel forderte der Verkauf durch zentrale Faktoreien den Kunden zeitraubende und umständliche Einkaufsfahrten ab, die zudem – wenn das benötigte Produkt aufgrund von Lieferschwierigkeiten nicht vorrätig war – oft umsonst angetreten wurden. Aufgrund der massiven Proteste, die sich im Landtagsabschied vom 13. April 1607 manifestierten, ließ Herzog Friedrich die Eisenfaktoreien schließen. Seiner Anordnung, bevorzugt Eisen aus württembergischer Produktion, insbesondere Sensen und Sicheln aus Freudenstadt, zu kaufen, kamen die Untertanen allerdings nicht nach, so daß er zur Stützung des Freudenstädter Eisenvertriebs den Hausierhandel fremder Sensen- und Sichelschmiede verbot und den Vertrieb ausländischer Eisenerzeugnisse auf Wochen- und Jahrmärkte beschränkte. Nach der Schließung der Eisenfaktorei in Freudenstadt wurde der Eisenvertrieb privatisiert und das Eisenfaktoreigebäude dem Forstmeister als Sitz zugewiesen.

Herzog Friedrich I. von Württemberg starb am 29. Januar 1608, noch bevor seine Gründung Freudenstadt vollständig ausgebaut war. Zwar waren Kirche und Kaufhaus annähernd fertiggestellt, ein Markt eingerichtet und eine bevölkerungsreiche Stadt mit einem Industriegebiet im Tal entstanden, doch fehlten das zentrale Schloß und die Stadtmauer und es stand in Frage, ob die mit großen Kosten in ungünstiger Lage erbaute Stadt auch ohne ihren großen Förderer Bestand haben würde.

1606 gingen die Bergwerkseigner dazu über, ihre Gruben an die Bergleute zu verleihen.

Die Münzstätte Christophstal bei Freudenstadt, 1622–1628

H. Jürgen Schnurr

Die Neujahrsmedaille von Freudenstadt, hier in Silber, zeigt auf der Vorderseite das Wappen des Herzogtums Württemberg, auf der Rückseite eine noch auf die Zeit vor dem großen Brand von 1632 zurückgehende Stadtansicht, eine der ältesten überhaupt. Die Übersetzung der lateinischen Umschrift lautet: „Münze, zum glücklichen Beginn des Jahres nach Christi Geburt 1627 in der Münzstätte Sankt Christophstal des durchlauchtigsten Herzogs Johann Friedrich von Württemberg geprägt".

Die württembergische Münzprägung begann, nachdem Kaiser Karl IV. im Jahr 1374 Graf Eberhard II. dem Greiner (1315–1392) das Recht erteilt hatte, Heller prägen zu dürfen. Erste Münzstätte war Stuttgart.

Wie dem Kirchheimer Münzvertrag zu entnehmen ist, ließ Graf Eberhard III. der Milde (1362–1417) nicht nur in Stuttgart, sondern auch in Göppingen prägen. Göppingen war damals zum einzigen Mal württembergische Münzstätte.

Unter Graf Eberhard V. im Bart (1445–1496, ab 1495 Herzog Eberhard I.) wurde in Tübingen eine weitere Münzstätte eingerichtet, in der nach dem Leonberger Münzvertrag von 1478 auch Gemeinschaftsprägungen mit dem Markgrafen Christoph I. von Baden (1475–1515) ausgemünzt wurden.

Nachdem der erst 39 Jahre alte Herzog Ludwig der Fromme (1554–1593) kinderlos verstorben war, kam Herzog Friedrich I. (1557–1608), zuvor Graf von Mömpelgard und aus dieser württembergischen Nebenlinie stammend, an die Regierung. Schon in Mömpelgard betrieb er eine merkantilistische Wirtschaftspolitik, die er in Württemberg konsequent fortsetzte, um die Industrialisierung des Landes zu forcieren. Nach Abschluß des Stuttgarter Vertrags über den Erwerb des Teilbistums Straßburg 1597 plante Herzog Friedrich I. eine Residenzstadt, zugleich Gewerbe- und Handelszentrum zwischen Stuttgart und Mömpelgard. Bestimmung und Ausbau Freudenstadts als herzogliches Industriezentrum kommen z. B.auch darin zum Ausdruck, daß die Stadt zunächst nicht in die Ständevertretung („Landschaft") inkorporiert war, sondern ihre Steuern direkt an den Herzog zahlte.

Ein in der Literatur immer wieder erwähntes, unter Herzog Friedrich I. ab 1603 angelegtes Münz- und Streckwerk konnte durch neueste Forschungsergebnisse als nicht existent erklärt werden.[1]

Nach einer von Herzog Johann Friedrich (1582–1628) getroffenen Anordnung aus dem Jahre 1609 mußte das Silber „wie jederzeit" nach Stuttgart an die Landschreiberei abgeliefert werden.[2]

Durch die zu Beginn des Dreißigjährigen Krieges (1618–1648) rasch fortschreitende Münzverschlechterung, wurde Silber so knapp, daß man mit unterwertigen Münzen gute schwere Münzen aufkaufte, die dann zu noch unterwertigerem Kleingeld umgemünzt wurden. Dies war die sogenannte „Kipper- und Wipperzeit" (1621–1623), denn mit „Kippen" war das Einschmelzen der guten Münzen, mit „Wippen" das Auswiegen der schweren Stücke zum anschließenden Verringern gemeint. Berüchtigtster Vertreter in Württemberg war der sogenannte Hirschgulden, dessen Rückseite einen Hirsch mit Schild und der Wertangabe 30 oder 60 Kreuzer zeigt.

Im Christophstal geprägter Taler von 1624

Auch Herzog Johann Friedrich beteiligte sich an diesem lukrativen Geschäft. Doch bald reichte die Stuttgarter Münze für diese Massenprägung von unterwertigem Kleingeld nicht mehr aus. So beauftragte er den nun unter ihm tätigen Architekten und Baumeister Heinrich Schickhardt, im Christophstal ein Münz- und Streckwerk anzulegen.

Bestimmend für die Wahl Christophstals als Münzstätte war neben dem reichen Holzvorrat, der vorhandenen Wasserkraft und dem schon lange bestehenden Kupfer- und Silbererzbergbau die verkehrsgünstige Lage an der Fernstraße, die von Innerschwaben über den Kniebis ins Rheintal führte.

Die in der Gießerei hergestellten Silberbarren wurden im Streckwerk zu Silberstreifen (auch „Zainen" genannt) ausgewalzt, aus denen dann im Sägewerk die „Schrötlinge" ausgeschnitten und daraus in der Münze das eigentliche Nominal geprägt wurde.

Der erst 20jährige David Stein erhielt 1622 das Amt des Münzmeisters im Christophstal. Sein Münzmeisterzeichen „DS" finden wir auf den Halbbatzen (2 Kreuzer) mit den Jahrgängen 1624, 1625 und 1626 sowie auf der Geschenk-Christophorus-Klippe von 1625. Ab 1626 vereinigte er neben den Ämtern des Münzmeisters und -verwalters auch das des Bergmeisters auf seine Person. Ab 1628 wurde er Generalfaktor des Messinghandels und Nachfolger seines Vaters Peter Stein. David Stein starb aber schon 1629.

Im Christophstal geprägter Reichsguldiner von 1626

Als Münzstättenzeichen für Christophstal wurden die Buchstaben CT, vereinzelt auch C oder F, verwendet. Als einzige Münzstätte Württembergs war Christophstal bis 1628 in Betrieb (Stuttgart bis 1626, Tübingen bis 1623). Heute befindet sich die Feilenhauerei an der Stelle der

einstigen Münze (Talstraße 83), das Streckwerk stand vermutlich an der Stelle des Gebäudes Talstraße 138.

Neben den zahlreichen Münzen wurden im Christophstal auch Medaillen geprägt, u. a. die Geschenk-Christophorus-Klippe von 1625 und die Neujahrsmedaille in Silber und Gold von 1627. Diese Neujahrsmedaille mit der Stadtansicht von Freudenstadt ließ der Generalfaktor Peter Stein vermutlich als Gabe der Messinghändler an den Herzog prägen, vielleicht mit dem Hintergedanken, vom Herzog die Steuerfreiheit für das ihm gehörende Bärenschlößle zu erlangen. Die Silbermedaille ließen der Untervogt Johann Walter und der Freudenstädter Stadtrat ebenfalls für den Herzog prägen, da dieser jetzt die Befestigung der Stadt genehmigt hatte. Es war ja seit neun Jahren Krieg.

1628 starb Herzog Johann Friedrich und die Münzstätte Christophstal stellte ihre Tätigkeit ein. Nach der für Württemberg so verheerenden Schlacht bei Nördlingen wurde die Anlage 1634 durch kaiserliche Truppen völlig zerstört. Als der Sohn Herzog Johann Friedrichs, Herzog Eberhard III. (1614 – 1674), 1638 aus dem Exil von Straßburg zurückkehrte, wurde seit 1639 nur noch in Stuttgart gemünzt.

Im Christophstal gepräger Kippergulden von 1623, der sogenannte Hirschgulden.

Freudenstadt und Christophstal zur Zeit Herzog Johann Friedrichs (1608–1628)

Herzog Johann Friedrich, der 1608 Nachfolger seines verstorbenen Vaters wurde, zeigte nicht dessen ausgeprägten, durch Widerstände kaum beeinflußbaren Durchsetzungswillen.[88] Er ließ nach seinem Regierungsantritt unter dem Druck der Landschaft den Landprokurator Eßlinger, der unter anderem für die Verwendung der von den Täufern konfiszierten Vermögen für den Kirchenbau von Freudenstadt verantwortlich gemacht wurde, vor Gericht stellen.[89] Konflikte mit den Untertanen versuchte er zu vermeiden. Wohl gestützt auf seine Berater bei Hof betrieb er zunächst einen Konsolidierungskurs. In seine bis 1628 währende Regierungszeit fielen der Pestumzug von 1610, eine anhaltende Teuerung, die inflationäre Entwicklung in der Kipper- und Wipperzeit (1621–1623) und eine 1628 auf 3,2 Mill. Gulden angewachsene Staatsverschuldung, die unter anderem mit den hohen Ausgaben für Rüstung und Hofhaltung in Württemberg zusammenhing.[90]

Der sogenannte Schickhardtbau diente der Stadt in den ersten Jahrzehnten nach der Gründung nicht nur als Kaufhaus, sondern auch als Rathaus und Fruchtspeicher (Ansichtskarte).

In Freudenstadt selbst verzichtete der neue Herzog auf den von seinem Vorgänger geplanten Bau des Schlosses und der Stadtmauer.[91] Zunächst ließ er lediglich die begonnenen Bauwerke – Kirche, Kaufhaus und die unter Leitung von Heinrich Schickhardt und Hans Braun erbaute Obervogtei – zum Abschluß bringen. Die Stadtkirche wurde noch vor der Abschiedspredigt des ersten Stadtpfarrers Andreas Veringer am 1. Mai 1608 – möglicherweise um Kosten für Neuanfertigungen zu sparen – mit aus Klosterbesitz (Alpirsbach, Reichenbach oder Hirsau) stammenden kostbaren Raritäten, einem romanischen Lesepult, einem romanischen Taufstein, einem spätgotischen Kruzifix sowie einem im 15. Jahrhundert gefertigten Chorgestühl, ausgestattet.[92] Als Ersatz für die Stadtmauer, die nach den Plänen Schickhardts entweder als Festungswerk mit Spitzbastionen oder als einfache Stadtmauer mit Rundtürmen ausgeführt werden sollte, wurde ein Dielenzaun erbaut, dessen Errichtung Herzog Johann Friedrich der Freudenstädter Bürgerschaft unter Verzicht auf die seit 1604 geplante fünfte Häuserzeile gewährte.[93] Mit dem Regierungsantritt Johann Friedrichs scheint auch eine Änderung in der städtischen Verfassung eingetreten zu sein: Seit 1608 waren vier anstelle von zwei Bürgermeistern im Amt.[94] Wiederum wurden die Posten paritätisch mit zwei Exulanten und zwei Einheimischen besetzt.

Der Bericht des Landschreibers über die Lage des Christophstaler Bergbaus, den der neue Herzog im Mai 1608 einholte, ergab, daß die Kapitaleigner mit ihren seit 1606 zur Regel gewordenen Zuzahlungen (Zubußen) in Verzug waren.[95] Dadurch waren fast 1000 fl. an Lohn- und Nahrungsmittelschulden angewachsen. Für dringende Reparaturen fehlten 300 Gulden. Erz zur Verhüttung war nur im Wert von 124 Gulden vorrätig. Der Herzog sah sich von allen Seiten mit der Erwartung zur Übernahme der Vorschußzahlungen konfrontiert. Obwohl das gewonnene Metall kaum die Abbau- und Verhüttungskosten deckte und deshalb die Stilllegung der Gruben im Christophstal zugunsten des Bergwerks bei der Königswart zur Disposition stand, entschloß sich der Herzog zur Weiterführung des Abbaus in den Kehrsteiggruben, die zum Teil an Lehenhauer verliehen wurden, und wies dem Schichtmeister zur Bezahlung der Löhne Gelder aus benachbarten Ämtern an. Die Ausbeute an Silber wurden in die Landschreiberei geliefert, das Kupfer den Messingwerken im Christophstal zugeführt.

Auch beim Messinghandel gab es Probleme.[96] Die dortigen Faktoren hatten Vorschüsse auf noch nicht geleistete Arbeit gewährt, wohl auch Gelder veruntreut, Rohmaterialien waren verschwendet worden oder abhanden gekommen, die Qualität der Metallerzeugnisse ließ durch nachlässige Verarbeitung und unzureichende Lagerung zu wünschen übrig und ein Teil der Laboranten erfüllte nicht die Erwartungen des Herzogs und der Kapitalgeber (Messinginteressenten) hinsichtlich Arbeitsdisziplin und Ehrlichkeit. Um diese Mißbräuche einzudämmen, erhielt der neue Generalfaktor Jakob Kronawetter im Juni 1608 eine Dienstanweisung, die unter anderem die Aufsicht über die Ausgabe von Rohmaterial, die Verarbeitung in den verschiedenen Anlagen des Messingwerks, die Lagerung der Zwischen- und Endprodukte und die Verwendung der zur Verfügung stehenden Gelder detailliert regelte. Statt ausländischer Facharbeiter sollten verstärkt Landeskinder angelernt werden. Um den Verkauf der Messingwaren in Straßburg und Frankfurt zu fördern, wurde die Verwendung von Gewichtseinheiten der Nürnberger Konkurrenz vorgeschrieben.

Während der Bergbau und die Metallverarbeitung weiterhin ausgebaut wurden – 1609 wurde eine Sensenschmiede im Christophstal fertiggestellt, in der auch Eisen aus dem neueröffneten, nahegelegenen Eisenbergwerk Oberkirch verarbeitet werden konnte –, baute Herzog Johann Friedrich die kostspielige herrschaftliche Eigenwirtschaft, die sein Vorgänger wohl in Hinsicht auf eine nach Fertigstellung des Schloßbaus einzurichtende Hofhaltung aufgebaut hatte, Schritt für Schritt ab.[97] Im Dezember 1608 wurde zunächst die herrschaftliche Mühle für sechs Jahre an die Stadt verpachtet.[98] Die Stadtbürgerschaft war erfreut, statt des herrschaftlichen Müllers einen Pächter ihrer Wahl anstellen zu können. 1610 verkaufte der Herzog der Stadt auch die teils gerodeten, teils noch unausgestockten Herrenfelder (148 Morgen, circa 46,65 ha), die sein Vorgänger in Wiesen für das herrschaftliche Zugvieh umwandeln wollte, für 1460 Gulden und den Hof Schöllkopf mit 400 Morgen (126 ha) Wildfeld für 1200 Gulden.[99] Die finanziellen Belastungen durch Pacht- und Kreditzinsen schienen für die 1609 etwa 550 Bürger und Beisitzer, etwa 2000 Seelen, zählende Stadt, die durch Zuzüge und Geburten – zwischen 1603 und 1608 waren über 550 Kinder getauft worden – noch immer wuchs, erträglich zu sein.[100]

Bis in das Frühjahr 1610 hatte es den Anschein, daß sich die neue Stadt trotz des frühen Todes des Gründers und des damit verbundenen Verzichts auf eine kleine herzogliche Residenz auch unter der Regierung Herzog Johann Friedrichs, der der Stadt schon 1609 einen Besuch abstattete, ungebrochen fortentwickeln würde. Dies änderte sich schlagartig im Sommer oder Spätjahr 1610, als die Stadt von der Pest heimgesucht wurde und rund 800 Einwohner, darunter 150 Bürger (Einwohner mit Bürgerrecht), starben.[101] Die Epidemie dezimierte die Zahl der Bürger um ein Drittel von 500 auf 350, die Zahl der Einwohner sank auf etwa 1200 Personen. Zur Versorgung der verwaisten Kinder nahm die Stadt 1610 einen verzinslichen Kredit in Höhe von 280 Gulden auf. Die Toten dürften schon auf dem zweiten Friedhof der Stadt vor dem Loßburger Tor an der zum Schöllkopfhof hinausführenden Straße, an der Stelle des in Grenzbeschreibungen genannten Silberhauses, bei dem sich jedenfalls um 1616 der Friedhof befand, bestattet worden sein.[102] Dort ließ Obervogt Hans Seifried Gall 1610 auch eine Gruftkapelle als Adelsgrablege erbauen, die auf einer 1626 von Johannes Oettinger gefertigten Skizze von Freudenstadt deutlich innerhalb der Friedhofsmauer erkennbar ist.

Im Spätjahr 1610 wurde die Stadt von der Pest heimgesucht – 800 Einwohner starben.

Mit den Bevölkerungsverlusten, die durch die Abwanderung von Bauhandwerkern und Bergleuten aufgrund mangelnder Arbeitsmöglichkeiten noch verstärkt wurden, ging eine Verarmung der Stadt einher.[103] Sie konnte die eingegangenen Zins- und Abgabenbelastungen nicht mehr vollständig tragen, nachdem Investitionen im Bausektor ausblieben, die Einnahmen aus der gepachteten Mühle stark zurückgingen und wohl auch die Zahl der Übernachtungsgäste und Marktbesucher während der Pestzeit gesunken war.[104]

Mit den Bevölkerungsverlusten ging auch eine Verarmung der Stadt einher.

Im November 1611 besichtigte der Herzog die Messingwerke im Christophstal.[105] Dort wurde seit einiger Zeit, da das in den dortigen Bergwerken gewonnene Metall für die Produktion nicht ausreichte, über Augsburger Großhändler bezogenes Kupfer verarbeitet. Nach Verhandlungen, die Hieronymus Bechler im Auftrag Herzog Johann Friedrichs in Wien führte, konnte 1612 ein Vertrag über die Lieferung von Kupfer aus den Greiffenberger Bergwerken in der Raidmar (Hieflau), das selbst unter Berücksichtigung der Transportkosten wesentlich günstiger als das Augsburger Kupfer war, abgeschlossen werden. Dadurch erhöhte sich die Rentabilität der für das wirtschaftliche Überleben Freudenstadts notwendigen Werke, deren Abschaffung der württembergische Landtag vom Herzog forderte. Letzterer war jedoch entschlossen, weiterhin im Christophstal zu investieren, worauf ein im Februar 1612 gefertigter Plan für eine auf 1400 Gulden veranschlagte neue Drahtmühle mit sieben Bänken, drei Schocken (Schaukeln) und einer Leier mit vier Zügen hindeutet.[106] Um das für die Metallverhüttung und -verarbeitung notwendige Holz – 8000 Klafter (etwa 27088 m³) pro Jahr – auch längerfristig zur Verfügung zu haben, wurden 1613 Vorkehrungen zur Schonung der werksnahen Wälder getroffen.[107]

Auch das Leben in der Stadt erholte sich langsam. Der Seuche folgte ein „Heiratsboom".[108] Von den 1604 geplanten 490 Hofstätten waren 1612 bereits 287 mit Häusern, 15 weitere mit Scheunen bebaut.[109] Zur Versorgung der Stadt mit Wasser wurde 1612 ein Brunnen errichtet, dem Wasser über eine Teuchelleitung aus durchbohrten Holzstämmen zugeführt wurde.[110] Um die 900 Teucheln wie auch die städtischen Straßen, Wege und Brücken instandhalten und die städtischen Beamten und Bediensteten (Wächter, Hebammen, Stadtknecht, Feldschütz, Stadtschreiber, Hirten) besolden zu können, wurde ein Wachtgeld genanntes Bürgergeld in Höhe von 1 Gulden jährlich eingeführt.[111] Aus dem überlieferten Wachtregister von 1613,[112] das 354 Bürger und Beisitzer auf-

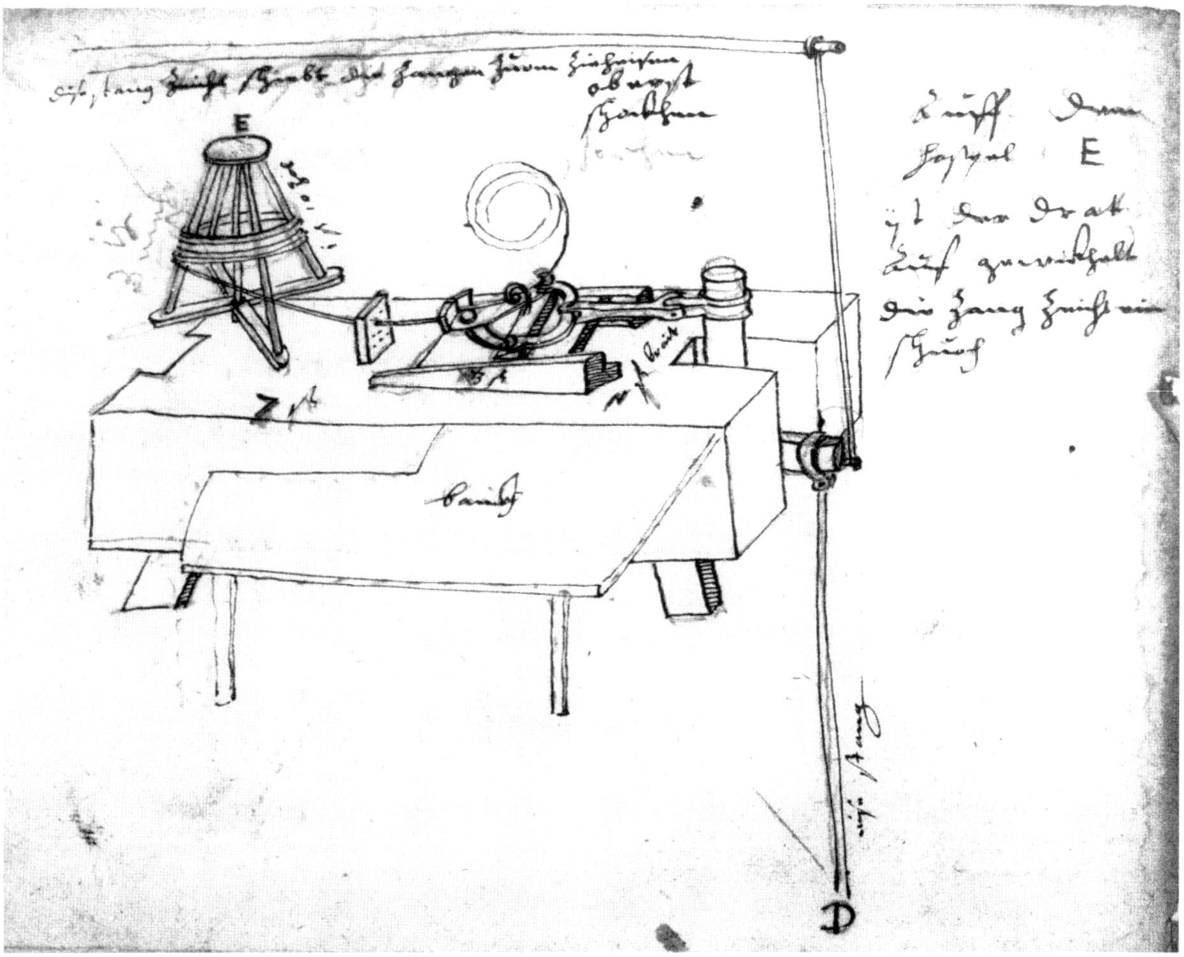

Eine Bank der 1612 geplanten Drahtmühle im Christophstal. Die Zange, mit der die Drahtzieher den Messing- oder Kupferdraht durch feine Öffnungen einer Matrize zogen, wurde durch Wasserkraft bewegt. (Zeichnung von Heinrich Schickhardt)

führt, geht hervor, daß ein Teil der Zahlungspflichtigen – Inhaber städtischer Amter waren von der Zahlung befreit – nicht in der Lage war, das Geld aufzubringen. Deshalb dienten manche das Wachtgeld durch Arbeit ab, andere ließen den Betrag stunden, benannten ihre Schuldner als Zahlende oder gaben ihre Äcker in Zahlung. Die Beisitzer oder Pfahlbürger zahlten anscheinend zwei Gulden. Unter den Wachtgeldpflichtigen befanden sich ein Kanten- oder Kannengießer, ein Schwertfeger, der Sohn eines Nepperschmieds (Herstellung von Bohrern), ein Haftelnmacher (Hersteller von Ösen für Mieder) und ein Hosenstricker, woraus geschlossen werden kann, daß sich im Anschluß an die Metallbetriebe im Tal und das Textilhandwerk in der Stadt auch weiterverarbeitende Handwerksbetriebe und Spezialgewerbe in Freudenstadt angesiedelt hatten.

Betrachtet man die Einnahmequellen der Stadt, bestehend aus 1 Gulden Wachtgeld pro Bürger, 1 Gulden Bürgergeld pro zuziehendem bzw. abziehendem Bürger, der Hälfte der Marktgebühren und den Mahlgebühren aus der gepachteten Getreidemühle, von denen Besoldungen, wichtigste Unterhaltungsmaßnahmen, laufende Kosten (Mühlpacht, Marktaufsicht) und Kreditzinsen (Schöllkopfhof, Herrenfelder, Waisengeld) zu bestreiten waren, so wird verständlich, daß die Stadt nach den Bevölkerungsverlusten von 1610 trotz ihrer Privilegierung durch den Stadtgründer kaum noch in der Lage war, ihren Verpflichtungen nachzukommen.[113] Die Strategie des Magistrats, die Zahl der Bürger und damit auch der Einkünfte durch Werbung von Exulanten in Villach rasch wieder zu vergrößern, scheiterte, da die an der Grenze zum Osmanischen Reich sitzenden, von der „Türkengefahr" ständig bedrohten Kärntner sich weigerten, in eine Stadt ohne Stadtmauer zu ziehen.[114] Deshalb zielte die Politik der Stadt in den kommenden Jahren darauf ab, die Verpflichtungen gegenüber dem Landesherrn, insbesondere die hohe Mühlpacht, abzubauen und Herzog Johann Friedrich dazu zu bewegen, den Bau der Stadtbefestigung in Angriff zu nehmen.[115] Während letztere über Planungen Schickhardts (1612) nicht hinauskam und in den Jahren 1613 bis 1615 lediglich der zweite Turm der Stadtkirche fertiggestellt wurde,[116] konnte die Stadt hinsichtlich der durch eine anhaltende allgemeine Teuerung wachsenden Mühlpachtschuld zumindest Teilerfolge verbuchen.[117] Für den 1614 abzuschließenden Pachtvertrag versuchte die noch etwa 330 Bürgerhaushalte umfassende Stadt einen deutlich geringeren Pachtzins auszuhandeln und die Laufzeit auf drei Jahre herunterzudrücken. 1615 wurde der nun durch Abwanderungen auf circa 300 Haushalte geschrumpften Stadt ein Teil der Pachtschulden nachgelassen und der Rest in eine Geldschuld umgewandelt, die innerhalb von 4 bis 6 Jahren ratenweise abgezahlt werden sollte.

Die Beschäftigung der herzoglichen Räte mit den dabei benötigten Akten hatte für die Stadt jedoch unangenehme Folgen: In Stuttgart wurde man darauf aufmerksam, daß die 12 Jahre, für die die Stadt 1601 von allen Abgaben befreit worden war, 1613 abgelaufen waren.[118] 1614 hatte zunächst nur die Geistliche Verwaltung mit dem Einzug des Getreidezehnten begonnen.[119] Um nun auch die Kellereieinkünfte zu erhöhen, schlugen die Hofbeamten im April 1615 vor, in Freudenstadt die Befreiung vom Umgeld, einer Verbrauchssteuer für den Ausschank von Wein und Bier, aufzuheben, da in der Stadt viele Durchreisende einkehrten und eine Menge Wein ausgeschenkt werde.[120] Die Bürgerschaft begegnete dem Stuttgarter Ansinnen am 2. Mai mit folgenden Argumenten: Freudenstadt als Bergbaustadt müsse – wie alle anderen Bergstädte – vom Umgeld befreit bleiben, außerdem liege die Stadt inmitten umgeldbefreiter Orte (Waldgeding, Christophstal, Kniebis), so daß der Reiseverkehr im Falle der Einführung der Getränkesteuer, die mit einer Verkleinerung der Maß Wein beim Ausschank (Schenkmaß von 1,67 l) verbunden war, sich in Zukunft an die Orte mit dem großen Maß (1,837 l) halten und Freudenstadt – zum großen Schaden des dortigen Gewerbes – meiden werde.[121] Der seit 1608 im Amt befindliche Untervogt Johann Jakob Vollmar, der seit 1610 neben der Untervogtei auch die Kellereiverwaltung versah, stellte sich mit einem Schreiben vom 6. Mai auf die Seite der Stadt, warnte vor Abwanderungen der mit Versprechungen in die hiesige Wildnis gelockten Einwohner und schlug anstelle der Erhöhung der Kellereieinkünfte

Das Siegel der Stadt Freudenstadt von 1612.

eine Senkung der Ausgaben für das Amt Freudenstadt vor: Da er nicht erkennen könne, wozu ein Obervogt in Freudenstadt nützlich sei, wäre es angebracht, durch dessen Versetzung die stattliche Besoldung von annähernd 750 Gulden einzusparen.[122] Der Vorschlag scheint auch dem Obervogt Gall von Rudolfseck zu Ohren gekommen sein. Als nämlich der Stadtpfarrer Johann Wolff am Sonntag Exaudi (21. Mai) in einer Predigt über die Verfolgung um Christi Willen auch auf die wegen ihrer Verfehlungen zu Recht Verfolgten abhob, trat der aus Krain stammende, jedoch lang vor den übrigen Exulanten nach Württemberg gekommene Obervogt den anscheinend gegen seine Person zielenden Angriffen durch die Vorlage eines Leumundszeugnisses entgegen. Da Gall von Rudolfseck die Exulanten in der Stadt, die ihn als Vertreter ihrer Interessen betrachteten und sich in einem Schreiben mit ihm solidarisierten, auf seine Seite ziehen konnte, während sich die Einheimischen, darunter auch der Forstmeister, der Generalfaktor, der Stadtschreiber, der Schulmeister, der Feldmesser sowie etliche Metallarbeiter aus dem Christophstal, hinter den Pfarrer stellten, kam es über die zugrundeliegende finanzielle Frage zu einer Spaltung der Bürgerschaft, die später in dem Vorwurf gipfelte, die „Verfolgten wollten das ganze Gubernement an sich bringen". Der zunächst eskalierende Konflikt, zu dessen Beilegung eigens eine Untersuchungskommission nach Freudenstadt entsandt wurde, scheint in den nächsten Jahren folgendermaßen entschärft worden zu sein: Der Untervogt wurde durch einen anderen ersetzt und der weiterhin in Freudenstadt ansässige Obervogt erhielt einen vergrößerten Amtsbereich mit Amtssitz in Oberkirch. Die Umgeldfrage wurde im Sinne der Stadt gelöst, indem für die Dauer der nächsten 15 Jahre das alte Schankmaß gegen eine jährliche, auf die Wirte umzulegende, äußerst moderate Summe von 30 Pfund Heller (circa 20 Gulden) anstelle des Umgelds (in einem kleinen Badeort wie Liebenzell betrug dies um 1600 beispielsweise etwa 250 Gulden jährlich) beibehalten werden sollte.[123]

Da der Herzog sich 1615 mehrfach in Freudenstadt aufhielt, um die Bergwerke, den Messinghandel und die Seidengewerke – wohl ein im Anschluß an das Textilhandwerk entstandenes Unternehmen für die Verarbeitung und den Vertrieb der in Stuttgart produzierten Seide – zu besichtigen,[124] dürfte ihm nicht entgangen sein, daß die Stadt langsam wieder aufblühte. Auch der Kniebiszoll und das Weggeld – ein Barometer für den Personen- und Warenverkehr – war von 120–170 Gulden in den Jahren nach 1610 laut der letzten Rechnung auf fast 360 Gulden im Jahr gestiegen.[125] Anläßlich eines Besuchs hatte die Stadt den Landesherrn sogar mit den Fanfaren eines Turmbläsers begrüßt und um die Erlaubnis zur dauerhaften Anstellung des (später von der Kellerei mit 20 Gulden besoldeten) Zinkenisten zum Empfang der zahlreichen, mit Kutschen die Stadt passierenden vornehmen Reisenden gebeten.[126]

Angesichts dieses Konjunkturaufschwungs machte Johann Friedrich noch im gleichen Jahr einen weiteren Vorstoß, die der Stadt gewährten Privilegien abzubauen, um die Einkünfte seines Kammerguts zu erhöhen. Zu entsprechenden Verhandlungen bevollmächtigte er am 4. November Dr. Hieronymus Bechler.[127] Der herzogliche Kommissar rief der Bürgerschaft die großen Aufwendungen des Stadtgründers und des jetzigen Landesherrn in Erinnerung und machte sie darauf aufmerksam, daß die 12 abgabenfreien Jahre abgelaufen seien und der Herzog über das Umgeld hinaus an den Einzug von Steuern, Holznutzungsabgaben sowie Bodenzins und Zehnten aus bislang zehntfreien Gütern denke. Im Gegenzug wolle er mit dem Bau einer Stadtmauer beginnen. Nachdem der Magistrat und zwei Vertreter des aus 24 Bürgern bestehenden Großen Ausschusses am 16. November zugesichert hatten, in Zukunft auch den großen Zehnten aus dem mit Getreide bewirtschafteten Gartenland, aus dem beim Anbau von Gartenfrüchten lediglich eine Bodenzins- und Kleinzehntabgabe fällig war, zu entrichten und weitere ungerodete Güter gegen Lieferung von Saatgut urbar zu machen, begann Heinrich Schickhardt am 17. November in Gegenwart des Herzogs mit dem Abstecken der Stadtmauer. Am 18. November kam daraufhin ein Vergleich zwischen der Stadtgemeinde und dem Landesherrn zustande, in dem Magistrat und Bürgerschaft sich ab 1616 zur Zahlung von Steuern auf Georgii (23.

Ansicht der Stadt Freudenstadt, entstanden zwischen 1608 (Erlaubnis zum Bau des Dielenzauns) und 1632 (Stadtbrand). Aus der dicht bebauten Stadt ragt die Kirche hervor. Im Oberviertel (rechts) sind zwei größere Gebäude zu erkennen, vermutlich das Haus des Obervogts Gall von Reicheneck und das Haus des adeligen Herrn von Reichaw. Vor der Stadt liegen umzäunte Gartengrundstücke. In der oberen rechten Ecke das Stadtwappen mit den zwei Barben. (Kupferstich von Matthäus Merian, 1643).

April) und Katharinae (25. November) und zu einer Abgabe von Wald-, Holz- oder Rauchhaber aus jedem Haushalt (Rauch) anstelle von Bau- und Brennholzgebühren verpflichteten. Am 25. November wurde der Stadt Saatgetreide auf Borg aus dem Freudenstädter Zehnten und aus den Getreideeinkünften der Klosterpflege Alpirsbach sowie aus der 1614 von Herzog Johann Friedrich erworbenen, dem Amt Freudenstadt einverleibten Herrschaft Neuneck mit dem Hof Rinkwasen, Böffingen, Unteriflingen und der Hälfte des Dorfs Wörnersberg angewiesen.[128]

In den folgenden Monaten war die Stadtverwaltung damit beschäftigt, ein Steuerbuch anzulegen.[129] Dazu mußten die Liegenschaften jedes steuerpflichtigen Bürgers verzeichnet, die einzelnen Parzellen neu vermessen und ihr Wert veranschlagt werden. Am 24. Februar 1616 konnte die Stadt das Ergebnis der Vermögensschätzung nach Stuttgart melden. Nach Abzug der befreiten Liegenschaften der Herrschaft, der Geistlichen Verwaltung und des Obervogts und nach Abrechnung der Bauschulden in Höhe von 8119 Gulden bei der Klosterpflege Alpirsbach (1445 Gulden) und der Geistlichen Verwaltung Freudenstadt (6674 Gulden) umfaßte das steuerpflichtige Vermögen 28336 Gulden und 25 Kreuzer, das entsprechend der Schwarzwaldstädte Hornberg und Dornstetten mit einem Steuersatz von 20 Kreuzern von je 100 Gulden Vermögen belastet werden sollte. Da der Herzog der Stadt den auf den 23. April 1616 fälligen Steueranteil erneut nachgelassen hatte, benötigte man das Steuerbuch vorerst nicht. Statt Einkünften wuchsen der Kellerei neue Verpflichtungen zu. Sie sollte in Zukunft die bislang von der Klosterpflege Alpirsbach bezahlte Besoldung der Kirchendiener (Pfarrer, Diakon, Schulmeister etc.) übernehmen. Der der Kellerei versprochene Getreidezehnt wurde allerdings der Geistlichen Verwaltung 1616 für zwei weitere Jahre bewilligt.[130]

Um die Lasten der Stadt auf mehr Schultern zu verteilen, wurden die bislang noch der Vogtei Dornstetten unterstehenden, auf Freudenstädter Markung liegenden drei oder vier Haushalte im Christophstal, die schon vor Entstehung der Stadt dort bestanden hatten und trotz einer entsprechenden Verordnung 1603/04 nicht Stadt und Amt Freudenstadt einverleibt worden waren, endgültig der Vogtei Freudenstadt unterstellt.[131] Damit konnten die Betroffenen auch zur Leistung von Abgaben und Frondiensten für das Amt Freudenstadt und die Wirte im Christophstal anteilmäßig zur Zahlung der Umgeldablösung herangezogen werden. Die Stadt Freudenstadt selbst erhöhte das Bürgerannahme- und Abzugsgeld von einem auf sechs Dukaten, nicht nur, um ihre Einkünfte zu steigern, sondern vor allem, um den Zuzug armer Bürger zu verhindern.[132] Um in Zukunft auch die Versorgung der oft durch Krankheit arbeitsunfähig gewordenen Bergleute sowie die Versorgung

Berufssparte	Kaufhaus-viertel	Kirch-viertel	Ober-viertel	Unter-viertel	Gesamt
ohne Angabe	24	22	25	26	97
Bergbau/Metall	10	10	6	5	31
Dienstleistungen	13	4	3	10	30
Lebensmittel	5	7	4	7	23
Holzverarbeitung	2	5	10	4	21
Steinverarbeitung	4	6	–	4	14
Bekleidung	3	4	2	2	11
Gaststätten	–	3	3	1	7
Lederverarbeitung	–	3	2	2	7
Handel	2	2	1	1	6
Transport	1	1	2		5
Gesundheit/Hygiene	2	–	–	2	4
Militär	–	–	1	1	2
Seilerei	–	–	1	–	1
Gesamt	66	67	60	66	259

Verteilung der Haushalte nach Berufssparten auf die Stadtviertel in Freudenstadt um 1616.

von Bergmannswitwen und -waisen einzusparen, versuchte die Stadt, das erhöhte Bürgerannahmegeld auch auf die Christophstaler Bergleute auszudehnen. Diesem Ansinnen widersetzte sich die Knappschaft jedoch erfolgreich, indem sie auf die Versorgung ihrer Kranken und deren Angehöriger durch den Herzog aus dem Schichtmeisteramt verwies und sich verpflichtete, bei entsprechenden Versorgungsfällen zu Lasten des städtischen Armenkastens die Hälfte der Kosten aus der Bruderschaftskasse beizusteuern.

Für den Einzug des am 11. November (Martini) 1616 erstmals anstelle von Holznutzungsgebühren fälligem Holz-, Wald- oder Rauchhabers wurde eine Liste der circa 260 zahlungspflichtigen Haushalte angelegt.[133] Die Höhe der Abgabe betrug 1½ Simri (etwa 16 kg)[134] Hafer pro Haushalt, arme Witwen gaben die Hälfte, Haushalte mit überdurchschnittlichem Holzverbrauch (Wirte, Bierbrauer) ein Mehrfaches (bis zu 6 Simri, etwa 64 kg), je nach Anzahl der ausgeübten Gewerbe. In den kommenden Jahren wurden jährlich etwa 55 Scheffel (etwa 4678 kg) Holzhafer eingezogen.[135] Aus der Waldhaferliste geht hervor, daß die Stadt in vier Viertel – Kaufhaus-, Kirch-, Ober- und Unterviertel – eingeteilt war.[136] Ordnet man die in der Liste aufgeführten Haushalte (darunter auch Witwenhaushalte, jedoch nicht die abgabenfreien Haushalte der herzoglichen Beamten) nach der Berufssparte,[137] in der der Haushaltsvorstand beschäftigt war, und Wohnvierteln an, so läßt sich eine erstaunlich regelmäßige Verteilung der Einwohner wie auch der Berufszweige auf die vier Viertel erkennen.

Zudem fällt der – durch die Industrie im Christophstal bedingte – hohe Anteil der im Bergbau oder in der Metallverarbeitung beschäftigten Haushaltsvorstände auf. Fast genauso viele waren im Auftrag des Amts oder der Stadt tätig. Mit dem mehr oder weniger starken Durchreiseverkehr wie auch mit der nach den Getreidezehntabgaben im Jahr 1616 eher geringen Zahl von Ackerbau betreibenden Einwohnern hängt wohl die große Zahl der Beschäftigten in der Lebensmittelbranche (Bäcker, Metzger) und im Gastgewerbe zusammen. Trotz der Einstellung der herzoglichen Bautätigkeit in Freudenstadt gab es um 1616 noch relativ viele holz- und steinverarbeitende Handwerker (Zimmerleute, Schreiner, Maurer). Dagegen nahm die Textilindustrie samt der Lederverarbeitung eine mittlere Position ein. Weniger ausgeprägt waren die Bereiche Handel (Krämer) und Transport (Fuhrleute). Die Gruppe Gesundheit/Hygiene umfaßt zwei Bader, einen Arzt und einen Apotheker, durch die die Stadt nach damaligen Verhältnissen wohl ausreichend versorgt gewesen sein dürfte. Schwierig ist die Einordnung der Haushaltsvorstände ohne Berufsangabe, die erstaunlicherweise ebenfalls relativ regelmäßig auf die Stadtviertel verteilt waren. Unter ihnen befanden sich, soweit sich dies aus ergänzenden Quellen feststellen läßt, sowohl Vertreter des städtischen Magistrats und Besitzer von Häusern von hohem Wert, als auch Vertreter ärmerer Schichten, die zum Teil nur Haushälften von geringem Wert besaßen.[138]

Gegen Ende des Jahres 1616 rückte auch der Termin (25. November) für den erstmaligen Einzug der jährlichen Steuer heran. Da das Freudenstädter Steuerbuch lediglich die geschätzten Liegenschaften beschrieb, beauftragte der Landesherr am 13. Dezember 1616 einen Kommissar, der zusammen mit dem Freudenstädter Untervogt weitere besteuerbare Vermögen an Gülten (Kreditzinsen), Getreide- und Wein-

Unter Herzog Johann Friedrich kam die 1614 erworbene Herrschaft Neuneck mit dem Hof Rinkwasen, Böffingen, Unteriflingen und der Hälfte des Dorfs Wörnersberg zum Amt Freudenstadt. (Landtafel von Heinrich Füllmaurer, 1537).

vorräten, Barschaften und einträglichen Gewerben in Erfahrung bringen sollte.[139] Damit kam die bereits vor einem Jahr abgeklärte Steuerdebatte erneut auf die Tagesordnung. In zwei Schreiben vom 19. und 21. Dezember schildern der städtische Magistrat und die Untersuchungskommission die politische, wirtschaftliche und soziale Situation der Stadt: Während das Klosteramt Reichenbach und der Amtsort Rodt Teil der württembergischen Landschaft sind und damit Sitz und Stimme im Landtag haben, gehört die Stadt Freudenstadt noch immer – ohne die Möglichkeit einer politischen Vertretung und Mitbestimmung – zum herzoglichen Kammergut. Die Landwirtschaft lohnt sich nicht. Ein Teil der für den Ackerbau nutzbaren Fläche ist noch ungerodet. Große Teile der gerodeten Flächen sind noch nicht für den Ackerbau hergerichtet, sondern steinig und – da die Baumstümpfe wieder ausgetrieben hatten – voller Stöcke. Deshalb liegen die Kosten für ihre Bestellung über dem daraus erzielbaren Ertrag. Die besten Güter in Form von Wiesenland haben Dornstetter Bürger inne, die ihre Steuer nach Dornstetten abführen. Dies verhindert einen Ausbau der Viehzucht, die den fehlenden Dung für die Felder liefern könnte. Handel und Gewerbe gedeihen nicht in erwartetem Maße. Die Gewerbetreibenden und Händler sind so unvermögend, daß sie ihre Waren für den Verkauf auf den Messen ausleihen müssen. Auch mit dem städtischen Vermögen ist es nicht zum besten bestellt. Trotz Einzugs des Bürgergelds ist die Stadt kaum in der Lage, die laufenden Kosten zu bezahlen. Sie hat weder Spitalgüter noch andere Vermögenswerte, auf die sie zurückgreifen kann. Das Einkommen des Armenkastens ist so unzureichend, daß ein für

Schloß und Weiler Rodt mit Besitz und Einkünften zu Loßburg, Lombach und Wittendorf wurden 1602 dem neugebildeten Amt Freudenstadt zugeteilt. (Atlas von Georg Gadner, 1593).

die Versorgung der Pestwaisen 1610 aufgenommener Kredit noch nicht zurückgezahlt ist. Die meisten Bürger sind verschuldet. Nur elf Bürger haben besteuerbare Gülten, Getreide- oder Weinvorräte im Wert von insgesamt 2300 Gulden (Steuerertrag: etwa 8 Gulden). Bei Besteuerung der Liegenschaften bestehe die Gefahr, daß die ärmeren Bürger ihre Felder aufgeben, weil sie die Steuer nicht bezahlen können, bei Besteuerung der Mobilien und des Handwerks sei zu befürchten, daß die reicheren Einwohner die Stadt verlassen, da sie an ihren Häusern und rauhen Feldern nicht viel zu verlieren haben. Ziehen die Vermögenden ab, bleiben in der Stadt nur Bettler zurück, die unterstützt werden müssen. Noch im Dezember scheinen sich die Stadt und der Landesherr jedoch geeinigt zu haben. Die jährliche Steuer, von der der Herzog (Landschreiberei) 75 Prozent, die Stadt 25 Prozent erhielt, wurde auf insgesamt 100 Gulden festgesetzt. Im Gegenzug wurde die Stadt am 17. August 1618 in die württembergische Landschaft inkorporiert.[140] Damit hatte Freudenstadt das Recht auf Vertretung im württembergischen Landtag, konnte die Freiheiten des Tübinger Vertrags in Anspruch nehmen, war von nun an den Landesgesetzen unterworfen und zahlte die jährliche Steuer nicht mehr direkt an den Landesherrn, sondern an die Landschaft, die ihr Steuerbewilligungsrecht zur Durchsetzung politischer Forderungen nutzen konnte.

Mit dem Ende der Abgabenfreiheit war für die herzogliche Verwaltung somit keineswegs eine überdurchschnittliche Erhöhung der Einkünfte verbunden. Andererseits bot das Amt Freudenstadt durchaus Möglichkeiten, Ausgaben einzusparen. Der Bau der Stadtmauer wurde weiter hinausgezögert. Zudem wurden die herrschaftlichen Eigenbetriebe oder Einkünfte durch Verpachtung (1617 Ziegelhütte an einen Pächter, 1620 Getreidezehnt, später auch der kleine Zehnt an die Stadt) rentabler gemacht oder – wie das Schloßgut Rodt 1619 – verkauft.[141] Die Sparmaßnahmen erstreckten sich auch auf den Personalbereich. Nachdem schon 1610 Vogtamt und Kellereiverwaltung vereinigt worden waren, wurde die Geistliche Verwaltung seit 1618 durch den Schaffner des Reichenbacher Klosteramts,[142] ab 1623/25 durch den Untervogt versehen.[143] Der Obervogt war 1617 als Oberamtmann nach Oberkirch versetzt worden, von wo aus er die alten Freudenstädter Funktionen noch teilweise wahrnahm.[144]

Die über die Einnahmen hinausgehenden Ausgaben im Christophstaler Bergbau hatten sich nach den Landschreibereirechnungen zwischen 1610 und 1614 mit 800–1200 Gulden pro Jahr in Grenzen gehalten.[145] Ab 1615 waren sie dagegen von etwa 2000 Gulden auf über 6500 Gulden im Rechnungsjahr 1620/21 gestiegen. Die Ursache dafür ist in einem um 1615 stärker werdenden Interesse Herzog Johann Friedrichs am Bergbau zu vermuten, wie es in persönlichen Besichtigungen von Christophstaler Gruben 1615 und 1617 (neue Grube am Kienberg) zum Ausdruck kam.[146] Hoffnungen auf eine neue Silber- und Kupfererzausbeute ließen zahlreiche neue Stollen entstehen, neben der neuen Grube am Kienberg auch Stollen am Hirschkopf und am Friesenloch (1619).[147] Schon 1624 durchlief der Bergbau jedoch wieder eine Krise.[148] 1626 waren mit Ausnahme des Kehrsteigstollens alle Gruben außer Betrieb. Die prekäre Lage spiegelt sich in den Klagen der Knappen gegen den Schichtmeister wegen ausstehender Löhne, Bezahlung in Naturalien und Rechnungsfälschung wider. Immerhin wurde in Christophstal

auf niedrigem Niveau weitergearbeitet, während die Königswarter Gruben 1627 vollständig eingestellt wurden.
Die metallverarbeitenden Betriebe im Christophstal scheinen sich dagegen besser entwickelt zu haben, seit Peter Stein 1616 Generalfaktor der Messing- und Eisenwerke geworden war und nach dem ständigen Wechsel in der Besetzung dieses Amts endlich Kontinuität einzog.[149] Die Wertschätzung des aus Aosta in Savoyen stammenden Generalfaktors zeigte sich darin, daß der Herzog ihm 1619/20 das Haus des Pfannenschmieds und ehemaligen Schichtmeisters Georg Vischer, also vermutlich das schon 1571 als „Verweshaus" (Haus des Bergbauverwalters), 1572 als „Berghaus", später als Schichtmeisteramtsbehausung erwähnte, heute als Bärenschlößle bekannte Anwesen schenkte und von der – nun durch die Kellerei bezahlten – Steuer befreite.[150] Eine 1618 erlassene Zunftordnung für die in den herrschaftlichen Metallverarbeitungsbetrieben Beschäftigten übertrug dem Generalfaktor die Niedergerichtsbarkeit über die Laboranten und organisierte diese in einer der Knappschaft der Bergleute ähnlichen Gemeinschaft.[151] Zur Versorgung ihrer Mitglieder und ihrer Angehörigen in Notfällen, zur Verköstigung von Wandergesellen sowie zur Finanzierung des in monatlichen und jährlichen Versammlungen mit Tanz für die Ledigen sowie Zechzusammenkünften zu besonderen Anlässen, etwa Hochzeiten, bestehenden Gemeinschaftslebens wurde die Einrichtung eines von drei gewählten Handwerksmeistern verwalteten Fonds („gemeine Lade") angeordnet, in den regelmäßige Beiträge und Strafgebühren eingezogen wurden. Die Metallarbeiterzunft erhielt ein eigenes Siegel und das Recht, Vorratshaltung für den Eigenbedarf an Getreide zu betreiben sowie – nachdem der Generalfaktor sie auf eigene Kosten mit Musketen auszurüsten versprochen hatte – die Möglichkeit, sich an den Schießübungen der Schützengesellschaft der Freudenstädter Bürgerschaft und der Bergarbeiterknappschaft beim „Schießhaus" unterhalb der Kniebissteige zu beteiligen. Die Zunftordnung gab den Laboranten eine Sonderstellung außerhalb der Bürgerschaft, wie sie die Bergleute schon durch die Bergordnung von 1597/99 innehatten, und schrieb damit die schon durch die räumliche Entfernung zwischen Freudenstadt und Christophstal gegebene Distanz beider Ortsteile auf Dauer fest. Ausdruck fand diese auch in dem Wunsch der Bewohner im Christophstal, eine von der Freudenstädter Viehherde getrennte eigene Herde mit eigenem Hirten einzurichten und vorrangig den Weidgang auf dem Kniebis nutzen zu dürfen, dem der Landesherr 1621 entsprach.[152]
Herzog Johann Friedrich hatte schon 1617 durch eine Besichtigung erneut auflebendes Interesse an den Messingwerken bekundet.[153] 1619 wurden dort neben den schon genannten Anlagen ein Kupferhammer und ein Pfannenhammer (Pfannenschmiede) betrieben. Neben der Messe von Zurzach (1612/15) wurde auch die Straßburger Messe mit Messingwaren beliefert. Einem gewissen wirtschaftlichen Erfolg des Messinghandels standen jedoch auch Kosten und Risiken gegenüber. So mußten neben den technischen Einrichtungen auch die Fernhandelsstraßen instandgehalten werden (1620 Reparatur des Knüppeldamms auf dem Kniebis, Schneeräumfronen). Wegen des 1618 ausgebrochenen Krieges war zudem der Bezug des österreichischen Kupfers unsicher geworden. Die herzoglichen Räte, die schon seit langem

Der Ausschnitt einer Bergwerkskarte des Christophstals von 1572 zeigt das Berghaus (Verweser- oder Schichtmeisterhaus) an der von Dornstetten zum Kniebis führenden Landstraße, das Herzog Johann Friedrich dem Generalfaktor Peter Stein schenkte und das später Bärenschlößle genannt wurde.

Ansicht der Stadt Freudenstadt von Johannes Oettinger, 1626. Deutlich sind die quadratische Anlage der Stadt, der große Marktplatz und die Kirche zu erkennen. Unterhalb der über den Schöllkopfhof nach Alpirsbach führenden Straße ist bei der Silbergrube ein ummauertes Gelände eingezeichnet, innerhalb dessen sich ein Gebäude mit Türmchen befindet. Es handelt sich vermutlich um den um 1610 angelegten Friedhof mit der Gall von Reicheneckschen Grabkapelle.

DER LANGE WALD.
St. Christophs Thal.
KVEN
BERG.
Silbergrueb.
Weg in die Lauter.
Hohe Rieth.
981. Lachter.

Von der Aufrüstung dürfte das waffenproduzierende Handwerk in Freudenstadt profitiert haben.

Der Ausbruch des Dreißigjährigen Krieges wirkte sich auch in Freudenstadt aus.

den Ersatz des aus der Steiermark, von den Fuggern und aus Burgund bezogenen Kupfers durch billigeres Kupfer aus Schweden gefordert hatten, prophezeiten 1620, daß Habsburg den Kupferhandel mit Württemberg unterbinden werde. 1621, als Heinrich Schickhardt Material für das undicht gewordene Dach der Freudenstädter Kirche benötigte, war dann auch tatsächlich kein Kupfer zu bekommen.

Nachdem auch der Landtag Bedenken äußerte, daß der Kupfer-, Messing- und Drahthandel mehr koste als nutze, stand wieder einmal die Weiterführung der Werke zur Disposition.[154] Die Lösung, die der Landesherr – wohl zusammen mit seinen Beratern – fand, bestand in einem Ausbau der Eisenverarbeitung. 1621 wurde ein neuer Eisendrahtzug errichtet, der innerhalb von zwei Jahren soviel Erträge abgeworfen haben soll, daß neben der Amortisation der Baukosten von 50000 Gulden ein Gewinn von 14000 Gulden verbucht werden konnte. Zudem wurde 1622/23 in der Kipper- und Wipperzeit ein Münz- und Streckwerk eingerichtet, in dem wohl nicht nur Christophstaler Silber vermünzt, sondern auch geringwertiges, durch Verrufung ungültig gewordenes Münzgeld eingeschmolzen und in höherwertige Sorten umgeprägt wurde.[155] Münzmeister, darunter der Sohn des Generalfaktors, David Stein, sind seit 1622 belegt. Die Stempel für die Christophstaler Münzen dieser Zeit dürften die 1622 und 1623 in Freudenstadt belegten Eisenschneider Claude Guichard (Quickhardt) und Hans Pfister geschnitten haben.

Der Ausbruch des böhmisch-pfälzischen Krieges als Auftakt des Dreißigjährigen Krieges wirkte sich auch in Freudenstadt aus.[156] Im Rechnungsjahr 1619/20 ließ der Vogt zu Freudenstadt auf Anordnung der württembergischen Kriegsräte durch den Blattner 100 Rüstungen anfertigen, die auf Weisung des Landesherrn 1621 an das städtische Aufgebot verkauft werden sollten. Zur Überwachung herumstreifender Soldaten etwa aus der feindlichen kaiserlichen Armee und zur Verhinderung räuberischer Übergriffe (1622 mannsfeldische Reiter) ritt der Vogt Streifen und schloß Vereinbarungen mit den benachbarten Amtleuten von Dornstetten, Alpirsbach und Neuneck über die gegenseitige Hilfe in Kriegszeiten ab. Ende April 1619 wurden auf Befehl der Hauptleute die Schwarzwaldpässe u.a. über den Kniebis unpassierbar gemacht und nach Wiedereröffnung mit Wachen besetzt. Bei einer um 1622 durchgeführten Musterung wurden 30 von 345 Männern im wehrfähigen Alter für den aktiven Kriegsdienst ausgewählt.

Von der Aufrüstung dürfte das waffenproduzierende Handwerk in Freudenstadt profitiert haben.[157] Neben dem Blattner gab es dort einen Pulvermacher, mehrere Messerschmiede (Herstellung einschneidiger Hieb- und Stichwaffen wie Dolche, Degen und Haumesser), drei Waffenschmiede und einen Schwertfeger (Politur von Schwertklingen).

Vor der Schlacht von Nördlingen 1634 war jedoch Württemberg selbst nicht direkt vom Kriegsgeschehen betroffen. Noch bestimmten lokale Streitigkeiten mit den Nachbarn oder einzelnen Bürgern das Tagesgeschehen in Freudenstadt. Nach dem Erwerb der Langenau versuchte die Stadt erfolglos, Dornstetten und dem Waldgeding die dortigen Weiderechte abzustreiten.[158] Auch gegen die ausufernde Tierhaltung Albrecht Wurmsers von Vendenheim, eines Adligen, der nach seiner Heirat mit der in Freudenstadt ansässigen Witwe Maria Jakobea Kechler von Schwandorf geb. von Anweyl bedeutenden Grundbesitz zur landwirtschaftlichen Nutzung auf der Gemarkung Freudenstadt erworben hatte, konnte die Stadt letztlich nichts unternehmen.[159] Während die für eine Ausdehnung der ertragreichen Viehwirtschaft benötigten Flächen nicht erweitert werden konnten, scheinen Reiseverkehr und Handel der Stadt wachsende Erträge eingebracht zu haben.[160] Die zeitgenössische Reise- und Bäderliteratur (Martin Zeiler, Dr. Ulrich Geiger) hatte Freudenstadt und die Renchtalbäder bekannt gemacht, so daß beispielsweise auch Angehörige etwa der Tübinger Universität über den Kniebis nach Rippoldsau, Antogast, Griesbach oder Peterstal fuhren und auf dem Hin- und Rückweg in Freudenstadt einkehrten. Ein Ausdruck für das gut laufende Geschäft findet sich in der Klage der Stadt Dornstetten 1625/26, daß das dortige Gewerbe durch Freudenstadt geschädigt werde.[161] Damit gewinnt die späte Überlieferung des Jeremias Baldenhofer, Herzog Johann Friedrich habe versucht, Freudenstadt mit Hilfe zweier jährlicher Messen zu einer Gewerbe- und Handelsstadt zu machen und sich nicht nur um die erforderlichen kaiserlichen Privilegien bemüht, sondern auch den Handelsmann Hans Konrad Baldenhofer zu Verhandlungen mit den Kaufleuten in Frankfurt, Hamburg, Leipzig, Zurzach und Straßburg über ihre Bereitschaft zur Präsentation ihrer Waren in Freudenstadt beauftragt, durchaus an Glaubwürdigkeit.[162] Die Pläne wurden allerdings durch den Dreißigjährigen Krieg zunichte gemacht.

Nachdem wegen der drohenden Kriegsgefahr in den späten 20er Jahren eine militärische Besatzung nach Freudenstadt gelegt worden war, wurde erneut der Bau einer Stadtbefestigung erwogen.[163] Schickhardt wurde mit dem Vergleich der Kosten für eine Stadtmauer oder ein Wall-Graben-System beauftragt und Hauptmann Löscher entwarf eine viertorige Umwallung mit 12 Bollwerken. Der schon begonnene Bau wurde jedoch im April 1628 eingestellt.

Für die vorgesehenen Fronarbeiten scheint 1627 eine Liste aller Bürger erstellt worden zu sein, die kombiniert mit anderen Quellen die Berufsstruktur der Stadt im dritten Jahrzehnt ihres Bestehens beleuchtet.[164] Von den erfaßten 324 Haushalten (mit Christophstal) waren 40 Witwenhaushalte, für weitere 116 Haushaltsvorstände existiert keine Berufsangabe. Gegenüber 1603 und 1616 läßt sich eine Ausweitung der Berufe im Bereich Bergbau/Metall und Transport (49 Haushalte) beobachten, die die Bedeutung der Metallindustrie für die Stadt unterstreicht. Dagegen war das Baugewerbe (Holz- und Steinverarbeitung sowie Seilerei mit insgesamt 43 Haushalten) deutlich schwächer ausgeprägt als zur Gründungszeit. Auch die Zahl der Bäcker und Metzger (19 Haushalte) hatte sich reduziert, während das Textilgewerbe und die Lederverarbeitung (insgesamt 25 Haushalte) gegenüber 1616 wieder etwas stärker vertreten waren, jedoch längst nicht den Stand von 1603 erreichten. Gastgewerbe (7 Haushalte) und Handel (6 Haushalte) hatten wie die Sparten Dienstleistungen (31 Haushalte) und Gesundheit/Hygiene (2 Haushalte) ungefähr den Stand früherer Jahre gehalten. Inhaber städtischer oder kirchlicher Ämter (Feldmesser, Stadtknecht, Bote, Mesner, Hirten) waren wie die Mitglieder des Stadtmagistrats (2 Bürgermeister, 9 Gerichts- und 6 Ratspersonen) von den Diensten befreit.

Freudenstadt und Christophstal vor dem Stadtbrand (1628–1632)

Auch nach dem Tod Herzog Johann Friedrichs 1628 ließ das Interesse der württembergischen Herzöge an Freudenstadt nicht nach. Noch im gleichen Jahr besuchte sein Nachfolger Herzog Ludwig Friedrich die Stadt, die trotz der Rekatholisierung der umliegenden Klöster aufgrund des Restitutionsedikts Kaiser Ferdinands II. eine Konjunkturphase durchlief.[165] Der Plan zur Sanierung der Verhüttungsanlagen im Christophstal deutet darauf hin, daß ein neuer Aufschwung im Bergbau erwartet wurde. Der Metallwarenhandel florierte. 1630 lieferte Christophstal 300 Zentner Münzblech, Glufendraht (zur Herstellung von Nadeln) und Grünspanböden nach Schaffhausen. Auch über die Pfingstmesse in Zurzach wurden Messingwaren abgesetzt. Der Handel scheint so erfolgreich gewesen zu sein, daß Nürnberg und Straßburg im März 1632 Christophstal als lästige Konkurrenz empfanden und danach trachteten, den württembergischen Metallwarenhandel zugrunde zu richten.

Um 1628 wurde ein neuer Aufschwung im Bergbau erwartet.

Ihr Wunsch ging nur zu bald in Erfüllung, als am 24. Mai 1632 während des donnerstäglichen Mittagsgottesdienstes ein in der Gastherberge „Zum Güldenen Barben“ (in der als Brandherd ausgemachten Kammer hatten nachts zuvor zwei Augsburger Kutscher genächtigt) ausgebrochenes Feuer einen Teil der Stadt, ungefähr 140 Häuser im Wert von circa 17500 Gulden, darunter vor allem Anwesen der wohlhabenden Adeligen (Gall von Rudolfseck, Junker von Reichaw) und der bürgerlichen Oberschicht (13 Vertreter des städtischen Magistrats), aber auch viele Handwerksbetriebe mit ihren Werkstätten, zerstörte und im gleichen Jahr ein Brand im Messingwerk den oberen Drahtzug und 16 Zentner Messingware vernichtete.[166] Nach dem zügig in Angriff genommenen, durch eine Brandsteuer sowie Befreiung von verschiedenen Abgaben unterstützten

Das am 24. Mai 1632 ausgebrochene Feuer vernichtete 140 Häuser im Wert von ca. 17.500 Gulden.

Wiederaufbau – der Landesherr stellte 18577 Stämme, 44125 Bretter und 44350 Latten als Bauholz zur Verfügung – wurden die Stadt und die Werke im Christophstal jedoch nach der verlorenen Schlacht bei Nördlingen 1634 mit der Verlagerung des Krieges nach Württemberg durch Besatzung, Zerstörungen, Seuchen und Abwanderungen stark entvölkert und in ihrer Wirtschaftskraft geschwächt,[167] so daß erst nach der Beendigung des Dreißigjährigen Krieges 1648 an einen neuen Aufschwung zu denken war.

Das ursprüngliche Ziel einer Bindung von Facharbeitern im Bergbaurevier Christophstal wurde durch die Anlage der Bergarbeitersiedlung erreicht.

Überblickt man die Gründungsphase der Stadt Freudenstadt bis 1632, läßt sich die am Anfang gestellte Frage nach dem Erfolg der Stadtgründung trotz schwieriger Rahmenbedingungen (schlechte Böden, ausbleibender Bergsegen, problematische Wetterlagen), hoher Investitionskosten, anhaltender Widerstände (umliegende Gemeinden, württembergische Landschaft) und innerer Konflikte (Knappschaft, Christophstal, Exulanten, soziales Gefälle) folgendermaßen beantworten: Das ursprüngliche Ziel einer Bindung von Facharbeitern im Bergbaurevier Christophstal wurde durch die Anlage der Bergarbeitersiedlung erreicht. Die rasche Zunahme der Bevölkerung, die die Siedlung zu einer der größten württembergischen Städte machte, ist jedoch der erfolgreichen Anwerbung von zuzugswilligen Exulanten vor allem aus Oberösterreich zu verdanken. Die landesherrlichen Investitionen schufen Arbeitsplätze, unterstützen die Versorgung mit notwendigen Lebensmitteln und zogen neue Arbeitskräfte an. Der Bau der Kirche, in der zunächst Geistliche aus den Reihen der Exulanten den Gottesdienst versahen, scheint zu einer Gemeindebildung unter Integration der zum Teil slowenischsprachigen Bevölkerung geführt zu haben. Der Eingliederung der Glaubensflüchtlinge kam auch die paritätische Besetzung des städtischen Magistrats mit Exulanten und Einheimischen zu Hilfe. Dagegen bestimmten Konflikte mit den rechtlich privilegierten Bergleuten das Gemeinschaftsleben der Stadt von Beginn an. Mit der Einrichtung neuer Verwaltungseinheiten unter Einbeziehung neu erworbener Herrschaften (Rodt, Neuneck, Klosteramt Reichenbach, Königswart) erhielt die Stadt ein Hinterland, das Reservoir für Neubürger oder Marktbesucher wie auch Lieferant von Lebensmitteln und Mitträger für Abgaben und Dienste war. Durch die Errichtung der Eisen- und Messingwerke wurde die investitionsabhängige und unsichere Bergbaumonokultur durch eine breitere, auf den Rohstoff Holz ausgerichtete Metallverarbeitungsmischkultur ersetzt, die erfolgreich Anreiz für die Niederlassung von Zuliefer- und Veredelungsbetrieben in Freudenstadt bot. Ein weiteres Standbein erhielt die an der Kniebisstraße errichtete Stadt durch den mit dem Ausbau der Straße verstärkten Reiseverkehr von Württemberg in die Rheinebene, auf die Straßburger Messe, in die elsässischen Besitzungen Württembergs, nach Mömpelgard oder Alençon sowie in die seit 1604 württembergischen Pfandschaften Oberkirch und Oppenau mit den durch die Reise- und Bäderliteratur der Zeit bekannt gewordenen Renchtalbädern. Die Freudenstadt für 12 Jahre gewährten Privilegien zogen einen großen Teil des Handels, der Übernachtungen und Bewirtungen von den umliegenden Städten, Gemeinden und Wirtshäusern in die Stadt ab. Die zahlreichen Verwaltungsposten, der Bedarf an Facharbeitern für die Metallindustrie wie an Händlern und Gewerbetreibenden führte zu einer vielschichtigen Gesellschaftsgliederung, in der Adel, bürgerliche Ober- und Mittelschichten wie auch eine Unterschicht aus Dienstpersonal und Taglöhnern vertreten waren. Mit dem Nachwachsen einer schon in Freudenstadt großgewordenen zweiten Generation, dem geschickten Ausbau der Metallwerke nach Konjunktur und der politischen Intergration von Stadt und Amt in die Württembergische Landschaft bedeutete auch der Wegfall der Privilegien um 1615 keinen Einbruch in der Entwicklung der Stadt, die seither eher einen bis 1632 andauernden Aufstieg erlebte.

Anmerkungen:

1 Zur Stadtgründung vgl. Manfred Eimer, Aus Alt-Freudenstadt, Freudenstadt 1922. – [F.] Lutz, Aus Freudenstadts Jugendtagen, in DG vom 25.10.1924, 15.11.1924, 29.11.1924, 20.12.1924, 17.1.1925, 2.2.1925, 7.3.1925, 4.4.1925, 29.4.1925, 2.10.1926, 9.10.1926, 16.10.1926, 23.10.1926, 30.10.1926, 6.11.1926, 13.11.1926, 20.11.1926, 27.11.1926, 4.12.1926, 11.12.1926, 18.12.1926, 24.12.1926, 31.12.1925, 8.1.1927, 15.1.1927, 22.1.1927, 29.1.1927, 5.2.1927, 12.2.1927, Fotokopie im StadtA FDS. – Herzog Friedrichs Freudenstadt im ersten Jahrhundert seiner Geschichte, FB 6, 1987. – Hermann Bannasch, Freudenstadt, in Historischer Atlas von Baden-Württemberg, Erläuterungen, Beiwort zur Karte IV, 11, Grundrisse neuzeitlicher Städte II, Stuttgart 1977, S. 8–15. – Sönke Lorenz, Freudenstadt (Manuskript zur Veröffentlichung in Das Bild der deutschen Stadt in der frühen Neuzeit, hg. von Wolfgang Behringer u.a., München, im Druck). – Aus Platzgründen mußte auf die Auseinandersetzung mit heute überholten Anschauungen in der älteren Literatur verzichtet werden. – Für frdl. Unterstützung und Beratung, kollegiale Zusammenarbeit und wertvolle Literaturhinweise danke ich ganz herzlich dem Stadtarchiv Freudenstadt, Frau Dr. Adler und Frau Heidebrecht, sowie Herrn Klaus Heckmanns, Dr. Sabine Holtz, Dr. Joseph Kerkhoff, Dr. Michael Klein, Prof. Dr. Sönke Lorenz, Frau Susanne Quarthal, Dr. Sabine Reustle (StadtA Winnenden), Dr. Uwe Sibeth, Frau Ute Ströbele und den Mitarbeitern des Hauptstaatsarchivs Stuttgart.

2 Vgl. Bannasch, S. 8.

3 Wilhelm Wortmann, Einführung, in Deutsche Städtegründungen der Neuzeit, hg. von Wilhelm Wortmann, Wolfenbütteler Forschungen 44, Wiesbaden 1989, S. 7–15, bes. S. 13.

4 Johann Ottmar, Landadel, Kirche und Bauern, Horb am Neckar, 1991, S. 135.

5 HSTAS J 1 Bd. 141g. Untertan steht für Haushaltsvorstand. Die Einwohnerzahl ergibt sich durch Multiplikation der Untertanenzahl mit der Zahl 5 unter der Annahme, daß ein Haushalt durchschnittlich 5 Personen, neben dem Haushaltsvorstand die Ehefrau, Kinder, Gesinde oder Lehrjungen, umfaßte.

6 Zu Herzog Friedrich I. von Württemberg vgl. Robert Uhland, Herzog Friedrich I. (1593–1608), in 900 Jahre Haus Württemberg, Stuttgart u.a. 1984, S. 174–182, bes. S. 178–180. Zur krisenhaften Entwicklung vor dem 30jährigen Krieg vgl. Volker Press, Die Krise des Dreißigjährigen Krieges und die Restauration des Westfälischen Friedens, in Krisenbewußtsein und Krisenbewältigung in der frühen Neuzeit, Festschrift für Hans-Christoph Rublack, Frankfurt am Main, 1992, S. 61f.

7 Zum Folg. vgl. Uhland, S. 176–181. Willi A. Boelcke, Das Haus Württemberg und die Wirtschaftsentwicklung des Landes, in 900 Jahre Haus Württemberg, Stuttgart, 1984, S. S. 636–662, bes. S. 644–647.

8 Vgl. Gerhard Hertel, Herzog Friedrichs kühne Träume, in FB 6, 1987, S. 53–55, bes. S. 54.

9 Manfred Thier, Geschichte der Schwäbischen Hüttenwerke 1365–1802, Aalen, 1965, S. 73–75.

10 Uhland, S. 177.

11 Thier, S. 73. – Bannasch, S. 8

12 Zum Folg. vgl. Uhland, S. 178–180. Handbuch der historischen Stätten Deutschlands, Bd. VI, Baden-Württemberg, hg. von Max Miller und Gerhard Taddey, 2. Aufl. Stuttgart, 1980, S. 138, 403, 412, 514.

13 Uhland, S. 178–181. Boelcke, S. 644–647.

14 Thier, S. 74.

15 Adolf Reitz, Die Goldmacher des Schwabenherzogs, in Schwäbische Sonntagspost vom 12. 03. 1944. – Uhland, S. 177.

16 Vgl. Uhland, S. 181.

17 Vgl. Bannasch S. 8. – Hanno-Walter Kruft, Städte in Utopia, München 1989, S. 72.

18 Einstellung des Bergmeisters Abraham Schnitzer aus Tirol, der mit der Untersuchung der aufgelassenen Bergwerkstollen im Schwarzwald, darunter Christophstal, betraut wird. HSTAS A 58a Bü 93. Mathilde Schnürlen, Geschichte des württembergischen Kupfer- und Silbererzbergbaus, Dissertation Tübingen, Tübingen 1921, S. 11, 33, 88, 98. Kurt F. Kunzmann, Der Bergbau und die Mineralien des Freudenstädter Reviers/ Schwarzwald, in Emser Hefte 13, 1992/93, S. 1–64, bes. S. 8.

19 Hans Rommel, Zu Kniebis auf dem Walde, Terziaren, in Alemannia Franciscana Antiqua 18, 1973, S. 283–303, bes. S. 288. Wirtembergisches Urkundenbuch, Bd. VI, Hg. Kgl. Staatsarchiv Stuttgart, Stuttgart 1894, S. 341. [Hans Rommel,] Der alte Kniebisfernweg II – Im Forbachgebiet, in FB 6, 1987, S. 129–135, bes. S. 134.

20 Gerhard Kaller, Bergordnungen, Bergfreiheiten und Bergmeister in Württemberg im 16. Jahrhundert, in Neue Beiträge zur südwestdeutschen Landesgeschichte, Festschrift für Max Miller, Veröffentlichungen der Kommission für geschichtliche Landeskunde in Baden-Württemberg B 21, Stuttgart, 1962, S. 183–196. Hans Rommel, Zur Geschichte des einstigen Bergbaus um Freudenstadt, in FB 6, 1987 S. 136–151. Hugo Müller, Die Württembergischen Hüttenwerke im Forbachtal im Schwarzwald, Maschinenschriftlich, Friedrichstal, 1943, S. 1–3. Beschreibung des Oberamts Freudenstadt (= OAB FDS), hg. vom Kgl. statistisch-topographischen Bureau, Stuttgart, 1858, S. 72–74. Thier, S. 109. Schnürlen, S. 7–10, 30–33, 50f, 98. Kunzmann, S. 5–8. Werner Fleischhauer, Der „Schöllkopfer Hirsch“ vom Jahr 1560, in FH 10, Nr. 19 vom 29. Juni 1968. HStAS A 58a Bü 73, 90, 91, 92, 121/1, 122, 122a.

21 Vgl. Manfred Eimer, Zu Kniebis auf dem Walde, Nachdruck, Baiersbronn, 1954, S. 9–66.

22 Vgl. Eimer, Zu Kniebis, S. 31f.

23 Württembergische Regesten von 1301 bis 1500, hg. vom Württembergischen Staatsarchiv Stuttgart, Bd. 1,2, Stuttgart, 1927, S. 306, Nr. 8054.

24 Vgl. Eimer, Zu Kniebis, S. 26, 67, 70–72. Walter Kull, Festung Freudenstadt, FB 4, 1985, S. 11f.

25 Zur Anwerbung vgl. Kaller, S. 190. Schnürlen, S. 11f, 52. Zum Grubenbau vgl. HStAS A 58a Bü 93. Schnürlen, S. 33–35. Kunzmann, S. 8f.. Zu den Prämien vgl. Hans Rommel, Zur Gründung Freudenstadts, in FB 6, 1987, S. 1–12, bes. S. 2. Schnürlen, S. 11.

26 Druck bei August Ludwig Reyscher, Hg., Sammlung der württembergischen Gesetze, Bd. 16, Abt. 1, Finanzgesetze, Tübingen, 1845, S. 114–185.

27 Vgl. Müller, S. 6-9 (Abschrift). Schnürlen, S. 14. HSTAS A 58a Bü 121/2.

28 Vgl. Thier, S. 109f. HSTAS A 58a Bü 73, 93.

29 Kaller, S. 194. Schnürlen, S. 11f, 33f, 52, 81f., 107. OAB FDS, S. 74. Lutz, in DG 25.10.1924. HSTAS A 58a Bü 93.

30 HSTAS H 101 Bd. 409, fol. 149r, 151r-v.

31 Vgl. Thier, S. 109f. HStAS A 58a Bü 93.

32 Vgl. OAB FDS, S. 75. Schnürlen, S. 35. HSTAS A 58a Bü 73.

33 Vgl. OAB FDS, S. 73. Schnürlen, S. 32f. Kunzmann, S. 7.

34 Vgl. Thier, S. 109f. HStAS A 58a Bü 93.

35 Vgl. Schnürlen, S. 12.

36 Zum Folg. vgl. Müller, S. 9–13. Schnürlen, S. 35.

37 Zum Folg. vgl. Schnürlen, S. 98. Gerhard Hertel, Als das Christophstal noch zu Dornstetten gehörte, in FH 28, 1997, Nr. 3. HSTAS A 58a Bü 81. Zu Melchior Höher vgl. Angelika Westermann, Entwicklungsprobleme der Vorderösterreichischen Montanwirtschaft im 16. Jahrhundert, Idstein, 1993, S. 77, 88, 163, 168, 173, 174, 201. Schon die Bergwerksprivilegien Herzog Ulrichs von Württemberg (vgl. Manfred Bräuhäuser, Altwürttembergs Bergbau im Alpirsbacher Klosteramt, in Württembergische Jahrbücher für Statistik und Landeskunde 1910, S. 341–365, bes. S. 343-345) hatten den Bergbauarbeitern kostenlose Bauplätze (30 x 24 Ellen, circa 19x15 m) gewährt. 1575 sollten die Beauftragten Herzog Ludwigs im Christophstal Plätze zum Bau von Arbeiterwohnungen und zum Getreideanbau erkunden (vgl. Schnürlen, S. 33. Kunzmann S. 7). Die Bergfreiheit Herzog Friedrichs I. von 1598 erklärte die von Bergarbeitern errichteten Häuser zu erblichem, veräußerbaren Besitz unter der Bedingung, daß dem früheren Eigentümer eine Entschädigung gezahlt wurde (vgl. Reyscher, S. 116).

38 Zum Folg. vgl. Rommel, Zur Gründung Freudenstadts, in FB 6, 1987, S. 1. Hans Rommel, Zum 350. „Namenstag“ von Freudenstadt, in FB 6, 1987, S. 16. (= HSTAS A 343 FDS W Bü 3).

39 Dornstetten war bis zur Gründung Freudenstadts die „Bergstadt“ für die im Amt Dornstetten liegenden Bergbauorte.

40 Vgl. Lutz, in DG 25.10.1924, 15.11. 1924, 29.11.1924. Rommel, Zur Gründung Freudenstadts, in FB 6, 1987, S. 1–12. Kruft, S. 72-75. Ehrenfried Kluckert, Heinrich Schickhardt, Herrenberg, 1992, S. 135–148.

41 Rommel, Zur Gründung Freudenstadts, in FB 6, 1987, S. 1, 3f. Zum Namen „St. Christophstal“ vgl. Lutz, in DG 20.12.1924 (nach Dornstetter Kellereirechnung 1600/01). Im März 1621 „neue Stadt auf dem Schwarzwald bei St. Christophstal“, vgl. Rommel, Zum 350. „Namenstag“ von Freudenstadt, in FB 6, 1987, S. 14. Lutz, in DG 20.12.1924 (nach Kirchenkastenrechnung 1600/01). Zum Namen „Freudenstadt“ vgl. Rommel, Zum 350. „Namenstag“ von Freudenstadt, in FB 6, 1987, S.14 (= HSTAS A 343 Bü 58).

42 Zum Folg. vgl. Lutz, in DG 20.12.1924.

43 Größe der Hofstätten nach [Jeremias] Baldenhofer, Kurze Beschreibung der Fürstlichen Bergstatt- und Vöstung Freudenstatt, 1671, Maschinenschriftliche Abschrift im StadtA FDS, fol. 3. Zum Folg. vgl. Rommel, Zur Gründung Freudenstadts, in FB 6, 1987, S. 8f. Kurt Erhard Marchtaler, Die Bewohner von Freudenstadt, in Archiv für Sippenforschung und alle verwandten Gebiete 9, 1932, S. 308–313, 341–345, 385–389, bes. S. 309. Berufsangaben ergänzt nach HSTAS A 28a M 437.

44 Zum Folg. vgl. Lutz, in DG 6.11.1926. Sönke Lorenz, Axel Kuhn, Baiersbronn, Stuttgart, 1992, S. 80 (Gadner, Baiersbronner Forst, 1593), S. 83 (Gadner, Nagolder Forst, Ausschnitt Waldgeding, 1593), S. 85 (Oettinger, Baiersbronner und Reichenbacher Forst, 1609). HSTAS A 343 Bü 58, H 107/4 Bd. 1, A 339 Bü 20. StadtA FDS, Lagerbuch Freudenstadt 1681/82 fol. 312. – Albert Eugen Adam, Hg., Württembergische Landtagsakten unter Herzog Friedrich I. 1599–1608, Stuttgart 1911, S. 361–363, 455.

45 Zum Folg. vgl. Lutz, in DG 17.1.1925 (Kirchenkastenrechnungen 1600/01 und 1601/02). Rommel, Zum 350. „Namenstag“ von Freudenstadt, in FB 6, 1987, S. 14f. Thier, S. 109 (HSTAS A 61a, T 227 B). Rommel, Zur Gründung Freudenstadts, in FB 6, 1987, S. 5. Julius Baum, Forschungen über die Hauptwerke des Baumeisters Heinrich Schickhardt in Freudenstadt, Mömpelgard und Stuttgart, sowie über die Schlösser in Weikersheim und Aschaffenburg, Strassburg, 1916, S. 32 mit Anm. 2. – OAB FDS, S. 138ff. – Andreas Veringer, Historische Beschreibung und Vorbildung der neuerbauten Kirche zu Freudenstadt am Schwarzwald, [Nachdruck,] Nagold 1836, S. 5. Zur Uhr vgl. Eimer, Aus Alt-Freudenstadt, S. 18f. HSTAS A 302 Bd. 3549 (Hans Röhrlin, Schlosser, erhält 207 fl. 10 kr.).

46 Zum Folg. vgl. Bannasch, S. 9f. Lutz, in DG 2.2.1925. Paul Dedic, Kärntner Exulanten des 17. Jahrhunderts, in Carinthia I, 154, 1964, S. 291–297. Oskar Sakrausky, Die Gründung Freudenstadts durch Kärntner Exulanten, in Erbe und Auftrag der Reformation in den böhmischen Ländern 7/8, 1970/71, S. 3–25. Rommel, Zur Gründung Freudenstadts, in FB 6, 1987, S. 11. Rommel, Zum 350. „Namenstag“ von Freudenstadt, in FB 6, 1987, S. 16f. Lutz, in DG 2.2.1925. HSTAS A 343 Bü 3 Nr. 1.

47 Zu den Privilegien vgl. Rommel, Zum 350. „Namenstag“ von Freudenstadt, in FB 6, 1987, S. 14. Müller, S. 21–24. Reyscher, S. 114–185. HSTAS A 228 Bü 1304 Nr. 26, A 284/28 Bü 24, A 302 Bd. 3548 und 3553, A 343 FDS W Bü 3 und 5.

48 Zum Folg. vgl. HSTAS A 343 FDS W Bü 3 und 5. Johannes Oettinger, Tractatus de iure et controversiis ac finibus regundis [...], gedruckt von Balthasar Kühn, 1642 (Württembergische Landesbibliothek Stuttgart Sign. HB 4169), S. 93. Lutz, in DG 23.10.1926, 18.12.1926.

49 Zum Folg. vgl. Lutz, in DG 17.1.1925, 24.12.1926. Hans Rommel, Der alte Schickhardtbau in Freudenstadt, in FB 6, 1987, S. 45–50. HSTAS A 302 Bd. 3548, 3549, 3550, 3551, 3552, 3553. StadtA FDS, Wachtregister 1613.

50 Zum Folg. vgl. Rommel, Zur Gründung Freudenstadts, in FB 6, 1987, S. 11.

51 Zum Folg. vgl. Sakrausky, S. 16–18. – Lutz, in DG 27.11.1926. Da die Kirchenbücher nicht mehr existieren, muß auf die vor dem Verlust gefertigten Auszüge zurückgegriffen werden, vgl. Wolfgang Cramer, Hans Kaiser, Auszüge aus den Taufbüchern [1602ff], Totenbüchern [1613ff] und Ehebüchern [1603ff], hg. von der Ev. Kirchengemeinde Freudenstadt, Dekanat Freudenstadt, [Freudenstadt,] 1948, Kopie im StadtA FDS. – [Hans Rommel,] Zur Gedenk- und Abschiedsfeier vor Auflassung des alten Friedhofs in Freudenstadt / 22. Nov. 1953, in FH 13 vom 21. Nov. 1953, Sp. 98–102. Heinz Kodweiss, Klaus M. Heckmanns, Der Kauppenfriedhof und seine Geologie, in Der Landkreis Freudenstadt, Heimat- und Jahrbuch, 1995/96, S. 180–183. Lutz, in DG 4.12.1926.

52 Zum Folg. vgl. Lutz, in DG 13.11.1926. Marchtaler, S. 311. HSTAS A 28a M 437, A 343 Bü 25 Nr. 1, A 302 Bd. 3548. OAB FDS, S. 155, 306f. Eimer, Aus Alt-Freudenstadt, S. 12, 50. – Manfred Eimer, Das obere Murgtal, Klosterreichenbach, 1931, S. 107. – Bannasch, S. 13.

53 Zum Folg. vgl. Lutz, in DG 18.12.1926. Bannasch, S. 14. Eimer, Aus Alt-Freudenstadt, S. 23f. Müller, S. 21–24.

54 Zum Folg. vgl. HSTAS A 28a M 437. Rommel, Zur Gründung Freudenstadts, in FB 6, 1987, S. 10.

55 Zum Folg. vgl. HSTAS A 302 Bd.3548, A 339 Bü 8, H 101/441 fol. 18v, 36r-v, 39v-46r. Eimer, Aus Alt-Freudenstadt, S. 51, 106.

56 Zum Folg. vgl. Müller, S. 3. Schnürlen, S. 10. Kunzmann, S. 6. HSTAS A 302 Bd. 3548, 3551 und 3616, A 343 FDS W Bü 5, H 101 Bd. 409 fol. 150v. Marchtaler, S. 310f.

57 Zum Folg. vgl. HSTAS A 339 Dornst. W Bü 20 und 21. Adam, S. 361–363.

58 Vgl. HSTAS A 302 Bd. 3552, A 343 Bü 3 Nr. 2 und 2 a.

59 Vgl. Rommel, Zum 350. „Namenstag“ von Freudenstadt, in FB 6, 1987, S. 15. HSTAS A 284/28 Bü 15. StadtA FDS, Badfronerliste 1604.

[60] Zum Folg. vgl. Lutz, in DG 2.10.1926. – HSTAS A 206 Bü 4311, A 302 Bd. 3548, 3549, 3550, 3551, 3552, 3553, A 343 FDS W Bü 5.

[61] Vgl. HSTAS A 302 Bü 3548.

[62] Vgl. HSTAS A 302 Bd. 3551 und 3552, H 101 Bd. 409 fol. 11r. Eimer, Aus Alt-Freudenstadt, 57f. Eimer, Zu Kniebis, S. 32.

[63] Zum Folg. vgl. HSTAS A 302 Bd. 3548, 3616. Kull, S. 24. Eimer, Aus Alt-Freudenstadt, S. 12f. Eimer, Zu Kniebis, S.14, 28. Lorenz, Baiersbronn, S. 85.

[64] Zum Folg. vgl. Rommel, Zum 350. „Namenstag" von Freudenstadt, in FB 6, 1987, S. 13. HSTAS A 339 Dornst. W Bü 20 und 21. H 107/4 Bd. 1. Lutz, in DG 6.11.1926. Adam, S. 361–363, 365, 455.

[65] Zum Folg. vgl. HSTAS A 28a M 437, A 343 FDS W Bü 4 Nr. 3 und Bü 5. Lutz, in DG 2.10.1926, 29.11.1924. Marchtaler, S. 311. Rommel, Zur Gründung Freudenstadts, in FB 6, 1987, S. 10f.

[66] StadtA FDS, Badfronerliste 1604.

[67] Vgl. Eimer, Aus Alt-Freudenstadt, S. 22. Sakrausky, S. 16–18. HSTAS A 284/28 Bü 16. [N.N.], Der älteste Druck über Freudenstadt, in FH 5/2, März 1941.

[68] Zum Folg. vgl. HSTAS A 228 Bü 1304 Nr. 26.

[69] Vgl. HSTAS A 58a Bü 82.

[70] Zum Folg. vgl. Eimer, Aus Alt-Freudenstadt, S. 13. Müller, S. 13. Reyscher, S. 118.

[71] Vgl. Schnürlen, S. 43f. Eimer, Das obere Murgtal, S. 107.

[72] Vgl. Hans Rommel, Gründung der Eisenwerke in Christophstal vor 350 Jahren, in FB 6, 1987, S. 103–105. Thier, S. 110. Müller, S. 18f. HSTAS A 58a Bü 65a, A 302 Bd. 3549 und 3551, A 343 FDS W Bü 5.

[73] Zum Folg. vgl. Thier, S. 53-71, 83, 109f., 118. HSTAS A 58a Bü 82 und 93. Reyscher, S. 166. Müller, S. 9.

[74] Vgl. Thier, S. 81–85.

[75] Vgl. StadtA FDS, Badfronerliste 1604, Wachtgeldliste 1613. HSTAS A 302 Bd. 3549, 3552. Müller, S. 18f.

[76] Zum Folg. vgl. HSTAS A 339 Dornst. W Bü 20 und 21, A 343 FDS W U 59, A 343 FDS W Bü 3 Nr. 3 und Bü 4 Nr. 1. – G. Heid, Freudenstadt und Umgebung, Freudenstadt, 1852, S. 36f., 42f. Eimer, Aus Alt-Freudenstadt, S. 51-55. Lorenz, Baiersbronn, S. 86. Lutz, in DG 30.10.1927. Adam, S. 663.

[77] Vgl. Heid, S. 36f. HSTAS A 343 FDS W U 59. Adam, S. 699f.

[78] Zum Folg. vgl. Lutz, in DG 17.1.1925. Rommel, Zum 350. „Namenstag" von Freudenstadt, in FB 6, 1987, S. 13f. Bannasch, S. 13. Baum, 1916, S. 32-37 und S. 75. OAB FDS, S. 138–140. Manfred Eimer, Ueber die ersten Freudenstädter Stadtpläne, DG 4.11.1921, 19.1.1922, 22.2.1922, 2.3.1922. Eimer, Aus Alt-Freudenstadt, S. 33, 35, 37f, 47–49.

[79] Vgl. Kunsthistorischer Wanderführer Württemberg und Hohenzollern, Stuttgart 1970, Reprint, S. 251. Baum, S. 34–37.

[80] Hansmartin Decker-Hauff, Von der ehemaligen Wappendecke der Stadtkirche Freudenstadt, in FB 6, 1987, S. 35–42.

[81] Zum Folg. vgl. OAB FDS, S. 140f. Eimer, Aus Alt-Freudenstadt S. 15, 35, 37f., 47–49. Baum, S. 32–34.

[82] Vgl. HSTAS A 302 Bd. 3550 und 3552. Eimer, Zu Kniebis, S. 13f, 18f

[83] Vgl. Eimer, Zu Kniebis, S. 97f.

[84] Zum Folg. vgl. Lutz, in DG 13.11.1926. HSTAS A 284/28 Bü 27, A 302 Bd. 3548, 3549, 3550, 3551, 3616, H 101 Bd. 436. Eimer, Aus Alt-Freudenstadt, S. 12, 23, 30.

[85] Zum Folg. vgl. Lutz, in DG 9.10.1926, 16.10.1926. Schnürlen, S. 15, 35, 53. Marchtaler, S. 311–313, 341. Müller, S. 13. Kunzmann, S. 10. OAB FDS, S. 76. HSTAS A 58a Bü 93a.

[86] Zum Folg. vgl. Thier, S. 110. Bannasch, S. 9f. Eimer, Aus Alt-Freudenstadt, S. 9f, 13. Adam, S. 706f. Müller, S. 13–18. HSTAS A 58a Bü 65a, A 284/28 Bü 27.

[87] Zum Folg. vgl. Thier, S. 84f, 87, 112, 117f. HSTAS A 58a Bü 65a. Lutz, in DG 13.11.1926.

[88] Vgl. Robert Uhland, Herzog Johann Friedrich (1608–1628), in 900 Jahre Haus Württemberg, S. 183–194.

[89] Vgl. Eberhard Teufel, Die Beschlagnahme und Verwaltung des Täufergutes durch den Fiskus im Herzogtum Württemberg im 16. und 17. Jahrhundert, in Theologische Zeitschrift 8, 1952, S. 296–305. Adam, S. 472.

[90] Vgl. Boelcke, S. 644-647.

[91] HSTAS A 343 FDS W Bü 5.

[92] Vgl. OAB FDS, S. 141f. Baum, S. 41f. Dedic, S. 293.

[93] Vgl. HSTAS A 343 Bü 4 Nr. 3. Lutz, in DG 29.11.1924.

[94] Vgl. Lutz, in DG 4.4.1925, 29.4.1925, 18.12.1926. HSTAS A 343 FDS W Bü 6 Nr. 7.

[95] Zum Folg. vgl. OAB FDS, S. 77. Schnürlen, S. 16, 35f. Müller, S. 21.

[96] Zum Folg. vgl. Müller, S. 13–18.

[97] Zum Folg. vgl. Lutz, in DG 2.10.1926.

[98] HSTAS A 343 FDS W Bü 5.

[99] Lutz, in DG 15.11.1924, 23.10.1926. Eimer, Aus Alt-Freudenstadt, S. 106. HSTAS H 101 Bd. 441, fol. 36r-v.

[100] Vgl. Baldenhofer, fol. 5. Heid, S. 119.

[101] Vgl. HSTAS A 343 FDS W Bü 5.

[102] Vgl. HSTAS A 339 Bü 63. Eimer, Aus Alt-Freudenstadt, S. 30.

[103] Zum Folg. vgl. HSTAS A 343 FDS W Bü 5.

[104] HStAS A 343 FDS W Bü 5.

[105] Zum Folg. vgl. Adam, S. 708f.

[106] Vgl. Thier, S. 114.

[107] Eimer, Aus Alt-Freudenstadt, S. 103.

[108] Vgl. Heid, S. 120.

[109] Vgl. Baum, S. 23.

[110] Vgl. Marchtaler, S. 310.

[111] HSTAS A 343 FDS W Bü 5.

[112] Zum Folg. vgl. StadtA FDS, Wachtgeldregister 1613.

[113] Zum Folg. vgl. HSTAS A 302 Bd. 3548, A 343 FDS W Bü 5 und Bü 6 Nr. 2. Müller, S. 21-24.

[114] Marchtaler, S. 342. Kull, S. 12. Lutz, in DG 2.2.1925.

[115] Vgl. HSTAS A 343 FDS W Bü 5.

[116] Kull, S. 17. Baum, S. 37f. HSTAS A 284/28 Bü 19.

[117] Zum Folg. vgl. HSTAS A 343 FDS W Bü 5.

[118] HSTAS A 343 FDS W Bü 5.

[119] HSTAS A 284/28 Bü 24.

[120] HSTAS A 343 FDS W Bü 5.

[121] Zum Folg. vgl. HSTAS A 343 FDS W Bü 5.

[122] Zum Folg. vgl. Lutz, in DG 13.11.1926.

[123] HSTAS A 343 FDS W Bü 5, A 302 Bd. 7364.

[124] Vgl. Hanack, S. 15, 20f, 29. Wekherlin, Geschichte der Seiden=Cultur in Würtemberg, in Württembergische Jahrbücher 1831/2, 1832, S. 116–147.

[125] HSTAS A 343 FDS W Bü 5.

[126] Eimer, Aus Alt-Freudenstadt, S. 26.

[127] Zum Folg. vgl. HSTAS A 343 FDS W Bü 5. Kull, S. 17. Hanack, S. 29.

[128] HSTAS A 343 FDS W Bü 5. Zum Erwerb von Neuneck vgl. Eimer, Aus Alt-Freudenstadt, S. 12. HSTAS A 343 Bü 34.

[129] Zum Folg. vgl. HSTAS A 343 FDS W Bü 5.

[130] HSTAS A 284/28 Bü 24.

[131] HSTAS A 343 FDS W Bü 5. Eimer, Aus Alt-Freudenstadt, S. 57f.

[132] Zum Folg. vgl. Müller, S. 21-24.

[133] Zum Folg. vgl. Marchtaler, S. 342-345. HSTAS A 343 FDS W Bü 5.

[134] Bei der Umrechnung wurde eine Schüttdichte des Hafers von 0,48 kg/l zugrundegelegt.

[135] HSTAS A 343 Bü 6 Nr. 2.
[136] HSTAS A 343 FDS W Bü 5.
[137] Die Berufsangaben wurden zum Teil aufgrund anderer Quellen ergänzt.
[138] Vgl. HSTAS A 206 Bü 1877.
[139] Zum Folg. vgl. HSTAS A 343 FDS W Bü 5.
[140] Vgl. Kull, S. 15. Eimer, Aus Alt-Freudenstadt, S. 24. OAB FDS, S. 155.
[141] HSTAS A 284/28 Bü 15 und 24, A 302 Bd. 3552, A 343 Bü 56. OAB FDS, S. 306f.
[142] HSTAS A 303 Bd. 4532.
[143] Vgl. Baum, S. 39.
[144] Vgl. Eimer, Aus Alt-Freudenstadt, S. 23, 30.
[145] Zum Folg. vgl. Schnürlen, S. 16.
[146] Vgl. Hanack, S. 15, 20f, 92, 103.
[147] Vgl. HSTAS A 58a Bü 82 und 93a.
[148] Zum Folg. vgl. Oettinger, Landbuch, s.v. Freudenstadt. Thier, S. 116. OAB FDS, S. 77. Schnürlen, S. 17, 36f, 44f. Müller, S. 34.
[149] Vgl. Eimer, Aus Alt-Freudenstadt, S. 60f.
[150] Vgl. HSTAS A 302 Bd. 3553. Zum Verweshaus vgl. Müller, S. 3. Schnürlen, S. 32. Kunzmann, S. 6. Zum Berghaus vgl. Bergwerkskarte von St. Christophstal 1572 von Georg Gadner, Staatsarchiv Amberg, Pfalz-Neuburg, Akten Neuburger Abgabe ,1912, Nr. 716, derzeit Bayrisches Hauptstaatsarchiv ,Kopie im HSTAS J 381 Nr. 238. Für die Datierung und Bestimmung danke ich Archivrat Dr. Cramer-Fürtig, Bayrisches Hauptstaatsarchiv. Zum Bärenschlößle vgl. Hans Rommel, Das „Bärenschlößle" bei Freudenstadt, in FB 6, 1987, S. 96–99. Das Gebäude wurde schon von Kunsthistorikern aufgrund baulicher Merkmale dem 16. Jahrhundert zugewiesen, aufgrund einer Bauinschrift mit der Jahreszahl 1627 – die jedoch einem Umbau, nicht einem Neubau des Steinschen Freiguts zuzuschreiben ist – bislang auf 1627 datiert.
[151] Zum Folg. vgl. Müller, S. 24-31. Zum Schießhaus vgl. HSTAS H 108/3 fol. 47v.
[152] Vgl. Lutz, in DG 30.10.1926.
[153] Zum Folg. vgl. Hanack, S. 103. Müller, S. 24–31. Hans Rommel, Freudenstadt hat wieder einen Schautaler, in FB 6, 1987, S. 107–110, bes. S. 109, Anm. 3. HSTAS A 302 Bd. 3552. Adam, S. 708-710. HSTAS A 206 Bü 1874.
[154] Zum Folg. vgl. Adam, S. 710. Müller, S. 34, S. 46. Thier, S. 116. OAB FDS, S. 160. Oettinger, Landbuch, s.v. Freudenstadt.
[155] Zum Folg. vgl. OAB FDS, S. 77. Thier, S. 116. Oettinger, Landbuch s. v. Freudenstadt. Hans Rommel, Der Freudenstädter Geschenktaler, in FB 6, 1987, S. 100–102. HSTAS A 302 Bd. 3655. Cramer, Taufbuch 1603-32, S. 21. Eimer, Aus Alt-Freudenstadt, S. 61. Kunzmann, S. 17. Christian Binder, Julius Ebner, Württembergische Münz- und Medaillienkunde, 1, Stuttgart, 1910, S. 87f.
[156] Zum Folg. vgl. HSTAS A 302 Bd. 3552. Ludwig Timotheus Freiherr von Spittler, Sämtliche Werke, Bd. 12, hg. von Karl Wächter, Stuttgart/Tübingen, 1837, S. 32. Herzog-August-Bibliothek Wolfenbüttel Cod. Guelf. 52.2 Aug. 2°.
[157] Zum Folg. vgl. HSTAS A 302 Bd. 3552, A 343 FDS W Bü 5 und Bü 6 Nr. 7. Marchtaler, S. 342–345, 385–389. StadtA FDS, Wachtgeldliste 1613.
[158] Vgl. Heid, S. 42f. Lutz, in DG 30.10.1926.
[159] Vgl. Lutz, in DG 23.10.1926, 30.10.1926. Eimer, Aus Alt-Freudenstadt, S. 30f. HSTAS A 206 Bü 1869.
[160] Zum Folg. vgl. Eimer, Zu Kniebis, S. 31, 115–136.
[161] HSTAS A 206 Bü 1793.
[162] Vgl. Baldenhofer, fol. 14.
[163] Zum Folg. vgl. Kull, S. 17f, 27f, 57f.
[164] Zum Folg. vgl. HSTAS A 343 FDS W Bü 6 Nr. 7. Marchtaler, S. 385-389.
[165] HSTAS A 302 Bd. 3553, A 343 Bü 6 Nr. 8. Schnürlen, S. 37. OAB FDS, S. 77, 160. Thier, S. 117.
[166] Zum Folg. vgl. HSTAS A 206 Bü 1877, A 284/28 Bü 15. Eimer, Aus Alt-Freudenstadt, S. 69-71. Marchtaler, S. 308. Rommel, Zur Gründung Freudenstadts, in FB 6, 1987, S. 1f. Heid, S. 120.
[167] Vgl. Eimer, Aus Alt-Freudenstadt, S. 71, 73f. OAB FDS, S. 77f, 156. Schnürlen, S. 17. Thier, S. 117.

„Einem löblichen magistrat von selbsten wohl bekannt"

Stadt und Stadtverwaltung im 17. und 18. Jahrhundert

Susanne Quarthal

Der Herzog und seine Stadt: Die herzoglichen Beamten und ihre Tätigkeit

„Nachdem nun mit dem Aufgang dieser neuen Stadt Ihre Fürstliche Gnaden diese beschriebene Kirchen erbauet, wie auch ein gross Pfarr- und Schulhaus ebenmässig in dem Triangel [...] hinter die Kirch lassen setzen, einem Pfarrer und Präzeptori (Schulmeister) zu bewohnen eingeräumt worden, ist von Tag zu Tag ein rechts Stadtwesen, hohe und niedere Justiz angerichtet, Forst- und Markung von andern geschiden, Fürstlich. Officianten, Forstmeister, Vogt, Bürgermeister, Gericht, Rat, Stadtschreiber, gnädig dahin gesetzet, und mit wohl beträglichen Besoldungen zu unterhalten bestellet worden."[1] Mit kurzen Worten schildert hier Pfarrer Jeremias Baldenhofer 1671 die Entstehung der wichtigsten Organe der Stadt zu Beginn des 17. Jahrhunderts.
Freudenstadt war eine württembergische Landstadt, die der herzoglichen Aufsicht unterstand. Deswegen gab es nicht nur eine kommunale Selbstverwaltung, sondern in dieser neugegründeten württembergischen Amtsstadt wirkten auch eine ganze Reihe herzoglicher Beamter, die mit den unterschiedlichsten Aufgaben betraut waren.

Die herzoglichen Beamten in St. Christophstal

Die Verantwortung für das Bergwerk übernahm auf herzoglichen Befehl ein Bergwerksinspektor bzw. Bergmeister, die Schmelzhütte leitete ein Schichtmeister.[2] Als diese Ämter um 1628 nicht mehr selbständig weiterbestanden, übernahm ein „Generalfaktor", im Volksmund der „Herr Faktor" genannt, die Leitung. Er war auch für das Messingwerk verantwortlich, bis dessen Betrieb 1690 eingestellt wurde. Mit dem Vertrieb der in St. Christophstal hergestellten Eisenwaren (Bandeisen, Stabeisen, Pfannen) befaßte sich ein „Eisenfaktor". Auch für den Sensenhandel gab es einige Jahre lang – bis 1608 – einen besonderen „Sensenfaktor".
Letztendlich blieb jedoch von den herzoglichen Beamten zu Beginn des 17. Jahrhunderts in St. Christophstal im 18. Jahrhundert allein das Amt des Generalfaktors übrig, der für alle Bergleute und Laboranten verantwortlich war.

Der Obervogt

Im 15. und 16. Jahrhundert war das Herzogtum Württemberg in Ämter eingeteilt, in denen ein Vogt als Vertreter des Herzogs die Amtsgeschäfte führte.[3] Charakteristisch für Württemberg war dabei die Verbindung von Stadt und Amt, wobei jeweils eine Reihe von Dörfern der Amtsstadt zugeteilt und von dort mitverwaltet wurden. Gegen Ende des 15. Jahrhunderts wurden jedoch in einigen württembergischen Ämtern sogenannte Obervögte eingesetzt, die alle adeliger Herkunft waren.[4] Das Amt des Obervogtes wurde geschaffen, da die Vögte, später „Untervögte" genannt, die ihren Wohnsitz im jeweiligen Amtsort hatten, sich nach herzoglicher Auffassung zu stark mit städtischen Magistratsinteressen verbanden. Die Stellung des Obervogts garantierte nach herzoglicher Auffassung eine bessere landesherrliche Aufsicht über das einzelne Amt, wobei eine Obervogtei durchaus mehrere Ämter umfassen konnte. Selten an ihrem Amtssitz anwesend, waren sie häufig Mitglied des Geheimen Rats oder Oberrats. Die Aufgabe des Obervogtes bestand in der Aufsicht über die Tätigkeit der Untervögte in Verwaltung und

Landesherrliche Aufsicht durch den Obervogt

Rechtssprechung. Oft zog man den Obervogt auch zu besonderen Diensten wie diplomatischen Aufträgen, Abhaltung der Erbhuldigung oder Rechtssprechung als Richter des Hofgerichts heran. Trotz der Zusammenfassung einzelner Ämter zu einer bestimmten Obervogtei blieb dennoch die Ämtereinteilung in Württemberg bestehen.

Hans Seyfried Gall zum Rudolfseck und Lichteneck – der erste Obervogt Freudenstadts

In Freudenstadt bekleidete Hans Seyfried Gall zum Rudolfseck und Lichteneck als erster dieses Amt.[5] Der aus Krain stammende Gall stand seit 1601 in württembergischen Diensten. Die in Freudenstadt ansässigen Exulanten sahen in ihm eine Person ihres Vertrauens. Neben dem bisherigen Amtshaus für den Vogt wurde als neues Gebäude die „Obervogtei" erstellt. Der erste Obervogt hatte einen „freien adeligen Sitz" in Freudenstadt, war also von der Stadtsteuer, städtischen Diensten und der städtischen Gerichtsbarkeit befreit. Nachdem aber das Verhältnis zwischen Ober- und Untervogt immer gespannter wurde, versetzte man Gall 1617 nach Oberkirch. So bemerkte der Untervogt Hans Jakob Vollmar 1615 an die herzogliche Rentkammer: "Ich bin bereits das 8. Jahr Untervogt hier, kann aber nicht erkennen, wozu ein Obervogt hier dienlich oder nützlich; sondern wäre derselbe mit gutem Fug an andern Ort zu transferieren(versetzen) und seine stattliche Besoldung, die sich jetzt [...] alles zusammen auf 745 fl 40 kr beläuft, wäre wohl zu ersparen."[6]

Für ein halbes Jahrhundert hatte Freudenstadt dann keinen Obervogt mehr. Erst 1665/66 übernahm Otto Christoph von Baumbach, der als einziger auf Dauer in Freudenstadt wohnen blieb, dieses Amt. Offensichtlich war nach ihm Freudenstadt der Obervogtei Nagold zugeordnet, denn alle acht weiteren Obervögte waren für beide Ämter zuständig.[7] Der letzte Obervogt Johann von Rotkirch hatte sein Amt nur noch ein Jahr inne, da 1755 die Obervogteien abgeschafft wurden.[8]

Johann von Rotkirch – der letzte Obervogt von Freudenstadt

Der Vogt, „Untervogt" oder Oberamtmann

Der Vogt war ebenfalls herzoglicher Beamter, der Vertreter des Herzogs der Bürgerschaft und dem Magistrat gegenüber. Er war Vorsitzender des Stadtgerichts, des Magistrats und der Amtsversammlung.[9] Seine Tätigkeitsfelder lagen vor allem auf dem Gebiet der Verwaltung und Rechtsprechung.[10] Nach der Einsetzung von Obervögten wurde der Vogt zum „Untervogt"; nach Abschaffung der Obervogteien erhielt der Untervogt 1759 den Titel „Oberamtmann".[11]

Mit der Einsetzung eines Vogtes und Zuteilung des Weilers Rodt wurde Freudenstadt ein Amt. Später kamen noch drei weitere Orte zu dem kleinen Amt: die Dörfer Neuneck, Böffingen und Unteriflingen (1614). Diese vier Orte bildeten mit Freudenstadt zusammen bis 1807 das Amt Freudenstadt. Im neugebildeten Königreich Württemberg wurde im Zuge der Verwaltungsreform König Friedrichs aus dem Amt Freudenstadt das Oberamt Freudenstadt, das man jedoch beträchtlich erweiterte.[12]

Der erste Vogt in Freudenstadt war Konrad Studion (1602). Er hatte seinen Wohnsitz zunächst in Dornstetten. Erst als das neue Amtshaus erbaut war, zog er Anfang 1604 nach Freudenstadt um. Seine Besoldung betrug 125 fl jährlich, was ein auskömmliches Leben erlaubte.

Neben dem Amt des Vogtes wurden zu Beginn des 17. Jahrhunderts noch zwei weitere herzogliche Ämter besetzt: die des Kellers und Geistlichen Verwalters. Die Aufgabe des Kellers bestand darin, die herrschaftlichen Einkünfte einzuziehen und an den Hof oder als Beamtenbesoldung abzuführen.[13] Der Geistliche Verwalter hatte die Aufgabe, die Kirchengüter des Amtes zu verwalten und Erträge an den gemeinen Kirchenkasten abzuführen.[14] Diese ursprünglich getrennten Ämter übernahm der Freudenstädter Vogt auch im Laufe der Zeit: 1610 das Kelleramt, 1636 das Amt des Geistlichen Verwalters.[15]

Das Amt des Kellers war auch in den altwürttembergischen Ämtern häufig mit dem des Vogts verbunden (z.B. Tübingen).[16]

Bis zum Ende des 18. Jahrhunderts blieb diese Regelung bestehen. Oberamtmann Renz wurden am 13. 8. 1792 die Oberamtei, Kellerei und Geistliche Verwaltung Freudenstadt übertragen. Die jährliche Besoldung betrug 111 fl (Gulden), 24 Scheffel (1872 kg) Dinckel, 20 Scheffel (1700 kg) Haber, 3 Fuder (3fache Ladung eines zweispännigen Wagens) Stroh,

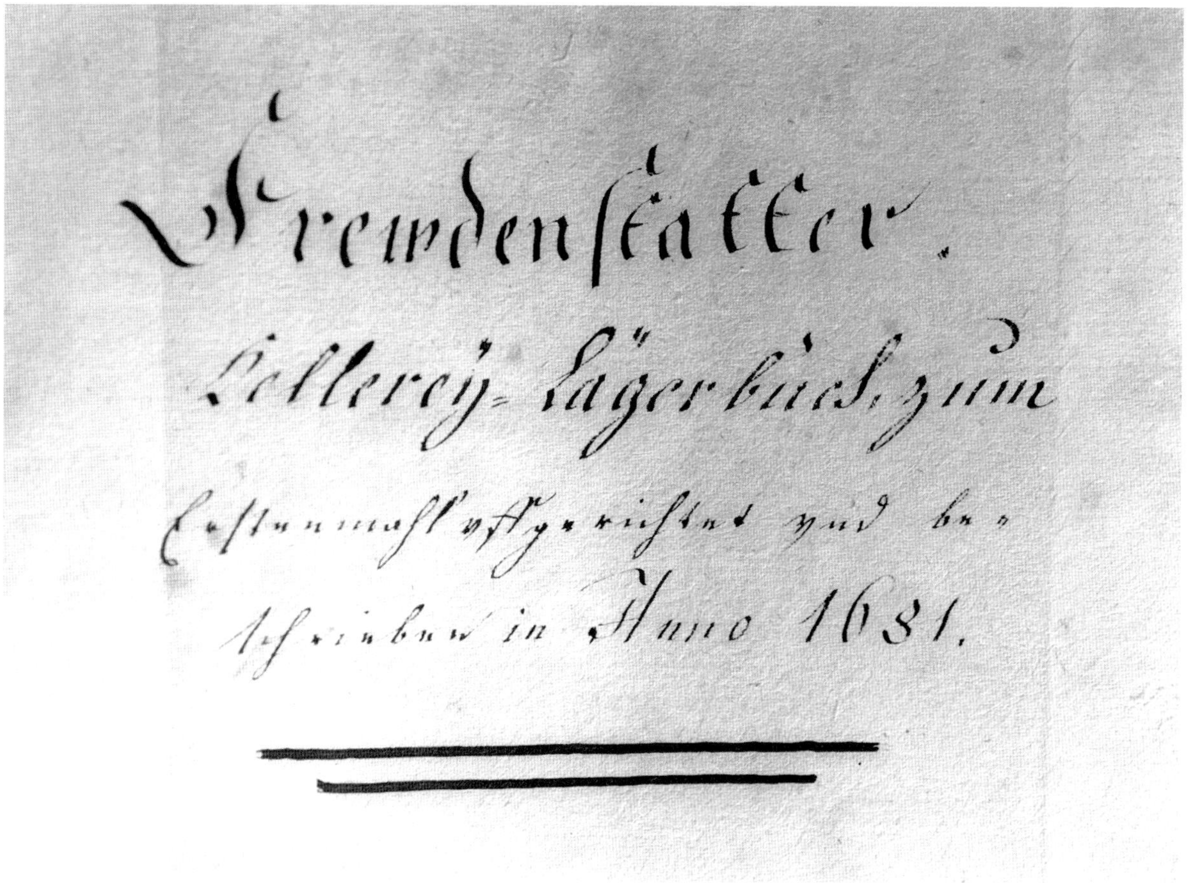

Titelblatt des Freudenstädter Kellerei-Lagerbuchs von 1681

4 Eimer (1068 l) Wein und „das zum Hausbrauch nötige Holz" vom Oberforstamt Freudenstadt.[17] Besoldungen wurden in der frühen Neuzeit generell in einer Mischform aus Geld und Naturalien bezahlt, um die häufigen Teuerungen auszugleichen: In billigen Jahren hatte der Geldanteil einen hohen Wert, bei Teuerungen schützte der Naturalanteil vor einem völligen Wertverlust des Einkommens.

Der Forstmeister

Der erste herzogliche Beamte, der in Freudenstadt eingesetzt wurde, war nicht der Vogt, sondern der Forstmeister. Wilhelm Gebel wurde 1601 zum ersten Freudenstädter Forstmeister ernannt.[18] Zu Ausgang des 15. und wieder im 18. Jahrhundert gab es in Württemberg 15 Forstämter, deren Grenzen sich jedoch nicht nach denen der Gemeinden und Ämter richteten. Da das Forstregal, verbunden mit dem Geleitsrecht, ein bedeutendes landesherrliches Recht war, kam den Forstmeistern eine wichtige Rolle in der Verwaltung zu.[19] In der Dienstanweisung vom 1. Mai 1601 wurde Wilhelm Gebel zur Pflicht gemacht: „Aufsicht über die Jagd, daß niemand Weidwerk treibe ohne des Herzogs Bewilligung, Sorge für die Erhaltung der Marksteine und Lauchen (Grenzbäume), Verkauf des anfallenden Holzes im Beisein des Forstknechts, in dessen Hut das Holz liege, und pünktliche Verrechnung des erlösten Holzgeldes ohne Aufwand für Zehrungen, Ablieferung des beim Forstamt anfallenden Schweinehabers auf den Amtskasten gegen Quittung und Verrechnung [...], sodann besonders Schonung der Wälder: ohne besondere Erlaubnis soll er kein Bau- oder Brennholz abgeben, bei der Abgabe von Bau-, Gruben- und Kohlholz an das Bergwerk sich an die mit den Gewerken getroffene Vereinbarung halten und darauf sehen, daß nicht allenthalben, ohne vorherige Räumung der Häue, die besten Bauhölzer angegriffen werden [...]"[20]

... besonders Schonung der Wälder

Gegen Ende des 18. Jahrhunderts wurde das Forstmeisteramt zum Oberforstmeisteramt erhoben. Adelige Offiziere fand man häufig in der Funktion des Oberforstmeisters, während die Forstmeister bürgerlicher Herkunft waren. In Freudenstadt wechselten sich im 18. Jahrhundert jedoch adelige und bürgerliche Oberforstmeister ab.[21] Kurz zusammengefaßt unterstand dem Forstmeister die Aufsicht über Wald und Jagd; er vertrat die Interessen des Herzogs in Angelegenheiten des herrschaftlichen Grundbesitzes.

Forstmeister Johann Berblinger unter Anklage

Im Jahre 1675 kam es in Freudenstadt zu einem Zwischenfall, der die Behörden in Stuttgart beschäftigen sollte. Weil er sich über die Kinder der Catharina Lieb, Witwe des Ratsverwandten und Wirts zum Goldenen Hecht David Lieb, geärgert hatte, lief der Forstmeister Johann Berblinger zu deren Haus. Er sprengte die mit einem eisernen Riegel versehene Haustüre auf und rannte in die Schlafkammer, wo Catharina Lieb gerade dabei war ihr kleines Kind zu stillen. Berblinger drohte sie zu Boden zu schlagen, er fluchte, nannte sie eine rechte „Schandhur", ihre Kinder seien Teufelskinder, Hexen- und Hurenkinder. Die Forstmeisterin, die ebenfalls dazukam, nannte die Frau eine „Beischläferin".

... er fluchte und nannte sie eine „Schandhur" ...

Catharina Lieb erklärte später, sie hätte ungemein Angst gehabt und auch ihr Kind hätte sich so erschrocken, daß es „darüber erkrancket, die Gichter (Krämpfe) bekommen, und letzlich wegen continuirlicher anhaltung selbiger, folgenden viertten tag gestorben seye."[22] Sie brachte den Fall vor Gericht und wandte sich um Hilfe an den Herzog.
In zwei Schreiben versuchte Berblinger, sich zu rechtfertigen. Schon lange wären er und seine Familie von den Kindern der Catharina Lieb beschimpft, ihr Haus mit Steinen beworfen worden. Er hätte dies auch vor Gericht gebracht, es sei aber von Amts wegen nichts geschehen, so hätte er die Sache selbst in die Hand genommen. Den Tathergang konnte er jedoch nicht leugnen. Er wurde deshalb mit zwei großen Freveln (Geldstrafe: 3fl 15 kr), seine Frau um ihrer „außgegoßenen höchst ehrverletzlichen Reden" mit zwei Weiberfreveln (2 fl) bestraft, die beiden aber ermahnte man äußerst streng „sich [...] christlich nachbarlich und verträglich zu halten [...]"[23]
Es wird hier deutlich, daß gewalttätiges Handeln und Ehrverletzung zu den eher häufigen Delikten in der frühneuzeitlichen Gesellschaft gehörten, daß aber ehrverletzendes und ungebührliches Verhalten auch bei herzoglichen Beamten nicht geduldet wurde. Sie hatten einen einwandfreien Lebenswandel zu führen und sich untadelig zu benehmen.

Der Stadt- und Amtsschreiber

Ein wichtiges Amt innerhalb der Stadt war das Schreiberamt. In Freudenstadt – wie auch in allen anderen württembergischen Amtsorten – wurde der Schreiber vom Gericht der Stadt zum Stadt- und von der Amtsversammlung zum Amtsschreiber gewählt, was eine Besonderheit im Herzogtum Württemberg darstellte.[24] Er hatte dem Bürgermeister zur Hand zu gehen, ihm bei fehlender Fachkenntnis zu helfen. Bei Verteilung und Erhebung der Steuern und Stellung der Gemeinderechnung mußte er ihm behilflich sein, sowie bei Gericht als Sekretär fungieren. Außerdem hatte er Testamente, Verträge und Bittschriften auszufertigen, Tätigkeiten, die später ein Notar versehen sollte. Durch diese Ämterhäufung konnte der Stadt- und Amtsschreiber großen Einfluß in Stadt und Amt erreichen und wurde zu einer der wichtigsten Personen in der Verwaltung, so daß man zu Recht in dieser Zeit von einem „Schreiberregiment" in Württemberg gesprochen hat.
Der Einfluß des Stadtschreibers wurde umso größer, je weniger die Bürgermeister in der Lage waren, ihr Amt selbständig zu führen.
In den Kirchenvisitationsakten findet man bei jedem Protokoll eine Bemerkung über die Lebensführung der jeweiligen Stadtschreiber. Auch dies zeigt, welch bedeutende Position dieses Amt einnahm. Erster Stadtschreiber in Freudenstadt war Hans Conrad Studion (1603), ein Verwandter des ersten Vogts gleichen Namens.[25]

Zwei Ernennungen zum Stadtschreiber: die Freudenstädter Stadtschreiber Ulmer (1736) und Theuß (1760)

Über die beiden Stadtschreiber Ulmer und Theuß hat sich im Hauptstaatsarchiv Stuttgart ein Aktenbestand erhalten, der deshalb so interessant ist, weil hier zwei Stadtschreiber sich überaus eifrig bemühten, ihren Schwiegersöhnen die Nachfolge im Stadtschreiberamt zu sichern. Die Gründe, warum sie dies taten, lagen in der Art der Versorgung frühneuzeitlicher Beamter begründet. Es gab damals noch keinen Anspruch auf Altersversorgung, so daß entweder – in seltenen Fällen im hohen Alter ein Gnadengeld nach dem Ausscheiden aus dem Amt den Lebensunterhalt sichern mußte – oder es wurde ein Nachfolger eingesetzt, der den Vorgänger bis zu dessen Tod, gelegentlich auch dessen Witwe und Kinder, vom eigenen Gehhalt versorgen mußte. So ist es verständlich, warum die jeweiligen Amtsinhaber so großen Wert darauf legten, ihnen verbundene Personen zu Nachfolgern zu bekommen.

So bat 1730 der damalige Freudenstädter Stadtschreiber Josias Ferdinand Krämer aufgrund seines hohen Alters und seiner körperlichen Gebrechlichkeit „den examinierten Statt- und Amtssubstitut Eberhard Friedrich Ulmer zu Wildberg, als seinen künftigen Tochtermann, als Adjunkt (Hilfsschreiber] zu confirmiren [bestätigen]."[26] Diese Bitte wurde erst zwei Jahre später positiv beschieden, und Eberhard Ulmer konnte sein Amt als Hilfsschreiber seines künftigen Schwiegervaters in Freudenstadt antreten. Für den Stadtschreiber Krämer war diese Ernennung ungemein wichtig, garantierte sie doch eine Altersabsicherung für ihn und seine Frau im Falle einer eventuellen Amtsnachfolge des Schwiegersohnes. Als Krämer 1736 dann verstarb, wurde Ulmer von Gericht- und Amtsversammlung auch tatsächlich nominiert, weil er vier Jahre lang „die Hände nit angelegt, und den dienst so viel uns wissens ehrlich und redlich versehen helfen".

23 Jahre später versuchte der nunmehrige Stadtschreiber Eberhard Ulmer ebenfalls seinen zukünfigen Schwiegersohn zum Nachfolger zu bekommen, indem er 1759 sein Amt wegen seines „bereits erlebten hohen Alters, und besonders wegen der hievon abhangenden Leibesgebrechlichkeit" zur Verfügung stellen wollte,[27] allerdings nur unter der Bedingung, daß sein künftiger Schwiegersohn Theodor Theuß auch zu seinem Nachfolger ernannt werde. Nachdem die Bereitschaft des Stadtschreibers zur Resignation jedoch bekanntgeworden war, meldete sich ein weiterer Kandidat, der Forstschreiber Le Pretre, der nach Ansicht von Stadtschreiber Ulmer Unterstützung durch den Forstmeister von Freudenstadt und den Oberamtmann Moser erhielt, wobei er letzterem Parteilichkeit vorwarf. Es wurde eine Amtsversammlung abgehalten, auf der die Bitte des Stadtschreibers Ulmer um Entlassung aus dem Amt und die Nominierung seines Schwiegersohnes Theuß zu seinem Nachfolger abgewiesen wurde. Erst wenn die Stelle vakant würde, also im Todesfall Ulmers, sei die Amtsversammlung bereit, die Stelle neu zu besetzen. Dies habe man bereits 1746 unter Vogt La Motte beschlossen und man wollte von diesem Beschluß nicht abrücken. Der Stadtschreiber solle sich einen tüchtigen Hilfsschreiber – nicht seinen Schwiegersohn – zur Unterstützung im Amt nehmen. Ulmer und Theuß wollten sich damit nicht abfinden und baten den Geheimen Rat um Entsendung eines Untersuchungskommissars. Oberamtmann Moser mußte über die Angelegenheit und die Arbeitsleistung Ulmers nach Stuttgart berichten. Dieser Bericht fiel äußerst negativ aus, was nicht verwunderlich war, wenn man bedenkt, daß Ulmer ihn der Parteilichkeit in dieser Sache beschuldigt hatte. Moser erklärte, der Stadtschreiber habe sich nicht die geringsten Verdienste erworben. Er sei „in seinem Amt schläfrig und nachläßig gewesen." Aus Stuttgart sandte der Geheime Rat daraufhin folgenden Entscheid: Es wäre „bedenklich [...], wand man denen Stadt- und Amts-Vorstehern in Freudenstatt ihr Wahl- und nominations-Recht einschrencken – und selbigen wider ihren Willen einen neuen Stadtschreiber aufdringen – ja dergleichen Aemter erblich machen wollte." Ulmer solle sein Amt in Zukunft besser versehen. Ob er wirklich so nachlässig war, wie Oberamtmann Moser dies glauben machte wollte, muß bezweifelt werden, denn in den Kirchenvisitationsakten von 1741–1744 wird ihm durchgängig ein gutes

„... in seinem Amt schläfrig und nachlässig gewesen."

Zeugnis ausgestellt: „ist in seinen beratsgeschäften accurat und im Wandel ohnanstössig“[28], „ist ein ehrhafter Diener, regulärer Mann und fleißig“[29].

Ulmer durfte nicht – wie er bei seinem Schwiegervater – seinen künftigen Schwiegersohn als Hilfe nehmen, sondern mußte mit einem nicht examinierten Schreiber auskommen.

Als Eberhard Ulmer ein Jahr später starb, bewarb sich sein Schwiegersohn erneut um die nunmehr vakante Stelle. Gericht- und Amtsversammlung in Freudenstadt wählten ihn nun zum neuen Stadt- und Amtsschreiber. Warum ihre Wahl letztendlich auf diesen Kandidaten fiel, ist nicht ersichtlich. Vielleicht konnten sie nun freier und ohne den Vorwurf der Parteinahme durch den alten Stadtschreiber entscheiden.

Als der nunmehr gewählte Theodor Theuß 45 Jahre später selbst aus dem Amt schied, bewarb sich auch sein Sohn um das Amt des Vaters, wurde aber abgelehnt und Christoph Ferdinand Schmid zu seinem Nachfolger gewählt. Theuß scheint nicht versucht zu haben, auf die Wahl zugunsten seines Sohnes Einfluß zu nehmen. Vielleicht hatte er aus den Vorgängen vor seiner Wahl gelernt. Einflußnahme bei der Wahl des Nachfolgers geschah in der frühen Neuzeit kaum aus Gründen der persönlicher Eitelkeit, sondern war im wesentlichen Vorsorge für die Existenzsicherung im Alter.

Die Stadt und ihre Bewohner

Bürger und Beisitzer

„Werden geloben und einen leibl. Eid zu Gott schwören, daß sie wollen dem durchlauchtigsten unserm gnädigsten Herzog und Herrn, dero Erben und Nachkommen am Regiment,

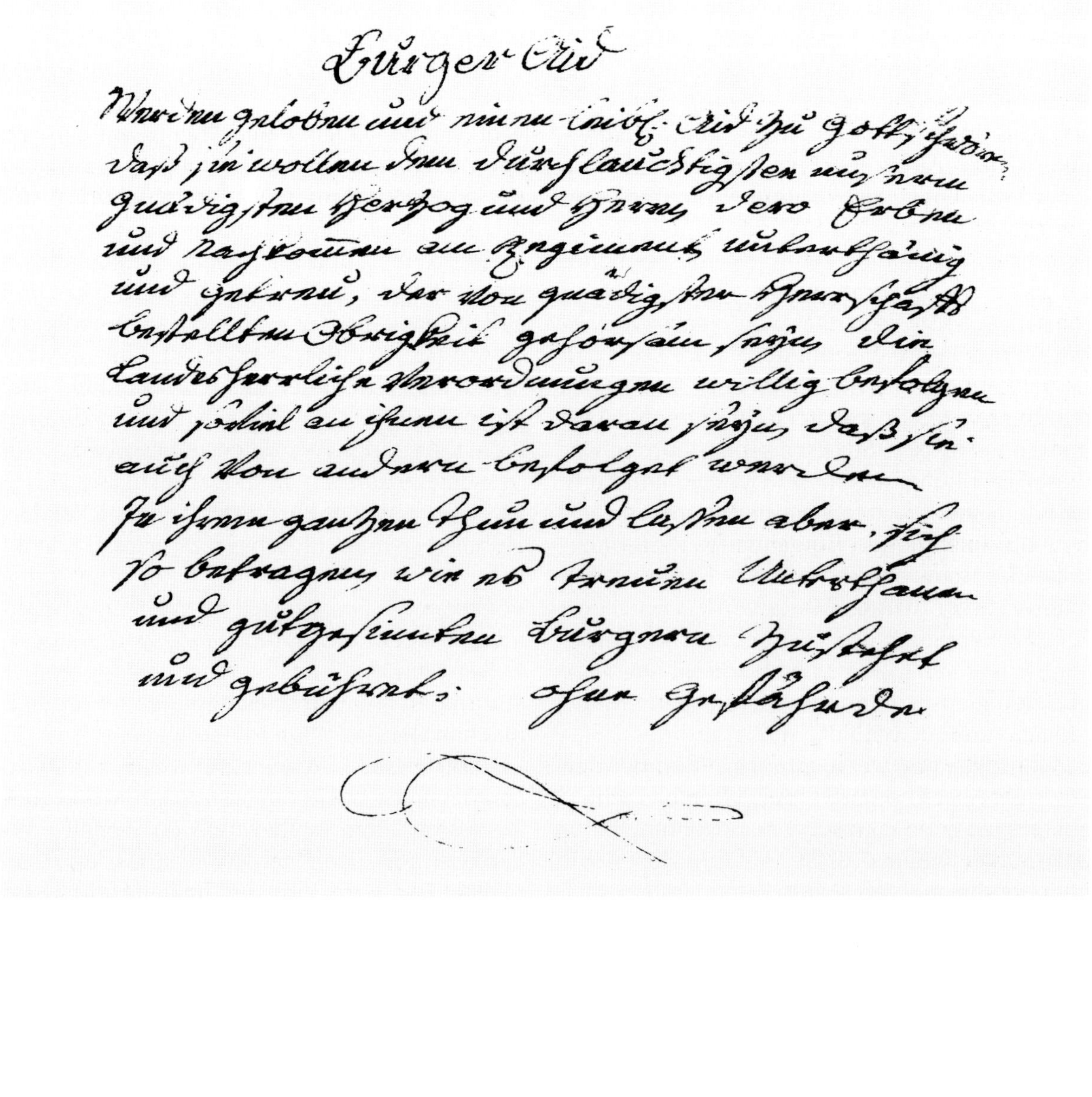
Bürger Eid

Werden geloben und einen leibl. Eid zu Gott, schwören,
daß sie wollen dem durchlauchtigsten unserm
gnädigsten Herzog und Herrn, dero Erben
und Nachkommen am Regiment, unterthänig
und getreu, der von gnädigster Herrschaft
bestellten Obrigkeit gehorsam seyn, die
landesherrlichen Verordnungen willig befolgen
und soviel an ihnen ist daran seyn, daß sie
auch von andern befolget werden.
In ihrem ganzen Thun und Lassen aber, sich
so betragen, wie es treuen Unterthanen
und gutgesinnten Bürgern zustehet
und gebühret: ohne Gefährde

Freudenstädter Bürgereid (18. Jahrhundert)

unterthänig und getreu, der von gnädigster Herrschaft bestellten Obrigkeit gehorsam seyn, die Landesherrliche Verordnungen willig befolgen und soviel an ihnen ist daran seyn, daß sie auch von andern befolget werden. Zu ihrem ganzen Thun und laßen aber, sich so betragen, wie es treuen Unterthanen und gutgesinnten Burgern zustehet und gebühret."[30] Jeder neuangenommene Bürger in Freudenstadt mußte diesen Eid, den sogenannten Bürgereid, schwören, bevor er Mitglied der Stadtgemeinde werden konnte. Bürger einer Stadt zu werden war mit unterschiedlichen Rechten und Pflichten verbunden. Die Regelungen in Freudenstadt für die Bürgeraufnahme wurden im Laufe des 17. und 18. Jahrhunderts unterschiedlich gehandhabt.

Forstmeister und Vogt von Dornstetten nahmen die ersten Bürger in Freudenstadt an. Außer dem Nachweis „redlichen und ehrlichen Herkommens und Tuns", belegt durch ein Zeugnis der Heimatbehörde, dem sogenannten „Abschied", wurden in den Anfangsjahren der Stadt, als man auf Bürgerzuzug großen Wert legte, keine weiteren Bedingungen gestellt.[31] Vor 1601 war der Besitz eines Mindestvermögens nicht notwendig. Nach 1601 wurde wohl ein Bürgergeld von einem Dukaten erhoben, um der sich bildenden Stadt Einnahmequellen zu erschließen.[32]

Im Laufe des 17. Jahrhunderts durften Bürgermeister, Gericht und Rat der Stadt Freudenstadt das Bürgergeld erhöhen, damit „nicht soviel unnütze und unvermögliche Leute allein um des gemeinen Bürgergelds (weil dieses so nieder) [...] sich hieher begeben".[33] Der Zweck dieser Erhöhung war eindeutig: Wie anderswo durch Festsetzung eines Mindestvermögens für neu aufzunehmende Bürger sollten unvermögende Personengruppen, die der Stadt zur Last fallen konnten, ferngehalten werden.

Für Männer erhob die Stadt ein Bürgerannahmegeld von 6 Gulden, Frauen bezahlten die Hälfte, also 3 Gulden, und für jedes Kind waren drei Gulden zu entrichten.[34] Eine fünfköpfige Familie hatte demnach 18 Gulden zu entrichten, was einen Sechstel der Jahresbesoldung des gut verdienenden Vogtes entsprach und für eine Bürgeraufnahme eine nicht geringe Hürde bedeutete.

1721 sandten Bürgermeister, Gericht und Rat ein Bittschreiben nach Stuttgart an den Herzog, worin sie um eine erneute Erhöhung des Bürgergeldes baten, da „uneingerechnet der Wittfrauen und Pflegschaften gegen die 160 Burger und darunter die maiste in einem solchen nahrungslosen Stand sich befinden, daß es Ihnen allerdings unmöglich fället – bevorab bey dieser beschwehrl. Gelltklemmen Zeith – ohne von denen piis Corporis [Armenanstalten] [unterstützt zu sein] privat-Persohnen nebst Weib und kindern fortzubringen."[35] Not und Armut unter der Bevölkerung und die Unfähigkeit der Stadt, hier alleine Abhilfe zu schaffen, zwangen die Stadtobrigkeit, um Erhöhung des Bürgergeldes zu bitten. 1722 mußte ein Mann 6 Gulden, eine Frau 3 Gulden, ein Sohn 4 Gulden und eine Tochter 1 Gulden Bürgerannahmegeld bezahlen. Die Stadt bat nun, das Annahmegeld so erhöhen zu dürfen, daß ein Mann 12 Gulden, eine Frau 6 Gulden, ein Sohn 3 Gulden und eine Tochter 2 Gulden bezahlen müsse. Eine fünfköpfige Familie hätte demnach zwischen 24–27 Gulden Bürgerannahmegeld zu bezahlen gehabt, was ungefähr einem Monatslohn eines herzoglichen Kanzlisten entsprach. Dies war viel und sollte wohl auch garantieren, daß in Zukunft nur wohlhabendere Personen um Aufnahme ins Bürgerrecht bitten würden und sich damit die Armutsfälle in der Stadt reduzieren würden. Die herzoglichen Behörden lehnten jedoch zwei Monate später den städtischen Antrag mit der Begründung ab, daß der „Arme wie der Reiche Innwohner" Bürgerrechte genießen sollte.[36] Soziale Gründe waren für den Landesherrn angesichts zunehmender Verarmung wichtiger als der Wunsch der Stadt, sich vor möglichen Sozialfällen zu sichern.

Frauen zahlten weniger Bürgergeld als Männer

Worin bestanden diese Bürgerrechte, warum waren sie so erstrebenswert? Anfänglich erhielt jeder Bürger, der sich in Freudenstadt niederließ, Grundstücke zugewiesen, die zu Ackerfeld oder Gras- und Baumgärten gerichtet werden konnten.

Ein wesentlicher Gesichtspunkt, warum man das Bürgerrecht erlangen wollte, war also das Recht, sich anzusiedeln, die Ausübung des Wahlrechts, der Genuß von Weide und Allmende, von Brennholz und im Bedarfsfall von

Die Freudenstädter mußten ursprünglich keine Steuern zahlen

Bauholz.[37] Solange die Bürger von Freudenstadt, vor allem in den Anfangsjahren, von Steuern und Abgaben befreit waren, bestanden ihre Pflichten hauptsächlich in Wacht (Torwache)- und Frondiensten, letztere z.B. im Wege- und Brückenbau und in deren Erhaltung. In Kriegszeiten und nachts standen Wachen vor den Toren. Wer diese Pflicht und das Fronen versäumte, wurde mit Geld gestraft oder in Arrest genommen. Dies galt auch für Magistatspersonen, nur die Bürgermeister konnten davon befreit werden. Auch das sogenannte „Botenlaufen", Botengänge für den Stadtmagistrat, gehörte zu den Pflichten eines Bürgers. Die Ratsprotokolle in Freudenstadt sind voll von Bittschriften um Befreiung vom „Wachen, Bottenlaufen und Frohnen" von über sechzigjährigen Personen, die aus Altersgründen um Entlastung bitten. Das Wachen und Botenlaufen wurde ihnen meistens erlassen, nicht aber das Fronen.

Am 20. Oktober 1742 und am 6. März 1744 wandten sich Bürgermeister, Gericht und Rat erneut nach Stuttgart an den Herzog mit der Bitte um Erhöhung des Bürgergeldes. Sie forderten nun bedeutend mehr als noch 1721. Ein Mann sollte demnach an das Bürgermeisteramt 15 Gulden, an das Gericht 3 Gulden und an den Vorratskasten 4 Scheffel (312 kg) Dinckel und 4 Scheffel (340 kg) Haber entrichten, eine Frau die Hälfte. Sie begründeten ihre Forderung damit, daß durch Heirat mit Freudenstädter Töchtern und Witwen viele auswärtige Personen aufgrund des geringen Bürgergeldes nach Freudenstadt gekommen seien, „daß dadurch die meiste Professionen und Handtirrungen so übersezet seyend, daß mancher hiesiger Burger und Handwercks Mann sich nicht wohl mehr zu ernähren [...] im Stande sich befindet [...]".[38] Diese könnten sich in Ermangelung von Gütern kein Vieh halten und „sich mit ihrer Handarbeit ohnmöglich allein ernähren". Sie würden zuletzt dem „Publico und pio corpori zur Last und Verpflegung" fallen.

Das Handwerk war stark überbesetzt

Wie das ganze Land litt Freudenstadt unter dem im 18. Jahrhundert immer größer werdenden Arbeitsmangel und suchte ihn durch Zuzugsbeschränkungen für seine Bürger erträglicher zu machten. Trotzdem wurde die Bitte des Stadtmagistrats von Stuttgart erneut abgelehnt.

Erst 1757 gab Stuttgart die Erlaubnis, das Bürgergeld zu erhöhen,[39] was der Magistrat am 16.8.1757 auch in die Tat umsetzte.[40] Ein Mann hatte nun 15 Gulden an das Bürgermeisteramt zu bezahlen, 2 Gulden an das städtische Gericht, an das Arbeitshaus in Ludwigsburg 1 Gulden sowie an den Vorratskasten 4 Scheffel (312 kg) Dinckel und 4 Scheffel (340 kg) Haber. Außerdem mußte er sich verpflichten, eine Büchse und Seitengewehr sowie einen Feuerkübel anzuschaffen. Eine Frau mußte die Hälfte bezahlen, ein Sohn anderthalb und eine Tochter einen Gulden. Die Anschaffung eines Ober- und Untergewehrs sollte Schutz bei militärischen Überfällen bieten, war aber nicht nur für Notfälle bestimmt, sondern wurde auch bei festlichen Anlässen – wie etwa beim Besuch des Herzogs – getragen.

Der Rat der Stadt Freudenstadt entschied über die Aufnahme eines Antragstellers. Dieser hatte einen Geburtsbrief mit einzureichen, aus dem ersehen werden konnte, ob er mit einer Leibeigenschaft belastet war oder nicht, da eine Stadt nur freie Bürger aufnahm.

Im Verlauf des 18. Jahrhunderts verschlechterte sich die wirtschaftliche Situation der Handwerker drastisch. Die Land- und Getreidepreise stiegen, während die Löhne konstant blieben. Die Handwerkerdichte nahm stark zu und viele Gewerbe waren erheblich überbesetzt, die Arbeit reichte nicht aus.[41] Aus diesem Grund strebte der Magistrat der Stadt Freudenstadt danach, möglichst nur vermögende Antragsteller anzunehmen und unvermögende Handwerker abzulehnen, oder die Aufnahme ins Bürgerrecht von der Erfüllung von Zusatzbedingungen – wie etwa die Zustimmung der jeweiligen Handwerksmeisterschaft – abhängig zu machen.

1759 bat Commerzienrat Vollmar um Rücknahme einer Verpflichtung bei der Übernahme des Bürgerrechts. Er hatte sich verpflichtet kein „Commercium" (Handel) zu führen, weil schon drei weitere Handelsleute in der Stadt ansässig waren. Da aber nun sein Floz- und Holzhandel zu Ende ging, bat er „einen offenen Laden" errichten zu dürfen. Dies wurde ihm nicht gewährt.[42]

Ebenso erging es Caspar Lauffer, Bäcker und Biersieder aus Rosenfeld, der eine Freudenstäd-

terin heiraten wollte. Obwohl er 300 Gulden Vermögen besaß, wurde er abgewiesen, weil die Bäckermeisterschaft, mit der Begründung, es gäbe bereits zuviele Bäcker in der Stadt, dagegen protestierte.[43]
Dem Abgelehnten blieb nunmehr die Wahl sich in sein Schicksal zu fügen, oder aber an den Herzog zu appellieren. Der Nagelschmiedgeselle Sigmund Heppteng ging diesen Weg. Nachdem der Rat der Stadt ihn mit der Begründung abgelehnt hatte, er bringe nicht genügend Vermögen mit und das Nagelschmiedhandwerk sei bereits völlig überfüllt, wandte er sich an den Herzog und hatte damit Erfolg. Aufgrund eines am 11.12.1761 ergangenen herzoglichen Befehls mußte Sigmund Heppteng als Bürger angenommen werden.[44]
Ablehnungsgründe waren häufig Überbesetzung des Handwerks, Armut des Petenten oder unschickliche Heirat. In manchen Fällen gelang es den Antragstellern, sich mit der jeweiligen Handwerkerzunft zu einigen, so daß sie mit ihrem Aufnahmegesuch trotz anfänglicher Ablehnung noch Erfolg hatten.
Zu Ende des 18. Jahrhunderts verschärfte der Freudenstädter Rat seine Position nochmals. In der Ratsverhandlung vom 7.4.1796 beschloß der Stadtmagistrat, „daß künftig kein fremder, welcher nicht 7 bis 800 fl im Vermögen besize, zum bürger allhier mehr angenommen, und das auch auf dise Summe nicht rücksicht genommen werden solle, wenn andere impedimenta sich zeigen möchten."[45] Eine Änderung brachte dann erst die Neuregelung des Bürgerrechts im Königreich Württemberg nach 1806.
Zu den Pflichten nach dem Erwerb des Bürgerrechts gehörte als jährliche Abgabe eine sogenannte Bürgersteuer von 1 Gulden 30 Kreuzer je Bürger. In der Steuer-Revision von 1713 wurde ihre Höhe für Württemberg verbindlich geregelt: „als ist die Belegung des Burgerrechts bishero unterschiedlich im Landt gehalten worden. Also solle in das khünftige, in allen Statt- und Ämbtern [...] determiniert werden, daß in den vornehmbsten Stätten deß Landts 2 Gulden und in den andern 1 Gulden 30 Kreuzer, in Flecken: und dörffern aber 45 Kreuzer biß 1 Gulden einzuziehen wären [...]"[46] Besonders bedürftige Bürger konnten allerdings von dieser Steuer befreit werden, Witwen mußten nur die Hälfte bezahlen.[47]
Verzog ein Bürger in eine andere Stadt, so kündigte er sein Bürgerrecht auf, d.h. er mußte genau denselben Betrag an die Stadt entrichten, den er beim Erwerb des Bürgerrechts bezahlt hatte. Die Stadt erhielt davon 1 Gulden 30 Kreuzer, das Übrige die Herrschaft.[48]

Privilegierte Stellung der Bewohner des Christophtals

Auch die Talbewohner im St. Christophstal konnten Bürger von Freudenstadt werden. Sie hatten allerdings eine Sonderstellung und mußten nur ein geringes Bürgergeld – einen Dukaten – bezahlen (dieses betrug von 1630–1738 zwischen 2 und 4 Gulden, vgl. hierzu den Abschnitt über St. Christophstal), was zu häufigem Streit zwischen den Christophstalern und den anderen Freudenstädter Bürgern führte, so daß sogar 1664 der herzogliche Oberrat in Stuttgart ein Gutachten wegen der dauernden Schlägereien zwischen den Bergleuten und der anderen Bürgerschaft anforderte.[49]
Neben den Bürgern lebten in Freudenstadt noch sogenannte Beisitzer. Beisitzer hatten kein Aufenthaltsrecht in Freudenstadt, sie waren nur geduldet. Bei der Aufnahme in die Stadt mußte ein Beisitzer sich verpflichten, Gebote und Verbote zu halten und bei keiner fremden Herrschaft Schutz oder Recht zu suchen. Er zahlte ein Aufnahmegeld und jährlich ein sogenanntes Beisitzgeld von 2 Gulden als Schutz- und Schirmgeld an die Stadt. Rechte hatte er keine, wurde aber manchmal zum Fronen mit herangezogen.[50] Meist finden sich Taglöhner, aber auch Handwerker unter den Beisitzern in Freudenstadt. So bat der Maurer Thomas Sautter 1782 Gericht und Rat der Stadt Freudenstadt, dem Zieglerknecht Johannes Zeeb und dessen Familie den Aufenthalt und Beisitz in der Stadt zu gestatten. Er übernahm die Aufgabe, ihm eine Wohnung zu beschaffen, und garantierte, ihn, wenn er sich nicht „wohl verhalten" würde, „außer der Statt zu schaffen".[51]
Die rechtlosteste Gruppe unter den Einwohnern Freudenstadts war die, die weder Beisitz- noch Bürgerrecht in Freudenstadt hatte. Diese Menschen wurden einige Zeit geduldet und mußten ein sogenanntes Weg-, Brucken-, und Pflastergeld bezahlen. Nach einiger Zeit jedoch wies man sie aus der Stadt.[52]

Die Sonderstellung Freudenstadts im Herzogtum Württemberg während des 17. Jahrhunderts

In der „Bergfreiheit" von 1597 waren der Stadt auf zwölf Jahre besondere Vergünstigungen zugestanden worden, die Herzog Johann Friedrich (1608–1628) 1615 aufzuheben suchte. Die Stadt sollte nunmehr übliche Abgaben wie den Zehnten, Steuern, Umgeld (Weinsteuer) und Zahlungen für die Holznutzung aus herrschaftlichen Waldungen entrichten. Die Bürgerschaft erklärte sich – wenn auch schweren Herzens – bereit, den Zehnten und die Steuern zu zahlen.[53] Auch die Entrichtung des „Rauch – oder Holzhabers" wurde geregelt.[54] Rund fünfzig Jahre später, im Jahre 1667 erhielt die Stadt von Eberhard III. im Zuge des Festungsbaus sechs weitere Freijahre geschenkt.

M. Eimer berichtet in seiner Stadtgeschichte, daß Freudenstadt noch 1681 viele Abgaben, die andere württembergische Städte zu leisten hatten, nicht zu entrichten brauchte (Abgaben von Brotbänken, von Backöfen, kein Mühlenzins, keine Fastnachts- oder andere Hennen, kein Pferchgeld u.a.m.). Dies änderte sich erst im Laufe des 18. Jahrhunderts.[55] Die Bergleute und Laboranten in St. Christophstal hatten auch hier bis ins 19. Jahrhundert eine Sonderstellung und wurden durch Privilegien von vielen Abgaben länger als die anderen Freudenstädter Einwohner befreit, was wiederum Anlaß zu Streitigkeiten unter den Bürgern Freudenstadts gab.

Herzog Eberhard III (Bild rechts)

Herzog Johann Friedrich

Während der Regierungszeit Herzog Friedrichs (1593–1608) erfreute sich Freudenstadt der besonderen Gunst des Landesvaters. Nach dem Tod Friedrichs änderte sich dies zwar, aber auch dessen Nachfolger Johann Friedrich (1608–1628) und besonders seinem Enkel Eberhard III. (1628/33–1674) lag die Neugründung weiterhin am Herzen. Der Stadtpfarrer Jeremias Baldenhofer bescheinigte Herzog Eberhard III.

eine „sonderbare gnädige Affektion"für Freudenstadt.[56] 1667 gewährte Eberhard III. der zur Landesfestung erhobenen Stadt ein „ Steuer-Frei-Patent", welches die bürgerlichen Einwohner der Stadt für sechs Jahre von sämtlichen Steuern und Zahlungen an die Landschaft befreite. Diejenigen, die neu zuzogen, erhielten sogar zwölf Freijahre. Bauplätze wurden für einen geringen Preis von 10–15 Gulden angeboten, das Bauholz unentgeltlich verabreicht. Als Eberhard III. 1674 starb, vermachte er der Stadt 1000 Gulden, deren Zinsen jährlich für den Erhalt der Kirche und des Pfarrhauses verwendet werden sollten. Die Bevorzugung, die die Stadt unter den Herzögen Friedrich, Johann Friedrich und Eberhard III. erfahren hatte, schwand unter der Regierung der württembergischen Herzöge des 18. Jahrhunderts, und als 1770 Herzog Carl Eugen Freudenstadt besuchte, war er zwar von der schönen Kirche und dem Festungsbau beeindruckt, die Stadt scheint aber sein Interesse nicht sonderlich erregt zu haben.[57] Sie war eine württembergische Amtsstadt gleich allen anderen geworden.

Die Bevölkerungsentwicklung in Freudenstadt

Genaue Einwohnerverzeichnisse, die Auskunft über die Bevölkerungsentwicklung geben könnten, gibt es – im Sinne einer exakten Statistik – in der frühen Neuzeit nicht. Die moderne Bevölkerungsstatistik beginnt in Deutschland erst mit der Gründung des Deutschen Zollvereins im Jahre 1833. Trotzdem haben sich für Freudenstadt Quellen erhalten, die ein relativ exaktes Bild der Bevölkerungsentwicklung im 17. und 18. Jahrhundert vermitteln. Die Kirchenvisitationsakten der Jahre 1676 – 1810 enthalten – wenn auch nicht durchgängig für jedes Jahr – Angaben über Zahl der „Seelen" (d.h. der Einwohner), der Bürger (d.h. der steuerpflichtigen Haushaltsvorstände)[58] für Freudenstadt insgesamt sowie für Christophstal und Freudenstadt getrennt, sowie über Geburten und Todesfälle.
Zu Beginn des 17. Jahrhunderts (1609) lag die Zahl der Bürger bei etwa 500, d.h. es lebten ungefähr 2000 Einwohner in Freudenstadt.[59] Bis 1627 kam es zu einem radikalen Bevölkerungsrückgang, wahrscheinlich bedingt durch die schweren Pestjahre von 1610 und das Ausbleiben des erwarteten wirtschaftlichen Erfolges der Neugründung. Die Bürgerzahl ging auf die Hälfte zurück.[60] Noch schlimmer trafen Freudenstadt die darauffolgenden Pest- und Kriegsjahre, während derer die kaiserlichen Truppen Südwestdeutschland besetzten und der schwere Brand von 1632. Die Bürgerzahlen gingen auf 72 zurück, was 14 % der Bevölkerung von 1609 entspricht.[61] Im Zuge des Festungsbaues und des damit verbundenen Steuer-Frei-Patents Herzog Eberhards III. stieg die Bürgerzahl wieder an. Von 1676 bis 1703 variieren die Zahlen wieder, bedingt durch den Wegzug einiger kinderreicher Familien.[62] Im Jahre 1708 lebten 148 Bürger (ca. 30% der Anzahl von 1609) in Christophstal und Freudenstadt. In den folgenden Jahren stieg die Zahl kontinuierlich an. Lediglich in den Jahren 1743–1752 kam es zu einem Einbruch. In dieser Zeit wanderte eine Reihe von Familien aus Freudenstadt aus. Erst 1804 erreichte Freudenstadt mit 446 Bürgern fast wieder die Größe der Anfangsjahre.[63] Dies entspricht einer durchschnittlichen Bürgerannahme von 3,1 Bürgern pro Jahr (ca. 2,1 %) zwischen 1708 und 1804.

1648: nur noch Bürger in Freudenstadt

Um 1750: erste Auswanderungen

Vergleicht man die Seelenzahlen (Gesamtzahl der Einwohner, Männer, Frauen und Kinder), so ergibt sich ein ähnliches Bild, lediglich in den Jahren 1768–1773 reduziert sich die Seelenzahl um 75, was entweder mit der Hungersnot der Jahre 1770/71 zu tun haben könnte, oder es sind mehrere Familien weggezogen.
Bei den Bergleuten und Laboranten im St. Christophstal kann man zwei zahlenmäßige Einschnitte im 18. Jahrhundert beobachten. 1768–1773 reduziert sich die Zahl der Seelen um 16 und 1779–1783 um 64. Ansonsten blieb die Zahl eigentlich konstant zwischen 240 und 280 Seelen.
Auch die Zahl der Beisitzer wird in den Visitationen vermerkt.[64] In den Jahren zwischen 1763 und 1804 variieren die Zahlen zwischen 2 und 6 Beisitzern in der Stadt, waren also relativ niedrig, stiegen in den Jahren ab 1805 aber merklich an, von 10 (1805) auf 59 (ca. 13%) im Jahre 1810. Dieser Anstieg ist vermutlich auf die veränderte Rechtslage im Königreich Württemberg zurückzuführen.

Jahr	Anzahl der Bürger	Bürger in Prozent von 1609	Anzahl der Seelen = alle Einwohner	Anzahl der Seelen im Tal	Anzahl der Seelen in der Stadt	Anzahl der Kinder	%
1609	550[65]	100,0	ca. 2000			keine Angaben	keine Angaben
1627	324[66]	50,0	ca. 1000				
1648	72[67]	14,4	ca. 290				
1676	ca. 130[68]	26,0	1057			182	100
1684	ca. 110	22,0	912			136	74,8
1692	ca. 125	25,0	1005			226	124,3
1699	ca. 106	21,2	847			175	96,2
1703	122	24,4	917	keine Angaben	keine Angaben	198	109,3
1706	114	22,8	918			192	105
1708	148	29,6	970			209	115
1726	166	33,2	1128			118	64,9
1730	186	37,2	1257			217	119
1741	239	47,8	1407			197	108
1742	238	47,6	1460			221	121
1743	208	41,6	1483			220	110
1744	204	40,8	1461			209	115
1763	249	49,8	1727	273	1454	474	261
1768	268	53,6	1779	278	1481	378	208
1773	269	53,8	1704	282	1422	174	95,7
1779	290	58,0	1802	282	1520	256	141
1783	310	62,0	1834	218	1616	256	141
1784	312	62,4	1844	221	1623	258	142
1785	325	65,0	1894	238	1656	290	159
1786	336	67,2	1930	240	1690	310	170
1787	338	67,6	1944	231	1713	315	173
1788	348	69,6	1976	231	1745	325	179
1789	360	72,0	2023	238	1785	347	191
1790	364	72,8	2081	235	1846	347	191
1791	366	73,2	2130	244	1886	446	245
1792	360	72,0	2150	248	1902	367	201
1793	370	74,0	2203	249	1954	487	203
1797	385	77,0	2240	244	1996	485	212
1802	420	84,0	2288	263	2041	516	231
1803	440	88,0	2340	285	2055	533	242
1804	446	89,2	2416	284	2416	492	271

„Herren Burgermeister, Gericht und Rat"– Die Stadt und ihre Repräsentanten

„Wir sehen bei Feierlichkeiten die Beamten und Geistlichen in folgender Reihenfolge aufmarschieren: Den Oberforstmeister, den Spezial (Dekan), den Vogt, den Physikus, den Diakonus, den Stadtschreiber, den Präzeptor (Lehrer an der Lateinschule). Dazu kamen natürlich auch der Magistrat und der Stadtknecht."[69] Manfred Eimer schildert hier die Freudenstädter Verhältnisse zu Beginn des 18. Jahrhunderts. Jeder herzogliche Beamte, jeder Geistliche und jeder Magistratsangehörige hatte seinen Platz in der ständisch gegliederten Hierarchie der Stadtgesellschaft gefunden.

Neben den herzoglichen Beamten gab es die Vertreter der Stadt, die Mitglieder in Gericht und Rat, die die städtische Verwaltung in Händen hielten.

Zu Beginn des 17. Jahrhunderts war die Situation – die städtische Verwaltung betreffend – noch eine völlig andere. In diesen Gründungsjahren der Stadt gab es noch keine eigentliche städtische Verwaltung. Erst mit der Anlage eines Güterbuches 1602 beginnt nach F. Lutz eine solche, denn man versuchte nun Eigentums- und Besitzverhältnisse zu beschreiben und sicherzustellen.[70] Das eigentliche Kernstück der städtischen Verwaltung, das Gericht, war jedoch noch nicht vorhanden. 1603/04 werden die ersten Bürgermeister genannt, 1608/09 die ersten Rugrichter.[71] Der genaue Zeitpunkt, wann in Freudenstadt eine voll ausgebaute städtische Vertretung eingerichtet wurde, bleibt unsicher, aber die Anfänge dazu lagen sicher im ersten Jahrzehnt des 17. Jahrhunderts.

Wie in anderen württembergischen Städten bildete sich auch in Freudenstadt ein Stadtmagistrat, der aus zwei Gremien bestand.

Das sogenannte „Gericht" bildete eines dieser Organe städtischer Verwaltung, zusätzlich gab es dann noch den „Rat". Jedes dieser Gremien hatte unterschiedliche Funktionen und Aufgaben.

Das Gericht

Von 1351 bis 1818/19 war in württembergischen Städten das Gericht die oberste städtische Behörde, welche die Interessen der Stadt wahrnahm.[72] Den Aufgaben nach entspricht ihm zumindest teilweise der heutige Gemeinde- oder Stadtrat. Es befaßte sich mit allen Angelegenheiten der städtischen Verwaltung. Ihm unterstand die freiwillige Gerichtsbarkeit. Es hatte polizeiliche und richterliche Befugnisse, in bürgerlichen Rechtssachen war es die erste Instanz und auch in manchen Strafsachen war das Gericht rechtsprechendes Organ.[73] Das Gericht tagte unter dem Vorsitz des amtstragenden Bürgermeisters im Beisein des Vogtes bzw. Oberamtmanns. Es ging nicht durch Wahl aus der Bürgerschaft hervor, sondern hatte das Recht, sich selbst zu ergänzen, wenn eine Stelle frei wurde. Zusammen mit den Bürgermeistern zählte das Gericht insgesamt 9 Richter.[74] Die acht ältesten Richter wurden besoldet und erhielten jeder 4 Gulden, davon mußte die Stadt ein Drittel, nämlich 1 Gulden 20 Kreuzer, bezahlen. Außerdem erhielten sie bei bestimmten Anlässen sogenannte „Verehrungen", so besonders bei der jährlich an Georgii, am 23. April, stattfindenden Ämterersetzung oder bei der Kirchenvisitation, sowie an Neujahr. Jeder Richter erhielt dann zusätzlich 20 Kreuzer „verehrt".

Die Richter des städtischen Gerichts erhielten „Verehrungen"

Wie wichtig diese Verehrungen ihren Adressaten waren, zeigt die Bürgermeisterrechnung von 1717/18. Der Visitator, der Spezial (Dekan) in Wildberg konnte die Stadtkirche nicht persönlich visitieren und bat um schriftliche Angaben. Trotz seiner Abwesenheit wurde auf dem Rathaus ein „feierlicher Durchgang" vorgenommen, so daß die Richter zu ihren Verehrungen kamen.[75]

Die Angehörigen des Gerichts hießen „Gerichtsverwandte", die des Rats „Ratsverwandte". Ein Stadtrichter hieß „N.N. des Gerichts".[76] Mitglied des Gerichts zu werden, war nicht so einfach. Man mußte zuerst Angehöriger des Rats gewesen sein. Der weitere Aufstieg hing dann offenbar von der Dauer der Zugehörigkeit zum Rat ab. Das jeweilige Dienstalter bestimmte die Rangfolge innerhalb des Rats und des Gerichts. Man rückte auf, wenn eine Stelle frei wurde und gelangte so automatisch mit den Jahren in die Position eines Stadtrichters. Aus den Reihen des Gerichts wurden auch die Bürgermeister gewählt.

Das Dienstalter bestimmte die Rangfolge in Gericht und Rat

Stellen wurden entweder durch Tod, Verzicht, aus Altersgründen oder in seltenen Fällen auch gezwungenermaßen durch Absetzung des Inhabers frei. Gerichts- und Ratsmitglieder, die miteinander verwandt waren – was öfter vorkam – mußten um herzoglichen Dispens nachsuchen, bevor sie ihr Amt antreten konnten. Im November 1774 starb der Bürgermeister Jacob Friedrich Münster[77]. Als Nachfolger gewählt wurde Johann Friedrich Wölpper. Die dadurch freiwerdende Ratsstelle erhielt der Löwenwirt Johann David Wölpper, der jedoch mit dem neugewählten Bürgermeister verwandt war. Er mußte erst um Dispens nachsuchen, bevor er die Stelle antreten konnte.

In der Regel fand einmal im Monat eine Sitzung des Gerichts im Rathaus statt, wobei durchschnittlich 7–8 Richter anwesend waren. Die Palette der verhandelten Angelegenheiten reichte von Streitigkeiten zwischen Bürgern, Handwerksangelegenheiten, Ehekonflikten, Kriminalsachen, Kapitalaufnahmen, Schuldforderungen, Armenversorgung, Hinterlassenschaften, Erbauseinandersetzungen u.ä. bis zur

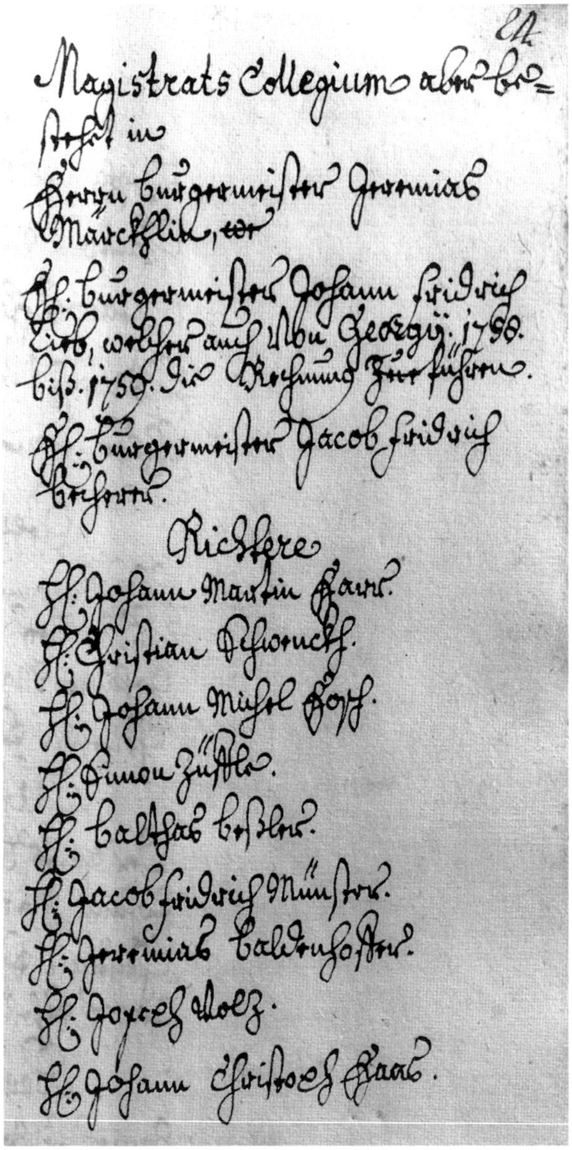

Aufzählung der Bürgermeister und Gerichtsmitglieder 1758–1759

Durchführung herzoglicher Erlasse sowie Auseinandersetzungen mit anderen Kommunen.
Die Mitglieder des Gerichts führten ihr Amt nicht hauptberuflich aus, sondern gingen normalen Berufen nach wie Apotheker, Gastwirte, Chirurgen, Handelsleute, Handwerker o.ä. Die Bürgermeister waren ebenfalls Angehörige des Gerichts und standen hier an erster Stelle.

Der Rat

Alter und Entstehung dieses zweiten städtischen Organs in Württemberg sind noch nicht genau geklärt. Es gibt Vermutungen, daß der Rat um 1450 aus einer Vertretung der Bürgerschaft gegenüber dem Gericht auf Grund von Streitigkeiten zwischen Gericht und Bürgerschaft, hervorgegangen ist.[78] Der Rat als Vertretung der Stadt gegenüber „dem [...] stärker werdenden Stadt- und Landesherrn“ [79] – wenn er diese Funktion wirklich gehabt hat – verlor eine solche jedoch sehr früh wieder. Denn die Mitglieder des Rats wurden in Württemberg schon zu Beginn des 16. Jahrhunderts vom Gericht gewählt und wenn Richterstellen frei wurden, rückten die Ratsmitglieder in diese Stellen auf. Der Rat war damit dem Gericht untergeordnet und wird auch immer nach dem Gericht genannt: „Burgermeister, Gericht und Rat“.
Der Rat beschränkte sich auf besonders wichtige Fragen der städtischen Verwaltung wie z.B. die Ämterersetzung oder die Kornhausverleihung. Auch der Rat bestand aus 9 Ratsmitgliedern, die mit „N.N. des Raths“ angesprochen wurden.
Wie die Auswahl der neuen Mitglieder vonstatten ging, wer für „rats“- und damit auch „gerichtsfähig“ angesehen wurde, ist nicht erkennbar. Jedoch scheinen einige Familien – die sogenannte württembergische Ehrbarkeit – dauerhaft über Generationen hinweg diese Ämter innegehabt zu haben, da Mitglieder bestimmter Familien immer wieder in den Rats- und Richterlisten auftauchen. Der Berufsstand scheint auch eine Rolle gespielt zu haben. Im September 1762 suchte der Oberamtspfleger Johannes Eyth um Stand und Sitz im Rathaus nach. Es wurde „seinem officio convenierten Stand“ gemäß beschlossen, „daß in Zukunft H. Amtspfleger Johannes Eyth, unter dem lezten Gerichtsmembro [...] im Rathscollegio seinen Stand und Sitz haben solle“. Eyth brauchte sich nicht von unten nach oben zu dienen, sondern erhielt gleich einen Rang als erstes Ratsmitglied. Er wurde am 31.7.1770 als Richter in das Stadtgericht berufen und 1776 zum Bürgermeister gewählt.
Gericht und Rat bestanden insgesamt aus 18 Mitgliedern und erhielten im Laufe des 16. Jahrhunderts eine umfassende Bezeichnung: „Magistrat“. Die besondere Stellung der Mitglieder des Magistrats zeigte sich auch im kirchlichen Bereich: ihnen standen in der Kirche besondere Stühle zu. Wesentlicher aber war, daß bürgerliche Vertrauensämter mit Personen aus Gericht und Rat besetzt wurden, wie etwa

das Amt des Bürgerwaldinspektors, Brunnenmeisters oder Vorratspflegers.[80]
Die Ämterersetzung fand in der Regel auf Georgii (23. April) eines Jahres statt, nur wenn durch den Tod eines Rats- oder Gerichtsmitgliedes besondere Ämter vakant wurden, setzten Gericht und Rat eine außerordentliche Neuwahl an.

Bürgermeister in Freudenstadt

Die Spitze des Magistrats bildete das Amt des Bürgermeisters. Dieses vereinigte in Württemberg gleich zwei Aufgabengebiete: das eines Stadtvorstandes und eines Stadtpflegers. Jede Stadt bestellte deshalb mindestens zwei Bürgermeister, einen amtstragenden, der sich auch um die Finanzen kümmerte, den sogenannten „verrechnenden" oder „rechnungsführenden" Bürgermeister und den anderen, den „stellvertretenden" Bürgermeister.[81]
Freudenstadt machte hier eine Ausnahme. Die Stadt hatte zeitweise nicht zwei, sondern vier Bürgermeister. 1603 standen zwei Bürgermeister dem Gericht vor: der Kunstschreiner Konrad Pfäfflin und der Biersieder Endris (Andreas) Eysel.[82] 1605 sind es dagegen schon vier Bürgermeister: David Dreher, Konrad Pfäfflin, Andreas Eissel und Jakob Kronabetter. F. Lutz erklärt diesen Umstand mit „den zwei Bestandteilen der Bürgerschaft, die sich in annähernd gleicher Stärke gegenüberstanden" und denen beiden gleiches Recht zugesprochen werden sollte, damit das Gleichgewicht gehalten würde. Es gab demnach zwei Bürgermeister aus den Reihen der Exulanten und zwei inländische.[83] Diese Regelung scheint – auch wenn diese Voraussetzung nun nicht mehr vorlag – nach dem Dreißigjährigen Krieg beibehalten worden zu sein, denn im Lagerbuch von 1681 werden wieder vier Bürgermeister erwähnt: Balthasar Münster, Georg Falckh, Johann Sebastian Schmid und Matheus Bilger.[84]
Manfred Eimer erklärt diese Entwicklung so, daß es sich um ein „alternierendes", um ein sich zwischen vier Personen abwechselndes Amt gehandelt habe. Je zwei Bürgermeister führten im einem Jahr die Amtsgeschäfte, während die anderen beiden zur Disposition der Stadt standen und mit wichtigen Aufgaben betraut wurden, wozu die amtierenden Bürgermeister allein nicht in Frage kamen (z.B. als besondere Abordnungen nach Stuttgart).[85] Gemeinsame Handlungen der vier Bürgermeister fanden wohl bei Ruggerichten (staatliche Gerichtsverhandlungen unter dem Vorsitz des Vogts) statt.[86]
Anfang des 18. Jahrhunderts erscheinen in den Bürgermeisterrechnungen nurmehr zwei Bürgermeister. Die Stadt scheint sich anderen württembergischen Städten angepaßt zu haben. Erst 1742 änderte sich dieser Zustand wieder. An der Spitze des Magistrats standen nunmehr drei Bürgermeister: Johann Friedrich Lieb, Jeremias Märcklin und Gottfried Wölpper. Dies hatte jedoch besondere Gründe. Das Bürgermeisteramt beinhaltete seit 1618 auch die Vertretung der Stadt bei den Landtagen. Der rechnungsführende Bürgermeister Jeremias Märcklin hatte 1742 diese Aufgabe übernommen und gehörte nun dem Großen Ausschuß des Landtags an. Da er „um seines ordinairen langen ausbleibens willen, die Rechnung nimmer führen" könne [87], bat er um Befreiung von dieser Aufgabe. So wurde ein dritter „rechnungsführender" Bürgermeister anstelle von Jeremias Märcklin gewählt, der seine Aufgaben übernahm: Johann Friedrich Lieb. Dieser Zustand währte nur zwei Jahre. Von 1744–1753 findet man in den Bürgermeisterrechnungen wieder zwei Bürgermeister, wobei Lieb außer 1744 in den folgenden Jahren als rechnungsführender Bürgermeister fungierte. Er führte also die Jahresrechnung und erstattete dem Magistrat in jedem Quartal Bericht. Gewöhnlich wurde unter den Bürgermeistern in den Funktionen abgewechselt. Ein Jahr war der eine Bürgermeister sogenannter „verordneter amtstragender" Bürgermeister, d.h. er führte die Jahresrechnung, war Wortführer der Gemeinde beim Landesherrn, Abgeordneter der Stadt zu den Landtagen und verhandelte mit dem Vogt über die Interessen der Bürger, und der andere Bürgermeister war sein Stellvertreter. Im Jahr danach war es genau umgekehrt.[88] Da Bürgermeister Märcklin besondere Aufgaben bei den Landtagen übernahm, ergab sich daraus eine besondere Aufteilung, und Bürgermeister Lieb führte gegen die Regel mehrere Jahre hintereinander die Rechnung. Als 1759 Bürgermeister Märck-

Das Amt des Bürgermeisters beinhaltete auch die Vertretung der Stadt bei den Landtagen

Bürgermeister und Landtagsabgeordneter Jeremias Märcklin (20.1.1695–9.1.1774)

lin im Amt „resignierte", hatte Freudenstadt noch zusätzlich einen dritten Bürgermeister: Jacob Friedrich Becherer.[89] Wiederum – wie schon 1742 – scheinen sich drei Bürgermeister die Aufgaben geteilt zu haben. Freudenstadt hatte zwar auch nach der Resignation Jeremias Märcklins noch drei Bürgermeister, denn auch ein resignierter Bürgermeister durfte – wenn auch ohne Amtsfunktion – sich zeitlebens als „Bürgermeister" bezeichnen, de facto aber waren wieder nur zwei Bürgermeister im Amt.
Bis zum Ende des 18. Jahrhunderts standen dann meistens zwei Bürgermeister der Stadt vor und wechselten sich auch in der Amtsführung ab. Bei der jährlichen Ämterersetzung im April wurden die Bürgermeister in der Regel in ihrem Amt bestätigt, waren de facto eigentlich auf Lebenszeit gewählt, wenn sie nicht aus bestimmten Gründen zurücktraten[90] oder aus einem schwerwiegenden Grund abgelöst wurden. Das Amt nahm den jeweiligen Inhaber manchmal so in Anspruch, daß er seinen eigentlichen Beruf nicht mehr ausüben konnte. So bat Bürgermeister Münster 1764 um die Vereidigung eines zusätzlichen Chirurgen, da er zu oft abwesend sei.[91]

Die Besoldung der Bürgermeister war auch dementsprechend höher als die der Richter. Sie erhielten 16 Gulden im Jahr und zusätzliche Verehrungen von 30 Kreuzer bei der Ämterersetzung, Kornhausverleihung, Kirchenvisitation und auf Neujahr.[92]

Trotzdem reichte sie nicht aus; sie war eher bescheiden. Am 26.6.1765 baten deshalb die beiden Bürgermeister Becherer und Münster um Erhöhung ihrer Besoldung. Der Magistrat stimmte der Erhöhung zu und verdoppelte die Bürgermeisterbesoldung von 16 fl auf 32 fl.[93]

Immer wieder baten die Bürgermeister auch um Aufwandentschädigungen wegen bestimmter zusätzlich übernommener Aufgaben.1770 z.B. bat Bürgermeister Münster um eine Aufwandsentschädigung wegen seiner Bemühungen um den Bau des neuen Wacht – und Spritzenhauses. Er erhielt zusätzlich 25 Gulden zugesprochen.

Die Wahrung alter Rechte

Der amtstragende Bürgermeister hatte im Rathaus und in der Kirche den Vortritt vor allen anderen Gerichts – und Ratsmitgliedern und auch den Vorsitz im Stadtgericht. 1730 kam es darüber zu einem internen Streit zwischen den Bürgermeistern. Offenbar hatten sich zu Anfang des 18. Jahrhunderts andere Gepflogenheiten eingeschlichen.

Bürgermeister Wölpper berief sich darauf „ daß es allhier Observantia geweßen, daß allzeit der Amtstragende Burgermeister, selbiges Jahr den Vorstand in der Kirch und den Vorsitz auffm Rathauß gehabt habe, mithin [...] alle Jahr alternirt worden seye, welche alte Observanz, dann auch widerum einzuführen wäre [...]"[94] Er beklagte sich, daß „Er bißhero während seines tragenden Burgermeister Amts, niemahlen den Vorstand in der Kirch, und den Vorsiz auffm Rathaus“ begehrt habe, aber wenn er wieder zum amtstragenden Bürgermeister gewählt werden sollte, so hoffe er, daß man zu der „alten Observanz“ zurückkehre.[95] Der zweite Bürgermeister Philipp Jakob Grundler widersprach dieser Forderung. Seit 16 Jahren habe immer der älteste Richter den Vorstand in der Kirche und den Vorsitz auf dem Rathaus innegehabt. „Bey welchen Umbständen dann Er sich nicht resolviren könne, aus seinem bißherigem Stand und Sitz zu tretten [...], sondern wollte lieber das Amt quittiren [...]“[96]

Der eine, Wölpper, wollte sein Amt nicht antreten, bevor ihm nicht Vorstand in der Kirche und Vorsitz auf dem Rathaus zugesichert wurden, der andere, Grundler, nicht darauf verzichten und da der Magistat es nicht erreichen konnte, „durch Zuspruch es dahin zu bringen, daß sie sich mit einander in der guethen vergleichen [...]“[97], beschloß er, in den alten Gerichtsprotokollen und Inventurbüchern nachforschen zu lassen, wie die Stadt früher dieses Problem gehandhabt hatte. Es zeigte sich, „daß unter denen H. Burgermeistern Wößner, Falckh, Schmiden, Münstern, Eißenbeißen und andern mehr [...] des vorsizes auffm Rathauß sowohl bey Gericht als bey theylung alternirt worden, und also wohlgläubl. auch [...] des vorstandes in der Kirche.“[98] In Abwesenheit der beiden Bürgermeister kam der Magistat daraufhin zu der Entscheidung, daß in Zukunft der amtstragende Bürgermeister, „Er mag seyn wer Er will“, den Vorstand in der Kirche und den Vorsitz auf dem Rathaus haben sollte, und daß wieder alternierend zwischen den Bürgermeistern abgewechselt werden sollte.[99]

Die Absetzung des Bürgermeisters Johann Friedrich Lieb

Im April 1761 wurde in Freudenstadt der rechnungsführende Bürgermeister Johann Friedrich Lieb wegen eines fehlenden Rechnungsbetrages in der Jahresabrechnung von 1758/59 angeklagt.[100] Auf herzoglichen Befehl sollte Lieb binnen vier Wochen den fehlenden Restbetrag ersetzen und seiner Ehrenämter enthoben werden. Der Magistrat bot Lieb – aufgrund der Verdienste, die er sich seit 1741 für die Stadt erworben hatte – an, daß dieser zwar auf seine Ämter verzichten sollte, im Gegenzug aber würde sein Sohn Andreas Lieb in das Magistratskollegium gewählt. Johann Friedrich Lieb lehnte dies mit der Begründung ab, daß „Er seinen Rest richtig bezahlen, wegen seiner Entlaßung aber unterthgst. Supplicando einkommen wolle“.[101]

Der Magistrat beschloß, Lieb noch solange im Amt zu belassen, bis der Steuereinzug mit der Einwohnerschaft auf Georgii 1761 abgerechnet sei, um „Confusion“ zu verhindern.

Im Juli 1761 wurde ein Gerichtstermin allein für Bürgermeister Lieb reserviert und die Angelegenheit erneut vor dem Magistratskollegium verhandelt.[102] Aufgrund zweier herzoglicher Befehle war Lieb mitgeteilt worden, daß er seine Ämter aufzugeben habe. Lieb jedoch bat den Magistrat, sein Amt noch ein Jahr ausführen zu dürfen, dann habe er es 25 Jahre innegehabt. Er habe sein Amt „mit Vorsaz und Bosheit niemahlen entweyhet“, und dann würde er dieses, in dem er grau geworden sei, mit Zufriedenheit niederlegen. So gern Gericht und Rat ihm dies aufgrund seiner Verdienste gestattet hätten, so beugten sie sich doch dem herzoglichen Befehl und wiesen Lieb mit seiner Bitte ab. Johann Friedrich Lieb mußte seine Ämter abgeben. Die unkorrekte Rechnungsführung eines Jahres – während fast 25jähriger Tätigkeit – war ihm zum Verhängnis geworden und wurde mit aller landesherrlicher Strenge geahndet.

Er habe sein Amt „mit Vorsaz und Bosheit niemahlen entweyhet“

In der Sitzung von Gericht und Rat am 15.10.1761 wählte der Magistrat Jacob Friedrich Münster zu seinem Nachfolger.

1762 beschäftigte sich das Gericht erneut mit der Sache Lieb. Lieb schuldete der Herrschaft noch 440 Gulden. Diese ließ die Schuld durch den Stadtschreiber Theuß einfordern. Aufgrund eines herzoglichen Befehls sollte Lieb seine Schulden binnen vier Wochen bar bezahlen, eine andere Form der Schuldenabzahlung wurde ihm nicht gestattet.[103]

Warum die herzogliche Regierung in diesem Fall so streng durchgriff, ist nicht ganz ersichtlich, zeigt aber, wie genau die Rechnungsführung eines kommunalen Amtsträgers überwacht wurde.

Tagungsort von Bürgermeister, Gericht und Rat

Ein eigenes für kommunale Zwecke errichtetes Gebäude, ein Rathaus, gab es bis zum Ende des 17. Jahrhunderts in Freudenstadt nicht. Sitzungsort des Magistrats war das Kaufhaus. Dieses „bisher zur Erörterung der gerichtlichen Händel und anderer gemeiner Stadtsachen gebrauchte" Kaufhaus wurde jedoch mehr und mehr für andere Zwecke benutzt, so daß sich die Notwendigkeit eines eigenen Rathauses stellte. Der Bau wurde – in Winkeleckform – in Angriff genommen und war 1670 bezugsfertig.[104]

Die „renitente" Bürgerschaft

Renitenz gegen Bürgermeister und Magistrat

„Das Wirtshaus ist eines der Hauptzentren des geselligen Lebens, viel besucht und häufig genug der Schauplatz spritziger und hitziger Wortgefechte, die unter Umständen zu handfesten Prügeleien ausarten. Der Wein hat es in sich und löst die Zungen, daß sie die hintergründigsten Geheimnisse offenbaren. Mancher sagt mehr, als er verantworten kann [...]"[105] Das Wirtshaus als geselliger Treffpunkt spielte in der frühen Neuzeit eine wichtige Rolle, da es wenig andere Möglichkeiten der Ablenkung vom tristen Arbeitsalltag gab. Dabei äußerte mancher Bürger – vom Alkohol enthemmt – lautstark seinen Ärger über die Stadtobrigkeit. Äußerungen, die dann über Bürgermeister und Magistrat getan wurden, waren einige Tage später nicht selten Gegenstand gerichtlicher Untersuchung.

... im Bierhaus über den Magistrat „geschumpfen" – „auf dem Rathauß seye ein jeder ein Lumpp, Ochß, Esel wie der andere ..."

So auch am 15.7.1773. Zwei Angehörige des Gerichts beschwerten sich darüber, daß Andreas Klaiber im Bierhaus über den Magistrat „geschumpfen" hätte: „auf dem Rathauß seye ein jeder ein Lumpp, Ochß, Esel wie der andere [...]"[106] Andreas Klaiber wurde dazu vernommen und erklärte, daß er „nicht den ganzen Magistrat gescholten, sondern nur magistratische Verfügungen raisonirt" habe. Nach eingehender Zeugenbefragung erhielt Klaiber auf dem nächsten Gerichtstag eine Herrschaftsstrafe von 14 Gulden und mußte dem Magistratskollegium eine Ehrenerklärung abgeben.[107]

Vorfälle wie diesen findet man oft in den Gerichtsprotokollen. In betrunkenem Zustand machte mancher seinem Unmut über die Amtsführung des Stadtmagistrats leichter Luft. Die Strafen dafür fielen unterschiedlich aus, von einer Geldstrafe bis zu Turmstrafen. Jakob Friedrich Haug machte in betrunkenem Zustand, weil er sich über einen für ihn nachteiligen Bescheid in einem Wässerungsstreit ärgerte, zu dem betreffenden Richter die Bemerkung: „Du bist ein Spitzbub [...]", was ihm eine dreimal 24stündige Turmstrafe einbrachte.[108]

Der Hofbauer Ehmann sollte sogar wegen „wiederholter Excesse und Beleidigungen" für vier Wochen auf die Festung Hohenneuffen gebracht werden und zusätzlich vor dem Gericht Abbitte leisten.

Zuerst entzog er sich der Verhaftung durch Flucht, stellte sich aber später und zeigte sich reumütig. Daher wurde seine Festungshaft in eine Herrschaftsstrafe von 21 Gulden umgewandelt.[109] Nicht selten leitete der Magistrat solche Fälle an die nächsthöhere Instanz weiter. Beleidigungen gegen Bürgermeister und Magistrat wurden aber nicht nur in betrunkenem Zustand geäußert. Manchmal kam auch spontaner Ärger hoch. So überlegte Christina Braun laut, wieso der Bürgermeister Münster bei seiner geringen Bürgermeisterbesoldung von 16 Gulden im Jahr in der Lage gewesen sei, beim Besuch des Herzogs der Stadt 500 Gulden schenken zu können. Da gehe etwas nicht mit rechten Dingen zu. Für diese Äußerung erhielt die Frau zwei Tage Zuchthaus. Auch solch harte Strafen scheinen manche Bürger nicht abgeschreckt zu haben, ihren Unmut zu äußern.

Christoph Friedrich Wälde bezichtigte Bürgermeister Becherer der Parteilichkeit im Fronen, erhielt für diese Bemerkung aber nur einen Gulden Herrschaftsstrafe, obwohl der Sachverhalt dem letztgenannten sehr ähnelt. Das Strafmaß für derlei Äußerungen wurde wohl sehr unterschiedlich gehandhabt.

Unmut und Ärger über den Vogt bzw. Oberamtmann

Auch gegen den Vogt richtete sich häufig der öffentliche Unmut. Nicht selten wandten sich

Rathaus, gebaut 1670

Bürgermeister, Gericht und Rat in solchen Fällen um Hilfe an den Herzog, wenn ihnen die schlechte oder vermeintlich schlechte Amtsführung des Vogtes nicht mehr tragbar erschien. 1658 klagten die Stadtvertreter, daß der neuernannte Vogt Samuel Leibfried in Freudenstadt ein „schlecht exemplarisch Leben" führe. Er sei verschiedene Male „voll und doll getrunckhen" gewesen. Mit der Frau des Stadtschreibers, deren Tochter, der verwitweten Frau Pfarrerin zu Blattach und mit der jüngsten Magd des Johann Klötz hätte er Küsse getauscht. Die Stadtschreiberin und die Magd hätten bei ihm geschlafen. In der österlichen Zeit wäre er dermaßen ungebührlich aufgetreten, daß aller „ambtlicher respect nunmehr bey Ihme verlohren gehet". Samuel Leibfried wurde daraufhin seines Postens enthoben, aber – da seine Frau und Kinder unschuldig und durch eine völlige Amtsenthebung auch betroffen gewesen wären – lediglich an einen anderen Ort versetzt.[110] Zusätzlich erhielt er eine Strafe von 46 Gulden 34 Kreuzer.[111] Dies war einer der wenigen Fälle, in denen Bürgermeister und Magistrat mit ihrer Beschwerde Erfolg hatten und ein herzoglicher Beamter, der schon einmal in Neuenstadt als Keller entlassen worden war, wegen seines unschicklichen und unehrenhaften Lebenswandels abgesetzt wurde.

Vogt Leibfried wurde seines Amtes enthoben

Klagen gab es auch im Übermaß gegen den Vogt Johann Friedrich Berblinger. Bürgermeister, Gericht und Rat von Freudenstadt beschwerten sich 1685, daß der Vogt „unverantwortlich und übel" handle und mit den Untertanen genauso übel umgehe. Daraufhin wurde eine Untersuchung durch die Rentkammer in Stuttgart angeordnet. Ein herzoglicher Untersuchungsbeamter überprüfte in Freudenstadt die Vorwürfe der Stadtobrigkeit. Dabei ergab sich, daß der Vogt die Vogt- und Kellereirechnungen ungenügend führte. Ein Fehlbetrag von 239 Gulden wurde beanstandet. Der Vogt solle die Kasse innerhalb von acht Tagen in Ordnung bringen. Er wurde jedoch nicht bestraft, weil er sich auf die Untersuchung nicht hatte vorbereiten können. Der Obervogt zu Nagold wurde angewiesen, den Vogt auf verschiedene Punkte aufmerksam zu machen, die sich bei der Untersuchung ergeben hatten und diesen anzuleiten, sich zu bessern. Unter anderem wurde Berblinger ermahnt, sich nicht so oft zu betrinken und in öffentliche Wirtshäuser zu gehen. Außerdem habe er seine Amtsgeschäfte nicht zu Hause in der Wohnstube zu tätigen. Der Vogt entschuldigte sich damit, daß das Amtshaus am Verfallen sei und nicht eingeheizt werden könne.

Trotzdem wurde ihm bedeutet, er könne im Notfall Amtsgeschäfte auch auf dem Rathaus ausüben. Detailliert wurden ihm seine Amtsverfehlungen vorgehalten. Im Umgang mit der Bürgerschaft sollte er gerechter handeln. Vogt Berblinger erhielt eine Strafe von 3 Gulden, zusätzlich eine weitere Geldstrafe, weil er in einer Gerichtsangelegenheit Gerichtsgeld gefordert hatte, obwohl Gericht und Rat nicht eigens wegen dieser Sache zusammengekommen waren. Der zweite Bürgermeister Falckh erhielt – weil er dies geduldet hatte – einen Verweis.[112] Es war dies nicht das erstemal, daß Berblinger auffiel. 1681 hatte er Anlaß zum Ärger gegeben, als er in Freudenstadt gegenüber einem Abgesandten des Straßburger Magistrats äußerst ausfallend geworden war.

Dabei erging er sich in Beschimpfungen gegenüber dem Straßburger Magistrat. Nach der anschließenden herrschaftlichen Untersuchung erhielt er eine empfindliche Strafe von 100 Reichthalern und mußte ein Entschuldigungsschreiben nach Straßburg schicken. Es wurde ihm unter Androhung ungnädiger Entlassung befohlen, sich gegen jedermann bescheidener zu verhalten und zu keiner Klage mehr Anlaß zu geben.[113] In diesem Fall war die Stadt Freudenstadt nicht so erfolgreich. Der Vogt wurde zwar bestraft, durfte aber bleiben.

Insgesamt gesehen gab es für die Freudenstädter öfter Anlaß, sich über ihren herzoglichen Beamten zu ärgern. Die jährlichen Kirchenvisitationsberichte enthielten auch Beurteilungen über die jeweiligen Vögte. Dem Vogt Theodor Hock wurde darin ein weniger gutes Zeugnis ausgestellt: 1708 kann man lesen: „Magistrat und Ministerium sagen, Er sey negligens [nachlässig] im officio: Sein Weib komme unfleissig zur Kirch [...]. Vogt entschuldigt sich, Er thue das Seinige, Magistrat gehe ihme selber nicht zue Hand."[114] Es waren dies derselbe Vogt und Magistrat, die 1707 einen Tumult Freudenstädter Bürger auf dem Rathaus ausgelöst hatten. Den Nachfolgern wurde ein besseres Zeugnis ausgestellt.[115]

„Er sey negligens im officio ..."

Tumult auf dem Rathaus

Aus dem Jahre 1707 hat sich im Haupstaatsarchiv Stuttgart ein Aktenbestand erhalten, in dem die von einigen Bürgern zu Freudenstadt gezeigte „große Renitenz" bemängelt wird.[116] Vogt und Magistrat hatten die Bürgerschaft wegen Bekanntmachung herzoglicher Reskripte auf das Rathaus kommen lassen. Dort sei dann ein Tumult ausgebrochen. Auslösender Grund des Tumultes war der Streit um Wein, den junge Bürger und Schäufler aus dem Bühlertal hatten einführen lassen, der ihnen aber wieder abgenommen worden war, da die Einfuhr ohne herrschaftliche Erlaubnis geschehen sei. Die Bürger behaupteten, man habe vor der Einfuhr die Richter informiert und sie gebeten, diese Erlaubnis einzuholen, was versäumt worden war. „Sie könnten keine Steuern mehr geben, wann ihnen der Handel und Wandel gesperrt seye [...]". Ein Bürger, Konstantin Röhrbox, beschwerte sich über den Magistrat. Als letzterer deswegen anordnete, Röhrbox in den Turm zu bringen, leisteten ihm andere Bürger Beistand. Dabei hätten sie nach Darstellung des Magistrats erklärt, schon lange vorzuhaben „sie [Vogt und Magistrat] [...] bey den Köpfen zu nehmen; oder wohl gar über das Rathaus hinunterzustürzen." Der Sattler Röhrbox hätte etliche Stunden zuvor geäußert, „die Richter seyen lauter jaherren und nichtsnutze leute, man sollte Sie alle abschaffen und andere erwehlen." Vogt, Bürgermeister und Gericht baten daraufhin, diese „widerspenstigen burger" zu „gebührender Straffe zu ziehen". Der Vogt von Calw wurde mit der Untersuchung des Falles betraut. Für ein Komplott gegen Vogt und Magistrat konnte er keine Beweise finden. Vielmehr beklagte er die Differenzen, die es zwischen dem Spezial und dem Vogt gebe, und die Machenschaften unter den Richtern. Der eigentliche Grund des Tumultes sei aber die Konfiszierung ausländischen Weins bei einigen Bürgern durch die Stadt gewesen, während Stadtschreiber Kramer und Bürgermeister Stöffler unbeanstandet 10 Eimer (ca. 2670 l) Wein für sich hereingeschafft hätten, indem sie sich eine herzogliche Konzession beschafft hätten. Er empfahl keine harten Strafen, jedoch eine „empfindliche andung", um solchen Tumult zukünftig zu vermeiden. Die beiden „Rädelsführer" Friedrich Trück und Konstantin Röhrbox erhielten sechs bzw. vier Wochen Haft im Zuchthaus in Ludwigsburg und eine Geldstrafe.

Andreas Uhl und Daniel Blaßer mußten jeder 14 Gulden Strafe bezahlen. Da sie dazu nicht imstande waren, erhielten sie eine vierzehntägige Turmstrafe. Drei weitere Teilnehmer zahlten 6 Gulden 30 Kreuzer und sechs Bürger wurden zu 3 Gulden 15 Kreuzern Geldstrafe verurteilt. Alle aber hatten den Richtern Abbitte zu leisten. Bürgermeister Stöffler und Stadtschreiber Kramer erhielten ebenfalls wegen Mißbrauch zweier herzoglicher Konzessionen eine Geldstrafe von je 6 Gulden 30 Kreuzer.

Zu Beginn des 18. Jahrhunderts sahen sich die Freudenstädter Bürger von ihrer Obrigkeit nicht in dem Maße vertreten, wie sie sich dies wünschten. Offensichtliche Fälle von Amtsmißbrauch sind durchaus vorgekommen. Der Aufstand einiger Bürger wurde hart bestraft, während die Angehörigen des Magistrats weithin unbehelligt blieben. Solche Bürgerunruhen gab es in zahlreichen Land- wie Reichsstädten. Sie zeigen das Konfliktpotential innerhalb der altständischen Gesellschaft im letzten Jahrhundert des alten Deutschen Reiches. Die Konflikte wurden jedoch im Rahmen der vorgegebenen Ordnung ausgetragen und führten bis zum Ende des Jahrhunderts nicht zu wirklichen revolutionären Äußerungen.[117] In den meisten Fällen konnte die Obrigkeit wie in Freudenstadt sich durch partielles Nachgeben und mit teilweise gravierenden Strafen gegen die aufbegehrenden Bürger durchsetzen.

So auch gegen Ende des 18.Jahrhunderts. Am 5.September 1789 trafen sich der Schuhmacher Christoph Ludwig Schwarz, sein Bruder und der Richter Johann Friedrich Dudler in der Branntweinstube des Bäckers Habisrittinger. Dabei seien Äußerungen gefallen wie „ [...] man habe erst vor zwei Jahren das StatWälldlen nidergehauen, und es wiße kein mensch wo das Geldt hinkomme: inngleichem man ziehe AllmosenGeldt von der Bürgerschaft ein, man ziehe auch alle Jahr den freyen Zäpfzinß und Kaminfegerlohn ein, und kein Teufel wiße, wo das Geld hinkomme [...] der ganze Richter auf dem Rathaus seye verbannt und verdammt, es müße nur noch bey ihnen heißen, den Kopf hinweg."[118]

Diese Äußerungen des Schuhmachers Schwarz wurden durch den Richter Dudler dem Magistrat zugetragen, der deshalb eine Untersuchung anstrengte. Diese ergab, daß innerhalb der Bürgerschaft Versammlungen vorbereitet worden waren „zum Zweck einer Eingabe an den Magistrat wegen eines Vogtgerichts".[119]

Beschwerden einer unzufriedenen Bürgerschaft

Es waren wohl seit Ende August drei Wochen lang zahlreiche Diskussionen über Stadtangelegenheiten geführt, Deputationen nach Stadtvierteln aufgestellt und Beschwerdepunkte gesammelt worden. Am 24. September sollte die Übergabe der Beschwerdeliste und die Vereidigung von Neubürgern stattfinden. Im Beisein der Bürgermeister Eyth und Glauner sowie von 14 Rats- und Gerichtsmitgliedern wurden 39 Neubürger vereidigt. Daraufhin brachten die Deputierten der unzufriedenen Bürger ihre Beschwerden vor. Unter anderem forderten sie Befreiung von den Torwachen, da die Stadt unbefestigt sei; Reduzierung der Bürgersteuer auf einen Gulden; Arme sollten das Almosengeld selber bei den Bürgern einholen, nicht mehr der Magistrat; drei Lehrer an der deutschen Schule seien zu teuer; Vermietung des Wachthauses, da es zu hohe Reparaturkosten verursache; Sammeln von Wildstämmen im Bürgerwald sollte erlaubt sein, ohne eine Strafe befürchten zu müssen; Bürger forderten, das Holz gemeinsam ziehen zu dürfen, damit sich der Stammzins vermindere; die Bürgerschaft verlangte, das Lagerbuch einsehen zu dürfen, um selbst eine Kenntnis ihrer Rechte und Lasten zu haben.

Es waren keine unerfüllbaren Forderungen, die die Freudenstädter Bürger stellten. Der Oberforstamtmann von Weitershausen setzte die von der Bevölkerung monierten Einschränkungen sofort außer Kraft. Ein Teilerfolg war errungen. Die rein pragmatischen Forderungen der Freudenstädter waren wirtschaftlich begründet und schienen auch erfüllbar zu sein. Selbst die Einsicht in das Lagerbuch wurde ihnen von Oberamtmann Gentner versprochen.

Am 30. September 1789 wurde den Bürgern jedoch eröffnet, man wolle ihnen lediglich aus dem Lagerbuch, „was für den Verstand der Bürgerschaft nötig sei, einen Extrakt vorlegen".[120] Darauf entstand ein Tumult, an dem mehrere Personen beteiligt waren, u.a. auch Johannes Wurster, der gegenüber dem Oberamtmann und dem Magistrat schon öfter negativ aufgefallen war.

Schließlich legte Oberamtmann Gentner am 2. Oktober 1789 den Deputierten der Stadtviertel das Lagerbuch und das Kellereibuch zur Einsicht vor, meldete die Angelegenheit jedoch nach Stuttgart. Der Oberamtmann von Calw wurde mit der Untersuchung der ganzen Angelegenheit beauftragt und traf – zusammen mit 30 Husaren – am 13.Oktober 1789 in Freudenstadt ein. Letztere sollten in Freudenstadt, Hornberg und St. Georgen für die nötige Ruhe sorgen. Die Vorkommnisse wurden als Tumult und nicht als aufrührerische Umtriebe eingestuft, was sie letztendlich ja auch nicht waren. Unter den 23 Deputierten wurden sechs hauptbeteiligte Schuldige ermittelt. Diese wurden empfindlich bestraft.

Die Hauptbeteiligten erwarteten Strafen von bis zu sechs Monaten Festungshaft, Zuchthaus- oder Turmstrafen. Jedoch auch das Verhalten des Oberamtmanns blieb nicht unbeanstandet. Er habe die Publikation der Bürgermeisterrechnungen unterlassen und dadurch das Vertrauen der Bürger verloren. Bei dem wegen der Herausgabe des Lagerbuches enstandenen Tumult hätte er sich furchtsam gezeigt, wodurch die Verursacher des Tumults noch fordernder geworden. Die Versetzung des Oberamtmanns wurde empfohlen, scheint aber nicht durchgeführt worden zu sein, da Gentner dieses Amt noch 1792 bekleidete. Erst zu diesem Zeitpunkt wurde er nach Backnang versetzt.[121]

Die Freudenstädter Bürger orientierten sich in ihren Forderungen sicher nicht an ihren französischen Nachbarn. Wie schon einmal (1707) waren ihre Anliegen pragmatisch wirtschaftlicher Natur, um Unerträglichkeiten des täglichen Lebens zu beseitigen. Landesherrliche Strenge beendete den „Aufstand". Bis zum Ende des 18. Jahrhunderts finden sich keine Aufzeichnungen ähnlicher Vorkommnisse mehr in den Gerichtsprotokollen des Freudenstädter Magistrats.

Anmerkungen:

1. J. Baldenhofer, Kurze Beschreibung der Stadt Freudenstadt 1671; Abschrift von Dr.Seybold (1936), S.12.
2. Vgl. M. Eimer, Geschichte der Stadt Freudenstadt. Freudenstadt 1937, S.46f.; F.Lutz, Die Beamten in St. Christophstal, in: DG v. 20.11.1926.
3. W. Grube, Vogteien, Ämter, Landkreise in der Geschichte Südwestdeutschlands, 2. Aufl. Stuttgart 1960, Bd. 1. S. 18–41.
4. R. Seigel, Gericht und Rat in Tübingen. Von den Anfängen bis zur Einführung der Gemeindeverfassung 1818–1822 (= Veröffentlichungen der Kommission für geschichtliche Landeskunde in Baden-Württemberg B 13), Stuttgart 1960, S. 18f.
5. Vgl. F. Lutz, Vogt und Keller, in: DG 13.11.1926, S.17.
6. Ebd.
7. W. Pfeilsticker, Neues Württembergisches Dienerbuch Bd.2, Stuttgart 1963, § 2328, 2329.
8. R. Seigel, Gericht und Rat in Tübingen, S.19.
9. A. Dehlinger, Württembergs Staatswesen in seiner geschichtlichen Entwicklung bis heute, Bd. 1, Stuttgart 1951, S. 97f.
10. Vgl. M. Eimer, Geschichte der Stadt Freudenstadt, S.48; F. Lutz, Vogt und Keller, in: DG v. 13.11.1926, S.16f.; Th. Knapp, Neue Beiträge zur Rechts-und Wirtschaftsgeschichte des württembergischen Bauernstandes Bd.1, Aalen 1964 (Neudr. d. Ausgabe Tübingen 1919), S. 21.
11. R. Seigel, S.19.
12. M. Eimer, Geschichte der Stadt Freudenstadt, S. 45.
13. R. Seigel, S. 20.
14. Ders., S. 21.
15. M. Eimer, Geschichte der Stadt Freudenstadt, S.48f.; M. Eimer, Aus Alt-Freudenstadt. Ausgewählte Schilderungen, Freudenstadt 1922, S.21.
16. R. Seigel, Gericht und Rat, S.21.
17. HSTAS A 249 Bü 747.
18. F.Lutz, Die herzoglichen Beamten und der Adel, in: DG v.6.11.1926.
19. Th. Knapp, Neue Beiträge Bd.1, S. 31f.
20. Ebd.
21. StadtA FDS Handschriftliche Anmerkungen von A. Nestle zu M. Eimer, Geschichte der Stadt Freudenstadt, S.89–93.
22. HSTAS A 206 Bü 1887.
23. Ebd.
24. vgl. A. Dehlinger, Württembergs Staatswesen Bd. 1, Stuttgart 1951, S.95f.
25. M. Eimer, Aus Alt-Freudenstadt, S.23.
26. HSTAS A 213 Bü 8503.
27. Vgl. HSTAS A 213 Bü 8503.
28. HSTAS A 281 Bü 366 Kirchenvisitationsakten vom 25.5.1742.
29. Ebd. Kirchenvisitationsakten vom 13.7.1744.
30. StadtA FDS FA 2.2.
31. F. Lutz, Die Stadt als bürgerliches Gemeinwesen, in: DG 290 v. 11.12.1926.
32. Ebd.
33. Ebd.
34. StadtA FDS Kellerei-Lagerbuch 1681. Abschrift von 1823.
35. StadtA FDS FA VII.1
36. Ebd.
37. F. Lutz, DG 290 v.11.12.1926.
38. StadtA FDS FA VI.2

39. M. Eimer, Aus Alt-Freudenstadt, S.132; s.a.StadtA FDS Gerichtsprotokolle 1758–1801.
40. StadtA FDS Bürgermeisterrechnung v. 1759/60.
41. S. Jenisch, „Alle häußliche und Weiber Arbeit" Frauenarbeit im Herzogtum Württemberg zwischen Dreißigjährigem Krieg und beginnender Industrialisierung, in: Heimlich, still und fleißig? Frauenarbeit in der Region Stuttgart seit dem 18. Jahrhundert, Tübingen 1995, S. 29.
42. StadtA FDS Gerichtsprotokoll 29.3.1759.
43. StadtA FDS Gerichtsprotokoll 5.5.1801.
44. StadtA FDS Gerichtsprotokoll 15.10.1761, 3.11.1761 u. 1.4.1762.
45. StadtA FDS Gerichtsprotokoll 7.4.1796.
46. StadtA FDS FA VI.2d.
47. StadtA FDS Gerichtsprotokoll 7.5.1761.
48. G. Heid, Freudenstadt und Umgebung, S.43; StadtA FDS Gerichtsprotokolle 1758–1801; StadtA FDS Bürgermeisterrechnungen.
49. StadtA FDS Handschriftlicher Zusatz von A. Nestle zu M. Eimer, Geschichte der Stadt Freudenstadt, S.162. Er bezieht sich hier auf Akten aus dem Staatsarchiv Ludwigsburg.
50. Th. Knapp, Neue Beiträge Bd.1, S.94; G. Heid, S.43; StadtA FDS Bürgermeisterrechnungen.
51. StadtA FDS Gerichtsprotokoll 15.5.1782.
52. M. Eimer, Geschichte der Stadt Freudenstadt, S.205; StadtA FDS Gerichtsprotokolle.
53. Vgl. hierzu auch F. Lutz, Die Stadt als bürgerliches Gemeinwesen, in: DG Nr. 306 v. 31.12.1926 und DG Nr.5 v.8.1.1927.
54. M.Eimer, Geschichte der Stadt Freudenstadt, S.112.
55. H. Rommel, 1667, ein entscheidendes Jahr für Freudenstadt (I), in: FH Bd.10, Nr.15 (1968); ders., 1667, ein entscheidendes Jahr für Freudenstadt (II), in: FH Bd.10, Nr.17 (1968).
57. Herzog Carl Eugen reiste 1770 durch den Kreis, in: FH Bd.9, Nr.5 (1977).
58. Innerhalb der historischen Demographie besteht weitgehend Einigkeit, daß die Zahl der Steuerpflichtigen mit 4,5 multipliziert werden muß, um die Einwohnerzahl zu erhalten.
59. M. Eimer, Aus Alt-Freudenstadt, S.6.
60. Bürgerlisten HSTAS A 343 Bü 6 und StadtA FDS FA VII.1.
61. M. Eimer, Aus Alt-Freudenstadt, S.6.
62. HSTAS A 281 Bü 366 Kirchenvisitationen 1676–1703.
63. HSTAS A 281 Bü 366 Kirchenvisitationen 1708–1804.
64. HSTAS A 281 Bü 366 Kirchenvisitationen 1763–1810.
65. J. Baldenhofer; G. Heid, S. 119.
66. HSTAS A343 FDS W Bü 6 Nr. 7.
67. J. Bitzer, Aus der Geschichte Freudenstadts, in: DG 210 (1931), S. 4.
68. Alle weiteren Angaben aus HSTAS A 281 Bü 366, Kirchenvisistationsakten 1676–1804.
69. M. Eimer, Geschichte der Stadt Freudenstadt, S.206.
70. F. Lutz, Die Stadt als bürgerliches Gemeinwesen, in: DG 296 v. 18.12.1926.
71. Ebd.
72. R. Seigel, S.11.
73. F. Lutz, Die Stadt als bürgerliches Gemeinwesen.
74. Vgl. StadtA FDS Gerichtsprotokolle und Bürgermeisterrechnungen.
75. M. Eimer, Geschichte der Stadt der Stadt Freudenstadt, S.207.
76. Vgl. StadtA FDS Gerichtsprotokolle 1758–1801; M. Eimer, Geschichte der Stadt Freudenstadt, S.51.
77. StadtA FDS Gerichtsprotokoll 5.11.1774.
78. R. Seigel, S.12.
79. Ders., S.12.
80. M. Eimer, Aus Alt-Freudenstadt, S.24.
81. M. Eimer, Aus Alt-Freudenstadt, S.23/24.
82. M. Eimer, Aus Alt-Freudenstadt, S.23/24.
83. F. Lutz, Die Stadt als bürgerliches Gemeinwesen.
84. StadtA FDS Kellerei-Lagerbuch v. 1681, S.13.
85. M. Eimer, Geschichte der Stadt Freudenstadt, S.51f.
86. Ebd.
87. StadtA FDS Bürgermeisterrechnung 1741/42.
88. M. Eimer, Aus Alt-Freudenstadt, S.23/24.
89. StadtA FDS Bürgermeisterrechnung v. 1759/60.
90. 1797 baten die Bürgermeister Glauner und Umhofer um ihre Entlassung, weil sie sich, bedingt durch die wirtschaftlich schlechten Zeiten, nicht mehr in der Lage sahen ihr Amt adäquat auszuführen. (StadtA FDS Gerichtsprotokolle 5.8.1797 u. 22.4.1799).
91. StadtA FDS Gerichtsprotokoll 24.1.1764.
92. StadtA FDS Bürgermeisterrechnungen 1715/16–1759/60; M. Eimer, Geschichte der Stadt Freudenstadt, S. 206.
93. StadtA FDS Gerichtsprotokoll 26.6.1765.
94. StadtA FDS Gerichtsprotokoll 27.5.1730.
95. Ebd.
96. Ebd.
97. Ebd.
98. Ebd.
99. Ebd.
100. StadtA FDS Gerichtsprotokoll 23.4.1761.
101. Ebd.
102. StadtA FDS Gerichtsprotokoll 27.7.1761.
103. StadtA FDS Gerichtsprotokoll 10.6.1762.
104. H.Rommel, 1667, ein entscheidendes Jahr für Freudenstadt (I), in: FH BD.X, Nr.15 (1968), S.118f.
105. J. Kuczynski, Geschichte des Alltags des Deutschen Volkes: 1600 bis 1945, Bd.1 (1983), S.276.
106. StadtA FDS Gerichtsprotokoll 15.7.1773.
107. StadtA FDS Gerichtsprotokoll 12.8.1773.
108. StadtA FDS Gerichtsprotokoll 5.5.1801.
109. StadtA FDS Gerichtsprotokoll 1.2.1763.
110. Leibfried war bis 1646 Stadt – und Amtsschreiber in Brackenheim. Danach wurde er Keller in Neuenstadt am Kocher bis 1756, anschließend war er Untervogt in Freudenstadt. Eine weitere Verwendung war nicht zu ermitteln (Walther Pfeilsticker, Neues württembergisches Dienerbuch, Bd.2 u.3., Stuttgart 1963–1974, § 2262, 2529, 2334, 2672).
111. HSTAS A 206 Bü 1882.
112. HSTAS A 206 Bü 1894.
113. HSTAS A 206 Bü 1890.
114. HSTAS A 281 Bü 366.
115. HSTAS A 281 Bü 366.
116. Vgl. HSTAS A 206 Bü 1904.
117. F. Quarthal, Verfassung und Verwaltung in südwestdeutschen Städten der Frühen Neuzeit, in: Michael Stolleis (Hrsg.), Recht, Verfassung und Verwaltung in der frühneuzeitlichen Stadt (= Städteforschung A 31), Köln-Wien 1991, S. 217-240, hier S. 223-228; allgemein K. Gerteis, Die deutschen Städte in der frühen Neuzeit. Zur Vorgeschichte der 'bürgerlichen Welt', Darmstadt 1986.
118. Ute Goelz, Zügelloses Raisonnement und andere ernsthafte Übungen zu einer Revolution. In: A.Kuhn (Hrsg.), Volksunruhen in Württemberg 1789–1801. Aufklärung und Revolution. Beiträge zur Geschichte des bürgerlichen Zeitalters Bd.2, Stuttgart-Bad Cannstatt 1991, S.46–81.
119. Z.f.vgl. Ebd.
120. Ebd., S.71
121. Ebd.

„Ob mir zwar bey meinem Antritt das Ambt schwehr worden“

Geistliches und schulisches Leben in Freudenstadt

Susanne Quarthal

Eine „außbündig schöne Kirchen“: Die Stadtkirche

„Es hat eine ehrsame Knappschaft aus St. Christophstal erstlich das Fundament gesucht und einen Felsen gefunden, da dann der Stifter dieser Stadt, der Durchläuchtige Hochgeborne Fürst und Herr, Herr Friederich, Herzog zu Württemberg und Teck, Graf zu Mömpelgard, Herr zu Heidenheim, Hochseligster Gedächtnis aus dem löblichen Bergwerk einen schönen Grund- und Handstein mit üblichen Ceremonien in eigner Person am Eck beim untern Turm geleget.“[1]

Grundsteinlegung – Silbererz als Symbol des Leibes Christi ...

Was der Freudenstädter Stadtpfarrer Jeremias Baldenhofer hier schildert, war die Grundsteinlegung der Stadtkirche in Freudenstadt am 2. Mai 1601. Bergleute aus St. Christophstal setzten als Eckstein eine schöne Silbererzstufe am unteren Turm ein.

Die Lage der Kirche

In den meisten Städten bildet die Kirche den baulichen Mittelpunkt des Siedlungskerns. Nicht so in Freudenstadt. Da auf dem großen Marktplatz das herzogliche Schloß gebaut werden sollte, mußte die Kirche an anderer Stelle errichtet werden. Man entschloß sich, diese an einer der vier Ecken des Marktplatzes zu errichten, und wählte aus praktischen Gründen die Ecke, welche den herrschaftlichen Werken im Tal am nächsten lag. Der berühmte herzogliche Architekt Heinrich Schickhardt aus Herrenberg entwarf eine Kirche, die nicht der sonst üblichen Anordnung von Turm, Schiff und Chor folgte, sondern übers Eck gebaut werden sollte, eine Kirche in Winkelhakenform – auch heutzutage noch eine Seltenheit – an deren Stirnseiten Schickhardt je einen Turm, vom Viereck ins Achteck übergehend, plante.[2]

Eine Kirche in Winkelhakenform – ein seltenes Bauwerk

Baugeschichte

Am 2. Mai 1601 erfolgte die Grundsteinlegung durch Herzog Friedrich. Zwei Jahre später waren der untere Turm und wohl auch die beiden Kirchenschiffe im Rohbau fertig. Die Bauarbeiten dauerten bis Ende des Jahres 1608, hauptsächlich geleitet von Baumeister Elias Gunzenhäuser nach den Plänen Schickhardts, da dieser oft auswärts beschäftigt war.[3] Ende 1608 hatte man den Kirchenraum des Westschiffes fertiggestellt. Am 9. Mai 1608 wurde das erste Kind, Jakob Wetzel, hier getauft. Allerdings war der Gesamtbau noch nicht fertig. Erst 1613/15 wurden die Bauarbeiten abgeschlossen. Wahrscheinlich hat Pfarrer Andreas Veringer seine Abschiedspredigt: „Ein christliche Predig von der newerbawten Kirchen zur Frewdenstatt“ am 1. Mai 1608 in der neuen Kirche gehalten, eine feierliche Einweihung aber fand nicht statt. Der Herrenberger Dekan Brenz hat nachträglich die Kanzel der Kirche am 29. Januar 1614 offiziell mit einer Predigt ihrer Bestimmung übergeben.[4]
Unter der Kirche wurde bei Grabungsarbeiten im Februar 1963 außer Grablegen eine Entwässerungsanlage – wohl die einzige sich unter einer Kirche befindliche – gefunden. Sie leistete wohl in der Zeit gute Dienste, solange noch Gärten in der Nähe lagen. Auf jeden Fall zeigt sie, wie wohlüberlegt man an den Bau der Kirche herangegangen ist.[5]

Das Äußere der Kirche

Das Äußere der Kirche war verhältnismäßig schlicht und einfach. Überall mischten sich gotische Formen mit denen der Renaissance.
Die Fenster wurden spitzbogig gebaut und hatten Maßwerkfüllungen, wie die Umgänge der

Türme. Die Türme wurden aus einem Vierkanter ins Achteck übergeführt. Die Portale, die ins Innere führten, waren z.T. auch spitzbogig, nur zwei schöne toskanische Säulenportale zeigten die Formen der Renaissance. Über allen Portalen befanden sich Reliefs aus grünlichem Sandstein, die Szenen aus dem Alten und Neuen Testament darstellten.[6]

Das Innere der Kirche

Das Besondere der Kirche waren die beiden über Eck gebauten Flügel. In vielen Beschreibungen wird nicht unerwähnt gelassen, daß es sich hierbei um ein Männer- und um ein Frauenschiff handelte, die beiden Geschlechter also getrennt saßen, so daß beide den Prediger auf der Kanzel sehen konnten, nicht aber sich gegenseitig.
Dies waren jedoch offensichtlich nicht die Intentionen Schickhardts, als er die Kirche plante. Er wollte sicher die gewohnte Einteilung beibehalten,[7] auch wenn der Stadtpfarrer und erste Dekan Johann Gerhard Ramsler in seiner Lebensbeschreibung berichtet: „Die Cantzel stehet im mittleren WinckelEck, und hat Pastor aller Auditorum Gesicht vor ihm, das Männer- und WeiberVolck aber können einander ins Gesicht nicht faßen."[8]
Eigentlicher Kirchenraum war der westliche Flügel, auf den der Altar zugerichtet war. Darüber erhob sich die Hauptempore mit den Stühlen der Bergleute. Das andere Schiff hatte als eine Art Abschluß eine mächtige Hängeorgel. Ihr gegenüber befand sich ein Erker mit den Stühlen für die Beamten (ursprünglich für den Herzog und ranggleiche Personen gedacht). Die Lage des Taufsteins in der Mitte des Schiffes zeigte deutlich, daß der linke Flügel mehr ein kirchlicher Nebenraum war.[9] Wegen der anwachsenden Bevölkerungszahlen im 19. Jahrhundert, versah man – nachdem man die Hängeorgel abgenommen hatte – das linke Schiff zunehmend mit Stühlen. So wurde es schließlich zum „Männerschiff".
Die Ausmalung der Kirche gefertigt zwischen September 1605 und April 1608 war ungemein aufwendig."Nach dem Übereifer der ersten Jahrzehnte nach der Reformation zeigte sich vielerorts im Lande wieder der Wunsch nach einer malerischen Ausschmückung der Kirchen. Der einflußreiche und bedeutende württembergische Theologe Johann Valentin Andreae trat nachdrücklich für biblische Bilder in den Kirchen ein, denen er eine wichtige pädagogische Bedeutung beimaß."[10] Jakob Züberlin und nach dessen Tod 1607 Apelles Schickhardt führten die Arbeiten aus. U.a. wurden die Rippen am Gewölbe und unterhalb der Emporen, das fürstliche Wappen, die Wappenschilde an der Decke sowie die Reliefs und Figuren an den Emporen meisterhaft farbig ausgemalt und vergoldet. Auch um Fenster und Türen befanden sich dekorative Umrahmungen.[11]
Ende des 18. Jahrhunderts wurden die Wandmalereien im Zuge von Sanierungssarbeiten, und dem Zeitgeist entsprechend übertüncht. Ende des 19. Jahrhunderts versuchte man diese Malereien, die bei erneuten Sanierungsarbeiten wiederum zum Vorschein kamen, zu erhalten und zu rekonstruieren. Im Herbst 1899 erstrahlte die Stadtkirche wieder in altem Glanz.[12]

Sanierungsarbeiten in der Stadtkirche zum 300jährigen Jubiläum

Die Kunstwerke der Stadtkirche

Die Stuckreliefs an den Emporenbrüstungen

An den Emporenbrüstungen waren 26 Stuckreliefs angebracht. Gestalten von Propheten und Patriarchen, weiss in gold gehalten, in halber Lebensgröße, teilten die Länge des Frieses in 26 Felder, ausgefüllt durch reich bemalte biblische Reliefs. Diese stellten Szenen aus dem Neuen Testament dar mit den dazugehörigen Vorbildern aus dem Alten Testament, so z.B. Schöpfungsgeschichte und Verkündigung oder Sündenfall und Christi Geburt. Dazwischen befanden sich Figuren der 10 Pariarchen und 16 Propheten. Ausgeführt wurden die Arbeiten von dem Stukkateur Gerhard Schmidt und seinen Mitarbeitern.[13]

Die Wappendecke

Einen prächtigen künstlerischen Schmuck stellte die Decke der Stadtkirche dar. Sie war ein wunderschönes Netzgewölbe aus Holz, blau und schwarzbraun bemalt mit einer reichen Ver-

Die Stadtkirche

Das Äussere der Kirche.

Herzog Friedrich I. und sein Sohn Johann Friedrich ließen die Freudenstädter Stadtkirche, von den Zeitgenossen als „Die schöne Kirch" bezeichnet, durch Künstler im Stil der Renaissance ausstatten.

Die Stadtkirche: Das Innere.

Portal der Freudenstädter Stadtkirche

Orgelbaumeister Konrad Schott.

goldung. Alle Durchschneidungspunkte waren mit imsgesamt 141 Wappen geschmückt. Im Zentrum der großen Diagonalen, in welcher sich die beiden Schiffe trafen, stand das württembergische Hauswappen. Um dieses gruppierten sich Wappen einer ganzen Anzahl benachbarter und verwandter Fürstengeschlechter. Daran schlossen sich Wappen der württembergischen Städte und Klosterämter an. Fürstengeschlecht und Land sollten damit umschrieben werden und in der Sprache der Heraldik soll die Freudenstädter Decke wohl nichts anderes ausdrücken, als „Haus und Herrschaft Wirtemberg".[14]

Die Wappendecke der Stadtkirche war die Darstellung von „Haus und Herrschaft Wirtemberg"

Die Kanzel

Wir „sehen auch in diesem Newerbawten Gotteshauß in dem obern Eck einen ausbündig schönen Predigtstuol"[15], „der da mitten in dem Winckelhacken stehet. Und kan der Prediger von dieser Cantzel alle seine Zuhörer sehen. Sie könden auch ihne den Prediger sehen. Aber unter sich könden die Zuhörer nicht alle einander sehen." Die Kanzel, die sich nach der Schilderung Pfarrer Veringers an zentraler Stelle in der Ecke der Kirche befand, und ihr Aufgang waren reich geschmückt. Überall brachte man bunt bemalte Stuckreliefs an, von barocken Voluten und anderen Ornamenten umrankt. Der Kanzelkorb, mit Reliefbildern von Moses und Johannes d.T., wurde von einem Engel getragen. Die Treppe zeigte die vier Evangelisten. Die Arbeiten führte wiederum Gerhard Schmidt aus. Der Kanzeldeckel, auf dem Jesus dargestellt war, wie er die Schlange zertritt, wurde von dem Bild- und Kalkschneider Peter Mayer geschaffen.[16]

Die Hängeorgel von Konrad Schott

Man nannte die Orgel ein „Wunderwerk". Zum einen weil sie von dem blinden Orgelbauer Konrad Schott angefertigt worden war und zum anderen, weil sie unter der Decke zu schweben schien, von zwei unsichtbaren Eisenstangen gehalten. Zusätzlich war sie noch besonders schön ausgestaltet. Ihren Fuß schmückten farbig bemalte Stuckfiguren, die zusammen mit Gestalten weiter oben einen Musik- und Instrumentalchor bildeten. Darunter konnte man David mit der Harfe sehen, Simson und Miriam, Werke der Maler Georg Donauer und Hans Jakob Spiegler. Auf der ebenfalls verzierten Empore befand sich das Orgelwerk mit 6–8 Registern, geschmückt mit vergoldeten Pfeifen und reichem Schnitz- und Rahmenwerk.
Zwei Flügel zeigten Themen aus dem Alten Testament und die Erfüllung im Neuen Testament: außen Jakobs Traum und Christi Verklärung, innen Judith und Holophernes und das apokalyptische Weib. Hinter der Orgel befand sich der Spieltisch, mit seitlichem Blick auf die Kanzel. Die Tasten der Orgel hatte man mit Perlmutt und Ebenholz belegt, mit Silber eingefaßt und vorne mit Engelsköpfchen aus Goldbronze besetzt. „Die Orgel muß ein in allen Farben und Gold leuchtendes Prunkstück gewesen sein".[17]
Da man die Orgel in die noch nicht ganz fertige Kirche gebracht hatte, waren immer wieder Reparaturen nötig, weil Register verquollen oder Federn verrostet waren. 1851 wurde die Orgel ausgebaut und nach Hoheneck (Kr. Ludwigsburg) verbracht. Später wurde sie vernichtet.
Die bisher beschriebenen Kunstwerke der Stadtkirche genügten Herzog Friedrich noch nicht. Er wollte sie mit noch kostbareren Dingen ausstatten und ließ einige besonders schöne und wertvolle mittelalterliche Stücke nach Freudenstadt

Reliefs an der Empore in der Stadtkirche.

bringen, darunter einen gotischen Altartisch aus dem Zeughaus in Stuttgart, für dessen Nischen der Kalkschneider zwölf Apostelfiguren fertigte[18], und Glocken aus den aufgehobenen Klöstern in Adelberg und Murrhard.[19]

Das Chorgestühl

Unter diesen kostbaren Ausstattungsstücken befand sich auch ein gotischer Chorstuhl von 1488, den man dicht hinter dem Altar angebracht hatte. Er war übersät mit reichen Schnitzereien, teils waren es bildliche Darstellungen aus dem Alten Testament, teils üppiges Rankenwerk mit Trauben und Drachengestalten.[20]

Das Kruzifix

Vermutlich aus dem 15. oder 16. Jahrhundert stammt der künstlerisch bedeutsamste Schmuck des Altars und wohl der Kirche überhaupt, das große Kruzifix, das unmittelbar hinter dem Altar angebracht war und glücklicherweise erhalten geblieben ist. Keiner der Besucher Freudenstadts versäumte, es in seiner Reisebeschreibung zu erwähnen. Besonders gerühmt wurden an ihm die anatomisch richtigen Verhältnisse der in voller Lebensgröße geschnitzten Figur.[21]

Das Lesepult

Rechts vom Altar stand ein Lesepult von 1150, das vielleicht aus Hirsau stammt und 1604 nach Freudenstadt gebracht worden war. Es ist bis heute noch erhalten geblieben und eines der bedeutsamsten Kunstwerke romanischer Zeit im südwestdeutschen Raum. Das ganze Pult ist von der Sockelplatte bis zum Kasten in einem Stück aus Holz gefertigt, nur der Deckel und die vier Evangelien-Sinnbilder sind angesetzt. Vier Evangelistenfiguren tragen mit Nacken und erhobenen Händen das kastenförmige Lesepult auf einem Wulstkranz. Sie stützen mit ihren Händen die umgekehrte Pyramide des eigentlichen Pults, an

Ein Kunstwerk aus Lindenholz – Matthäus, Markus, Lukas und Johannes mit ihren Symbolfiguren

Lesepult aus dem 12. Jahrhundert.

deren Seitenflächen die Symbole der Evangelisten Engel, Löwe, Stier und Adler angebracht sind. Auf den Pultseiten befinden sich Spruchbänder mit den Anfangsworten der Evangelien. Im Innern führen zu den Mündern der Symbole der Evangelisten Kanäle, durch die wohl Weihrauch entströmmte, während das Evangelium verlesen wurde. Ein solcher Gegenstand ließ sich eigentlich nicht in den evangelischen Gottesdienst integrieren, weshalb das Pult lange als ein Fremdkörper angesehen wurde. Übermalt und mit einem barocken Pultaufbau versehen, diente es als Dirigentenpult für den Kirchenchor.[22] Um 1830 benutzte man es als „Vorsingerpult".[23] Erst danach wurde es wieder in seiner Bedeutung gewürdigt und in seinen originalen Zustand zurückversetzt.

Der Taufstein

Auch über die Herkunft des mittelalterlichen Taufsteins in der Stadtkirche, der ebenfalls erhalten geblieben ist, ist wenig bekannt. Er stammt vielleicht aus Alpirsbach und wurde um 1100 gefertigt. Über einen Meter hoch bildet er ein sich von oben nach unten verjüngendes Becken und ruht auf einem zylindrischen Untersatz von 30 cm Höhe. Täuflinge wurden im 12. Jahrhundert noch völlig untergetaucht, was ein großes Taufbecken notwendig machte. Die Beckenschale aus Buntsandstein hat einen Fries aus Masken und Tierdarstellungen mit der lateinischen Inschrift „evomit infusum homo cervus ab angue venenum": es speit aus der Hirschmensch das von der Schlange eingeflößte Gift. Den Sinn dieses Satzes erklärte Pfarrer Veringer 1608 folgendermaßen, daß der Hirsch, der die Schlange verschlingt, zum frischen Wasser eilt um sich zu reinigen. So stünde es auch mit dem Menschen, der durch das Wasser der Taufe von den Sünden gereinigt würde, die die List der Schlange ihm beigebracht habe.[24] Der Fries wird von Tauwülsten gerahmt. Die Beckenschale sitzt auf einem Fuß furchteinflößender Tiere und Masken, über deren tieferen Sinn noch gerätselt wird.

Die Stadtkirche von Freudenstadt war als evangelisches Gotteshaus immens reich ausgestattet. Zugleich war sie einer der wenigen Kirchenneubauten nach der Reformation im evangelischen Herzogtum Württemberg. Leider wurde sie 1945 völlig zerstört und 1947–50 im Äußeren zwar originalgetreu, aber im Innern verändert wieder aufgebaut. Sie wäre, wenn sie im alten Zustand erhalten geblieben wäre, wohl eine der schönsten Kirchen in Württemberg. Es erhebt sich die Frage, warum ihr Gründer Herzog Friedrich eine so außerordentlich ausgestattete Kirche wollte.

Altar, Kanzel und das Kruzifix aus dem 15. Jahrhundert.

Am romanischen Taufstein ist der Kampf zwischen Gut und Böse, zwischen göttlicher Macht und satanischer Ohnmacht dargestellt.

Wieso wurden mittelalterliche Kunstgegenstände in die Kirche gebracht? Warum verwendete Schickhardt gotische Elemente in einem Renaissancebau?
Werner Fleischhauer hat diese Frage einleuchtend erklärt: „Außengestaltung, Innenraum und Ausstattung strebten in Freudenstadt mit allen Mitteln den Eindruck einer altehrwürdigen Kirche an, sicherlich nicht wegen der religiösen Stimmungswerte. Der fürstliche Stadtgründer mag wohl die Absicht gehabt haben, seiner neuen Stadt einen Kirchenbau zu geben, der denen gleicht, welche die alten Amtsstädte des Landes fast wie Wahrzeichen ihrer Würde und Ansprüche zur Schau stellten. Die sehr große Freudenstadter Kirche sollte wohl die der rangälteren Städte noch übertreffen, gerade auch mit ihren zwei Türmen. Das Wiederaufgreifen mittelalterlicher Formen, die man als die sakralen ansah, war in der Zeit im evangelischen wie im katholischen Kirchenbau nicht selten. Doch mag ihre Verwendung in Freudenstadt sicherlich aus der Absicht heraus bestimmt gewesen sein, der Kirche eine altertümliche, traditionsreiche Ansicht zu geben."[25]

Stadtpfarrei und Stadtpfarrer

Als Freudenstadt 1599 gegründet wurde, kam es nicht sofort zur Einrichtung einer neuen Pfarrei. Die Aufgabe, die Neuansiedler seelsorgerlich zu betreuen, fiel zunächst der Nachbargemeinde Dornstetten zu, in deren Sprengel die Neugründung lag. 1602 kam der Vikar oder stellvertretende Pfarrverweser Lebanus nach Freudenstadt. Zwei Jahre später (1604) gründete man dann eine eigene kirchliche Gemeinde und richtete eine Stadtpfarrer- sowie eine Helferstelle ein. Die neue Kirchengemeinde Freudenstadt gehörte bis 1672 zum Dekanat Herrenberg. Zu dieser Gemeinde zählten sowohl die Einwohner von Freudenstadt als auch die von Christophstal.[26]
Stadtpfarrer, die nicht zugleich als Dekane amtierten, waren: Andreas Veringer, Georg Stöffler und Jeremias Baldenhofer.
In den Jahren 1604 bis 1671 wirkten in Freudenstadt neun Stadtpfarrer, von denen exemplarisch drei für die Stadt wichtige Geistliche behandelt werden sollen.

Andreas Veringer

Andreas Veringer war der erste ständige Geistliche in Freudenstadt. Geboren 1553 in Herrenberg, trat er erst mit 24 Jahren in die Kloster-

Ein Christliche Predig/
Von der newerbawten Kirchen zur Frewden-Statt:
Welche an stat einer Letzin Predig gehalten worden /
Anno 1608. den Ersten Maij.
Durch
M. Andreä Veringer / gewesener Pfarrer daselbsten/
Jetziger zeit aber Abbt zu Alberspach.
Vnd nun zum Andern mal auffgelegt.
Getruckt in der F. Hauptstat Stutgart
Bey Eberhard Grieb / Im Jar 1609.

Titelblatt der Predigt von Andreas Veringer „Ein christliche Predig von der newerbauten Kirchen zur Freudenstadt 1608".

schule in Alpirsbach ein. Nach dem Studium in Tübingen wurde er Helfer (Diakon) in seiner Vaterstadt Herrenberg. Es folgten dann 10 Auslandsjahre in Schemnitz in Ungarn. 1595 verließ er Schemnitz, um Hofprediger in der niederösterreichischen Stadt Feldsberg zu werden. Im Zuge der Gegenreformation wurde er im Jahre 1600 als letzter evangelischer Pfarrer von dort vertrieben. Im württembergischen Rosenfeld im Dekanat Sulz fand er anschließend von 1601–1604 eine Anstellung. Von dort aus wurde er als erster ständiger Geistlicher nach Freudenstadt gesandt. Es erwartete ihn keine leichte Aufgabe, mußte er doch eine Gemeinde formen, in der sich viele unterschiedliche Menschen niedergelassen hatten. Den Aufbau der Stadt und der Stadtkirche hat er miterlebt. Bekannt ist seine Abschiedspredigt, die er wohl am 1. Mai 1608 in der Stadtkirche gehalten hat und in der er interessante Mitteilungen über Geschichte und Gestalt der Kirche macht.
Veringer war 1608 als Superintendent und Hofprediger nach Stuttgart versetzt worden. Nur ungern ließen die Freudenstädter ihren ersten Stadtpfarrer gehen. Wegen eines Leidens versetzte Herzog Johann Friedrich ihn jedoch wieder und berief ihn zum Abt von Alpirsbach, wo er 1609 verstarb. Seine Beschreibung der Stadtkirche wurde 1627 – lange nach seinem Tode – in Stuttgart gedruckt. Auch andere Predigten von Veringer wurden auf Befehl Herzog Johann Friedrichs gedruckt, da dieser manchmal in Freudenstadt seine Gottedienste besuchte und ihn sehr schätzte. In Andreas Veringer hatte Freudenstadt eine „liebenswerte" und hervorragende Persönlichkeit als ersten Stadtpfarrer.[27]

Georg Stöffler

Auch Georg Stöffler wurde im Jahre 1600 in Herrenberg geboren. Er wirkte als Pfarrer in Grüntal und in Tumlingen.[28]
Am 1. November 1632 trat er seinen Dienst in Freudenstadt an. Die schwersten Zeiten der Stadt während des Dreißigjährigen Krieges hat er miterlebt. „Es wird erzählt, Stöffler wäre wegen Verweigerung der Herausgabe der Kir-

Wegen Weigerung, die Kirchengefäße herauszugeben, beinahe gehängt

Stadtpfarrer Stöffler mit den Kapuzinern im Festzug 1899.

Titelblatt von Jeremias Baldenhofers „Kurtzer Beschreibung der Fürstlichen Bergstatt und Vöstung Freudenstatt, auch dero herrlich schönen Kirchen und erfreulichen anfang, betrübten abgang, und wider erwünschter auffnahm".

chengefäße von den Franzosen im Jahre 1636 beinahe gehängt worden, wenn nicht ein Kapuziner flehentlich Fürsprache für ihn eingelegt hätte. Zum Dank dafür haben zwei Jahrhunderte lang alle Kapuziner in Freudenstadt freie Bewirtung erhalten."[29] Da eine geplante Versetzung nach Alpirsbach nicht zustandekam, blieb er Freudenstadt erhalten. Er hat mit 36 Dienstjahren unter allen Geistlichen Freudenstadts die bei weitem längste Zeit dort verbracht und starb 1668 mit 68 Jahren in Freudenstadt.[30]

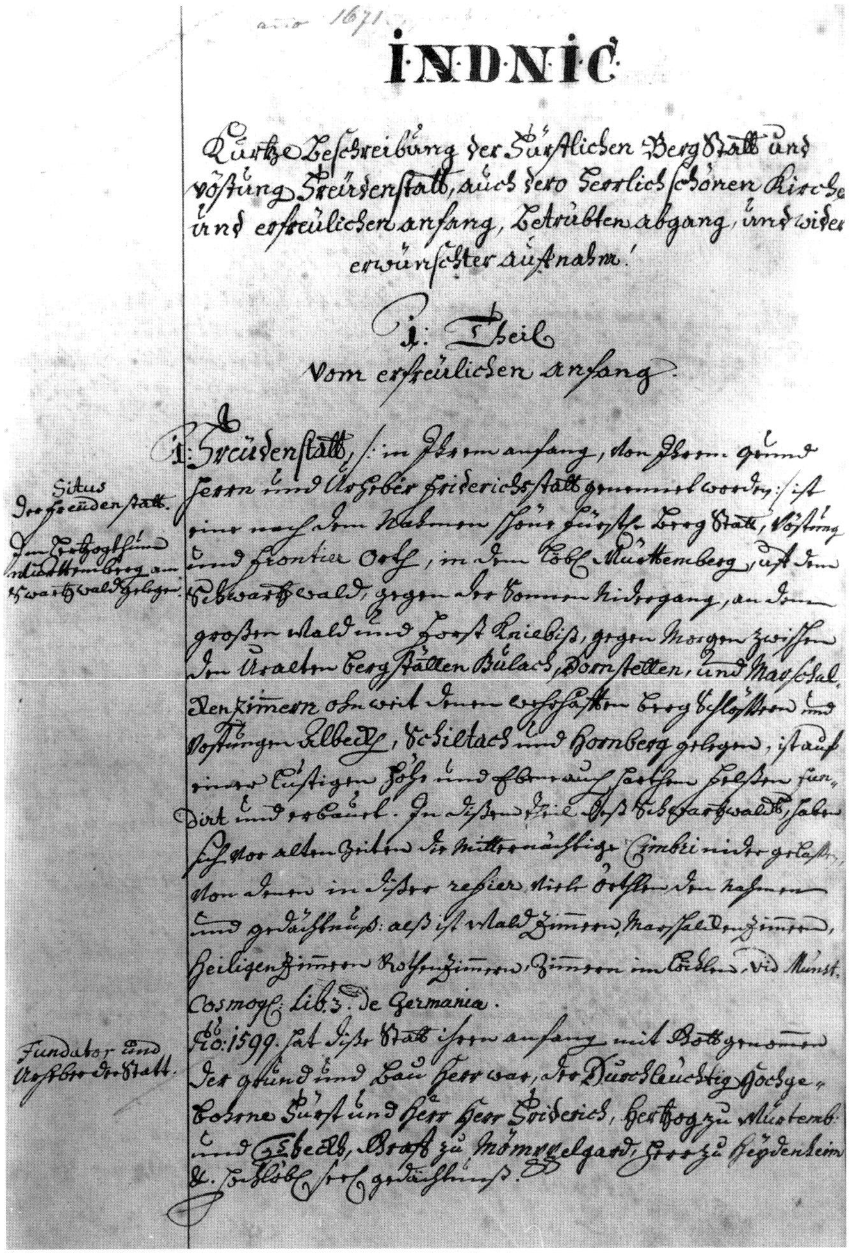

Jeremias Baldenhofer

Als Stöffler 1668 gestorben war, schlug das Konsistorium in Stuttgart vor, Freudenstadt zu einem eigenen Dekanat zu erheben, zum einen, weil die Stadt immer größer werde, und zum zweiten, weil Herrenberg – zu dessen Dekanat sie gehörte – zu weit entfernt sei.

Als Nachfolger Stöfflers bestimmte man Jeremias Baldenhofer, geboren 1628 in Freudenstadt als Enkel des aus Schaffhausen zugezogenen Kaufmannes Johann Konrad Baldenhofer. Jeremias Baldenhofer aber verzog schon im ersten Lebensjahr nach Sulz.[31]

Er war Helfer in Ebingen bei Balingen 1649, Pfarrer in Truchtelfingen bei Balingen 1650 und in Mönsheim bei Leonberg 1655–1669.[32]

Zunächst sollte er die Stelle in Freudenstadt probeweise auf ein Jahr versehen, dann entweder zum Dekan ernannt oder nach Dornstetten versetzt werden. Sechs Wochen nach seinem Amtsantritt bat er das Konsistorium um die Übertragung des Dekanatsamtes, da er schon allgemein mit dem Titel „Dekan" beehrt werde. Sein Gesuch wurde aber schärfstens abgelehnt, mit der Bemerkung, daß ein solches Ansuchen als etwas ganz Unerhörtes zurückzuweisen sei, und ihm ein solches Begehren nicht zustände.[33] Baldenhofer mußte sich mit dem Rang eines Stadtpfarrers begnügen und blieb in Freudenstadt bis zu seinem Tode 1671.

Er hat der Stadt aber eine besondere Schrift hinterlassen mit dem Titel „Kurtze Beschreibung der Fürstlichen Bergstatt und Vöstung Freudenstadt, auch dero herrlich schönen Kürchen, erfreulicher anfang, betrübter abgang, wider erwünschter auffnahm", in der er Wissenswertes über die Gründung der Stadt und deren Geschichte sowie Beschreibungen über deren Zustand, wiedergab. Sicher wollte er diese Abhandlung Herzog Eberhard III. widmen.[34] Er kam nicht mehr dazu. Im September 1671 erlag er mit 45 Jahren einem Schlagfluß.[35]

In den ersten 70 Jahren seit Bestehen der Pfarrgemeinde wirkten in Freudenstadt 9 Geistliche. Von diesen neun Geistlichen kamen vier auf hohe oder sehr hohe Posten (Veringer, Hizler, Hengheer, Volmar).[36] Man gewinnt den Eindruck, daß für die noch junge Stadt bewußt hervorragende Persönlichkeiten ausgesucht wurden. In diesen Jahren stand Freudenstadt noch besonders in herzoglicher Gunst, was auch die Erhebung der Stadtpfarrei Freudenstadt zum Dekanat Freudenstadt zeigt.

Das Dekanat Freudenstadt und der erste Dekan Johann Gerhard Ramsler

Der Gedanke, Freudenstadt zum Dekanat zu machen, wurde nach dem Tode von Stadtpfarrer Jeremias Baldenhofer wieder aufgegriffen und in die Tat umgesetzt. Der neugebildete Dekanatsbezirk umfaßte Freudenstadt mit Christophstal, Baiersbronn, Dornstetten, Glatten mit Dietersweiler, Grüntal mit Aach, Hallwangen, Ober-und Untermusbach, Wittlensweiler, Neuneck mit Böffingen und Unteriflingen, Pfalzgrafenweiler mit Durrweiler (Edelweiler, Herzogsweiler, Kälberbronn, Neunuifra), (Kloster-) Reichenbach mit Igelsberg, Röt-Schönegründ und Tonbach, d.h. Reichenbacher Höfe, Schwarzenberg mit Huzenbach, Schönmünzach, Tumlingen mit Cresbach, Ober- und Unterwaldach, Vesperweiler, Vörenbach, sowie Hörschweiler und Urnagold, zu dem auch Besenfeld, Göttelfingen und Hochdorf gehörten.[37]

Von 1672 bis 1799 übten acht Dekane in Freudenstadt ihr Amt aus.[38] Die Lebensläufe aller acht Dekane zu schildern, würde den Rahmen dieses Beitrages sprengen. So soll hier nur der erste Dekan vorgestellt werden. Er ist zudem interessant, weil er eine handschriftliche Lebensbeschreibung hinterlassen hat, in der er auch über seine Jahre in Freudenstadt berichtet.

Dekan Johann Gerhard Ramsler

Johann Gerhard Ramsler wurde der erste Herr „Spezial" in Freudenstadt. Das Wort „Spezial" war eine volkstümliche Abkürzung für den komplizierteren Titel „Superintendent", den ein württembergischer Dekan bis ins 19. Jahrhundert führte.

Die Lebensbeschreibung des Gerhard Ramsler umfaßt die Zeit von 1635–1701, also vom Dreißigjährigen Krieg bis über das Ende des 17. Jahrhunderts und bietet besonders wertvolle Einblicke in die schwierige Lebenssituation eines württembergischen Landpfarrers der damaligen Zeit.[39]

Geboren 1634 in Wertheim (Main-Tauber-Kreis) in der gleichnamigen Grafschaft, kam er in die Klosterschulen Blaubeuren und Bebenhausen. Als Bester seines Jahrgangs legte er 1658 seine Magisterprüfung ab. Nach verschiedenen Stationen in Herrenalb, Tennenbronn und Hornberg wurde er mit nur 38 Jahren Dekan in Freudenstadt. Nach seiner feierlichen Einsetzung berichtet er über sein Amt, vornehmlich den Ärger, den dieses ihm verursachte: „Ob mir zwar bey meinem Antritt das Ambt schwehr worden, indeme bey so vielen Berg-Knappen, Laboranten und Schantzern die Sonn-, Fest- und Feuertäge durch abscheuliche Profanationen (Entweihungen) mit Freßen, Saufen, Balgen, Schlagen, Fluchen und Schwöhren vor und unter dem Gottesdienst zugebracht wurden, und ich öffters deßwegen denen Berg- und Schantz-Inspectorn in den Ohren gelegen, biß die Disciplin nach und nach in Gang kommen; auch Würth und Mezger der hohen Fest-Täge so gar nicht geschont, daß sie auch am Heiligen Pfingstfest Vieh geschlachtet und außgehauen und sich anfangs nicht wolten wehren laßen, weilen sie bißhero solche Freyheit gehabt zu haben fürgeschützt, ja das sonntägliche Tanzen im Christophs-Thal, dahin sich auch das junge Gesind aus der Statt gezogen – mit scharpfem Predigen und Kirchen Censuren müßen in Abgang gebracht werden, dabey leicht zu erachten, was ich für Widerwillen und Deo Gratias davon getragen ..." [40]

Der erste „Spezial" in Freudenstadt – seine Aufgaben und sein Wirken

Schlimmer aber noch fand er seine Arbeit als Dekan, bei der er Pfarrer zu inspizieren hatte und oft Angriffsziel von Intrigen war: „und mich fürwährend mit ihnen (Pastoren) alßo schleppen, daß ich keine fröliche Stunde haben und meine Studia nicht freudig wie auch andere Ministerialia (Dienstgeschäfte) fortsetzen konnte. Summa, es war gleichsam beständig Ohngewitter mit Hagel, Blitz und Krachen, worunter ich mein Leben und Ambt mußte zubringen."[41]

Nachdem er seine ganze Dienstzeit im Schwarzwald verbracht hatte, wurde er zuletzt 1697 Dekan in Schorndorf, wo er bis zu seinem Tode 1703 im Amt blieb.

Alle Pfarrer Freudenstadts wohnten im Schul- und Pfarrhaus hinter der Kirche, das um die gleiche Zeit wie die Kirche gebaut worden war.[42]

Zur Unterstützung im Amt hatten sie sogenannte Helfer. Über die Helfer des 17. und 18. Jahrhunderts fließen die Quellen spärlich. Der Wechsel in der schlechtbesoldeten Stelle war sehr groß, 1636–1667 war die Helferstelle überhaupt nicht besetzt, so daß der Stadtpfarrer die Amtsgeschäfte in der Gemeinde allein versehen mußte. Jeder angehende Pfarrer mußte, bevor er eine Pfarrei übernehmen durfte, einige Zeit eine Helferstelle innegehabt haben. Nach J. Haller waren in den ersten beiden Jahrhunderten des Bestehens der Stadt 38 Helfer in Freudenstadt tätig.[43]

Im ersten Jahrhundert seit der Gründung profitierte die Stadt von dem besonderen herzoglichen Wohlwollen und Interesse für die Neugründung. Auch die Erhebung zum Dekanat muß wohl in diesem Licht betrachtet werden, denn in den späteren Jahren, vor allem im 18. Jahrhundert, stand Freudenstadt nicht höher in der herzoglichen Gunst als andere Dekanatsstädte auch.

Deutsche und Lateinische Schule in Freudenstadt im 17. und 18. Jahrhundert

Die deutsche Schule

Seit 1649 besteht im Herzogtum Württemberg die Schulpflicht für Kinder ab sechs Jahren.

„Württemberg darf den Ruhm in Anspruch nehmen, schon im 16. und 17. Jahrhundert Volksschulen in einer Zahl besessen zu haben, wie vielleicht kein anderes Land."[44] Seit 1649 bestand im Herzogtum Württemberg Schulpflicht für jedes Kind, das das sechste Lebensjahr erreicht hatte.[45] Im Sommer – zur Erntezeit – sollten die Kinder, wenn nicht an allen, so doch an drei Vormittagen in die Schule gehen. Im Winter waren täglich fünf Stunden für alle Kinder vorgeschrieben. Diese Verpflichtung zum Schulbesuch wurde jedoch oft von den Eltern nicht eingehalten. Vielfach schickten sie die Kinder nicht ab dem sechsten Lebensjahr, häufig erst im achten Jahr oder noch später in die Schule. Und oft genug nahmen sie die Kinder nach Belieben wieder aus dem Unterricht heraus, so daß der einzelne Pfarrer, der sich um die Schule zu kümmern hatte, resignierte, indem er solche Eigenmächtigkeiten ignorierte und duldete. Der jeweilige Lehrer war durch die Naturalbesoldungsteile, die er von den Eltern empfing, so von diesen abhängig, daß er die jeweiligen Schulversäumnisse nicht anzeigte.[46]

1729 wurde eine Schulordnung erlassen, die das tägliche Schulleben regeln sollte. Ziel dieser Schulordnung war, die Schulen nicht anzusehen „als eine bloße Bereitung zu dem burgerlichen Leben, sondern als Werkstätt des Hl. Geistes, darinnen die Kinder zu der Forcht Gottes sollen angewiesen werden, weilen dem Herrn nicht allein mit geschickten, sondern mit frommen Leuten am meisten gedienet ist."[47] Dementsprechend lag der Hauptschwerpunkt des Unterrichts in der religiösen Unterweisung, d.h.im Bibellesen. Es sollte für jede Schule eine Bibel angeschafft werden, damit wenigstens der Lehrer daraus vorlesen konnte. Weitere Aufgaben betanden im Abfragen der Predigt, im Memorieren von Sprüchen, Psalmen, Katechismus und Kinderlehre und im Singen geistlicher Lieder. Die übrigen Fächer waren Lesen, Schreiben und nun – 1729 – als zusätzliches Fach Rechnen.

Unbestritten bleibt aber, daß die meisten Schulen hinter den Anforderungen der Schulordnung von 1729 zurückblieben. Der Hauptgrund hierfür ist in der unzureichenden Bildung der Lehrer zu suchen. „Es gab Gegenden, wo es die Regel war, daß Bauern und Handwerker, insbesondere solche, die zu ihrem eigenen Beruf nicht mehr tüchtig waren, ohne weitere Ausbildung das Schulhalten übernahmen, so namentlich auf dem Schwarzwald, der Alb und dem Welzheimer Wald."[48] Oft bestand die Ausbildung darin, daß man als Lehrling bei einem Schulmeister, oder als Schulmeistersohn direkt beim eigenen Vater die Unterrichtsmethode lernte bzw. kopierte. Ähnlich stand es auch um die Gesellenzeit des Lehrers, das Provisorat. In der Regel ging ein Provisor einem alten oder kranken oder überbeanspruchten Schulmeister zur Hand und wurde von diesem zu allen möglichen Arbeiten, auch häuslichen und landwirtschaftlichen herangezogen. Die Stelle des Provisors wurde schlecht bezahlt und so bemühten sich die jeweiligen Provisoren, möglichst schnell eine Stelle als Schulmeister zu bekommen. Aber auch die Schulmeisterbesoldung war gering. Ein Hauptbestandteil war das Schulgeld von jedem Schüler, und dieses wurde oft unregelmäßig bezahlt.

Auch der Raummangel in den Schulhäusern verhinderte, daß die Schulordnung von 1729 sich durchsetzten konnte. Oft gab es im Schulhaus nur eine Stube, die nicht nur Unterrichtsraum für die Schüler, sondern auch Wohn- und Schlafraum des Lehrers und seiner Familie war. Klassenweiser Unterricht, wie ihn die Schulordnung vorsah, war nicht denkbar, es blieb beim „Einzelunterricht, indes die Schüler, welche nicht gerade an der Reihe waren, sich durch Schwatzen und andern Unfug schadlos hielten. Auch blieb der Unterricht so mechanisch, als nur denkbar."[49] Erst Ende des 18. Jahrhunderts wurden in Württemberg allmählich schulische Reformansätze durchdacht und im 19. Jahrhundert in die Tat umgesetzt.

Der erste Schulmeister an der deutschen Schule in Freudenstadt scheint Caspar Gartner gewesen zu sein. Er wird 1603 erwähnt.[50] Er nahm in der Stadt wohl eine geachtete Stellung ein, denn er war Mitglied im Rat der Stadt. Nachfolger von Gartner wurde Peter Scherer. Beide hielten in ihren jeweiligen Wohnungen die Schulstunden ab. Infolge der Zunahme der Schülerzahl war dieser Zustand nicht mehr haltbar. Scherer verlangte, daß in dem Schulhaus, das bisher der lateinischen Schule zur Verfügung gestanden hatte, ebenfalls Raum für die deutsche Schule geschaffen werden sollte. Darüber kam es zwischen dem Lehrer der Lateinischen Schule und Peter Scherer zu einem Zusammenstoß, da letzterer einfach in das Schulhaus gezogen war. Es wurde daraufhin beschlossen, daß der Lehrer der deutschen Schule zwar im Schulhaus unterrichten dürfe, aber in einer Privatwohnung wohnen müsse.[51]

Über den weiteren Werdegang der Schule bis zum 19. Jahrhundert ist wenig bekannt.[52]

A. Nestle berichtet, daß nach dem Schulmeister Scherer von 1613 an ein Jacob Pfaff als Schulmeister wirkte, der 1632 durch Hans Miller abgelöst wurde. Miller führte die Schule während des Dreißigjährigen Krieges weiter. Er bat 1642 dringend, die Sommerschule wieder einzuführen, die seit einigen Jahren nicht mehr gehalten worden war, weil wohl die Kinder zuhause bei der Ernte gebraucht wurden. „Wenn aber nur Winterschul gehalten werde, könnten die 6–7jährigen des grausamen Winters halber gar nit in die Schul kommen."[53]

1670 löste Samuel Bacher Miller ab, und vom Herbst 1704 an half diesem sein Sohn Ferdinand als Provisor, da bei einer Schülerzahl von 102 Kindern der Unterricht für Bacher allein zu anstrengend war. Von 1708 bis 1727 folgte Ferdinand Bacher seinem Vater als Schulmeister nach.

Anton Eyth leitete von 1727–1764 die deutsche Schule, da aber die Schülerzahl im Jahr 1727 etwa 200 im Winter betrug, so mußte Eyth vom Herbst 1728 an einen Provisor halten. Sein Sohn Georg David half ihm von 1742 an als Provisor und wurde von 1768–1778 der Nachfolger seines Vaters. Bis 1797/98 leitete wiederum der Sohn Georg David Eyths, Anton Eyth, die deutsche Schule, wobei er bei über 200 Kindern stets einen Provisor halten mußte.

200 Schulkinder in der Winterschule waren 1727 Realität – der Schulmeister mußte einen Provisor anstellen.

Schon 1783 gab es zwei Provisoren neben dem Schulmeister Eyth, der zur Winterszeit selbst 110 Kinder unterrichten mußte. Die Anstellung eines zweiten Provisors stieß bei der Freudenstädter Bevölkerung auf wenig Verständnis, da sie für dessen Besoldung aufkommen sollten. Der eine Provisor, Demus, hatte 80 Kinder, der andere Provisor, Majer, hatte 119 Kinder in der Schule. 1795/96 wurde eine Petition nach Stuttgart geschickt, in der man um die Anmietung eines Schulraumes bat, da die Schuljugend außerordentlich angewachsen sei.[54]

Eyth trat 1798 vom Schulamt zurück, zog nach Stuttgart und wurde bis 1819 vom neuen Schulmeister Ludwig Majer abgelöst.1805 unterrichtete Schulmeister Majer zur Winterszeit 168 Kinder, Provisor Demus 131 Kinder und Provisor Braun 133 Kinder.

In den Kirchen- und Visitationsakten erscheint 1805 erstmals die Stiftung des Dekans Jung für Schulprämien. Die acht besten Volksschüler der Stadt, je 4 Knaben und Mädchen im Alter von 11 bis 13 Jahren wurden für ihre Schulleistungen erstmals aus dieser Stiftung ausgezeichnet.

Die Lateinische Schule

Die Lateinschule – Vorbereitung auf die Eintrittsprüfung in eine Klosterschule als Zugangsvoraussetzung zur Universität für die Kinder „besserer" Bürger.

Jede Amtsstadt in Württemberg hatte im 17. und 18. Jahrhundert eine lateinische Schule. Auch in Freudenstadt gab es von der Gründung der Stadt an eine Lateinschule. Die Lehrer, die an dieser Schule unterrichteten, die sogenannten Präzeptoren, gehörten fast immer dem Theologenstand an.[55] Die Lateinschulen hatten in erster Linie die Aufgabe, auf das sogenannte „Landexamen", die Eintrittsprüfung für die Klosterschulen, vorzubereiten. Die Klosterschulen waren in Württemberg nach der Reformation in den aufgehobenen Klöstern eingerichtet worden. Besonders herausragende Schüler konnten auch von der Lateinschule sofort auf die Universität übergehen. Üblicherweise waren deshalb auf der Lateinschule Kinder „besserer" Bürger eingeschult, da nur über diese eine gehobenere Bildung zu erhalten war. „In Verbindung mit den Klosterschulen schufen sie den begabten Köpfen der unteren, unbemittelten Volksschichten die Möglichkeit, in die oberen führenden Kreise emporzusteigen, wodurch diesen immer wieder frisches Blut zugeführt wurde."[56]

Die Stellung der Präzeptoren war eine Mittelstufe zwischen den Geistlichen und den Lehrern. Ihre durchschnittliche Jahresbesoldung betrug zwischen 170–180 Gulden und war wiederum eine Mischbesoldung aus Geld und Naturalien. Erstes Ziel eines Präzeptors war es, seine Schüler durch das Landexamen zu bringen, das den Weg zur kostenlosen weiteren Ausbildung in den angesehenen württembergischen Klosterschulen und danach im Tübinger Stift öffnete, wo die geistige Elite des Herzogtums Württemberg versammelt war. Wenn er diese Aufgabe erfolgreich erledigte, war er ein angesehener Mann, denn der Erfolg einer Schule brachte auch der Stadt Bedeutung und neue Zöglinge.[57]

1604 erhielt Freudenstadt seine Lateinschule, die zunächst dem Dekanat Herrenberg unterstellt war und ganz aus kirchlichen Mitteln eingerichtet wurde.[58] Die Präzeptoren erhielten ihre Bezahlung aus dem Vermögen der ehemaligen Klöster Reichenbach und Alpirsbach. Sie hatten neben ihrem eigentlichen Beruf als Präzeptor zusätzlich noch Aufgaben als Musikdirektor und Organist zu erfüllen. Ihr Gehalt betrug jährlich 76 Gulden, 20 Scheffel (1560 kg) Dinkel, 4 Scheffel (340 kg) Haber, 2 Eimer (534l) Wein , vierteljährlich 4 Kreuzer Schulgeld von jedem Schüler, 20 Gulden jährlich für Dienste als Organist, freie Wohnung im Schulhaus und 12 Klafter Holz. Da in der Stadt jedoch nur wenige Familien ihre Söhne studieren lassen wollten, reichte die Besoldung nicht aus. Der Magistrat war nicht gewillt zusätzlich Mittel für die Lateinschule zu bewilligen. Deshalb entwickelte sie sich im 17. und 18. Jahrhundert nur äußerst dürftig und war beliebter Platz für strafversetzte Präzeptoren. Allein in den ersten 12 Jahren nach Gründung der Schule wechselten sich vier Lehrer in Freudenstadts Lateinschule ab. Nach dem Dreißigjährigen Krieg wurde die Schule erst 1667 wieder eröffnet, hatte aber kaum Schüler und schlechte Lehrer. M.(Magister) J. G. Widmann, der durch seine Tätigkeit auf dieser Stelle seine „frühere, gröbliche Verfehlung" genugsam abgebüßt zu haben glaubte, wurde 1679 auf seine dringenden Bitten wieder in den Kirchendienst befördert, weil er nach dem Berichte des Spezials ein wackerer Mann, aber ganz schlechter Lehrer war."[59] Mit der Schule ging es immer weiter bergab. Sie hatte 1692 überhaupt keinen Schüler mehr. Der Magistrat der Stadt suchte nach Auswegen und wandte sich an den Her-

Die alte Lateinschule (das Eckgebäude hinter der Kirche).

zog nach Stuttgart. Um bessere Lehrer zu bekommen, schlug man vor, das schlecht bezahlte Präzeptorat mit dem ebenfalls schlecht bezahlten Diakonat zu verbinden. Falls dies nicht bewilligt werde, solle man doch einen tüchtigen Lehrer an die Schule schicken, da diese „jeder Zeit mit liederlichen Leuten gestraft gewesen" sei.[60]

Letztere Bitte wurde gewährt, und Freudenstadt erhielt auf eigenen Wunsch den Blaubeurer Provisor Chr. Seßlin, der 40 Jahre in der Stadt blieb und auch die Lateinschule wieder in Schwung brachte. Sie zählte 1708 25 Lateinschüler. Unter den Nachfolgern Seßlins fristete die Schule wieder ein tristes Dasein, so daß die Stadt sich 1762 dazu entschloß, 30 Gulden zur Aufbesserung des Gehaltes des Provisors beizusteuern. Aber erst unter Magister Kilbel erhielt die Lateinschule neuen Aufschwung, so daß 1785 33 Schüler die Lehranstalt besuchten. Unter diesen befanden sich auch solche, die auf das Landexamen vorbereitet werden mußten.

Doch erst im 19. Jahrhundert entwickelte sich die Schule zunehmend erfreulicher. Es konnten drei Klassen eingerichtet werden. Die Lateinschule in Freudenstadt bestand bis 1920. In den folgenden Jahren wurde sie der 1842 gegründeten Realschule angegliedert.

Anmerkungen:

1. J.Baldenhofer, Kurze Beschreibung der Stadt Freudenstadt 1671; Abschrift von Dr. Seybold (1936), S. 6.
2. H.Rommel und G.Kopp, Die Stadtkirche von Freudenstadt. Freudenstadt 1954, S. 3.
3. Ebd., S.4.
4. Ebd.
5. H.Rommel, Neue Funde in der Freudenstädter Stadtkirche, in : FH Bd.IX, Nr.10 (1963).
6. S. Hausmann, Die Evangelische Stadtkirche zu Freudenstadt und ihre Kunstschätze. Freudenstadt 1908, S. 7. W.Fleischhauer, Renaissance im Herzogtum Württemberg. Stuttgart o.J., S. 288.
7. H.Rommel u. G.Kopp, S. 5.
8. U.Wandel, Lebens- und Leidensweg des M.Johann Gerhard Ramsler, Specials zu Freudenstadt (1635–1703). Stuttgart 1993, S. 64.
9. Ebd., S. 5 u.7f.
10. W.Fleischhauer, Renaissance im Herzogtum Württemberg, Stuttgart 1971, S. 369.
11. Ebd., S. 369.
12. H.Rommel u. G.Kopp, S. 4.
13. W.Fleischhauer, S. 288.
14. H.Decker-Hauff, Von der ehemaligen Wappendecke der Stadtkirche Freudenstadt, in: Freudenstädter Beiträge zur geschichtlichen Landeskunde 6 (1987), S. 35–42.
15. A.Veringer, Ein Christliche Predigt Von der newerbawten Kirchen zur Frewdenstatt. Stuttgart 1609, S. 10.
16. W.Fleischhauer, S. 289. S. Hausmann, S. 17.
17. W.Fleischhauer, S. 372 ; desw. S. 289. H.Rommel u. G.Kopp, S. 8 u.10.
18. W.Fleischhauer, S. 289.
19. H.Rommel u. G.Kopp, S. 10.
20. S. Hausmann, S. 18.
21. H.Rommel u. G.Kopp, S. 11. S. Hausmann, S. 11.
22. K.A.Schierenberg, Die Stadtkirche in alter und neuer Gestalt, in : FH Bd.XIV, Nr.X (1980).
23. .Rommel u.G.Kopp, S. 14 u. 16.
24. A.Veringer, S. 12. Desw. H.Rommel u. G.Kopp, S. 12f.
25. W.Fleischhauer, S. 290.
26. Vgl.zu diesem und folgendem J. Haller, Die evangelischen Geistlichen Freudenstadts. Freudenstadt 1938. Hier: S. 4; M. Eimer, Geschichte der Stadt Freudenstadt, S. 49.
27. M.Eimer, Geschichte der Stadt, S. 49.
28. Vgl.z.f. J.Haller, S. 20f.
29. J.Haller, S. 20.
30. J.Haller, S. 21.
31. H.Rommel, 1667, ein entscheidendes Jahr für Freudenstadt (II), S. 126.
32. J.Haller, S. 21.
33. J.Haller, S. 21; H.Rommel, 1667, ein entscheidendes Jahr...(II), S. 126.
34. H.Rommel, 1667, ein entscheidendes ... (II), S. 127.
35. Ebd.
36. J.Haller, S. 6–22.
37. J.Haller, S. 22.
38. J.Haller, S. 22–26.
39. U.J.Wandel, S. 61-83.
40. U.J.Wandel, S. 72f.
41. U.J.Wandel, S. 73.
42. M.Eimer, Geschichte der Stadt Freudenstadt, Freudenstadt 1937,S. 29.
43. J.Haller, S. 26–37.
44. Dekan Schmid, Das Volksschulwesen, in : Herzog Karl Eugen von Württemberg und seine Zeit. Hrsg.v.Württ.Geschichts- und Altertumsverein. Heft 10. Esslingen 1908, S. 127.
45. Ebd., S. 128.
46. Ebd., S. 131.
47. Ebd., S. 127.
48. Ebd., S. 129.
49. Ebd., S. 132.
50. F.Lutz, Kirche und Schule, in: DG 278 v. 27.11.1926.
51. F.Lutz, Kirche und Schule, in: DG 278 v. 27.11.1926.
52. Zu folgendem wurden die handschriftlichen Notizen im StadtA FDS von A.Nestle in M.Eimer, Geschichte der Stadt Freudenstadt, S. 96 1/4 – 96 3/8 herangezogen.
53. H.Rommel, 1667, ein entscheidendes Jahr... (I), S. 114.
54. HSTAS A 284/28 Bü 67.
55. F.Lutz, Kirche und Schule
56. H.Goetz, Das höhere Schulwesen, in: Herzog Karl Eugen von Württemberg und seine Zeit. Heft 10. Esslingen 1908, S. 181.
57. Ebd., S. 182.
58. Z.f.vgl. Geschichte des humanistischen Schulwesens in Württemberg. Hrsg. v. d. Württ. Komm. für Landesgeschichte Bd.III, 1. Halbbband: Geschichte der Lateinschulen, S. 272–275.
59. Ebd., S. 274.
60. Ebd., S. 274.

„Vöstung, Frontierort, Handels- und Gewerbestatt“

Freudenstadt und seine wirtschaftliche Entwicklung nach dem Dreißigjährigen Krieg

Ute Ströbele

Die Kniebisstraße führte von Straßburg über das Renchtal und das Kniebis-Kloster nach Dornstetten, von wo aus man über Tübingen und Ulm nach Augsburg oder über Nagold und Böblingen nach Stuttgart gelangen konnte.

Die meisten Städte in Württemberg sind mittelalterliche Gründungen, deren rechtliche und wirtschaftliche Strukturen sich über Jahrhunderte hinweg bildeten. Freudenstadt hingegen entstand mehr oder weniger am Reißbrett. Es bedurfte großer landesherrlicher Anstrengungen, um der Stadt „Leben einzuhauchen“, d.h. sie mit Menschen zu füllen und diesen eine wirtschaftliche Existenz zu ermöglichen. Als prägend für die Entwicklung der städtischen Wirtschaft erwies sich die Nähe zu Christophstal wegen der dortigen Bergwerke und Eisenindustrie sowie die Lage an einem wichtigen Verbindungsweg zu den attraktiven Handelsorten in der Rheinebene. Kaum hatten sich jedoch Handel und Gewerbe in Freudenstadt etabliert, als Pestseuchen und der Dreißigjährige Krieg (1618–1648) das städtische Leben nachhaltig bedrohten – ja fast wieder zum Erliegen brachten.
Doch Freudenstadt hatte Glück! Herzog Eberhard III., an der „Fortsetzung des Orths“ interessiert, plante 1659 den Ausbau der bisher unbefestigten Stadt zu einer großen Festung. Sechzig Jahre nach der Stadtgründung ergriff erneut ein württembergischer Herzog die Initiative und gab einen entscheidenden Anstoß zur Weiterentwicklung der Stadt.[1]

Der Festungsbau im 17. Jahrhundert

Warum wollte Eberhard III. Freudenstadt in eine „Vöstung“ verwandeln? Beabsichtigte er auf diesem Wege, Christophstal und Freudenstadt wieder in „Flor“ zu setzen und sich gleichzeitig eine Rückzugsmöglichkeit im Kriegsfall zu schaffen? Oder spielte die schwierige außenpolitische Situation, die wachsende Feindschaft zwischen Habsburg und Frankreich und damit der Gedanke der Sicherung des Landes nach Westen, die zentrale Rolle? Entscheidend war sicher die Lage Freudenstadts an der strategisch bedeutenden Kniebis-Passage und möglicherweise auch das subjektive Bedürfnis des im Dreißigjährigen Krieg überstürzt nach Straßburg geflohenen Herzogs nach einer sicheren Zuflucht für sich und seine große Familie – waren doch während der Kriegszeit bis auf den Hohentwiel alle württembergischen Bergfestungen eingenommen worden.[2]

Die Planung der „Fortification“

Erstmals nachweisbar wird die Idee eines Festungsbaus 1659, als Eberhard III. bei der Landschaft vergeblich um Finanzmittel für ein solches Projekt bat. Dennoch ließ er 1662 von seinem Berater d'Avila Vorschläge für eine Befestigung Freudenstadts ausarbeiten. Der erste Entwurf sah aus Kostengründen nur vier Torhäuser an den Stadteingängen und einen provisorischen Palisadenzaun vor. Von der herzoglichen Intention, ein „bevöstigtes Schloß“ auf dem Marktplatz zu errichten, rät d'Avila „in Ansehung der großen Unkosten“ ab, befürwortet aber den Bau einer „Cittadelle“ auf dem Berg.[3]

Diese kostengünstige Variante wurde 1665/1666 von den aufwendigen Plänen des späteren Baumeisters Matthias Weiß abgelöst. Sie sahen eine starke achteckige Festung mit acht Bollwerken, vier Toren, einer Zitadelle auf dem Kienberg und einem herzoglichen Schloß vor. Freudenstadt sollte „so fortifiziert“ werden, daß der Herzog „mitsamt dero hochfürstlicher Familie dahero genugsam gesichert“ wären. Nach niederländischem Vorbild sollte die Festung mit einem Wassergraben, einem Haupt- und Vorwall sowie zusätzlichen Einbauten u.a. für Geschützstellungen versehen werden.[4]

Die Finanzierung des Projektes

Großes Kopfzerbrechen bereitete damals wie heute die Finanzierung solcher „Großprojekte". Eberhard III. hätte wohl lieber heute als morgen mit der Fortifikation der Stadt begonnen, doch es fehlte am notwendigen Kapital.
Der Herzog erwog daher 1662, nach einer provisorischen „Beschließung" der Stadt von den „Durchpassierenden" ein „Pflaster- oder Weggeld" zu verlangen und auf dem Marktplatz zusätzliche Häuserreihen zu errichten und diese mit Gewinn zu verkaufen.[5]
Mit dem Verlust des Amtes Oberkirch 1665 wurde Freudenstadt Grenzstadt. Vor diesem Hintergrund war die Landschaft eher geneigt, eine Kostenbeteiligung zu bewilligen. Die Chancen für eine Realisierung stiegen. 1666 erfolgte ein herzogliches Dekret, wonach die Einkünfte des Freudenstädter Amtes – die Gefälle der Kellerei an Früchten und Geld sowie der auf dem Kniebis eingehende Zoll – für die Fortifikation verwendet werden sollten.[6]
Außerdem wurden Städte und Ämter im Land zu mehr oder weniger „freiwilligen" Beiträgen für den Fortifikationsbau aufgefordert. Die in einem Verzeichnis von 1667 aufgeführten 27 Städte sollten jeweils zwischen 60 und 1800 Gulden, insgesamt knapp 20 000 Gulden, für das herzogliche Bauvorhaben abführen. Die höchsten Summen mit 1500, 1600, 1800 Gulden hatten Dornstetten, Balingen, Urach und Tübingen zu erbringen. Dabei wurden nicht nur die naheliegenden Schwarzwaldorte wie Wildbad, Alpirsbach, Reichenbach, Liebenzell, Calw, Altensteig, Nagold herangezogen, sondern auch in anderen Teilen des Landes liegende Städte wie Merklingen, Urach, Sindelfingen, Böblingen und Ebingen.[7]
Die Einwohner des Amtes Freudenstadt hatten Frondienste und zwar Hand- und Fuhrfron von einem Tag pro Woche zu leisten, die mit Rücksicht auf die Feldarbeit reduziert werden konnten.[8]
Die Erschließung verschiedener Geldquellen schien dringend geboten. Schließlich beliefen sich die ersten Kostenvoranschläge für die Stadtbefestigung auf 100.000, mit Zitadelle und Schloß sogar auf 140.000 bis 179.000 Gulden.[9]

Die Bauphase 1667/68 – 1674

Mit dem eigentlichen Bau wurde 1667 begonnen.[10] Als Grundlage diente der 1666 von Matthias Weiß ausgearbeitete Plan. Finanzielle wie auch geologisch-topographische Schwierigkeiten verhinderten jedoch eine plangerechte Ausführung. So konnte der vorgesehene Wassergraben aufgrund des chronischen Wassermangels nicht realisiert werden. Teilweise scheinen auch die herzoglichen Räte das Vorhaben in seinem Gesamtumfang torpediert, wenn nicht gar sabotiert zu haben.[11]
Als Festungsbaumeister wurde der schon mit der Planung befaßte Matthias Weiß berufen, dem der Herzog als Assistenten und Inspektor den späteren Verfasser der Freudenstädter Forstkarte Ingenieur Ludwig Stäbenhaber zur Seite stellte. Die Oberaufsicht übertrug man dem damaligen Bergwerksinspektor von Christophstal und Vogt zu Freudenstadt Johann Christoph Walther, der wiederum von einem militärischen Spezialisten Namens Georg Heinrich Urnohdt beraten wurde.[12] Unter der Leitung von Weiß wurde zunächst mit der Aufschüttung des Walls begonnen. Die Arbeiten führten Spezialhandwerker wie Wallschläger und Steinmetze, aber auch die zu Frondiensten herangezogenen Einwohner des Amtes und der Stadt aus. Trotz der zwangsweisen Beteiligung der Bevölkerung und der Anstellung arbeitssuchender Handwerker, z.B aus Tirol und der Schweiz, schien das Arbeitskräftereservoir nicht ausgereicht zu haben. 1667 wurden zusätzlich 76 Soldaten als Hilfskräfte nach Freudenstadt beordert.[13]
Für die Realisierung des Bauwerks waren mehrere Bauabschnitte vorgesehen. Nur die erste Stufe mit Hauptwall, Bollwerken, Graben und Stadttoren konnte weitgehend fertiggestellt werden.

Der Tod Herzog Eberhards III. 1674 beendete das Unternehmen abrupt, denn ein von seinem Nachfolger beauftragtes Gutachten kam zu dem vernichtenden Ergebnis, „daß dieser Ort zu einer Festung ganz untauglich sei."[14] Es erfolgten zwar bis 1680 noch Abschlußarbeiten, die aber meist nur der Erhaltung der Bausubstanz dienten. Als Folge der sich verschärfenden außenpolitischen Situation – Frankreich

Das negative Gutachten über den Festungsbau wurde von Kriegsrat Andreas Kieser angefertigt – dem Verfasser eines bedeutenden Forstkartenwerks über das Herzogtum Württemberg.

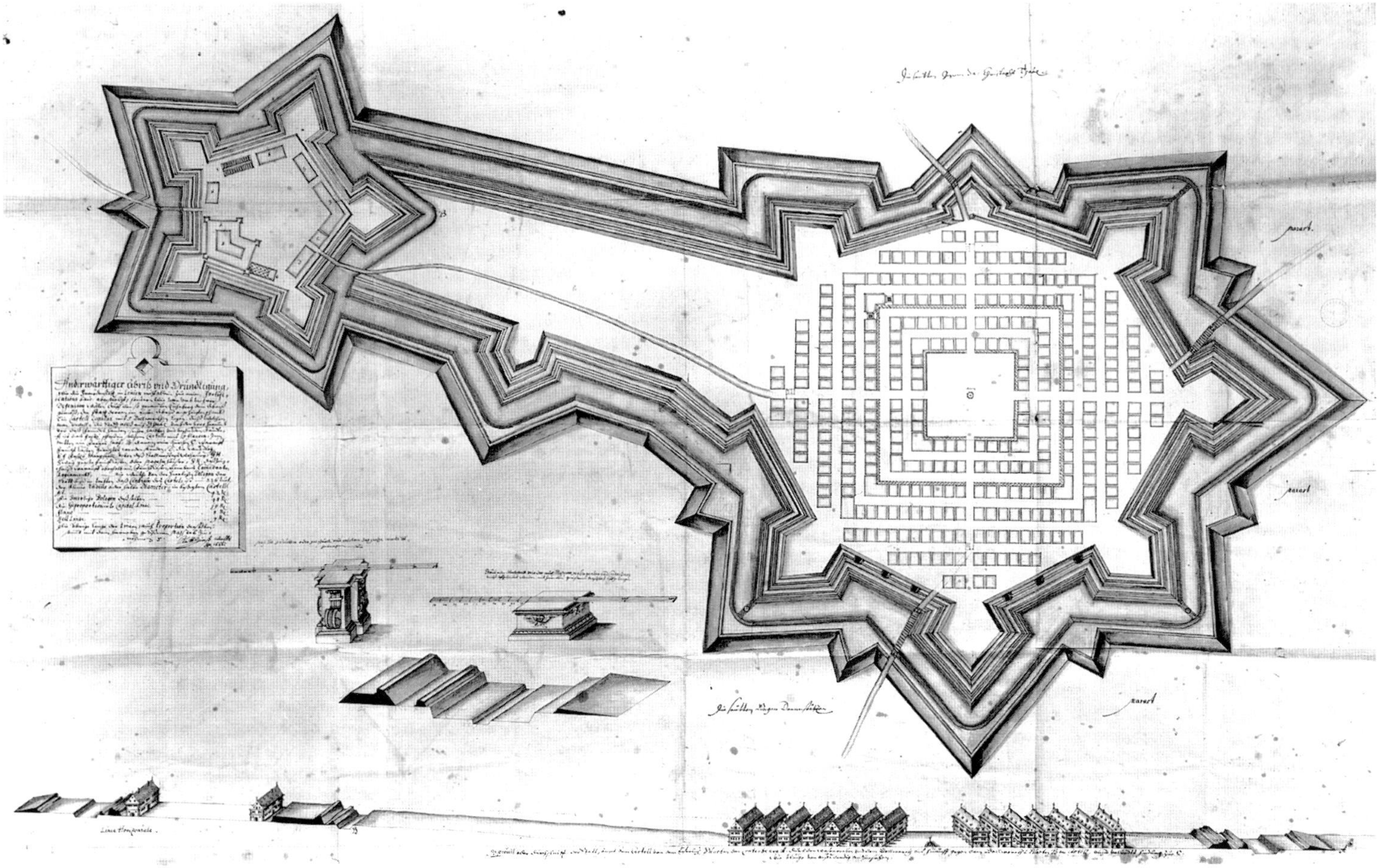

Plan von Matthias Weiß zum Festungsbau mit Maßangaben zu einzelnen Gebäuden und Profilzeichnungen, 1666.

besetzte 1681 Straßburg – wurde 1682 eine Fortführung der Arbeiten beschlossen, aber nicht wirklich in die Tat umgesetzt. Freudenstadt fungierte nie als Festung, allerdings wurden 1674 im Zuge militärischer Verteidigungsvorbereitungen Soldaten nach Freudenstadt beordert und blieben zumindest bis 1779 in kleiner Besetzung in der Stadt. Auch danach scheint Freudenstadt immer wieder als Truppenstandort, z.B. 1689, gedient zu haben.[15] Später galt die Stadt als Etappenort für das in Kehl stehende Kontingent des Schwäbischen Kreises. 1737 fand das im Zuge des Festungsbaus errichtete Zeughaus als Kaserne Verwendung, wobei nach 1750 nur vier bis sechs Mann in der Stadt stationiert waren.[16] Die Festungsanlage verfiel im Laufe der Jahrzehnte und wurde als Steinbruch benutzt.

Militärisch bedeutender waren die umliegenden Grenzbefestigungen, die sogenannten Schanzen im Kniebisgebiet; sie wurden nach 1674 ausgebaut. Freudenstadt bzw. der Kniebis waren seit jeher Grenzgebiet, das man durch Befestigungen abzusichern suchte. Im 17., aber auch 18. Jahrhundert wurden diese z.T. im Dreißigjährigen Krieg errichteten Schanzen immer wieder erneuert und verstärkt. Dazu gehört die sogenannte „Schwedenschanze", die „mittlere Schanz", welche 1734 zum „Fort Alexander" (Alexanderschanze) ausgebaut wurde und die „kleine Schanz". Ende des 18. Jahrhunderts kam noch die Sternschanze (oder Schwabenschanze) auf dem Roßbühl hinzu, die nach ihrem Erbauer Major Rösch auch Röschenschanze genant wird.[17]

Auf der Suche nach einer Bundesfestung 1814 erinnerte man sich wieder an Freudenstadt. Die württembergische Regierung ließ Vorschläge zur Modernisierung der ursprünglichen Fortifikation ausarbeiten, die aber wie schon so oft nie zur Realisierung gelangten. 1830 wurden die Wallanlagen mit den Toren zur Stadterweiterung freigegeben und in den folgenden Jahrzehnten meist im Zuge des Straßenbaus eingeebnet.[18]

Der Festungsbau – ein wirtschaftlicher Impuls nach dem Dreißigjährigen Krieg?

Für die Stadt und ihre Menschen bedeuteten die Festungspläne Eberhards III. wohl ein wichtiges psychologisches Moment. Sie eröffneten der von Krieg und Seuchen gebeutelten Bevölkerung neue Perspektiven und hielten möglicherweise manchen Bürger von der Abwanderung in andere Gebiete ab.[19]

Mit der Verwirklichung des Vorhabens waren jedoch zunächst einmal höhere Belastungen für die Einwohner verbunden. Sie wurden zu Frondiensten eingeteilt und verloren durch die Wallaufschüttung einen Teil ihrer Grundstücke. In einer Art 'Enteignungsverfahren' erhob der Herzog Anspruch auf ca. 109 „Gärtten und hofstätten", auf Güter der Allmende, auf eine „Hagwiese" und einen Teil des neuen Friedhofs.[20] Da sich nach einer Liste von 1666 die Gesamtzahl der städtischen Hofstätten auf ungefähr 351 belief, wären bei einer plangerechten Fertigstellung rund 1/3 dieser Hofstätten durch den Festungsbau „überschüttet und eingenommen" worden.[21] Von der 'Enteignung' besonders betroffen waren die Bürger David Lieb, Hans Jakob Wösner, Hans Burckhardt, Matthias Eyth und Peter Rauscher. Sie verloren mehr als fünf Grundstücke. Zwar waren infolge des Dreißigjährigen Krieges viele Hofstätten verwaist und leicht Ersatz zu beschaffen, dennoch kostete der Fortifikationsbau manchen Bürger zunächst seine Existenz. So mußte Friedrich Schweikhardt „seine vor 9 Jahren erbaute Färberwerckstatt ....mit mercklichem Schaden abbrechen", um für den Festungsbau Platz zu schaffen.[22]

Das Gros der Besitzer, darunter auch die Stadt, erhielten zunächst keinen Schadenersatz für ihren überschütteten Grund und Boden. Erst ein herzogliches Dekret von 1672 räumte der Stadt und den Bürgern Nutzungsrechte für bestimmte Plätze auf dem Festungsgelände (Zwinger) ein. Davon ausgenommen blieben diejenigen Bürger, die laut Baurechnung für ihre 26 Hofstätten Bargeld erhalten hatten.[23] 1682 wurden die auf weiteren Schadensersatz pochenden Hofstattbesitzer auf später vertröstet: „wan .. die Stadtmauren aufgefüehret und dardurch Pläze anstatt deß Walls frei werden", sollten ihre Ansprüche befriedigt werden. Leider wurde die Stadtmauer nicht gebaut und die ungeklärten Eigentums- bzw. Nutzungsrechte für bestimmte Teile des Festungsgeländes blieben bis ins 18. Jahrhundert hinein ein Zankapfel zwischen Herrschaft und Stadt.[24] So verpachtete der Magistrat 1682 wohl mehr oder weniger unwissentlich herrschaftliche Grundstücke an die Bürgerin Elisabeth Stöffler zur Betreibung einer Haffnerbrennstätte. Als diese sich bei der Rentkammer über eine Pachterhöhung beschwert, kommt es zu einem jahrzehntelangen Rechtsstreit zwischen Stadt und Herrschaft. Freudenstadt wird dabei zu einer Rückzahlung der unberechtigt kassierten Pachtsumme aufgefordert, welche sich in den 34 Jahren von 1682–1716 auf insgesamt 65 Gulden belief. 1735 – zwanzig Jahre! nach der ersten Aufforderung – weigert sich die Stadt noch immer, die Summe zurückzuzahlen, mit dem Argument: eine Nutznießung ihrerseits wäre nur recht und billig gewesen, schließlich sei die Stadt, als ein „völlig erarmtes und inervirtes Stättlin" nie entschädigt worden und hätte wegen der Fortifikation „sowohl von Feindes als auch Freundes Völckern den ganzen Krieg hindurch starke Garnisonen .... ertragen müßen sowie Plünderungen und Brandschatzungen."[25]

Streit um das Festungsgelände zwischen Landesherrschaft und Stadt

So negativ, wie die Stadtoberen die Folgen des Festungsbaus rund fünfzig Jahre danach darstellten, wurden sie während der Bauzeit nicht empfunden. Im Gegenteil – der Herzog versuchte, die zusätzlichen Belastungen für die Bevölkerung durch großzügige Zugeständnisse zu erleichtern. Um den Zuzug von Arbeitskräften zu unterstützen, griff Eberhard III. zum bewährten Mittel der Steuer- und Abgabenbefreiung für 12 Jahre. Zusätzlich genehmigte er die Abhaltung weiterer Jahrmärkte.[26]

Der Festungsbau als herzogliche „Subvention" für die Stadt?

Neue Gebäude entstanden, alte wurden saniert, da der Herzog der Einwohnerschaft zur Förderung des „privatorum gebaw", kostenlos Steine aus dem örtlichen Steinbruch und in bestimmten Fällen Holz aus dem Herrschaftswald überließ. An der Finanzierung des Rat-

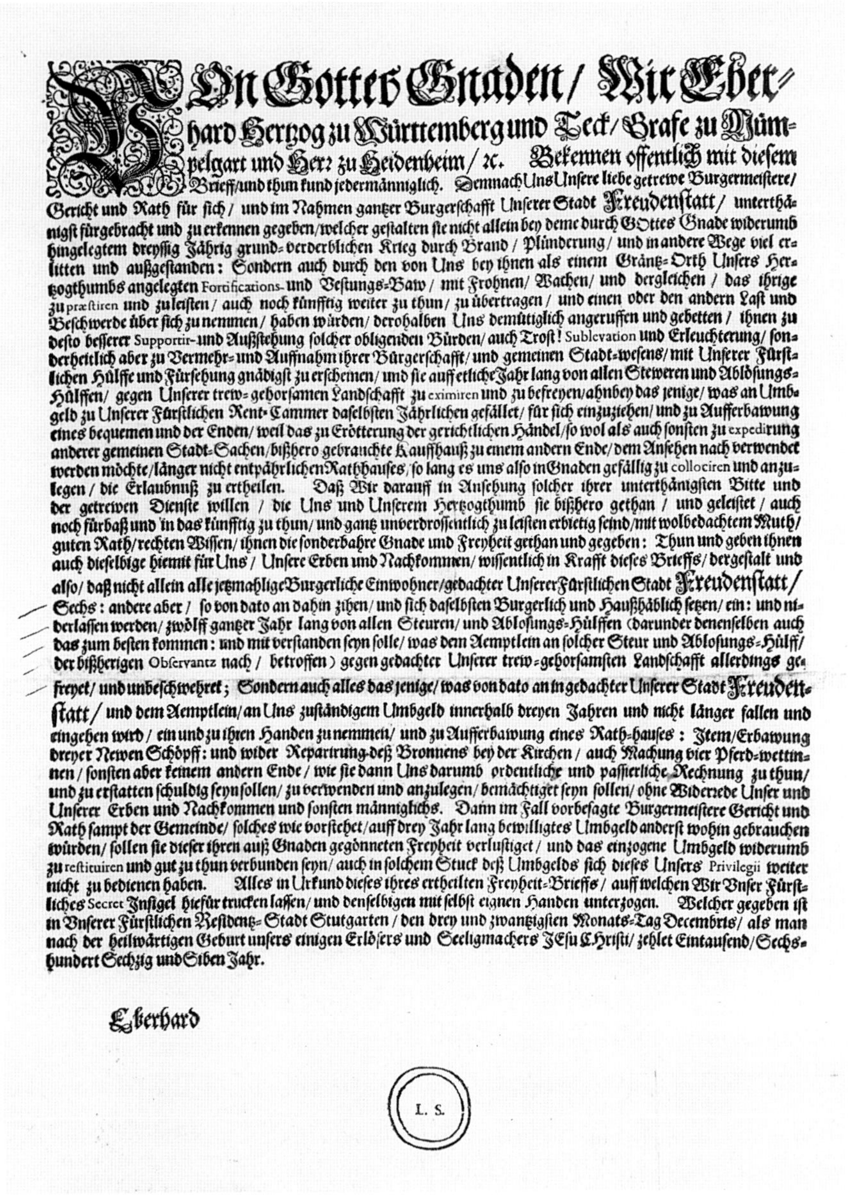

VOn Gottes Gnaden/ Wir Eberhard Hertzog zu Württemberg und Teck/ Grafe zu Mümpelgart und Herr zu Heidenheim/ rc. Bekennen offentlich mit diesem Brieff/ und thun kund jedermänniglich. Demnach Uns Unsere liebe getrewe Burgermeistere/ Gericht und Rath für sich/ und im Nahmen gantzer Burgerschafft Unserer Stadt Freudenstatt/ unterthänigst fürgebracht und zu erkennen gegeben/ welcher gestalten sie nicht allein bey deme durch GOttes Gnade widerumb hingelegtem dreyssig Jährig grund-verderblichen Krieg durch Brand/ Plünderung/ und in andere Wege viel erlitten und außgestanden: Sondern auch durch den von Uns bey ihnen als einem Gräntz-Orth Unsers Hertzogthumbs angelegten Fortifications- und Vestungs-Baw/ mit Frohnen/ Wachen/ und dergleichen/ das ihrige zu præstiren und zu leisten/ auch noch künfftig weiter zu thun/ zu übertragen/ und einen oder den andern Last und Beschwerde über sich zu nemmen/ haben würden/ derohalben Uns demütiglich angeruffen und gebetten/ ihnen zu desto besserer Supportir- und Außstehung solcher obligenden Bürden/ auch Trost! Sublevation und Erleuchterung/ sonderheitlich aber zu Vermehr- und Auffnahm ihrer Bürgerschafft/ und gemeinen Stadt-wesens/ mit Unserer Fürstlichen Hülffe und Fürsehung gnädigst zu erscheinen/ und sie auff etliche Jahr lang von allen Steweren und Ablösungs-Hülffen/ gegen Unserer trew-gehorsamen Landschafft zu eximiren und zu befreyen/ ahnbey das jenige/ was an Umbgeld zu Unserer Fürstlichen Rent-Cammer daselbsten Jährlichen gefället/ für sich einzuziehen/ und zu Aufferbawung eines bequemen und der Enden/ weil das zu Erötterung der gerichtlichen Händel/ so wol als auch sonsten zu expedirung anderer gemeinen Stadt-Sachen/ bißhero gebrauchte Kauffhauß zu einem andern Ende/ dem Ansehen nach verwendet werden möchte/ länger nicht entpährlichen Rathhauses/ so lang es uns also in Gnaden gefällig zu collociren und anzulegen/ die Erlaubnuß zu ertheilen. Daß Wir darauff in Ansehung solcher ihrer unterthänigsten Bitte und der getrewen Dienste willen/ die Uns und Unserem Hertzogthumb sie bißhero gethan/ und geleistet/ auch noch fürbaß und in das künfftig zu thun/ und gantz unverdrossentlich zu leisten erbietig seind/ mit wolbedachtem Muth/ guten Rath/ rechten Wissen/ ihnen die sonderbahre Gnade und Freyheit gethan und gegeben: Thun und geben ihnen auch dieselbige hiemit für Uns/ Unsere Erben und Nachkommen/ wissentlich in Krafft dieses Brieffs/ dergestalt und also/ daß nicht allein alle jetzmahlige Burgerliche Einwohner/ gedachter Unserer Fürstlichen Stadt Freudenstatt/ Sechs: andere aber/ so von dato an dahin zihen/ und sich daselbsten Burgerlich und Haußhäblich setzen/ ein: und niderlassen werden/ zwölff gantzer Jahr lang von allen Steuren/ und Ablosungs-Hülffen (darunder denenselben auch das zum besten kommen: und mit verstanden seyn solle/ was dem Aemptlein an solcher Steur und Ablosungs-Hülff/ der bißherigen Observantz nach/ betroffen) gegen gedachter Unserer trew-gehorsamsten Landschafft allerdings gefreyet/ und unbeschwehret; Sondern auch alles das jenige/ was von dato an in gedachter Unserer Stadt Freudenstatt/ und dem Aemptlein/ an Uns zuständigem Umbgeld innerhalb dreyen Jahren und nicht länger fallen und eingehen wird/ ein und zu ihren Handen zu nemmen/ und zu Aufferbawung eines Rath-hauses: Item/ Erbawung dreyer Newen Schöpff: und wider Repartirung deß Bronnens bey der Kirchen/ auch Machung vier Pferd-wettinnen/ sonsten aber keinem andern Ende/ wie sie dann Uns darumb ordentliche und passierliche Rechnung zu thun/ und zu erstatten schuldig seyn sollen/ zu verwenden und anzulegen/ bemächtiget seyn sollen/ ohne Widerrede Unser und Unserer Erben und Nachkommen und sonsten männiglichs. Dann im Fall vorbesagte Burgermeistere Gericht und Rath sampt der Gemeinde/ solches wie vorstehet/ auff drey Jahr lang bewilligtes Umbgeld anderst wohin gebrauchen würden/ sollen sie dieser ihren auß Gnaden gegönneten Freyheit verlustiget/ und das einzogene Umbgeld widerumb zu restituiren und gut zu thun verbunden seyn/ auch in solchem Stuck deß Umbgelds sich dieses Unsers Privilegii weiter nicht zu bedienen haben. Alles in Urkund dieses ihres ertheilten Freyheit-Brieffs/ auff welchen Wir Unser Fürstliches Secret Insigel hiefür trucken lassen/ und denselbigen mit selbst eignen Handen unterzogen. Welcher gegeben ist in Unserer Fürstlichen Residentz-Stadt Stutgarten/ den drey und zwantzigsten Monats-Tag Decembris/ als man nach der heilwärtigen Geburt unsers einigen Erlösers und Seeligmachers JEsu Christi/ zehlet Eintausend/ Sechshundert Sechzig und Siben Jahr.

Eberhard

L. S.

Steuerfreipatent Eberhards III. vom 23. Dezember 1667.

hausbaus beteiligte er sich maßgeblich durch den Verzicht auf das ihm zustehende Umgeld und für die Instandhaltung kirchlicher Gebäude stiftete er 1000 Gulden. Nicht zuletzt erhielt die Stadt erst durch den Fortifikationsbau eine Befestigung mit Stadttoren.[27] Es wurden vier Tore – das Stuttgarter Tor (Oberes Tor), das Loßburger Tor, das Kniebistor (Murgtal- oder Unteres Tor) und das Baiersbronner Tor (Hirschkopftor) im Zuge des Festungsbaus errichtet. Sie waren als Festungsbestandteile konzipiert und bildeten ein wichtiges Glied in der Stadtumwallung, was ihrer Funktion als Stadttore nicht immer zugute kam. Die niedrigen, engen und teilweise abgeknickten Gewölbe waren für manche Fahrzeuge nicht passierbar – ein Zustand, der ständig zu Beschwerden der Bevölkerung führte. Die ornamental ausgestalteten Portale wurden von Baumeister Matthias Weiß geschaffen, die dort angebrachten Wappensteine werden Hans Jacob Auw, einem nicht am Festungsbau beteiligten Steinmetz aus Horb, zugeschrieben.[28]

Das städtische Wirtschaftsleben dürfte indirekt ebenfalls vom Festungsbau profitiert haben. Die Errichtung spezifischer Zuliefererbetriebe für die Baumaßnahmen (z.B. Steinmetzhütte, Zimmerplatz, Kalkgruben, Salpeterhaus) brachte neue Gewerbebetriebe mit möglicherweise auch 'innovativen' Techniken in die Stadt. Die Errichtung einer Salpeterhütte zur Gewinnung von Salpeter (einem wichtigen Grundstoff für die Herstellung von Schießpulver) dürfte allerdings – falls eine Produktion überhaupt aufgenommen wurde – auf wenig Gegenliebe gestoßen sein, denn der begehrte Stoff wurde aus dem Urin von Stalltieren gewonnen – ein Verfahren, das angeblich einen entsetzlichen Gestank verbreitete. Eine alte Ziegelhütte auf „Wittlensweiler Markung im freien Feld" wurde im Zuge des Festungsbaus ebenfalls wieder reaktiviert und der Faktorei in Christophstal unterstellt.[29]

In einer Zeit, als die Städte um die knappe 'Ressource' Mensch wetteiferten, bedeutete das Vorhandensein von Arbeitsmöglichkeiten sicherlich einen Wettbewerbsvorteil im Kampf um den Zuzug neuer Bürger. 1668 sollen rund siebzig Maurer und etwa sechzig Tagelöhner eingestellt worden sein. Bei einem geschätzten Bevölkerungsanteil von ca. 300–400 arbeitsfähigen Männern hätte der Festungsbau fast die Hälfte des zur Verfügung stehenden Arbeitskräftepotentials beansprucht.[30] Es erstaunt daher kaum, daß dadurch angeblich achtzig Neubürger in die Stadt gelockt wurden, nicht mitgerechnet die 1667 hier stationierten 76 Soldaten.[31]

Laut summarischem Extrakt der Bauverwaltung beliefen sich die Kosten für die Stadtumwallung auf fast 100.000 Gulden. Der überwiegende Teil wurde für Material und Fuhrlohn verbraucht – Geld, das sicherlich zu einem gewissen Prozentsatz auch den städtischen Gewerben zugute kam. So wurden allein aus Christophstal

Foto des 1871 abgebrochenen Murgtaltores aus dem „Wälde-Album".

Lieferungen in Werte von 8000 Gulden bestellt.32 Die Bedeutung des Festungsbaus kann daher nicht hoch genug eingeschätzt werden. Selbst die Stadtoberen gaben zu Beginn des 18. Jahrhunderts bei all ihrem Lamentieren über die Nachteile der Fortifikation zu: durch den 30jährigen Krieg sei die Stadt in „Abgang gerathen" und „in den gäntzlich ruin gesezet" und habe durch „die Fortification aber erst in 1667... mit Wider Auferbauung etlicher Neuer Häuser den Anfang genommen".[33]

Handel und „Schleichhandel" in einer Grenzstadt

Die Lage an einem der wenigen Verbindungswege über den Schwarzwald und die Nähe zu attraktiven Handelsgebieten in der Rheinebene prädestinierte Freudenstadt zum Warenaustausch über die territorialen Grenzen hinweg, zumal mit der zeitweiligen Erwerbung der Pfandschaften Oberkirch und Oppenau (1604–34, 1649–65) der Zugang zunächst erleichtert wurde.

Die Stadt durfte Ende des 17. Jahrhunderts neben den regelmäßigen Wochenmärkten auch vier Jahrmärkte abhalten. Mit einem Kaufhaus sowie dem großen Marktplatz waren auch die räumlichen Voraussetzungen für Kauf und Verkauf geschaffen. Der großzügig angelegte Marktplatz diente allerdings nicht nur als Warenumschlagplatz. Vor 1741 wurde er auch als Weide für Schweine und Gänse benutzt. Er lag „lange öd und wüst", bis 1749 einige Bürger Gärten darauf anlegten und Wach- und Waschhäuser, Wagenremisen und „Holzschöpf" darauf errichtetet wurden. Als 1791 die Obrigkeit in Stuttgart den bisher auf dem Marktplatz abgehaltenen Viehmarkt aus Sicherheitsgründen nach außerhalb verlegen wollte, stieß dies auf den vehementen Protest der Stadt. Der Viehmarkt durfte daraufhin unter Beachtung bestimmter Sicherheitsmaßnahmen wieder im Zentrum stattfinden.[34]

Der Marktplatz als Viehweide

Die Märkte in Freudenstadt zogen nicht nur die Bewohner der näheren Umgebung, sondern auch Nachbarn aus den fürstenbergischen und straßburgischen Gebieten an. Als Warenumschlagplatz besaß die Stadt sowohl lokale als auch regionale Bedeutung. „Wein, dürr und grün Obst, Werckh, Flax" und andere Viktualien wurden z.B. aus der Oberkircher oder Straßburger Gegend eingeführt und im Gegenzug Getreide aus dem Gäu exportiert. Mit dem Verkauf von Holz nach Holland stieg man auch in den Fernhandel ein.[35] Die im Zuge der Auseinandersetzungen mit Frankreich vor allem zwischen 1668–1713 immer wieder erlassenen Frucht- und Viehausfuhrsperren bedeuteten allerdings eine gravierende Behinderung dieses für die Stadt wichtigen Handelsverkehrs.[36]

Der Freudenstädter „Fruchtmarkt"

In Freudenstadt wurde wegen des rauhen Klimas nur eingeschränkt Fruchtanbau betrieben, die Stadt war daher auf die Zufuhr von Korn, vor allem aus dem Gäu, angewiesen. Als Fruchtmarkt dienten ursprünglich zwei gewölbte Räume im Kauf- und Rathaus, welches deshalb auch als Frucht- oder Kornhaus bezeichnet wurde; noch um 1772 findet der Kornmarkt ein- bis zweimal die Woche „unter allhiesigem Kaufhaus" statt.[37] Der „Kornhausbestand" wurde alljährlich an einen Bürger der Stadt verliehen. Da sich meist mehrere Bewerber, die sogenannten „Liebhaber", einfanden, wurde in einer Art öffentlicher Versteigerung der „Beständer" ermittelt. Er hatte in den Jahren 1774–1789 ein jährliches Pachtgeld von 90–131 Gulden zu bezahlen. Die Höhe der Summe orientierte sich stark an der Marktlage. Besonders in den Zeiten der Hungerkrise zu Beginn der 1770er Jahre lag wegen des starken Getreidemangels der Fruchtmarkt darnieder. Außerdem machten dem städtischen Fruchtbeständer zahlreiche Kleinhändler, sogenannte „Schäuffler", Konkurrenz, indem sie potentielle Marktkunden wie z.B. die Baiersbronner Bäcker frei Haus belieferten und dadurch den Absatz des Freudenstädter Markts zusätzlich schmälerten.

Auch die Bauern aus dem Gäu verkauften Ende des 18. Jahrhunderts immer seltener ihr Getreide direkt auf dem Markt, sondern bevorzugten den Zwischenhandel mit den Schäufflern, was die Preise weiter in die Höhe trieb.[38] Als die Obrigkeit 1789 erneut eine „Fruchtsperre" anordnet, schrumpfte das Handelsvolumen fast um die Hälfte, so daß nicht einmal mehr der Bedarf der Einwohnerschaft auf dem einheimischen Fruchtmarkt gedeckt werden konnte.[39]

Salz aus Sulz, Lothringen und Bayern

Salz, ein wichtiges Produkt des alltäglichen Lebens, war in Württemberg Mangelware. Bis ins 19. Jahrhundert hinein blieb das Land, abgesehen von kleineren Salzvorkommen, weitgehend von teurer auswärtiger Salzeinfuhr abhängig.[40] Die Städte und Ämter besaßen in Württemberg ein verbrieftes Recht auf den Salzverkauf. In Freudenstadt sollte 1626 der Magistrat mit der finanziellen Hilfe des Faktors für den Messinghandel Peter Stein einen solchen „Salzhandel" oder „Salzbestand" einrichten.[41]

Der Freudenstädter Magistrat verlieh diesen Salzbestand zum „bessern Nutzen und Profit" an einen Beständer oder Pächter. Die Rentabilität des Geschäftes hing stark von den wirtschaftlichen und politischen Rahmenbedingungen ab und je nachdem konnte die jährliche Pachtsumme zwischen 42 Gulden 1773/74 und 132 Gulden im Jahr 1776 schwanken.

Der Beständer hatte die Beschaffung und das Ausmessen des Salzes unter bestimmten Konditionen zu organisieren. Während er 1686 das Salz „umb ein billichen preiß" an die Bevölkerung abgeben soll, wird ihm Ende des 18. Jahrhunderts der Salzpreis diktiert.[42] Das städtische Salzmonopol ließ sich aber nicht ohne weiteres durchsetzen. Im 17. Jahrhundert verkaufte der Zoller vom Kniebis Salzvorräte auf eigene Faust; gegen Ende des 18. Jahrhunderts findet sich bei der Salzverleihung ein Passus, der den Bürgern das „beibringen" ihrer Salzscheiben gegen eine Entschädigungszahlung an den Pächter einräumt.[43]

Großen Wert legten die jeweiligen Beständer auf ihre Kundschaft in Christophstal. Als 1778/78 das Bergamt Alpirsbach einem Christophstaler Bergmann eine größere Menge Salz zustellt, beschwert sich der Beständer sofort beim Magistrat über den ihm „abgekommenen" Verdienst."[44]

Salz war nicht nur als Speisezutat unentbehrlich, sondern auch als Konservierungsmittel für Fleisch, Fisch, Käse etc.; dementsprechend hoch ist der Verbrauch anzusetzen. Eine Berechnung von 1790 geht von sechzehn Pfund Kochsalz pro Person und Jahr aus, nicht mitgerechnet den Bedarf für die Viehhaltung und für bestimmte Gewerbe wie die Lederherstellung oder Farbstoffprodukion.[45]

Salz als Handelsware

Freudenstadt bezog das Salz von der nahe gelegenen Saline in Sulz am Neckar, aus Lothringen und aus Bayern. Während die Stadt die Einfuhr lothringischen Salzes bevorzugte, versuchte die Herrschaft, primär das eigene Sulzer Salz an den Mann bzw. die Frau zu bringen. Gleichzeitig förderte der Herzog im 18. Jahrhundert die Verbreitung des bayerischen Salzes im Land, um im Gegenzug Wein nach Bayern zu liefern. An dem angestrebten Wein- und Salzkommerzium zwischen Bayern und Württemberg war die Firma Notter & und Stuber aus Calw maßgeblich beteiligt, bevor der Herzog in der Mitte des 18. Jahrhunderts kurzfristig ein eigenes Salzmonopol errichtete.[46]

Ende des 17. Jahrhunderts wehrte sich die Stadt gegen den Kaufzwang für Sulzer Salz – es sei teuer und von minderer Qualität.[47] 1775/76 wird dem Beständer auferlegt, den Salzverbrauch mit 1/3 Sulzer Salz und 2/3 Lothringer Salz zu decken, da die Ergiebigkeit der Sulzer Saline zu wünschen übrig ließ. Dabei konnte die Herrschaft offensichtlich ohne Rücksicht auf bestehende Verträge die Stadt zur Übernahme von Sulzer Salz zwingen.[48]

„Den Wein auf Umwegen... heimblich herein practicieren". Der Freudenstädter Weinhandel 1667–1789

Weinschmuggel in Freudenstadt

Für die Freudenstädter Bevölkerung war der Wein nicht nur ein wichtiges Handelsgut, sondern für den, der es sich leisten konnte, ein alltägliches Getränk. Erst gegen Ende des 18. Jahrhunderts versuchte die Stadt, das Christophstaler Bierbraumonopol zu durchbrechen, bis dahin wurde vorwiegend aus der Rheinebene importierter Wein konsumiert. Da in Württemberg selbst Wein angebaut und auch exportiert wurde, versuchte die Obrigkeit, den Handel mit ausländischen Weinen zu unterbinden.[49]

Als mit dem Verlust der Pfandschaft Oberkirch 1665 die Weineinfuhr aus dieser Gegend unter

Ausländischer Wein bevorzugt!

ein generelles Verbot fiel, wehrten sich die Freudenstädter energisch dagegen, entzog es ihnen doch weitgehend die Handelsgrundlage mit den Gebieten jenseits des Schwarzwaldes. Es traf sie um so härter, als der ohnehin teure württembergische Wein aus dem entfernt liegenden Unterland herbeigeschafft werden mußte und durch die hohen Transportkosten angeblich unerschwinglich wurde.[50] Mitte des 18. Jahrhunderts dauerte es zwanzig Stunden, um den Wein „lägelesweis", d.h. in kleinen Fässern vom Unterland nach Freudenstadt „hoch/zu/führen", während die Beförderung des billigeren ausländischen Weins aus der Rheinebene nur sieben bis neun Stunden in Anspruch nahm.[51]

Die Stadt ließ daher nichts unversucht, um die Aufhebung des 'Importverbotes' zu erreichen. Es wurden Gesandte zum Herzog geschickt und zahlreiche Bittschriften verfaßt, die heute noch ein ganzes Aktenbüschel (1666–1789) im Stadtarchiv füllen. Rechtliche Grundlage der Petitionen bildeten die von Eberhard III. im Zuge des Festungsbaus befristet gewährten „Bergwerksprivilegien". Sie erlaubten den Bürgern der Stadt, den für ihren Hausbrauch benötigten Wein „im oder außer Landes, wo sie wollen erkaufen und bei/zu/führen". Einmal an dieses Privileg gewöhnt, bestand die Stadt immer wieder auf Ausnahmegenehmigungen – allerdings mit wechselndem Erfolg.[52]

So wurde eine 1667 gewährte Einfuhrgenehmigung bereits ein Jahr später wieder eingeschränkt, da „die leidige Catagion der Pest, auch anderer gefährlicher Krankheiten in mancher Statten und Dörfern jenseits des Rheins aufs newe stark eingerissen" war; den Untertanen wird deshalb verboten, an dergleichen „inficierlichen orthen" Handel zu treiben.[53] Als sich 1707 die württembergischen Weinbauern über den Handel der „Oberländer" mit ausländischem Wein beschwerten, wurden die Einwohner Freudenstadts darauf hingewiesen, daß der ausländiche Wein nur „zum Hausbrauch und für die Wirtschaften" genutzt werden durfte, keineswegs soll damit ins „Land herein" gehandelt werden".[54] Als 1748 wieder einmal ein Verbot drohte, argumentierte der Magistrat in besonders aufmüpfigen Ton, indem er die Durchsetzung eines solchen für nicht realisierbar erklärte: Viele Schauffler würden den Wein sowieso auf „Umwegen... heimblich herein practicieren". Durch ein Verbot würden nur die Schmuggler „prosperieren" und die Herrschaft unter dem Steuer- und Zollverlust leiden.[55] Außerdem würde durch den Weinhandel die Kniebispassage auch im Winter „frequentiert" und damit freigehalten, während die Schmuggler Nebenwege durch das Baiersbronner Tal bevorzugten. Offensichtlich verführte die Grenzlage der Stadt auch in „normalen Zeiten" zu illegalen Einfuhren. Auf den obengenannten Schleichwegen wurden „Wein, Frucht, Victualien...in das Land und wieder hinaus geführt" – sprich geschmuggelt![56]

Die „Widersetzlichkeit" der Schäuffler

Der Handel mit den Gegenden jenseits des Kniebis, ob nun legal oder als „Schleichhandel", war offensichtlich so lukrativ, daß sich in Freudenstadt ein eigener Berufsstand, die sogenannten Schauffler oder Schäuffler, etablieren konnte. Ursprünglich vom „schuvelwin", dem geringeren Wein bei der Traubennachlese, abgeleitet, bezeichnete das Wort arme, Wein verkaufende Kleinhändler.[57]

Die Freudenstädter Schauffler importierten Wein aus den Gegenden Oppenau, Offenburg und Gengenbach sowie aus anderen breisgauischen Orten und belieferten diese dafür mit Getreide. Mit der Zeit dehnten sie ihren Güterverkehr bis nach Straßburg und ins Neckartal aus und erweiterten ihre Handelspalette um Konsumgüter wie Tabak, Hanf, Salz, „grün und klär Obst, Werck und andere Viktualien". Diese Produkte, die „alhier als ein rawen Orth nicht wachsen", boten sie auf den hiesigen Jahr- und Wochenmärkten zum Kauf an.[58]

Es waren daher die Schauffler, die sich jeweils vehement den obrigkeitlichen Handelsbeschränkungen widersetzten oder zumindest auf gewisse Lockerungen drängten. Ihre Argumente, ob 1687 oder 1745, blieben im Grunde immer dieselben: „an einem Grenzorth ligend und als Fuhrleuth nichts außer Schäufflen" gelernt, womit sie ihr „Stück Brot ehrlich verdienen" könnten, wären sie auf das „Commercieren" mit den „benachbarten außländischen

Orten" angewiesen."[59] Es gelingt ihnen immer wieder, sich als „in großer Schuldenlast stehende" Leute darzustellen, die ohne den Handel „alle miteinander gar vollends verderben und zu grundgehen" würden. 1721 bitten 17 „bluetharme Burger und Schäuffler" um die Erlaubnis, Wein einführen zu dürfen, damit sie auch wieder die gewohnte Belieferung der „österreichischen und ritterständischen Untertanen" weiterführen könnten.[60] Offensichtlich bedienten die Schauffler mit ihrem Handelsverkehr sowohl Gebiete dieseits wie jenseits des Schwarzwaldes.

Daß einige dabei gar nicht so „bluetarm" blieben, belegen die hohen Unkosten für die zahllosen Bittschriften an den Herzog, die weitgehend von den Schäufflern und Wirten getragen wurden. 1713 reisten auf Kosten der Schäuffler sogar drei Freudenstädter Abgesandte dem Herzog mehrere Tage lang nach, um ihrem Gesuch den gehörigen Nachdruck zu verleihen.[61]

Ende des 18. Jahrhunderts wird die „üppige und unordentliche Lebensart" der Schäuffler sogar vom Magistrat gerügt. Vor Gericht und Rat wird „ihre unanständige Aufführung, Unfolgsamkeit gegen die Obrigkeit, ihre schlechte Kinderzucht und unverantwortliche Abhaltung der Kinder von der Kirche und Schule" auf's Schärfste kritisiert. Das ganze Schäufflergewerbe war der Obrigkeit so suspekt, daß sie die „große Anzahl" der Schäuffler auf neunzehn begrenzte und den restlichen Kleinhändlern die Ausübung ihres erlernten Handwerks nahelegten. Durch die zusätzliche obrigkeitliche Auflage, weder Tabak noch Wein einzuführen, wird ihnen ihre Handelsgrundlage weitgehend entzogen.[62]

Das Schaufflergewerbe war wohl in Zeiten von Massenarmut und Massenarbeitslosigkeit so attraktiv geworden, daß immer mehr Einwohner versuchten, damit ihren Unterhalt zu verdienen oder zumindest aufzubessern, obwohl die Obrigkeit dies zu unterbinden suchte. So wird einem Aufnahmegesuche für das Bürgerrecht 1771 nur mit der „Erinnerung" entsprochen, daß sich der Betreffende „nicht aufs Schäufflen legen, sondern seine Nahrung mit Taglohn und Waldgeschäften sichern solle".[63]

Warum ausgerechnet die Schäuffler Ende des 18. Jahrhunderts als besonders renitente Personen immer wieder vor Gericht erscheinen, läßt sich möglicherweise durch ihr Gewerbe erklären. Sie besaßen viele Außenkontakte, arbeiteten unregelmäßig und kamen ständig mit Alkohol in Berührung. Die „Widersetzlichkeit" der Schauffler ist deshalb häufiges Thema vor Gericht. Sei es, daß sie sich über Anordnungen hinwegsetzten – der Schauffler und Weißgerber Johann Wurster schenkte 1781 trotz mehrmaliger Ermahnung weiterhin Wein aus – oder sie ließen sich zu „gröbsten injurien" gegen die Amtsleute verleiten – diese seien „liderliche Gesellen und Spitzbuben".[64] Auch führte das berufsbedingte Ausleihen von Pferden für den Warentransport immer wieder zu Auseinandersetzungen. So klagte 1773 Alt David Wölpper gegen Johannes Haaß, dieser habe sein Pferd zum Weinführen ausgeliehen und nach der Rückgabe hätte das Pferd geschwankt und „nit recht läufen können".[65]

Im Gegensatz zu den Schaufflern werden nur wenige „Handelsmänner" in den Gerichtsprotokollen erwähnt. Um 1770 verdienten Heinrich Ludwig Eisenbrenner und Johann Gottlieb Andler, um 1790 Bürgermeister Ludwig Glauner und Jacob Friedrich Becherer ihren Lebensunterhalt im Handelsgewerbe.

Zu ihren bevorzugten Handelsgütern gehörten Luxuswaren wie Tabak, „Specereywaren, Öhl, Saifen, und Liechter".[66]

Als sie 1781 weibliche Konkurrenz bekamen, erstattet Handelsmann Andler sofort Anzeige bei Gericht: Eine Frau Catharina Wölpper würde nicht nur Lebkuchen, sondern auch „Zuckerbrot, Pfäffernüß und anders Confect backen und damit handlen". Ihr wird daraufhin das „Confectbacken" und das damit treibende „Commercium" untersagt. Die Beteiligung der Frauen am wirtschaftlichen Leben der Stadt ist unbestritten, wenn auch quellenmäßig nicht immer faßbar. Sie arbeiteten oft in den Handwerksbetrieben mit und führten bei Abwesenheit oder Tod ihrer Männer die Geschäfte weiter – so betrieb 1789/90 die Witwe Andreas Finckenbeiners die Rebstockwirtschaft und die Witwe des Johannes Trick eine Metzgerei.[67]

Frauenarbeit: Die Händlerin Catharina Wölpper und die Rebstockwirtin Finckenbeiner

Der Wald als Wirtschaftsfaktor

Heute erleben wir den Schwarzwald als gut erschlossenes Erholungsgebiet – kaum vorstellbar, daß vor 400 Jahren diese Waldlandschaft ein riesiges Rohstoffreservoir für die damalige Wirtschaft darstellte. Im „hölzernen Zeitalter", ohne Kohle und Stahl, war Holz sowohl als Brenn- als auch als Konstruktionsmaterial von existentieller Bedeutung.[68]

Neben der Holzwirtschaft hatten sich weitere typische Waldgewerbe wie z.B. Köhlereien, Salbeöfen, Glashütten und Rußhütten entwickelt, die für das tägliche Leben unentbehrliche Substanzen produzierten. Im 18. Jahrhundert nahm die Ausbeutung des Waldes so stark zu, daß sich gewisse Nutzungshierarchien ausbildeten.[69] Gerade in Freudenstadt mit seiner energieverschlingenden Eisenindustrie im Tal dürfte bestimmten Nutzungsformen Priorität eingeräumt worden sein.
Der Wald um Freudenstadt war zum Großteil herrschaftlicher Forst, dessen Umfang im Lagerbuch von 1681 mit ca. 25.000 Morgen angegeben wird. Kaum ins Gewicht fiel dagegen der sich gegen den Schöllkopf hin erstreckende städtische Wald mit einer Größe von 504 Morgen im Jahr 1746. Die Grundlage dieses Waldbestandes bildeten 400 Morgen Land, welche den Bürgern im Zuge der Stadtgründung zum Ackerbau überlassen worden war, sich aber als völlig unbrauchbar für die Landwirtschaft herausstellten. Die Stadt erwarb daher diese 400 Morgen von ihren Bürgern und funktionierte das Gelände mit herzoglicher Genehmigung zum „Bürgerwald" um, welcher 1615 umsteint wurde.[70]

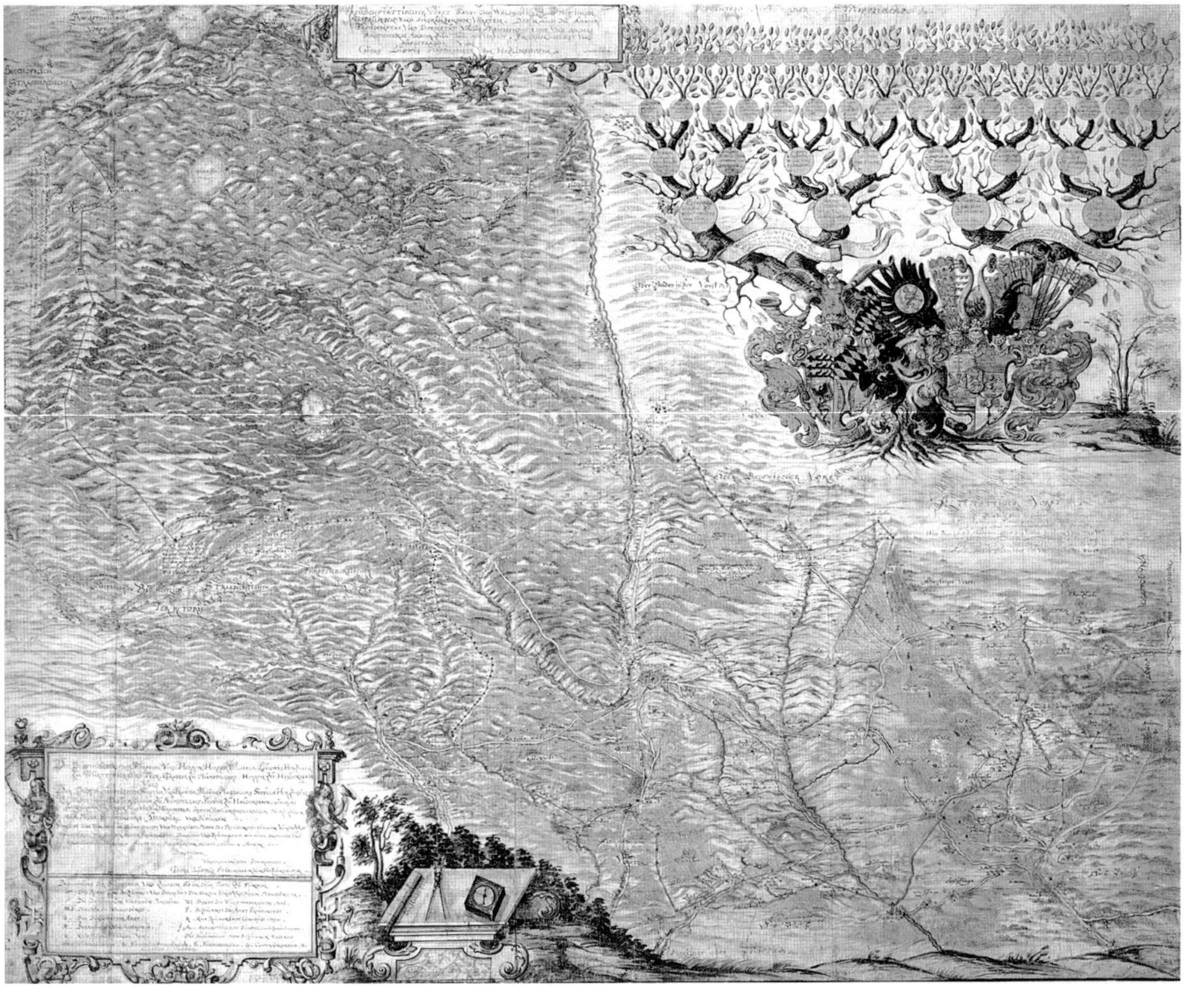

Karte des Freudenstädter Forsts mit den Ämtern Dornstetten und Reichenbach von Georg Ludwig Stäbenhaber, 1675.

„Waidgang, Waldexzesse und Waldfrevel" – Der Wald als Lebensgrundlage der Freudenstädter Bevölkerung

Der städtische Wald, in bestimmten Fällen auch der herrschaftliche Forst, diente u.a. zur Versorgung der einheimischen Bevölkerung mit Brenn- und Bauholz. Die Waldnutzung wurde in den Statuten der Stadt geregelt; so mußten Gericht und Rat jede Entnahme für Bauholz genehmigen.[71] Ende des 18. Jahrhunderts verging kaum ein Gerichtstag, an dem nicht solche „Gesuche umb Holzlieferungen" vorgetragen wurden; die dabei verlangten Mengen dürften sich im Laufe der Jahrzehnte auf eine ansehnliche Größe summiert haben. Kaum ins Gewicht fielen dagegen die Bitten einiger armer und bedürftiger Einwohner um Brennholzlieferungen im Winter.[72] Nicht wenige Bürger versuchten, die Vorschriften zu umgehen und besorgten sich ihr Holz „heimlich" oder führten mehr aus, als die gerichtliche Genehmigung vorsah. Die zahlreichen Anzeigen des Waldinspektors über „Waldfrevel" und „Waldexzesse" zeigen, daß es sich um ein ganz alltägliches und recht häufiges Delikt handelte: so wurde 1773 ein Metzger angeklagt, weil er gleich vier Stämme „ohnerlaubt umgehauen" hatte. 1771 standen acht Personen vor Gericht, darunter mehrere arme Taglöhner, die aus einer persönlichen Notlage heraus Holzdiebstahl begangen hatten.[73]

„Waldexzesse" als häufiges Delikt bei Gerichtstagen

Auch in dieser Zeit wurde mehr oder weniger rücksichtslos und egoistisch mit der Natur umgegangen, so daß Ende des 18. Jahrhunderts die Obrigkeit die Waldnutzung noch strenger reglementierte bzw. bestehende Nutzungsrechte einschränkte. Dabei stand weniger der Schutz des Ökosystems Wald als vielmehr das Interesse des Territorialherrn an den wachsenden Gewinnen aus der Holzwirtschaft im Vordergrund: 1776 wurde z.B. das Recht der Bevölkerung auf

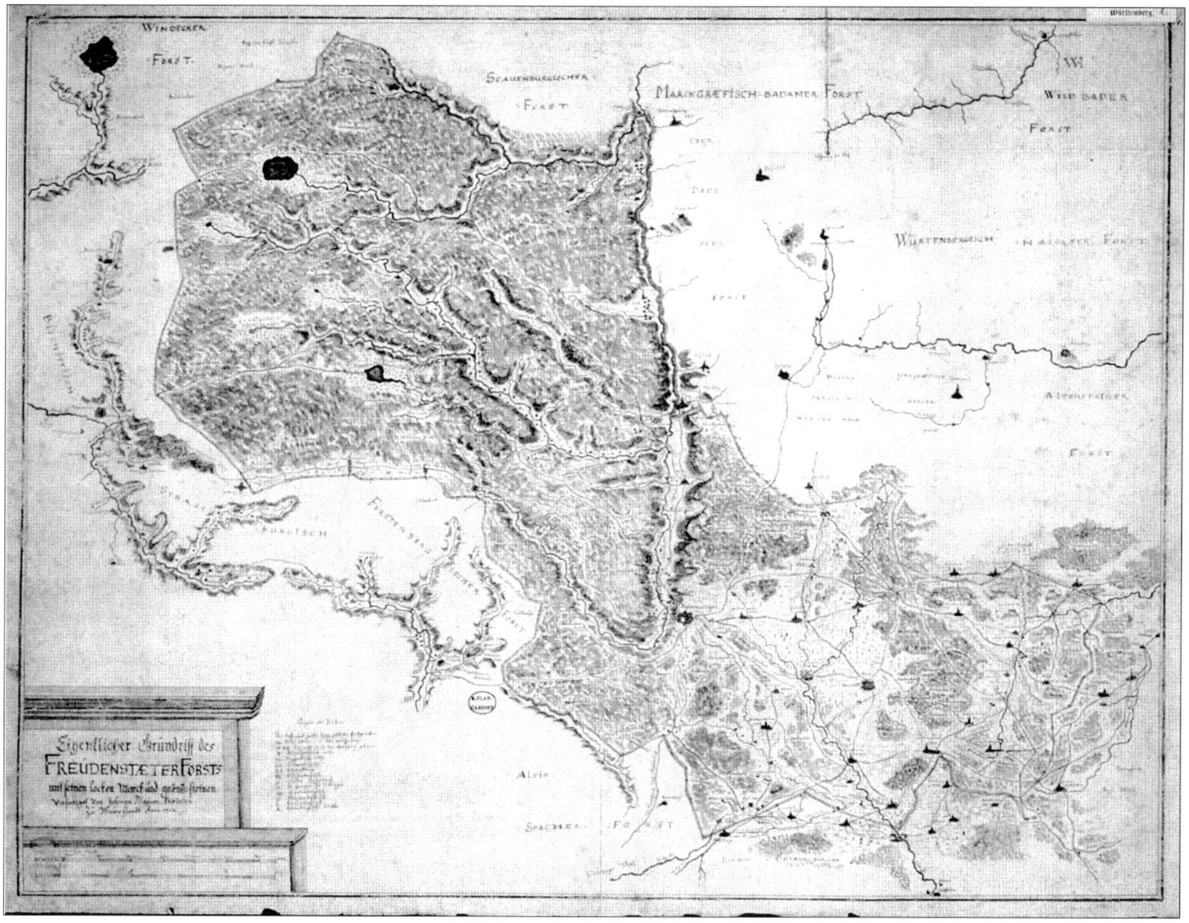

Karte des Freudenstädter Forsts von Johann Mayer, 1712.

„Streuesammeln" im Wald aufgehoben – ein lebensnotwendiges Privileg, denn die als Streu bezeichneten abgeworfenen Blätter, Nadeln und Zweige wurden als Ersatz für das nicht in ausreichendem Maße vorhandene Stroh benützt. Die Streunutzung bedeutete jedoch einen schwerwiegenden Eingriff in den Naturkreislauf des Waldes u.a. wurden dem Waldboden wichtige Nährstoffe entzogen. Das Verbot des Streuesammelns führte in Freudenstadt zu massiven Beschwerden der Einwohner – sie würden dadurch „in offenbaren Ruin versetzt" – und mußte dahingehend abgeändert werden, den Bürgern wenigstens in der „Maasten das Miesrupfen" (Moosrupfen), aber nur mit den Händen, zu gestatten.[74] Vier Jahre später wird „zur Schonung der Waldungen als auch...zur Holzersparnis" angeordnet, „daß zukünftig aus dem Stadtwald weder an Bürger noch sonst jemand Schindlen, Schaalen oder Flockenbaum, Flöz noch anders Holz zum versägen ...ausgegeben werden." Niemand sollte den Wald mit einer Axt betreten, außer er besaß eine ausdrückliche Erlaubnis." Ob die Vorschriften wirklich so eingehalten wurden, darf bezweifelt werden, setzten sie doch über Generationen hinweg erworbene Gewohnheitsrechte außer Kraft und allein schon die aufgezählten Ausnahmeregelungen machten die Verfügung mehr als durchlässig.[75]

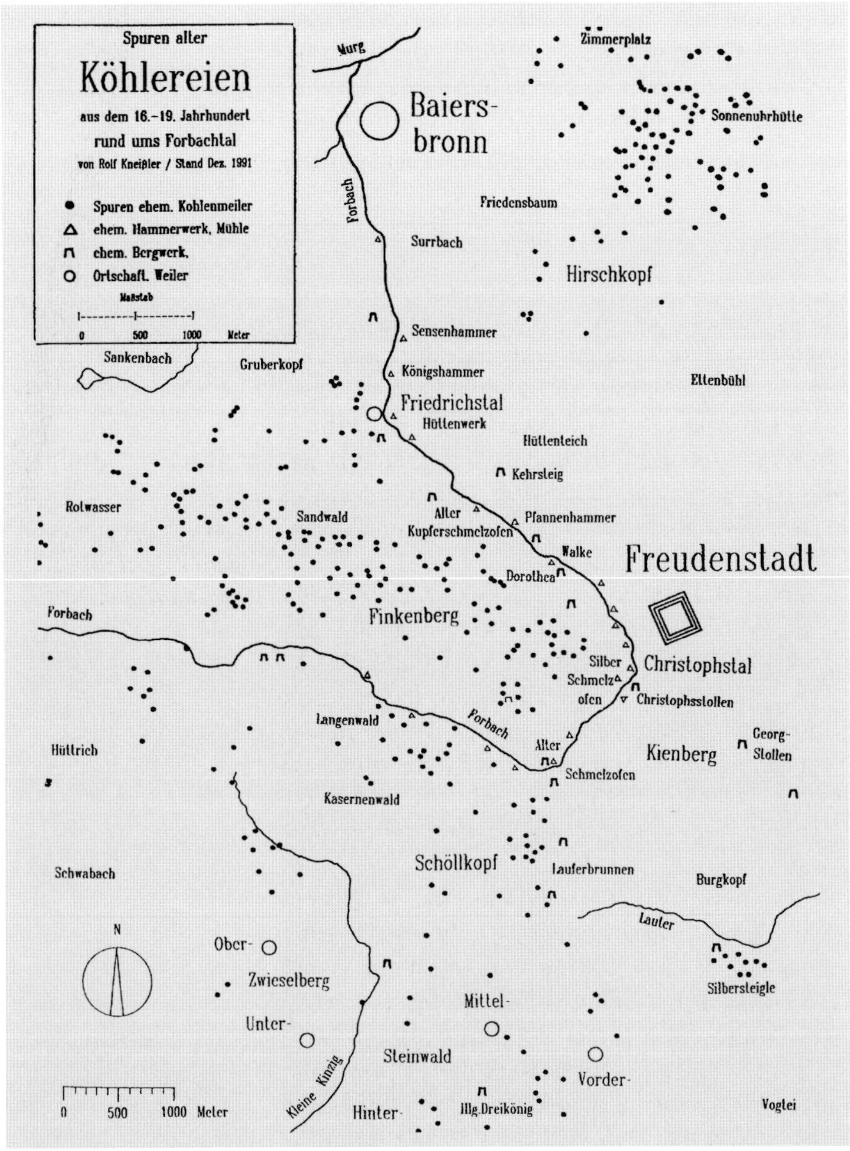

Spuren alter Köhlereien um das Forbachtal nach Rolf Kneißler.

Eine weitere Gefahr drohte dem Wald durch die Landwirtschaft. Rauhes Klima und wenig fruchtbarer Boden setzten dem Ackerbau im Schwarzwald Grenzen. Die bäuerliche Landwirtschaft wurde daher im 18. Jahrhundert durch Viehhaltung bestimmt. Aus Mangel an Grasweideland wurden dabei entweder neue Flächen durch Kahlschlag oder Brandrodung gewonnen oder es wurde die für den Wald schädliche „Waldweide" betrieben. Noch heute deuten Flurnamen wie Hardt auf diese Nutzung des Waldes hin.[76]

Auch Freudenstadt scheint in der Gründungsphase 1605 durch einen „Weidbrief" Herzog Friedrichs für einen bestimmten Bezirk „Weidegerechtigkeiten" erhalten zu haben. Noch 1711 soll sich der Viehbestand auf 40 Pferde, 86 Ochsen, 207 Kühe, 77 Stück Jungvieh, 30 Kälber, 120 Schafe und 60 Ziegen belaufen haben.[77] Gegen Ende des 18. Jahrhunderts hatte sich die Zahl der Tiere auf den Weiden stark reduziert. Zumindest klagten die für die Haltung des Viehs zuständigen Hirten über die kleinen Herden. Dem Ökosystem Wald kam dies auf jeden Fall zugute. Bei den Gerichtstagen in den Jahren 1770–1786 wurden nur wenige Fälle von „schädlichem Weiden" angezeigt.[78]

Arbeitsplatz „Wald"

Zu den besonders intensiven Nutzungsformen des Waldes gehörten die Holzkohlemeilerei (Köhlerei), die Glashütten, die Harzgewinnung,

die Kienruß- und Pechbrennerei und die Aschebrennerei (Pottasche). Diese Waldgewerbe lassen sich aufgrund schriftlicher Überlieferungen, einschlägiger Flurnamen, aber auch aufgrund heute noch erkennbarer Spuren in den Wäldern um Freudenstadt nachweisen.[79]
Es ist allerdings anzunehmen, daß der Energieversorgung der Eisenwerke in Christophstal absolute Priorität eingeräumt wurde, und somit die hierfür notwendige hohe Anzahl von Köhlereien die massive Ansiedlung anderer Gewerbe verhinderten. Die Köhler produzierten in einem aufwendigen und gefährlichen Verfahren den für die Eisenverarbeitung lebenswichtigen Energieträger Holzkohle. Um den enormen Holzkohlebedarf zu decken, waren um 1800 die Waldgebiete im Umkreis von 25 Kilometer angeblich weitestgehend abgeholzt worden.[80] In der „Wald- und Kohlordnung" des Christophstaler Lagerbuchs von 1682 sowie in den städtischen Gerichtsprotokollen finden sich kaum Hinweise auf den Berufsalltag dieser hart arbeitenden Menschen, bis auf einen Eintrag von 1774 über einen Christian Wein, Kohler im Langenwald/ Langenhardt. Heute erinnert z.B. der Flurname „Kohlwald" für ein oberhalb des Forbachs gelegenes Waldgebiet an diese 'Waldbewohner bzw. Waldarbeiter' Freudenstadts.[81]
Waren die Köhler hauptsächlich im herrschaftlichen Wald zu finden, so wurde die Harzgewinnung auch im Stadtwald betrieben, allerdings nicht kontinuierlich. Zu Beginn des 18. Jahrhunderts sind in den Bürgermeisterrechnungen der Stadt keine Einnahmen aus dem Harzgewerbe verzeichnet. Es gehörte zu den extensivsten Nutzungsformen und führte fast zwangsläufig zum vorzeitigen Absterben der Bäume. Bis zu dreimal jährlich „rissen" die Harzer die Stämme und konnten so im Jahresschnitt 1 1/2 Pfund Harz pro Baum gewinnen. Der Magistrat betrieb das Harzen „in der Stadtharzwaldung" entweder in Selbstadministration oder verlieh es an einen Beständer (Pächter), so erhielt z.B. der Bürger Johann Ferdinand Wölpper 1759/90 das Recht zum Harzen im Bürgerwald.[82]

Harz wurde als Abdichtmaterial, als Veredelungsprodukt z.B. in den Tuchfärbereien verwendet und zu Lacken, Schusterpech und Wagenschmiere weiterverarbeitet. Bei der Verarbeitung von Harz zu anderen Produkten fiel u.a. Kienruß an – ein wichtiger Grundstoff für die Produktion von schwarzer Farbe z.B. für Druckerschwärze. 1725 bitten Hans Georg Rubin und Franz Buchmann, beide Bürger und Taglöhner in Freudenstadt, um Genehmigung für den Bau einer solchen Rußütte. Die wichtigste Frage neben Bedenken des Feuerschutzes ist die Beschaffung des Rohstoffes, der nicht aus den hiesigen herrschaftlichen Wäldern stammen sollte. Erst als sie nachweisen, den „Pechkuchen" von harzproduzierenden Bauern aus dem Fürstenbergischen zu beziehen, wird eine Erlaubnis erteilt.[83]
Ein Glashütte existierte in Freudenstadt nicht, wohl aber handelten einige Einwohner um 1770 mit Glas der Buhlbacher Glashüttencompagnie, zumindest haben sie dort enorme Schulden.[84]

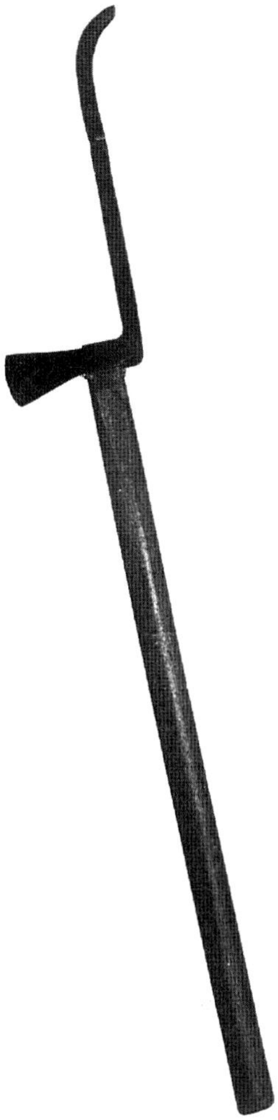

Altes Harzbeil aus dem Freudenstädter Heimatmuseum.

Vom Schwarzwald auf die Weltmeere – Holzlieferungen für Holland

Eine spektakuläre Art der Holzverwertung setzte zu Beginn des 18. Jahrhunderts mit der Lieferung von Baumstämmen aus dem Schwarzwald nach Holland ein. Vor allem für den Schiffsbau, aber auch für die Errichtung von Hafenanlagen und künstlichen Wasserwegen benötigten die Holländer resistente Eichen-, aber auch Tannen- und Fichtenstämme.
Auf den Wasserwegen der Enz, Nagold, des Neckars, der Murg und der Kinzig wurde das Langholz aus dem schwer zugänglichen Wald bis an den Rhein transportiert, um dann durch Riesenflöße von ca. 400 Metern Länge und 80 Metern Breite an ihren Bestimmungsort zu gelangen. Württemberg stieg im 18. Jahrhundert zum führenden Holländerholzlieferanten Europas auf.
Die Expansion des Holländerholzhandels setzte im Gebiet um Freudenstadt aber erst später ein. Der Freudenstädter Forst galt zwar als waldreich, aber der Oberlauf der Murg war für den Langholztransport nicht ausgebaut. Die ersten ab 1721 aus dem Freudenstädter Forst nach Holland in größeren Mengen gelieferten Baumstämme mußten kosten- und arbeitsinten-

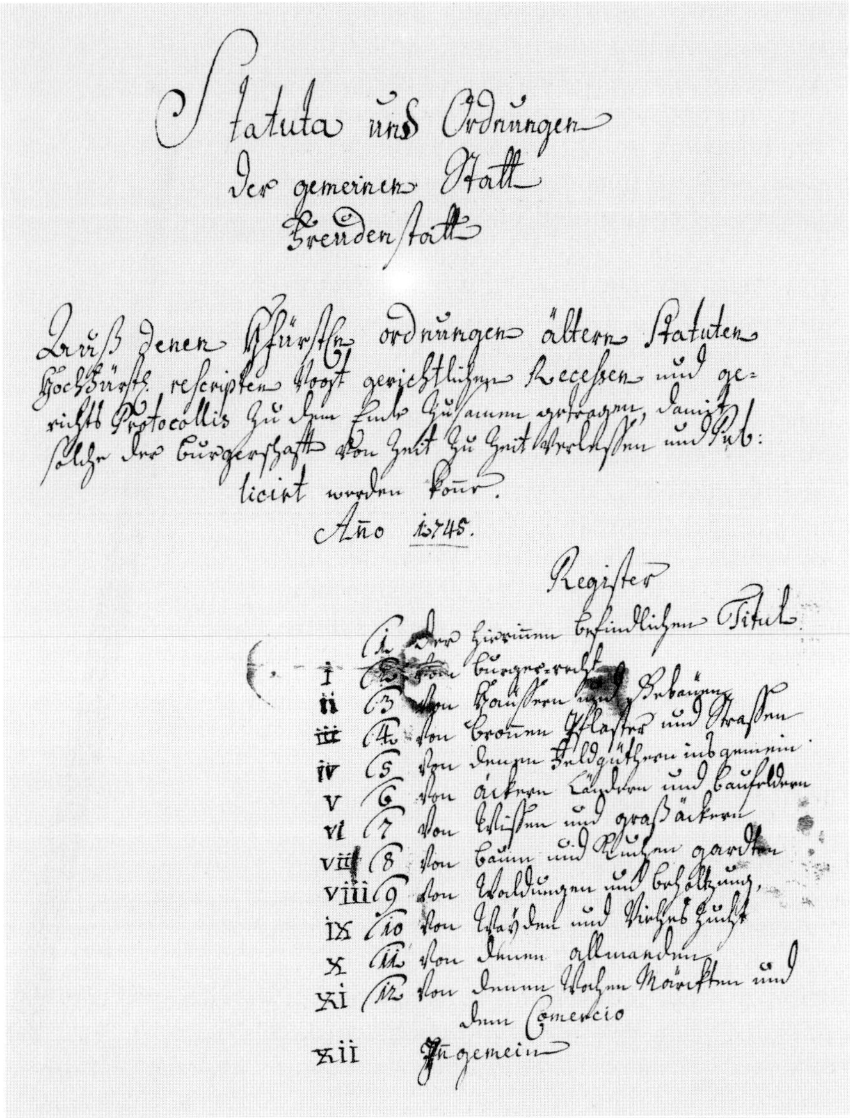
Statuta und Ordnungen
der gemeinen Statt
Freudenstatt

Año 1745.

Register

„Statuta und Ordnungen der gemeinen Statt Freudenstatt" von 1745.

siv über Land zu der bereits floßbaren Nagold gebracht werden. 1742 verkaufte Württemberg 2000 Holländertannen aus Altensteiger und Freudenstädter Forsten zu einem Stückpreis von neun Gulden nach Holland.[85]

Die steigende Nachfrage nach Langholz und die zu erwartenden Gewinne veranlaßten den Staat zu einem Ausbau der Transportwege. Die hohen Investitionen sollten aber von privaten Kapitalgesellschaften übernommen werden, die ohnehin schon den Holländerholzhandel beherrschten. Der in Calw ansässigen Gesellschaft Vischer und Co. gelang es schießlich 1768 im Zusammenwirken mit einer Pforzheimer Kompagnie, die finanziellen und technischen Schwierigkeiten der Floßbarmachung der Murg zu meistern. Dies brachte einen weiteren Durchbruch zur großangelegten Waldnutzung in diesem Gebiet.[86]

Auch die Stadt selbst stieg in den Holländerholzhandel ein. In der Ordnung für den Stadtwald von 1745 wird festgelegt, daß „an niemanden Holländerbäum" abgeben werden, außer an die Stadt zur Tilgung ihrer Schulden. 1759 steht die Stadt in Geschäftsverbindung mit den Calwer „Holzentrepreneur Vischer et. Comp." und verkauft 159 Stück Holländertannen aus dem Stadtwald.

Außerdem wird kontinuierlich „Holz verflözt" oder „Flozholz gerichtet" und z.B. an die „Neccarschifferschaft" verkauft. 1789 liefert der Privatmann Daniel Friedrich Stöffler Floßholz im Werte von 2000 Gulden nach Heilbronn.[87] Offensichtlich verdienten nicht wenige Freudenstädter Bürger ihr Geld im Holzhandel. 1787 wird der „Holzkommerciant" Jacob Friedrich Münster erwähnt und Frau Bürgermeisterin Münster betrieb „weitläufige Floz- Holz-Harz und andere Geschäfte".[88]

Trotz enormer Erschließungs- und Transportkosten sowie hoher staatlicher Abschöpfungen machten vor allem die Kapitalgesellschaften riesige Gewinne – letztendlich auf Kosten der Wälder. Der gigantische Abholzungsprozeß führte in manchen Gebieten zur völligen Waldverwüstung und langfristigen Vernichtung der Existengrundlage, die nur durch künstliche Wiederaufforstung abgewendet werden konnte. Der Nordschwarzwald, wie wir ihn heute kennen, ist deshalb mehr oder weniger auch ein Produkt der sich im 19. Jahrhundert entwickelnden Forstwirtschaft.[89]

Freudenstadt als „Gewerbestatt"

Der Stadtgründer Herzog Friedrich I. sowie die meisten seiner Nachfolger betrieben eine Wirtschaftspolitik, die auf die konsequente Vermehrung des Reichtums im Lande ausgerichtet war. Geld als Motor für wirtschaftliche und politische Macht sollte durch die Förderung neuer, vor allem kapitalbildender Wirtschaftszweige und Produktionsweisen ins Land gezogen werden. Diese auch als Merkantilismus bezeichnete Wirtschaftsauffassung setzte auf neue Produkte und Fertigungsmethoden sowie private kaufmännisch-industrielle Unternehmensformen. Freudenstadt profitierte indirekt von den landesfürstlichen Investitionen im Bergbau und in der Eisenverarbeitung, da beide zu den bevorzugten Objekten merkantilistischer 'Wirtschaftsförderung' zählten. Trotz dieser Bestrebungen bildeten das Handwerk und die Landwirtschaft die ökonomische Basis auch noch im 18. Jahrhundert.[90]

Mit den ökonomischen, aber auch technischen Neuerungen ging im 18. Jahrhundert ein allgemeines Bevölkerungswachstum einher. Während 1676 in Freudenstadt gerademal 1057 Menschen lebten, hatte sich deren Zahl hundert Jahre später auf über 2000 Einwohner verdoppelt.[91] Über die Sozialstruktur, die Besitzverhältnisse und wirtschaftliche Situation der damaligen Bevölkerung gibt das nur spärlich vorhandene Quellenmaterial wenig Auskunft. Erst die Mitte des 18. Jahrhunderts einsetzenden Gerichtsprotokolle erlauben punktuelle Einblicke in das wirtschaftliche Leben der Stadt. Das Gros der Bevölkerung versuchte nach wie vor, seinen Lebensunterhalt als Handwerker oder Tagelöhner zu verdienen, wobei die Ausübung eines Handwerks nicht immer für die Existenzsicherung ausreichte. 1730 klagten Vertreter der Baugewerbe, der Schuhmacher- und Schneiderzunft, daß „aller Handwerke dermaßen übersezt seyend, daß je einer den anderen mit Nehmung geringeren Lohns ruinieren muß, keiner mehr im Stand ist sich von seinem Handwerk allein zu ernähren", sondern „sein Stück Brot säuerlich mit...Baurenwerk" verdienen müsse. Für viele Einwohner war das Betreiben einer Landwirtschaft zur Selbstversorgung unerläßlich. Nicht wenige baten den Magistrat um Zuweisung von Allmendgut, um durch Eigenwirtschaft ihr Überleben zu sichern.[92] 1782 bewarben sich 69 Bürger um Ackerland, welches die Stadt aus „gemeiner Statt wüsten Felder außerhalb der Viehgaß" zu einem günstigen Preis an ihre Bürger verkaufte.[93] Auf den landwirtschaftlichen Nutzflächen bauten die Bürger „Frucht, Kraut, Rüben oder grund Birnen" an, vereinzelt ist auch von Baumgärten mit „Steinobstbäumen" die Rede.[94]

Ackerbau und Viehzucht wurden durch die „Statuta und Ordnungen" der Stadt geregelt, die besonders über das Viehweiden detailliert Auskunft geben. Der offensichtliche Mangel an Weidefläche ließ die Viehwirtschaft häufig mit den Interessen des Ackerbaus kollidieren. Selbst der Marktplatz wurde 1741 als Weide für Schweine und Gänse benutzt. Bürger, denen keine eigenen Güter für die Viehhaltung zur Verfügung standen, durften deshalb nur eine Kuh und eine Ziege bzw. zwei Kühe oder zwei Ziegen halten. Die Anzahl der privat gehaltenen Schafe wurde nicht vorgegeben, solange die Gesamtzahl der Herde nicht über 300 Tiere anstieg.[95]

Die Bedeutung der landwirtschaftlichen Produktion in Freudenstadt darf aber allein schon aufgrund des rauhen Klimas und der Bodenqualität nicht überschätzt werden – viele Produkte wie Wein, Obst und auch Getreide mußten eingeführt werden.

Das Nahrungsmittelgewerbe – „Die Regulierung der Metzig"

Eine besondere Rolle im städtischen Wirtschaftsleben spielten die Vertreter der Nahrungsmittelgewerbe. Müller, Bäcker und Metzger versorgten die Stadtbevölkerung mit den wichtigsten Lebensmitteln. In Freudenstadt waren Ende des 18. Jahrhunderts zwischen 18–21 Metzger ansässig, die ihre Fleischbänke im 1670 erbauten Rathaus unterhielten.[96]

1715 verkaufen Bäcker ihr Brot unter den Rathausbögen und müssen dafür „Bäckerstandgeld" entrichten

Einmal im Jahr fand vor Gericht und Rat die „Regulierung der Metzig" statt, d.h. die Metzger entrichteten ihren „Bankzins" und es wurde entschieden, ob eine „Freimetzig" oder eine „Ummetzig" stattfand. Im Gegensatz zur Freimetzig bedeutete das „Ummetzgen" eine starke Einschränkung des freien Wettbewerbs, da genau festgelegt wurde, welcher Metzger in welcher Woche welche Sorte von Fleisch anbieten durfte und wer pausieren mußte: „Die Meisterschaft ist übereingekommen, daß zur bessern Ordnung des Metzgen folgendermaßen reguliert wird – 1. Woche dürfen 6 Meister das Ochsen- und Rindfleisch , in der 2. Woche 6 Meister das Kalb-, Schweine- und Hammelfleisch in der 3. Woche aber 6 Meister gar kein Fleisch aufhauen."[97] Das restriktive

Zwischen 1781 und 1790 werden 11–15 Wirte gezählt, namentlich genannt werden der Pflugwirt, Lindenwirt, Löwenwirt, Rotochswirt, Hasenwirt, Schwanenwirt, Cronenwirt, Adlerwirt.

Verfahren war bei den Metzgern nicht unumstritten. Bereits 1678 entzweite der Streit um diese wettbewerbsverzerrende Regelung die Freudenstädter Meister. In einem Briefwechsel mit der Obrigkeit sprachen sich damals acht von vierzehn Metzgern für das Ummetzgen aus, da „auf solche Art dem Handwerk ...aufgeholfen und kein Meister durch den anderen bevorteilt" würde.[98]

Aufgabe des Gerichts war es auch, die „schwarzen Schafe" unter den Metzgern ausfindig zu machen und zu bestrafen. So fiel das Urteil bei der „Gewicht- und Waagprobe" 1770 vernichtend für die Meisterschaft aus – bis auf wenige Ausnahmen waren alle „unrichtig" eingestellt. Die besonders gravierenden Fälle – Johannes Braun, David Haas, David Lieb, Jacob Haas, Johannes Armbruster – wurden öffentlich aufgefordert, richtige Gewichte zu nehmen und „die Waagen in Zukunft reinlich /zu/ halten und solche erforderlichenfalls alle 14 Tag zu säubern".

Da von sechzehn Metzgern 1786 immerhin vier auch als Wirte ihr Geld verdienten, kam es immer wieder zu Unregelmäßigkeiten bei der Versteuerung des verkauften Fleisches.[99]

Eine zusätzliche Belastung wurde den als wohlhabend geltenden Metzgern durch die Bereithaltung eines „Postpferdes" auferlegt, dafür wurden einige von ihnen allerdings vom Fron- und Wachtdienst befreit.[100]

„hiesiges Handwerk schon überbesetzt"

In Freudenstadt hatten sich um die Mitte des 18. Jahrhunderts neben den wichtigsten traditionellen Handwerksbetrieben vor allem eisenverarbeitendes Gewerbe und zahlreiche Textilhandwerker (Strumpfstricker, Tuchmacher, Leinenweber) angesiedelt. In den Gerichtsprotokollen von 1770–80 werden folgende Handwerksberufe in der Stadt erwähnt: 6 Bäcker, 1 Büchsenmacher, 2 Färber, 1 Gerber, 3 Hafner, 1 Hammerschmied, 2 Hutmacher, 2 Köhler, 2 Kupferschmiede, 1 Leinenweber, 6 Maurer- und Werkmeister, 20 Metzger, 7 Nagelschmiede, 5 Sattler, 2 Seiler, 5 Strumpfstricker/weber, 4 Schlosser, 12 Schuhmacher, 6 Schneider, 6 Schmiede, 15 Tuchmacher, 2 Wagner, 11 Weber, 2 Zeugmacher, 6 Zimmerleute.[101]

Während die meisten Handwerker in den kleinen Wirtschaftskreislauf lokaler und regionaler Bedarfsdeckung eingebunden waren, produzierten vor allem die Nagelschmiede für den herzoglichen Bedarf und damit über die Region hinaus.[102]

Die Freudenstädter Handwerksbetriebe waren trotz fehlender mittelalterlicher Wurzeln zünftisch organisiert. Eine erste Handwerkerordnung für Schlosser entstand 1604, weitere Ordnungen für Nagelschmiede, Sattler, Rotgerber und Färber folgten.[103] Die Zunft regelte alle Angelegenheiten des Gewerbes – sei es die Qualitätskontrolle der hergestellten Waren, die Arbeits- und Ausbildungsverhältnisse, die Sozialfürsorge oder die zulässige Anzahl der Meister und Gesellen – mit dem Ziel der Existenzsicherung innerhalb der eigenen, aber auch in den anderen Zünften. Die Territorialherrn versuchten, im Zuge ihrer merkantilistischen Wirtschaftspolitik diese ursprünglich recht autonomen Gebilde zu beschneiden.[104]

Die wenigen Quellen zu den Freudenstädter Handwerksvereinigungen dokumentieren das vehemente Festhalten der Zünfte an alten Privilegien und ihrer Selbstständigkeit. So waren viele „Handwerksladen" in Freudenstadt einer Hauptlade in Tübingen zugeordnet. Diese Organisationsform führte immer wieder zu Protesten der Handwerker, die aufgrund des zahlenmäßigen Anwachsens ihrer Mitglieder um die Errichtung einer eigenen Lade baten oder sich gegen eine Eingliederung nach Tübingen wehrten. 1672 hatten sich bereits die Kübler, 1702 die Hosen- und Strumpfstricker, 1717 die Müller, 1729 die Schuhmacher und 1749 schließlich die Nagelschmiede und Leinenweber mit einem solchen Anliegen an die Herrschaft gewandt.[105]

Symptomatisch für ihre Forderungen ist ein Schreiben von 1730, in welchem Vertreter des Baugewerbes, aber auch der Schuhmacher, Schneider und Gerber aus Freudenstadt und den Städten und Ämtern Hornberg, Alpirsbach, St. Georgen, Nagold, Dornstetten, Rosenfeld, Dornhan, Sulz und Reichenbach verlangten, ihre „Particulierladen von der Tübinger Hauptlade zu liberiren". Begründet wurde das Ansuchen folgendermaßen: 1. Die Hauptlade würde sie bei anfallenden Differenzen mit ausländischen

Handwerkern nicht im geringsten unterstützen. 2. Eine Reise nach Tübingen zur Hauptlade sei Ihnen als „arme Leute" nicht mehr zumutbar. 3. Früher seien nur 1–3 Meister in einem Ort gewesen, nun sei das Handwerk so „überbesetzt" und somit die Errichtung einer eigenen oder gemeinsamen Lade möglich. 4. Außerdem würden sie, wegen „der vielen angränzenden Außländer halber" einer verschärften Wettbewerbssituation unterliegen.[106]
Gehörten die Klagen über die „geldlosen Zeiten" in gewisser Weise auch zum gängigen Repertoire der damaligen Bittschriftenverfasser, so spiegeln sie doch die schwierige ökonomische Situtation wider. Hatten sich bereits die Kriege und Krisen des 17. Jahrhunderts verheerend auf die Wirtschaft ausgewirkt, so führten die Auseinandersetzungen mit Frankreich um 1700 zu einer weiteren Verarmung. „Bettelarm, überbesetzt, arbeitslos" – so könnte die Lage der Handwerksleute beschrieben werden.[107] Gegen Ende des 18. Jahrhunderts hatte sich die Situtation eher verschärft. Gericht und Rat in Freudenstadt waren kaum noch bereit, Bürger aufzunehmen. Viele Antragsteller, darunter Nagelschmiede, Maurer, Schlosser, Schreiner, Seiler, Bäcker und Leinenweber wurden abgewiesen mit der Begründung, ihr Handwerk sei zum „Überfluß" besetzt.[108] Mehr Glück hatten ein Tuchmacher, ein Hafner und ein Strumpfweber – ihre Aufnahmegesuche wurden akzeptiert, obwohl auch bei den Hosen- und Strumpfwebern der „größte teil der Meister das Jahr hindurch gar nichts, die übrigen kaum ein viertel Jahr etwas zu verdienen wisse(n)."[109]

St. Christophstal – Hemmschuh oder Katalysator für die Ansiedlung städtischer Gewerbe?

Die besondere Nähe zu Christophstal und seiner Eisenindustrie beeinflußte auch die städtische Wirtschaftsstruktur. So konnten sich zahlreiche Nagelschmiede in der Stadt und den umliegenden Ämtern niederlassen. Sie erhielten 1722 die Genehmigung zur Errichtung einer eigenen Viertelslade. 1764 war die Anzahl der Meister bereits auf neununddreißig, 1776 auf zweiundvierzig angestiegen. Als Weiterverarbeitungsgewerbe profitierten sie von den Aufträgen der Faktorei, die u.a. „Hufnägel für den herzoglichen Marstall und sonstige „Nägelwaar" für herzogliche Gebäude" produzierte. Nichtsdestotrotz klagten auch sie 1749 über die sehr „nahrungslosen Zeiten": „Der Verschluß der Nägelwaar sei sehr gering" und außerdem seien sie „mit ausländischen Schwartz-Nagelschmieden enclaviert", die mit ihren Produkten im Land „Hausieren".[110]

Nagelschmiede in Freudenstadt

Während die Eisenindustrie diesen Gewerbezweig förderte bzw. eine Ansiedlung erst möglich machte, wurden andere Gewerbe aufgrund der begrenzten Wasserkapazitäten des Forbachs eher behindert. Als z.B. der Rotgerber Stöffler, der eine Lohmühle im Tal betrieb, diese 1794 um eine Gerberwerkstatt erweitern wollte, wird dies unter Berufung auf den Christophstaler Faktor abgelehnt. Dieser befürchtete die Ansiedlung weiterer Gerbereien und damit eine Verunreinigung des Wassers. Das Einlegen der Gerberhäute in einen der Kanäle hätte zu „Murren und Widerspruch" der Laboranten, die „Haar in ihrem Kuchengeschirr fanden," geführt. Außerdem wurde eine Beeinträchtigung des Bierbrauens befürchtet.[111]
Der Plan Johann Ludwig Glauners, eine Papiermühle am Forbach auf Baiersbronner Gemarkung zu errichten, kam ebenfalls nicht zustande, obwohl ihm die Obrigkeit „bestmögliche Forthilfe" zusicherte. Erst mit dem Niedergang der Christophstaler Eisenindustrie im 19. Jahrhundert scheint der Weg frei geworden zu sein für die Ansiedlung neuer Wirtschaftsbetriebe.[112]

Anmerkungen

1. StadtA FDS FA XII, Bericht des General Inspektors d'Avila vom 26. 11. 1662 (Abschrift).
2. StadtA FDS FA XII, Bericht des General Inspektors d'Avila vom 26. 11. 1662 (Abschrift). Fischer, Joachim, Herzog Eberhard III. (1628–1674), in: 900 Jahre Haus Württemberg, Hrsg. Robert Uhland, Stuttgart 1984, S. 198. Kull, Walter, Festung Freudenstadt, in: FB Nr. 4/1985, S. 18ff u. 33 ff.
3. StadtA FDS FA XII, Bericht des General Inspektors d'Avila vom 26. 11. 1662 (Abschrift). Kull, Walter, Festung Freudenstadt, S. 18, 33f.
4. Kull, Walter, Festung Freudenstadt, S. 61 ff. Vgl. Rommel, Hans, 1667 ein entscheidendes Jahr, FH X, Nr. 15 und 16.
5. StadtA FDS FA XII, Bericht des General Inspektors d'Avila vom 26.11.1662 (Abschrift).
6. HSTAS A 247 Bü 695, Dekret Herzog Eberhards vom 1.11. 1666. Vgl. Kull, Walter, Festung Freudenstadt, S. 19.
7. HSTAS A 202 Bü 965.
8. Kull, Walter, Festung Freudenstadt, S. 72.
9. HSTAS A 343 Bü 8, Summarischer Extract 1666–1674. Vgl. Kull, Walter, Festung Freudenstadt, S. 70ff.
10. Kull, Walter, Festung Freudenstadt, S. 19. Vgl. auch Wandel, Uwe Jens, Freudenstadt im Jahre 1667, Zwei Prinzen aus Gotha besichtigen Kirche, Festung und Bergwerk, in: FH Bd. 25, Nr. 9/ 1994. Baldenhofer, J., Kurze Beschreibung der Fürtlichen Bergstatt- u. Vöstung Freudenstatt, StadtA FDS, masch. Abschrift, S. 24.
11. Vann, James Allen, Württemberg auf dem Weg zum modernen Staat 1593–1793, Stuttgart 1986, S. 111.
12. Kull, Walter, Festung Freudenstadt, S. 42-46.
13. HSTAS A 249 Bü 693. Vgl. Kull, Walter, Festung Freudenstadt, S. 72, 82ff.
14. Die Arbeiten für den Zwinger und Vorwall konnten nicht mehr vollständig ausgeführt werden, die in einer zweiten Ausbaustufe geplante Gegenwand (Conterescarpe) am Graben, sowie eine Feldbrustwehr (Glacis) vor dem Graben und der geplanten Zitadelle wurden erst gar nicht mehr begonnen. Zu den Details der einzelnen Bauabschnitte und ihre Fertigstellung, siehe Kull, Walter, Festung, S. 86, 112, 123.
15. Kull, Walter, Festung Freudenstadt, S. 97
16. Kull, Walter, Festung Freudenstadt, S. 96–100. Vgl. auch Eimer, Manfred, Aus Alt-Freudenstadt, Freudenstadt 1922, S. 96.
17. Maurer Gerhard (Hrsg.), Der Kreis Freudenstadt, Stuttgart Aalen 1978, S. 136f. Kull, Walter, Die Festung Freudenstadt, S. 13f., 88, 102. Eimer, Manfred, Zu Kniebis auf dem Walde, Karlsruhe 1925, S. 54ff. Lorenz, Sönke und Kuhn, Axel, Baiersbronn, Vom Königsforst zum Luftkurort, Stuttgart 1992, S. 167ff.
18. Kull, Walter, Festung Freudenstadt, S. 21, 89, 155.
19. Wiederaufaufnahme des Bergbaus durch Eberhard III. siehe: Fischer, Joachim, Herzog Eberhard III. (1628–1674), S. 202.
20. StadtA FDS FA XII Bü „Festung". Insgesamt sind im StadtA im Zusammenhang mit dem Festungsbau vier Listen mit Aufzählungen der Hofstätten erhalten geblieben: ein sehr umfangreiches Verzeichnis vom 14. Juli 1666, welches offensichtlich alle Hofstätten in Freudenstadt umfaßt und drei weitgehend identische Verzeichnisse von 1770, 26. Juni 1623 und eine undatierte Liste (um 1672), welche die durch den Festungsbau „überschittet und eingenommen" Hofstätten aufzählt. Vgl. Verzeichnis im HSTAS A 249 Bü 695, 18. 10. 1672. Kull, Walter, S. 79ff., 78–87.
21. StadtA FDS FA XII Bü „Festung", „Verzeichnis aller der dasselbst gelegenen ab, und ohn abgeräumbten hofstätten" vom 14. Juli 1666. Es ist wahrscheinlich, daß es sich bei diesem Verzeichnis um ein Gesamtverzeichnis aller Hofstätten handelt. Laut Plan von 1601 werden für die dreizeilig geplante Stadt 244 Hofstätten angegeben. 1604 ist von einem fünfzeiligen Plan mit 490 Hofstätten die Rede, der aber nur reduziert ausgeführt wurde, da die rasante Bevölkerungsentwicklung wurde durch den Ausbruch der Pest 1610 gestoppt wurde. Siehe Beitrag Kraus, Dagmar.
22. StadtA FDS FA XII Bü „Festung", „Verzeichnis derjenigen Gärtten und Hofstätten, so...durch das Fortificationsweesen überschittet und eingenommen worden" vom 10. Juni 1670.
23. StadtA FDS FA XII Bü „Festung", Schreiben des Bürgermeisters, Gerichts und Rats zu Freudenstadt an den Herzog vom 28.4.1735.
24. StadtA FDS FXII Bü „Festung", Herzogliches Schreiben vom 3. 8. 1682.
25. StadtA FDS FA XII Bü „Festung", Schreiben des Bürgermeisters, Gerichts und Rats an den Herzog vom 28. 4. 1735 und 5. 2. 1725 (Konzept).
26. HSTAS A 249 Bü 694, Steuer-Frei-Patent von 1667. Vgl. Kull, Walter, Die Festung Freudenstadt, S. 74 ff.
27. StadtA FA XII Bü „Festung", Herzogliches Schreiben an den Vogt zu Freudenstadt vom 4. Juli 1672. HSTAS A 249 Bü 694, Steuer-Frei-Patent von 1667. Kull, Walter, Festung Freudenstadt, S. 74 ff. Eimer, Manfred, Aus Alt-Freudenstadt, S. 95ff.
28. Hertel, Gerhard, Der Abbruch des Festungswallstückes im Kohlwald FH XV/XXXIII. Rommel, Hans, 1667, ein entscheidendes Jahr für Freudenstadt, in: FH X, Nr. 15 und 17/1968. Vgl. Kull, Walter, Festung Freudenstadt, S. 133, 44-45.
29. Kull, Walter, Festung Freudenstadt, S. 78-80, 83, 140, 146 ff., Rommel, Hans, Die einstigen Ziegeleien in Freudenstadt, in: FH XIII Nr. 16/1979. Traub, Walter, Von Berufen und öffentlichen Aufgaben, die es heute nicht mehr gibt, in: FH Bd. XXV, Nr. 27/1978.
30. 1674 lebten in Freudenstadt und Christophstal insgesamt 1057 Menschen, darunter 182 Kinder siehe HSTAS A 281 Bü 366, Kirchenvisitationsberichte. Vgl. Kull, Walter, Festung Freudenstadt, 83ff.
31. Kull, Walter, Die Festung Freudenstadt, S. 76, 83.
32. HSTAS A 343 Bü 8, Summarischer Extract 1666–1674. Kull, Walter, Die Festung Freudenstadt, S. 71.
33. StadtA FDS FA XII Bü „Festung", Schreiben vom 5.2.1725 (Konzept).
34. HSTAS A 213 Bü 2351, Abhaltung des Viehmarktes innerhalb der Stadt, 17.9.1791; StadtA FDS Gerichtsprotokoll 9.10.1784, 17.9.1791.
35. HSTAS A 206 Bü 1881, Bitte der Stadt um Erlaubnis zur Abhaltung eines vierten Jahrmarktes, 1655–1760 und A 206 Bü 1893 Bitte der Schäuffler um freien Handel nach Straßburg vom 22.3.1684. StadtA FDS Varia, Herzogliches Schreiben über die Verlegung der Jahrmarktstermine vom 1.6.1683. Vgl. Mertens, Dieter, Württemberg, in: Handbuch der Baden-Württembergischen Geschichte Bd. 2, Stuttgart 1995, S. 121ff. Eimer, Manfred, Alt-Freudenstadt, S. 114 (Jahrmärkte), S. 83 (Wein- und Salzhandel). Zur Definition Lokal-Regional- und Fernhandel siehe: Kellenbenz, Hermann, Süddeutsche Wirtschaft im Netz regionaler und überregionaler Verflechtungen – zwischen Westfälischem Frieden und Französischer Revolution, in: Jahn, Joachim; Hartung, Wolfgang (Hrsg.), Gewerbe und Handel vor der Industrialisierung: regionale und überregionale Verflechtungen im 17. und 18. Jahrhundert, Sigmaringendorf 1991, S. 12ff. Gothein, Ger-

hard, Wirtschaftsgeschichte des Schwarzwaldes und der angrenzenden Landschaften, Straßburg 1892, S. 457ff.

36. Quarthal, Franz, Die wirtschaftlichen Folgen der Franzosenkriege im letzten Drittel des 17. Jahrhunderts für Württemberg, Vorderösterreich und den Schwäbischen Kreis, in: Der Franzoseneinfall 1693 in Südwestdeutschland. Ursachen-Folgen-Probleme, hrsg. v.d. im „Arbeitskreis 1693" zus. geschlossenen Städten, Gemeinden und Kreisen. Red. Gerhard Fritz Remshalden-Buoch 1995, S.122ff.
37. StadtA FDS Gerichtsprotokoll 7.8.1771, 21.4. 1773 (Fruchtmarkt findet 2x wöchentlich statt). Vgl. auch Ebd. Varia, „Statuta und Ordnungen der gemeinen Statt Freudenstatt", 1745. Heimatbuch der Stadt und des alten Amts Dornstetten, Hrsg. Stadt Dornstetten 1968,
S. 349ff und Rommel, R., Der alte Schickhardtbau in Freudenstadt, in: FH 28.2.1953.
38. StadtA FDS Gerichtsprotokoll 6.2.1772, 3.7.1772, 2.4.1783, 19.4.1786; Verleihung des „Meßgeldes": 24.4.1664, 21.4. 1773, 4.4.1781, 14.4.1784, 6.4.1785, 9.4.1788, 16.4.1789. Ebd. Varia, „Statuta und Ordnungen der gemeinen Statt Freudenstadt", 1745. Vgl. Hippel, Wolfgang von, Am Ende des Alten Reiches – wirtschaftliche und soziale Verhältnisse, in: Die Geschichte Baden-Württembergs, Stuttgart 1986, S. 204.
39. StadtA FDS Gerichtsprotokoll 11.11.1789, 25.2.1790.
40. Rauch, Moritz v., Salz- und Weinhandel zwischen Bayern und Württemberg im 18. Jahrhundert, in: Württembergische Vierteljahreshefte für Landesgeschichte NF. XXXIII/1927, S. 208ff. Boelcke, Willi A., Wirtschaftsgeschichte Baden-Württembergs, Stuttgart 1987, S. 156.
41. StadtA FDS FA VIII. 4, Salzhandelsprivileg 1626.
42. StadtA FDS FA VIII. 4, Salzhandel. Für das 17. Jahrhundert sind „Bestandsbriefe" von 1686, 1689 und 1690 erhalten. Vgl. auch Ebd. Gerichtsprotokolle 25.4.1772, 22.4.1779. Zur Geschichte des Salzes allgemein siehe: Salz macht Geschichte, Hrsg. Manfred Treml, Wolfgang Jahn und Evamaria Brockhoff, in: Veröffentlichungen zur Bayerischen Geschichte und Kultur 29/95, Augsburg 1995.
43. StadtA FDS Gerichtsprotokoll 21.4.1773. Ebd. FA VIII. 4, Schreiben vom 19.9.1683.
44. StadtA FDS Gerichtsprotokoll 2.7.1778.
45. StadtA FA VIII. 4, Salzzettel 1.8.–16.11.1695. Zur Berechnung des Salzverbrauchs siehe: Flurl, Matthias, Wolf Joseph L., Handelsstrategie und Betriebswirtschaftliche Kalkulation im ausgehenden 18. Jahrhundert. Der süddeutsche Salzmarkt, Hrsg. Eckart Schremmer, Hist. Kommission der Bayerischen Akademie der Wissenschaften, Bd. XIV, Wiesbaden 1971, S. 264. Michael Prosser, „Das Salz in der Suppe", in: Salz macht Geschichte, S. 58.
46. Rauch, Moritz v., Salz- und Weinhandel zwischen Bayern und Württemberg im 18. Jahrhundert, S. 212ff.
47. StadtA FDS FA VIII. 4, Notamina, undatiert. Rauch, Moritz v., Salz- und Weinhandel zwischen Bayern und Württemberg im 18. Jahrhundert, S. 208ff. Vgl. auch Eimer, Manfred, Alt-Freudenstadt, S. 84ff.
48. StadtA FDS Gerichtsprotokoll 25.4.1775.
49. Boelcke, Willi A., Wirtschaftsgeschichte Baden-Württembergs, S. 147f. Boelcke, Willi A., Die Wirtschaft in der Zeit des Spätmerkantilismus, in: Hist. Atlas Baden-Württemberg, Erläuterungen XI, 4.
50. StadtA FDS FA VIII. 4, Weinhandel, Schreiben vom 9.8.1748. Eimer, Manfred, Alt-Freudenstadt, S. 82–84, 87.
51. StadtA FDS FA VIII. 4, Weinhandel, Schreiben vom 9.8.1748 und 28.8.1744.
52. StadtA FDS FA VIII. 4, Weinhandel, Schreiben vom 13.12.1666, 29.3.1667, 2.9.1667, 1697, 9.8.1707, 4.11.1713, 7.10.1715, 1744, 1748 und 8.6.1791.
53. StadtA FDS FA VIII. 4, Weinhandel.
54. StadtA FDS FA VIII. 4, Weinhandel.
55. StadtA FDS FA VIII. 4, Weinhandel, Schreiben vom 9.8.1748.
56. StadtA FDS VIII. 4, Weinhandel, Schreiben vom 8.8.1744 und 9.8.1748.
57. Rommel, Hans, Die „Schäufler" einst eine eigenartige Berufsbezeichnung, in: FH XII., Nr. 7, 10/ 1973.
58. HSTAS A 206 Bü 1893, Schreiben der Bürger und Schäuffler zu Freudenstadt an den Herzog vom 22.3.1684. StadtA FDS Gerichtsprotokkoll 18.8. 1774. Ebd. FA VIII. 4, Weinhandel, Schreiben vom 13. 12. 1666 (Hinweis auf Salzlieferungen nach Oberkirch), 28.8.1744 (Fruchtausfuhr). Vgl. auch Eimer, Manfred, Alt-Freudenstadt S. 86 und ders., Im Kniebis auf dem Walde, S. 23. Ob diese Schäuffler mit den Schneeschäufflern auf dem Kniebis identisch sind wie Eimer behauptet ist recht unwahrscheinlich.
59. HSTAS A 206 Bü 1893. StadtA FDS FA VIII. 4, Weinhandel.
60. StadtA FDS FA VIII. 4, Weinhandel, Schreiben vom 11.8.1721 (Konzept).
61. StadtA FDS FA VIII. 4, Weinhandel, Schreiben vom 7.10.1715 und 4.11.1713.
62. StadtA FDS Gerichtsprotokol 10.10.1781.
63. StadtA FDS Gerichtsprotokoll 28.4.1772.
64. StadtA FDS Gerichtsprotokolle 24.4.1781, 10.10.81, 7.11.1781, 18.8.1784.
65. StadtA FDS Gerichtsprotokolle 18.8.1784, 7.11.1781.
66. StadtA FDS Gerichtsprotokolle 24.1.1781, 14.2.1787, 19.5.1790, 14.2.1787, 25.11.89.
67. StadtA FDS Gerichtsprotokoll 24.1.1781, 28.3.1781 und Rechnungsbuch der Heiligenpflege Bd. 1789/90 (Rubrik „Schwöhrbüchsengeld"). Wunder, Heide, „Er ist die Sonn, Sie ist der Mond", Frauen in der frühen Neuzeit, München 1992, S.120 ff.
68. Ebeling, Dietrich, Der Holländer-Holzhandel in den Rheinlanden. Zu den Handelsbeziehungen zwischen den Niederlanden und dem westlichen Deutschland im 17. und 18. Jahrhundert, Vierteljahrschrift für Sozial- und Wirtschaftsgeschichte, Beihefte Nr. 101, hrsg. von K.H. Kaufhold, Hans Pohl und Wolfgang Zorn, Stuttgart 1992, S. 37ff.
69. Ebeling, Dietrich, Der Holländer-Holzhandel, S. 38, 42.
70. StadtA FDS Freudenstädter Kellerei-Lagerbuch (Beschreibung gemeiner Statt Wald und Gehölz), 1681. Vgl. Eimer, Manfred, Alt-Freudenstadt S. 102. Lutz, F., Aus Freudenstadts Jugendtagen, Freudenstadt 1935, S. 13ff.
71. StadtA FDS Varia, „Statuta und Ordnungen der gemeinen Statt Freudenstadt", 1745. Ebd. Gerichtsprotokoll 18.4.1776. Welche Rolle der herrschaftliche Forst bei der Versorgung der Freudenstädter Bevölkerung spielte, müßte durch eine weitere Auswertung noch vorhandener Forstakten geklärt werden, siehe u.a. HSTAS A 249 Bü 729, 743, 746, 729.
72. StadtA FDS Gerichtsprotokoll 7.8.1771, 25.10.1773, 20.3.1776. Brennholzlieferungen an Bedürftige, siehe Beitrag Ströbele, Ute, „Kein Armenhaus allda".
73. StadtA FDS Gerichtsprotokolle 22.1.1783, 6.2.1782, 16.1.1772, 9.2.1774, 1.12.1774, 17.10.1776. Vgl. auch Dornstetter Heimatbuch, S. 241, 246ff.
74. StadtA FDS Gerichtsprotokoll 14.8.1776, 24.4.1781. Baur, Karl, Streunutzung heute noch?, FH Bd. 8, Nr. 14/1958. Fischer, Hermann, Schwäbisches Wörterbuch, Tübingen 1914, Bd. 4, S. 1659.

75. StadtA FDS Gerichtsprotokoll 30.8.1780. Ausfuhrverbot und Brennholzmangel in Württemberg siehe Ebeling, Dietrich, Der Holländer-Holzhandel, S. 43 und Heimatbuch Dornstetten, S. 246.
76. Ebeling, Dietrich, Der Holländer-Holzhandel, S. 40 ff.; Vgl. auch Scheifele, Max, Als die Wälder auf Reisen gingen, Wald-Holz-Flößerei in der Wirtschaftsgeschichte des Enz-Nagold-Gebietes, Stuttgart 1995, S. 25.
77. Lutz, F., Aus Freudenstadts Jugendtagen, S. 14ff.
78. StadtA FDS Gerichtsprotokoll 9.6.1784. Hier werden „14 vorhandene Stück Jungvieh gezählt; 9.4.1783, 23.7.1783 werden 22–24 Stück Ziegen erwähnt; 7.6.1786 verweisen die Kuhirten ebenfalls auf die „wenigen Kühe auf der gemeinsamen Waid", vgl. auch 2.4.1788, 16.9.1772, 16.1.1777.
79. Kneißler, Rolf, Exkursionen auf den Spuren alter Waldgewerbe, in: FB Nr.10/1997, S. 101ff. Boelcke, Willi A., Wirtschaftsgeschichte Baden-Württembergs, S. 102ff.
80. Kneißler, Rolf, Exkursionen auf den Spuren alter Waldgewerbe, S. 104. Ebeling, Dietrich, Der Holländer-Holzhandel, S. 41.
81. StadtA FDS Gerichtsprotokoll 18.5.1774; Ebd. St. Christophstaler „Factorie Lagerbuch" von 1682 (Abschrift von 1736), S. 162 (Wald- und Kohlordnung). „Frühere Zeitweiser in den Wäldern um Freudenstadt", in: FH 8, Nr.15/1958. Gittinger, Otto, Bei den Kohlenbrennern im Schwarzwald, in: FH 8/1958 Nr. 15. Kneißler, Rolf, Exkursionen auf den Spuren alter Waldgewerbe, S. 104ff.
82. StadtA FDS Gerichtsprotokolle 13.7.1775, 17.8.1779. Ebeling, Dietrich, Der Holländer-Holzhandel, S. 40ff.
83. HSTAS A 249 Bü 725, Erstellung einer Rußhütte. Vgl. auch Kull, Walter, Rußerzeugung in Freudenstadt, in: FH Bd.XV, Nr. VI Juni 1982. Lorenz, Sönke, Kuhn, Axel, Baiersbronn, Vom Königsforst zum Luftkurort, S. 95.
84. StadtA FDS Gerichsprotokoll 4.7.1781.
85. Ebeling, Dietrich, Der Holländer-Holzhandek, S. 44, 100, 114, 118ff. Vgl. auch Scheifele, Max, Als die Wälder auf Reisen gingen, S. 124, 131. Mensch und Wasser in der Geschichte. Dokumente zu Umwelt, Technik und Alltag vom 16.–19. Jahrhundert, Ausstellung des HSTAS, Bearb. Jürgen Hagel, Stuttgart 1989, S. 83ff.
86. Ebeling, Dietrich, Der Holländer-Holzhandel, S. 105–107, 111ff., 120–128.
87. StadtA FDS Gerichtsprotokolle 18.10.1786, 22.11.1786, 16.9.1796; Ebd., Varia, „Statuta und Ordnungen der Statt Freudenstatt", 1745; Bürgermeisterrechnungen 1759/60.
88. StadtA FDS Gerichtsprotokoll 13.10.1785, 9.5.1787.
89. Scheifele, Max, Als die Wälder auf Reisen gingen, S. 125ff. Ebeling, Dietrich, Der Holländer-Holzhandel, S. 129.
90. Boelke, Willi A., Die Wirtschaft in der Zeit des Spätmerkantilismus, in: Historischer Atlas von Baden-Württemberg XI, 4. Press, Volker, Kriege und Krisen. Deutschland 1600–1715, München 1991, S. 272. Hippel, Wolfgang von, Am Ende des Alten Reiches – wirtschaftliche und soziale Verhältnisse, S. 201ff.
91. HSTAS A 281 Bü 366, Kirchenvisitationsberichte.
92. HSTAS A 228 Bü 1850, Schreiben vom 28.9.1730. StadtA FDS Gerichtsprotokoll 7.8.1771.
93. StadtA FDS Gerichtsprotokolle 9.9.1782, 26.5.1779, 29.3. 1786.
94. StadtA FDS Varia, Schreiben des Herzogs vom 28.4.1735. Ebd. Gerichtsprotokoll 18.10.1786. Ebd. Varia, „Statuta und Ordnungen der gemeinen Statt Freudenstadt", 1745.
95. StadtA FDS Varia, „Statuta und Ordnungen der gemeinen Statt Freudenstatt", 1745. Ebd. Gerichtsprotokolle 9.6.1784, 7.6.1786, 9.10.1784.
96. StadtA FDS Gerichtsprotokolle 12.3.1772, 2.4.1783, 10.3.1784, 28.3.1781, 9.5.1787, 12.3.1788, 13.5.1789. Vgl. auch FH Nr. 10/1953 und Fasnacht einst Zahltermin für die Metzger Freudenstadts, in: FH Bd.XI, Nr. 14/1971.
97. StadtA Gerichtsprotokolle 17.4.1764, 12.2.1777, 20.2.1782, 25.5.1766.
98. HSTAS A 228 Bü 1028, „Das Ummezgen zu Freudenstadt betreffend".
99. StadtA FDS Gerichtsprotokolle 19.12.1771, 1.3.1786, 9.5.1787, 17.4.1764.
100. StadtA FDS Gerichtsprotokoll 1.3.1780.
101. Aufgrund fehlender Steuerlisten wurden die Gerichtsprotokolle von 1770–1780 nach Berufsangaben ausgewertet. Die Zahlenangaben beziehen sich nur auf die vor Gericht erschienenen Handwerker, sie liefern daher nur vage Anhaltspunkte über das relative Zahlenverhältnis der einzelnen Handwerkersberufe.
102. HSTAS A 288 Bü 1480; A 228 Bü 1166.
103. Zizelmann, R., Von den alten Messerschmieden in Freudenstadt und ihrer Zunft, in: FH 2. Jg. 1937, S. 100ff.
104. Gerteis, Klaus, Die Deutschen Städte in der Frühen Neuzeit. Zur Vorgeschichte der „bürgerlichen Welt", Darmstadt 1986, S.137ff.
105. HSTAS A 228 Bü 1850, Bü 1851 Schreiben vom 2.4.1749 und 7.3.1749; Bü 1080 Schreiben vom 24.3.1717; Bü 938; Bü 1480 Schreiben vom 5.9.1702. R. Zizelmann, Von den alten Messerschmieden in Freudenstadt und ihrer Zunft, S. 100. Hoffmann, Leo, Das württembergische Zunftwesen und die Politik der herzoglichen Regierung gegenüber den Zünften im 18. Jahrhundert, Diss. Tübingen 1905.
106. HSTAS A 288, Bü 1850 Schreiben vom 28.9.1730.
107. Quarthal, Franz, Die wirtschaftlichen Folgen der Franzosenkriege im letzten Drittel des 17. Jahrhunderts für Württemberg, Vorderösterreich und den Schäbischen Kreis, S. 121–136. Zu den Folgen der Franzosenkriege für Freudenstadt, siehe Beitrag Quarthal, Susanne, Alltag in Freudenstadt im 17. und 18. Jahrhundert.
108. StadtA FDS Gerichtsprotokolle 28.6.1764, 28.6.1774, 11.1.1786, 21.6.1786, 20.6.1787, 11.7.1787, 17.12.1788.
109. StadtA FDS Gerichtsprotokoll 6.5.1773, 4.11.1776. HSTAS A 288 Bü 1480, Schreiben vom 5.9.1702.
110. HSTAS A 228 Bü 1166 und A 228 Bü 1851, Schreiben vom 2.4.1749.
111. HSTAS A 249 Bü 742, Schreiben vom 30.9.1794.
112. HSTAS A 249 745 b.

„...der muntere Forbach ... schlängelt sich an den ... Eisenwerken vorbei, die eine regsame Belebtheit in das von Natur so stille Thal gebracht haben".[1]

St. Christophstal und seine wirtschaftliche Entwicklung in der frühen Neuzeit

Ute Ströbele

Wer durch das Forbachtal bei Freudenstadt wandert, findet heute noch Spuren, die auf die einstige wirtschaftliche Bedeutung dieses Tales hinweisen. Alte Kanalreste, verschüttete Grubeneingänge und frühindustrielle Gebäudereste sind Relikte aus einer Zeit, als hier zugewanderte Bergknappen nach Kupfer und Silber schürften, der württembergische Herzog Münzen prägen ließ und sogenannte „Laboranten" Pfannen, Pistolen und Messingwaren anfertigten. Zwar dringt heute nicht mehr „das ununterbrochene Schlagen der Groß- und Kleinhämmer" bis zur Stadt hoch und der einst „imposante Anblick der feuersprühenden Kamine der Hochöfen und Hammerwerke" wich Tannen und Forellenteichen, aber noch existieren Betriebe wie eine Feilenhauerei, deren erhaltene Hämmer Gebrauchsspuren von Generationen aufweisen.[2]

Hämmer der Christophstaler „Feilenhauerei Bührle". Die Holzgriffe weisen Gebrauchsspuren von Jahrzehnten auf. Ihre einstmals geraden Konturen wurden durch die ständige Benützung ausgehöhlt. Die unterschiedlichen Abnutzungsmuster können auf die individuelle Art und Weise wie der einzelne Arbeiter den Hammer hielt, sowie auf die Maserung des Holzes zurückgeführt werden.

Erkannt wurde die Möglichkeit der wirtschaftlichen Ausbeutung des Forbachtals bereits im Mittelalter. 1267 werden Silbervorkommen in einer Urkunde erstmals erwähnt, ein konsequenter Abbau von Silber und Kupfer scheint aber erst im 16. Jahrhundert erfolgt zu sein, als die württembergischen Herzöge in die Edelmetallgewinnung investierten, und mit den zu erwartenden Erträgen ihre defizitären Staatsfinanzen aufzubessern suchten.[3] Herzog Christoph und vor allem Herzog Friedrich I. setzten sich für den Bergbau ein. Es wurden Bergwerksgruben neu anlegt, Anlagen zur Verhüttung – unter Friedrich auch zur Weiterverarbeitung – errichtet, Bergwerksordnungen und -freiheiten erlassen bzw. erneuert, die teilweise bis ins 19. Jahrhundert hinein das württembergische Berg- und Hüttenwesen bestimmten. Geschürft wurde an vielen Stellen des Schwarzwaldes, im Gebiet um das spätere Freudenstadt am Schöllkopf, am Friesenberg (Finkenberg) und besonders im Forbachtal, welches sich zu einem zentralen Standort der Verhüttung und Weiterverarbeitung entwickelte.[4] Der Name Christophstal – nach dem Heiligen Christophorus – taucht erst um 1575 in den Quellen auf, davor ist lediglich von dem „Bergwerk im Vorbach" die Rede.

Das in St. Christophstal gewonnene Silber wurde zur Herstellung von Geldmünzen verwendet. Die ersten „Bergwerkstaler" wurden 1573 in Stuttgart geprägt und zeigen auf der Vorderseite den heiligen Christophorus.

1605–1611 werden wieder Taler und Doppeltaler mit einer Christophorus-Darstellung hergestellt. Diese Münzen enthielten allerdings aufgrund der zurückgehenden Ausbeute im Tal immer weniger hiesiges Silber.

Beschreibung von Baldenhofer für 1671 – nach einer masch. Abschrift des Stadtarchivs.[10]

1.Ein grosse Hammerschmitte, darinnen von 8 Personen in 24 Stunden 20 Centner Eisen können verarbeitet werden.
2. Eine andere Eisenschmitten, in welcher von ringeren (kleineren) Hämmern geschmidet wird.
3. Ein Kupferhammer, unter welchem das Kupfer aus dem Bergwerk auf allerlei Weis geschlagen wird.
4. Eine Drahtmühlen, darinnen die dicken..mössing und eiserne Dröht gezogen werden.
5. Eine andere Drahtmühlen, die „Leyre" genannt; in dieser wird der reiniste u. subtilste Draht von Gold, Silber, Mössing und Eysen gezogen.
6. Eine Rohrschmitten, in welcher allerlei Läuff u. Rohr, Doppelhacken, Musquetten, Feuerrohr, Pistohlen gebohrt und gezogen werden.
7. eine Blechschmitten, darinnen der Sturz u. Blech gemacht wird.
8. Eine Nagelschmitte
9. Eine Brennhütte zu dem Messing gerichtet
10. Eine Mahlmühle mit 4 Gängen
11. Ein grosser Schmelzofen zum Silbererz
12. Ein Bleiofen
13. Ein Sayerofen zum Silber
14. Ein Dörrofen zum Kupfer
15. Ein Treibherd zum Silber
16. Ein fein Brennofen zum Silber
17. Ein anderer Treibherd
18. Zwei Röstöfen für Kupfer
.....anderer Laboratorien, Werkstätt, Schmittenen, u. Häuser, deren sich vielmehr in diesem St. Christophstal befinden...

1622–1628/30 war Christophstal dann neben Stuttgart und Tübingen (zeitweise auch Berg) die Münzprägestätte des Herzogtums. In der „Inflationszeit" (Kipper- und Wipperzeit) des Dreißigjährigen Krieges wurde hier Silber von überallher eingeschmolzen und viel unterwertiges Kleingeld ausgemünzt. Erst um 1660 wurde der Silberbergbau wieder aktiviert und Ende des Jahrzehnts ca. 137 Kilogramm Feinsilber gewonnen, welches zumindest teilweise für die Talerprägung 1669 verwendet wurde.[5]

Vor allem Herzog Friedrich I., der Gründer Freudenstadts, bemühte sich, neben den Bergwerken auch die Kupfer- und Eisenverarbeitung zu etablieren, und machte Christophstal nach den Eisenwerken an Brenz und Kocher zu einem zweiten Zentrum der württembergischen Metallverarbeitung.[6]
Während die Gruben bereits unter den Nachfolgern Friedrichs I. immer weniger Erträge lieferten, florierte die „Weiterverarbeitungsindustrie", wie z.B. der Messinghandel und die Münzprägestätte, bis in den Dreißigjährigen Krieg (1618–48) hinein. Erst eine Pestepedemie und das nun auch Freudenstadt verstärkt in Mitleidenschaft ziehende Kriegsgeschehen – 1634 wurden Werke im Tal zerstört – setzten wohl auch hier ein vorläufiges Ende: „Denn nicht allein das löbl. Bergwerk in Stocken geraten, sondern auch alle Laboratorien in St. Christophstal seind von den Soldaten beraubet und verwüstet worden." Es gibt zwar Hinweise auf eine Fortführung des Messinghandels und auf Pläne zur Wiedereinführung der Eisenverarbeitung während des Krieges, doch die ersten Anzeichen für eine gewisse wirtschaftliche Erholung und einen Neuanfang lassen sich erst nach Kriegsende, um 1650, feststellen.[7]

Vom Messinghandel zur Waffenproduktion

Als einziger Produktionszweig scheint der Messinghandel die Zerstörungen des Dreißigjährigen Kriegs überstanden zu haben. Bereits unmittelbar nach Kriegsende 1650 werden Christophstaler Messingerzeugnisse wieder auf Messen angeboten. Die Wiederaufnahme des Bergbaus setzte erst zehn Jahre später ein, als alte Gruben neu begutachtet wurden und die Landesherrschaft die Voraussetzungen für einen erneuten Erzabbau und Schmelzbetrieb schuf. 1663 befanden sich die Gruben „Eberhard", „Dorothea", „Haus Württemberg", „Sophia" und „Fortuna" wieder in Betrieb.8
Die ebenfalls wieder in Gang gekommene Silber- und Kupferverarbeitung sowie die Messingfabrikation wurden allerdings zunehmend durch die Eisenwarenherstellung verdrängt. Neben den Eisenwerken hatten sich zahlreiche Schmieden, u.a. eine Rohrschmiede, etabliert, die um 1668 Waffen aller Art – „musqueten-, carbiner-, pistollen-, stuzer-, scheiben- und pürschrohr" – produzierten. Das Roheisen für diesen aufstrebenden 'Wirtschaftszweig', die sogenannten Masseln (Roheisenbarren), wurde nicht in Christophstal gewonnen, sondern mußte über die „Masselstraße" aus Fluorn bei Rottweil und später aus Ludwigstal bei Tuttlingen eingeführt werden.[9]

Die Verpachtung der Werke (1680–1691)

Die Zechen und Betriebe warfen trotz herzoglicher Investitionen nur mäßigen Gewinn ab, so daß im Lagerbuch von 1682 resigniert festgestellt wurde: „Diese Berg- und andere Gewerke sind gegenwärtig nicht mehr im Flor, sondern fast ganz im Abgang". Vor allem die Ausgaben für die Silber- und Kupfergruben überstiegen die erwarteten Einnahmen, dem Herzog war daher schon zehn Jahre zuvor bezüglich seiner Bergbauaktivitäten geraten worden: „nunmehr davon abzulassen, weil des Schadens und Nachteils kein End".[11]
Einen Ausweg aus der Misere sah man in der zeitweiligen 'Privatisierung' der Produktionsstätten. Einzelne Werke wie die Nagelschmiede und der Kupferhammer werden an verschiedene Handwerksmeister vermietet. 1680 und 1684 wurden die „Schmitte und Eisenwerkher, Kupferhammer und Brauhaus in St. Christophstal und Fluorn" an den Freudenstädter Fuhr- und Handelsmann Christof Wölpper verpachtet; Wölpper muß dafür laut Bestandsbrief von 1684 jährlich 1300 Gulden dem Freudenstädter Vogt übergeben und erwirbt damit das

Recht, die hergestellten Waren weitgehend selbständig zu verkaufen, trug dafür aber die Kosten und das Risiko für die gesamte Produktion. Für die Stadt Freudenstadt erhielt er ein Eisenhandelsmonopol.[12]

Die Erneuerung des Vertrages 1684 verbunden mit einer Erhöhung der Pachtsummme deutet darauf hin daß unter Wölppers Ägide eine gewisse wirtschaftliche Konsolidierung in Christophstal stattfand.[13]

Dennoch übernahmen 1688 zwei neue Pächter – Brandhofer und Jaquin – die Werke, deren baulicher Zustand und Ausstattung offenbar einiges zu wünschen übrig ließen. So mußte das Werkzeug der „Drahtleire" zum „alt Eisen" gegeben werden; in der unteren Drahtmühle „findet sich nichts darinnen, Fenster und Öfen /sind/ alle eingeschlagen", der große Schmelzofen für Silbererz ist „zu haufen" gefallen und die Einrichtung des Bierhauses ist ebenfalls „zusammengefallen".

Der Ausbruch des pfälzischen Krieges im Spätsommer 1688 scheint die geschäftlichen Pläne der neuen Pächter durchkreuzt zu haben. Sie traten frühzeitig von ihrem Vertrag zurück und überließen die „Christophstaler Wercke" 1791 wieder der Herrschaft. Als weitgehend rentabel erwiesen sich in dieser Phase wohl nur der Kupferhandel und die Eisenverarbeitung, Bergbau wurde kaum noch betrieben.[14]

„Neues Glück"? – Aufschwung und Ende des Bergbaus im 18. Jahrhundert und die Etablierung der Eisenindustrie

Zu Beginn des 18. Jahrhunderts wurde Christophstal nochmals von einer Art „Silber- und Kupferrausch" erfaßt. In alten und neuen Gängen schürften Bergleute nach den begehrten Edelmetallen und versuchten, zusätzlich Eisenerz zu gewinnen. 1706 wurde z.B. das Betreiben eines alten Stollens unter dem neuen Namen „Neues Jahr" wieder in Angriff genommen; 1724 übernahm der Bergmann Christian Schulz die frühere Zeche „Straßburgerin" unter dem Namen „Ferdinand"; 1725 scheint u.a. in der „Dorotheengrube", 1737 im „Christophstollen" und 1738 im Stollen „Das neue Glück" gearbeitet worden zu sein.

Der maßgeblich von privaten 'Investoren' initiierte 'Bergbauboom' brachte jedoch nicht die erhofften Gewinne, so daß die meisten Gruben, mit Ausnahme der Ferdinand- und Dorotheenzeche, bereits nach zwei bis drei Jahren wieder geschlossen wurden.[15]

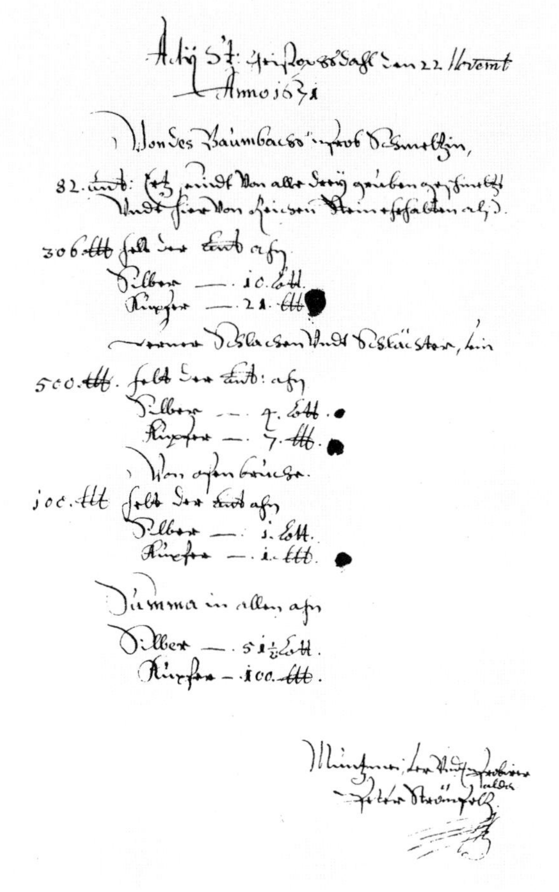

Zettel mit verschiedenen Schmelzproben, Christophstal 22.11.1671.

Von der anfänglichen Begeisterung für den Bergbau profitierten auch die Folgebetriebe. Die Verhüttung und Weiterverarbeitung kamen durch den Bau einer Schmelzhütte 1713 wieder in Gang, wobei der Kupferhandel um 1710 einen nicht unbeträchtlichen Anteil am Gesamtumsatz ausmachte.[16]

Die anfängliche Euphorie schlug jedoch bald in Pessimismus um. Bereits zehn Jahre später werden die inzwischen wieder verpachteten Werke von den herzoglichen Ratgebern als „auf das schlechtest und so übel befunden", daß der Herzog neu investieren mußte und die Werke wieder in Eigenregie übernahm. Die Sanierung der veralteten Gebäude verbunden mit einer inno-

Stollen und Schächte – der Bergbau um Freudenstadt

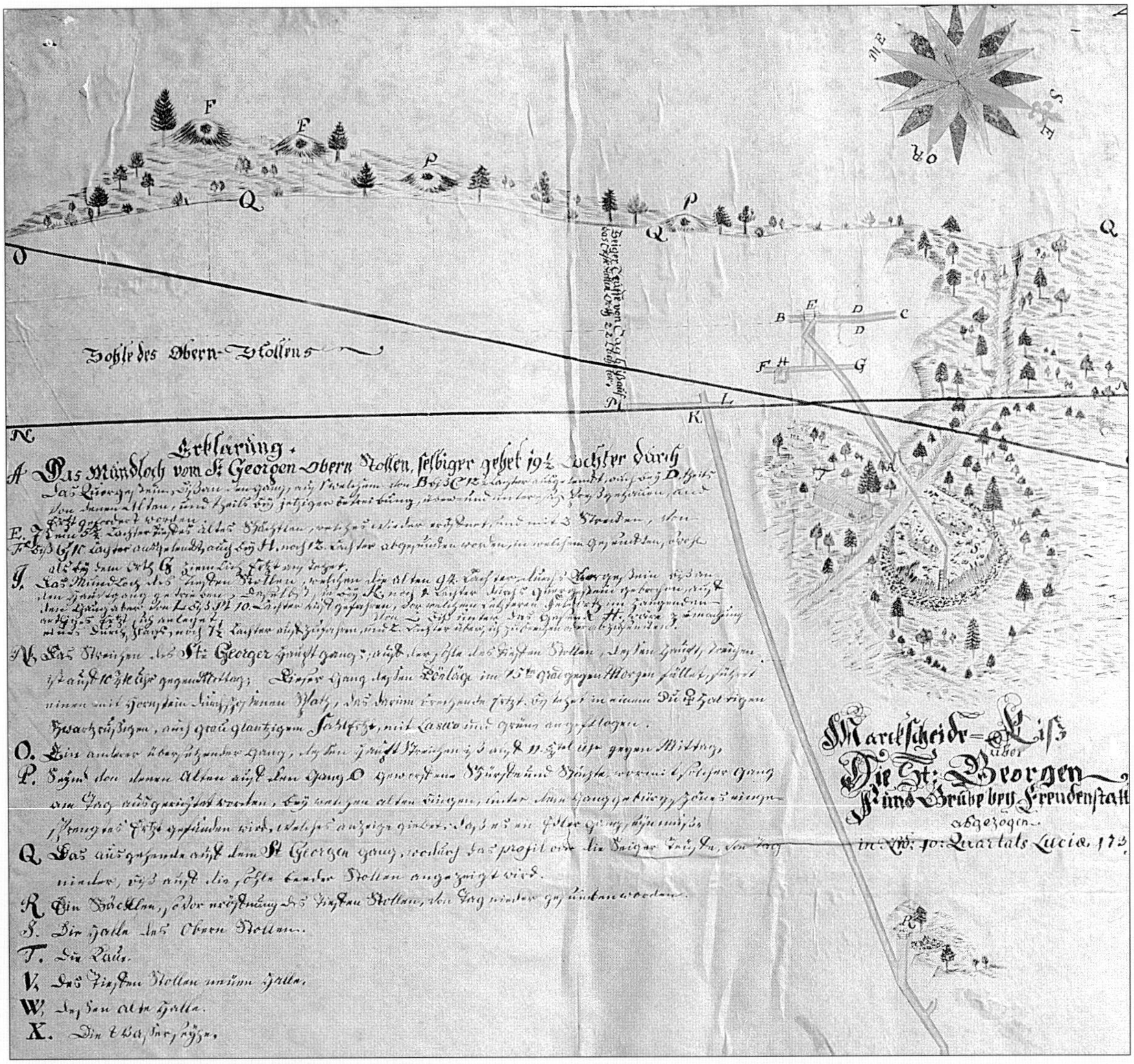

„Markscheide=Riß über Die St. Georgen Fundgrube bey Freudenstadt", 1739 (Ausschnitt).

Neues Glück, Haus Württemberg, Dorothea, Straßburgerin, Friedrichs Fundgrub, Christophsstollen, Obere und Untere Sophia, Neues Jahr, St. Georg hießen z.B. die Gruben um Freudenstadt, in denen nach Kupfer und Silber geschürft wurde. Sie erstreckten sich weitgehend vom Friesenberg (Finkenberg- und Friesenkopf) entlang des Christophtals und bis zum Kienberg.

Die wechselvolle Geschichte der Stollen und Schächte wird heute verstärkt erforscht und eine intensive Spurensuche betrieben.

Einige erhaltene Grubenberichte sowie sogenannte „Markscheide-Risse" geben über den Verlauf, die Ergiebigkeit und auch über die Belegschaft einzelner Gruben Auskunft. Unter

Markscheidekunst verstand man das gesamte bergmännische Vermessungswesen über und unter Tage einschließlich des „Rißzeichnens", d.h. die Anfertigung von Grubenkarten. Der abgebildete, 1739 angefertigte Riß zeigt die Grube St. Georg am Kienberg. In dieser Grube wurde bereits 1598 abgebaut, weitere Abbauhinweise existieren für das 18. Jahrhundert. Der Ausschnitt des Risses zeigt u.a. einen der zwei Eingänge, das sogenannte Mundloch des oberen Stollens.

Den Kern der Untertagebelegschaft bildeten die Hauer. Ihre Aufgabe war der Abbau des Gesteins bzw. Erzes mit Hilfe von Schlägel und Eisen. Für den Transport aus den Grubenbauen waren die sogenannten Karren- und Hundlaufer zuständig. Die Karrenknechte mußten den Laufkarren, bei dem sie einen Teil des Transportgewichts trugen, vor sich herschieben. Während die Hundläufer einen niedrigen vierrädrigen Grubenwagen – den Hunden – durch Ziehen und Schieben beförderten. Mitte des 18. Jahrhunderts wurden in den Gruben um Freudenstadt beide Transportarten praktiziert.

Die meisten Bergleute arbeiteten 1757 in der Dorothea Grube. Neben dem als Aufsicht fungierenden Steiger werden im Grubenbericht 9–10 Hauer, 7–9 Knechte und 3 Jungen erwähnt. Neue Gänge waren offensichtlich erschlossen worden, die für „edel und bauwürdig", „mit schönen eingesprengten silberhaltigen Kupfererzen" befunden wurden, so daß die kostenintensive Investition einer Wasserkunst in Angriff genommen wurde. Die Grubenentwässerung stellte gerade beim Bergbau um Freudenstadt ein großes Problem dar, welches durch solche wasserradgetriebenen Hebewerke effektiver gelöst werden konnte.

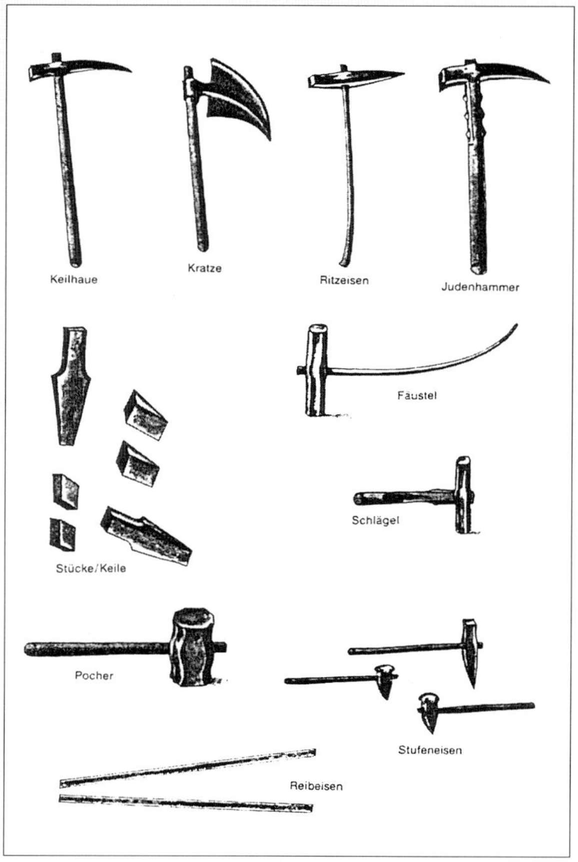

„Schlägel und Eisen" waren das typische Gezähe (Werkzeug) des Bergmanns. Sie blieben jahrhundertelang fast unverändert, allerdings bildeten sich verschiedene Varianten aus, so daß der Hauer auf ein ganzes Arsenal von Schlag- und Treibwerkzeugen zum Hereingewinnen von Gestein und Erz zurückgreifen konnte.

Knappe mit Wappen und Tracht (hellblauer Rock und rote Hose). Die Holzfigur stand in der Stadtkirche Freudenstadt.

Nachweis:

Artikelserie von Rolf Kneißler in Schwarzwälder Bote FDS 22.5.1998, 19.6.1998, 20./21.5.1998 und Artikel vom 1.8.1998 „Touristen bald auf den Spuren früherer Bergleute", Alte Friedrichs-Fundgrube unter dem Kienberg wiederendeckt, (Dieter Eberhard).

Kunzmann, Kurt, F., Der Bergbau und die Mineralien des Freudenstädter Reviers, in: FB Nr. 8, 1992, S. 18 Topographische Karte.

HSTAS A 58a Bü 98, 98a, 95b, Bü 96.

Versuche zur Stahlherstellung

vativen Politik – es wurden Versuche zur Stahlherstellung betrieben – sollten einen Aufschwung bewirken. Doch das Unternehmen scheiterte kläglich – der erzeugte Christophstaler Stahl war zu „brüchig, spröde und weich." Ein Projekt zur Sensen- und Schaufelproduktion blieb bereits in der Planungsphase stecken.[17]

Als florierender Wirtschaftszweig manifestierte sich in der zweiten Hälfte des 18. Jahrhunderts nur die auf importiertem Roheisen basierende Eisenverarbeitung. Zwar gab es auch hier immer wieder Produktions- und Absatzschwankungen, u.a., weil durch Beschaffung des Roheisen aus Ludwigstal die Herstellungskosten in Christophstal für ein Zentner geschmiedetes Eisen teurer waren als z.B. das von der direkten Konkurrenz in Königsbronn produzierte Eisen. Diesen Wettbewerbsnachteil konnten die hiesigen Eisenwerke zum Teil durch das hier ausreichend vorhandene Holzvorkommen und den daraus resultierenden erschwinglichen Holzkohlelieferungen kompensieren. Nur so blieben Christophstaler Eisenerzeugnisse halbwegs konkurrenzfähig.[18]

Unter Faktor Johann Christoph Hopfenstock gelang (1742–1774) sogar noch einmal eine kurze wirtschaftliche „Blüte". 1762 wurden z.B. 5000 Zentner Schmiedeeisen, rund 1800 Zentner Zaineisen, 317 Zentner Pfannen und 171 Zentner Sturzblech verkauft; Einnahmen und Ausgaben überstiegen die 100.000-Gulden-Grenze. Das Eisen, welches angeblich zur Herstellung von „Nägeln recht gut" war, wurde zu Pflugscharen, Schaufeln und Pfannen verarbeitet und an von der Herrschaft bestimmte württembergische Ämter ausgeliefert.[19]

Diese Phase brachte für das Tal nochmals bauliche Erweiterungen, wenn auch mit der Errichtung einer Hammerschmiede auf Baiersbronner Gebiet eine Standortverlagerung in das spätere Friedrichstal einsetzte.

Verpachtung der Werke

Die Werke wurden im 18. Jahrhundert abwechselnd durch Pächter oder durch die Herrschaft betrieben. Herzog Carl Eugen wollte die Betriebe 1764 „je eher je lieber" verpachten und überließ den per Zeitungsannonce gefundenen Unternehmern Christophstal und Ludwigstal für rund 8500 Gulden im Jahr, obwohl der Zustand einiger Gebäude als schlecht, ja sogar einsturzgefährdet beschrieben wird. Als sich die Werke 1798 wieder in herzoglicher Hand befanden, wurde ein erneuter Ausbau betrieben, von dem aber langfristig vor allem die Werke auf Baiersbronner Gemarkung profitierten.[20]

In Christophstal wollten sich Ende des 18. Jahrhunderts neue, ebenfalls auf Wasserkraft angewiesene Gewerbezweige wie Mahl- Schleif-, Loh-, Öl- und Walckmühlen niederlassen. Zumindest reichten mehrere Freudenstädter Handwerker, darunter Rotgerber und Tuchmacher, Gesuche für eine Ansiedlung im Tal ein. Diese scheitern zunächst an den Einsprüchen eines bereits dort ansäßigen Mühlenbesitzers, aber auch an den Befürchtungen des Faktors, die Energie- und Wasserversorgung der Eisenwerke würde darunter leiden.[21] In Christophstal wird zwar bis ins 19. Jahrhundert hinein Eisen verarbeitet – zunächst wurde eine Feilenhauerei und eine Bajonettschmiede errichtet -, doch mit dem „Königshammer" und der Sichel- und Sensenfabrikation wird Friedrichstal zum neuen Zentrum.[22]

Der am Anfang der wirtschaftlichen Entwicklung des Tales stehende Silber- und Kupferabbau war zu dieser Zeit fast ganz eingestellt. Bergrat Widemann berichtete 1791 über den alten Bergwerksbezirk Christophstal: „In Freudenstadt habe ich alle die Orte besucht, wo ehedem der so wichtige Bergbau betrieben wurde: allein da alles ganz verfallen war, so konnte ich keine Grube mehr befahren." Im 19. Jahrhundert versuchte man stattdessen, Eisenerz und Schwerspat zu fördern, letzterer wurde bis ins 20. Jahrhundert hinein abgebaut.[23]

„Knappen und Laboranten" – die Bewohner des Tals

Die Bewohner Christophstals werden in den Quellen meist als „Knappen" und „Laboranten" bezeichnet. Knappen waren die in den Gruben beschäftigen Bergleute, Laboranten die in den Weiterverarbeitungsbetrieben tätigen Fachleute. Viele von ihnen waren Spezialisten auf ihrem Gebiet und mußten vom Herzog durch besondere Privilegien von auswärts angeworben werden.[24]

Außerdem arbeiteten im Tal zahlreiche Handwerker wie Küfer und Tiegelmacher und besonders Holzknechte und Köhler, welche die als Energieträger unentbehrliche Holzkohle herstellten.

Der Berufsalltag der Knappen wurde durch die Bergordnung geregelt. Dabei wird unterschieden zwischen den „Häuern" oder Hauern, die das Erz mit Schlägel und Eisen brachen; den „Hundläufern und Haspelknechten", welche das Fördergut auf „Hunden" bzw. Karren aus den Stollen oder mittels Kübeln und einer Haspel aus den Schächten beförderten. Die Aufsicht und Verantwortung für eine Grube und ihre Arbeiter besaßen der „Steiger" und der „Schichtmeister". Die Bergleute arbeiteten meist im Schichtdienst rund um die Uhr. Ihre Bezahlung hing von den jeweiligen Besitzern der Grube und vom Ausmaß der anfallenden Arbeit ab. Allzuoft erhielten sie jedoch keinen oder verspätet ausbezahlten Lohn. So wandte sich 1764 der Steiger Ehrenfriedrich Mäußl im Namen aller Bergleute an den Herzog mit der Bitte, ihnen den seit 12 Wochen ausstehenden „sauer verdienenden Lohn" zu verschaffen.[25]
Die Anzahl der direkt im Bergbau Beschäftigen hing in hohem Maße von der Prosperität der Zeche bzw. dem Engagement des jeweiligen Herzogs in Sachen Bergbau ab. Als die Gruben 1606 weniger Erträge lieferten, wanderten viele Knappen in andere Regionen ab. 1671 arbeiteten insgesamt 62 Personen auf den „Berg- und Schmölzwerckh"; davon allein 2 Steiger, 27 Hauer und 9 „Scheider" auf der aus zwei Stollen bestehenden „Zech Haus Württemberg" und 1 Steiger, 12 Hauer, 5 Scheider sowie mehrere Hüttenknechte auf der „Dorotheengrube".[26]
Mit der Schwerpunktverlagerung auf die Weiterverarbeitungsindustrie ließen sich mehr und mehr metallverarbeitende Handwerker – u.a. Drahtschläger, Drahtmeister mit Gesellen, Nagelschmiede, Kupferhammerschmiede und Pfannenschmiede – in Christophstal nieder. Die Arbeits- und Lebensbedingungen dieser Laboranten wurden weitgehend durch Ordnungen, z.B. durch eine 1618 verfaßte Ordnung für die Laboranten und Genossen des Messinghandels, bestimmt.[27] So begann die Arbeit in den Hammerschmieden z.B. Sonntag nachts um 24 Uhr und ging bis zum nächsten Samstag morgen. In den Pfannenschmieden werden 1749 zum „Scheuren" der Pfannen auch Frauen beschäftigt. Die Laboranten wohnten mit ihren Angehörigen in eigens für sie erbauten „Laborantenhäusern", aber auch in den Produktionsstätten selbst. So befinden sich 1687 in der oberen und unteren Hammerschmiede „Wohnstuben", „Cammern" und „Küchen", die mit Tischen, Öfen, und „gehimmelten oder ungehimmelten Bettladen" ausgestattet sind. Zu ihrem Unterhalt betrieb die Christophstaler Bevölkerung in eingeschränktem Maße Ackerbau und Viehhaltung.[28]

Bedürftige und kranke Laboranten und Knappen erhielten Unterstützungsleistungen aus der sogenannten „Bruderbüchse" und „löblichen Zunftladen" sowie Sonderzahlungen des Herzogs. Laut Lagerbuch von 1682 mußte auch der Freudenstädter Armenkasten, zumindest de jure, seinen Teil dazu beisteuern.[29]
Die von den Herzögen ausgestellten bzw. immer wieder erneuerten Privilegien erlaubten der Christophstaler Bevölkerung, zollfrei Waren einzuführen, Wochen- und Jahrmärkte abzuhalten, Bier zu brauen und Handwerke zu ihrer Versorgung auszuüben, gleichzeitig war sie von Steuern und Frondiensten befreit.[30]
Diese Vergünstigungen sowie eine aktive Anwerbungspolitik lockten immer wieder auswärtige Fachkräfte ins Tal. In der zweiten Hälfte des 18. Jahrhunderts lebten hier zwischen 218 und 298 Menschen, davon 30 bis 60 Kinder. Die oft beträchtlich schwankenden Einwohnerzahlen spiegeln sicherlich auch die mehr als schwankend verlaufende wirtschaftliche Konjunktur im Tal wider.[31]

Bei der Spurensuche in der ehemaligen Friedrichsgrube aufgefundene Werkzeugreste.

„Irrungen und Stritt" – Christophstal und Freudenstadt

Christophstal gehörte zwar zu Freudenstadt und seine Einwohner konnten dort Bürger werden, aber es behielt bis ins 19. Jahrhundert einen rechtlichen 'Sonderstatus' – ein Zustand, der immer wieder zu Spannungen zwischen den Menschen unten im Tal und denen oben in der Stadt führte.[32]
Die Bergbauordnung Friedrichs I. unterstellte die Bergwerke mit all ihren Angelegenheiten

Ausschnitt aus der Topographischen Karte 1:25000 Blatt 7516 Freudenstadt mit Kennzeichnung einzelner Gruben um Freudenstadt nach K.F.Kunzmann: 1= Grube Zum Glück/Fortuna, später Carl Rudolph; 2 = Mundloch des Kunststollens der Grube Zum Neuen Glück; 3 = Grube Haus Württemberg; 4 = der Neue Stollen, später Grube Neues Jahr; 5 = Grube St. Johann am Friesenberg; 6 = Grube Dorothea; 7 = Grube Straßburgerin später Ferdinand; 8 = Christophstollen, Friedrichs-Fundgrube, später Grube Schweitzer Treu; 9 = Friedrichsschacht; 10 = Grube obere Sophia; 11 = Grube St. Georg.

der Gewalt des Herzogs. Zur Durchsetzung und Kontrolle seiner Vorschriften wurde eigens ein Bergamt eingerichtet mit einem „Berghauptmann" oder „Bergmeister" an der Spitze. Dieser regelte zusammen mit weiteren herzoglichen Amtleuten alle technischen, wirtschaftlichen und rechtlichen Angelegenheiten vor Ort. Er hatte nicht nur die Aufsicht über die Gruben, sondern übte auch die Strafgewalt über die Knappen aus, welche in niedergerichtlichen Sachen ihm und nicht dem Freudenstädter Vogt unterstanden.[33]
Mit dem Niedergang der Bergwerke, laut Eimer vermutlich um 1628, scheint das Amt des Bergmeisters, zumindest zeitweise, nicht mehr selbständig ausgeübt worden zu sein, sondern existierte in Personalunion mit dem des Generalfaktors, der zu Beginn nur für die Laboranten, nun aber auch für die Bergleute und damit wohl für alle im Tal arbeitenden Menschen und ihre Angehörigen zuständig war. Im 18. Jahrhundert ist der jeweilige Faktor, Oberfaktor oder auch Generalfaktor der für alle Christophstaler Angelegenheiten maßgeblich verantwortliche Beamte.[34]
Das Bergamt, zunächst das einzige in Württemberg, wurde förmlich zwar erst 1830 aufgelöst, hatte seine ursprüngliche Funktion jedoch längere Zeit davor schon nicht mehr ausgeübt; zumal im 17./18. Jahrhundert noch die Ämter in Alpirsbach und vermutlich Hornberg hinzukamen und 1722 ein Oberbergamt mit Sitz in Stuttgart geschaffen wurde.[35]

Die Sonderstellung der Talbewohner bildete über Generationen hinweg die Ursache für „Irrungen und Stritt" zwischen den Einwohnern des Tales und den Freudenstädter Bürgern. Wiederholter Anlaß für die Streitereien war das Recht der Christophstaler, gegen ein geringes Bürgergeld Bürger der Stadt zu werden. Der Magistrat versuchte bereits 1616, diese Summe zu erhöhen, damit „nicht so viel unnütze und unvermögliche Leuth allein um des geringen Burgerrechts willen sich hierhero begeben".[36]
Im 18. Jahrhundert beharrten Bürgermeister, Gericht und Rat auf eine Erhöhung von 5 auf 10 Gulden und waren gleichzeitig bemüht, die Knappen und Laboranten stärker zu Abgaben heranzuziehen, da diese die städtischen Einrichtungen wie z.B. Kirche und Schule mitbenutzten. So verlangte der Magistrat 1777, aufgrund des stark angewachsenen Schulbesuchs der Christophstaler Kinder, einen Beitrag aus der Zunftlade oder Bruderbüchse.[37]
Ein besonderer Dorn im Auge der Freudenstädter war die Steuer- und Gewerbefreiheit der Christophstaler Bevölkerung. Man betrieb deren Unterhöhlung bzw. bemühte sich um strikte Kontrolle der Richtlinien – angeblicher Mißbrauch wurde unverzüglich bei der Herrschaft angezeigt. So verlangte der Magistrat 1780 von einem im Tal ansäßigen Wirt „Schwöhrbüchsengeld", was dieser rigoros ablehnte, mit dem Hinweis, er sei schließlich der Faktorei unterstellt. Maria Catharina Springer, Wirtin der Talwirtschaft, alleinerziehende Mutter und Geschäftsfrau, wird 1748 von der Stadt „theils aus Feindschaft gegen die factorie Anverwandten, theils aus privaten Absichten" bei der Herrschaft wegen Steuerbetruges bei ihren „Salz und fleisch comerciis" angeschwärzt. Die Frau verweist zwar auf das Privileg der Steuerfreiheit, muß sich aber dahingehend belehren lassen, diese gelte nur für den „Hausbrauch und die Gewerkschaft", alles, was sie anderweitig verkaufe, müsse sie versteuern. Der Hintergrund für die Anzeige war ihr Verkauf von Rindfleisch an die in Freudenstadt liegende Miliz – ein Geschäft, das die städtischen Metzger gerne selbst getätigt hätten. Sie waren aber – so die Aussage der Soldaten – aufgrund ständigen Mangels an gutem Rindfleich in der Stadt nicht fähig zu liefern.[38]

Statt von der Versorgung der Talbewohner wirtschaftlich zu profitieren, drohte dem städtischen Nahrungsmittelgewerbe eher eine unerwünschte Konkurrenz. Dies lag primär an dem Privileg der Knappen und Laboranten, neben ihrer eigentlichen beruflichen Tätigkeit auch Gewerbe wie Metzger, Bäcker oder Bierbrauer selbst ausüben zu dürfen. Das Bierbrauhaus im Tal besaß noch 1800 das alleinige „Biermonopolium"; der Magistrat und die Einwohnerschaft hatten sich bis dato vergebens um die Genehmigung zum Bau einer eigenen „Bierbraustätte" bemüht.[39]

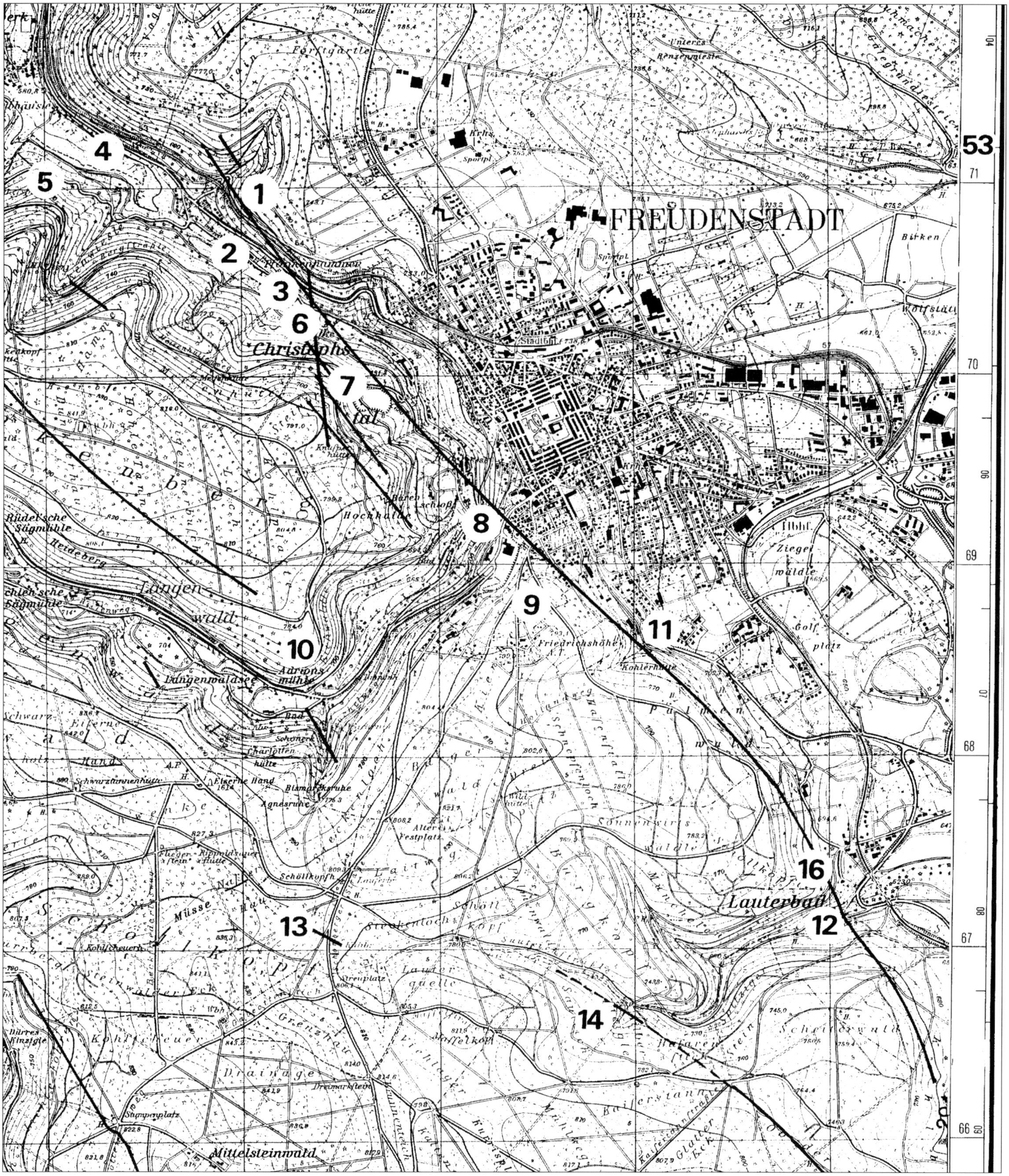
FREUDENSTADT
Christophs
tal
Forstgärtle
Sportpl.
Stadtbf.
Hbhf.
Zieget
wälde
Golf
platz
Friedrichshöhe
Kohlerhütte
Hochhalde
Bärenschlößle
Langen
wald
Langenwaldsee
Adrions
mühle
Charlotten
hütte
Eiserne Hand
Bismarckruhe
Agnesruhe
Alter
Festplatz
Schöllkopf
Lauterbad
Lauter
quelle
Mittelsteinwald
Kohlteuer
Birken
Wolfsläu
1
2
3
4
5
6
7
8
9
10
11
12
13
14
16
53
71
70
69
68
67
66

„Plan von der Herzoglich württemberg: Eisenwerk-Factorie St. Christophs Thal mit denen obern, untern und neuen Werkern", 1778.

PLAN
von der
Herzoglich würtemberg: Eisenwerk-Factorie
St. CHRISTOPHS THAL,
mit denen obern, untern und neuen Werkern,
inken Berg,
rker,
die untere
Dorothea Grube
bey der
Weeg von Freudenstadt
die Heus
Erklæru
Stall,
Zimerhütte,
Waschhaus,
Zimermans Wohnung
Hüttenknechtshaus,
21. Factorie,
22. Brunn
23. Laborantenhaus
24. Holzkammer,
25. Wachterhausle,
26. Factorie Scheuer
27. Laborantenstall
28. Kohlscheuer.
29. Oberzainhamer.
30. Bierhaus.
31. Brennhaus
32. Laboranten Sta
33. Bakofen
34. Laborantenhaus sa
Keller

erker
47
48
49
50
46
45
51
Vorbach
Markstein
nst.
der Ziffern
5. Magazin,
6. Streckhamer,
7. Kohlscheuer
8. Kohlscheuer
9. Oberpfanenhamer.
40. Stallung.
41. Haus, Würt: Rollen.
42. alte Kupferschmelz.
43. untere Pfanenhamer,
44. Stalle,
45. Oblaborantenh: u: Stalle,
46. Bachhaus,
47. Hütten knechtshaus
48. untere Hamer.
49. Materialkamer,
50. Kohlscheuer,
51. Baurenhaus,
52. Schopf,
53. Kohlscheuer,
54. Hoh Ofen,

das neu erbaute Schmelz und Schmitten Werk.
Reichen Bächle
Weeg nach Bayersbronn.
Laborantenhaus,
Schmelzershaus.
Waschhaus.
Pochwerk
Kohlscheuer.
60 Stall.
61. Groshamer.
62 Plaz Mstrs: Wohnung
63. Waschhaus
64. Stall
65 Laborantenhaus
66. Scheuren u: Stalle.
67. alte Hallen
68. Sophia Stollen
decopirt Rc. Conducteur Barttruff. 1778.

Erst wenn ein Nahrungsmittelgewerbe nicht ausgeübt wurde, konnten städtische Handwerker einspringen. So fehlte 1767 kurzfristig ein Bäckermeister unter der Laborantenschaft, was es dem „an der Steig wohnenden" Freudenstädter Bäcker Johann Friedrich Glauner ermöglichte, mit Brot im Tal „hausieren" zu gehen.[40]

Auseinandersetzungen zwischen Tal- und Stadtbewohnern

Die rechtliche, wohl aber auch wirtschaftiche Besserstellung mancher Talbewohner rief offensichtlich den Neid der Stadtbewohner hervor. 1664 muß sogar eine Kommission zur Untersuchung „gefährlicher und ohnverantwortlicher Schlaghändel" zwischen Bergleuten und Bürgern eingerichtet werden. Die Bergleute klagten, sie seien bei ihrem weihnachtlichen Kirchenbesuch von „aufsäzigen" Bürgern „auß großem Neid, auß dem ... Kirchenstühl getrieben" und im Wirtshaus nicht bedient, sondern aus „Haß" und „Neid" angegriffen worden. Die Beschuldigten verteidigten sich mit dem Argument, die Bergleute hätten ihre Zeche nicht bezahlt, daraufhin seien „Fäuste und Steine" geflogen.[41]

Die beiderseitigen Animositäten wurden wohl nicht immer so handgreiflich ausgetragen, blieben aber bestehen, auch wenn sich im 18. Jahrhundert eine gewisse wirtschaftliche Verflechtung abzeichnete. Als Teil der Eisenverarbeitung begann sich nämlich das Nagelschmiedgewerbe in der Stadt zu etablieren.[42]

„Ich resolvierte mich wirklichen, vom Bergwerk wegzubleiben; denn ich sah, daß solches auch zu ... Freudenstadt nirgend recht glücken wollte"[43]

Die Finanzierung des Bergbaus durch private Investoren und die Gründe für das wiederholte Scheitern

Das besondere Problem in Württemberg war die aufwendige und damit kostenintensive Gewinnung der Metalle. Die hierfür notwendigen Investitionen konnte oder wollte die Landesherrschaft, vor allem zur Zeit des Ausbaus im 16. Jahrhundert, nicht alleine aufbringen.

Der Herzog erlaubte daher privaten Investoren, Gruben zu betreiben: „Es sind, wie bekannt zweierlei Wege, wodurch der Anfang und Fortgang eines Grubengebäudes unterhalten werden kann. Entweder bauet ein Landesfürst einzig und allein, oder es bauen Privatpersonen. Die letztere Art durch Gewerkschaften zu bauen, ist bei uns bishero üblich gewesen. Sowohl In- als Ausländer haben viele 1000 fl darauf verwendet".[44]

Den Zusammenschluß solcher Besitzer einer Grube nannte man „Gewerkschaft", die einzelnen Teilhaber „Gewerke". Sie besaßen je nach Höhe ihrer finanziellen Investition Anteile an der Grube, die als „Kuxe(n)" bezeichnet wurden.[45]

In den Anfängen des Bergbaus waren es, von wenigen Ausnahmen abgesehen, vor allem Adlige, die Kuxe(n) erwarben oder vom Herzog als Belohnung erhielten. Eine Gewerkschaft in Christophstal bestand 1598 z.B. aus folgenden Mitgliedern: Otto, Wild- und Rheingraf; Friedrich, Herr zu Limpurg; Erbschenk Semperfrey; Karl von Dachsberg; Joachim von Drauschwitz; Kammersekretär Sattler u.a. Später war es auch Personen aus anderen sozialen Schichten – Kaufleuten, Beamten, vereinzelt auch Handwerksmeistern und kleinen 'Gewerbetreibenden'- möglich, Anteile zu erwerben. Die Herrschaft versuchte sogar, neben der Beamtenschaft, auch vereinzelt Ämter und Städte für die 'Geldanlage Bergbau' zu gewinnen.[46]

Die Christophstaler Gewerkschaften bestanden u.a. aus wohlhabenden Bürgern Freudenstadts oder anderer württembergischer Städte, aber auch Kaufleute aus Basel, St. Gallen oder Straßburg investierten im Tal.[47] Die meist durch positive geologische Gutachten und herzogliche Privilegien wie Steuerfreiheit oder billige Holzlieferungen von „Kuxhändlern" angelockten Kapitalanleger erwarteten hohe und vor allem schnelle Profite. Sie wurden meist enttäuscht – statt satter Gewinne mußte nachfinanziert, d.h. Zuzahlungen, die sogenannten „Zubussen", geleistet werden. Viele zogen sich daraufhin resigniert aus dem Bergwerksgeschäft zurück und stellten die Zahlungen ein.[48] So wurde der Vertreter der Ferdinand- und Dorotheenzechen-Gewerkschaft, Apotheker Johann Conrad Gmelin aus Tübingen, 1741 aufgefordert, die Mitglieder zu weiteren Zahlungen zu animieren. Die Liste der säumigen Zubussenzahler

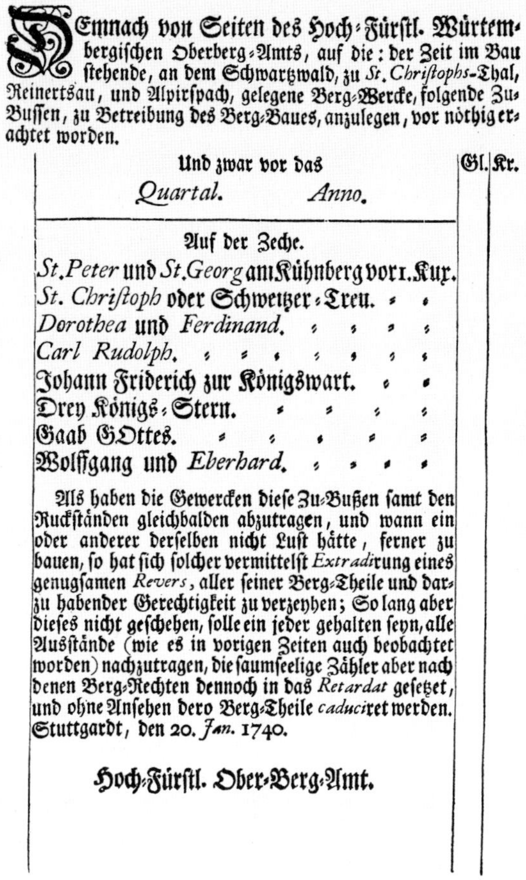
Demnach von Seiten des Hoch-Fürstl. Würtembergischen Oberberg-Amts, auf die: der Zeit im Bau stehende, an dem Schwartzwald, zu *St. Christophs*-Thal, Reinertsau, und Alpirspach, gelegene Berg-Wercke, folgende Zu-Bussen, zu Betreibung des Berg-Baues, anzulegen, vor nöthig erachtet worden.

Und zwar vor das *Quartal.* *Anno.*	Gl.	Kr.
Auf der Zeche.		
St.Peter und *St.Georg* am Kühnberg vor 1. Kux.		
St. Christoph oder Schweitzer-Treu.		
Dorothea und *Ferdinand.*		
Carl Rudolph.		
Johann Friderich zur Königswart.		
Drey Königs-Stern.		
Gaab GOttes.		
Wolffgang und *Eberhard.*		

Als haben die Gewercken diese Zu-Bußen samt den Ruckständen gleichbalden abzutragen, und wann ein oder anderer derselben nicht Lust hätte, ferner zu bauen, so hat sich solcher vermittelst *Extradi*rung eines genugsamen *Revers*, aller seiner Berg-Theile und darzu habender Gerechtigkeit zu verzeyhen; So lang aber dieses nicht geschehen, solle ein jeder gehalten seyn, alle Ausstände (wie es in vorigen Zeiten auch beobachtet worden) nachzutragen, die saumseelige Zähler aber nach denen Berg-Rechten dennoch in das *Retardat* gesetzet, und ohne Ansehen dero Berg-Theile *caduci*ret werden. Stuttgardt, den 20. *Jan.* 1740.

Hoch-Fürstl. Ober-Berg-Amt.

Zubußzettel für einzelne Bergwerke im Schwarzwald, darunter auch Christophstaler Gruben, 1740.

umfaßte Tübinger Professoren und Doktoren sowie den „Buchfuhrer Cotta", einen Obristenleutnant und zahlreiche Pfarrer und Bürgermeister des Landes. Wurden die „Zubussen" nicht bezahlt, bedeutete dies meist das Ende der Gruben und gestundete, nichtbezahlte Löhne für die Knappen.[49]

1742 bat der Schichtmeister Georg David Degeler den Herzog eindringlich, die Kuxenbesitzer zur Zubussenzahlung zu bewegen, da die Schulden von Quartal zu Quartal größer würden und den Bergleuten ihr mit „saurem Schweis und Blut verdiender Lohn" auf unverantwortliche Weise vorenthalten werde. Die Klage nützte wohl wenig. Die Anteilnehmer zogen sich aus der als aussichtslos angesehenen Geldanlage zurück, die Kuxe war unverkäuflich und somit das Schicksal der Grube besiegelt.[50]

Risikogeschäft Bergbau

Wie riskant das Bergbaugeschäft war, zeigt das Beispiel des Freudenstädters Johann David Wölppert. Er verlor bei Bergbauspekulationen im Kinzigtal zu Beginn des 18. Jahrhunderts sein gesamtes Vermögen. Sein Fall kam wegen der noch bestehenden immensen Schuldenlast von 25.000 Gulden sogar vor das Reichskammergericht in Wetzlar. Trotz seiner mißlichen Lage – er mußte zeitweise Freudenstadt verlassen und ins Nürnberger Exil gehen – schürfte er weiter. 1720/21 stieß er schließlich in Wittichen auf einen erfolgsversprechenden Gang, mit dem es ihm gelang, bei Geldgebern nochmals 25.000 Gulden an Kuxgeld aufzutreiben.[51]

Die Gründe für das häufige Scheitern des Bergbaus bedürfen noch einer weiteren Klärung und vor allem Gewichtung. Es lag wohl nicht nur an der unsicheren Art und Weise der Finanzierung, sondern auch an den natürlichen Gegebenheiten. Die Menge und Qualität der vorhandenen Rohstoffe – sei es Kupfer, Silber oder Eisenerz – ließen zu wünschen übrig. Oft bot nicht nur der niedrige Metallgehalt, sondern auch die unregelmäßige Art des Vorkommens Anlaß zur Unzufriedenheit und Fehleinschätzungen: „Nicht weniger wie sich ein Gang an einem Ort auftue, ... sich reichlich ausschütte, abschneide, nicht beständig bleibe, also dass es heut nicht ist, wie gestern, sondern bald ab, bald zufalle."[52]

Als zusätzliches Handicap erwiesen sich die fast überall im Schwarzwald anzutreffenden schwierigen Abbaubedingungen, die diese ohnehin aufwendige Methode der Rohstoffgewinnung zusätzlich verteuerten. Es mußte nicht nur im Untertagebau (Stollen und Schächte) geschürft werden, sondern unvorhersehbare Wassereinbrüche machten oft den kostspieligen Einbau einer sogenannten Wasserkunst nötig.

Als Ende des 18. Jahrhunderts der Herzog bezüglich des darniederliegenden Bergbaus Ursachenforschung betrieb, zählte ein Bergmeister auch organisatorische und technische Mängel auf: es fehle an gut ausgebildeten Bergleuten, zuverlässigen und kompententen Schichtmeistern, aber auch an richtiger finanzieller Unterstützung – kurz, es würden aufgrund mangelnder Sachkenntnis zu viele Fehler gemacht.[53]

Dies mag auch daran gelegen haben, daß die Arbeit in den Gruben – oft auch durch äußere

Umstände wie Kriege – jahrelang unterbrochen war und es keine Überlieferung gab, so daß die Menschen in jeder Epoche mit neuen Hoffnungen, aber ohne exaktes Wissen den Bergbau wiederaufnahmen und ihre eigenen Erfahrungen machen mußten.

Anmerkungen:

1. Beschreibung des Oberamts Freudenstadt, Stuttgart 1858, Nachdruck Horst Bissinger, Magstadt 1967, S. 153. Rommel, Hans,: Zur Geschichte des einstigen Bergbaus um Freudenstadt, in: FB 6, 1987 S. 136–151.
2. An dieser Stelle möchte ich mich herzlich bei Herrn Klaus M. Heckmanns für die Führung durch das Christophstal bedanken.
3. Metz, Rudolf, Mineralogisch-landeskundliche Wanderungen im Nordschwarzwald, Lahr 1977, S. 248. Vor dem 16. Jahrhundert wurden bereits Gruben betrieben, siehe Metz S. 248. Boelcke, Willi A., Wirtschaftsgeschichte Baden-Württembergs von den Römern bis heute, Stuttgart 1987, S. 120.
4. Thier, Manfred, Geschichte der Schwäbischen Hüttenwerke 1365–1802, Aalen und Stuttgart 1965, S. 109ff. Metz, Rudolf, Mineralogisch-landeskundliche Wanderungen im Nordschwarzwald, S. 251. Schnürlen, Mathilde, Geschichte des württembergischen Kupfer- und Silberbergbaus, Tübinger Staatswissenschaftl. Abhandlung NF 23, Stuttgart 1921, S. 9 u. 12ff.
5. Klein, Ulrich, Raff Albert, Die Württembergischen Münzen von 1374–1693. Ein Typen-, Varianten- und Probenkatalog, Stuttgart 1993, S. 13, 14ff. Vgl. auch Müller, Hugo, Die Württembergische Hüttenwerke im Forbachtal im Schwarzwald, Masch. 1943, (StadtA FDS) S. 2, 20.
6. Müller, Hugo, Die Württembergische Hüttenwerke im Forbachtal im Schwarzwald, S. 1ff. Beschreibung des Oberamts Freudenstadt, S. 73. Boelcke, Willi A., Wirtschaftsgeschichte Baden- Württembergs, S. 122.
7. Baldenhofer, (Jeremias), Kurze Beschreibung der Fürstlichen Bergstatt- u. Vöstung Freudenstatt 1671, , masch. Abschrift, StadtA FDS, S. 22. Thier, Manfred, Geschichte der Schwäbischen Hüttenwerke, S. 118, 161ff.
8. Thier, Manfred, Geschichte der Schwäbischen Hüttenwerke, S. 161 ff. Kunzmann, Kurt F., Der Bergbau und die Mineralien des Freudenstädter Reviers, in: FB Nr. 8 (1992), S. 12–13. Schnürlen, Mathilde, Geschichte des württembergischen Kupfer- und Silberbergbaus, S. 17–19.
9. Thier, Manfred, S. 161–163.
10. Baldenhofer, S. 18ff.
11. Beschreibung des Oberamtes Freudenstadt, S. 79. Schnürlen, Mathilde, S.38-39.
12. HSTAS A 58a Bü 121. Vgl. Thier, Manfred, S. 164 ff.
13. Thier, Manfred, S. 165.
14. HSTAS A 58a Bü 121 Inventarium St. Christophstal, 2. Juni 1688. Vgl. Thier, Manfred, S. 165–167. Kunzmann, Kurt, S. 12.
15. Kunzmann, Kurt, S. 12ff. Eine ausführliche Beschreibung der Gruben und ihrer alten und neuen Namen siehe: „Zur Geschichte des einstigen Bergbaus um Freudenstadt, in: FH Bd. X, Nr.4, 13.4.1966.
16. Thier, Manfred, S. 255. Schnürlen, Mathilde, S. 41.
17. Thier, Manfred, S. 255-258.
18. Müller, Hugo, S. 50, 55. Thier, Manfred, S. 255--265. Schnürlen, Mathilde, S. 41ff.
19. Müller, Hugo, S. 53. Metz, Rudolf, S. 259. Thier, Manfred, S. 261, 263ff.
20. HSTAS A 566 Bü 1 Admod. Contract, 9. Juni 1764. Thier, Manfred, S. 265f., 294. Müller, Hugo, S. 73.
21. HSTAS A 249 Bü 745a.
22. Die württ. Hüttenwerke im Forbachtal im Schwarzwald, in: FH Bd. XXVIII. Nr. 5 u. Nr.8, Mai und August 1997.
23. Kunzmann, Kurt, S. 14: 20.1.1797 waren im Christophstal nur 4 Bergleute!!! beschäftigt und der Grubenbau ging in den folgenden Jahren wieder sehr zurück.
24. Schnürlen, Mathilde, S. 97.
25. HSTAS A 58a Bü 99. Reyscher, August Ludwig (Hg.) Sammlung der württ. Gesetze, Bd. 16, Abt. 1, Tübingen 1845, S. 152 ff. Schnürlen, Mathilde, S. 33, 110ff.
26. HSTAS A 58a Bü 128.
27. HSTAS A 566 Bü 4 Ordnung der Laboranten und Genossen des Mössinghandels zu Freudenstadt 1618. Vgl. auch Müller, Hugo, S. 25 ff.
28. HSTAS A 58a Bü 121 Bestandsbrief von 1687; A 566 Bü 4 Ordnung der Laboranten und Genossen des Mössinghandels zu Freudenstadt 1618. StadtA FDS Gerichtsprotokoll 26.11.1777. Müller, Hugo, S. 54.
29. Vgl. Beitrag, Ströbele, Ute, „Kein besonderes Armenhaus allda" und Müller, Hugo, S. 23.
30. Allgemeine Bergordnung von 1598, in: Reyscher, Bd. 16, Abt.1, S. 116 ff. Vgl. auch Metz, Rudolf, S. 250.
31. HSTAS A 281 Bü 366 Visitationsberichte.
32. StadtA FDS St. Christophstaler Factorie=Lagerbuch 1682 (Abschrift von 1736). Eimer, Manfred, Aus Alt-Freudenstadt, S. 9ff.
33. Eimer, Manfred, S.9ff. Vgl auch Müller, Hugo S. 21. Allgemeine Bergordnung von 1698, in: Reyscher, Bd. 16, S.115, 122 ff.
34. Eimer, Manfred, Aus Alt-Freudenstadt, S. 8. Müller, Hugo, S. 48. In einer Strafsache in Christophstal wird 1671 allerdings neben dem Faktor noch ein Berghauptmann und Bergvogt erwähnt siehe HSTAS A 209 Bü 892.
35. Bekanntmachung des Justizministerium vom 13. 12. 1830, in: Reyscher Bd. 16, S. 624. Schnürlen, Mathilde, S. 21.
36. StadtA FDS St. Christophstaler Factorie=Lagerbuch 1682 (Abschrift von 1736).
37. HSTAS A 213 Bü 1023 Bürgerrechtsannahmgebahren der Laboranten 1779. StadtA FDS Gerichtsprotokoll 26.11.1777.
38. StadtA FDS Rezessbuch der Heiligenpflege 1782-84. HSTAS A 566 Bü 15.
39. HSTAS A 213 Bü 918; A 249 Bü 749 Bierhauspächter in Christophstal.
40. StadtA FDS Gerichtsprotokoll 4.3.1767.
41. HSTAS A 206 Bü 1885.
42. HSTAS A 58a Bü 135.
43. Wohleb, Joseph l. und Schilli, Hermann, Der Kinzigtäler Bergbau in den Jahren 1700–1754. Veröffentlichung aus dem Fürstlich Fürstenbergischen Archiv Heft 12, Donaueschingen 1950, S. 31.
44. Schnürlen, Mathilde S. 93ff.
45. Schnürlen, M., S. 93ff.
46. Schnürlen, M., S. 14 und 94f.
47. Schnürlen, M., S. 14 und 94ff. und Kunzmann, Kurt, S. 13.
48. Schnürlen, M., S. 22, 94.
49. HSTAS A 58a 95 b Rechnung des Schichtmeisters von 1740.
50. HSTAS A 58a 95 b. Schnürlen, Mathilde, S. 97.
51. Wohleb, Joseph u. Schilli, Hermann, Kinzigtäler Bergbau, S. 18, 32-38.
52. Baldenhofer, S. 16. Schnürlen, Mathilde, S. 87, 89ff.
53. Müller, Hugo, S. 25. Schnürlen Mathilde S. 25, 87, 90ff. S. 124 ff.

„Führeten ihre Händel aufs Neue fort"

Alltag in Freudenstadt im 17. und 18. Jahrhundert

Susanne Quarthal

Die Beschäftigung mit der Geschichte der Stadt Freudenstadt in den Jahren zwischen 1630 und 1800 scheint in eine weit zurückliegende Epoche zurückzuführen. Trotzdem ragen viele Elemente jener Zeit bis in unsere Gegenwart hinein: „Wie wir Geburt, Krankheit, Tod erleben, wie wir miteinander umgehen, wie wir essen, wohnen, arbeiten und feiern, kurz, in welchen individuellen und kollektiven Formen wir unser Leben verbringen – dies alles verbindet uns...".[1]
„Wer nicht viel hatte, mußte sorgsam damit umgehen. Was man besaß, nutzte man solange wie möglich: Kleider mitunter ein Leben lang, Hausrat und Werkzeuge oft über Generationen".[2]
Der damalige Alltag war gekennzeichnet von Krankheit, vom Kampf ums tägliche Brot und vom frühen Tod. Die Gesellschaft des 17. und 18. Jahrhunderts war eine Mangelgesellschaft, deren knappe Ressourcen nicht ausreichten, alle ihre Mitglieder ausreichend zu ernähren. Diese Ressourcen waren zudem höchst ungleich verteilt. Rund fünf Prozent der Gesellschaft, Klerus, Adel und höheres Bürgertum verbrauchten etwa 80 Prozent des Bruttosozialprodukts. Für die anderen reichte das Einkommen kaum für mehr als das tägliche Leben; Vorsorge für Alter und Krankheit waren selten möglich. Diesen unsicheren Lebensbedingungen entsprach auch die Art des menschlichen Zusammenlebens. Die Menschen in Städten und Dörfern lebten eingebunden in Gruppierungen, sei es die Familie, Verwandtschaft, Nachbarschaft oder die bürgerliche oder kirchliche Gemeinde.[3] Der Mangel an Privatsphäre führte jedoch sehr oft zu Konflikten, zu Neid, gegenseitiger Überwachung und Intoleranz im alltäglichen Leben.
Wie sah ein solches „alltägliches Leben" in einer Stadt der frühen Neuzeit aus ? In Freudenstadt, einer Stadt, in der nach kurzer Blütezeit Jahre kamen, in denen es der Bevölkerung weniger gut ging, Jahre in denen Brand, Pest und Krieg herrschten ? Es ist sehr schwer solche Rückbliche zu tätigen, denn es haben sich nur Spuren erhalten . Solche Spuren findet man in den Protokollen des Stadtgerichts.Wie gestalteten die Bürgerinnen und Bürger ihr Zusammenleben, welche Konflikte, Sorgen aber auch Hoffnungen bestimmten ihren Alltag? [4]

Bedrohungen des Alltags

Freudenstadt lag am Westrand des Herzogtums Württemberg, an einer wichtigen Straße von Ulm nach Straßburg, die den oberen Neckarraum mit der Rheinebene verband. Es war eine der wenigen Durchgangsstraßen und Verbindungswege über den Schwarzwald. Das 17. und 18. Jahrhundert waren bestimmt von dem Gegensatz zwischen dem Hause Habsburg und Frankreich; jeder Konflikt zwischen beiden Mächten führte unmittelbar zu kriegerischen Verwicklungen in Südwestdeutschland. Obwohl Württemberg immer wieder versuchte, neutral zu bleiben, war das Herzogtum vielfach von Truppendurchmärschen und Einquartierungen betroffen, auch wenn es nicht unmittelbar kriegsführende Partei war.[5] Dreißigjähriger Krieg (1618–1648), Holländischer Krieg (1672–1679), Pfälzischer Erbfolgekrieg (1688–1697) und Spanischer Erbfolgekrieg (1701–1713) führten zu bitterer Not und Armut in Südwestdeutschland.[6] Zwar war Freudenstadt nicht so nachhaltig betroffen wie etwa die Durchgangslandschaften am mittleren Neckar, aber als Grenzfestung an einem Schwarzwaldpaß, der den französischen Truppen als Einfallstor nach Württemberg dienen konnte, war die Stadt immer wieder das Ziel militärischer Operationen.

Kriegswirren im 17. und 18. Jahrhundert. Truppendurchmärsche und Einquartierungen.

Dreißigjähriger Krieg: Österreichische Truppen greifen Freudenstadt an.

Der Dreißigjährige Krieg (1618 – 1648)

Die Auseinandersetzungen zwischen evangelischer und katholischer Fürstenpartei bildeten den Ausgangspunkt für den Dreißigjährigen Krieg, der sich nach 1635 zum Kampf um die Vormachtstellung in Europa zwischen Schweden, Frankreich und dem Reich ausweitete.[7] Sehr bald schon waren Feind und Freund nicht mehr genau zu unterscheiden.

Das Herzogtum Württemberg, in welchem Freudenstadt lag, zählte zur „Union", die Schweden und Frankreich unterstützte. In Süddeutschland machte sich der Krieg erst nach 1628 bemerkbar.[8] Bereits vor dem Stadtbrand von 1632 hatte die Stadt wohl Durchmärsche und Quartierlasten zu ertragen. Genaues läßt sich darüber jedoch heute nicht mehr berichten.[9] Zu feindlichen Überfällen scheint es in Freudenstadt erst nach der Schlacht von Nördlingen (1634) gekommen zu sein.[10] Im Herbst 1634 schlug die kaiserliche Armee bei Nördlingen die Schweden und ihre Verbündeten – darunter Württemberg – vernichtend.[11] Herzog Eberhard III. mußte nach Straßburg fliehen. Württemberg kam unter österreichische Statthalterschaft.[12] Es verlor im weiteren Verlauf mehr als 75% seiner Bevölkerung durch Flucht, Seuchen und Tod.[13]

Österreichische Truppen unter Rittmeister Clemens Seeger griffen die Ämter Dornstetten, Dornhan, Alpirsbach und Freudenstadt an und brandschatzten letzteres am 10. September 1634, wobei es auch zu gewalttätigen Übergriffen auf die Bevölkerung kam.[14]

1635 trat Frankreich unter Richelieu in den Krieg ein, der sich dadurch zu einem europäischen Konflikt ausweitete. Da Württemberg habsburgisch besetzt war, galt es für Frankreich als Feindesland. Französische Truppen erschienen 1635 in Freudenstadt. Auch hier kam es zu Übergriffen. Dabei hat das Freudenstädter Archiv Verluste erlitten; es wurden „der Stadt vornehmste Schriften ... verrißen und sonst distrahirt".[15]

Über die Greueltaten, die während des Krieges an der Bevölkerung verübt wurden, liegen unterschiedliche Schilderungen vor.[16] Vieles mag übertrieben sein, doch was der Stadtpfarrer Baldenhofer 1671 in seinem Bericht über die Stadt nach Erzählungen der Einwohner niedergeschrieben hat, dürfte den Tatsachen entsprechen: „Also hat auch Freudenstadt wieder vom Feuer durch die Soldaten angesteckten Schaden erlitten. Und weilen die Feind neben dem Rauben auch mit dem Schwert gräßlich grassiert und kein Stand, Alter oder Person angesehen, seind daher die armen Untertanen in den kleinen Stättlein und Dörfern ausgewichen, teils in die Wälder und Klausen, andere in fremde Orte geflogen. Welches sonderlich den guten Freudenstättischen Einwohnern auch widerfahren, daß sie ihre offene Stadt müssen verlassen und sich in der Wildnus verbergen.."[17] Weitere Heereseinfälle, Hunger und Pest trugen nach Baldenhofer das ihrige dazu bei, daß die Stadt „über Jahr und Tag öde und verlassen gestanden".[18] Ob Freudenstadt wirklich verwüstet dalag, muß nach G. Hertel bezweifelt werden. So kann Freudenstadt, dessen „ausbündig schöne Kirche" alle Kriegswirren überstand, wohl kaum über Jahre „fast öd und ganz verlassen" gewesen sein. [19] Dafür spricht auch ein Bericht aus dem Kirchenbuch von 1636 über Stadtpfarrer Georg Stöffler, von dem die französischen Soldaten die Herausgabe der Abendmahlsgeräte verlangten. Als er sich weigerte, hängten sie ihn mit einem Strick um den Leib zum oberen Turm heraus und drohten ihn zu töten. Auf Fürbitten eines Kapuziners konnte er jedoch gerettet werden.[20] Lange wurden daraufhin in Freudenstadt durchreisende Kapuziner gastlich verpflegt.[21] Auch diese Episode kann sich nach G. Hertel „nicht in einer total verödeten Stadt abgespielt haben".[22] Die Stadt war zwar nicht vollkommen verlassen, hatte aber hohe Verluste erlitten. 1634 lebten 260 Bürger in der Stadt. Nach dem Krieg zählte man nur noch 72 Bürger.[23] Zudem war die Stadt völlig zahlungsunfähig geworden. Es gab weder Arzt noch Apotheker. Erst 1669 wurde ein neuer Stadtphysikus ernannt. Noch 1685 gab es „wüste Güter" in der Stadt, deren Inhaber nicht mehr zu ermitteln waren.[24]

Pfälzischer, Spanischer und Polnischer Erbfolgekrieg

Eine kurze Blütezeit erlebte Freudenstadt in den Jahren 1667 bis 1674, in denen Herzog Eber-

Alt Freudenstadt mit Christophstal.

hard III. beschloß, die Stadt mit einem achteckigen Festungswerk zur Verteidigung des Landes zu versehen. Jedoch wurden die Arbeiten am 5. Oktober 1674 unterbrochen, als nach dem Tod Eberhards am 2. Juli 1674 der neue Herzog Wilhelm Ludwig den Fortifikationsbau einstellen ließ, nachdem ein Gutachten des Oberstleutnants Kieser „die 'Hauptfestung' für Württemberg bedeutungslos“ erklärte.[25] Der Festungsbau sollte trotzdem noch eine wichtige Rolle in den kommenden Jahren spielen. Ein neuer Krieg bahnte sich an. König Ludwig XIV. von Frankreich versuchte, nachdem er Eroberungskriege gegen Spanien und die Vereinigten Niederlande geführt hatte, seine Ostgrenze auf Kosten des Deutschen Reiches durch die sogenannten „Reunionen“ zu erweitern, d.h. er erhob Ansprüche auf Reichsterritorien innerhalb der Landgrafschaft Elsaß, die von Habsburg 1648 an Frankreich abgetreten worden waren, vor französischen Gerichten, mit deren Hilfe er seine Besitzansprüche auf das gesamte Elsaß ausdehnte. 1688 beanspruchte er im Namen seiner Schwägerin Elisabeth Charlotte „Liselotte“ die Kurpfalz für Frankreich. Französisches Militär marschierte in Süddeutschland ein. Es kam zu einem überkonfessionellen Bündnis der europäischen Mächte: Der katholische Kaiser, die katholischen und protestantischen Reichsfürsten, die calvinistische Niederlande und das anglikanische England vereinigten sich gegen Frankreich. Als Reaktion ließ Ludwig XIV. die gesamte Pfalz auf grausame Weise verwüsten. 1697 mußte er im Frieden von Rijswijk jedoch seinen ersten Verlustfrieden akzeptieren, in dem er auf die meisten Eroberungen Frankreichs außerhalb des Elsasses verzichtete, jedoch Straßburg und die elsässischen Territorien behaupten konnte.

Pfälzischer Erbfolgekrieg.

Zu Beginn dieses Krieges wurde Freudenstadt auf Grund seiner Lage an der Straße zum Kniebispaß wieder zum Schauplatz militärischer Aktionen. Im September 1688 ordnete der Vormund des Herzogs Friedrich Carl an, die Wache von der Kniebisschanze abzuziehen und befahl, den Kniebispaß vollkommen zu verhauen und unbrauchbar zu machen.[26] Diesem Befehl widersetzte sich jedoch der Vogt von Dornstetten, der den Handel mit den Franzosen über das Renchtal nicht gefährden wollte. So erreichte französisches Militär unter General Rebe relativ mühelos am 24. Dezember 1688 mit 400 Mann und 2 Kompanien Kavallerie Freudenstadt. Schon am 23. Dezember gab der französische Minister Louvois den Befehl zur Zerstörung von Festung und Stadt. Dieser Befehl wurde jedoch am 29. 12. 1688 wieder aufgehoben. Die Franzosen wollten während des Winters die Festung noch als Sicherung der französischen Truppen in der Rheinebene nutzen. Die Vernichtung von Festung und Stadt konnte glücklicherweise verhindert werden. Der zur Sprengung abgeordnete Ingenieur und seine Mineure kamen erst am Tag des französi-

Plan zur Vernichtung von Festung und Stadt.

Plünderung der Stadt.

Quartierlasten im Spanischen und Polnischen Erbfolgekrieg.

schen Rückzugs an. Die Besetzung Freudenstadts ermöglichte es den Franzosen immerhin, den Kniebispaß für die fliehenden französischen Truppen offen zu halten. Am 4. Januar verließ Rebe – nachdem die letzten Franzosen den Kniebis erreicht hatten – die Stadt mit Beutestücken und zwei Geiseln. „Abgesehen davon, daß die Nachhut auf dem Kniebis von einigen Bauern unter der Führung von Schultheiß Jacob Kimmich aus Marschalkenzimmern in die Flucht geschlagen wurde, konnten die Franzosen diesen Rückzug im Schutze der Festung ungestört abwickeln. Sie haben es verstanden, die württembergischerseits so negativ eingestufte Festung für ihre Zwecke wirkungsvoll einzusetzen".[27] Vor ihrem Abmarsch sollen die Franzosen die Stadt ausgeplündert haben.[28] Die Bürgerschaft setzte den Brandschatzungswert für Stadt und Amt, herrschaftliche und geistliche Gebäude, die Faktorei und die anderen herzoglichen Gebäude im St. Christophstal auf 5000 Gulden fest. Da die Rentkammer in Stuttgart nichts bezahlte, mußte die Stadt 3000 Gulden aufnehmen.

Zur Zeit des Spanischen Erbfolgekrieges (1701–1713/14) wurde Freudenstadt durch verbündete Truppen (schwäbische, bayerische) unter dem Hauptmann von Bubenhofen besetzt und zu Beginn des Jahres 1705 bezogen schwäbische Kreistruppen in Freudenstadt und Umgebung ihr Winterquartier.[29]

Auch im Polnischen Erbfolgekrieg (1733–35) hatte Freudenstadt Quartierlasten zu tragen. Am 23. Dezember 1733 marschierte ein schwäbisches Kreisregiment unter Generalmajor Graf Wittgenstein in Freudenstadt ein, um die Grenze zu beobachten.[30]

Erst im Laufe des 18. Jahrhunderts „erholte sich Freudenstadt von den Wunden, welche die drei Schrecken aller Zeiten, Brand, Pest und Kriege, der bedauernswerten Stadt geschlagen hatten. Verarmung und Entvölkerung waren nebst Verwahrlosung vieler Felder die lange Jahrzehnte hindurch andauernden Folgen".[31]

Freudenstadt und die Französische Revolution

Die lange Friedensperiode von fast 60 Jahren zwischen 1735 und 1793 schenkte Freudenstadt eine längere Atempause, bis 1793 – nach den Ereignissen der Französischen Revolution – Württemberg in einen neuerlichen Krieg mit Frankreich verwickelt wurde. Wiederum war der Kniebispaß einer der Einfallswege für französische Truppen nach Württemberg. Nach einem unglücklichen, kurzen Gefecht um die Röschenschanze am Kniebis (Zuflucht) besetzten die Franzosen am 4. Juli 1796 Freudenstadt.[32] General Duchesne marschierte mit 5272 Mann zu Fuß und 292 Reitern in die Stadt ein.[33] Die zweijährige Anwesenheit französischer Truppen schlug sich in den Ratsprotokollen aus dieser Zeit in zahlreichen Einträgen über Entschädigungszahlungen an die Bevölkerung nieder: „Dem Stadtknecht Johann Georg Vögele allhier, sind wegen seiner – über den französischen Einfall gehabten auserordentlichen Mühe, so wohl tags – als Alters die ganze Nacht hindurch, 11 fl (Gulden) zu bezahlen gerichtlich verwilliget worden".[34] Johannes Wolf, Untertorwart, erhielt wegen 7 Wochen lang versehenen „Aufwarttens" und „täglich zu besorgen gehabter Dienste in quartiers- und Vorstehens angelegenheiten" 15 Gulden Entlohnung.[35] „Amtsknecht Hanns Jerg Kneulen ist im Julius 1796 nacher Stuttgart abgeschickt worden, um für die französische Generalitat zerschidene Requisitions-Artikel daselbsten abzulangen, für welche Raise derselben wegen damaliger Theuerung und Gefahr 9 fl (Gulden) zu Lohn zugesagt worden."[36]

Württemberg schloß 1797 einen Waffenstillstand mit Frankreich. Im selben Jahr zog sich der österreichische Oberst Serbelloni über den Kniebis nach Freudenstadt zurück. Da zur gleichen Zeit der Waffenstillstand von Leoben zwischen Österreich und Frankreich geschlossen wurde, kam es nicht mehr zu Zusammenstößen mit nachrückenden französischen Truppen.[37] „Am 23. April 1797, als sich die Österreicher vom Kniebis zurückzogen, traf ein französischer Offizier mit einem Trompeter und drei Dragonern allhier ein und machte auf Ordre der französischen Generalität sowohl bei hiesiger Stadt als auch bei den allhier anwesenden kaiserlichen Militär die Anzeige von dem getroffenen Waffenstillstand und Frieden".[38]

Ob Freund oder Feind, jeder stellte Forderungen, requirierte oder plünderte: „Bei der k.u.k.

Retirade vom 22. bis 24. April 1797 wurde David Trick, Alt-Kniebis-Wirt, durch Plünderung und teilweise von Kayserl. Offiziers gemachte Requisition um 10 Ztr. Heu, vier Pfund Butter samt dem Rahmenhafen, Kuchengeschirr, davon neun eiserne Pfannen und die Fleischgabel, Hausrat – auch ein ganz guter Kasten ruiniert -" erleichtert". Der Wert betrug 234 Gulden".[39] Die Quartierkosten belasteten Freudenstadt sehr. „Beim Schwanenwirt legten sich ein Wachtmeister und vier österreichische Husaren ins Quartier, die jedesmal des Morgens mit Kaffee, mittags mit Supp und Fleisch, abends Gemüs und Fleisch mit etwas Gebackenem oder Gebratenem und Salat aufgetischt und zu – jedem Essen acht Maß Bier oft auch noch mehr, gegeben werden mußte, wofür von keinem etwas... bezahlt worden".[40]

Ein Ende der Belastungen war jedoch nicht in Sicht. Herzog Friedrich II. trat 1799 erneut in den Krieg gegen Frankreich ein. Nachdem die Franzosen unter Jourdan bei Stockach geschlagen worden waren, zogen sie Ende März 1799 erneut nach Freudenstdt zurück und die Quartierlasten waren wiederum für die Stadt kaum zu ertragen. Es wird von 8000 Mann berichtet, die sich nach Freudenstadt zurückzogen.[41] Oberamt und Stadt... stellen nun in ihrem Bericht „die gänzliche Erschöpfung hiesiger Stadt und Amtes durch die immerwährende Einquartierung in Untertänigkeit dar".[42] Es wurde nun eindringlich um Hilfe gebeten. Am 14. Mai 1801 rückten die letzten Truppen aus Freudenstadt ab, wobei sich Freund und Feind abwechselten und eine „völlig verarmte", mehrmals geplünderte Stadt hinterließen.[43] Den beiden Bürgermeistern „David Friedrich Lieb, und Christoph Friedrich Stöffler, wurden dato wegen Ihrer von Georgij 1799 biß 1801 um der beständigen Kriegsvorfallenheiten willen gehabten – mit der größten verdrüßlichkeit verknüpft gewesten außerordentlichen bemühung und Zeitverseumnuß, überhaupt jedem 80 fl (Gulden) beeden miteinander aber 160 fl alß eine billige Entschädigung zugesagt".[44]

Im Herzogtum Württemberg fand 1803 eine Sammlung von „Liebesgaben" für die schwer getroffenen Grenzgegenden im Schwarzwald statt, wobei Freudenstadt die Summe von 300 Gulden erhielt, ein Trostpflaster, keine wirkliche Hilfe, wenn man bedenkt, daß der dortige Oberamtmann Renz für seine Bemühungen während der Kriegszeit die Summe von 400 Gulden erhielt.

1805 standen die Franzosen erneut vor den Toren der Stadt, dann wechselten feindliche und verbündete Truppen einander wieder ab."Der Paß über den Kniebis ist zu wichtig, als daß nicht beide Teile darum streiten sollten", schrieb Oberamtmann Renz an den Herzog.[45] Durchmärsche, Einquartierungen, Requirierungen und Plünderungen hinterließen am Ende des Krieges eine wirtschaftlich ruinierte Stadt, die lange an den Folgen zu leiden hatte.

Die Pestwellen von 1610/11 und 1635

Seuchen gehören im späten Mittelalter und in der frühen Neuzeit zu den regelmäßigen Begleitern der Menschen. Seit der großen Pestwelle von 1347, die prozentual mehr Menschen dahinraffte als der Zweite Weltkrieg, wurde Europa alle 15 bis 20 Jahre von Seuchenwellen überrollt, die allerdings nie mehr das große Ausmaß von 1347 erreichten. Schon im 14. Jahrhundert hatte man beobachtet, daß die Pest nicht gleichmäßig alle Menschen erfaßte. Reiche und gut ernährte Schichten waren weniger betroffen als arme, offene Durchgangslandschaften hatten häufiger unter Seuchen zu leiden als abgelegene Gebiete.

Zwei Pestwellen erreichen Freudenstadt.

Im 17. Jahrhundert wurde die südwestdeutsche Bevölkerung mehrmals von fünf Pestwellen erfaßt.[46] Von diesen fünf Seuchenwellen erreichten glücklicherweise „nur" zwei die Stadt Freudenstadt, wobei hier die abseitige Lage am Schwarzwald sicher von Vorteil war. 1610/11 brach die Seuche in der Stadt aus und forderte zwischen 700 und 800 Menschenleben.[47]

Wenige Jahre später schon kam es 1635 – mitten in den Kriegsnöten des Dreißigjährigen Krieges – zu einer erneuten Pestepidemie, bei der 434 Menschen ihr Leben verloren, während in den Jahren seit 1613 die Zahl von 30 Toten nur zehnmal, die Zahl von 40 nur viermal überschritten wurde.[48] Von den 56 Personen, die sich 1636 verheirateten, waren 46 verwitwet und nur 10 ledig.[49] Es war dies die große Seuche, die die von Hunger geschwächte Bevölkerung Württembergs nach der Kriegsniederlage von Nördlingen mit aller Härte traf und die Bevölkerung des Herzogtums um ein Drittel dezimierte.

Der Stadtbrand von 1632

Neben Krieg und Pest gehörten Feuersbrünste zu den großen Geißeln der frühneuzeitlichen Bevölkerung. Eine Feuerkatastrophe großen Ausmaßes traf Freudenstadt am 24. Mai 1632. Vogt, Bürgermeister, Gericht und Rat berichteten über den Hergang des Unglücks nach Stuttgart: Wir können „nit verhalten, Was maßen uns der Allmächtige Güettige Gott, umb unserer Mannigfaltigen großen Sünden, und unbußfertigen Lebens- und Wesens willen, vätterlich heimbgesucht, und durch ein unversehenes Schnell ausgeblasen erschreckhenliche Feuersbrunst, nahendt die ganze Statt zue einem Ellenden Stein: und Aschenhaufen gemacht. Inn deme gestriges Donnerstags Mittags zwischen 11 und 12 Uhren (alß man In der Kürchen eben das gewohnliche Gebett verrichtet) Inn der Gastherberg Zum Guldin Barben ... oben Im Hauß, ain feur auffgegangen. Welches mit meniglichs Verwundern und endsetzen, so behendt und schnell fortgeschritten, daß es In einem huj , und Augenblickh, noch darzue diejenigen vier Wohl Erbaute schöne Häußer, Welche In selbiger Vorderen zeihl, uff der rechten Seitten, gegen der Kürchen hinüber gestanden, gefressen und verzehret. Bey dem ... es gar nicht verbliben, sondern es hatten Inn solch wehrender Brunst ... annoch dreyen underschüdlichen: zimblich weith: von einander endtlegenen orthen, oben der statt, gegen Dornstetten, die heüßer solcher maßen Zue brennen angefangen, daß umb 1 uhren Nachmittag, 50 Hofstätten Inn Feüersgluet gestanden, und Menschliche rettung fast ganz umb sonst und vergebens gewesen... „[50] Wegen „baldt darauff entstandenen starkhen Windts, das ober: und under Stadtviertel gantz: Und das Kürchenviertel guoten theils: also samentlich der Wercklеüth abzehlen: und gethoner Anzaig nach 139 Hoffstätt Erbärmdtlich eingeäschert worden..."[51]

Bericht vom Ausbruch des Stadtbrandes am 24.5.1632.

Am Ende dieses schrecklichen Tages lagen zwischen 139 und 141 Häuser[52] in Schutt und Asche.Allein die Kirche wurde gerettet, weil die „Dornstettisch und andere benachbarte..." bemüht waren „die kostbare und schöne Kürch von dem beederseith herbey lauffenden Feür zue defendieren."[53] Vier Menschen fanden den Tod, andere wurden „übel verwundet".[54] Der Schaden – allein an Häusern – belief sich auf 17.476 Gulden.[55]

1632 brach im Gasthaus zum „Güldenen Barben" (Nachfolgebau rechts im Bild) ein Feuer aus, das sich zu einem verheerenden Stadtbrand ausweitete.

Auf herzoglichen Befehl sammelte man im ganzen Land in Gottesdiensten für die geplagte Stadt.[56] Der Wert der einzelnen verbrannten Häuser wurde zwischen 20 und 2500 Gulden veranschlagt.[57] „Bald wurde in der Bürgerschaft der Gerechtigkeitssinn wach, und nachdem zuerst einige der Reicheren entschädigt worden waren, sah man ein, daß es christlich sei, wenn man es zum Teil oder ganz den Aermeren überließe".[58] Viele Bürger verloren alles, was sie besaßen. Manche verließen darauf die Stadt. „Im ganzen kauften die zurückbleibenden Bürger 108 „verderbte" Hofstätten auf".[59] Nach dem Dreißigjährigen Krieg sollen 70 Häuser wieder aufgebaut worden sein, 74 aber noch in Schutt und Asche gelegen haben.[60] Vogt, Bürgermeister, Gericht und Rat bezeichneten in ihrem Schreiben an den Herzog den Brand zwar als göttliche Strafe, doch niemand konnte und wollte diese Erklärung akzeptieren. So suchte man nach Schuldigen. Der Pächter des „Güldenen Barben", Jakob Giroth aus Oppenau, beschuldigte zwei Kutscher aus Straßburg, die in der Herberge übernachtet hatten, und aus deren Kammer nach ihrer Abreise ein Knall zu hören gewesen sei. Bald darauf sei Feuer zum Dachboden herausgelodert. Den Freudenstädter Bürgern genügte diese Erklärung jedoch nicht. Sie beschuldigten die Frau des Barbenpächters Katharina Giroth das Feuer gelegt zu haben, ja Zauberei und Hexenwerk seien hier im Spiel gewesen. Auch die Tatsache, daß Katharina Giroth zur Zeit des Feuers in Oppenau gewesen war, hielt die öffentliche Meinung nicht davon ab, sie zu beschuldigen, vor allem da sie eine Tochter eines 1631 als Zauberer in Oppenau verbrannten Metzgers war. Oppenauer Zeugen wurden gefunden, die die Hexerei der Katharina Giroth bezeugten.[61] Eine zweite Frau, mit der Katharina Giroth öfter zusammentraf, Katharina Seltman, eine Maurerswitwe, beschuldigte man zusätzlich der „Mithexerei".[62]

Nach herzoglicher Resolution durfte gegen die Maurerswitwe nichts unternommen werden, die Barbenwirtin sollte lediglich im Beisein des Pfarrers über die theologischen Artikel und das Oppenauer Hexenprotokoll befragt werden. Da nichts Verdächtiges geschah, und auch der Teufel nicht in der Kirche erschien, als die Barbenwirtin das Hl. Abendmahl einnahm, war ihre Unschuld erwiesen. Herzogsvormund Julius Friedrich war nicht gewillt gewesen, der aufgeheizten Stimmung in der Stadt – rachedurstige Bürger verlangten den Tod der Katharina Giroth – nachzugeben.[63] Zerstört waren nach dem Unglück „die Häuser vom „Güldenen Barben" der Kirche zu", „das Kirchenviertel brann-

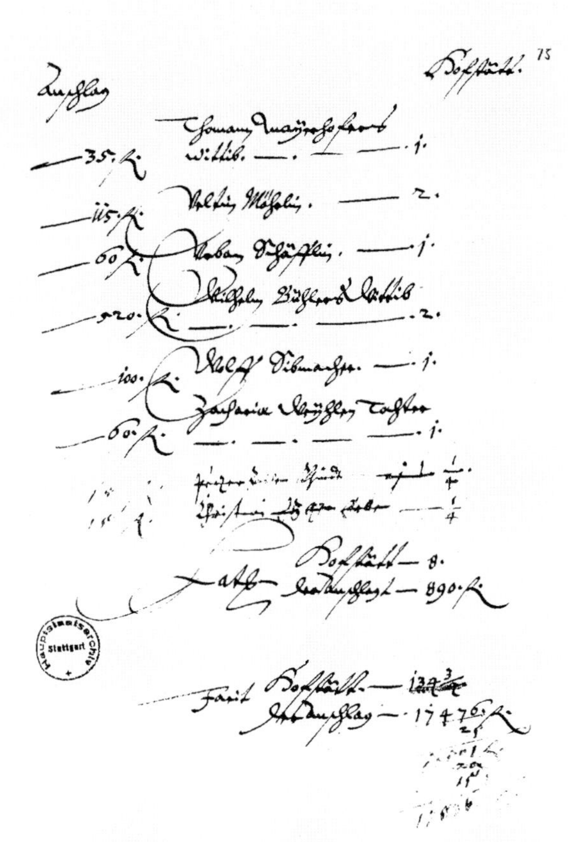

Letzte Seite einer Aufstellung der Brandgeschädigten mit Schadenssummen. Bericht des Vogts und Magistrats von Freudenstadt an den herzogl. Oberrat in Stuttgart.

te ab", auch das Viertel gegen Dornstetten hatte in Flammen gestanden, „von der Kirche bis zum heutigen Haus Stock hatte der Brand wohl sämtliche Marktplatzhäuser und auch die Zeilen dahinter vernichtet".[64] Der „Goldene Barben" wurde nicht wieder aufgebaut. Doch schlimmer als der Brand von 1632 wütete drei Jahre später die Pest, der 434 Menschen zum Opfer fielen.

Die Feuergefahr blieb auch für die nächsten Jahrzehnte und im 18. Jahrhundert ein wichtiges Thema in Freudenstadt. Bei den regelmäßig vorgenommenen „Feuerschauen", d. h. bei den Inspektionen der Kamine, wurden Fehler festgehalten. Alle Bürger mit schadhaften Kaminen

Vorsorge gegen Feuersbrünste: „Feuerschau" und Gebäudebrandversicherung.

bestellte man aufs Rathaus.[65] Sie mußten sich verpflichten, die Mängel beseitigen zu lassen oder sie liefen Gefahr, eine Herrschaftsstrafe zu erhalten. So zahlte „David Wölpper, weil er den Boden unter dem Ofen nicht mit Blatten belegt" hatte einen Gulden Strafe.[66] Brände wurden sehr genau untersucht. Unschuldig durch Brand verunglückte Einwohner erhielten jedoch Zuschüsse vom Bürgermeisteramt.[67]
Der Gedanke der sozialen Verpflichtung des absolutistischen Staates veranlaßte die staatliche Obrigkeit, Schutzmaßnahmen gegen die großen wirtschaftlichen Schäden von Brandkatastrophen einzuführen. Der große Stadtbrand von Schorndorf 1743 und die Feuersbrunst in Nürtingen im Dezember 1750 waren für Herzog Carl Eugen der Anlaß, das Projekt einer Gebäudebrandversicherung für das gesamte Herzogtum in Angriff zu nehmen.[68]
Am 16. Januar 1773 wurde dann die Herzoglich-Württembergische Allgemeine Brand-Schadens-Versicherungs-Ordnung von Herzog Carl Eugen unterzeichnet. Ihre Aufgabe war es, Haus, Hof und Arbeitsplatz vor Feuer zu schützen und zu sichern. Die Beiträge, die die Hausbesitzer zu zahlen hätten, lägen unter den Beiträgen, die seither alljährlich zu den Brandkollekten beizusteuern gewesen wären, urteilte die vom Herzog eingerichtete Brandversicherungsdeputation.[69] Mit dieser Versicherung konnte Herzog Carl Eugen ein bedrohliches Element im Alltagsleben in den Griff bekommen und so das Leben in dieser Hinsicht für die Menschen des 18. Jahrhunderts etwas sicherer machen.

Viehseuchen

Viehseuchen waren in der frühen Neuzeit Schicksalsschläge, die existentiell bedrohlich und daher äußerst gefürchtet waren. Oft mußten ganze Herden vernichtet werden. Da die meisten Bürger in Freudenstadt mit Viehhaltung zusätzlich ihren Lebensunterhalt bestritten, bedrohte eine Viehseuche die Lebensgrundlage aufs äußerste. Am 16. November 1761 berichtete Oberamtmann Moser nach Stuttgart, daß in Freudenstadt eine Viehseuche, die Schafreute, ausgebrochen sei.[70] Der Magistrat der Stadt strengte ausführliche Untersuchungen über die Verursacher solcher Seuchen an,[71] allerdings mit mäßigem Erfolg. Aus Stuttgart kam von seiten der Herzoglichen Sanitätsdeputation die Anweisung, daß die infizierten Schafe von der gesunden Herde getrennt werden sollten. Es sollten die kranken Schafe „ unter Aufsicht deß Physici, die vor rathsam gefundene Cur, nach denem gnädigst communicierten 2. Recepten, fleißig und accurat" erhalten und von der „würckung alle Woche von OberAmts und Physicatamtswegen außführlicher bericht erstattet" werden.[72] Die Seuche scheint glimpflich abgelaufen zu sein, denn es wurden 1762 keine weiteren Nachforschungen nach den Verursachern betrieben. Jedoch bestrafte man den Kauf kranker Tiere von außerhalb unnachsichtig.[73] Hanns Jerg Ergazinger mußte 1763 3 Gulden 15 Kreuzer Strafe für den Kauf eines kranken Stieres bezahlen, diesen entweder sofort „auser der Statt schaffen" oder schlachten.

Hungerzeit in Freudenstadt: Die Hungerjahre von 1770/71

Immer wieder kam es im Laufe der Geschichte in Süddeutschland zu Mißernten, oft infolge von Kriegen. In der Regel konnten Fehlernten durch Zukäufe auf Grund der schlechten Transportverhältnisse nur bis zu einer Entfernung von 200 km ausgeglichen werden, so daß auch lokale Mißernten gravierende Folgen haben konnten. In der Regel gab die Ernte nicht mehr als den fünf bis achtfachen Ertrag der Aussaat, wogegen heute mit einem Hochleistungsweizen bis zum 64fachen der Aussaat geerntet werden kann. Da ein Teil für die nächste Aussaat zurückgelegt werden mußte, mindestens zwei, wenn nicht drei Teile an Abgaben und Steuern zu entrichten waren und wenigstens ein Teil für den eigenen Verbrauch bleiben mußte, kann man ermessen, wie gering die Marktquote bei den kleinbäuerlichen Betrieben im württembergischen Realteilungsgebiet war.
Die letzte große Hungerkatastrophe des alten Heiligen Römischen Reiches war die Folge der Mißernte des Sommers 1770. Auch die Stadt Freudenstadt war schwer davon betroffen. Die zum Verkauf gebrachten Weizen- und Rog-

genmengen blieben fast um die Hälfte hinter dem Durchschnitt der Jahre 1765–69 zurück. Der Preis für ein Brot von 8 Pfund stieg 1770 auf 30 Kreuzer – soviel, wie ein Tagelöhner an drei Tagen verdienen konnte.
Ende des Jahres bestellte der Magistrat von Freudenstadt die gesamte Bäckermeisterschaft auf das Rathaus, um Maßnahmen gegen die „beginnende Theuerung der fruchten" zu ergreifen. „Wecklebacken", das Backen von Weißbrot wurde bei Strafe untersagt, da der Ausmahlgrad bei Weißmehl geringer war als bei dunklem Mehl. Ebenfalls sollte bei Strafe „weeder Meel noch brod außer lands verkauft werden." Auch wurde der Brotpreis neu geregelt.[74] Im Januar 1771 stieg die Fruchtknappheit derart, daß man gezwungen war „auf herzogliches Reskript" hin, Frucht außer Lands zu kaufen. Im Falle von Freudenstadt erklärte sich die vorderösterreichische Stadt Horb bereit „zur bezeugung getreuer freundschaft" der Stadt mit Frucht auszuhelfen. Der Magistrat akzeptierte das Angebot.[75] Am 2. April traf sich der Rat der Stadt erneut um festzustellen, daß der Fruchtmangel „in hiesiger Statt seit einigen Wochen leyder dergestalten über Hand genommen, daß viele – ja die (meisten) Haushaltungen allhier schon über wochenlang keinen bißchen brod [...] bekommen können."[76] Um Abhilfe zu schaffen, sollte der Stadtschreiber von Freudenstadt Theodor Theuß nach Stuttgart, Horb und andere „auswerthige Gegenden" geschickt werden, um Frucht aufzukaufen. Gleichzeitig wurde die herzogliche Obrigkeit gebeten, bei dem Verkauf des auswärtigen Getreides in Freudenstadt nicht die übliche Fruchtsteuer bezahlen zu müssen. Außerdem baten Vogt, Bürgermeister und Rat der Stadt um 200 Scheffel zusätzlichen Dinckel aus dem herrschaftlichen Visitationskasten.[77]
Oberamtmann Gentner beschwerte sich am 12. April 1771 beim Magistrat der Stadt über die nachlässige Art und Weise, mit der derselbe der Fruchtteuerung begegne, daß ihm die Klagen der Einwohnerschaft „sehr zu Herzen" gingen.[78] Er wandte sich gegen den Mißbrauch im Mahlen und Backen. Außerdem forderte er Bürgermeister und Rat auf, den Kauf ausländischer Frucht mit mehr Nachdruck zu betreiben.[79] Hierzu unterbreitete er dem Magistrat verschiedene Vorschläge und bat um deren Befolgung. Um den Fruchtkauf finanzieren zu können, solle die Stadt, da die Bürgermeisterkasse dies nicht mehr vermöge, bei der Calwer Zeughandelscompagnie „um ein Anlehnen von 1000 fl (Gulden)" bitten.[80]
Insgesamt reichten die u. a. in Herrenberg, Tuttlingen und dem Kloster Reuthin angekauften Mengen sicher nicht aus, um den nötigsten Bedarf zu decken, zumal Fruchtlieferungen immer wieder in andere Hände gelangten, die mit Aufschlag das Getreide teuer weiterverkauften. Auch die Müller von Freudenstadt wurden ermahnt, sich genau an die von der Stadt erlassenen Vorschriften zu halten und nichts heimlich abzuzweigen.[81] Im Juni 1771 konnte man in Freudenstadt wieder etwas aufatmen. Die Überwachung des Brotbackens durch den Magistrat wurde aufgehoben und wieder der Bäckermeisterschaft überlassen[82], und im September 1771 herrschte wieder freier Fruchthandel in Freudenstadt.[83]

Fruchtknappheit: Aufkauf von auswärtigem Getreide.

Die Hungersnot von 1770/71 scheint auch Verluste unter den Einwohnern gefordert zu haben. So ging die Bevölkerungszahl um 75 Personen zurück, darunter 11 Erwachsene und 64 Kinder, die entweder gestorben oder mit der ganzen Familie ausgewandert sind.

Auswanderung nach Amerika

Das 18. und das 19. Jahrhundert waren die großen Perioden der Auswanderung aus Südwestdeutschland, die ihren Höhepunkt in der zweiten Hälfte des 19. Jahrhunderts erreichte. Über ein Drittel eines Geburtenjahrgangs mußte damals seine Heimat verlassen, um Hunger und Arbeitslosigkeit zu entgehen. Waren zunächst für die Württemberger Rußland und für die Vorderösterreicher Ungarn und das Banat die bevorzugten Ziele, so rückte seit der Mitte des 18. Jahrhunderts Amerika zusehends in den Blickpunkt der Auswanderer.[84]

Ungenügende Arbeitsmöglichkeiten und Armut: Freudenstädter Bürger verlassen das Land.

Ungenügende Arbeitsmöglichkeiten und Armut waren auch in Freudenstadt bereits im 18. Jahrhundert die Ursache, weshalb einige Bürger ihr Glück in der „Neuen Welt" suchten. Am 10. Mai 1752 baten z. B. 12 Einwohner Freudenstadts um ein Wegzehrungsgeld, da sie nach

Amerika auswandern wollten. Sie erhielten zwischen 2 und 3 Gulden zugebilligt. Im einzelnen waren dies: Andreas Schneider, Obertorwart; Emanuel Friedrich Weckerle, Zinngießer; Tobias Buob, Schreiner; Johannes Philipp Arzt, Nagelschmied; Johann Georg Ott, Buchbinder; Jakob Bosch, Zimmermann; Ludwig Uber, Metzger; Georg Christoph Nestle, Bäcker; Hans Jörg Zinck, Schneider; Georg Ziegler, Weber; Tobias Finkbeiner und Jakob Bernhardt Schwab, Bäcker.[85]

Ein Jahr später emigrierte ein weiterer Bürger mit seiner Familie: „Tobias Wandel, bisheriger Burger" hat ..." sich entschloßen mit Weib und Kinder nacher Pensilvanien zu emigrieren".[86]

Das Zusammenleben von Mann und Frau

Die Bedeutung der Ehe in der Frühen Neuzeit

Die frühneuzeitliche Gesellschaft war eine Mangelgesellschaft und das tägliche Leben ein dauernder Existenzkampf. Deswegen konnte eine Familie in der Regel mit einem Einkommen allein nicht auskommen. Der Haushalt einer Familie war Lebens- und Wirtschaftsgemeinschaft.[87] Auch die Ehe ordnete sich diesem größeren Verband, dem „Haus", unter, der alle Bewohner, die in einem Haushalt arbeiteten, umfaßte: Hausherr, Hausfrau, Kinder, Mägde und Knechte. Die Hausherrschaft wurde bestimmt durch die eheliche Gemeinschaft zwischen Mann und Frau, dem elterlichen Zusammenleben zwischen Vater/Mutter und Kindern und durch die herrschaftliche Bindung zwischen Herr und Knecht. „Die Gemeinsamkeit von Arbeitsstätte und Wohnung, das enge alltägliche Miteinander bei der Arbeit, beim Essen und in der freien Zeit, war durch eine Hausverfassung geregelt, die ihre Mitte in der Herrschaft des Hausvaters fand".[88] Nur der Mann allein konnte sein Haus nach außen vertreten und hatte politische Rechte.[89]

Die Ehe als Lebens- und Wirtschaftsgemeinschaft.

Entspechend war die Stellung der Frau. Sie hatte nicht Liebe oder Glück in der Ehe zu finden, sondern wirtschaftliche Absicherung.[90] Im Durchschnitt heirateten die Mädchen mit 24, also relativ spät, wenn die wirtschaftliche Existenz der neuen Ehe gesichert war.[91] Bis zur Heirat halfen sie entweder bei den Eltern mit oder gingen in fremde Dienste. Oft übte die lokale Obrigkeit Zwang auf die Eltern aus, unverheiratete Mädchen in Dienst zu schikken,[92] was den Ehestand umso verlockender machte.

Mit der Heirat änderte sich die Lebenssituation einer Frau grundlegend. Vorher von den Eltern „bevormundet" erhielt sie nun neue Aufgaben und Entscheidungsbefugnisse. Vielfältige Pflichten erwarteten eine verheiratete Frau. Sie war zuständig für die Hausarbeit und die Angelegenheiten der Kinder. Vor allem mußte sie mit den zur Verfügung stehenden finanziellen Mitteln den Unterhalt der Familie bewerkstelligen. Außerdem hatte sie oft noch im Handwerk des Mannes und in der Landwirtschaft mitzuarbeiten. In Familien – vor allem Handwerkerfamilien –, die keinen Grundbesitz hatten, und in denen die finanzielle Situation deshalb angespannt war, mußten die Frauen zusätzlich als Taglöhnerinnen in der Landwirtschaft arbeiten oder Putz- und Wascharbeiten verrichten. Die Ehe war also auch eine wichtige wirtschaftliche Interessengemeinschaft.

„Eheeinblicke" vor dem Freudenstädter Rat

Da eine Frau im 17. und 18. Jahrhundert nicht als rechtsfähige Person angesehen wurde, konnte sie nicht allein vor Gericht erscheinen. Sie mußte sich einen männlichen Stellvertreter, „Kriegsvogt" genannt, suchen, der ihre Interessen vor Gericht vorbrachte.

Doch obwohl der Mann de jure als Haushaltsvorstand alle rechtlichen Dinge allein regeln konnte, scheint vor allem in Kauf- und Verkaufsangelegenheiten de facto doch die Zustimmung der Frau notwendig gewesen zu sein. Die Freudenstädter Ratsprotokolle enthalten eine Fülle von Belegen dafür: Am 9. März 1759 wurde vor dem Freudenstädter Rat ein Kaufstreit zwischen Christoph Friedrich Clauser und Johann David Schneider, verhandelt.[93] Schneider bat um Rücknahme des Kaufes eines Feldes durch den Verkäufer Clauser, da seine Frau nicht zugestimmt habe und er deshalb „den beständigen Unfriden im Haus habe".

Das Gericht entschied darauf, daß „da deß Schneiders Eheweib wider diesen Contract [...] protestirt, solcher [...] nicht gerichtlich angenommen, und ratificirt werden" könne.[94]
In Vermögensfragen waren Mann und Frau demnach aufeinander angewiesen, konnte der Mann also ohne seine Frau nichts unternehmen. Funktionierte diese Interessengemeinschaft jedoch nicht, blieb den jeweiligen Ehepartnern oft nur der Gang vor Gericht. Am 15. November 1781 klagte Maria Magdalena Schmid gegen ihren Mann Georg Friedrich Schmid, Metzger aus Freudenstadt, „daß alle bißherige – so wohl von Oberamts – alß magistrats wegen an ihrem verschwenderischen Mann vorgenommenen Correctionen und Ermahnungen gänzlich ohne würckung gewesen, und ermelt ihr Mann schon seit 6 Tagen von Hauß wider abwesend, dem Volltrincken außerhalb der Stadt nachziehe".[95] Maria Magdalena Schmid bat deshalb den Magistrat, Vorkehrungen zu treffen, damit doch sie und ihre fünf Kinder nicht völlig „in Bettel gerathen mögen".[96] Der Magistrat versprach, sich um diesen „Übelhäuser" zu kümmern.[97] Leider ist nicht überliefert, welche Maßnahmen ergriffen wurden, um den Mann zur Besinnung zu bringen. Doch zeigt die Verhandlung, was es für Frauen in Freudenstadt zur damaligen Zeit bedeutete, wenn ein Mann seine Pflicht, für Frau und Kinder materiell zu sorgen, mißachtete. Erstaunlich ist dabei die nicht nur in Freudenstadt, sondern auch in anderen württembergischen Städten an den Tag gelegte Langmut des Rates in solchen schwierigen Eheverhältnissen, bei denen Trunksucht, Gewalttätigkeit und ökonomische Unfähigkeit des Mannes oder ein entsprechendes Fehlverhalten der Frau augenscheinlich waren. Immer wieder wurden beide Partner ohne Untersuchung der Schuldursachen und häufig ohne Strafmaßnahmen auf den Weg eines gütlichen und friedlichen Zusammenlebens verwiesen.
Für Frauen war in der Regel die Trunksucht ihrer Männer im Wirtshaus die Hauptquelle existenziellen Unglücks. War das Trinken der Männer bis zum 17. Jahrhundert von den Frauen noch stillschweigend ertragen und im häuslichen Bereich ausgetragen worden, so verlor es im 18. Jahrhundert immer mehr die Duldung der Frauen, welche den häuslichen Konflikt immer mehr vor Gericht verlagerten, um dort Hilfe zu holen.[98]

Klagen wegen Trunksucht.

Da Frauen mit knappsten finanziellen Mitteln ihre Familien durchbringen mußten, kamen Familien, in denen die Männer das Haushaltseinkommen fürs Trinken verwendeten, häufig nahe an den Bettelstab. Der Rat versuchte hier Einhalt zu gebieten, wobei das Verhalten der Richter oft zwischen Verfolgung und Duldung schwankte, da diese ja auch gern in den Wirtschaften einkehrten. Doch verbanden sich trotzdem weibliche und obrigkeitliche Interessen oft, weil der Staat Interesse an der Steuerkraft der einzelnen Untertanen hatte.[99] Am 6. Dezember 1792 beklagte sich Jacob Friedrich Bosch, Fuhrmann aus Freudenstadt, bei der geistlichen und weltlichen Obrigkeit wegen der schlechten Haushaltsführung und dem Branntweintrinken seiner Frau Dorothea. Diese wiederum hatte sich schon mehrmals wegen der harten Behandlung ihres Mannes beschwert. Bosch zeigte seine Frau an, weil sie Sachen aus dem Haus brachte und verkaufte: Tuch, Leinwand, Mehl u.a., „dahero er gebetten haben wolle, sein Weib zur Anzaig anzuhalten, an wen sie bishero die Stucke aus der Haußhaltung verkauft und das Gelt verschleist habe." Die Frau hingegen berichtete bei der Befragung durch das Gericht, daß ihr Mann ihr „niemals etwas an Geldt in die Haußhaltung gebe ..."[100] Das Geld habe sie für ihre Kinder gebraucht. Genau mußte sie nun angeben, was, wieviel und an wen sie die Sachen verkauft hatte. Zusätzlich wurden die Käuferinnen vernommen und nach dem Kaufpreis der Sachen gefragt. Obwohl die Frau aus „Furcht" vor ihrem Mann das gemeinsame Haus für längere Zeit verließ, beschränkte sich der Magistrat darauf, die beiden Eheleute zu ermahnen, „in Zukunft widerum in beßerer Einigkeit beysamen zu leben, oder zu gewärtigen, daß bey ersterem wider sich offenbahrenden fall einer Verschleisung aus der Haußhaltung, eine exemplarische bestrafung erfolgen soll."[101]

Klage wegen schlechter Haushaltsführung.

Neben der Trunksucht der Männer war die schlechte Haushaltführung einer Frau ein Delikt, das der Rat ebenfalls abzustellen versuchte, ohne jedoch näher darauf einzugehen, weshalb eine Frau gezwungen war, Dinge zu veräußern.

Meist waren es jedoch Frauen, die Eheprozesse anstrengten, indem sie auf ihren Anspruch auf ein bestimmtes Verhalten und auf bestimmte Leistungen des Ehemannes pochten: So wurde am 24. November 1784 David Schweickert, Hutmacher aus Freudenstadt, vor den Rat zitiert „auf erklagen seines Eheweibs“ und „demselben seine schlechte Lebensart mit allem Nachdruck verwisen, wobey derselbe abermahlen alle beßerung versprochen“.[102] Die frühneuzeitliche Gesellschaft sorgte in der Regel dafür, daß Eheleute beieinanderblieben; Ermahnungen und leichte Strafen waren im allgemeinen bereits die äußerste Maßnahme bei Ehekonflikten.[103] Die Ehescheidung blieb die Ausnahme.[104] Die Stadtgemeinde hatte kein Interesse, durch Ehetrennung entstandene Sozialfälle betreuen zu müssen.

Frauen vor Gericht: Gebrochene Eheversprechen, Unterhaltsklagen, Rufmord

Im 17. und 18. Jahrhundert wurden Mann und Frau mit dem Eheverlöbnis zu Brautleuten und gleichzeitig zu Eheleuten, auch wenn sie noch nicht zusammenlebten.[105] Die kirchliche Trauung hatte nur bestätigenden Charakter.“ Der Protestantismus kannte also strenggenommen keine Unterscheidung von Verlobung und Ehe“.[106] Versprach ein Mann einem Mädchen die Ehe, konnten beide sexuelle Kontakte miteinander aufnehmen. Wurden Eheversprechen jedoch gebrochen und kam es zu Schwangerschaften rief man häufig den Rat um Hilfe an.

Klagen auf Einhaltung des Eheversprechens.

Ein ungewöhnlicher Fall in den städtischen Ratsprotokollen war die Klage des Schuhmachers David Claußß, der im Namem seines Sohnes gegen Sophia Barbara Bühler auf Einhaltung des Eheversprechens pochte.[107] Diese hatte sich mit seinem Sohn ehelich versprochen und dann dieses Versprechen nicht eingehalten. Er bat deswegen um eine Privatsatisfaktion von 22 Gulden. Sophia Bühler weigerte sich jedoch, dieser Forderung nachzukommen. Da der geschädigte Sohn nicht selbst die Anzeige erstattet hatte, weigerte sich das Gericht, ein Urteil zu fällen.

Der Bruch eines Eheversprechens von seiten einer Frau blieb ein Einzelfall in den Gerichtsakten , alle anderen Verfahren wurden von Frauen angestrengt, von denen die meisten aus der jeweiligen Verbindung ein uneheliches Kind zu versorgen hatten. Vaterschaftsklagen waren besonders schwierig, weil die ganze Beweislast bei der Frau lag.

So auch im Fall der Rebecca Claus, einer Taglöhnerstochter aus Freudenstadt, die gegen den Bäcker Georg David Schneider klagte. Sie sei von diesem geschwängert worden „zu solcher Zeit, da sie bei seinen Eltern in Diensten gestanden: Und ohngeachtet... derselbe bey der gemeinschaftlichen Oberamtlichen Untersuchung auf der leugnung beharret“[108], solle er zu Entschädigung verurteilt werden. Da der Angeklagte Schneider die Vaterschaft jedoch weiter leugnete, kam das Gericht schließlich zu dem Beschluß, daß die Klägerin schriftliche Beweise vorlegen müsse.

Es blieb bei solchen Verhandlungen nicht nur bei der Leugnung der Vaterschaft. Häufig kam es auch zu wüsten gegenseitigen Beschimpfungen und die Männer versuchten, den Ruf der betroffenen Frau zu untergraben. Elisabetha Burckhardt aus Dietersweiler klagte im März 1781 auf Unterhalt für ihren vierjährigen Sohn. Der angebliche Vater Philipp Friedrich Bernhardt aus Freudenstadt bestritt die Angaben. Er beschuldigte vielmehr die Klägerin, sie habe schon 60 Gulden vom eigentlichen Vater ihres Sohnes erhalten. Mangels Beweisen beschloß das Gericht, den Fall zu vertagen, bis sie bessere Beweise vorlege.

Die Frau war hier immer eindeutig in der schlechteren Position, da das Gericht eher geneigt blieb, dem Mann zu glauben. So im Falle der Agnes Eilber von Baiersbronn, die gegen Johann Martin Harr, Bäcker aus Freudenstadt klagte. Martin Harr erschien mit einem Zeugen vor Gericht, der zu Protokoll gab, daß „er zu derjenigen Zeit, alß die Agneß Eilberin bey fridrich Schneider, becken allhier, alß Magd gestanden, von deß lindenwirths Knecht, befragt worden, ob er Ihme kein Mensch wiße, zu welcher er kommen könne?“[109] Er habe den Knecht selbst zur Kammer der Eilberin gebracht und sei auch am anderen Tag von dieser barsch angefahren worden: „Hörst du! du darfst mir nicht lauter Catholische bringen“[110], woraus er entnommen habe, daß der Knecht die Nacht bei ihr verbracht habe. Zusätzlich erschien noch ein weiterer Zeuge, der bestätigte, daß die Agnes Eilber „ein allgemein schlechtes Weibsbild gewesen“.[111] Nach diesen Zeugenaussagen war der Leumund der Frau so erschüttert worden, daß der Rat die Sache auf sich beruhen ließ.

Bei den meisten Klagen auf Eheversprechen und Alimente zeigten die Männer sich jedoch geständig. Das Gericht bemühte sich in solchen Fällen, einen gütlichen Vergleich herbeizuführen, der beiden Teilen „gerecht“ wurde. Die Frauen hofften meist, den Mann zur Einhaltung des Eheversprechens bringen zu können, mußten aber einsehen, daß gerichtlich hier nichts auszurichten war. So bemühten sie sich, wenigstens angemessene Geldzahlungen für ihre Kinder zu erreichen. Juliana Schmelzle aus Freudenstadt klagte gegen Johannes Schwab, ebenfalls aus Freudenstadt. Dieser hatte der Klägerin 50 Gulden angeboten oder, wenn sie dies nicht akzeptieren wollte, wären seine Eltern bereit, „das ohneheliche Kind, wann solches ein Vierteljahr alt seyn werd, selbsten zu übernehmen und auf Ihre Costen Zu auferziehen“.[112] Dies lehnte die Kindsmutter ab.

Nach langem Hin und Her einigte man sich auf eine einmalige Zahlung von 62 Gulden – etwa einem Jahreslohn für einen Dienstboten. Dafür verzichtete die Klägerin im Gegenzug auf alle künftigen Forderungen gegenüber dem Kindsvater.[113]

Christina Schreiber aus Stuttgart verklagte Johann David Lieb, Bäcker aus Freudenstadt, auf Einhaltung des Eheversprechens. Sie habe ein Kind geboren, welches aber bald starb. Entweder solle er sie heiraten oder schwören, daß er sich niemals mit ihr „in pcto. sexti“[114] eingelassen habe. Lieb gab nach einigem Zureden durch den Rat die Vaterschaft zu, wollte aber keine Ehe mit der Klägerin eingehen. Darauf wurde wieder auf Zureden der Richter ein Vergleich geschlossen. Sobald der Bäcker Johann David Lieb zu eigenen Mitteln komme, solle er der Christina Schreiber 44 Gulden zahlen für Kindbett-, Krankheits- und Begräbniskosten.[115]

Die Abfindungen, die die Väter zahlten, schwankten je nach Vermögen zwischen 22 und 200 Gulden.[116] Von 200 Gulden konnte eine Familie im Durchschnitt zwei Jahre lang leben. Die Frauen wurden mit letzlich geringen Geldbeträgen abgespeist, hatten aber die ganze Verantwortung und Sorge für die unehelichen Kinder zu tragen und die Schädigung ihres Leumunds hinzunehmen.

Verweigerung des Ehekonsenses durch den Rat

Da die Stadtgemeinde für in Not geratene Haushalte unterstützungspflichtig war, mußte vor einer Heirat ein Ehekonsens des Stadtrates eingeholt werden, der in bedenklichen Fällen verweigert werden konnte.

„Unschickliche“ Heirat.

So erschienen am 21. Juni 1798 vor dem Freudenstädter Rat die Tochter des Provisors (Schulmeister an der deutschen Schule) Johanna Demuß mit ihrem Vater Jakob Friedrich Demuß und Philipp Jakob Müller, Tuchmachergesell, 40 Jahre alt.[117] Letzterer hatte Johanna die Ehe versprochen und sie geschwängert. Er war auch gewillt, sie zu heiraten. Die Verheiratung sei „weder schicklich noch glücklich“, urteilte der Rat und riet von einer Eheschließung ohne genaue Nennung von Gründen ab. Als einmalige Abfindung zahlte Philipp Müller an die Lehrerstochter 100 Gulden und sie verzichtete dafür auf weitere Ansprüche.

Dies ist der einzige Fall, in dem der Rat – wohl aus Standesgründen wie wegen des vermutlich großen Altersunterschieds der Eheaspiranten – von einer Verheiratung abriet.

Ehescheidungen

Die wesentliche Pflicht des Mannes bestand in der frühen Neuzeit darin, Frau und Kinder materiell gut zu versorgen. Nur wenn der Mann diese Pflicht mißachtete, griff der Rat in die inneren Angelegenheiten einer Familie ein.[118]

Freudenstädter Frauen wehren sich gegen ihre Männer.

Im Laufe des 18. Jahrhunderts trat hier insofern eine Änderung ein, als es nicht mehr nur materielle Gesichtspunkte waren, weshalb der Rat eingriff, sondern es kamen zunehmend Klagen über die Lieblosigkeit und Gewalt der Männer gegenüber den Frauen vor.[119] Bei solchen Klagen setzten sich die Richter das Ziel, den Hausfrieden wiederherzustellen, was jedoch nicht immer gelang. Anna Maria Klaiber aus Freudenstadt klagte im Februar 1777 gegen ihren

Ehemann. Er habe sie schon vor zwei Wochen mit Schlägen „dergestalten übel tractirt, daß sie Löcher im Kopf gehabt, und bey denen außstoßenden Drohungen, ihres Lebens nicht mehr gesichert seye."[120] Sie lebe seit drei Wochen von ihm getrennt und habe bei Freunden Zuflucht gefunden. Ihr Mann sei in das Haus ihres Schwagers eingedrungen und habe sie mit einer Axt bedroht. Wenn sie nicht die Flucht ergriffen hätte, wäre sie niedergeschlagen worden. Der Ehemann Andreas Klaiber verteidigte sich. „Er könne nicht ableugnen, seinem Eheweib mit dem Stiefel ein Loch in Kopf geschlagen zu haben".[121] Schlagen wollte er sie nur, weil sie in der Frühe keine Suppe gekocht und das Roß nicht gefüttert, „sondern sich außer Hauß zu ihrer Schwester begeben habe."[122] Der Rat verurteilte Andreas Klaiber zu einer Turmstrafe und ermahnte die beiden Eheleute „allen Anlaß zu ferneren Dissidien" zu lassen und in Zukunft „in friedlichem beysamen verbleiben oder gewahr sein, daß der schuldige Teil bestraft wird." Er überging damit die Feststellung der Frau „daß sie bey Ihrem Ehemann, um seines beharrlichen Trinckens willen, und um der – Ihro diserwegen täglich bevorstehenden Angst und Gefahr willen, in Zukunft nicht mehr werde verbleiben können".[123]

Trunksucht, Gewalt und harte Behandlung durch den Mann waren häufig Gründe innerehelicher Konflikte, wie auch schlechte Haushaltführung der Frau. So kam es im 17. und vor allem im 18. Jahrhundert häufiger zu Ehescheidungen, wobei vor allem die Frauen solche Prozesse anstrengten.[124]

Im oben beschriebenen Fall wurden die Gründe öffentlich erörtert, warum die Frau ihren Mann verlassen wollte. In anderen Fällen vor dem Freudenstädter Gericht – bis auf einen, in welchem die Ehefrau böswillig verlassen wurde[125] – regelte der Rat rein vermögensrechtliche Fragen, ohne auf die Schuldursachen zu rekurrieren.[126] So in der Ehesache zwischen Carl Friedrich Kieß, Forstknecht, gegen Rosina Kieß geb. Stöffeler, Hasenwirtstochter aus Freudenstadt. In dem zwischen den Ehepartnern getroffenen Vergleich verzichtete Carl Kieß auf das von seiner Ehefrau mit in die Ehe gebrachte Vermögen, d.h., das „von deren beygebrachten Vermögen erkaufte Feld [...] zu deren künftigen aigenthum, und acceptirt für alle seine [...] bisher gemachte anforderung überhaupt die Summe von Einhundertfünfzig Gulden".[127] Rosina Kieß verpflichtete sich, die Summe innerhalb von vier Wochen bar zu bezahlen und alle anderen Forderungen „an hochzeitzeuch und anderen posten zu übernehmen, und dagegen auf ihre an die Hochzeit Schenckungen bißher gemachte Ansprüche gänzlich zu renunciren."[128] Die Ehefrau war in diesem Fall der begütertere Teil von beiden und mußte den anderen Ehepartner auszahlen.

Der weitaus größte Teil der scheidungswilligen Frauen konnte ohne materielle Hilfe des Mannes nicht existieren; die geschiedenen Ehefrauen lebten häufig in den ärmlichsten Verhältnissen. So findet sich in den Ratsprotokollen immer wieder eine geschiedene Frau „Friedrich Enßlens Deserta", die „um ihrer bekannten armuthey willen"[129] Unterstützung vom Bürgermeisteramt erhielt.

Vergleicht man die heutige Ehescheidungsrate mit der von vor zweihundert Jahren, so war sie damals verschwindend gering. Auch in den Ratsprotokollen der Stadt Freudenstadt sind solche Fälle eher die Ausnahme. Trotzdem bleibt die Tatsache der Ehescheidung in dem protestantischen Herzogtum Württemberg beachtlich genug.

Hebammen in Freudenstadt

„Ihr werdet geloben und einen leiblichen Eid zu Gott dem Allmächtigen schwören, die euch als Hebammen zukommenden Verrichtungen treu in gemeinschaft zu erfüllen, den Gebährenden und Iren Kindern beizustehen, nach bestem Wissen und Gewissen heimliche Geburten und was ihr sonst Verdächtiges entdecket der Obrigkeit anzuzeigen, außerdem aber verschwiegen und bescheiden zu handeln und überhaupt alles das: zu thun und zu lassen was einer getreuen rechthe zu thun und zu lassen obliegt, wie Ihr solches gegen euer Vorgesezten und dereinst gegen Gott den Allmächtigen verantworten könnt alles getreulich und ohne Gefährden".[130]

Mit diesem Eid wurden vor zweihundert Jahren in Freudenstadt Hebammen auf ihr Amt verpflichtet, ein Amt, das traditionell ein Bereich eigenständiger weiblicher Arbeit war.[131] Die gesamte Geburtshilfe lag bis ins 18. Jahrhundert im wesentlichen in den Händen von Frauen.[132] In Freudenstadt gab es zwei Hebammen und zwei „geschworene Weiber"[133], die ihnen bei schweren Geburten zur Seite standen und die ebenfalls Erfahrung mit Entbindungen hatten.[134] Ärzte wurden bei Geburten nur ganz selten hinzugezogen. Die Hebammen mußten ein Examen ablegen, das seit dem 17. Jahrhundert von Hofärzten aus Stuttgart oder Medizinprofessoren aus Tübingen abgenommen wurde.[135] Mitte des 18. Jahrhunderts übernahm der jeweilige Stadtphysikus die Ausbildung. 1772 bat die Witwe des verstorbenen Stadtphysikus Duttenhofer um eine Entschädigung, da ihr Mann die hiesigen Hebammen so vorzüglich auf ihr Amt vorbereitet habe.[136] Die Hebammen erhielten eine Besoldung, außerdem gewährten die herzoglichen Reskripte ihnen und ihren Ehemännern bestimmte Freiheiten wie z.B. Verschonung vor Einquartierungen von Soldaten oder Befreiung der Männer von Frondiensten.

„Der neu angenommenen Hebammen Agathe Rosina, weyl. Georg Fridrich Haabern allhier hinterblibene Wittib, wurde anheute zu einer künftigen besoldung und zwar von Martini 1764 an, jährlich 5 fl (Gulden) jedoch nur in so lange abzureichen verwilliget, biß die ältere Hebammen Ephrosina Labhardten mit Todt abgegangen, worauf so dann die neue Hebamm in die vorherige ganze besoldung a 7 fl (Gulden) eintreten solle."[137]

Die Besoldung betrug zwischen 20 und 24 Gulden jährlich. Stadt und Heiligenpflege teilten sich die Kosten.[138] Das Gehalt war lediglich ein „Wartgeld", das die Hebamme für ihre Rufbereitschaft und ihre wirkliche Tätigkeit kärglich entschädigte, reichte aber nicht, um einen Lebensunterhalt zu finanzieren. So baten die Hebammen mehrmals um Aufbesserung ihres Lohnes z. B. in Form von Holzlieferungen. Im Mai 1769 beantragten die beiden Hebammen Haab und Kohler beim Freudenstädter Rat ihnen zusätzlich zu ihrem „geordneten Warthgeldt in Zukunft auch etliche Clafter Holz von Commun wegen zukommen zu laßen, und gründen dieselbe Ihr dißfalliges petitum auf die Observanz von älteren Zeiten." Der Rat kam allerdings zu dem Beschluß, „es sei Hebammen noch nie in jüngeren noch in älteren Zeiten eine Holzbesoldung gereicht worden".[139] Dies widersprach dem obrigkeitlichen Interesse, daß „den Hebammen bessere besoldung und belohnung gemacht werde".[140] Doch trotz dieser Mahnung an die Oberämter reagierten die Städte nicht, das Ansehen der Hebammen blieb gering.

In den Gerichtsakten des Freudenstädter Rates erscheinen sie öfters als wichtige Geburtszeugen. Am 26. Januar 1758 klagte Johannes

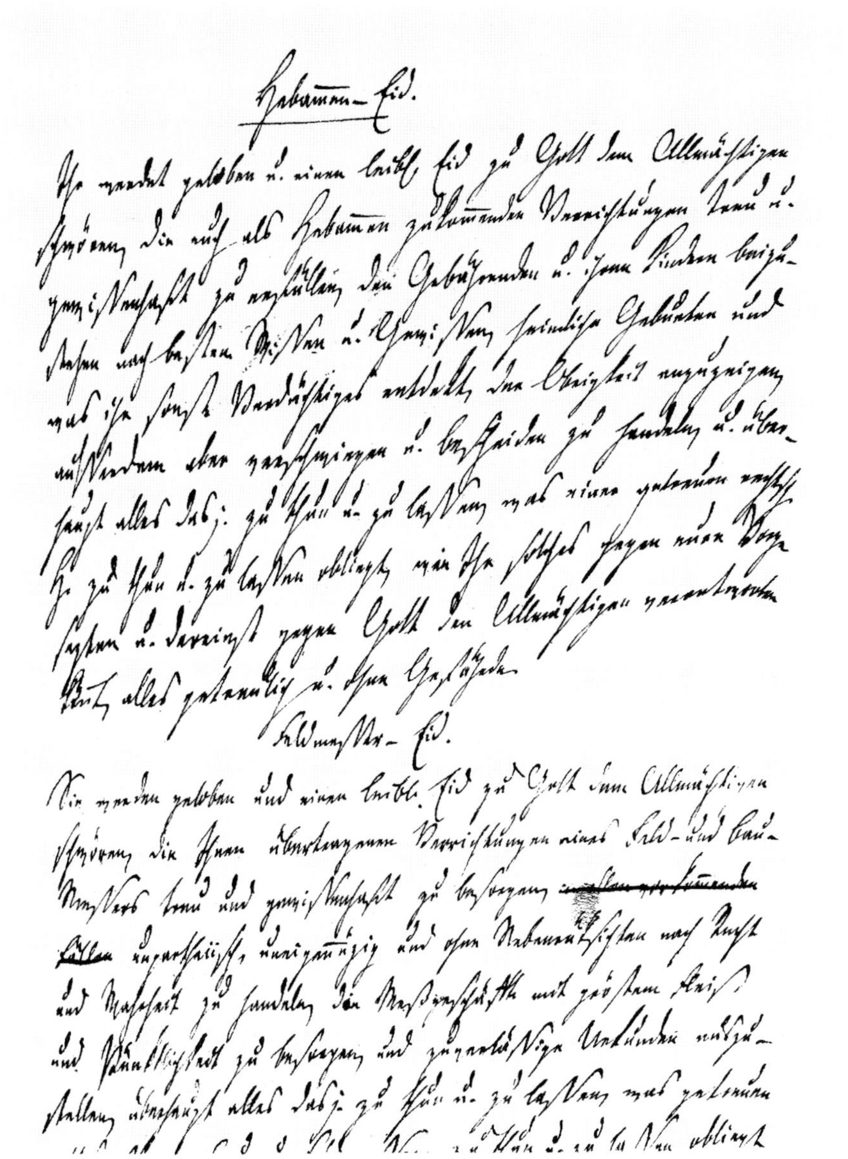

Freudenstädter Hebammeneid (18. Jahrhundert).

Honecker, Hammerschmied im St. Christophstal, gegen seine Schwiegertochter Christina Margaretha geb. Fuhrer auf Herausgabe des Besitzes seines verstorbenen Sohnes, da die Schwiegertochter ein totes Kind zur Welt gebracht habe und nach dem württembergischen Landrecht die Erbschaft nicht beanspruchen könne.[141] Der Vater der Schwiegertochter, David Fuhrer, erklärte, daß das Kind lebend auf die Welt gekommen sei und bat, es „postumus vivo natus" – nach dem Tod des Vaters lebend geboren – zu erklären und als Erben einzusetzen. Hier wurden die Hebammen zu wichtigen Zeugen. Sie bestätigten, daß das Kind lebendig zur Welt gekommen sei, worauf das Gericht das Kind zum Erben der väterlichen Hinterlassenschaft erklärte, die somit der Witwe und Mutter und nicht dem Vater des toten Mannes zufiel.

Freudenstädter Hebammen als Zeuginnen bei erbrechtlichen Auseinandersetzungen.

Bei den jährlichen Kirchenvisitationen fanden die Hebammen immer besondere Beachtung. Ihr Lebenswandel wurde begutachtet; es gab zumeist jedoch nichts zu beanstanden.[142]

Lebensbedingungen von Witwen in Freudenstadt

Einen gravierenden Einschnitt bildete im Leben einer Familie der Tod des Mannes und Vaters.[143] Die Frau konnte meist Landwirtschaft oder Handwerk nur mühsam aufrechterhalten, obwohl die Weiterführung von Handwerksbetrieben in Württemberg durch die Handwerksordnungen erlaubt waren.[144] Sie durfte jedoch keinen Lehrjungen anstellen und mußte bei erneuter Heirat mit einem Partner aus einem anderen Gewerbe den Betrieb aufgeben. Wenn ein gutgehendes Gewerbe vorhanden war, wurden die Meisterfrauen zu begehrten Partien, umworben von Gesellen aus dem jeweiligen Handwerk des verstorbenen Mannes, auch wenn die begehrten Frauen älter waren.[145] Je weniger eine Witwe besaß, desto zwingender stellte sich für sie die Frage der Wiederverheiratung, meist jedoch ohne Aussicht auf Erfolg.[146]

Harter Existenzkampf armer Witwen.

Der Frauenlohn für Magd- und Taglöhnerinnendienste reichte nicht im mindesten, um die Subsistenz einer Familie zu sichern. So wurden arme Witwen mit ihren Familien oft zu Almosenempfängern.[147]

Anna Maria Falck, Witwe des Bürgermeisters Georg Falck aus Freudenstadt, wandte sich zweimal mit Bitte um Unterstützung nach Stuttgart an den Herzog. In ihrer ersten Bittschrift im Juli 1671 bat sie – da ihre zwei Stiefsöhne ihr das Haus genommen hatten – um Erbauung eines Hauses für sich und ihre sechs Kinder, welches bis zur endgültigen Bezahlung Unterpfand der Herrschaft sein sollte.[148] Ihr Gesuch wurde ohne Nennung von Gründen abgewiesen.[149] Darauf wandte sie sich erneut an den Herzog. Sie bat, da sie mit ihren sechs Kindern ihr Haus räumen müsse und in ihrer höchsten Dürftigkeit nicht wisse, wo sie künftig wohnen und wo sie Nahrung für die Kinder hernehmen solle, ihr „ex gratia" etwas zukommen zu lassen. Sie erhielt daraufhin sechs Scheffel Dinckel und der Bettelvogt und Kirchenkastenverwalter die Anordnung, ihr zusätzlich 1 Gulden 30 Kreuzer – etwa den anderthalbfachen Wochenlohn eines Taglöhners – auszuzahlen,[150] so daß die erste Not zwar gelindert war, aber die ernsten existentiellen Probleme weiterbestehen blieben.

Lebensbedingungen im Alter in Freudenstadt

Existenzielle Probleme bereiteten nicht nur der Witwen- und Waisenstand, sondern auch die Versorgung im Alter war für die Menschen der frühen Neuzeit – zumal wenn sie nicht begütert waren – mit beträchtlichen Einschränkungen verbunden.[151]

Das „Alter" fing mit etwa fünfzig Jahren an.[152] Vor dem 18. Jahrhundert erreichte nur eine kleine Minderheit von Menschen ein Alter von mehr als 60 Jahren.[153] Etwa 20 % starben bis zum zweiten Lebensjahr, nur 50 % wurden mehr als 20 Jahre alt. Ehepaare wurden selten gemeinsam alt. Es war eher die Regel, daß der übriggebliebene Partner die letzten Lebensjahrzehnte allein, bei den Kindern oder zusammen mit einem jüngeren Partner verbrachte.[154]

Ob man im Alter gut versorgt war, hing von Einkommen, der sozialen Stellung, dem Beruf und dem Geschlecht ab.[155] Für die Unterschichten gab es so gut wie keine Regelung der Altersversorgung. Wenn es keine Möglichkeit für Angehörige dieser Schicht gab, sich mit Nebenverdiensten durchzuschlagen, blieben oft nur Bettel und Almosen.[156] Benedikt Eisenmann, resignierter Zinkanist in Freudenstadt, bat 1798 den Rat der Stadt, „da er bey dem sich reservirten Gehalt nicht bestehen könne", um Unterstützung.[157] „Wegen seiner bekannten Dürftigkeit" erhielt er einen Scheffel Dinckel.

Die „besitzenderen" Schichten in Freudenstadt wie in Württemberg allgemein entwickelten eine „hauswirtschaftliche Form der Altersversorgung".[158] Wer sein Alter gesichert wissen wollte, übergab in einem rechtlich bindenden Vertrag Hof und Vermögen an seine Kinder mit der rechtlichen Verpflichtung letzterer, für die Eltern angemessen zu sorgen. Hans Jörg Kaiser, Schäufler, schloß am 19. 12. 1765 solch einen Vertrag mit seinem Stiefschwiegervater Jakob Schuhmacher ab, da dieser „Gebrechlichkeit halber in keinem Stuck mehr sich selbsten zu erhalten vermögend seye". Er verpflichtete sich, seinen Schwiegervater mit Nahrung und Kleidung zu versorgen und ihn im Krankheitsfall zu pflegen. Im Gegenzug erhielt er vom Schwiegervater die Zusicherung, „nach deßen absterben, sein ganzes noch etwa verbleibendes Vermögen hievor zu empfangen und davon niemandem etwas [...] heraus zu geben".[159] Die Protokolle des Freudenstädter Rats sind voll von solchen Übergabeverträgen, wobei deutlich wird, daß sie nicht aus gegenseitiger liebevoller Beziehung geschlossen wurden, sondern gekennzeichnet sind von gegenseitigem Mißtrauen zwischen jung und alt, ja die Versorgung der alten Leute manchmal obrigkeitlich angeordnet werden mußte.[160]

Im August 1798 wurde im Freudenstädter Rathaus die Versorgung der Christina Küster geregelt und zwar auf „obrigkeitliche veranlaßung", da sich die Kinder und Schwiegersöhne nicht einigen konnten. Es wurde festgelegt, daß der Schwiegersohn Johann Carl Armbruster sich verpflichtete, die Schwiegermutter ins Haus zu nehmen „und deroselben in Säuberung und Wartung alles nöthige zu besorgen, solange dieselbe noch im Leben seyn wird, wogegen er, der Tochtermann Armbruster, von denjenigen 52 fl (Gulden) welche er vormals von seiner Schwiegermutter anlehnungsweise erhalten hat, nach deren absterben lediglich nichts heraus zu bezahlen schuldig seyn solle".[161] Der Sohn Wilhelm Küster mußte seiner Mutter einen Gulden pro Quartal bezahlen „zu deren besonderen Aufwand". Um die Essensversorgung sollten alle vier Kinder sich alternierend kümmern, in der ersten Woche hatte der Schwiegersohn Johannes Bernhardt, in der zweiten Woche der Sohn Wilhelm Küster und in der dritten Woche der andere Schwiegersohn Christian Rieger „alle benöthigte Kost in das Haus „ zu tragen.[162]

Hohe Pflegekosten im Alter: Antrag auf Auszahlung von Pflegegeld.

Wie schwierig die Lebensumstände alter Leute waren, schildert ein Bericht des Richters Gabriel Hosch vor dem Freudenstädter Rat über die verwitwte Bürgermeistersgattin Andler, die bei ihren Kindern lebte.[163] Diese hatte zwar Haus und Felder bereits an ihren Sohn übergeben, litt aber an einer solch „schlimmen" Krankheit, daß sie „einige hundert Gulden" Schulden machen mußte. Sie bat um Angreifung ihres Fideikommiskapitals von 6000 fl (Gulden) in Leonberg, wozu der Rat zustimmen mußte. Das Zinsgeld hiervon habe nicht ausgereicht, ihre Pflege zu sichern. Gabriel Hosch berichtete, daß „die krankheits Umstände bey der frau burgermeister Andlerin ganz irreparabel, bey zumalig sich eingestellten Natur Nachlaß dermasen eckelhaft seyen, daß deren Sohn und Söhnerin, auf welchen die ganze Last lige, in allweg zu bedauern seyen, die frau burgermeister in ihren bedauernswürdigen Umständen tagtäglich, sowohl im Eßen alß im trinken immer extra ordinari aufwand erfordere.[164]

Der Rat kam zu dem Schluß, das Gesuch der Mutter um Auszahlung des Fideikommiskapitals von 6000 Gulden zu unterstützen und nach dem Willen der Mutter den Kindern 500 Gulden für ihre Pflege zu übergeben.

Familiäres und nachbarschaftliches Miteinander

Informationen über familiäres und nachbarschaftliches Zusammenleben im 17. und 18. Jahrhundert fließen in den Quellen spärlich, vor allem, wenn es sich um Beispiele gelungener Familien- und Nachbarschaftsbeziehungen handelt. Gespannte oder zerrüttete Verhältnisse sind dagegen häufiger Thema in den Gerichtsakten.

Eine Frage der Ehre

Auseinandersetzungen vor Gericht: Verleumdung und Beleidigungen.

Viele Fälle von Familien- und Nachbarschaftsstreitigkeiten beschäftigen sich mit Auseinandersetzungen um die Wiederherstellung der „Ehre" der Kläger. „Ehrenwert" leben, für „ehrenwert" gehalten zu werden bedeutete den Menschen des 17. und 18. Jahrhunderts viel. Der Verlust der Ehre kam einem gesellschaftlichen Ausschluß gleich. Bei Frauen bedeutete „ehrsam leben" in erster Linie sexuelle Anständigkeit, während der Mann „Ehre" über Rechtschaffenheit im wirtschaftlichen und im Rechtsbereich verdiente.[165] Deshalb zogen viele Bürger nach verbalen Angriffen, in denen die Frau als „Hure" oder der Mann als „Schelm" oder „Lügner" bezeichnet wurde, vor Gericht.

Johannes Kaupp, Schäufler, zog gegen Christian Kaupp, Schäufler vor Gericht. Beide hatten ein gemeinsames Bauvorhaben. Johannes Kaupp wollte Steine dafür über den Garten des Christian Kaupp transportieren, was dieser und dessen Frau verweigerten. Es kam zum Wortgefecht und Beleidigungen wurden ausgetauscht. Christian Kaupp bezeichnete Johannes Kaupp als „Gaißbuben", und jeder bezichtigte den anderen der Tätlichkeit. Nach eingehender Zeugenbefragung entschied das Gericht, daß Johannes Kaupp 3 Gulden 15 Kreuzer Strafe an die Herrschaft bezahlen sollte, Christian Kaupp erhielt eine viertägige Turmstrafe und dessen Ehefrau „um der vor Gericht ausgestossenen ungeziemten Reden willen" eine Zuchthausstrafe von einem Tag.[166]

Die Strafen für Verleumdung und Beleidigung waren empfindlich. Liest man die verbalen Auseinandersetzungen in den Protokollen, so kann man aus heutiger Sicht nur belustigt darüber lächeln, für den Menschen des 18. Jahrhunderts jedoch waren Beschimpfungen wie „Gaisbub" eine ungeheure Beleidigung. Zudem wurden solch verbale Auseinandersetzungen meistens von Tätlichkeiten begleitet oder umgekehrt.

Eine besondere Familienauseinandersetzung wurde 1764 vor dem Gericht in Freudenstadt verhandelt. Der Vater, Christoph Wälde, hatte angeblich „in der Samstag Nacht vor dem Osterfest, an welchem Fest derselbe das Heyl. Abendmahl empfangen wollen, biß morgens um 6 Uhr im Wirtshaus fort getruncken, so, daß die Herrn Geistlichen allhier sich veranlaßt gesehen, Christoph Friedrich Wälde wegen seiner völlerey und sonstig dabey bezeugten ärgerl. Leben, zu excummunicieren."[167] Der Sohn Christian Wälde beschwerte sich vor Gericht, daß der Vater ihn beschuldigt hätte, dies den Geistlichen erzählt zu haben. Christoph Wälde wäre am Osterdienstag in sein Haus gekommen, zusammen mit Frau und Bruder und dem Schlosser Klingel, habe ihn beleidigt, ihn an den Haaren genommen und mit ihm „herumgerauft". Er bat um Satisfaktion. Christoph Wälde, der Vater, bestritt, in der Osternacht bis 6 Uhr früh im Wirtshaus getrunken zu haben. Der Schlosser Klingel hätte ihn morgens um 3 Uhr aus dem Schlaf geweckt, um in der Stube mit ihm noch ein Bier zu trinken. Er habe dies zuerst abgelehnt, da der Schlosser Klingel jedoch nicht locker gelassen habe, hätte seine Frau um 6 Uhr morgens eine Maß Bier aus dem Wirtshaus geholt, die aber der Schlosser allein getrunken hätte. Er sei zu Unrecht exkommuniziert worden. Am Osterdienstag sei er nur in das Haus seines Sohnes Christian gegangen, weil dieser seine Frau eines Gansdiebstahls bezichtigt habe und dagegen wollte er sich wehren. Es sei auch sofort zu Handgreiflichkeiten gekommen. Der Schlosser Klingel sei als Zeuge mitgegangen. Klingel bestätigte dies, erklärte, er sei nicht nur deshalb mitgegangen, sondern er wollte den Christian Wälde auch zur Rede stellen, weshalb dieser solche unwahren Sachen über ihn in der Osternacht erzählt hätte. Das Gericht entschied nach eingehender Beratung, daß Christoph Wälde wegen Schmäh- und Schlaghändel 3 Gulden 15 Kreuzer Strafe zahlen müsse, desgleichen solle er einen Heller an den Heiligenkasten bezahlen, weil in der Osternacht in seinem Haus ein solcher Tumult gewesen sei. Christian Klingel wurde zur Zahlung eines Nachtgulden verurteilt, weil er „über die Zeit auf der Gaßen „ gewesen sei. Der junge Christian Wälde aber bekam „weil er den Händel aigentlich angefangen", aber sehr arm sei, eine zweimal vierundzwanzigstündige Turmstrafe. Das Gericht äußerte seinen Unmut über ein solches Gerichtsverfahren. Es sollten „beede Wällden zu einem beßeren – wohlanständigen betragen angewisen werden".[168]

Solche Gerichtsverfahren zeigen, wie Abweichungen vom normalen familiären- und nachbarschaftlichen Zusammenleben als Delikte verfolgt wurden. Die Kontrahenten wurden zu Tätern, die zwar der Strafverfolgung unterworfen waren, die aber nach Abschluß des Verfahrens möglichst wieder versöhnt werden mußten, um ein weiteres sinnvolles Zusammenleben zu garantieren. Das Gericht hatte hierbei keinen leichten Stand.

Hausstreitigkeiten

Ein weiterer Bereich, der die gespannten Verhältnisse im familiären- und nachbarschaftlichen Zusammenleben dokumentiert, war die gemeinsame Nutzung eines Hauses oder einer „Hofstatt" durch mehrere Familien. Hier kam es zwangsläufig zu Reibereien und Konflikten, die dann im schlimmsten Fall wieder vor dem Freudenstädter Gericht ausgetragen wurden.

Johannes Bernhardt, Nagelschmied, und sein Schwiegervater Jakob Schneider, Schäufler, teilten sich gemeinsam ein Haus. Die Unverträglichkeit der beiden wurde so groß, daß das Gericht eine Trennung der Kontrahenten empfahl. In einem von beiden Parteien unterzeichneten Vertrag verpflichtete sich Johannes Bernhardt, das Haus seinem Schwiegervater gegen eine Bezahlung von 125 Gulden zu überlassen.[169]

Aber nicht nur Unverträglichkeit war die Ursache solcher Gerichtsfälle. Oft ging es um die Instandhaltung der Häuser, die mehrere Besitzer hatten. In einem Dachreparaturstreit weigerte sich der eine Besitzer, seinen Teil an der Dachreparatur zu bezahlen und wollte die ganzen Kosten auf den anderen Teil abwälzen. Das Gericht ordnete an, daß das Dach innerhalb von 14 Tagen repariert werden solle, beide Teile je die Hälfte der Kosten zu übernehmen hätten, und – falls sich der Angeklagte weigern sollte – drohte es ihm mit einer Turmstrafe[170].

In einem anderen Fall klagte der Weber Jakob Gubler gegen Thomas Sautter. Gubler wollte seine Kellerhälfte nutzen, Sautter hatte diesen jedoch vollgestellt. Das Gericht befahl Sautter, den Keller unverzüglich aufzuräumen oder der Keller solle ganz an Gubler fallen.[171]

Die dokumentierten Fälle zeigen deutlich, daß schon bei geringsten Anlässen das Gericht bemüht wurde, und wie gering die Bereitschaft zu friedlicher Konfliktlösung war.

Wässerungsstreitigkeiten

„Von welcher Seite man auch gegen die Stadt herankam, überall durchschritt man zuerst Wiesen und Gärten. Die gut gewässerten Wiesen gegen das Tal hin waren ein begehrter Besitz reicherer Bürger. In das Gelände gegen Norden und Süden teilten sich die Bürger in vielfachen Einzelstücken, die ursprünglich verlost worden waren.[172]

Diese Wiesen waren Anlaß zu mannigfachem Streit um Wege- und Überfahrtsrechte und vor allem um Wässerungsrechte, da sie – aufgrund ihrer Lage – künstlich bewässert werden mußten. Man benutzte dazu Röhren und Gräben, die durch die Wiesen gelegt wurden. Die Wassernutzung war deshalb auch streng geregelt[173] und Anlaß zu vielfachem Streit unter den Anliegern. 1760 klagte z.B. der Gartenbesitzer Daniel Baldenhofer gegen Peter Baldenhofer. Letzterer hatte eine Wiese erworben und beanspruchte selbstverständlich auch die Wässerungsrechte des Vorbesitzers, wogegen Daniel Baldenhofer Einspruch erhob. Das Gericht entschied, daß es bei dem 1736 getroffenen Vergleich bleiben solle, d.h. Daniel Baldenhofer durfte von Donnerstag morgens 4 Uhr bis mittags um 10.45 Uhr, Peter Baldenhofer von Donnerstag mittag um 10.45 Uhr bis nachmittags um 17.30 Uhr , also jeder 6 3/4 Stunden lang, seine Wiese wässern.[174]

Regelung der Wassernutzung.

Es könnte noch eine Vielzahl solcher Beispiele angeführt werden. Sie zeigen insgesamt deutlich, wie schwierig sich die Wohn- und Lebensverhältnisse für die einzelnen Bürger der Stadt gestalteten, wie sehr der einzelne auf den anderen angewiesen war und wie hart die Freudenstädter oft um alltägliche Dinge zu kämpfen hatten.

Anmerkungen:

1 P. Münch, Lebensformen in der frühen Neuzeit 1500–1800, Frankfurt a. M., Berlin 1992, S. 12.
2 Ders., S.21.
3 Ders., S.22.
4 Leider sind durch Brand viele Gerichtsprotokolle vernichtet worden.Erhalten geblieben sind nur die Jahrgänge ab 1764, so daß die Zeit vor 1764 nur sehr bruchstückhaft erforscht werden konnte.
5 D.Mertens, Württemberg, in: Handbuch der Baden-Württembergischen Geschichte Bd. 2, Stuttgart 1995, S. 121–163.
6 F.Quarthal, Die wirtschaftlichen Folgen der Franzosenkriege im letzten Drittel des 17. Jahrhunderts für Württemberg, Vorderösterreich und den Schwäbischen Kreis, in: Gerhard Fritz (Hrsg.), Der Franzoseneinfall 1693 in Südwestdeutschland. Ursachen – Folgen – Probleme. Beiträge des Backnanger Symposions vom 10. und 11. September 1993 (=historegio 1), Remshalden-Buoch 1994, S. 121–136.
7 G. Schmidt, Der Dreißigjährige Krieg, München 1995.
8 Zum Kriegsverlauf vgl. S. Nikolaus, Der Dreißigjährige Krieg 1620–1634/35–1638/1639–1647, in: Historischer Atlas von Baden-Württemberg, Karte und Erläuterung VI,II, Stuttgart 1980, S. 9-22.
9 M. Eimer, Geschichte der Stadt Freudenstadt, Freudenstadt 1937, S. 157.
10 M. Eimer, S. 157.
11. Frieden ernährt, Krieg und Unfrieden zerstört. Vierzehn Beiträge zur Schlacht von Nördlingen 1634, in: Jahrbuch des Historischen Vereins für Nördlingen und das Ries 27, 1985, S. 39–90; dabei: K. Schreiner, Die Katastrophe von Nördlingen. Politische, wirtschaftliche und kulturelle Folgen einer Schlacht für Land und Leute des Herzogtums Württemberg.
12 M. Eimer, S. 158.
13 G. Franz, Der Dreißigjährige Krieg und das deutsche Volk. 4. Aufl. Stuttgart 1979, S. 52ff . ; W. v. Hippel, Bevölkerung und Wirtschaft im Zeitalter des DreiBigjährigen Krieges. Das Beispiel Württemberg, in: Zeitschrift für historische Forschung 5, 1978, S. 413–448.
14 M. Eimer, S. 158.
15 M. Eimer, S. 159.
16 G .Heid, Freudenstadt und Umgebung, Freudenstadt 1852, S.121–123.; J. Baldenhofer, Kurze Beschreibung der Stadt Freudenstadt 1671; Abschrift von Dr. Seybold (1936), S.20–22.
17 J. Baldenhofer, S. 21.
18 J. Baldenhofer, S. 22.
19 G. Hertel, Freudenstadt zur Zeit der Schlacht bei Nördlingen vor 350 Jahren, in: FH Bd. 15 (1984), Nr. 4.
20 M. Eimer, S. 161; G. Hertel, Freudenstadt zur Zeit der Schlacht bei Nördlingen.
21 M. Eimer, S. 161.
22 G. Hertel, Freudenstadt zur Zeit der Schlacht bei Nördlingen.
23 J. Bitzer, Aus der Geschichte Freudenstadts, in: DG 210 (1931), S. 4.
24 M. Eimer, S. l62.
25 W. Kull, Die Festung Freudenstadt, in: FB 4 /1985, S. 98.
26 Zum Folgenden vgl. W. Kull, S. 100ff.; M. Eimer, S. 163; G. Heid, S. 130.
27 W. Kull, S. 102.
28 M. Eimer, S. 163.
29 G. Heid, S. 130.
30 G. Heid, S. 131.
31 M. Eimer, S. 203.
32 M. Eimer, S. 165; G. Hertel, Freudenstadt in der Französischen Revolution, in: FH Bd. 14 (1981), Nr. 17.
33 M. Eimer, S. 166; J. Bitzer, S. 5.
34 StadtA FDS Gerichtsprotokoll 12.1.1797.
35 StadtA FDS Gerichtsprotokoll 3.11.1796.
36 StadtA FDS Gerichtsprotokoll 29.11.1798.
37 M. Eimer, S. 166.
38 G. Hertel, Freudenstadt in der Französischen Revolution.
39 G. Hertel, Freudenstadt in der Französischen Revolution.
40 G. Hertel, Freudenstadt in der Französischen Revolution.
41 M. Eimer, S. 166.
42 G. Hertel, Freudenstadt in der Französischen Revolution.
43 G. Hertel, Freudenstadt in der Französischen Revolution.
44 StadtA FDS Gerichtsprotokoll 20.8.1801
45 M. Eimer, S. 166.
46 M. Burkhardt, W. Dohras, W. Zimmermann, Konstanz in der frühen Neuzeit, Konstanz 1991, S.271.
47 M. Eimer, S. 117; G. Heid, S. 120; G .Mauer, Der Kreis Freudenstadt, Stuttgart 1978, S. 132, 309.
48 G. Mauer, S. 134; M. Eimer, S. 159; J. Bitzer, S. 4.
49 G. Mehring, Wirtschaftliche Schäden durch den Dreißigjährigen Krieg im Herzogtum Württemberg, in: Württembergische Vierteljahrshefte NF 30, 1921, S. 82.
50 HSTAS A 206 Bü 1877.
51 HSTAS A 206 Bü 1877.
52 HSTAS A 206 Bü 1877; M. Eimer, S. 134.
53 HSTAS A 206 Bü 1877.
54 HSTAS A 206 Bü 1877.
55 HSTAS A 206 Bü 1877.
56 HSTAS A 206 Bü 1877.
57 HSTAS A 206 Bü 1877; M. Eimer, S. 135.
58 M. Eimer, S. 135.
59 M. Eimer, S. 136.
60 G. Mehring, S. 450.
61 HSTAS A 206 Bü 1877; G. Hertel, Der große Brand in Freudenstadt 1632, in: FH Bd. 15 (1982), Nr. 5.
62 HSTAS A 206 Bü 1877.
63 HSTAS A 206 Bü 1877; G.Hertel, Der große Brand in Freudenstadt; M. Eimer, S. 136f.
64 G. Hertel, Der große Brand in Freudenstadt.
65 StadtA FDS Gerichtsprotokoll 22.6.1779.
66 StadtA FDS Gerichtsprotokoll 17.6.1778.
67 StadtA FDS Gerichtsprotokoll 14.5.1777.
68 P. Sauer, 200 Jahre Württembergische Gebäudebrandversicherungsanstalt l773–1973. Stuttgart 1973, S. 15.
69 P. Sauer, S. 34.
70 StadtA FDS Gerichtsprotokoll 16.11.1761.
71 StadtA FDS Gerichtsprotokoll 1.12.1761; 11.12.1761; 14.1.1762.
72 StadtA FDS Gerichtsprotokoll 11.12.1761.
73 StadtA FDS Gerichtsprotokoll 5.10.1763.
74 StadtA FDS Gerichtsprotokoll 4.12.1770.
75 FDS Gerichtsprotokoll 29.1.1771.
76 StadtA FDS Gerichtsprotokoll 2.4.1771.
77 Ebd.
78 StadtA FDS Gerichtsprotokoll 12.4.1771.
79 Ebd.
80 Ebd.
81 StadtA FDS Gerichtsprotokoll 4.5.1771.
82 StadtA FDS Gerichtsprotokoll 13.6.1771.
83 StadtA FDS Gerichtsprotokoll 3.9.1771.
84 W. v. Hippel, Auswanderung aus Südwestdeutschland. Studien zur württembergischen Auswanderung und Auswanderungspolitik im 18. und 19. Jahrhundert, o.O. 1984.
85 StadtA FDS Bürgermeisterrechnungen 1751/52.
86 StadtA FDS Bürgermeisterrechnungen 1752/53.
87 T. Ehlert, (Hg.), Haushalt und Familie in Mittelalter und früher Neuzeit. Vorträge eines interdisziplinären Symposiums vom 6. – 9. Juni 1990 an der Rheinischen Friedrich-Wilhelms-Universität Bonn, Sigmaringen 1991; H. Medick, Emotionen und materielle Interessen. Sozial-

anthropologische und historische Beiträge zur Familienforschung, Göttingen 1984. (Veröffentlichungen des Max-Planck-Instituts für Geschichte 75).
88 P. Münch, S. 197.
89 Ders., S. 197.
90 Geschlecht, Macht, Arbeit. Kategorien in der historischen Frauenforschung, Stuttgart 1995. (Frauenstudien BadenWürttemberg 8).
91 Zum Folgenden vgl. S.Jenisch, „Alle häußliche und Weiber Arbeit" Frauenarbeit im Herzogtum Württemberg zwischen Dreißigjährigem Krieg und beginnender Industrialisierung, in: Heimlich, still und fleißig? Frauenarbeit in der Region Stuttgart seit dem l8.Jahrhundert, Tübingen 1995, S. 25-26.
92 R. Dürr, Mägde in der Stadt. Das Beispiel Schwäbisch Hall in der frühen Neuzeit, Frankfurt am Main 1995. (Reihe Geschichte und Geschlechter 13).
93 StadtA FDS Gerichtsprotokoll 9.3.1759.
94 Ebd.
95 StadtA FDS Gerichtsprotokoll 15.11.1781.
96 Ebd.
97 Ebd.
98 H. R. Schmidt, S.285.
99 R. Jütte, Disziplinierungsmechanismen in der städtischen Armenfürsorge der Frühneuzeit, in: Soziale Sicherheit und soziale Disziplinierung. Beiträge zu einer historischen Theorie der Sozialpolitik, hrsg.v. Christoph Sachße und Florian Tennstedt, Frankfurt 1986, S.101–118.
100 StadtA FDS Gerichtsprotokoll 6.12.1792
101 StadtA FDS Gerichtsprotokoll 20.12.1792
102 StadtA FDS Gerichtsprotokoll 24.11.1784.
103 U. Sibeth, Eherecht und Staatsbildung. Ehegesetzgebung und Eherechtsprechung in der Landgrafschaft Hessen (-Kassel) in der frühen Neuzeit (Quellen und Forschungen zur hessischen Geschichte 98), Darmstadt-Marburg 1994.
104 R. E. Hofer, „Üppiges, unzüchtiges Lebewesen": Schaffhauser Ehegerichtsbarkeit von der Reformation bis zum Ende des Ancien Régime (1529–1798) (=Geist und Werk der Zeiten 82), Bern-Berlin-Frankfurt/Main-New York-Paris-Wien 1993.
105 H. R. Schmid, S. 253.
106 Ebd.; vgl. auch K. Wüstenberg, Evangelisches Eheschließungsrecht in der Markgrafschaft Baden-Durlach (=Veröff. d. Ver. f. Kirchengesch. in d. Ev. Landeskirche in Baden 44), Karlsruhe 1991.
107 StadtA FDS Gerichtsprotokoll 7.4.1796.
108 StadtA FDS Gerichtsprotokoll 1.6.1775.
109 StadtA FDS Gerichtsprotokoll 8.3.1781
110 Ebd.
111 Ebd.
112 StadtA FDS Gerichtsprotokoll 28.6.1763.
113 StadtA FDS Gerichtsprotokoll 25.5.1764.
114 Ebd.
115 Ebd.
116 StadtA FDS Gerichtsprotokoll 25.5.1764, 21.6.1798, 19.9.1799, 24.5.1798, 27.5.1778, 4.6.1795.
117 StadtA FDS Gerichtsprotokoll 21.6.1798.
118 H. R. Schmidt, S. 247.
119 Ders., S. 251.
120 StadtA FDS Gerichtsprotokoll 26.2.1777.
121 Ebd.
122 Ebd.
123 Ebd.
124 H. R. Schmidt, S. 284–289.
125 StadtA FDS Gerichtsprotokoll 26.10.1791.
126 StadtA FDS Gerichtsprotokoll 10.1.1801, 1.3.1780, 9.8.1780.
127 StadtA FDS Gerichtsprotokoll 4.2.1796.
128 Ebd.
129 StadtA FDS Gerichtsprotokoll 14.11.1793.
130 StadtA FDS FA 2.2.
131 P. Gerlach, Geburtshilfe in der Reichsstadt Eßlingen. Magisterarbeit (masch.) Stuttgart 1998.
132 Kurtzer und deutlicher Unterricht, für die Hebammen des löblichen Herzogthums Würtenberg ... , von Victor Heinrich Riecke. Stuttgart 1746.
133 Kirchenvisitationsakten HSTAS A 281 Bü 366, StadtA FDS Rechnungsbücher der Heiligenpflege.
134 S. Jenisch, S.31.
135 Ebd.
136 StadtA FDS Gerichtsprotokoll 15.7.1772.
137 StadtA FDS Gerichtsprotokoll 19.3.1765.
138 StadtA FDS Rechnungsbücher des Bürgermeisteramtes Freudenstadt und Rechnungsbücher der Heiligenpflege.
139 StadtA FDS Gerichtsprotokoll 11.5.1769.
140 S. Jenisch, S. 31.
141 StadtA FDS Gerichtsprotokoll 26.1.1758.
142 HSTAS A 281 Bü 366. Kirchenvisitationsakten
143 S. Jenisch, S. 31.
144 Ebd.
145 P. Münch, S. 226.
146 P. Borscheid, Geschichte des Alters. Vom Spätmittelalter zum 18. Jahrhundert (=dtv Taschenbuch), München 1989, S. 396–419 (Das Los der Witwen – ein materielles Problem).
147 StadtA FDS. Gerichtsprotokoll 15.7.1772.
148 HSTAS A 202 Bü 965.
149 Ebd.
150 Ebd.
151 P. Borscheid, Geschichte des Alters. Vom Spätmittelalter zum 18. Jahrhundert (=dtv Taschenbuch), München 1989.
152 P. Münch, S. 471.
153 Ders., S.473.
154 Ebd.
155 Ebd.
156 Ders., S. 475; s. a. Abschnitt über Armenwesen in Freudenstadt.
157 StadtA FDS Gerichtsprotokoll 16.8.1798.
158 P. Münch, S. 475.
159 StadtA FDS Gerichtsprotokoll 19.12.1765.
160 StadtA FDS Gerichtsprotokoll 16.8.1798.
161 Ebd.
162 Ebd.
163 StadtA FDS Gerichtsprotokoll 15.1.1795.
164 Ebd.
165 H.R.Schmidt, Dorf und Religion, S.314.
166 StadtA FDS Gerichtsprotokoll 6.10.1761
167 StadtA FDS Gerichtsprotokoll 25.5.1764.
168 StadtA FDS Gerichtsprotokoll 25.5.1764.
169 StadtA FDS.Gerichtsprotokoll 9.12.1778.
170 StadtA FDS Gerichtsprotokoll 17.5.1770.
171 StadtA FDS Gerichtsprotokoll 21.11.1770.
172 M.Eimer, S.127.
173 M.Eimer, S.113.
174 StadtA FDS Gerichtsprotokoll 17.4.1760.

Brunnen auf dem Marktplatz

Der Gerechtigkeitsbrunnen mit dem Standbild der Justitia am unteren Marktplatz, errichtet von Oberamtmann Gentner, „Verfertigt von Christian Welden" im Jahr 1766. Die Justitia hält, die Augen verbunden, vor sich ein Schwert und – bereits seit Menschengedenken fehlend – eine Waage.

Der Rathausbrunnnen, 1780 von der Stadtgemeinde errichtet.

Schon zur Zeit der Gründung standen auf dem Freudenstädter Marktplatz zunächst hölzerne Brunnen. Ohne das Element Wasser wären weder der Bau noch der Bezug der ersten Häuser möglich gewesen. Im 18. Jahrhundert führte man die großen städtischen Brunnen auf dem Marktplatz in Stein aus, den Rathausbrunnen, den Gerechtigkeitsbrunnen (beim alten Backhaus am unteren Marktplatz) und den Neptunbrunnen (in der Mitte des Marktplatzes). Diese drei Brunnen gestalten heute noch den Marktplatz, der Neptunbrunnen wurde etwas versetzt.

Den Färberbrunnen, seit 1715 nachweisbar, gibt es heute nicht mehr. Außerdem stand bei der Kirche der Löwenbrunnen, der wohl bereits nach der Einstellung des Festungsbaues 1681 abgebrochen wurde. Beim Schickhardtbau befand sich bis zu Beginn des 19. Jahrhunderts der sogenannte Forstbrunnen, genannt nach den Forstmeistern, die im Schickhardtbau seit 1704 ihre Dienstwohnung hatten.

Kunstvoll gestalteter Blickfang auf dem Marktplatz – der Rathausbrunnen.

Der Neptunbrunnen wurde 1763 von Steinhauer und Maurer Joh. Jakob Reich von Dornstetten ausgeführt.

Die Brunnen – mit den Wetten (Feuerlöschteichen) auf dem Marktplatz verbunden – waren für die Löscharbeiten bei den vielen Bränden in der vorwiegend aus Holz erbauten Stadt unentbehrlich. Ein wahres Paradies für Kinder und allerlei Federvieh müssen diese Wetten gewesen sein. Auch die Brunnen stellten beliebte Treffpunkte dar, hier hielten beim Wasserholen die Frauen und Mädchen ihren Schwatz.

Maria Heidebrecht

„kein besonderes Armenhaus allda"

Armenfürsorge in Freudenstadt im 18. Jahrhundert

Ute Ströbele

Als Heinrich Schickhardt seinen Idealplan der Stadt Freudenstadt entwarf, hatte er für die Armen und Kranken der Stadt in der ersten Häuserzeile neben Rathaus, Kaufhaus und Kirche ein Spital vorgesehen. Diese charakteristische Institution städtischer Fürsorgepolitik wurde in Freudenstadt wohl nie gebaut.[1] Der Magistrat konnte daher in der frühen Neuzeit zur Unterbringung armer und kranker Menschen auf kein eigenes Gebäude zurückgreifen.

Arme und Bettler prägten das Bild vieler frühneuzeitlicher Städte – fast die Hälfte ihrer Einwohner lebte zeitweise an der Grenze des Existenzminimums, knapp ein Fünftel, so die Schätzungen, führten ein Bettlerdasein.[2]

Auch die Bevölkerung Freudenstadts blieb von „Armut" nicht verschont. So klagte der Magistrat 1688, daß viele Schuldner „wegen großen Geld mangels" den fälligen Zins nicht bezahlen könnten und daß sich unter den Almosenempfängern auch „viele umb der wahren Evangelischen religion willen vertriebene Persohnen /befänden/."[3]

Klagen des Magistrats über die „Armuth der Leuthe, denen man wöchentlich mehr Beiträge und Schulgelder zahlen muß"

Ende des 18. Jahrhunderts häufen sich in den städtischen Quellen die Hinweise auf eine zunehmende Verarmung der Bevölkerung. In Stadt und Amt werden im Jahr 1787 65 arme Personen registriert – 16 Männer, 26 Frauen und 23 Kinder.[4] Drei Jahre später berichtet Oberamtmann Gentner nach Stuttgart, daß sich die „Anzahl der hiesigen Armen um ein zimlich sich vermehret", der Almosenbeitrag der Bürger aber sich „um der anhaltenden theuren- und harten Zeit willen" merklich verringert hätte. Auch in den Kirchenvisitationen wird regelmäßig auf die „notorische Armuth der hiesigen Stadt, welche immer mehr steigt" hingewiesen.[5] Die Ursachen für diese wachsende Verelendung ganzer Städte und Landstriche nicht nur in Württemberg, sondern in ganz Europa waren komplex. Im 18. Jahrhundert wirkten sich u.a. die steigenden Bevölkerungszahlen negativ auf die Lebensverhältnisse aus; so kletterte die Einwohnerzahl Freudenstadts von 847 „Seelen" im Jahr 1699 auf über 2200 im Jahr 1799.[6] Individuelle und kollektive Schicksalsschläge wie Krankheiten, Kriege, Mißernten und daraus resultierende Teuerungs- und Hungerkrisen konnten einzelne Menschen bzw. ganze Regionen in Not und Elend stürzen. Ende des 18. Jahrhunderts waren es die Hungerjahre 1770/71 und die Auswirkungen der ersten beiden Koalitionskriege, die der Bevölkerung in Freudenstadt schwer zusetzten. Requisitionen, Einquartierungen, Schanz- und Vorspanndienste waren an der Tagesordnung und erschwerten den ohnehin harten Alltag der Menschen. Dieser Tatsache trug auch die herzogliche Regierung – zumindest vordergründig – Rechnung, indem sie 1797 darüber beriet „wie den herzoglichen Untertanen des Oberamtes Freudenstadt,...welche durch den Krieg in ihrem Nahrungsstand zurückgesetzt werde/n/, wieder aufzuhelfen sein möchte."[7]

Das Projekt „Spinn- und Arbeitsschule"

Die aus Stuttgart angebotene Hilfe für die Beseitigung der Kriegsfolgen beschränkte sich auf wohlmeinende Ratschläge zur Selbsthilfe. Es flossen keine zusätzlichen Geldmittel, sondern die Stadtoberen erhielten die Anweisung, ihren Armen eine „hinlängliche Beschäftigung" in einer Fabrik zu verschaffen. Da es an einer geeigneten Einrichtung fehlte, wurde die Gründung einer Spinn- und Arbeitsschule sowie einer Manufaktur für Strohhüte projektiert, um wenigstens den Kindern und den „zu harter Arbeit nicht tüchtigen erwachsenen Personen" einen Verdienst zu ermöglichen. Außerdem sollten arbeitsfähige Arme von der Tuchmachermeisterschaft verstärkt zum Spinnen, „Wollen" und Stricken herangezogen werden.

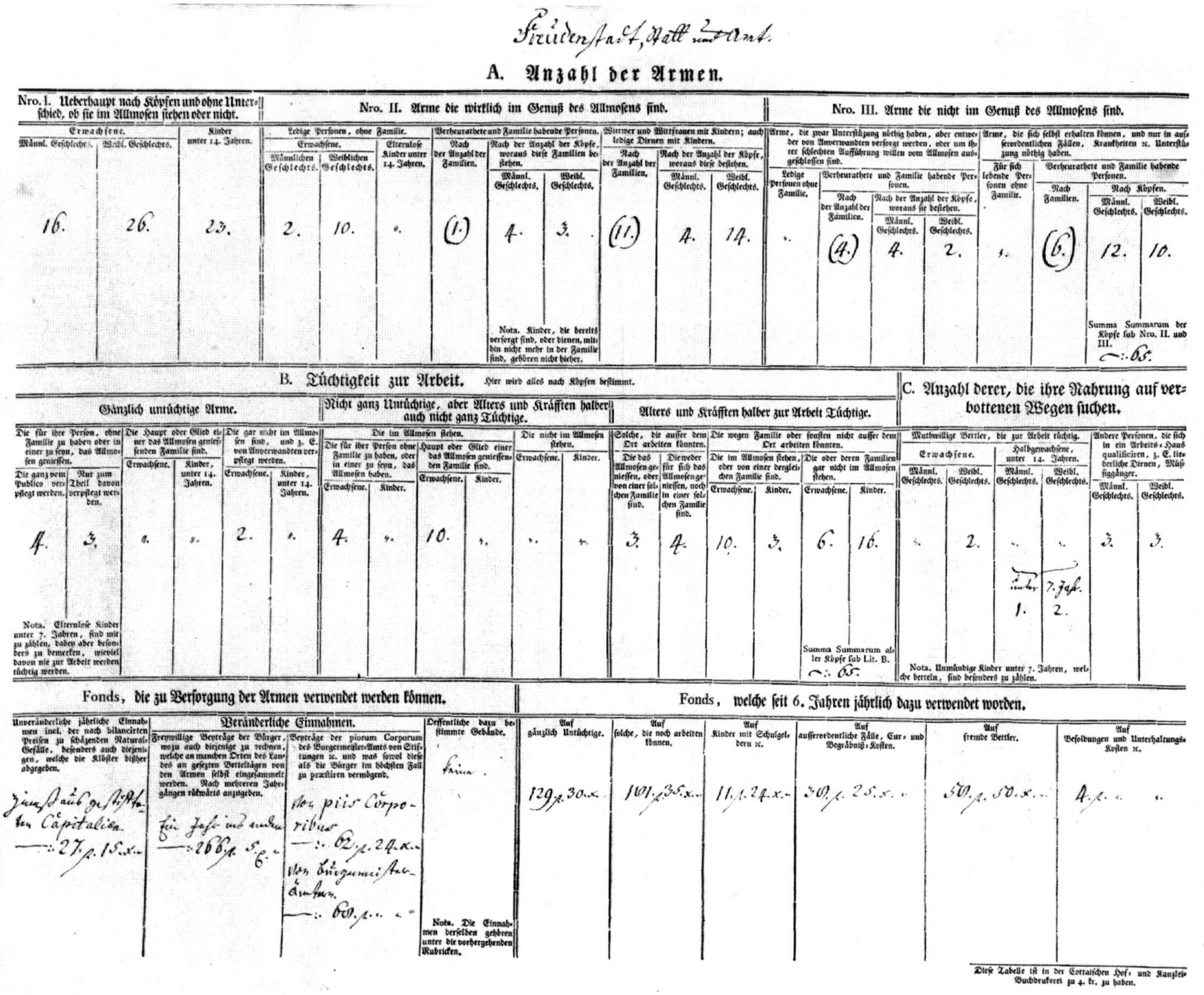

Freudenstadt, Statt und Amt.

A. Anzahl der Armen.

Nro. I. Ueberhaupt nach Köpfen und ohne Unterschied, ob sie im Allmosen stehen oder nicht.

Erwachsene. Männl. Geschlechts.	Erwachsene. Weibl. Geschlechts.	Kinder unter 14. Jahren.
16.	26.	23.

Nro. II. Arme die wirklich im Genuß des Allmosens sind.

Ledige Personen, ohne Familie. Erwachsene. Männlichen Geschlechts.	Ledige Personen, ohne Familie. Erwachsene. Weiblichen Geschlechts.	Ledige Personen, ohne Familie. Elternlose Kinder unter 14. Jahren.	Verheurathete und Familie habende Personen. Nach der Anzahl der Familien.	Verheurathete und Familie habende Personen. Nach der Anzahl der Köpfe, woraus diese Familien bestehen. Männl. Geschlechts.	Verheurathete und Familie habende Personen. Nach der Anzahl der Köpfe, woraus diese Familien bestehen. Weibl. Geschlechts.	Wittwer und Wittfrauen mit Kindern; auch ledige Dirnen mit Kindern. Nach der Anzahl der Familien.	Wittwer und Wittfrauen mit Kindern; auch ledige Dirnen mit Kindern. Nach der Anzahl der Köpfe, woraus diese bestehen. Männl. Geschlechts.	Wittwer und Wittfrauen mit Kindern; auch ledige Dirnen mit Kindern. Nach der Anzahl der Köpfe, woraus diese bestehen. Weibl. Geschlechts.
2.	10.	„	(1.)	4.	3.	(11.)	4.	14.

Nota. Kinder, die bereits versorgt sind, oder dienen, mithin nicht mehr in der Familie sind, gehören nicht hieher.

Nro. III. Arme die nicht im Genuß des Allmosens sind.

Arme, die zwar Unterstüzung nöthig haben, aber entweder von Anverwandten versorgt werden, oder um ihrer schlechten Aufführung willen vom Allmosen ausgeschlossen sind. Ledige Personen ohne Familie.	Verheurathete und Familie habende Personen. Nach der Anzahl der Familien.	Verheurathete und Familie habende Personen. Nach der Anzahl der Köpfe, woraus sie bestehen. Männl. Geschlechts.	Verheurathete und Familie habende Personen. Nach der Anzahl der Köpfe, woraus sie bestehen. Weibl. Geschlechts.	Arme, die sich selbst erhalten können, und nur in ausserordentlichen Fällen, Krankheiten rc. Unterstüzung nöthig haben. Für sich lebende Personen ohne Familie.	Verheurathete und Familie habende Personen. Nach Familien.	Verheurathete und Familie habende Personen. Nach Köpfen. Männl. Geschlechts.	Verheurathete und Familie habende Personen. Nach Köpfen. Weibl. Geschlechts.
„	(4.)	4.	2.	„	(6.)	12.	10.

Summa Summarum der Köpfe sub Nro. II. und III. —: 65.

B. Tüchtigkeit zur Arbeit. Hier wird alles nach Köpfen bestimmt.

Gänzlich untüchtige Arme.

Die für ihre Person, ohne Familie zu haben oder in einer zu seyn, das Allmosen geniessen. Die ganz vom Publico verpflegt werden.	Die für ihre Person … Nur zum Theil davon verpflegt werden.	Die Haupt oder Glied einer das Allmosen geniessenden Familie sind. Erwachsene.	Die Haupt oder Glied … Kinder, unter 14. Jahren.	Die gar nicht im Allmosen sind, und z. E. von Anverwandten verpflegt werden. Erwachsene.	Die gar nicht im Allmosen sind … Kinder, unter 14. Jahren.
4.	3.	„	„	2.	„

Nota. Elternlose Kinder unter 7. Jahren, sind mit zu zählen, haben aber besonders zu bemerken, wieviel davon nie zur Arbeit werden tüchtig werden.

Nicht ganz Untüchtige, aber Alters und Kräfften halber auch nicht ganz Tüchtige.

Die im Allmosen stehen. Die für ihre Person ohne Familie zu haben, oder in einer zu seyn, das Allmosen haben. Erwachsene.	Die für ihre Person … Kinder.	Haupt oder Glied einer das Allmosen geniessenden Familie sind. Erwachsene.	Haupt oder Glied … Kinder.	Die nicht im Allmosen stehen. Erwachsene.	Die nicht im Allmosen stehen. Kinder.
4.	„	10.	„	„	„

Alters und Kräfften halber zur Arbeit Tüchtige.

Solche, die ausser dem Ort arbeiten könnten. Die das Allmosen geniessen, oder von einer solchen Familie sind.	Solche, die ausser dem Ort arbeiten könnten. Die weder für sich das Allmosen geniessen, noch in einer solchen Familie sind.	Die wegen Familie oder sonsten nicht ausser dem Ort arbeiten könnten. Die im Allmosen stehen, oder von einer dergleichen Familie sind. Erwachsene.	… Kinder.	Die oder deren Familien gar nicht im Allmosen stehen. Erwachsene.	… Kinder.
3.	4.	10.	3.	6.	16.

Summa Summarum aller Köpfe sub Lit. B. —: 65.

C. Anzahl derer, die ihre Nahrung auf verbottenen Wegen suchen.

Muthwillige Bettler, die zur Arbeit tüchtig. Erwachsene. Männl. Geschlechts.	Erwachsene. Weibl. Geschlechts.	Halbgewachsene, unter 14. Jahren. Männl. Geschlechts.	Halbgewachsene, unter 14. Jahren. Weibl. Geschlechts.	Andere Personen, die sich in ein Arbeits-Haus qualificiren, z. E. liederliche Dirnen, Müßiggänger. Männl. Geschlechts.	Andere Personen … Weibl. Geschlechts.
„	2.	„ unter 7. Jahr. 1.	„ 2.	3.	3.

Nota. Unmündige Kinder unter 7. Jahren, welche betteln, sind besonders zu zählen.

Fonds, die zu Versorgung der Armen verwendet werden können.

Unveränderliche jährliche Einnahmen incl. der nach bilancirten Preisen zu schäzenden Natural-Gefälle, besonders auch diejenigen, welche die Klöster bißher abgegeben.	Veränderliche Einnahmen. Freywillige Beyträge der Bürger, wozu auch diejenige zu rechnen, welche an manchen Orten des Landes an gesezten Betteltägen von den Armen selbst eingesammelt werden. Nach mehreren Jahrgängen rükwärts anzugeben.	Veränderliche Einnahmen. Beyträge der piorum Corporum des Burgermeister-Amts von Stiftungen rc. und was sowol diese als die Bürger im höchsten Fall zu prästiren vermögend.	Oeffentliche dazu bestimmte Gebäude.
Zinß aus gestifteten Capitalien —: 27 f. 15 x.	für Jahr und anderes —: 266 f. 5/6	von piis Corporibus —: 62 f. 24 x. von Bürgermeisterämtern —: 60 f. „ „	keine.

Nota. Die Einnahmen derselben gehören unter die vorhergehenden Rubricken.

Fonds, welche seit 6. Jahren jährlich dazu verwendet worden.

Auf gänzlich Untüchtige.	Auf solche, die noch arbeiten können.	Auf Kinder mit Schulgeldern rc.	Auf ausserordentliche Fälle, Cur- und Begräbniß-Kosten.	Auf fremde Bettler.	Auf Besoldungen und Unterhaltungs-Kosten rc.
129 f. 30 x.	101 f. 35 x.	11 f. 24 x.	30 f. 25 x.	50 f. 50 x.	4 f. „ „

Diese Tabelle ist in der Cottaischen Hof- und Kanzlei-Buchdrukerei zu 4. kr. zu haben.

Armentabelle von Stadt und Amt Freudenstadt, 1787. Wichtige Kriterien bei der Erfassung der Armen war die Arbeitsfähigkeit und ob sie Almosenempfänger waren. Auch die „Anzahl derer, die ihre Nahrung auf verbottenen Wegen suchten", wurde festgehalten.

Über diese 'Arbeitsbeschaffungsmaßnahmen' entspann sich ein reger Schriftwechsel zwischen Stuttgart und Freudenstadt. Gutachten wurden erstellt und Vorschläge eingereicht, so z.B. von dem Freudenstädter Schulmeister Johann Anton Eyth über die Organisation und die pädagogischen Grundsätze einer solchen Spinn- und Arbeitsschule. Man hatte sich zum Ziel gesetzt, die „arbeitsscheuen Armen" vom Betteln abzuhalten, damit sie ihren „fleissigen Mitbürgern" nicht „durch Müßiggang beschwerlich" fielen und sie zu 'neuen' Werten wie Arbeitsamkeit und Fleiß zu erziehen.[8]

Die Stellungnahmen der Stuttgarter Obrigkeit, aber auch der Verantwortlichen vor Ort zeigen das Ausmaß der sich seit Beginn der Neuzeit verändernden Einstellung gegenüber den Armen. Im Mittelalter hatte Armut primär nichts Negatives bedeutet, existierte doch neben der ungewollten auch eine gewollte, religiös motivierte Armut. Die Bedürftigen waren integrierte Mitglieder der mittelalterlichen Gesellschaft und Betteln stellte eine legitime Form der Sicherung des Lebensunterhaltes dar. Die Almosenvergabe durch kirchliche Einrichtungen oder von privater Hand erfolgte nicht nach rationa-

len Kriterien, sondern individuell. Nicht die Abschaffung der Armut, sondern die religiöse Mildtätigkeit und die Beförderung des eigenen Seelenheils waren die Motivation für die Almosengeber.
Diese Haltung der Gesellschaft, mehr noch der Obrigkeit, hatte sich im Zuge der Reformation und der territorialstaatlichen Entwicklung verändert. Armut wird nun als Nicht-Arbeit geächtet; die Almosenpraxis stärker reglementiert, um so das Bettelwesen zu bekämpfen und die Armen zu disziplinieren.[9] 1751 werden in Freudenstadt die hohen Ausgaben für die Armen kritisiert und dabei wird festgestellt, daß „die tägliche Erfahrung belehret wie diese Hausarme/n/ besonders zu Sommerszeit, da sie...einen Kreutzer mit ihrer Hand-Arbeit verdienen können durch allzu starckes Beysteuern nur zum Müßiggang...verleitet werden".[10]
Die Verankerung solcher Werte gelang aber nur langsam, da es oft an der Durchsetzung der notwendigen Maßnahmen fehlte. Zumindest in Freudenstadt scheint das ehrgeizige Projekt „Arbeitsschule" vorerst nicht realisiert worden zu sein, da weder die Stadt noch der Herzog bereit waren, die nötige Anschubfinanzierung zu leisten.[11]

„Abtreibung des Gassenbettels"

Zu den Reformmaßnahmen der Obrigkeit gehörte auch das Verbot des unkontrollierten Bettelns, welches sich vor allem auch gegen die fremden Armen richtete. Die Durchsetzung dieses Bettelverbots oblag dem sogenannten Bettelvogt. 1767 wurde es in Freudenstadt für notwendig erachtet, zur „Abtreibung deß Gaßenbettels... einen tüchtigen Mann statt des bisherigen alten Mannes zum Bettelvogt zu bestellen". Seine Haupttätigkeit bestand darin, „stündlich in der Stadt herumzulaufen, das Betteln durchaus /zu/ verhüthen und ab/zu/stellen".[12] Das ungeliebte und schlecht bezahlte Amt wurde meist von Personen ausgeübt, die selbst an der Armutsgrenze lebten, nur bedingt arbeitsfähig oder Almosenempfänger waren. Dem Bettelvogt Balthes Münster mußte zur Sicherung des Lebensunterhaltes sogar ein zusätzliches Darlehen von zehn Gulden gewährt werden.[13]

Am 12.5.1785 wird der Bettelvogt Bernhard Killguß beauftragt, einem „ungehörigen Lehrjungen", der sich „nicht fügt, eine derbe Tracht Schläg" zu verabreichen

Erleichtert wurde die Arbeit des Bettelvogtes durch die öffentliche Kennzeichnung der Bettler. Sie waren verpflichtet ein sogenanntes „Blechle" sichtbar an ihrer Kleidung zu tragen, das sie als „berechtigte" Almosenempfänger auswies.In Freudenstadt verteilte u.a. das Oberamt diese „Heiligsblechle" und das Almosen an die fremden Armen. Oberamtmann Gentner beklagte sich 1771 über den dadurch bedingten hohen Arbeitsanfall: er sei vor „dem Anlauff" von Bettlern und Armen „keinen Augenblick frey".[14] Finanziert wurde diese Unterstützung in der ersten Hälfte des 18. Jahrhunderts vom Bürgermeisteramt, welches hierfür von 1715–1745 ca. 25–40 Gulden jährlich bereitstellte. Später versuchte man, durch die Verteilung eines geringen Almosens vor dem oberen Tor, die an den vier Jahrmärkten hereindrängenden Bettelleute am Eintritt in die Stadt zu hindern.[15]
Trotz dieser repressiven Maßnahmen scheint ein Rest des mittelalterlichen Caritasgedankens erhalten geblieben zu sein, denn der Magistrat war sich darüber im klaren, daß in besonderen Notzeiten „die Abgab eines Allmosens an ankommende fremde arme Personen nicht gäntzlich zu vermeiden sein dürfte". So erhielt der Bürger Johannes Walz 1787 einen Gulden für die Pflege eines am 3. April 1787 „auf der straß ligen gebliebenen fremden Armen"; dem Freudenstädter Johannes Dietsch wurde der Mietzins für seine Wohnung im Waschhaus beim Wachthaus nachgelassen, „weilen er mehrmalen die aufkommend fremde Kranke und sonst übel konditionierte Bettler oder sonstige arme Personen unentgeltlich beherbergen mußte".[16]

Zu den Freudenstadt frequentierenden Fremden gehörten auch wandernde Handwerksgesellen. Als gesellschaftlich akzeptierte Bedürftige wurden sie traditionell von der städtischen Armenfürsorge oder den Zünften mit einem Zehrpfennig ausgestattet. In Zeiten knapper Finanzmittel, z.B. 1774, setzte die Stadt aber auch hier den Rotstift an, indem sie die Abreichung dieses Zehrpfennigs zeitweilig stornierte. Einige Jahre später wurde im Zuge erneuter Sparmaßnahmen beschlossen, die „Berathung der Handwerksgesellen" in Zukunft wieder den Zünften zu überlassen, da diese ihren Beitrag in

den örtlichen Armenfonds seit Jahren nicht mehr erstattet hätten.[17]
Die Stadt orientierte sich bei der Unterstützung der Fremden pragmatisch an den zur Verfügung stehenden Mitteln. Je nach Finanzlage wurde die städtische Abschreckungspolitik mehr oder weniger rigoros betrieben. Dabei spielte auch die allgemeine wirtschaftliche Lage eine wichtige Rolle. Während die Verantwortlichen noch 1780 nach Stuttgart vermeldeten: „Gassenbettel und übrige Unordnung sind nach Möglichkeit abgethan", so mußte der Magistrat mit seiner Abschreckungsstrategie zehn Jahre später angesichts der Masse der Bettler kapitulieren: „Gassenbettel kan in diser offenen Stadt, wo durch den eingefallenen Wall jedermann ein- und außpassieren kan nicht abgethan werden."[18]

„Zur warth und pfleg" – die Versorgung der einheimischen Armen

In Freudenstadt bildeten der Armenkasten und das Bürgermeisteramt die zentralen Standbeine der Armenfürsorge. Die sogenannten Armenkästen waren in Württemberg nach der Reformation aus dem örtlichen Kirchenvermögen gebildet worden und werden oft auch als „Heiligenkasten" oder „Heiligenpflege" bezeichnet. Aus diesem Fonds wurde die Versorgung der Armen, aber auch die Kosten für den Kirchenbetrieb finanziert.[19] Für die Verteilung der Almosen waren das Stadtgericht und der Kirchenkonvent zuständig. Sie legten unter Berücksichtigung der individuellen Lebensumstände des Bittstellers und der angeführten Gründe für seine Bedürftigkeit die Höhe sowie die Art und Weise der Unterstützungsleistung fest. Als wichtige Voraussetzungen wurden die Zugehörigkeit des Antragstellers zur Bürgerschaft und sein unverschuldetes Absinken in die Armut durch Krankheit, Alter oder einen Unglücksfall angesehen – vermeintlich selbstverschuldetes Elend, z.B. durch Trunksucht, hatte wenig Chancen auf Anerkennung. Das Repertoire der Hilfsmaßnahmen reichte von zinslosen Darlehen über einmalige Almosen bis hin zu regelmäßigen wöchentlichen Geldzahlungen. Genehmigt wurde das Almosen meist mit dem Hinweis auf die „große Armutey" oder „elenden Umstände" der Petenten.[20] Die sich dahinter verbergenden Lebensumstände lassen sich heute jedoch nur schwer nachvollziehen, denn die Definition von Armut hängt auch vom jeweiligen Zeitkontext ab. Als „arm" gilt gemeinhin derjenige, dem es an unterhaltssicherem Einkommen fehlt. Das Spektrum reicht jedoch von einer gewissen Dürftigkeit, bei der der einzelne von der Hand in den Mund lebt, aber das Einkommen noch über dem Existenzminimum liegt, bis hin zu völliger Hilflosigkeit, bei der die Betroffenen zum Überleben auf fremde Hilfe angewiesen sind.[21]
Je nach Grad der Bedürftigkeit werden die Unterstützungsleistungen dosiert und unter folgenden Rubriken in der Rechnung des Armenkastens aufgeführt: „einheimische Hausarme", „Alimentations- und Verpflegungskosten", „Curkosten", „Beerdigungskosten", „Schul- und Büchergeld für arme Kinder" und „ex gratia" i.e. einmalige Geldzahlungen an sich in besonderen Notsituationen befindliche Bürger. Ergänzt werden diese Subsidien durch Zahlungen des Bürgermeisteramts, welches sich z.T. mit fünfzig Prozent an den obigen Kosten beteiligt und in Form von sogenannten „Gratialien" einen eigenständigen Beitrag zur Armenfürsorge leistet.[22]

Armenkasten und Bürgermeisteramt als Standbeine der Armenfürsorge

Zu den am meisten unterstützten Personen gehörten die „Einheimischen Hausarmen" i.e. Bürger, die ein wöchentliches Almosen aus dem Almosenkasten bezogen. Die Ausgaben für diese Hausarmen stellten in den Jahren 1781–90 mit jährlich 222–317 Gulden den weitaus größten Ausgabenposten dar. Gegen Ende des Jahrhunderts mußten die Aufwendungen aufgrund sinkender Einnahmen um über die Hälfte gekürzt und die zugesagten Unterstützungszahlungen teilweise für Wochen eingestellt werden: „in dieser Rechnungszeit /war/ ein viertel Jahr lang gar kein Geld bey des heyligen Kasten vorhanden und /da/ auch wegen Kriegsursachen nichts abgereicht werden konnte, so wurde den Hausarmen Personen....nur auf 41 Wochen das wöchentliche Almosen abgereicht."[23] Parallel dazu war die Stadt nach 1790 – trotz steigender Einwohnerzahlen – gezwungen, den Kreis der Almosenempfänger von 21–29 Personen in den Jahren 1781–90 auf 10–15 zu verringern. Es kamen also nur maximal 1,5 Prozent der Bevöl-

Rechnung des Heiligenkastenpflegers Johann Friedrich Kohler von 1783/84. Die seit 1781 erhaltenen Rechnungsbücher der Heiligenpflege sind eine wichtige Quelle zur Erforschung des Freudenstädter Armenwesens.

kerung in den privilegierten Genuß des Hausarmenstatus[24] – privilegiert, weil die Zugehörigkeit zu diesem Personenkreis eine relativ sichere und regelmäßige Unterstützung über Jahre oder gar Jahrzehnte hinweg bedeutete. Der von Geburt an stumme Johannes Clausters, die taube Catharina Barbara Bacherin sowie die 12köpfige Familie des Anton Geiger zählten über zwanzig Jahre zum Kreis dieser Almosenempfänger; die „unsinnige" Tochter des Christoph Haas, die „simpelhaften Waisen" Anna Maria und Christina Barbara Münster und der elternlose Christian Walz erhielten über zehn Jahre lang ein regelmäßiges „Wochengeld" aus dem Armenkasten. Mehr als 2/3 dieser Langzeitunterstützten werden als stumm, taub, „unsinnig" oder „simpelhaft" beschrieben, d.h. es waren in erster Linie geistig und körperlich behinderte Menschen, die aufgrund ihrer weitgehenden Arbeitsunfähigkeit am stärksten von Armut betroffen und langfristig auf finanzielle Zuwendungen angewiesen waren.

Die vom Armenkasten gezahlten Beträge bewegten sich zwischen drei und fünfzig Kreuzern pro Woche und lagen damit im Durchschnitt weit unter dem Lohn eines Tagelöhners, der rund zehn Kreuzer pro Tag verdienen konnte. Nur in wenigen Ausnahmefällen wurde ein Gulden (=60 Kreuzer) bezahlt, was ungefähr dem Wochenlohn eines Tagelöhners entsprach. Selbst der Höchstsatz von maximal 53 Gulden jährlich scheint den Lebensunterhalt in keinster Weise gedeckt zu haben, wie das Beispiel der geistig behinderten Ursula Catharina Haas zeigt. Sie, teilweise auch ihre Eltern, erhielten neun Jahre lang den wöchentlichen Höchstsatz ausbezahlt und mußten dennoch zusätzlich durch extra Almosenzahlungen für Kleidung, Holz und medizinische Behandlung unterstützt werden.[25]

Dabei fordert die zuständige Kontrollinstanz in Stuttgart immer wieder zu einem sparsamen Umgang mit den Finanzen auf. Das Wochengeld soll „niemand, bei dem es nicht die höchste Noth erfordert", gereicht werden. Als 1771 Franz Neuscheler, ein „abgedanckter, mit 5 Blessuren befaßter Soldat", Bürgersohn von Freudenstadt und Beisitzer in Stuttgart, um Aufnahme als Hausarmer bat, wurde dies rigoros abgelehnt mit der Begründung, er sei schließlich aus „eigener Bewegniß" zum Militärdienst gekommen.[26]

Neben diesem wöchentlichen „Ausgab Geld" bezahlte der Armenkasten einmalige „Alimentations- und Verpflegungskosten". Auch hiervon profitierten in erster Linie die Hausarmen, da aus diesem Topf u.a. Zuschüsse für Bekleidung sowie eine kostenlose medizinische Betreuung finanziert wurden. Die geistig-behinderte Christina Münsterin erhielt über Jahre hinweg ihr „Schuhgeld" ersetzt. Dem jeweiligen Freuden-

städter Stadtphysikus, einem im Gegensatz zu den sogenannten Wundärzten akademisch ausgebildeten und von Stadt und Amt angestellten Arzt, wurden drei Gulden für die unentgeltliche Beratung der Hausarmen bezahlt.[27]
Außerdem unterstützte man hieraus Bürger und Bürgerinnen, die sich meist aus Krankheitsgründen in einer prekären Finanzlage befanden: 1781/82 erhielten Sibilla Heschler und Juliana Dietsch „umb ihrer kräncklichen Umstände willen" und „ihrer langwührigen Krankheit" jeweils einen einmaligen Unterhaltszuschuß von drei Gulden. Der Fuhrmann Johannes Bosch wurde für die achtwöchige „Pfleg und Wart" des schwer erkrankten Nagelschmiedgesellen Christoph Wällden mit neun Gulden entschädigt.[28]
Besonders belastend wirkten sich in den 1780er Jahren die Kosten für den schwer geisteskranken Christian Klingel aus. Zunächst als Hausarmer versorgt, wurde er 1786 in das „Ludwigsburger Tollhaus" eingewiesen. Die dadurch jährlich anfallende Gebühr mußte je zur Hälfte aus der Kasse des Bürgermeisteramtes und aus den Alimentations- und Verpflegungskosten des Armenkastens bestritten werden.[29]

Der Fall des Geisteskranken Christian Klingel und seiner Familie:
Gerichtsprotokoll 1775/1776:
Christian Klingel, Schlosser, vor einigen Tagen wiederum in diejenige Tollheit und Raserey verfallen, welche derselbe schon anno 1772 ...ausgeübt, dergestalten, daß derselbe schon seit 3 Tagen her mit beständigen 4–6 starcken Wächtern verwahrt werden muß. Ermelter Klingel seine Raserei so weit getrieben, daß dessen Weib und Kinder in großer Lebensgefahr gestanden." Das Gericht beschließt daher für den Geisteskranken um Aufnahme ins Ludwigsburger Tollhaus zu bitten, mit der Begründung, die anfallende Bewachung des Klingel würde der Einwohnerschaft sehr „beschwerlich" fallen. Bis dahin soll er an eine Wand anschlossen und davor ein „Verschlag von starcken Holz" errichtet werden, damit der tobende Klingel niemanden einen Schaden möge zufügen können.
Gerichtsprotokoll 1.3.1780:
Dem..."nebst weib und Kindern krank darnieder liegenden und in äußerster Armuth befindlichen Schloßer Klingel" werden über die bereits verwilligten 2 Klafter Brennholz nochmals 2 Klafter vom Bürgermeisteramt genehmigt und unentgeldlich vors Haus gebracht. Außerdem werden die wöchentlichen Almosenzahlungen von 15 Kreuzer auf 30 Kreuzer erhöht.
Gerichtsprotokoll 11.1.1786:
Der Befehl ist ergangen, daß Klingel in das Tollhaus zu Ludwigsburg aufgenommen und dahin sicher eingeliefert werden soll. Hierfür wird ein Kostgeld von 12 Gulden fällig, welches vom Bürgermeisteramt und dem Armenkasten der Zuchthauspflege in Ludwigsburg bezahlt werden muß. Um die Einlieferung richtig zu bewerkstelligen wurde Matheus Epptan Metzger alhier der Auftrag gemacht einen Karren mit einem Roß zu bestellen und dann nach denen erforderlichen Umständen entweder im Guten oder durch Gewalt „mit Beyziehung 1 oder 2 weiter tüchtiger Männer" den Klingel nach Ludwigsburg einzuliefern.

Wer in der frühen Neuzeit krank wurde, hatte durch den Arbeitsausfall mit Einkommenseinbußen bzw. dem völligen Verlust des Einkommens zu rechnen. Lohnfortzahlung im Krankheitsfall existierte nicht. Krankheit war deshalb immer einer der Hauptgründe für das Abgleiten in die Armut, zumal anfallende Kosten für den Arzt oder für Medikamente das ohnehin schmale Haushaltsbudget oft über Gebühr belasteten. Gerieten alleinstehende Personen oder – bei Arbeitsunfähigkeit des Haushaltsvorstandes – ganze Familien in eine existentielle Krise, wurden neben einem Beitrag zum Lebensunterhalt auch Beihilfen für Arzt- und Medikamentenkosten gewährt; letztere rechnete der Armenpfleger unter der Rubrik „Curkosten" ab. Meistens müssen dabei Rechnungen für Chirurgen und Wundärzte beglichen werden.
Ein beträchtlicher Teil dieses „Churkosten"-Etats floß wieder den Hausarmen zu: 1781 erhielt der örtliche Apotheker Wilhelm Andreas Märcklen für die Medikamentierung der Hausarmen eine Pauschale von rund sechs Gulden, der Chirurg „Hosch" für seine Bemühungen um einen Almosenempfänger ungefähr vier Gulden.[30]

Rechnung des Chirurgen Hosch vom 17. Juli 1781: Schlossermeister Klingels Ehefrau „an einer bösen Brust 4 Wochen lang in der Curr gehabt macht 2 Gulden und 40 Kreutzer".

Der für Stadt und Amt bestellte Stadtphysikus war auch für die Städte und Ämter Dornstetten, Reichenbach und Alpirsbach zuständig

Da auf kostengünstiges Wirtschaften Wert gelegt wurde, versuchte der Magistrat seine Fürsorgepflicht nicht nur auf die Bürger, sondern auch auf das Gebiet der Stadt bzw. des Amtes zu beschränken. Man war bestrebt, Behandlungskosten für Freudenstädter Bürger, die sich ihre Verletzungen außerhalb der Stadt- und Amtsgrenzen zugezogen hatten, auf den jeweiligen Ort abzuwälzen, was wiederum zu häufigen Auseinandersetzungen mit den angrenzenden Ämtern führte. Ein solcher Streitfall ereignete sich 1783, als sich die Freudenstädter Bürger Balthes und Matthäus Münster beim Kirchenbau in Grömbach durch einen Sturz vom Gerüst schwer verletzten. Während der eine mit einem Beinbruch davonkam, war bei dem anderen „nicht nur ein großes Loch im Kopf und ein Ripp auf der rechten Seite eingefallen", sondern auch das „rechte Achselbein abgebrochen." Matthäus Münster war dadurch „nicht nur auf viele Wochen zu aller Arbeit und damit, /das/ täglich brod zu verdienen ohntüchtig geworden", sondern sah sich auch außerstande, die sich auf neun Gulden belaufende Chirurgenrechnung zu begleichen. Seine Bitte um Unterstützung zog einen über zwei Jahre währenden Streit zwischen Freudenstadt und dem für Grömbach zuständigen Amt Altensteig nach sich. Trotz vehementer Einwände Freudenstadts lautete der letztendliche Bescheid aus Stuttgart: die Unkosten sind zu 2/3 von Stadt und Amt Freudenstadt und der Rest vom Geburtsort und von Grömbach zu übernehmen.[31]

Der Armenkasten oder die Heiligenpflege gewährte zusätzlich bei besonderen Notsituationen den Bedürftigen „ex gratia" (gnadenhalber) Sonderzahlungen. Hierfür stand eine durchschnittliche Summe von zehn, ab 1785/86 von zwanzig Gulden zur Verfügung. Diese wurden jährlich an 2–8 Personen verteilt, wobei auch hier in erster Linie Hausarme berücksichtigt wurden.[32]

Bei den anderen Bittstellern handelte es sich meist um Bürger, die aufgrund einer Krankheit kurzfristiger Hilfe bedurften: „Catharina Margaretha Georg Salomon Müllers wittib, welche nach polnisch Preußen abmarschiert, ist zur Pflege ihres kranken Kindes ein Gulden verwilligt worden".

Eine besondere Ausnahme, von der sonst strikt eingehaltenen Leistungsbeschränkung auf Bürger und Bürgerinnen wurde 1785 für den auswärtigen „Joseph Graff Neinci, aus Syrien gebürthig", gemacht, „welcher wegen des christlichen Glaubens aller seiner Güter in der Türkey beraubt" worden war und deshalb eine Spende von dreißig Kreuzern erhielt.[33]

Das Bürgermeisteramt als Institution der Armenfürsorge

Neben dem Armenkasten spielte in Freudenstadt das Bürgermeisteramt eine wichtige Rolle bei der Bekämpfung der Armut. Im 18. Jahrhundert wurde aus dessen Kasse teilweise die Versorgung der fremden Armen, aber auch partiell die der einheimischen Bedürftigen bestritten, indem sich das Bürgermeisteramt jeweils zur Hälfte an den „Curkosten", Alimentations- und Verpflegungskosten sowie Beerdigungskosten des Armenkastens beteiligte.[34] Außerdem bot das Bürgermeisteramt Bürgern, die durch den Verlust eines Nutztieres in ihrer Subsistenz gefährdet waren, ein Darlehen oder ein „gratial" (eine einmalige Geldzahlung), in besonderen Ausnahmefällen auch Naturallieferungen, an: „Mattheuß Zinser Taglöhner ein bekanntlich armen und preßthaften Mann" erhält wegen des „erlittenen Unglücks bey Verlierung einer Kuh" ein Gratial von fünf Gulden vom Bürgermeisteramt.[35] 1773 wird einer besonders armen Frau für die „im walldt zurückgebliebene Gais" ein Gratial genehmigt, „damit sie wieder in Stand gesetzt werde, eine andere Gais zur Unterhaltung ihrer 2 kleinen Kinder erkauffen zu können".[36]

Ausgenommen von dieser Möglichkeit der Schadensbegrenzung waren die Schauffler, ihre Gesuche um Entschädigungen wurden regelmäßig abgelehnt. 1788 machte Christoph Erhard, Schauffler, das Ansuchen, ihn zu unterstützen, „weil er bey letzter Witterung als er über den Roßbühl gefahren beiynahen um das Leben gekommen, zugleich ein Roß hierdurch verloren". Er wird abgewiesen mit der Begründung, man sei nicht mehr bereit, den Verlust eines Pferdes im Schaufflergewerbe durch ein Gratial aufzufangen.[37]

Das Bürgermeisteramt sprang ebenfalls bei schweren Krankheits- und Unglücksfällen helfend ein. So wurde der Maurer Christoph Wällden, der 22 Wochen an einer Krankheit „elendig darniederlag" und „sein Stuck Brot aufgezehrt" hatte, ebenso unterstützt wie Jakob Habesrittinger, welcher das „Unglück gehabt bei der Holzarbeit das Axelbein zu brechen". Eine besondere Entschädigungszahlung wurde vier Bürgern zuteil, die am 11. April 1777 morgens zwischen drei und vier Uhr durch einen Brand ihr gesamtes Hab und Gut verloren hatten.[38]
Die Zahl der vor Gericht auftretenden Bittsteller wie auch der genehmigten Gratialien hält sich allerdings in den Jahren 1770–1788 in Grenzen; die Mehrzahl muß sich mit einem Darlehen oder einer Naturalspende begnügen bzw. bei besonderen Armutsfällen wird der Armenkasten mit herangezogen: „Johann Clauß, Taglöhner im Thaal, welcher das Unglück gehabt in einen brennenden Kohlhauffen zu fallen und beede Füße zu verbrennen", erhält eine Lieferung Dinkel vom Bürgermeisteramt und zwei Gulden vom Armenkasten.[39]
1790 steigt die Zahl der Gesuche wohl aufgrund der „theuren Zeit", aber auch der zunehmenden Finanzprobleme des Armenkastens an. Die Klientel der Petenten ändert sich nun dahingehend, daß verstärkt bereits verarmte Einwohner – Frauen mit Kindern, alte Menschen – um Beihilfen zur Bezahlung des Hauszinses, zur besseren „Pflege und Warth" und zur „Beyschaffung von Holz auf dem bevorstehenden Winter" bitten.[40] Ein Indiz für die Überforderung der städtischen Armenfürsorge gegen Ende des 18. Jahrhunderts ist die Anordnung von Bürgermeister Glauner für die bedürftigen Einwohner Brot zu backen. Die finanziellen Beihilfen reichten wohl in diesen besonderen Krisenzeiten nicht aus, so daß sich die Stadt gezwungen sah, die größte Not durch außerordentliche Brotverteilungen zu lindern.[41]

„hier ist kein Spital"

Das Armenwesen in Freudenstadt mußte ohne ein Spital und damit ohne spezielle Unterkunft für Bedürftige und Kranke funktionieren. Gerade angesichts der Massenarmut Ende des 18. Jahrhunderts, als sich viele württembergische Spitäler zu Armenhäusern entwickelten, welche neben Kindern, Waisen und Behinderten auch viele verarmte alte Menschen aufnahmen, stellte dies ein gewisses Handicap für die Stadt dar.[42] Der Magistrat versuchte durch die Belegung der Waschhäuser, alternative Behelfseinrichtungen zu schaffen. Das Waschhaus beim Wachthaus übte zumindest eine rudimentär spitalische Funktion aus, indem es als Herberge für „übel konditionierte Bettler" und als billige Unterkunft für Arme diente. Das Waschhaus beim Marktbronnen und das städtische Wachthaus boten ebenfalls – gegen geringfügigen Mietzins – Unterschlupf für Bedürftige.[43]
Eine umfassende Betreuung konnte dort offensichtlich nicht gewährleistet werden, so daß Kranke, Alte und vor allem Kinder gegen entsprechendes Kostgeld in Privathaushalten versorgt werden mußten: „Alt Johannes Wolffen Schneidern allhier" erhält wegen der „Verpflegung des von Maria Haasin alhier deponirten ... spurii (unehelichen Kindes) 7 1/2 Jahr... wöchentlich 20 Kreutzer aus der armen Cass".[44]

Altersversorgung in Freudenstadt? Statt Pfrundverträge mit einem Spital, Leibgedingsverträge mit Privatpersonen

Alte und pflegebedürftige Menschen waren verstärkt auf die Familie und Verwandte angewiesen, wie der Fall Dietrich Weickardt zeigt. Der „alte, von allen Mitteln entblößte Mann" machte beim Gericht das Ansuchen, ihm mit einem „subsidium zu Handen zu gehen". Im Falle der Genehmigung der Almosenunterstützung offerierte der Sohn, Moritz Weickart, den Vater auf ein viertel Jahr aufzunehmen.[45] Einfacher hatten es alte Menschen mit Vermögen; sie regelten ihre Altersversorgung in sogenannten „Leibgedingsverträgen". Dabei wurden Grundstücke, Häuser oder größere Geldsummen an die Kinder oder andere Personen übereignet, diese mußten als Gegenleistung Leibrenten bezahlen oder versprechen, den Betreffenden lebenslänglich mit „Cost, Nahrung und Kleider auch Pflaag und Warth ohnklagbar" zu versorgen. So schloß der sehr kranke und arbeitsunfähige Johannes Claust, der „stündliche Pflag und Warth nöthig... /hat/, sein Eheweib platterdings...alles möglich gehäßige, und niemahlen einige Unterstützung in seinen dermahligen Umständen ihme erwiesen", mit seiner Tochter einen solchen Vertrag erst ab, nachdem er sich zwanzig Wochen lang auf Probe von ihr hatte pflegen lassen.[46] Innerhalb dieser Zweckgemeinschaften kam es immer wieder zu Auseinandersetzungen. So verlangte Euphrosina Hartmann ihr Geld vom Schwiegersohn zurück, da er sie „auf das empfindlichste beleidigt hatte" und drohe „sie noch ums Leben zu bringen". Der Schwiegersohn wird vom Gericht zu einer Turmstrafe verurteilt und aufgefordert, in Zukunft Schmäh- und Drohworte zu unterlassen und seiner Schwiegermutter „das Geliger in der Stube kontraktmäßig" zu gestatten.[47]

„kein bettelarmer Mensch vorhanden" – die Sonderstellung der Laboranten in Christophstal

Während die in Freudenstadt wohnhaften Bürger für den Fall der Arbeitsunfähigkeit selbst Vorsorge zu treffen hatten bzw. von den Almosenzahlungen des Bürgermeisteramtes und des Armenkastens mehr schlecht als recht abhingen, genossen die Laboranten in Christophstal, obwohl ebenfalls Bürger der Stadt, eine bevorzugte Behandlung. Bei Krankheit oder altersbedingtem Arbeitsausfall wurden sie durch die sogenannte „Bruderbüchse" und durch besondere herzogliche Zuwendungen unterstützt: „Wann einen Laboranten das Unglück betrifft bei dem gefährlichen Geschäft ein Krippel zu werden oder er Altershalber das schwehre....Geschäft nimmer zu /leisten/ im Stande ist, so unterstüzet Euer herzogliche Durchlaucht höchste Milde ihn mit einem wöchentlichen ihme gnädigst bestimmten Gnaden Gehalt welches nebst einigem Beitrag aus der Bruderbüxe ... einen solch elenden oder veralteten Laboranten vor dem Bettelstab schüzt."[48] In diese Bruderbüchse hatte jeder Laborant einen gewissen Prozentsatz seines Lohnes einzubezahlen. Die Einrichtung stellte daher eine Art Vorläufer der heutigen Kranken- und Rentenkassen dar.

Herzogliche Unterstützung für die Laboranten

Ungeklärt blieb allerdings die Versorgung der Witwen und Waisen in Christophstal. Zwar wurde 1616 festgelegt, daß die Hinterbliebenen der Laboranten, falls herzogliche Hilfe ausblieb, zur Hälfte aus der Bruderbüchse und zur Hälfte aus dem Freudenstädter Armenkasten versorgt werden sollten, in der Praxis scheint dieser Fall jedoch nur selten eingetreten zu sein.[49] Als der Faktor Johann Christoph Hopfenstock 1783/84 für die Hausarmen in Freudenstadt und Christophstal 150 Gulden stiftete, wurde das Stiftungsvermögen geteilt und 35 Gulden in die Bruderbüchse und 115 Gulden in den Armenkasten eingezahlt mit der Begründung, daß bisher die Armen je nach Wohnort vom Armenkasten oder von der Bruderbüchse Almosen bekamen „ohne daß man hierbey jemals auf eine gemeinschaftliche Verpflegung das Augenmerk nehmen könne".[50] Auch der spätere Faktor Friedrich Carl Majer weist 1791 ausdrücklich darauf hin, daß die „vorhandenen Witfrauen" von ihren arbeitenden Kindern verhalten werden.

Christophstal bleibt auch in Zeiten der Massenarmut der 1790er Jahre eine Ausnahme. Während in Freudenstadt über die steigenden Armenzahlen geklagt wird, vermeldet der Faktor zufrieden nach Stuttgart: die auf „alhiesigen Werken befindlichen Laboranten samtlich ihren Unterhalt und Auskommen hinlänglich verdingen" und deshalb sei gegenwärtig auch „kein Mensch vorhanden, der in die Nothwendigkeit gesezt wäre, dem Bettel nachzugehen".[51]

„Fundus nimmt hier eher ab, als zu" Der Armenkasten und seine Finanzen

Die Anfänge des Armenkastens lassen sich bis in die ersten Jahre nach Gründung der Stadt zurückverfolgen. In einer Handwerksordnung für Schlosser von 1604 wird als Adressat für die Zahlung von Bußgeld der örtliche Armenkasten genannt. 1688 wird dessen Guthaben auf ungefähr 2200 Gulden beziffert.[52] Im 18. Jahrhundert kamen größere Stiftungen durch die Forstmeisterfamilie Ludwig Caspar von Schleppengrell, den ehemaligen Vogt zu Freudenstadt Benjamin Friedrich Hummel, den Oberamtmann Georg Philipp Moser, den Christophstaler Faktor Johann Christopf Hopfenstock und den Bäckerzunftmeister Johannes Haas hinzu.[53]

Die Haupteinnahmequelle bildete bis Mitte des 18. Jahrhunderts das „aller Sonntag mit einem Klingelbeutel in der Kirch gesamblete" Almosen.54 Erst durch die Neuregelung des Armenwesens 1764 wird diese Praxis dahingehend geändert, daß das Bürgermeisteramt ein „freiwilliges Almosen" bei den Bürgern einziehen solle, über dessen Höhe sie zunächst selbst bestimmten. Als die Bürgerschaft 1790 sich versammelt, um „von einem jeglichen selbsten zu vernehmen, wieviel er aus freyen Willen an Allmosen-Geldt" beitragen will, wird allerdings von fast allen ein so „geringes Offertum" gemacht, daß die Beitragssumme daraufhin von oben dekretiert wird.[55] Diese Reglementierung des Almosengebens stieß bei der Bevölkerung auf wenig Gegenliebe. Als 1789 im Zuge „ungebührlicher Reden" innerhalb der Bürgerschaft einige Einwohner verhört werden, geben sie als Gründe für das „Raisonieren" u.a. die Zentralisierung des Almoseneinzugs an. Es wird der Wunsch geäußert, man möge wieder das 'alte Recht' praktizieren, d.h. „die Arme/n/ in der Statt herumgehen und das Allmosen selbsten erheben laßen", da man neuerdings nicht wise, „wo das allmosen gelt hinkomme", welches der Bürgermeister einzog und an den Armenkasten weiterleitete.[56]

Ob dieses Mißtrauen berechtigt war oder nicht, läßt sich für die Anfangszeit nicht überprüfen, aber die seit 1780/81 überlieferten Rechnungsbücher der Heiligenpflege geben einen Einblick in die Einkommens- und Ausgabenstruktur dieser Institution. Demnach wurde das eingezogene Almosengeld in voller Höhe den Hausarmen zugeleitet. Über die Transaktionen und Bilanzen des Armenkastens führte der zuständige Pfleger akribisch Buch.

Das „teils freiwillig, teils nach obrigkeitlicher Bestimmung" aufgebrachte Almosengeld beläuft sich in den Jahren 1781/82–1788/89 auf insgesamt 267–268 Gulden jährlich[57] Besonders hohe Beiträge hatten die Geistlichen sowie die herrschaftlichen und städtischen Amtsinhaber wie z.B. Dekan Jung und Oberamtmann Gentner zu entrichten.[58] Weitere mehr oder weniger freiwillige Beiträge leistete die Bürgerschaft in Form des Opferstockgeldes, das an Sonn- und Feiertagen, Hochzeiten und Begräbnissen in der Kirche gesammelt wurde.[59]

Den zweithöchsten Einkommensposten erzielte die Heiligenpflege durch ihr Kreditgeschäft. Durch die Verleihung ihres Kapitalvolumens von 3500–3600 Gulden an fast 70 Personen und Institutionen erwirtschaftete sie eine jährliche Zinseinnahme von ungefähr 170–180 Gulden. Als größter Schuldner erwies sich über all die Jahre ausgerechnet die herrschaftliche Kellerei.[60]

Insgesamt führten der zuständige Armenpfleger Johann Friedrich Köhler und sein Nachfolger Gabriel Hosch knapp zwanzig Titel unter der Rubrik Einnahmen auf. Dazu gehörten: Einnahmen aus Stiftungen, aus Gerichtsstrafen, Oberamtlichen Strafen, Strafgebühren für Handwerker, kirchenkonventliche Strafen, Jahr-, Vogt- und Ruggerichtsstrafen, Strafen auf sonderherzoglichen Befehl sowie Gebühren für das Läuten der großen Glocke, für das Ausleihen von Bahr- und Leichentüchern bei Beerdigungen, Schwörbüchsengeld von den Wirten der Stadt. Waren es früher gerade milde Stiftungen, die zur Fundierung und Sanierung der Finanzen

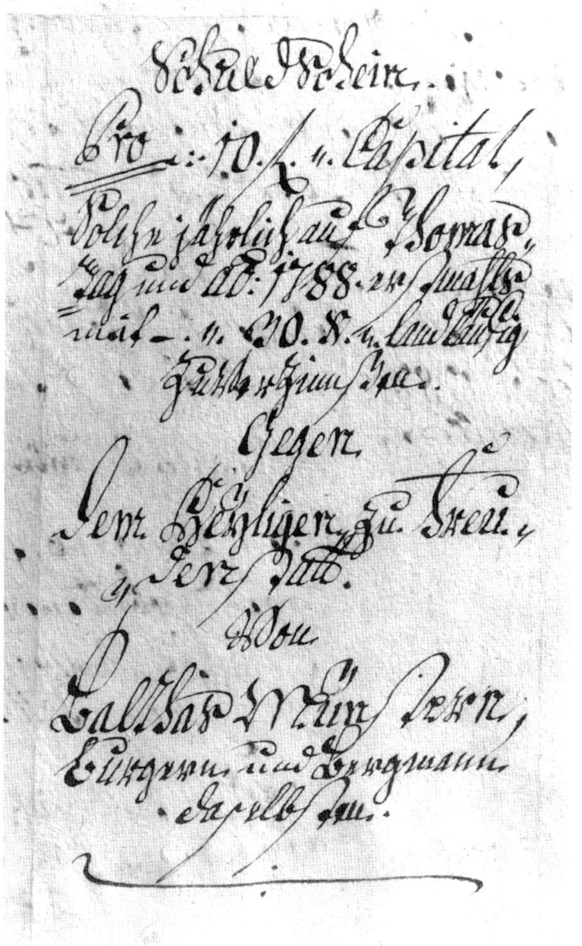

Schuldschein von Balthes Münster, Bürger und Bergmann, von Freudenstadt von 1787/88. Der Bergmann hatte sich gegen die Zahlung eines jährlichen Zinses zehn Gulden vom Armenkasten ausgeliehen.

1781 zog der Armenkasten bei 13 Hochzeiten Opfergeld ein und verlangte bei 24 Beerdigungen Gebühren für das Ausleihen von Leichentüchern

beitrugen, fielen diese nun teilweise geringfügiger aus oder waren zweckgebunden: so stiftete Dekan Jung zwar 150 Gulden, der Löwenanteil der daraus resultierenden Erträge mußte jedoch als Belohnung für die besten Schüler und Schülerinnen der deutschen und lateinischen Schule ausgegeben werden.[61]

Den rechnerischen Gesamteinnahmen des Armenkastens von jährlich ca. 900–1000 Gulden standen in den Jahren 1780–1790 Ausgaben in etwa gleicher Höhe gegenüber. Neben der Versorgung der Armen, welche den weitaus größten Ausgabenposten verursachte, mußten daraus noch die Aufwendungen für den kirchlichen und schulischen Betrieb, z.B. für die Kirchenmusik, die Instandhaltung der Kirche und des Schulhauses sowie die Besoldung der Lehrer bestritten werden.[62]

Konnte der Armenpfleger zumindest rechnerisch für diese Jahre eine ausgeglichene Bilanz, z.T. sogar mit geringfügigen Überschüssen, vorweisen, so schrieb die Pflege in den 1790er Jahren und besonders nach 1800 rote Zahlen. Konnte man 1692 noch stolz vermelden: „das jährliche Almosen fällt noch reichlich", hatte sich die Situation rund 100 Jahre später grundlegend geändert. In Zeiten sinkender Almosenbeiträge und steigender Almosenempfängerzahlen – so der Magistrat in einem Schreiben an die herzogliche Regierung – sei das pium corpus nur durch ein „gnädigst ergiebige Unterstützung aufrecht /zu/ erhalten".[63]

Die gewünschte Unterstützung durch den Landesherrn fiel allerdings ganz anders aus – die Reformen zu Beginn des 19. Jahrunderts brachten keine finanziellen Zuschüsse, sondern eine zeitweilige Verstaatlichung des Armenwesens und weitere Einschränkungen für die Armen und Bedürftigen der Stadt.[64]

Anmerkungen:

1 A.Kat. Heidelberg, Heidelberger Schloß, Die Renaissance im Deutschen Südwesten zwischen Reformation und Dreißigjährigem Krieg, Bd.1., Hrsg. Bad. Landesmuseum, Karlsruhe 1986, S. 140ff. Zum Problem der Spitalgründung bzw. der angeblichen Zerstörung eines Spitalgebäudes während des 30jährigen Krieges siehe: Herzog Friedrichs Freudenstadt im ersten Jahrhundert seiner Geschichte, in: FB Nr.6 (1987), insbesondere die Beiträge von Hans Rommel und Gerhard Hertel. Vgl. Beitrag von Dagmar Kraus. Eimer, Manfred, Aus Alt-Freudenstadt, Freudenstadt 1922, S.16. Beschreibung des Oberamts Freudenstadt, hrsg. Königl. statist.-topogr. Bureau, Stuttgart 1858, Nachdruck Magstadt 1967, S. 136.

2 Hippel, Wolfgang, Armut, Unterschichten, Randgruppen in der frühen Neuzeit, Enzyklopädie Deutscher Geschichte Bd. 34, München 1995, S. 15, 18ff.

3 HSTAS A 288 Bü 1922.

4 HSTAS A 244 a Bü 25 Armentabelle Stadt und Amt Freudenstadt. Für das 17. und frühe 18. Jahrhundert fehlen bisher konkrete Zahlenangaben. Bei einer Einwohnerzahl von 1944 Personen waren ca. 3,4 Prozent der Bevölkerung als Arme registriert. Dabei schnitt Freudenstadt im Vergleich zu den umliegenden Ämtern Wildbad und Alpirsbach (z.T. 9 Prozent Arme) noch am besten ab.

5 HSTAS A 213 Bü 2350, A 281 Bü 366 Kirchenvisitationsakten 1790, 1791, 1792, 1793 und 1802–1810.

6 HSTAS A 281 Bü 366 Kirchenvisitationsakten 1676–1810. Ursachen siehe: Jütte, Robert, Poverty and Deviance in Early Modern Europe, Cambridge 1994, S. 21 ff. Vgl. auch Hippel, Wolfgang, Armut, Unterschichten, Randgruppen der frühen Neuzeit, S.4 u.11ff.

7 HSTAS A 213 Bü 2350. Der Kreis Freudenstadt, Heimat und Arbeit, Gerhard Maurer (Hrsg.), Stuttgart u. Aalen 1978, S.141. Hertel, Gerhard, Freudenstadt in der Französischen Revolution, in: FH 14 (1981), Nr. 17.

8 HSTAS A 213 Bü 2350.

9 Zur Geschichte der Armut und Armenfürsorge siehe: Sachße, Christoph und Tennstedt, Florian, Geschichte der Armenfürsorge in Deutschland, Vom Spätmittelalter bis zum Ersten Weltkrieg, Stuttgart 1980.

10 StadtA FDS Rezessbuch der Heiligenpflege 1705/6–1854.

11 HSTAS A 213 Bü 2350.

12 StadtA FDS Gerichtsprotokoll 20.4.1758, 27.5.1767, 14.5.1778.

13 StadtA FDS Rechnungsbücher der Heiligenpflege 1787/88, 1804/05.

14 StadtA FDS Gerichtsprotokoll 14.10.1771.

15 StadtA FDS Bürgermeisterrechnungen 1715/16–1744/45; 1752/53, 1759/60; Rechnungsbücher der Heiligenpflege 1780/81–1789/90.

16 StadtA FDS Gerichtsprotolle 7.4.1774, 12.8. 1779; Rechnungsbuch der Heiligenpflege 1786/87. Daß fremde Arme Unterstützung erhielten, zeigt auch die Armentabelle von 1787. Von den ca. 400 Gulden, die für die Armen aufgewendet werden, fließen 58 Gulden „auf fremde Bettler". Da diese Summe nicht in den Rechnungsbüchern der Heiligenpflege genannt wird, wurde sich wohl vom Bürgermeisteramt übernommen siehe HSTAS A 244a Bü 25.

17 StadtA FDS Gerichtsprotoll 7.4.1774; Rechnungsbücher der Heiligenpflege 1780/81–1789/90. HSTAS A 288 Bü 1929 Relation von 18.4.1804.

18 HSTAS A 281 Bü 366 Kirchenvisitationsakten 1791, 1792, 1793, 1810.

19 Weller, Arnold, Sozialgeschichte Südwestdeutschlands unter besonderer Berücksichtigung der sozialen und karitativen Arbeit vom späten Mittelalter bis zur Gegenwart, Stuttgart 1979, S. 57 ff.

20 StadtA FDS Rechnungsbücher der Heiligenpflege, insbesondere Bd. 1781/82. HSTAS A 281 Bü 366 Kirchenvisitationsakten 1790, 1791, 1792, 1793.

[21] Zur Definition von Armut siehe: Hippel, W., S. 3 ff. Jütte, R., S.8ff.

[22] Die folgenden Ergebnisse basieren vorwiegend auf der systematischen Auswertung der Rechnungsbücher der Heiligenpflege von 1780/81–1789/90. Ergänzt werden sie durch die punktuelle Auswertung der Bücher von 1792/93, 1800/1801, 1804/05. Eine weitergehende statistische Auswertung wäre wünschenswert, würde den Rahmen der Untersuchung jedoch sprengen. Zur Problematik der Rechnungsbücher allgemein siehe: Sannwald, Wolfgang, Spitäler in Pest und Krieg. Untersuchungen zur Wirtschafts- und Sozialgeschichte südwestdeutscher Spitäler im 17. Jahrhundert, Gomaringen 1993, S. 24ff.

[23] StadtA FDS Rechnungsbücher der Heiligenpflege 1780/81–1789/90 und 1800/1801, 1804. Zitat: Rechnungsbuch 1800/1801.

[24] StadtA FDS Rechnungsbücher der Heiligenpflege 1780/81–1789/90. Einwohnerzahlen:1783 = 1834; 1790= 2081; 1802 = 2304 siehe HSTAS A 281 Bü 366 Kirchenvisitationsakten.

[25] StadtA FDS Rechnungsbücher der Heiligenpflege 1781/82–1789/90; Gerichtsprotokoll 12.8.79; 30.5. 1781; 9.10.82; 4.6.83. Lohn eines Tagelöhners siehe Beitrag Quarthal, Susanne, Alltag in Freudenstadt im 17. und 18. Jahrhundert.

[26] StadtA FDS Rezessbuch der Heiligenpflege, Rechnungsabhör von 1716; Gerichtsprotokoll 4.9.1771; Rechnungsbuch der Heiligenpflege 1786/87.

[27] StadtA FDS Rechnungsbücher der Heiligenpflege 1780/81–1789/90. Ab 1788/89 wird statt Dr. Pfleiderer ein Dr. Locher als Stadtphysikus genannt. Diesselbe Summe erhält er vom Bürgermeisteramt.

[28] Ebd. Rechnungsbücher der Heiligenpflege 1781/82, 1786/87.

[29] Ebd. Rechnungsbücher der Heiligenpflege 1786/87–1789/90.

[30] Ebd. Rechnungsbücher der Heiligenpflege 1780/81–1789/90 Rubrik „Curkosten". Die Unkosten für die ärztliche Behandlung durch den Stadtphysikus werden unter Verpflegungs- und Alimentationskosten abgerechnet.

[31] HSTAS A 288 Bü 1928. Vgl. StadtA FDS Rechnungsbuch der Heiligenpflege von 1785/86.

[32] Ebd. Rechnungsbücher der Heiligenpflege 1780/81-89/90 und 1792/93, Rubrik „Ex gratia". 1789/90 wurden ausnahmsweise 49 Gulden verteilt.

[33] Ebd. Rechnungsbuch der Heiligenpflege 1782/83, 1785/86.

[34] Ebd. Bürgermeisterrechnungen 1715/16, 1717/18, 1718/19, 1720/21, 1722/23, 1728/29, 1737/38, 1741/42, 1744/45, 1751/52, 1752/53, 1759/60; Rechnungsbücher der Heiligenpflege 1780/81–1789/90.

[35] Ebd. Gerichtsprotokoll 9.4.1767.

[36] Ebd. Gerichtsprotokoll 15.7.1773.

[37] Ebd. Gerichtsprotokoll 12.3.1788, 23.12.1766, 28.6. 1787.

[38] Ebd. Gerichtsprotokoll 4.3.1767, 24.11.1784, 14.5. 1777.

39 Ebd. Gerichtsprotokoll 22.5.1789.

[40] Ebd. Gerichtsprotokoll 25.2.1790, 1.9.1790, 19.8.1790, 23.6 1790, 5.5.1790, 20.1.1790, 1.6.1790, 30.6.1790, 7.7.1790, 28.7.1790, 15.9.1790.

[41] Ebd. Gerichtsprotokoll 23.6.1790.

[42] Aderbauer, Herbert, Das Tübinger Spital und der Wandel seiner sozialen Funktion in der frühen Neuzeit, Beiträge zur Tübinger Geschichte, Hrsg. Stadt Tübingen, Bd. 9, Stuttgart 1997, S. 43, S. 397, 402ff.

[43] StadtA FDS Gerichtsprotokoll 4.9.1771, 22.3.1776, 12.8.1779. Laut Eimer bestanden bis 1742 3 Waschhütten in Freudenstadt, welche dann durch zwei neue Waschhäuser – eines am Färberbrunnen, eines am Marktbronnen – ersetzt wurden siehe Eimer, Manfred S. 113.

[44] Ebd. Gerichtsprotokoll 28.10.1771.

[45] Ebd. Gerichtsprotokoll 13.5.1772.

[46] Ebd. Gerichtsprotokoll 29.11.1786.

[47] Ebd. Gerichtsprotokoll 1.9.1773, 30.12.1773.

[48] HSTAS A 244a 28.

[49] StadtA FDS St. Christophsthaler Factorie-Lagerbuch 1682, (Abschrift von 1736 mit Ergänzungen).

[50] Ebd. Gerichtsprotokoll 4.2.1784.

[51] HSTAS A 244a Bü 28.

[52] HSTAS A 288 Bü 1922.

[53] StadtA FDS Rechnungsbücher der Heiligenpflege 1780/81, 1784/85.

[54] HSTAS A 281 Bü 366 Kirchenvisitationsakten v.a. 1692.

[55] HSTAS A 288 Bü 1929 Relation von 1783 und 1804; A 281 Bü 366 Kirchenvisitatiosakten 1683, 1706. StadtA FDS Gerichtsprotokoll 7.4.1774, 17.2.1790.

[56] StadtA FDS Gerichtsprotokoll 11.9.1789.

[57] StadtA FDS Rechnungsbücher der Heiligenpflege 1780/81–1789/90.

[58] StadtA FDS Rezessbuch der Heiligenpflege Rechnungsabhör 1775–1782.

[59] StadtA FDS Rechnungsbücher der Heiligenpflege 1780/81–1789/90.

[60] Ebd. Die Gesamtsumme der ausgeliehenen Kapitalien schwankt nur geringfügig zwischen 3502 Gulden im Jahr 1792/93 und 3683 Gulden 1789/90; 1801/1802 war mit 2763 Gulden am wenigsten Kapital ausgeliehen mit entsprechend weniger Schuldnern (46) und weniger Zinseinnahmen.

[61] Ebd. Rechnungsbücher der Heiligenpflege 1781/82, 1783/84, 1784/85, 1785/86, 1787/88, 1788/89, 1789/90.

[62] Ebd. Rechnungsbücher der Heiligenpflege 1780/81–1789/90.

[63] HSTAS A 281 Bü 366 Kirchenvisitationsakten. StadtA FDS Rezessbuch, Rezess von 1804.

[64] Reiter, Ralf, Städtische Armenfürsorge im Übergang vom 18. zum 19. Jahrhundert, Diss. Konstanz (Konstanzer Dissertationen Bd. 256) Konstanz 1989.

Auswanderer aus Freudenstadt im 18. und 19. Jahrhundert – ihre Spuren im Osten und im Westen

Gerhard Wein

Auswanderung ist jede Übersiedlung in ein anderes Herrschaftsgebiet

„Auswanderung“ im alten Sinn ist jede Übersiedlung in ein anderes Herrschaftsgebiet oder ein anderes Land innerhalb wie außerhalb des alten Reiches oder – im 19. Jahrhundert bis zum Jahr 1871 – des Deutschen Bundes.

In der folgenden Abhandlung wird als Auswanderung nur der Wegzug in ein Land außerhalb des alten Reiches bezeichnet. Die Auswanderung in deutsche Länder wird als Binnenwanderung angesehen. Dies gilt auch für das Elsaß und die Schweiz und später Österreich, da die auf gemeinsamer Herkunft beruhende gemeinsame Sprache die alten Verbindungen nicht abreißen ließ.

Dagegen wird zu untersuchen sein, ob so wie andere Menschen aus unserer Landschaft auch Leute aus Freudenstadt in die von Österreich und Preußen im 18. Jahrhundert neu erworbenen Gebiete gezogen sind: in die Donauländer und nach Galizien, nach Westpreußen und „Preußisch-Polen“ und dann in der folgenden Zeit auch nach „Russisch-Polen“ (nach dem Jahr 1815) und nach Rußland selbst, vor allem nach Beßarabien, in die Ukraine und nach Kaukasien.

Nicht berücksichtigt werden hier einige Auswanderungen nach Frankreich („Innerfrankreich“) und wenige nach Großbritannien. Ebenso werden hier auch sichere und zu vermutende Auswanderungen nach Algier (um das Jahr 1830), Palästina (in den 1870er Jahren), nach Australien und nach Südamerika nicht dargestellt.

Den größten Teil dieser Abhandlung wird dagegen die um die Mitte des 18. Jahrhunderts einsetzende und nie abreißende Auswanderung nach Nordamerika – Vereinigte Staaten von Amerika und Kanada – einnehmen.

Stand der Forschung

Bis jetzt sind die Auswanderer aus Freudenstadt nur unvollständig und noch nicht planmäßig erfaßt. Der Grund ist der lückenhafte Bestand an eigentlichen Quellen zur Auswanderung. Auch der Verlust der Freudenstädter Kirchenbücher wiegt schwer, weil dadurch der genealogische Hintergrund oftmals fehlt. Das neue Stadtsippenbuch wird hoffentlich in vielen Fällen Abhilfe schaffen.

Meine eigenen Beiträge zum Thema sind nach Zufall oder Gelegenheit entstanden:
- nach Anfragen von Nachkommen von Auswanderern;
- nach Funden einschlägigen Schriftgutes in Archiven;
- im Zusammenhang mit Auswanderungsforschungen in größerem Rahmen;
- oder ausgehend von Forschungen zur eigenen Familiengeschichte.

Angestrebt wird auf längere Sicht ein Verzeichnis aller ausgewanderten Freudenstädter, eine Art „Auswanderer-Katalog“.

Rechtliche Voraussetzungen und Gründe für die Auswanderung

Die rechtliche Voraussetzung für die Auswanderung aus dem alten Herzogtum Wirtemberg war festgelegt mit einem Artikel des Tübinger Vertrages, der am 8. Juli des Jahres 1514 zwischen dem Herzog Ulrich und der „Landschaft“ Wirtembergs abgeschlossen worden war. Diesem Artikel zu Folge hatte der „gemeine Mann“, also alle Wirtemberger Untertanen – Freie wie Leibeigene – unter bestimmten Bedingungen das Recht auf den „freien Zug“. Allerdings galt dies zunächst nur für die unmittelbaren Untertanen des Herzogs. Auf die Klosterleute, die Bewohner

der Gebiete der Klöster, später der Klosterämter, wurde dieses Recht erst mit einem Abschied des Landtages vom 15. April des Jahres 1551 ausgedehnt.
Dieses Recht auf freien Zug wurde erst unter der Regierung des Königs Friedrich I. v. Württemberg (König 1806, gest. 1816) durch eine Kgl. Verordnung (Generalreskript) vom 29. Mai des Jahres 1807 aufgehoben. Durch den Kgl. Verfassungs-Entwurf vom 15. März des Jahres 1815 wurde das Recht der Auswanderung jedoch wieder zugestanden. Mit der unter König Wilhelm I. entstandenen Verfassungs-Urkunde vom 25. September des Jahre 1819 wurde das Recht auf Auswanderung als ein aus der allgemeinen Freiheit der Person fließendes Recht endgültig wieder hergestellt. (In anderen deutschen Ländern war den Untertanen die Auswanderung bis in das 19. Jahrhundert hinein stark beschränkt oder geradezu verboten.)
Die Auswanderer hatten sehr unterschiedliche Gründe für ihre Entscheidung. Für den allgemeinen „Rahmen" – Geschichte, Kriege, Wirtschaft, Klima, Krankheiten – wird auf einschlägige Abhandlungen anderer Verfasser in diesem Buch verwiesen. Auf besondere Gründe oder Begründungen der Auswanderung wird jedoch eingegangen. Allerdings sind die in amtlichen Berichten oder von den Auswanderern selbst angegebenen Gründe nicht immer die wirklichen; dies wird an Beispielen gezeigt werden.
Im 18. und vor allem im 19. Jahrhundert spielten sicherlich auch die Heiratsbeschränkungen, zum Beispiel wegen Armut, eine Rolle. Diese Beschränkungen wurden zudem von den weltlichen und geistlichen Behörden oftmals willkürlich gehandhabt.
Zur sozialen Lage der aktiven Soldaten und der „Exkapitulanten" des württembergischen Heeres im 19. Jahrhundert wird auch auf Paul Sauers Buch verwiesen.

Auswanderer um das Jahr 1750

Um die Mitte des 18. Jahrhunderts erscheinen in den Quellen eine ganze Reihe von Auswanderern aus Freudenstadt, die alle nach „Amerika", „Nordamerika", „Neu-Engelland", „Pennsylvania", gezogen sind.

Die ersten bekannten Auswanderer in den Jahren 1749 – 1751

Die ersten Auswanderer in den Jahren 1749–1751

Der erste in dieser Reihe war der Schlosser Johann Friedrich Renckenberger. Er ist offenbar nicht in Freudenstadt geboren. Am 8. April des Jahres 1749 hat er Christina Barbara Mönch (geb. 7. Dez. 1722), die Tochter des hiesigen Schlossers Johannes Mönch und seiner Frau Christina Margaretha, geb. Morlock, geheiratet. Im (verbrannten) Ehebuch hat der damalige Pfarrer vermerkt: „ratio huius copulationis fuit emigratio e patria in Americam" (= der Grund für diese Heirat war die Auswanderung aus dem Vaterland nach Amerika). Daraus kann geschlossen werden, daß Renckenberger und seine Frau bald nach der Heirat, sicherlich noch im gleichen Jahr, ihre Reise angetreten haben.
Johann Jakob Küstner ist in Freudenstadt (am 31. Dez. 1696) geboren als Sohn des Nagelschmieds Johann Michael Küstner und seiner Frau Anna Katharina, geb. Lieb. Er hatte sich in Sulz a. N. als Nagelschmied niedergelassen und dort am 31. Oktober des Jahres 1724 Anna Märkle, die Tochter des Kürschners und Ratsverwandten Johann Michael Märkle geheiratet. Im Jahr 1749 ist Küstner mit Weib und Kind(ern) nach Pennsylvanien ausgewandert. Ein Sohn, der Nagelschmied Johann Michael Küstner, ist in Sulz zurückgeblieben. Die Beziehungen zwischen Freudenstadt und Sulz spielten in der Geschichte der Auswanderung aus Freudenstadt eine wichtige Rolle, wie nachher noch aufgezeigt wird.
Im Mai des Jahres 1750 wanderte der 19 Jahre alte Johann Martin Woelpper aus Freudenstadt wiederum nach Pennsylvanien aus. (Im Jahr 1776, am Beginn des Unabhängigkeitskrieges der Vereinigten Staaten von Amerika gegen England, mußten die Staaten Pennsylvanien und Maryland je 4 Kompanien aufstellen, aus denen 1 Bataillon für den sofortigen Einsatz gebildet wurde. Pennsylvanien stellte statt dessen 5 Kompanien auf. Die Soldaten des Bataillons waren zum großen Teil, die Offiziere durchweg Deutsche. Der Führer der 9. Kompanie war Captain Daniel Woelper. Ob er ein Sohn unseres Auswanderers war?)
Zur selben Zeit wie Woelpper, im Mai des Jahres 1750, zogen die Familien Johannes Mönch,

Johannn Heinrich Wurtz und Barthle Zugschwerdt sowie 2 Kinder Bohnet (Christina, 6 Jahre alt; Johann Adam, 11 Jahre alt) aus Rodt bei Loßburg nach Pennsylvanien. Von diesen Rodter Auswanderern war Johann Heinrich Wurtz ein gebürtiger Freudenstädter. Seiner Schwester Maria Barbara, verheiratet mit Tobias Buob, werden wir nachher noch begegnen.

Im Dezember des Jahres 1751 folgte Jacob Welcker, der aus Freudenstadt nach „Nordamerika" zog.

Der Metzger und Hirschwirt Johannes Lieb (geb. 27. März 1695), Sohn des Löwenwirts Hans Jakob Lieb, und seine Frau Margaretha Barbara, Tochter des Rößleswirts Johannes Heinzelmann in Alpirsbach, sollen ebenfalls im Jahr 1751 nach „Amerika" ausgewandert sein. Nach anderen Quellen sind beide aber erst im Jahr 1752 entweder von Freudenstadt oder von Rodt bei Loßburg aus nach Pennsylvanien gezogen. Sie sind aber wieder zurückgekehrt und in Freudenstadt, er im Jahr 1768, sie im Jahr 1763, gestorben. Tatsächlich im Jahr 1752 ausgewandert ist die Tochter Margareta Barbara, geb. Lieb, mit ihrem Ehemann Johann Ludwig Uber; diesem Paar werden wir nachher noch begegnen. Fraglich ist dagegen, ob der Sohn Gottfried David Lieb (geb. 7. Mai 1733) damals mit den Eltern ausgewandert oder hier verblieben ist, und was aus ihm – dort oder hier – geworden ist.

... sie sind aber wieder zurückgekehrt ...

Johannes Liebs Bruder war der Rotgerber und Amtsbürgermeister Johann Friedrich Lieb (1697– †1765). Dieser war verheiratet (1720) mit Maria Katharina, geb. Michel (1691– †1778), einer Tochter des Chirurgen, Gerichtsverwandten und Adlerwirts Johann Jakob Michel in der Stadt Sulz am Neckar. Durch diese Heirat kam Johann Friedrich Lieb offenbar in Verbindung mit der Herrnhuter Gemeinde in Sulz. Eine ehemalige Mitschülerin seiner Frau war mit dem Herrnhuter Sendboten Fockel verheiratet. Als Fockel und seine Frau in den Jahren 1741/42 nach Freudenstadt kamen, war ihnen Lieb wohlgesinnt; er machte ihnen deshalb keine Schwierigkeiten. Wir werden bald sehen, welche Rolle die Herrnhuter offenbar in der Freudenstädter Auswanderung dieser Zeit spielten.

Die Große Auswanderung im Jahr 1752

Im Jahr 1752 ging eine größere Zahl von Menschen gemeinsam auf die Reise. Der damalige Vogt (Untervogt) von Freudenstadt, Johann Ulrich Brastberger, berichtete am 7. Mai des genannten Jahres 1752 an die herzogliche Regierung, daß in Stadt und Amt Freudenstadt 18 Haushaltungen mit 111 Seelen sich entschlossen hatten, „in Americam" oder „auß dem Vatterland hinweg nacher Pennsylvaniam" zu ziehen, und daß diese Auswanderer an Vermögen 2180 Gulden mit sich nehmen. Zieht man von diesen 111 (tatsächlich 115) Seelen die Auswanderer aus den Amtsorten Neuneck, Unteriflingen, Böffingen und Roth (Rodt) ab, so verbleiben für die Stadt Freudenstadt selbst noch 63 Männer, Frauen und Kinder – 11 Männer, 12 Ehefrauen, 20 Söhne, 19 Töchter und eine ledige Frau. Die Stadt bewilligte den Auswanderern Beiträge zu den Reisekosten.

Das nun folgende Verzeichnis oder der Katalog der zur Auswanderung Entschlossenen enthält die Angaben Brastbergers zu den einzelnen Leuten, ergänzt durch weitere Daten und Angaben, die verschiedenen Quellen entnommen wurden. Aufgeführt ist ferner, soweit bekannt oder feststellbar, auf welchem Schiff die Auswanderer nach Amerika reisten, und was über ihren dortigen Lebenslauf derzeit bekannt ist.

Verzeichnis oder Katalog der auswanderungswilligen Freudenstädter im Jahr 1752

A r t z, Johann Philipp; Bürger und Nagelschmied;
29 J. alt (= geb. um 1723);
(Eltern: ?);
heiratet 1747 oder 1748 (vor 23. Jan. 1748) in Freudenstadt
B a y e r, Maria (Anna) Barbara;
26 J. alt (= geb. um 1726);
(Eltern : ?);
Kinder (2):
1) Sophia Dorothea, 1 1/2 J. alt (= geb. um 1750);
2) Catharina Christina, 4 Wochen alt (= geb. um 1752).

Vermögen: 100 fl. (nach eigener Angabe nur 50 fl.).
Beitrag der Stadt: 2 fl.
Schiff: ?.
Bei Brastberger nicht genannt:
A r t z, Catharina Christina;
44 J. alt (= geb. um 1708);
Schwester des Joh. Philipp Artz?
Amerika: nichts bekannt.

B o s c h, (Johann) Jacob; Zimmermann;
46 J. alt (= geb. um 1706);
(Eltern: Joseph Bosch, Fuhrmann in Freudenstadt; Anna Katharina, geb. Pfefferlin);
heiratet wann? (vor 1737) wo?
N., Barbara;
37 J. alt (=geb. um 1715);
(Eltern: ?).
Kinder (5):
1) Johann Jacob, 15 J. alt (= geb. um 1737);
2) Johannes, 10 J. alt (= geb. um 1742);
3) Anna Maria, 6 J. alt (= geb. um 1746);
4) Joseph, 4 J. alt (= geb. um 1748);
5) Johann Fridrich, 1 ½ J. alt (= geb. um 1750);
Vermögen: hat keine Schulden, nimmt daher sein Vermögen mit sich, etwa 400 fl.
Beitrag der Stadt: 2 fl.
Schiff: „Duke of Wirtemberg" 1752.
Amerika: nichts bekannt.

B u o b, (Bub) (in Amerika auch Baub, Bube), Tobias;
Schreiner in Dornstetten, seit 1739 in Freudenstadt;
42 J. alt (= geb. um 1710 in Dornstetten);
(Eltern: Tobias Buob, Schreiner in Freudenstadt; Sara, geb. Seeger);
heiratet 7. Apr. 1739 in Freudenstadt
W u r t z (Würtz), (Maria) Barbara;
40 J. alt (geb. 17.10.1711 Freudenstadt);
(Eltern: Peter Würz, aus Küßnacht/Schweiz, Stadtknecht und Leineweber in Freudenstadt; Catharina, geb. Schlack);
Kinder (4):
(3 Söhne sind als Kinder in Freudenstadt gestorben.)
1) Georg Fridrich, 7 J. alt (geb. 25.4.1745);
2) Tobias, 5 J. alt (geb. 10.2.1747);
3) Johannes, 3 J. alt (= geb. um 1749);
4) Sophia Dorothea, 1 J. alt (= geb. 1751).
Vermögen: Erlös, den Buob mit hinaus nimmt, 110 fl.; wirklich nur 97 fl. 9 kr.
Beitrag der Stadt: 2 fl.
Schiff: „Duke of Wirtemberg" 1752.
Amerika: Tobias Buob und seine Familie lebten im Jahr 1753 noch in Philadelphia. Tobias Bube und seine Frau Maria Barbara Bubin waren am 22. April genannten Jahres in der Ev.-Lutherischen Kirche St. Michaelis in Philadelphia Taufpaten für Tobias Zink (geb. 19. Apr.), Sohn des aus Freudenstadt gekommenen Gottlieb Zink und der Anna Maria (s. nachher). Buob und seine Frau erscheinen im Jahr 1753 in derselben Kirche noch bei zwei weiteren Taufen als Paten; Buob wird einmal auch als Zeuge einer Trauung genannt.

F i n k b e i n e r, Tobias; Bürger und Taglöhner;
30 J. alt (geb. 5.6.1722 Baiersbronn-Labbronnen),
gest. s. nachher;
(Eltern: Johann Martin Finkbeiner, Baiersbronn; Anna Catharina, geb. Braun);
heiratet 5. Mai 1750 (ungefähr 4 Wochen vor 13. Mai) in Freudenstadt
G a i ß e r, verwitw. Pfeifflen, Esther;
46 J. alt (geb. 20.3.1706 Baiersbronn-Stöcken),
gest. 1752 auf der Überfahrt nach Amerika
(Eltern: Jörg Gaißer, Baiersbronn; Anna Barbara, geb. Reich).
(Esther: heiratet I. 5. Juni 1736 Freudenstadt Matthäus Pfeifflen, Bürger und Wagner, Witwer;
geb. wann? Dornstetten, gest. 6.3.1748 Freudenstadt)
Kinder Pfeifflen aus der I. Ehe der Esther (4):
(1 Sohn ist als Kleinkind in Freudenstadt gestorben)
1) Maria Agnes, 14 J. alt (geb. 27.1.1739);
2) Anna Maria, 11 J. alt (geb. 13.10.1741);
3) Philipp Andreas, 7 J. alt (geb. 27.10.1744);
4) Ludwig Heinrich, 5 J. alt (geb. 10.3.1747).
Vermögen: nimmt an 200 fl. mit.
Beitrag der Stadt: 2 fl.
Schiff: „Duke of Wirtemberg" 1752.
Name: In der in Philadelphia angelegten Fahrgastliste hat Tobias Finkbeiner selbst eigenhändig unterschrieben, obwohl im Jahr 1750 von ihm und seiner Frau Esther gesagt wird: „Sie beede des Schreibens ohnerfahren". Allerdings

Die Auswanderung im Jahr 1752

ist diese Unterschrift so schlecht geschrieben, daß der Name einmal „Elias Finslaimer", dann Thomas (?) Simon Laumann gelesen wurde.
Amerika: Auch Tobias Finkbeiner lebte nach der Ankunft in Amerika zunächst in Philadelphia. Am 15. April des Jahres 1753 erscheint er dort als Taufpate in der Ersten Reformierten Kirche, zusammen mit Maria Dorothea B r u c h, die er noch im selben Jahr (nach 15. April) als seine 2. Frau geheiratet hat. Im Jahr 1754 ist Tobias Finkbeiner als Taufpate in der Ev.-Lutherischen Kirche St. Michaelis in Philadelphia zu treffen. Dort wird ihm und seiner Maria Dorothea am 8. Sept. des Jahres 1754 ein Sohn Philipp Jacob (geb. 25. Aug.) getauft. Später – wann? – ist Finkbeiner aus Philadelphia weggezogen. In den Jahren 1772 und 1776 werden 3 seiner Kinder in der Ev.-Lutherischen Kirche St. Augustus zu Trappe in der Gemeinde (Township) New Providence in der Grafschaft (County) Montgomery – etwa 40 km nordwestlich vom Stadtkern von Philadelphia – konfirmiert. Sein „Familien-Register" kann wie folgt, wenn auch noch unvollständig, ergänzt werden:
Finkbeiner, Tobias; lebt 1753/1754 in Philadelphia, 1772 (1776) in oder bei Trappe;
gest. vor 5.5.1776 (angeblich 1771) wo?
heiratet II. 1753 (nach 15. Apr.) in Philadelphia
B r u c h, Maria Dorothea;
geb. 1725 wo?; gest. wann? wo?
(Eltern und Herkunft?).
Kinder (angeblich mindestens 3 Söhne und mehrere Töchter):
bekannt sind:
1) Philipp Jacob, geb. 25. Aug. 1754 Philadelphia, konfirm. 20. Mai 1772 Trappe;
2) Johannes, geb. 1757 wo?; konfirm. 5. Mai 1776 Trappe; gest. 1838; heiratet um 1778 Elisabeth N.
3) Susanna, geb. 1758 wo?; konfirm. 5. Mai 1776 Trappe.

H e i n z e l m a n n, Anna Barbara, ledigen Standes;
24 J. alt (geb. 17.9.1729 Freudenstadt);
(Eltern: Matthäus Heinzelmann, Bader, Barbier und Beck zu Freudenstadt; Maria Elisabetha, geb. N.);
Schwester der Maria Elisabetha Weckerlen, geb. Heinzelmann, Ehefrau des Emanuel Friderich Weckerlen. Anna Barbara geht mit Schwester und Schwager (s. dort).
Schiff: „Duke of Wirtemberg" 1752.
Amerika: Anna Barbara Heinzelmann lebt im Jahr 1754 bei Schwester und Schwager in Philadelphia.

O t t, Johann Georg; Buchbinder; „ist ein Proselyt", in Reutlingen vom katholischen zum evangelischen Bekenntnis übergetreten;
32 J. alt (= geb. um 1720), aus Würzburg;
(Eltern: ?);
heiratet vor 12. Jan. 1747 in Freudenstadt
N a i s t l e r, Anna Maria;
26 J. alt (= geb. um 1736), „von Reutlingen";
(Eltern: ?).
Kinder (2):
(1 Sohn in Freudenstadt gestorben)
1) Rosina Barbara, 2 J. alt (= geb. um 1750);
2) Johannes ½ Jahr alt (= geb. 1751).
Vermögen: nichts.
Beitrag der Stadt: 3 fl.
Schiff: „Duke of Wirtemberg" 1752.
Amerika: Als am 1. April des Jahres 1753 Johann Ludwig Uber und seine Frau Margretha Barbara, ebenfalls Freudenstädter Auswanderer (s. nachher), ihren Sohn Johann Ludwig (geb. 25. März) in der ev. Kirche St. Michaelis in Philadelphia taufen ließen, war Hans Jerg Ott einer der Paten. Am 25. Nov. desselben Jahres 1753 ließen Johann Georg Ott, Buchbinder, und seine Frau Anna Maria selbst in der nämlichen Kirche ihre Tochter Maria Esther (geb. 21. Nov.) taufen. Am 8. Apr. des Jahres 1760 war Georg Ott Trauzeuge, als Johann Adam Schwab(e), auch ein Freudenstädter (s. nachher) und Maria Martha Hartmann in der Michelis-Kirche in Philadelphia getraut wurden. Obwohl ganz offenbar die anderen Freudenstädter Auswanderer zu Ott Verbindung hielten, endeten er und seine Familie im Unglück. Er führte in Philadelphia ein armseliges Leben, von der Trunksucht verfolgt. Acht seiner neun Kinder starben an Unterernährung, bevor er selber im Jahr 1762 starb. Seine Witwe kämpfte um ihr Überleben, indem sie Flugschriften und Bücher verkaufte.

P f e i f f l e (n). Die 4 im Jahr 1752 noch lebenden Kinder der Esther, geb. Gaißer, aus ihrer I. Ehe mit Matthäus Pfeifflen (gest. 6.3.1748),

nämlich
1) Maria Agnes, geb. 27.1.1739;
2) Anna Maria, geb. 13.10.1741;
3) Philipp Andreas, geb. 27.10.1744;
4) Ludwig Heinrich, geb. 10.3.1747;
sind mit ihrer Mutter und deren zweitem Mann Tobias Finkbeiner ausgewandert. Ihre Mutter ist auf der Überfahrt verstorben. Ob die Kinder die Seereise überstanden haben, und wie es ihnen in Amerika ergangen ist, ist derzeit nicht bekannt. (S. vorhin Tobias Finkbeiner).

Schmältzlen, Eva, Hannß Jerg Schmältzlens hinterlassene Witwe.
Schmältzlen (Schmelzlen), (Alt) Johann Georg (Hannß Jerg), Bürger und Taglöhner;
geb. 4.3.1692 Baiersbronn-Stöcken, gest. einige Zeit vor 16.4. 1751 Freudenstadt;
(Eltern: Simon Schmelzlen, von Baiersbronn; Agnes, geb. Hofer);
heiratet I. 1728 Freudenstadt
N., Anna Maria, Witwe des David Schneider, Beck, später Schäufler (gest. 1720);
geb. wann? wo?, gest. wann ?;
heiratet II. 13.5.1737 Dornhan
Mayer, Eva,
(1752:) 49 J. alt (geb. 1703);
(Eltern: Matthäus Mayer zu Dornhan).
Kinder (3) (aus der II. Ehe des Johann Georg Schmältzlen):
1) Barbara, 17. J. alt (= geb. 1733) (vorehelich? oder doch aus der I. Ehe des Georg Schmältzlen ?);
2) Simon, 14 J. alt (geb. 14.1.1738);
3) Agatha, 11 J. alt (= geb. 1741).
Vermögen: nichts.
Die Witwe Eva Schmältzlen ist nicht ausgewandert. Vogt Brastberger vermerkte dazu: „Dise kann nicht verkauffen, bleibt daher allhier sitzen mit ihren Kindern".

Schneider, Andreas; Obertorwart und Schuhmacher;
53 J. alt (= geb. um 1699 / in Freudenstadt ?);
(Eltern: ? : N. Schneider; Catharina, geb. N., 1717 Witwe);
heiratet wann ? wo ?
N., Anna;
51 J. alt (= geb. um 1701);
(Eltern: ? / Herkunft ?).
Kinder (1):
(2 Kinder sind in Freudenstadt vor der Abreise gestorben)
1) Anna Elisabetha, 18 J. alt (= geb. um 1734).
Vermögen: 80 fl.
Beitrag der Stadt: 3 fl.
Schiff: Name unbekannt, Kapitän Brown, im späten Novenber des Jahres 1752 in Savannah, Georgia, gelandet.
Amerika: Andreas Schneider und seine Familie sind vermutlich in Georgia ansässig geworden.

Schwab, Jacob Bernhardt; Bürger, Beck und Bierbrauer;
52 J. alt (geb. 2.5.1700 Freudenstadt);
(Eltern: Nikolaus Schwab, Beck und Wirt; (II.) Johanna Felicitas, geb. Buob);
heiratet 1726 (vor 14.8.) Freudenstadt
N., (Anna) Elisabetha;
45 J. alt (= geb. um 1707)
(Eltern: ?).
Kinder (6):
(4 Kinder sind vor der Auswanderung gestorben)
1) bis 6) alle in Freudenstadt geboren:
1) Christina Barbara, 22 J. alt (geb. 19.5.1728)
2) Johann Adam, 20 J. alt (geb. 16.4.1732);
3) Johann Friderich, 18 J. alt (geb. 17.8.1734);
4) Jacob Bernhard, 16 J. alt (geb. 23.2.1738 oder 1739)
5) (Anna) Dorothea, 14 J. alt (geb. 23.10. 1736);
6) Elisabetha Catharina, 8 J. alt (geb. 21.4. 1744).
Anmerkung zu 4) und 5):
Angabe des Alters nach Brastberger; Geburtstage nach Hans Rommel (Auszüge aus den Kirchenbüchern) und aus dem Ortssippenbuch.
Vermögen: „Nach Abzug seiner Schulden" 250 fl.
Beitrag der Stadt: 2 fl.
Schiff: „Duke of Wirtemberg „ 1752.
Amerika: In der ev.-lutherischen Kirche St. Michaelis in Philadelphia wurde am 6. Jan. des Jahres 1754 das uneheliche Kind Eberhard (geb. 30. Dez. 1752) des Eberhard Karboe und der Christina Catharina Zink getauft; Paten waren Jacob Bernhard Swab und seine Frau Elisabeth. (Die Mutter Christina Catharina, Tochter des Georg Zinck, ist mit ihrer Familie

ebenfalls aus Freudenstadt ausgewandert; s. nachher). Am 8. Apr. des Jahres 1760 wurden in der Michaelis-Kirche getraut Johann Adam Schwabe, – Jacob Bernhardt Schwabs ältester Sohn – , und Maria Martha Hartmann. Unter den Trauzeugen waren Georg Ott aus Freudenstadt und Jacob Schwab, Adams Bruder.

U b e r, (Johann) Ludwig, Bürger und Metzger;
30 J. alt (geb. errechnet 1.5.1722), gest. 10.5.1775 Philadelphia;
(Eltern: Lorenz Uber, Schuhmacher in Sulz);
heiratet 28.9.1745 Freudenstadt
L i e b, Margaretha Barbara,
30 J. alt (geb. 21.1.1724 Freudenstadt);
(Eltern: Johannes Lieb, Hirschwirt; Margaretha Barbara, geb. Heinzelmann).
Kinder (3):
1) Johann David, 7 J. alt (geb. 7.10.1745 Freudenstadt);
2) Johannes, 5 J. alt (= geb. um 1747);
3) Johann Ludwig, 3 J. alt (= geb. um 1749).
Vermögen: 50 fl.
Beitrag der Stadt: 3 fl.
Schiff: „Duke of Wirtemberg“ 1752.
Amerika: Der jüngste Sohn, Johann Ludwig, ist offenbar auf der Reise oder bald nach der Ankunft gestorben. Denn am 1. April des Jahres 1753 ließen Johann Ludwig Uber und seine Frau Margreth Barbara in der Michaelis-Kirche in Philadelphia einen gleichnamigen Sohn Johann Ludwig (geb. 25. März) taufen. Unter den Paten war Hans Jerg Ott, auch aus Freudenstadt ausgewandert. Bei 2 Trauungen in derselben Kirche in den Jahren 1757 und 1758 erscheint Ludwig Uber als Trauzeuge.
Am 10. Mai des Jahres 1775 ist Johann Ludwig Uber in Philadelphia gestorben.

W e c k e r l e n (Weckerlin), Emmanuel Friderich,
Bürger und Zinngießer („Kanntengießer“);
34 J. alt (= geb. um 1718);
(Eltern: ? / er ist „von Urach“);
heiratet 20.2.1748 Urach (vor 19. Juni 1749)
H e i n z e l m a n n, Maria Elisabetha;
32. J. alt (= geb. um 1720);
(Eltern: Matthäus Heinzelmann, Bader, Barbier und Beck zu Freudenstadt).
Kinder (3):
1) Sabina Margaretha, 4 J. alt (= geb. um 1748);
2) Jeremias Friderich, 3 J. alt (= geb. um 1749);
3) Juliana Dorothea, ½ Jahr alt (geb. 1751/1752).
Vermögen: 250 fl.
Beitrag der Stadt: 2 fl.
Mit dem Ehepaar Weckerlen und den Kindern reiste auch die ledige Schwester der Frau, Anna Barbara Heinzelmann (s. vorhin).
Schiff: „Duke of Wirtemberg“ 1752.
Amerika: In der Ev.-lutherischen Miachelis-Kirche in Philadelphia wurde am 19. Nov. d. J. 1752 Johannes Hammann (geb. 18. Nov.) getauft, Sohn des Jacob Hammann und der Maria. Paten waren Immanuel Friedrich Weckerlin und seine Frau Maria Elisabeth. Die Eltern des Kindes werden als „Neukommer“ bezeichnet; der Name Hammann weist vielleicht auf Herkunft aus hiesiger Gegend. Weckerlen und seine Frau – mit den Kindern – lebten noch in den Jahren 1754 und 1755 in Philadelphia. Im Jahr 1754 hielt sich auch Anna Barbara Heinzelmann, ihre Schwester und Schwägerin, bei ihnen auf.

W e s t l e n (Wästlen), Georg Christoph, Beisitzer und Beck;
42 J. alt (= geb. um 1710);
(Eltern: ? / Herkunft: ?)
heiratet um 1751
U m h o f e r, Rosina Margaretha;
34 J. alt (geb. 2.10.1717 Freudenstadt)
(Eltern: Johannes Jacob Umhofer, Schlosser; Maria Elisabetha, geb. Stöffler).
Kinder: keine.
Vermögen: nichts.
Beitrag der Stadt: 3 fl.
Vogt Brastberger bemerkt: „gehet nicht fort“.

Z i e g l e r, (Johann) Georg, Weber;
43 J. alt (= geb. um 1709), gest. zwischen 10.1752 und 10.6.1762 in Philadelphia.
(Eltern (?): Hans Jacob Ziegler; Maria, geb. N.);
heiratet um 1736/1737
N., Jacobina;
42 J. alt (= geb. um 1710)
(Eltern: ?).
Kinder (6):
1) Anna Maria, 15 J. alt (= geb. um 1737);
2) Georg Jacob, 11 J. alt (= geb. um 1741);

3) Christina Margaretha, 7 J. alt (= geb. um 1745);
4) Agnes Catharina, 5 J. alt (= geb. um 1747);
5) Magdalena, 3 J. alt (= geb. um 1749);
6) Georg Bernhard, ½ J. alt (= geb. 1751)
Vermögen: 300 fl.
Beitrag der Stadt: 2 fl.
Schiff: „Duke of Wirtemberg" 1752.
Amerika: Am 10. Juni des Jahres 1762 wurden Philipp Heyl und Jacobina Zieglerin in der ev.-lutherischen Kirche St. Michaelis in Philadelphia getraut. Wegen des nicht häufigen Vornamens Jacobina kann vermutet werden, daß Jacobina Zieglerin die Frau oder Witwe des Georg Ziegler war. Dieser müßte demnach nach der Ankunft im Oktober des Jahres 1752, aber vor dem 10. Juni des Jahres 1762 in Philadelphia gestorben sein.

Bemerkungen und Ergänzungen zum Verzeichnis der Auswanderungswilligen im Jahr 1752

Aus dem vorstehenden Verzeichnis oder Katalog ist zu ersehen, daß die Witwe Eva Schmältzlen mit ihren drei Kindern und das Ehepaar Georg Christoph und Rosina Margaretha Westlen, zusammen sechs Personen, nicht mit auf die Reise gegangen sind. Dagegen reist mit Johann Philipp Artz und seiner Frau Maria Barbara noch Catharina Christina Artz, vielleicht seine ältere Schwester, die vom Vogt Brastberger nicht aufgeführt wird. Damit verringert sich die Zahl der wirklich aus Freudenstadt ausgewanderten Seelen auf 58.
Mit welchem Schiff Johann Philipp Artz, seine Frau und seine (?) Schwester gereist sind, und wo sie gelandet sind, ist nicht bekannt. Auch der Obertorwart und Schuhmacher Andreas Schneider, seine Frau und seine Tochter, sind nicht mit den anderen Freudenstädtern gereist. Sie landeten im späten November des Jahres 1752 mit einem Captain Brown, dessen Schiff nicht mit Namen genannt ist, mit vielen anderen Schwaben im Hafen von Savannah im Staat Georgia und ließen sich vermutlich in diesem Staat nieder.
Alle anderen im Jahr 1752 ausgewanderten Freudenstädter reisten zunächst nach den Niederlanden, dann auf dem Schiff „Duke of Wirtemberg „ (= Herzog von Wirtemberg), Commander (Kapitän) Daniel Montpelier, zusammen mit vielen anderen Auswanderern von Rotterdam über Cowes – auf der Insel Wight – in England nach Philadelphia. Die Reise dauerte mindestens sieben Wochen. Nach der Ankunft begaben sich die männlichen Reisenden, die 16 Jahre alt oder älter waren, – und soweit sie gesund waren und nicht an Bord verbleiben mußten, – am Freitag, dem 20. Oktober des Jahres 1752 vom Hafen in die Stadt zum Court House (Gerichtshaus). Dort hatte der Kapitän (Master) des Schiffes die von ihm geführte Liste der Fahrgäste seines Schiffes vorzulegen. Einem vom Provinzrat (Provincial Council) von Pennsylvanien in den Jahren 1727/1729 erlassenen Gesetz folgend, unterzeichneten die neu angekommenen Männer vor dem Vertreter der Öffentlichkeit (Public Official) Joshua Maddox, Esquire, den Untertaneneid gegen die Britische Krone (Oath of Allegiance to the British Crown) und den Eid der Abschwörung von ihren bisherigen Landesherren (Oath of Abjuration), verbunden mit dem Eid der Treue gegen die Eigner und die Gesetze der Provinz Pennsylvania (Oath of Fidelity to the Proprietor and the Laws of the Province) – die Eigner waren William Penn und seine Nachkommen. Nicht in den Listen erscheinen die Frauen und Mädchen und die männlichen Kinder unter 16 Jahren.

... neu angekommene Männer unterzeichnen den Untertaneneid gegen die Britische Krone

Diese Huldigungs-Listen sind für Philadelphia erhalten aus der Zeit zwischen den Jahren 1727 bis 1808. Für die anderen Häfen, Boston, New York, Baltimore, Charleston und Savannah gibt es solche Aufzeichnungen nicht. Diese Listen sind, trotz gewisser Mängel, eine Quelle von unschätzbarem Wert für die Einwanderung der Deutschen In Pennsylvanien.
Das Schiff „Duke of Wirtemberg" (= Herzog von Wirtemberg) ist zweimal mit Auswanderern in Philadelphia angekommen.
Nach der ersten Ankunft wurden die erforderlichen Listen am 16. Oktober des Jahres 1751 unterzeichnet. Die Herkunft der Einwanderer dieser Reise ist noch nicht insgesamt geklärt. Einer der damaligen Fahrgäste des Schiffes war Johann Michael Moser aus Baiersbronn. Neben ihm sind noch weitere zwölf Namen zu finden, deren Träger aus der hiesigen Gegend stammen

könnten. .Sieben der Mitreisenden kamen aus der Markgrafenschaft Baden-Durlach.
Nach der zweiten Landung des Schiffes „Duke of Wirtemberg" unterzeichneten am 20. Oktober des Jahres 1752 insgesamt 141 Männer über 16 Jahren die Eidlisten, allerdings nicht alle mit eigener Hand. Ihre Namen sind überwiegend heimisch in der Gegend von Altensteig bis Alpirsbach, in den westlichen Ämtern des Herzogtums Wirtemberg: Altensteig, Dornstetten, Reichenbach, Freudenstadt, Nagold (?), Sulz, Dornhan und Alpirsbach. Leider ist allem Anschein nach nur für Stadt und Amt Freudenstadt eine Liste der Auswanderer erhalten, eben die des Vogts Brastberger, nicht jedoch für die anderen Ämter. Von diesen 141 Männern konnten bisher 49 mit Sicherheit bestimmt werden. 50 weitere Namen (darunter zwei weitere Finkbeiner) kommen in hiesiger Gegend häufig vor, ebenso noch drei weitere, deren Schreibweise unsicher ist. Für die restlichen 39 Namen kann die Herkunft noch nicht bestimmt werden.

1752 sind aus Freudenstadt 670 Personen ausgewandert

Die Gesamtzahl der Einwanderer, also einschließlich der Frauen und Kinder, ist in den Listen leider nicht vermerkt. ein Überschlag ist zwar gewagt, soll aber dennoch hier versucht werden:

120 Ehen (verheiratete Männer mit ihren Frauen)	240 Seelen
durchschnittlich 3 Kinder je Ehe	360 Seelen
ledige Männer	20 Seelen
Dunkelzahl (nicht faßbare Personen: Kinder anderer Ehen, ledige junge Frauen, Witwen): etwa	50 Seelen
	670 Seelen

Darunter waren allein 50 Menschen aus der Stadt Freudenstadt.
Demnach kann wohl mit Recht von einer Großen Auswanderung, einer Massenauswanderung, gesprochen werden.

Weitere Freudenstädter Auswanderer im Jahr 1752 mit Nachtrag zum Verzeichnis

Das vorstehende Verzeichnis oder der „Katalog" der Auswanderer des Jahres 1752 folgt dem Bericht des Vogts Brastberger. Darüber hinaus lassen sich noch acht weitere Freudenstädter nachweisen, die – einige mit Frau und Kindern, einige ledig – im selben Jahr ausgewandert sind, allerdings von anderen, meist benachbarten Orten aus. Sieben von ihnen reisten an Bord der „Duke of Wirtemberg" mit. Gemeint sind die folgenden:
B a c h e r, Simon;
B r a u n, Johannes;
B ü h l e r, Christoph Friedrich;
F a h r n e r, Michael;
S c h m i d, Andreas;
S c h w a b, Johann Heinrich;
W e i n, Johann Jakob;
Z i n c k h, Johann Georg.
Nähere Angaben enthält der folgende Nachtrag zum „Katalog".

B a c h e r, Simon; Leinenweber-Gesell;
geb. um 1726 (1775: 49 J. alt);
(Eltern: Johann Adam Bacher, Organist und Weber; Anna Maria, geb. Züflen (heiratet II. Johann Georg Möhrlen));
ledig?
Vermögen: keine Angaben.
Schiff: „Duke of Wirtemberg" 1752.
Amerika: nichts bekannt.

B r a u n (Brown), Johannes; Beruf?
24 J. alt (= geb. um 1728);
(Eltern: ?);
ledig?
Vermögen: keine Angaben.
Schiff: „Duke of Wirtemberg" , 1752 (Unterschrift in der Eid-Liste: Johanes Brown, junior, nicht eigenhändig).
Amerika: nichts bekannt.

B ü h l e r (Bieler, Biller), Christoph Friderich, Schuhmacher („Schuhknecht");
geb. 25.4.1724 Freudenstadt;
(Eltern: Jacob Friderich Bühler, Bürger; Anna Maria, geb. Glauner);
heiratet 14.5.1752 in Tumlingen (Kr. Freudenstadt)
H a c k e r, Christina;
geb. 21.5.1721 Hörschweiler (Kr. Freudenstadt)
gest. vor 14. Nov. 1757 (in Pennsylvanien?);
(Eltern: Mattheuß Hacker, zu Hörschweiler; Christina, geb. Hayer).

Kinder: keine bekannt.
Vermögen: keine Angaben.
Schiff: „Duke of Wirtemberg" 1752.
Amerika: Christina ist vor dem 14. Nov. des Jahres 1757 gestorben (auf der Überfahrt oder in Pennsylvanien?). Christoph Friderich Bühler (Bieler) heiratete II. Maria Agnes Lupoldin am 14. Nov. des Jahres 1757 in Trappe, Gemeinde New Providence, Graftschaft Montgomery, Pennsylvanien, in der dortigen Ev.-Lutherischen Augustus-Kirche.

F a h r n e r (Fahner, Fahnen), Michael; Beruf ?
geb. wahrscheinlich vor 1716;
(Eltern: ?);
heiratet vor 6. Jan. 1741 Freudenstadt
N., Na.
geb. wann?
(Eltern: ?).
Kinder: keine bekannt.
Vermögen: keine Angaben.
Schiff: „Duke of Wirtemberg" 1752 (Unterschrift in der Eid-Liste: Michal Fahner, im Druck: Fahnen).
Amerika: nichts bekannt.

S c h m i d, Andreas; Beruf ?
53 J. alt (= geb. um 1699);
(Eltern: ?);
heiratet wann? (vor 1734)
N., Anna,
51 J. alt (= geb. um 1701);
(Eltern: ?);
Kinder (1):
Anna Elisabetha, 18 J. alt (= geb. um 1734).
Vermögen: keine Angaben.
Schiff: ?
Amerika: nichts bekannt.

S c h w a b, Johann Heinrich; Tuchmacher zu Grüntal;
geb. um oder vor 1726 Freudenstadt;
(Eltern: Johann Sebastian Schwab, Chirurg und Amtspfleger zu Freudenstadt Na. N. (= I., bisher unbekannte Ehe oder Verbindung; Heinrich, geb. um oder vor 1726, kann nicht aus der im J. 1732 geschlossenen Ehe seines Vaters mit Friderika Hirschbach, Witwe des Chirurgen Johann Wolfgang Hermann stammen));
heiratet 25. Mai 1751 Grüntal (nach dreimaliger Proclamation in der Freudenstadt)
N., Elisabetha,
geb. wann ?
(Eltern: ?).
Anmerkung: Der Vorname des Chirurgen Schwab, der Nachname und die Eltern der Braut sind im Ehebuch in Grüntal nicht eingetragen.
Kinder: keine bekannt:
Vermögen: keine Angaben.
Schiff: „Duke of Wirtemberg" 1752.
Amerika: nichts bekannt.

W e i n (Weyn), Johann Jacob; Holzhauer und Köhler, 1746/1751 auf dem Hirschkopf, Markung Baiersbronn;
geb. 17.2.1716 Freudenstadt (Langenwald ?)
(Eltern: Nikolaus Wein, Holzhauer und Köhler; Elisabetha, geb. Keßler);
heiratet 24.11.1740 Urnagold (bei Besenfeld, Gemeinde Seewald, Kr. Freudenstadt)
M ü l l e r, Anna Maria,
geb. wann ?
(Eltern: Jacob Müller, Holzhauer, Schorrenmühle bei Besenfeld).
Kinder (3):
(1 Tochter, Maria Elisabetha, geb. 1746, gest. 1749)
1) Christina, geb. 14.4.1743;
2) Georg Friedrich, geb. 7.2.1749;
3) Johann Georg, geb. 19.2.1751.
Vermögen: keine Angaben.
Schiff: „Duke of Wirtemberg" 1752 (Unterschrift Jacob Weyn, nicht eigenhändig).
Amerika: Die Nachforschung nach Jacob Wein und seiner Familie ist schwierig, weil am 10. Sept. des Jahres 1753 ein zweiter Jacob Wein (Wyn) mit dem Schiff „Beulah" (Kapitän Richey) in Philadelphia angekommen ist. Nach den vorliegenden Nachrichten haben mindestens diese zwei, wenn nicht drei Träger des Namens Jacob Wein in den Jahren 1752/1790 in Pennsylvanien gelebt. Wahrscheinlich sind Jacob Wein und Frau die Freudenstädter Auswanderer, die am 16. Mai des Jahres 1762 in der Ev.-Lutherischen Augustus-Kirche in Trappe, New Providence Township, Montgomery County, Pennsylvania, als Taufpaten für Jacob Keiler (geb. 10. Febr.), Sohn des Daniel und der Elisabeth, auftreten. Ob der Schwarzwälder

Jacob Wein und seine Familie sich in der Montgomery County angesiedelt haben, ist nicht bekannt. Im ersten Steuer-Aufnahme-Verzeichnis der Vereinigten Staaten vom Jahr 1790 (First Census of de United States taken in the Year 1790) wird „Jacob Wine" als Familienoberhaupt (Head of Family) in der Montgomery County aufgeführt. Der von hier ausgewanderte Jacob Wein wäre damals, im Jahr 1790, 74 Jahre alt gewesen.

Z i n c k, Johann Georg (Hannß Jerg); Bürger und Schneider (= meister);
52 J. alt (geb. 10.2.1701 Freudenstadt);
gest. auf der Seefahrt nach Philadelphia ? (siehe nachher)
(Eltern: Johann Ulrich Zinck, Schneider; Anna Maria, geb. N.),
heiratet 1728 (vor 9.6.) Freudenstadt
N., Maria Elisabetha,
46 J. alt (geb. 1.8.1705)
(Eltern: ?).
Kinder (8):
(Die älteste Tochter, Anna Maria, geb. 7.12.1728 Freudenstadt, blieb in Freudenstadt oder Rodt zurück).
1) Johann Gottlieb, 22 J. alt (geb. 3.2.1730 Freudenstadt) (siehe besondere Aufstellung);
2) Agnes, 18 J. alt (= geb. um 1734);
3) Catharina, 17 J. alt (= geb. um 1735);
4) Margaretha, 15 J. alt (= geb. um 1737);
5) Dorothea, 12 J. alt (= geb. um 1740);
6) Georg, 10 J. alt (= geb. um 1742);
7) Jacob, 7 J. alt (= geb. um 1745);
8) Cleopha, 3 J. alt (= geb. um 1749).
Vermögen: nichts bekannt.
Beitrag der Stadt: 3 fl.
Schiff: „Duke of Wirtemberg" 1752
(nur Gottlieb Zinckh unterschrieb).
Amerika: s. nachher.

Z i n c k, Gottlieb; Schneidergesell;
geb. 3.2.1730 Freudenstadt;
(Eltern: Johann Georg Zinck; Maria Elisabetha, geb. N.)
heiratet 14.5.1752 Tumlingen
W a l z, Maria Catharina (Anna Maria);
geb. wann?
(Eltern: Johann Michael Wal(t)z, von Heselbronn, Gültlingen'scher Herrschaft; Maria Catharina, geb. Gebhardt, aus Freudenstadt)
Kinder:
(in Amerika geb., s. nachher).
Vermögen: keine Angaben.
Schiff: „Duke of Wirtemberg" 1752 (nur Gottlieb Zinckh unterschreibt, eigenhändig).
Amerika: siehe anschließend.

Z i n c k, Johann Georg, und Z i n c k, Gottlieb:
Reise, Ankunft und Leben in Amerika:
Die Zincken waren eine Freudenstädter Familie. Warum in einigen Belegen Rodt bei Loßburg als Auswanderungsort angegeben wird, ist noch nicht geklärt. Der Sohn Gottlieb Zinck hat kurz vor der Abreise in Tumlingen Maria Catharina Walz geheiratet. Diese wird aber nicht als Auswandererin genannt. In Amerika heißt Gottliebs Frau Anna Maria. Bei der Ankunft in Philadelphia am 20. Okt. des Jahres 1752 unterschrieb nur der 22 Jahre alte Sohn Gottlieb die vorgeschriebenen Eide, nicht dagegen der Vater Johann Georg. Daraus muß wohl geschlossen werden, daß Johann Georg Zinckh während der Reise gestorben ist. Ob auch andere Glieder dieser Familie auf der Überfahrt gestorben sind, ist nicht bekannt.
Wie einige der anderen Freudenstädter lebten auch die überlebenden Zincken zunächst in Philadelphia. In der dortigen Ev.-Lutherischen Michaelis-Kirche wurde am 22. Apr. des Jahres 1753 Tobias (geb. 19. Apr.), Sohn des Gottlieb Zink und seiner Frau Anna Maria, getauft; Taufpaten waren die Freudenstädter Tobias Bube (Buob) und seine Frau Maria Barbara Bubin. In der selben Kirche wurde am 6. Jan. des Jahres 1754 Eberhard (geb. 30. Dez. 1753) getauft, unehelicher Sohn des Eberhard Karboe und der ledigen Christina Catharina Zinkin; Taufpaten waren die Freudenstädter Jacob Bernhard Swab (Schwab) und seine Frau Elisabetha. Christina Catharina Zinkin ist ziemlich sicher Georg Zincken Tochter Catharina. Daß die junge Mutter zu den Freudenstädter Zincken gehörte, wird auch durch die Wahl der Paten angedeutet. Zwischen den Jahren 1754/1778 ist zumindest Gottlieb Zinck von Philadelphia weggezogen. Am 21. Juni des Jahres 1778 wurde sein Sohn Georg (George) (Alter?) in der ev. Augustus-Kirche in Trappe konfirmiert.

Ein Nachzügler im Jahr 1753

Im Jahr nach der Großen Auswanderung, 1753, folgte der Bürger und Siebmacher Tobias Wandel mit Frau und Kindern; sie reisten auf dem Schiff „Eastern Branch", Kapitän (Master) James Nevin, von Rotterdam über Portsmouth nach Philadelphia, wo sie am 3. Oktober ankamen.
Als Nachtrag zum „Katalog":
W a n d e l, Tobias; Bürger und Siebmacher;
geb. wann?
(Eltern: ?);
heiratet (1749?)
C a m m e r e r, Agnes Catharina, von Holzgerlingen,
Böblinger Amts,
geb. wann?
(Eltern: ?).
Kinder:
1752/1753 werden „Kinder" genannt, aber ohne weitere Angaben.
Vermögen: keine Angaben:
Beitrag (Viaticum) der Stadt: 2 fl.
Schiff: Eastern Branch, Kapitän James Nevin, Master, 1753.
Amerika: nichts bekannt.

Johannes E t t w e i n

Der letzte Freudenstädter, der um die Mitte des 18. Jahrhunderts nach Nordamerika ausgewandert ist, war – im Jahr 1754 – Johannes (John) E t t w e i n. Zwar ist auch er nicht unmittelbar von Freudenstadt ausgewandert. Offenbar hatte er aber – nie abgerissene oder wieder aufgenommene – Verbindungen zu mehreren der anderen Freudenstädter Auswanderer dieser Zeit. Wegen seiner Tätigkeit im Dienste der Herrnhuter oder Mährischen Brüdergemeine in Nordamerika ist Ettwein der bedeutendste Freudenstädter Auswanderer im 18. Jahrhundert.
Der Familienname Ettwein, Ettwin, Öttwin kommt seit dem 14. Jahrhundert in der Gegend zwischen dem Oberen Neckar und dem Schwarzwald in der Umgebung von Rottweil vor (Seedorf 1356, Dunningen 1402, 1420, 1425, 1468). Schon im Jahr 1525 erscheint der Name Öttwin auch im Gebiet des Klosters St. Georgen. Im Jahr 1654 gehörten der „Schützengesellschaft bey St. Georgen uffm Berg" drei Ettwein in St. Georgen selbst und zwei im Klosteramt an. Der Name ist ursprünglich ein männlicher Vorname Otwin, aus althochdeutsch ot, Besitz + wini, Freund. Als Vornamen führte ihn der Ritter Otwin v. Hochmössingen (1278/1290), und noch im Jahr 1391 lebte in Wildenstein bei Rottweil Etwin Sengli. Der Name ist also in dieser Landschaft alt eingesessen. Die Ettweinsche Familienüberlieferung, Johannes Ettweins Urgroßvater sei als Jean Edwin um das Jahr 1620 als Hugenotte (doch eher Waldenser?) aus Savoyen nach St. Georgen geflohen, ist ganz offenbar ein Irrtum.

Johannes Ettwein, Bischof der Brüdergemeine

Matthias Ettwein (geb. – errechnet – 23.2.1694, gest. 31.3.1771 Freudenstadt), Sohn des Johann(es) Ettwein und der Anna, geb. Hackenjos, ein Schuhmacher, kam im Jahr 1717 nach Freudenstadt. Am 13. Aug. des Jahres 1720 wurde „Matheus Etwein, Schumacher, gebürtig von St. Georgen", in Freudenstadt gerichtlich zum Bürger angenommen. Vermutlich hat er danach geheiratet; seine Frau wurde Elisabetha Margretha Vogler (geb. 1692, gest. 26.4.1735), Tochter des Hufschmieds Christoph Vogler in Freudenstadt und der Martha, geb. Glauner. Das Paar hatte drei Kinder:

1) Johannes, geb. 29.6.1721;
2) Johann Gottlieb, geb. (errechnet) 20.12. 1728;
3) Matthäus, geb. wann?

Neben seinem Beruf als Schuhmacher war Matthäus Ettwein auch Vorsinger in der Kirche. Nach dem Tod seiner (I.) Frau heiratete er am 15. Nov. des Jahres 1735 Martha Keßler (geb. 17.12.1694, gest. 12.3.1771), Tochter des Büchsenschmieds Karl Keßler und der Anna Maria geb. Harr. Aus dieser zweiten Ehe des Mattheus Ettwein stammt die Tochter Elisabetha Margaretha (geb. 1.11.1737).

Johannes Ettwein verbrachte seine Kindheit und Jugend in Freudenstadt

Johannes Ettwein (1721– †1802), der Erstgeborene von Matthäus und Elisabetha Margaretha Ettwein, verbrachte seine Kindheit und Jugend in Freudenstadt. Seine Eltern schickten ihn auf die hiesige Lateinschule. Als im Jahr 1735 eine Fleckfieber-Epidemie in Freudenstadt wütete, starb auch seine Mutter, ebenso wie die beiden Geistlichen der Stadt. Deshalb wurde er von einem der beiden hierher gesandten Vikare, nämlich von M. Cosman Friedrich Köstlin, auf die Konfirmation vorbereitet. Von Köstlin hörte Johannes Ettwein zum erstenmal von der Herrnhuter Brüdergemeine. Nach der Konfirmation besuchte er die Versammlungen der Erweckten, der Pietisten. Dort waren führend die Brüder Schwab: Johannes, von Beruf Beck, der Stundenhalter, und Johann Georg, Ratsverwandter, Beck und Bierbrauer, der Leiter des herrnhutischen Kreises. Seine gute Schulbildung befähigte Johannes Ettwein dazu, mit 16 Jahren an der deutschen Schule als Provisor angestellt zu werden.

Im Jahr 1739 reiste Johannes Ettwein nach Marienborn bei Hanau; dort wurde er im März des Jahres 1740 in die Herrnhuter Brüdergemeine aufgenommen. Von nun an war er an vielen Orten in Deutschland, Holland und England – hier vor allem in London – und mit unterschiedlichen Aufgaben betraut für die Brüdergemeine tätig. Am 11. März des Jahres 1746 wurde er im Schloß Marienbron in der Wetterau verheiratet mit der ledigen Schwester Johannetta Maria Kimbel (Kymbel) (geb. Hachenburg 1725, gest. Betlehem 8.9.1798), Tochter des Peter Kimbel aus Hachenburg in der Grafschaft Sayn. Aus ihrer Ehe gingen sechs Kinder – drei Söhne und drei Töchter – hervor. Ein Kind ist in Deutschland geboren, eines in London; zwei kamen in Betlehem, Pennsylvanien, und zwei in Bethabara, North Carolina, zur Welt. Nachkommen, auch mit dem Namen Ettwein, leben noch in Nordamerika.

Im September des Jahres 1749 machte Ettwein noch einmal einen Besuch „im Württembergischen", auch in Freudenstadt. Dies sollte sein letzter Besuch in seiner Geburtsstadt sein. Im Mai des folgenden Jahres 1750 wurde Ettwein mit seiner Frau nach London gesandt. Ihre elf Monate alte Tochter Anna Benigna mußten sie in Deutschland zurücklassen. 39 Jahre später traf Ettwein seine Tochter während einer Dienstreise wieder; Mutter und Tochter haben einander im Leben niemals wiedergesehen.

Von England aus traten Johannes Ettwein und seine Frau mit vielen anderen am 12. März des Jahres 1754 die Fahrt nach Amerika an. Sie reisten auf dem Schiff „Irene", das der Brüdergemeine gehörte nach New York. Am 20. April genannten Jahres trafen sie in Betlehem in Pennsylvanien ein, dem Hauptsitz der Brüdergemeine in Amerika.

Johannes Ettwein war von da an unermüdlich für die Brüdergemeine in Nordamerika tätig. Besonders wichtig war ihm die Mission der Indianer. Er sagte selbst von sich: „Weil ich so viel gereist bin, kann man mich den Pilgrim nennen". Aber hier kann seine Tätigkeit nicht dargestellt werden. Am 25. Juni des Jahres 1784 wurde Johannes Ettwein in Betlehem von den Bischöfen Johann v. Watteville und Matthias Hehl (aus Ebersbach an der Fils) zum Bischof geweiht. Ettwein starb am 2. Januar des Jahres 1802 in Betlehem, 13 Jahre nach seiner Frau. Er ist auf dem alten Friedhof der Brüdergemeine

(Old Moravian Cemetery), dem Gottesacker, begraben. Seine schlichte Grabplatte trägt die Inschrift:
„Johannes Etwein, Episcopus Fratrum, born June 29th 1721 at Freudenstadt in Germany, departed Jan. 2d 1802. Here he rests in Peace."

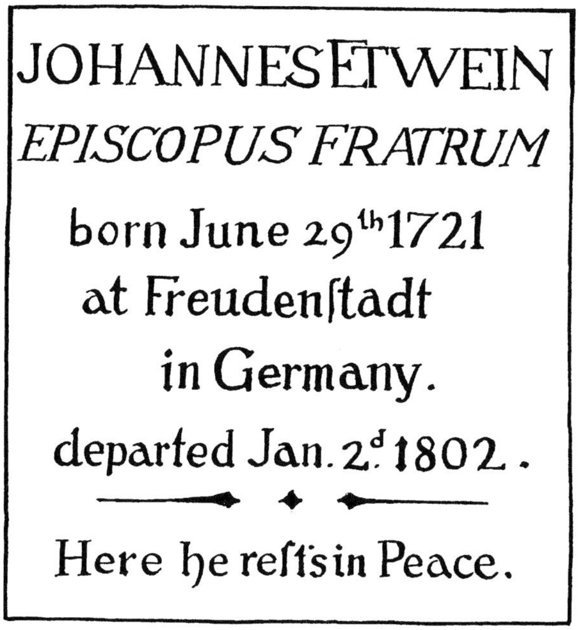

Johannes Ettwein, Bischof der Brüder, geboren am 2. Juni 1721 zu Freudenstadt in Deutschland, gestorben am 2. Januar 1802. Er ruht hier in Frieden. Deckplatte auf dem Grab Ettweins auf dem Alten Friedhof der Brüdergemeine (Old Moravian Cemetery) Section A, Reihe I. 2 in Betlehem in Pennsylvanien

Ettwein hinterließ ein umfangreiches Schriftgut, das zweifellos auch viele Nachrichten über Auswanderer aus unserer Gegend enthält. Dazu gehören auch zwei Briefe, die er in den Jahren 1772 und 1791 von seinem Bruder Gottlieb in Freudenstadt erhielt. Im ersten werden genannt der aus Amerika zu Besuch gekommene (Johann Kaspar) Heinzmann, ferner Friedrich Mast, die Schwaben, die Witwe Braun aus Dornstetten, der Ziegler, die in der Umgebung Johannes Ettweins, wahrscheinlich in Betlehem selbst oder in der Umgegend lebten.

Friedensstadt – eine Gedenkstätte für das Wirken der Herrnhuter

Eine Gedenkstätte unter vielen für das Wirken der Herrnhuter im Allgemeinen und für das Ettweins im Besonderen ist die „Wüstung" einer kurzlebigen Siedlung christlicher Indianer mit dem Namen „Friedensstadt", indianisch „Langunto-Utenünk", englisch „City of Peace". Sie liegt ganz im Westen von Pennsylvanien in der Grafschaft (County) Lawrence am Beaver-River (Biber-Fluß) unweit der Ortschaft Moravia, etwa 10 km südlich der Stadt New Castle und ungefähr 65 km nordwestlich von Pittsburgh. Diese Siedlung wurde im Frühjahr des Jahres 1770 gegründet von christlichen Delaware-Indianern, die der Missionar David Zeisberger vom oberen Alleghany-Fluß hergeführt hatte. Sie ließen sich zunächst (am 3. Mai) auf dem östlichen Flußufer nieder, zogen aber drei Monate später auf die westliche Seite des Flusses, wo sie ihre Häuser und eine Kirche entlang einer Straße erbauten. Im Frühsommer des Jahres 1772 reiste Ettwein von Betlehem nach Friedenshütten (Wyalusing) in der Bradford County am nördlichen Ast des Susquehannah-Flusses. Diese Siedlung wurde damals aufgegeben, und Ettwein führte 211 christliche Indianer von dort nach Friedensstadt. Im August desselben Jahres hielt Ettwein in Friedensstadt Besprechungen mit David Zeisberger, Johannes Heckewälder und anderen ab. Mit Zeisberger, Heckewälder und mehreren Indianern zog Ettwein dann weiter in den Tuscarawas-Distrikt in Ohio. Über Friedensstadt und Pittsburgh reiste er zurück nach Betlehem, wo er am 25. Sept. des Jahres 1772 wieder eintraf. Schon im folgenden Jahr 1773, am 13. April, wurde Friedensstadt wieder aufgegeben. Die Bewohner zogen mit Johannes Heckewälder nach Gnadenhütten und Schönbrunn im Tuscarawas-Tal in Ohio (siehe vorhin), wo andere mährische Missionen eingerichtet wurden.
Die Wüstung Friedensstadt ist heute bezeichnet mit einem Gedenkstein, gesetzt in den Jahren 1921/1922, und zwei Schildern, „State Historical Markers of Pennsylvania", aufgestellt im Jahr 1948 von der Pennsylvania Historical and Museum Commission; an dem Stein waren auch die Moravian Historical Society und The Lawrence Chapter, Daughters of the American Revolution beteiligt. Auf allen drei Denkmälern ist der deutsche Name „Friedensstadt" zu lesen. Sicherlich ist Friedensstadt nicht dasselbe wie Freudenstadt. Aber sollte Ettwein bei der Festlegung dieses Namens, an der er ohne Zweifel beteiligt war, nicht doch an seine Heimatstadt

Freudenstadt gedacht haben? (Leider hat Hans Rommel in dem ihm zur Verfügung stehenden Schrifgut zwar die indianische und die englische Schreibweise des Ortsnamens gefunden, nicht aber die deutsche. Die mögliche Beziehung der Namen Freudenstadt und Friedensstadt zueinander wäre ihm sonst wohl kaum entgangen.)

Gedanken und Anmerkungen zur Großen Auswanderung um die Mitte des 18. Jahrhunderts

Die große Auswanderung um die Mitte des 18. Jahrhunderts

Über die Gründe der Auswanderer für ihren Entschluß, die Heimat zu verlassen, berichtete Vogt Brastberger:
„Sie seynd mehist Arme Leuthe, welche bey gegenwärttigen hardten und geldlosen Zeiten sich sehr kümerlich nähren müßen, ja bey erhöheten Steu(e)rn und Anlagen, vilen herrschaftlichen Gelder(n), auch sonst allerhand Beschwerden, bey häußlichen Ehren sich fast nicht mehr zu conserviren wußten, welches sie auch vor die ursach ihrer Emigration angeben."
Bemerkenswert ist die anschließende Feststellung Brastbergers über das „Prädikat", den Ruf der Auswanderer:
„Ein so andern, Praedicat betreffend, so vermag man als auf keines, welches sein Vatterland verläßt, etwas Ohngleiches zu bringen, sondern man muß ein Jegliches mit Ehren seines Weegs passiren laßen."
Eine offene Frage ist aber, ob wirtschaftliche Not und Überbevölkerung des Landes die einzigen Gründe für die Auswanderung waren.
Auffallend, wenn auch nicht verwunderlich ist, daß viele der Auswanderer untereinander verwandt waren. Dies gilt für die Auswanderer aus dem Amt Dornstetten, die hier nicht zu behandeln sind, ebenso wie für diejenigen aus Stadt und Amt Freudenstadt. So sind die Schwab mit den Buob nahe verwandt. Maria Magdalena, eine Schwester des Jakob Bernhardt Schwab, war in I. unglücklicher, deshalb geschiedener Ehe mit Jacob Friedrich Claiß aus Altensteig, in zweiter Ehe mit Hanß Jacob Knauß aus Dornhan verheiratet, mit Knauß und vier Kindern I. und II. Ehe ist sie im Jahr 1752 aus Grüntal nach Neu-Engelland ausgewandert, übrigens nicht auf dem Schiff „Duke of Wirtemberg". Jakob Wein und Johannes Ettwein waren höchstwahrscheinlich über die Büchsenschmied-Familie Keßler „Stief"-Vettern.
Abenteuerlust, die schon damals den Auswanderern nachgesagt wurde, wird selten der Hauptgrund für den Wegzug gewesen sein. Wer mit Frau und Kindern, oft sogar mit einem Säugling, abzog, dürfte anderen Anlaß gehabt haben.
Für die Freudenstädter Auswanderer kommt noch ein anderer Grund für die Auswanderung in Frage. Vorhin wurde das Wirken von Johannes Ettwein für die Herrnhuter Brüdergemeine in Nordamerika angesprochen. In der kleinen Gemeinde von nach Herrnhut ausgerichteten Pietisten, die im zweiten Drittel des 18. Jahrhunderts in Freudenstadt bestand, spielte aber die Familie Schwab eine wichtige Rolle. Sie wie auch andere Freudenstädter erscheinen, wie noch zu zeigen sein wird, im Umkreis Ettweins in Pennsylvanien. So wird die Vermutung sicher nicht zu gewagt sein, daß für einige der aus Freudenstadt Ausgewanderten – und wohl auch für einige der Auswanderer aus der Nachbarschaft – auch tiefe religiöse Überlegungen für den Abzug aus der Heimat mit entschieden haben. Das Verhalten eines Teiles der Freudenstädter Bürgerschaft und einiger Geistlicher gegenüber den Herrnhutern, – Einheimischen wie Sendboten, – das in Gewalt, – zum Beispiel heimtückischen Steinwürfen, die zu Körperverletzungen führten, – ausartete, – kein Zeichen von Toleranz, – hat solche Überlegungen sicherlich verstärkt.
Nicht alle Auswanderer haben ihr Ziel erreicht. Mehrere sind schon während der Reise, andere in den ersten Jahren im neuen Land gestorben. Esther, geb. Gaißer, die Frau des Tobias Finkbeiner, in erster Ehe mit Matthäus Pfeifflen verheiratet, ist auf der Überfahrt gestorben. Der Buchbinder Georg Ott ist im Jahr 1762 in Philadelphia verstorben. Der jüngste Sohn des Johann Ludwig Uber, ebenfalls Johann Ludwig (geb. um 1749) ist offenbar auf der Reise oder bald nach der Ankunft gestorben. Johann Georg Ziegler hat die Reise überstanden und ist in Philadelphia an Land gegangen.Wahrscheinlich ist er aber dort vor dem 10. Juni des Jahres 1762 gestorben. Christoph Bühlers Ehefrau ist vor

dem 14. Nov. des Jahres 1757 gestorben; an welchem Ort ist nicht bekannt. Johann Georg Zinck hat offenbar die Überfahrt nicht überstanden. Denn er hat nach der Landung den Treueid nicht geleistet, wohl aber sein Sohn Gottlieb Zinck. Zu befürchten ist, daß die vorstehend Genannten nicht die einzigen sind, die die Reise oder die ersten Jahre in Amerika nicht überlebt haben.
Für Einzelheiten zum vorstehenden Abschnitt wird auf den „Katalog" verwiesen. Soweit der Verbleib der Auswanderer bekannt ist, ist dies ebenfalls im „Katalog" angegeben.
Auf Verwandtschaft, Freundschaft oder anderen Beziehungen beruhende Verbindungen wurde offenbar in der neuen Heimat großer Wert gelegt. Dies zeigen verschiedene Patenschaften bei Taufen und das Auftreten als Trauzeuge bei Heiraten.

Einige der Freudenstädter Auswanderer und ihre Angehörigen sind zunächst in Philadelphia geblieben. Dort sind zu finden:
Tobias Buob (Bub, Bube) 1753;
Tobias Finkbeiner 1753, 1754;
Anna Barbara Heinzelmann 1754 (bei Schwester und Schwager Weckerlen);
Johann Georg Ott 1753, 1760, †1762;
Jakob Bernhard Schwab 1754;
Johann Adam Schwab (Schwabe) 1760;
Johann Ludwig Uber 1753, 1757, †1775;
Emanuel Friderich Weckerlen 1752, 1754, 1755;
Johann Georg Ziegler ? † vor 10. Juni 1762
Gottlieb Zinck 1753;
Christina Catharina Zinck 1754.

In Philadelphia gehörten die Freudenstädter, soweit bekannt, zumeist zur Ev.-Lutherischen St. Michaelis- (und Zions-) Kirche.
In Trappe in der Gemeinde (Township) New Providence, Grafschaft (County) Montgomery, – nordwestlich von Philadelphia, – erscheinen:
Tobias Finkbeiner 1772, 1776; † vor 1776, 5. Mai;
Christoph Friderich Bühler (Bieler) 1757;
Johann Jakob Wein 1762; (Im US-Census vom Jahr 1790 wird ein „Jacob Wine" als Familienoberhaupt in der Montgomery County genannt.);
Gottlieb Zinck 1778.

Die vorstehenden Auswanderer gehörten der Ev.-Lutherischen Augustus-Kirche in Trappe an. Ob sie alle in Trappe selbst gewohnt haben, ist damit nicht gesagt.
Einige der Freudenstädter Auswanderer sind in und um Betlehem, Northampton County, – nördlich von Philadelphia, – dem Hauptsitz der Herrnhuter Brüdergemeine oder der Mährischen Kirche in Pennsylvanien damals wie heute – nachzuweisen.
In dem schon erwähnten Brief, den Gottlieb Ettwein in Freudenstadt im Jahr 1772 seinem Bruder Johannes Ettwein nach Betlehem sandte, werden genannt:
(Johann Kaspar) Heinzmann, der aus Amerika zu Besuch nach Freudenstadt gekommen war,
Friedrich Mast,
die Schwaben,
die Witwe Braun (gebürtig) aus Dornstetten,
„der Ziegler" (einer der Söhne des † Johann Georg Ziegler?);
sie wohnten offenbar in der Umgebung Johannes Ettweins, wohl in Betlehem oder dessen Umland. In der Umgebung von Betlehem, in Emmaus (Lehigh County), südlich von Allentown, südwestlich von Betlehem, erscheinen im Jahr 1778 Andreas Giering und Jacob Knaus, die – neben mehreren anderen, – in Not kamen wegen des von den eben entstehenden Vereinigten Staaten geforderten Treueides. Andreas (Andrew) Giering, ein Schuhmacher aus Sulz am Neckar, – von Ettwein als „Bruder" angesprochen, – war auch im Jahr 1752 mit der „Duke of Wirtemberg" nach Amerika gekommen.

1752 mit der „Duke of Wirtemberg" nach Amerika gekommen

Jacob Knaus ist wahrscheinlich der vorhin erwähnte Schwager des Jacob Bernhard Schwab, der Knaus, der auf der Überfahrt Frau und Kinder verloren hatte. (Mit ihm genannt werden Abraham, Henry, Michael und John Knaus; wie sie mit Jacob verwandt sind, ist nicht ersichtlich.)
Nicht nach Pennsylvanien, sondern nach Georgia reiste Andreas Schneider, der mit Frau und Tochter im Jahr 1752 in Savannah landete. Wo sie geblieben sind, ist nicht bekannt.
Darüber, wo die Auswanderer Artz, Bosch, Bacher, Braun (einige), Fahrner, Schmid, Heinrich Schwab und Wandel sich niedergelassen haben, liegen bis jetzt ebenfalls keine Nachrichten vor.

Auswanderer in der zweiten Hälfte des 18. Jahrhunderts

Auswanderer nach Amerika in der zweiten Hälfte des 18. Jahrhunderts

Aus der 2. Hälfte des 18. Jahrhunderts (1755 – 1800) liegen nur wenige Nachrichten über Freudenstädter Auswanderer nach Amerika vor.
Bei der Teilung der Hinterlassenschaft des Taglöhners Martin Hoff am 29. Nov. des Jahres 1790 wird festgestellt, daß dessen Bruder Hanns Ernst Hoff „vor ungefähr 20 Jahren", also um das Jahr 1770, aus Philadelphia geschrieben hatte. Ein anderer Bruder, Johannes Hoff, ein Schmied, hielt sich damals (1790) ebenfalls in Philadelphia auf.
Friedrich Volmar aus Freudenstadt kam im Jahr 1779 nach Amerika als Soldat der Fürstlich Waldeckischen Truppen, die – wie Truppen aus Hessen – im britischen Sold gegen die „Amerikaner" kämpften.
Wann der Beckenknecht Johann Martin Harr (geb. 1774), ein Sohn des Becken Johann Martin Harr, auf die Reise ging, ist derzeit nicht bekannt. Im Jahr 1811 gab das Freudenstädter Stadtgericht der Kgl. Cameral-Verwaltung in Dornstetten die Nachricht, daß sich Harr in Philadelphia befinde, von wo er nicht wieder zurückkommen werde.

Auswanderer nach Osten in der zweiten Hälfte des 18. Jahrhunderts

1782 zogen mehrere Familien nach Westpreußen

Zur selben Zeit, der zweiten Hälfte des 18. Jahrhunderts, folgten nicht wenige Einwohner der Umgebung Freudenstadts der Einladung Friedrichs des Großen, des Königs von Preußen, sich in den nach den Teilungen Polens von Preußen neu erworbenen Gebieten niederzulassen. So zogen zum Beispiel im Jahr 1782 mehrere Familien aus dem Kirchspiel Grüntal unter Führung des Bauern Friedrich Blum vom Frutenhof nach Westpreußen und in das Gebiet der späteren Provinz Posen; Nachkommen dieser Gruppe siedelten sich später in der Gegend von Warschau und dann in Beßarabien an.

Aus der Stadt Freudenstadt sind damals, soweit derzeit bekannt, die folgenden Auswanderer nach Osten gezogen:
Johann Friedrich N u ß k e r n ließ sich im Jahr 1782 auf dem Vorwerk Klein-Gartz im Amt Pelplin (Pelplin am Fluß Ferse, südlich von Dirschau) in Westpreußen nieder, zusammen mit seiner Frau Maria Magdalena, geb. T r i c k (geb.1735), Tochter der Eheleute Jacob Trick und Anna Maria. Sie war in erster Ehe mit Simon Stockburger verheiratet gewesen. Im Jahr 1789 wird angegeben, daß Maria Magdalena vor einigen Jahren nach Preußisch-Polen, nach Klein-Garz, Amt Subgau (Subkau, südlich von Dirschau) gezogen sei.
Der Nagelschmied Johann Martin H a a s (geb. 16.11.1752 oder 1756) ist ebenfalls nach Westpreußen gezogen; im Jahr 1813 starb er in Schöneck (polnisch Skarszewy, westlich von Dirschau).
Über die Schwestern Anna Maria (geb. 1761) und Anna Sibilla (geb. 1768) W o l f, Töchter des Schneiders und Bettelvogts Johann Michael Wolf und der Anna Barbara, geb. Zeeb, berichtete das Freudenstädter Stadtgericht im Jahr 1811 der Kgl. Kameral-Verwaltung in Dornstetten: „beede Wolfin seyen nach Polen gezogen". Der genaue Zeitpunkt der Auswanderung der beiden Wolf-Töchter ist derzeit nicht bekannt, auch nicht, wo sie sich niedergelassen haben.

Die Auswanderung aus Freudenstadt im 19. Jahrhundert

Auswanderer in den Jahren bis 1825

Die Aufhebung des Freien Zuges unter König Friedrich in den Jahren 1807/1815 konnte, wie im ganzen Land Württemberg, so auch in Freudenstadt nicht verhindern, daß einzelne Leute, allein oder mit Familien, doch ausgewandert sind, wie die nachfolgende Aufstellung zeigt. Zu bemerken ist, daß alle fünf – bisher bekannten – Auswanderer dieser Zeit in den Osten, nach Preußisch-Polen (1) und in die westliche Ukraine, in die Gegend von Odessa (4), zogen. Auswanderer aus Freudenstadt in den Jahren 1804/1815 (in der Zeit, als der Freie Zug aufgehoben war):

D e m u s, Johann Albrecht, Handelsmann und Skribent, verheiratet mit Christiane
Dorothea, geb. W ä l d e n; 1811–1815 in Preußisch-Polen (Königshuld, Herzogtum Warschau), dann wieder in Freudenstadt;
D i e t e r l e, Jakob; 1808 nach Neudorf/Odessa (Gebiet Glückstal);
G e i s l e r, Johann († vor 1808) und Anna, geb. N.; 1804 nach Alt Schwedendorf/Odessa;
S a u t e r, Friedrich; 1813 nach Rohrbach/Odessa (Gebiet Beresan);
S c h w e i k e r t, Martin, und Familie; April 1814 (nicht 1817) nach Groß-Liebental/Odessa.
In den Jahren von 1816 an, bis 1824, folgten, soweit bisher bekannt ist, 18 weitere Auswanderer, mit Familien oder einzeln, die aus Freudenstadt nach Osten zogen, nach Preußen (1), nach „Rußland" (6), in die Gegend von Odessa in der Ukraine (2), auf die Krim (1) und nach Beßarabien (6); von einem ist das Ziel nicht bekannt; einer ist auf der Reise gestorben.

Auswanderer aus Freudenstadt in den Jahren 1816/1824:

B e r n h a r d t, Heinrich mit Familie;
März 1817 nach Rußland;
D i e t e r l e, Jakob;
1815 nach Klöstitz/Beßarabien;
D ö l k e r, Johann;
wann? (1814/1823?) nach Alt-Postal/Beßarabien;
F r e y, Martin, mit Familie;
April 1817 nach Rußland;
G l a u n e r, David, mit Familie;
April 1817 nach Rußland;
K n ä u ß l e r, Jakob, Schuster;
1817 nach ?;
L a n g j a h r, Friedrich;
April 1817 nach Rußland bzw. (?) Güldendorf/Odessa;
L a n g j a h r, Johann Christian (geb. 1783), Schneider;
April 1817 nach Rußland bzw. Güldendorf/Odessa;
L a n g j a h r, Mathias (22 Jahre alt);
März 1817 nach Rußland;
M o r l o c k, Jakob Friedrich (geb. 1779 Heselbach),
verheiratet 1813 mit Katharina Dorothea B r u c k m a n n,
mit Familie; März 1817 nach Rußland bzw. der Krim;
M ü n s t e r, Gottfried, mit 7 Kindern;
April 1817 nach Rußland;
S a u t t e r, Johann Friedrich;
März 1817 nach Rußland;
S c h e r t l e (n), Gottlieb (geb. 1775), mit seiner 2. Frau
Johanna Maria, geb. B u r k und Familie (1. Frau: Katharina, geb. H ö ß);
März 1817 nach Teplitz/Beßarabien;
S i l z l e r (Silser; Silzle?), Friedrich (geb. 25.3.1791); 1816 nach Luisenau/Preußen (?) bzw. nach Brienne/Beßarabien (?);
W a l t e r, Matheus (geb. 14.8.1788 oder 1780) (aus Freudenstadt oder Dornhan);
wann ? nach Klöstitz/Beßarabien;
W e e b e r, (Jakob) Friedrich, Christophstal;
April 1817 nach Preußen;
W e i c k e r t, Georg;
1824; starb 1824 (auf der Reise ?);
W o l f e r t, Friedrich (geb. 1795);
wann ? nach Köstitz/Beßarabien.
Nicht alle Freudenstädter Auswanderer dieser Zeit sind in das östliche Europa gegangen. Im Juni des Jahres 1817 reiste Carl Friedrich D i e f e n b a c h mit seiner Familie nach Nordamerika. Wo sich Diefenbach in Nordamerika niedergelassen hat, ist bis jetzt nicht bekannt, ebensowenig der Verbleib einiger Baiersbronner, die im selben Jahr – vielleicht mit Diefenbach zusammen – nach Nordamerika ausgewandert sind.

Auswanderer in den Jahren nach 1825

Für die folgende Zeit, die Jahre von 1825 an, sind die Quellen lückenhaft und erst zum Teil ausgewertet. Ein Verzeichnis oder „Katalog" der Auswanderer des 19. Jahrhunderts ist zwar in Arbeit, aber noch lange nicht fertig. Die große Zahl auch nur der bisher bekannten Auswanderer hier in diesem Rahmen vorzustellen, wäre ohnedies vom Umfang her nicht möglich.
An den Auswanderungen größerer Gruppen aus benachbarten Orten, – zum Beispiel Baiersbronn (1831/1832) und Kirchspiel Grüntal mit

Aach, Hallwangen, Musbach, Wittlensweiler (1831/1838) – waren Freudenstädter anscheinend nicht beteiligt.
Ob und wie weit für einige Freudenstädter Einwohner die Deutsche Revolution der Jahre 1848/1849 mit ihren Folgen unmittelbar der Anlaß zur Auswanderung war, ist ungewiß. Die damaligen Zustände im Land, vor allem was Wirtschaft und Landwirtschaft betrifft, boten genügend Gründe und Zwänge auszuwandern. Bis jetzt ist auch noch nicht zu erkennen, ob die Freudenstädter Auswanderer sich „drüben" in Gruppen angesiedelt haben, wie ein Teil der Auswanderer aus dem Kirchspiel Grüntal am oberen Susquehannah-Fluß, oder wie die Baiersbronner in Kanada im Süden von Ontario, die trotz räumlich großer Streuung – mit drei Schwerpunkten – noch jahrzehntelang in Verbindung waren.
Allerdings lebte seit den 1840er Jahren eine kleine Gruppe von Freudenstädtern in New Orleans, wie gleich gezeigt werden wird.
Darauf folgt die Darstellung einer Zwangsauswanderung im Jahre 1854 und ein Hinweis auf den Soldatentod eines Freudenstädters im amerikanischen Bürgerkrieg (1861/1865).

New Orleans

Adam G a i ß e r, wohnhaft in New Orleans („Neu Orlians") im Stadtteil Lafayette, schreib am 24. Febr. des Jahres 1848 von dort einen Brief an seine Geschwister, Schwäger und alle lieben Freunde in Freudenstadt. Zunächst bedankte sich Gaißer für einen Brief aus Freudenstadt vom 13. Apr. 1847, den ihm David Feist überbracht hatte. Über Feist schreibt Gaißer, daß er „in Sant Luis im Staat Müssure ist". Dann nennt er Michel Weeber, – dem er seinen Brief mitgegeben hat, – und der ein Freund des David Graf in Freudenstadt ist, ferner den Hortner (Härtner?, Gärtner?) und Johannis Habis(reitinger). Gaißer fragt, ob nicht einer von des Bühlers Söhnen „zum Vetter nach Amerika" kommen wolle.
Aus Adam Gaißers Angaben und verschiedenen Quellen konnten bisher folgende Freudenstädter in New Orleans festgestellt werden:
G a i ß e r (Gaiser), Adam, ist am 2. Febr. des Jahres 1811 in Freudenstadt geboren als Kind des Bürgers und Fuhrmanns Georg Friderich Gaiser und der Maria Magdalena, geb. Moser. Wann er ausgewandert ist, ist derzeit nicht bekannt.
F a i ß t (Feist), Georg David (geb. 1822), Sohn des Kronenwirts Lorenz Faißt († 1844).
G a i s e r, Johann Heinrich (geb. 1793), Beck und Bierbrauer, Kriegsveteran des Jahres 1813, Frau Sofia Magdalena, geb. H e e r (geb. 1816), und seine noch lebenden Kinder wanderten im Jahr 1850 nach New Orleans aus.
G a i s e r, Johann Jakob (geb. 1832), Sohn des Nagelschmieds Johann Jakob Gaiser, starb am 27. Okt. des Jahres 1859 in New Orleans.
G r a f, David (geb. 1802), Bierbrauer in New Orleans, Sohn des Großhammerschmieds Johannes Graf und der Barbara, geb. Weber, verzichtete im Jahr 1854 auf sein Erbe. Er ist also zwischen den Jahren 1848 und 1854 ausgewandert (s. oben).
H a a s, Johann Christian, Sonnenwirt (geb. 1814), wanderte im Jahr 1852 aus. Er starb am 13. Okt. desselben Jahres in New Orleans, bevor seine Familie nachfolgen konnte.
H a b i s r e i t t i n g e r, Johannes (geb. 1819), Sohn des Bäckers Johann David Habisreittinger, ist im Jahr 1846 nach „Amerika" ausgewandert. Er lebte im Jahr 1848 in New Orleans (s. vorhin).
H i p p, Moriz Ferdinand (geb. 1815), Sohn des Kaufmanns Moriz Ferdinand Hipp, lebte im Jahr 1875 in New Orleans.
K l u m p p, Hermann Friedrich (geb. 1827), Sohn des Oberamts-Notars und Kanzleirats Philipp Andreas Klumpp, war (seit wann?) bis zum Jahr 1872 Vice-Consul in New Orleans. Sein Bruder war der Rechts-Consulent Karl Alexander Klumpp (geb. 1814), der zu den Führern der 48er Revolution in Freudenstadt gehörte (gest. 1874 in Freudenstadt).
L i e b, Johann Friedrich (geb. 1810), Sohn des Metzger-Obermeisters Johann David Lieb (aus dessen I. Ehe) ist – wann? – nach New Orleans ausgewandert.
L i e b, Karl Christian (geb. 1820), Metzger, – Bruder des Vorgenannten (aus des Vaters Ehe), – seit dem Jahr 1847 verheiratet mit Friederike Christiane, geb. Gaiser (geb. 1830), Tochter des Becken Georg Friedrich Gaiser, ist im Jahr 1851

mit seiner Frau und dem Sohn Karl Friedrich (geb. 1848) nach New Orleans ausgewandert. Ob die Brüder Lieb sich auf längere Zeit oder auf Dauer in New Orleans niedergelassen haben, oder – den Mississippi aufwärts ? – weiter gezogen sind, ist allerdings derzeit nicht bekannt.

Die Massen-Auswanderung im Jahr 1854

Die Gründe zur Auswanderung waren, wie gezeigt, vielfältig. Aber keinesfalls alle Auswanderer gingen freiwillig auf die Reise. Viele Gemeinden in Württemberg wie in einigen anderen deutschen Ländern, schoben ihre Armen kaltherzig ab oder brachten sie mit mehr oder weniger Druck soweit, daß sie sich zur Auswanderung entschlossen. Um Kosten zu sparen, wurden mit den Auswanderungs-Agenten für die Reise billigste Preise ausgehandelt. Die Folge waren schreckliche Schicksale.

Daß die Vereinigten Staaten sich darüber empörten und bei den Regierungen der deutschen Staaten protestierten, war wohl berechtigt. (Die Ausbeutung der europäischen Einwanderer durch verbrecherische Elemente, vor allem in New York, war allerdings nicht weniger empörend.)

Betroffen von solchen Maßnahmen und Verhandlungen waren auch die etwa 200 Freuden-

Freudenstadt.

Gläubiger-Aufruf.

Nachbenannte Personen wandern auf Kosten der hiesigen Gemeindekasse nach Nord-Amerika aus, ohne die vorgeschriebene Bürgschaft stellen zu können. Es werden daher deren Gläubiger, wenn sie je auf ihre Befriedigung hoffen sollten, aufgefordert, ihre Ansprüche binnen

zehn Tagen

hier geltend zu machen, widrigenfalls der Auswanderung Statt gegeben werden würde.

Den 1. Septbr. 1854.

Stadtschultheißenamt.
Reichert.

Es wandert aus:

1) Johann Christoph Bernhardt, Nagelschmied nebst Familie,
2) Gottlieb Wolf, Nagler desgl.,
3) David Rohrer desgleichen,
4) Küfer Rübel's Wittwe,
5) Jakob Heppting, Nagler,
6) Christian Schmid, Metzger,
7) Johs. Zeeb, Ziegelknecht nebst Töchtern.
8) Marie Stuft,
9) Christine Stuft,
10) Christian Kaupp, Nagler,
11) Christine Fues,
12) Regine Fues,
13) Christoph Friedrich Trück, Metzger,
14) Christian Eberle,
15) Rosine Landherr,
16) David Wolf, Erzgräber,
17) Christian Wolf, Tucher,
18) Christoph Härtner, Nagler,
19) Jg. Christoph Haas, Tucher,
20) Caroline Schwenk mit Wilh. Eberle,
21) Friedrich Bachteler,
22) der Sohn der Christoph Fr. Weber's Tochter,
23) Wilhelm Härtner, Schustergeselle,
24) Jakob Friedr Baldenhofer, Schuhmacher,
25) Chr. Fr. Mohr's Töchter,
26) Georg Hornberger, ledig,
27) alt Vögele mit Weib und Kinder,
28) Sattler Gauß Wittwe,
29) Barbara Glauner,
30) Nagelschmied Wölpper,
31) Friedrich Zeeb, ledig,
32) Rosine Eberle, ledig,
33) Nagelschmied Haller,
34) David Hosch, Holzmacher,
35) Friedrike Höhn nebst Schwester
36) Georg Lieb, Hafner,
37) Friedrich Walz und Sophie Gaißer,
38) Friederike Drißler,
39) Friedrich Haab, Schuster,
40) Friedr. Bernhardt, Nagler,
41) Margarethe Küstner,
42) Bleicher Schwenk's Ehefrau.
43) Johannes Stuft, Erzgräber mit Familie.

Aus dem Gränzer, Amts- und Intelligenz-Blatt für das Oberamt Freudenstadt vom Mittwoch, dem 6. September 1854

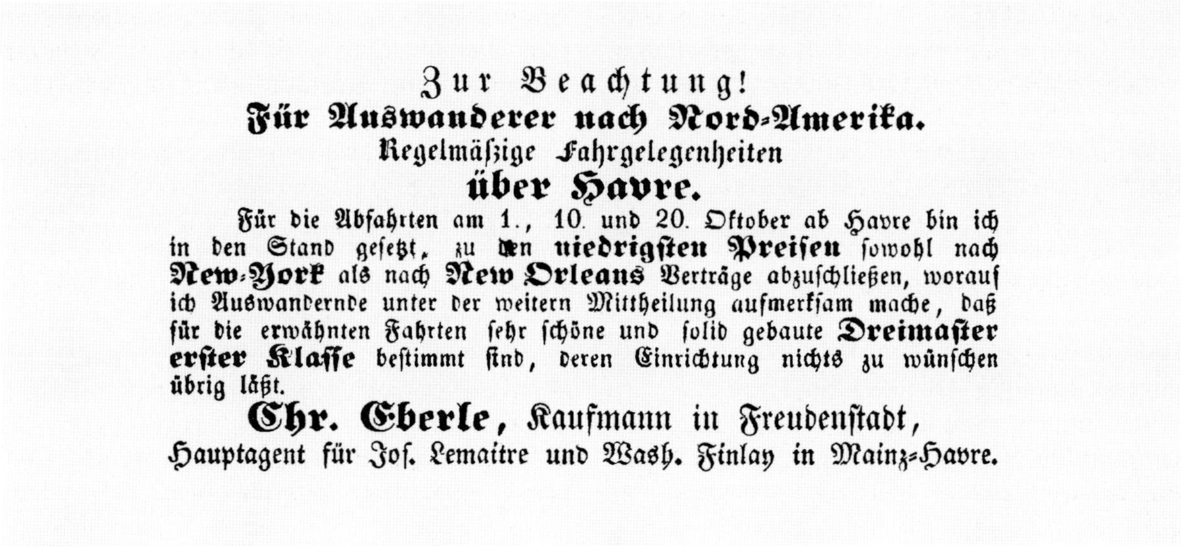

Zur Beachtung!

Für Auswanderer nach Nord-Amerika.

Regelmäßige Fahrgelegenheiten

über Havre.

Für die Abfahrten am 1., 10. und 20. Oktober ab Havre bin ich in den Stand gesetzt, zu den **niedrigsten Preisen** sowohl nach **New-York** als nach **New Orleans** Verträge abzuschließen, worauf ich Auswandernde unter der weitern Mittheilung aufmerksam mache, daß für die erwähnten Fahrten sehr schöne und solid gebaute **Dreimaster erster Klasse** bestimmt sind, deren Einrichtung nichts zu wünschen übrig läßt.

Chr. Eberle, Kaufmann in Freudenstadt,

Hauptagent für Jos. Lemaitre und Wash. Finlay in Mainz-Havre.

Aus dem Gränzer, Amts- und Intelligenz-Blatt für das Oberamt Freudenstadt vom Samstag, dem 9. September 1854

städter, die im September des Jahres 1854 zur Auswanderung nach Nordamerika bewegt wurden.

Nach den notwendigen Verhandlungen im Gemeinderat und mit den Auswanderern und den erforderlichen Vorbereitungen durch die Stadtverwaltung wurde im „Gränzer" am Samstag, 2. September, und am Mittwoch, 6. September des Jahres 1854 die Liste der Auswanderer veröffentlicht.

Diese beiden im „Gränzer" veröffentlichten Listen, die vom Oberamt Freudenstadt gefertigte Liste (heute im Staatsarchiv Sigmaringen) und vorliegende Angaben über die Zahl der Auswanderer, stimmen nicht miteinander überein. Die Zahl liegt bei etwa 200 Menschen, Männer und Frauen, Kinder, selbst Säuglinge; der älteste war Alt Jakob Vögele, geboren im Jahre 1785, also 69 Jahre alt. Das billigste Angebot für die Beförderung der Auswanderer legte Kaufmann Christian Eberle, Freudenstadt, vor als Agent der Firma Joseph Lemaitre und Washington Finlay in Mainz und Le Havre. Deshalb schloß die Stadt am 11. September des Jahres 1854 mit ihm einen Akkord ab.

Auch die „Schwäbische Kronik", die zweite Abteilung des „Schwäbischen Merkurs", – der bedeutenden in Stuttgart erscheinenden Tageszeitung – wies (am 16. September) mit einer auf 14. September datierten Meldung aus Freudenstadt auf die bevorstehende Auswanderung hin: „Die Auswanderungslust scheint in unserem Bezirke, trotz der Hunderte, die schon nach Amerika gewandert sind, noch immer im Steigen zu seyn. Abgesehen von den einzelnen Personen, die aus jedem Orte abreisen, sind es die Gemeinden Baiersbronn, Glatten und besonders auch die hiesige Stadt, aus denen in diesem Spätjahre große Züge von Auswanderern, meist junge, kräftige Leute, nach Neu-Orleans abgehen; im Ganzen gegen 300 Personen,...."

Zuerst, am 19. September des Jahres 1854, traten die ungefähr 100 Auswanderer aus Baiersbronn die Reise nach New Orleans an. Die Freudenstädter verließen ihre Heimatstadt mit dem selben Ziel am Freitag, 29. September 1854. Der „Gränzer" berichtete darüber am folgenden Tag:

„29. Sept. Diesen Vormittag um 8 Uhr ging eine Caravane von Auswanderern, etwa 200 an der Zahl, beiderlei Geschlechts und jedes Alters, bald heiter bald traurig von hier ab, um jenseits des Meeres ihr Fortkommen zu suchen. Es sind dieß die Individuen, deren Ausrüstung und Überfahrt nach New Orleans auf Kosten der hiesigen Stadt bestritten wurde. Sämmtliche wurden vorher ganz neu montiert, und konnte man in den letzten Tagen in dem schmuck auftretenden Burschen nicht leicht mehr den – eine Woche vorher in zerrissenem Gewande einhergehenden – Armen erkennen...; überhaupt ließen es sich die damit Beauftragten angelegen seyn, den Abgehenden ihr Loos so viel wie möglich zu erleichtern. Möge ihre Rei-

se eine glückliche seyn, und ihnen ihre neue Heimath eine selbstthätige Existenz gewähren, welche die alte, verschuldet oder unverschuldet, zu gewähren nicht mehr im Stande war."
Der Reiseweg führte über den Kniebis, Oppenau, Oberkirch, Nußbach und Appenweier nach Kehl. Begleiter waren der Stadtpfleger Nestle und das Mitglied des Bürgerausschusses Weikert. In Kehl wurden die Auswanderer auf einem Dampfboot eingeschifft – zur Flußfahrt nach Rotterdam. Von Kehl bis Le Havre wurden sie von Kondukteur Dittrich begleitet.
Ein kleinerer Teil der Auswanderer hatte New York als Ziel. Diese wurden von Weikert bis nach Mannheim gebracht. (Die verschiedenen Ziele der Auswanderer erklären vielleicht zum Teil die erwähnten Unstimmigkeiten zwischen den Listen.)
Die nach New Orleans reisende Gruppe wurde in Rotterdam auf dem Dreimaster „Saxon", Kapitän Grotton, eingeschifft; die Reise ging über Le Havre.
Zunächst war nichts mehr von den Ausgewanderten zu hören. Die Seereise mit dem Segelschiff dauerte damals immerhin etwa zwei Monate. Die moderneren Dampfschiffe machten auch schnellere Verbindungen möglich, vor allem im Postverkehr.
Dann, am Donnerstag, 28. Dezember 1854, veröffentlichte die oben schon zitierte „Schwäbische Kronik" eine Meldung: „Freudenstadt den 26. Dez. In der Auswanderung nach Amerika ist bei uns eine völlige Stockung eingetreten, hauptsächlich in Folge der schlimmen Nachrichten, die über das Schicksal der letzten Auswanderer fast ohne Ausnahme einlaufen. Viele, die sich hier von Bettel nährten und deßwegen von der neuen Heimath sich goldene Berge träumten, liegen dort wieder als Bettler an den Landstraßen und finden keinen Menschen mehr, der sich ihrer annimmt...."
Im „Gränzer" vom Mittwoch, 10. Januar 1855, wurde dieser Bericht der „Schwäbischen Kronik" mit folgender Meldung scharf zurückgewiesen:
„Freudenstadt, 5. Jan. Nach einem am gestrigen Tage eingelaufenen Briefe sind unsere Auswanderer nach einer sechzigtägigen Seereise am 8. Dezember glücklich und wohlbehalten in New Orleans gelandet, ohne daß dabei nur im Mindesten davon die Rede ist, daß sie bereits an den Straßen daselbst als Bettler hilflos herum liegen, wie der Correspondent des Schw(äbischen) Merkurs schon vor acht Tagen grundlos in die Welt hinaus geschrieben hat. Überhaupt scheint dieser Correspondent seine Scripturen nicht gehörig zu überlegen... Man muß denselben daher dringend ersuchen, künftig entweder gar keine, oder nur solche Umstände zu berichten, die er nöthigenfalls beweisen kann."
Auch Pfarrer Pfeilsticker in Baiersbronn, der die Auswanderung der dortigen „Armen" stark gefördert hatte, fühlte sich angegriffen. Im „Gränzer" vom Samstag, 3. Februar 1855, veröffentlichte er einen Brief des im September 1854 aus Baiersbronn ausgewanderten Christian Haist, genannt Jägerhaist, vom Tonbach. Diesem Brief, datiert Sct. Louis, 26. Dezember 1854, gab Pfeilsticker folgenden Vorspann:
„Baiersbronn, 24. Jan. 1855. Der Unterzeichnete hält es für angemessen, nachstehenden Brief, welcher vor wenigen Tagen von den hiesigen Auswanderern angekommen ist, zu veröffentlichen. Derselbe dürfte am besten den Artikel Lügen strafen, welcher kürzlich über die auf öffentliche Kosten Ausgewanderten des dießseitigen Oberamtsbezirks im Schwäb(ischen) Merkur zu lesen war, nach welchem dieselben drüben eben so als Bettler an den Straße herum liegen sollen, wie hüben. Pfarrer Pfeilsticker".

... weil nicht sein kann, was nicht sein darf ...

Offenbar sind damals mehrere Briefe der Auswanderer – oder über diese Auswanderer – angekommen. Auf solche Briefe stützte sich offenbar der Freudenstädter Korrespondent des „Schwäbischen Merkurs". Durch solche Briefe entstand anscheinend Unruhe über das Schicksal der Ausgewanderten, die beschwichtigt werden mußte. Vorweg kann gesagt werden, daß die Reise und die Landung der Baiersbronner anscheinend etwas besser verlief, als die der Freudenstädter.
Mehrere im „Gränzer" veröffentlichte Berichte belegen, daß in den Vereinigten Staaten seit dem Herbst des Jahres 1854 Teuerung und Arbeitslosigkeit herrschten. Die Einwanderer trafen daher vor allem im Osten der USA, besonders in New York, sehr schlechte Bedingungen an. In New Orleans scheint die Lage nicht viel besser gewesen zu sein. Dagegen waren die Verhältnisse im Innern günstiger, so z. B. in St. Louis.

Christian Haist hat in seinem vorhin erwähnten Brief berichtet, daß die Deutsche Gesellschaft New Orleans den Baiersbronner Auswanderern tatkräftig geholfen hatte.
Ein „Circularschreiben der Deutschen Gesellschaft von New Orleans an alle auswanderungslustigen Deutschen" erschien im „Gränzer" am Mittwoch, 2. Mai 1855. Dieses Rundschreiben bestätigte und bekräftigte die schon erwähnten Berichte über die damaligen Verhältnisse in den USA. Vor der Einwanderung in die Vereinigten Staaten wurden dann alle eindringlich gewarnt, die nicht über reichliche oder wenigstens genügende Mittel verfügten.
Bemerkenswert sind folgende Ausführungen:
„Es ist demnach klar, daß sogenannte Gemeinde-Armen, deren sich ihre Gemeinden so gern durch Expatriation entledigen, unter keiner Bedingung nach diesem Lande geschickt werden müssen, selbst nicht, wie es zuweilen geschieht, wenn man ihnen bei ihrer Ankunft ein geringes Kopfgeld auszahlen läßt. Wenn schon in früheren Zeiten ein derartiges, oft forcirtes Auswandern, einer Ausweisung oder Verbannung gleich, nicht vertheidigt werden konnte, so wird es unter jetzigen Umständen zur unverantwortlichen Grausamkeit. Beispiele der Art sind glücklicher Weise in letzter Zeit nicht sehr häufig, aber dennoch vorgekommen, und wenn es der Fall war, so war meist für die Leute doch so weit gesorgt, daß ihnen bei ihrer Landung hier ein Kopfgeld ausgezahlt wurde, welches ihnen die Mittel gab, ihre Reise nach dem Innern fortzusetzen."

... bei der Landung ein Kopfgeld ausgezahlt ...

Die Gesellschaft bemerkt weiter:
„Wir glauben nicht, daß man in irgend einem Lande Deutschlands die Armen, Gebrechlichen etc. eines Nachbarlandes zuläßt. Mit welchem Rechte darf man hier auf eine Ausnahme rechnen?"
Auch wenn in dem Rundschreiben aus New Orleans die neuen Einwanderer aus Freudenstadt und Baiersbronn, nicht ausdrücklich genannt wurden, wird man nicht fehl gehen mit der Annahme, daß auch sie gemeint waren.
Endlich, am Samstag, den 28. Juli 1855, erschien im „Gränzer" der folgende erschütternde Bericht:
„Freudenstadt. Von den voriges Jahr auf Gemeindekosten nach Amerika beförderten Familien, welche zusammen etwa 200 Köpfe stark waren, sind nach brieflichen Mittheilungen 39 Personen den Beschwerden auf der Seereise unterlegen, und zwar: Alt Joh. Z e e b, Nagelschmied H a l l e r und drei Kinder, S c h w e n k ' s Weib und ein Kind, Weib und zwei Kinder des H a b e n f r i t z, zwei Kinder der N ü b e l ' s Witwe, Weib und zwei Kinder des David R o h r e r, Joh. S t u f f t ' s Weib, Alt V ö g e l e ' s Weib und ein Kind, das Kind der Christine S t u f f t, ein Kind der Marie S t u f f t, ein Kind des Jakob H e p p t i n g, Friedrich Walz mit der ganzen Familie, C a s p a r l i ' s Hans und zwei Kinder, Christine W ö h r l e und ihr Kind, Christian E b e r l e, Erzgräber, ein Kind der S c h m a l z m a n n ' s Tochter, ein Kind der Metzger D r i ß l e r ' s Tochter, Christian W o l f ' s Weib, ein Kind des Schuhmacher M ü l l e r, zwei Kinder des Nagelschmied K a u p p, zwei Kinder des August V ö g e l e.
In New Orleans sind gestorben:
Gottlieb W o l f, ein Kind der Metzger D r i ß l e r ' s Tochter, Schuhmacher M ü l l e r und sein Weib."
Demnach war ein Fünftel der Auswanderer auf dem Schiff und nach der Ankunft in New Orleans gestorben. Als Grund wird nur angegeben, die Verstorbenen seien „den Beschwerden auf der Seereise unterlegen". Einige der Auswanderer mögen schon bei der Abreise durch Hunger oder Krankheiten zu Hause geschwächt gewesen sein. Einige waren alte Leute, andere Kinder. Dennoch ist die Zahl der Toten auffallend hoch. Der Bericht im „Gränzer" schweigt sich auch darüber aus, ob etwa die Cholera an Bord ausgebrochen war. Der schon erwähnte Baiersbronner Auswanderer Christian Haist berichtet in seinem vorhin angeführten Brief ausdrücklich, daß einige der Baiersbronner auf dem Schiff an Cholera gestorben seien. Was war geschehen?
Aufklärung bringt ein Brief, den einer der Freudenstädter Auswanderer, der Erzgräber Johannes Stuft, später an den Stadtrat zu Freudenstadt gesandt hat. Dieser Brief ist datiert New Orleans, 25. November/1. Dezember 1857. Er ist nicht nur von Johannes Stuft unterschrieben, sondern noch von einigen anderen der überlebenden Freudenstädter Auswanderer, nämlich:

David Wolf,
Christian Kaupp,
Christina Maier gewesene Härtner,
Wilhelm Eberle,
Christian Schmidt,
Friedrich Haab,
Johanna Christina Haas,
David Hosch,
Friedrich Trück, Mezger.

Gewissermaßen bestätigt wurde Stufts Brief von dem schon vorhin erwähnten Adam Gaisser, einem Freudenstädter, der schon früher ausgewandert war und mindestens seit dem Jahre 1847 in New Orleans lebte.

Der Anlaß für den Brief Stufts war eine Erbschaft seiner Kinder. Stuft hat vermutlich, wie üblich, Rechte aus etwa anfallenden Erbschaften bis zur Höhe der für seine Auswanderung aufgewandten Kosten an die Stadt abtreten müssen.

Auf der Seereise starb, wie vorhin erwähnt, seine Frau; seine sechs Kinder waren in den Jahren 1837 – 1853 geboren, also ein bis 17 Jahre alt und somit unmündig. Nun fiel den mutterlosen Kindern „von einem Vetter" ein Erbgut zu, das der Stadtrat zurückbehalten wollte. Stuft versuchte, das Erbe seiner noch unmündigen Kinder frei zu bekommen. Er verwies darauf, „daß man mich zu meiner Unterschrift gezwungen hat" und stellt fest, daß „ich in Amerika auch ein unbemittelter Mann bin trotz meinem Fleiß und Sparsamkeit, für so eine Familie nicht hinreichen will, weil ich so viel krank bin, welches ich noch viel von meiner Seereise habe".

In diesem Zusammenhang schrieb er einen ausführlichen, tief erschütternden Bericht über die furchtbare Seereise der aus ihrer Heimat fortgeschickten armen Freudenstädter Auswanderer. Dieser Bericht wird nachfolgend im Wortlaut wiedergegeben:

„Auf dem ersten Schiffe" (auf dem Rhein) „war es so, daß man um etwas Essen streiten mußte. Von R o t t e r d a m aus, wo wir etwas zu essen verlangten, so sprach der Kapitän, wen wir nicht zufrieden seien, so versinke das Schiff. Wir mußten zufrieden sein, weil wir in Mägler-Händ gefallen sind.

I c h und G o t t l i e b W o l f wollten es in H a v r e anzeigen. Aber anstatt anzeigen, machte G o t t l i e b W o l f der Schmugler mit der Schiffskombani, weil die Schiffs Kombani noch 4000 fl. (Gulden) an die Stadt zu fordern hate, und auf welche Art er das fertig gebracht hat, will ich Sie berichten.

Wir mußten Geld entlehnen, das Nöthigste noch einzukaufen, was wir auf der See brauchen. Anstatt dieser Handschrift läßt er einen Brief schreiben auf gute Behandlung, welche wir unterschrieben haben.

Nun kamen wir auf den See. Kaum sind wir 2 oder 3 Tage auf der See, so brach die gräßliche Krankheit K o l e r a aus, so daß kein Kind noch alter Mensch wußte, welchen Augenblik seine letzte Stunde schlägt. Den die Krankheit ist so heftig, daß bereits jeden Tag 8 bis 10 Personen ein Opfer derselbigen wurden. Es war so arg, daß kein Mensch mehr die Toten über Bord werfen wollte. Welches aber noch nicht das Ärgste ist, sondern auch solche grobe Behandlung, daß es nicht zu nennen ist.

Und noch etwas Ärgeres, was der Kapitän mit uns vorhate: er führte uns in einen S a n d b a n k, wo wir alle sollten zu Grunde gehen. Es wurden 154 Personen ausgeschifft auf den S a n d b a n k K a r l - d i e s, wo die Männer ihre Weiber und Kinder durchs Meerwasser tragen mußten.

Und so hat mancher Vater sein Hab und Gut noch aufopfern müssen, weil alles bezahlt werden muß.

... auf dem Sandbank ohne Wasser und Brod ...

Und dort lagen wir 154 Personen auf dem Sandbank 2 Tag und 2 Nächt ohne Wasser und Brod, so daß ein Kind vor Durst gestorben und ich meinen Säugling mit dem Speichel aus meinem Munde erhalten habe. Den das Schiff, wo wir darauf waren, ist noch selbige Nacht fortgefahren, und uns auf dem Sandbank gelassen, so daß uns mit Gottes Hilf ein anderes Schiff mitgenommen hat, den wir mußten alles bezahlen.

Sie werden fragen, wo Geld hernehmen. Auch dieses, bald hat ein Schweizer, bald ein Franzose, bald dieser, bald jener ein Wechsel – so daß wir mit Schulden nach Amerika kamen und das Kopfgeld für die Verstorbenen noch abgezogen worden ist, 420 fl. nach deutschem Geld. Es sind 4 2 F r e u d e n s t ä d t e r gestorben. Welches K a u f m a n n E b e r l e redur verlangt im Namen des Wohllöblichen Stadt-Raths, und deßhalb ist es redur behalten worden, und so sind wir auf amerikanischen Grund und Boden gesetzt worden als ein hilfloses Geschöpf.

... daß es der Wohllöbliche Stadtrat wohl gewußt hat, daß das Schiff Krankheiten mit sich führt ...

... ein Cigarrmacher oder Bürstenbinder gab sich vor den Doktor aus ...

Jetzt will ich den Wohllöblichen Stadt-Rath noch einmal fragen, ob Sie mir das Geld vor mein Bürgerrecht oder Lehnungsweise gegeben habt. Den es wird dem Wohllöblichen Stadt-Rath bekannt sein, daß Sie die 202 Personen arme Menschen auf ein Schiff verackatiert haben, welches gar keine Menschen mehr füren sollte, den es ist schon einmal ausgestorben und so ist es gänzlich verboten gewesen, Menschen zu füren. Denn der Kapitän ist sogleich abgesetzt worden, wo er nach Amerika kam, und darf und kan in seinem Leben nicht wieder Kapitän werden. Deßhalb ist es uns recht gut bekannt, daß es der Wohllöbliche Stadt-Rath wohl gewußt hat, daß das Schiff Krankheiten mit sich führt, sonst hätte der Stadtpfleger Nestle nicht schon in Appenweiher ausgesprochen, daß es lauter Fischfutter gäbe. Aber welche große Verantwortung wird es einmal sein, wenn eine Gemeinde 202 Personen auf eine solche Art auf den Schlachtbank lieferte."

„Der Wohllöbliche Stadt-Rath wird sagen, es sei ein Doktor auf dem Schiff gewesen. Es war ein Mann da, das war ein Cigarrmacher oder Bürstenbinder, der sich vor den Doktor ausgab, aber auf dem Schiff war weder Medizin noch sonst etwas zu haben."

Wie die Rechtssache des Johannes Stuft gegen die Stadt Freudenstadt ausgegangen ist, konnte noch nicht festgestellt werden. Ebenso konnten die von Stuft vorgebrachten schrecklichen Vorwürfe gegen den Stadtrat bisher nicht nachgeprüft werden. Das weitere Schicksal der damals ausgewanderten Freudenstädter ist zur Zeit nicht bekannt. Vielleicht kommt eines Tages ein Nachkomme aus den Vereinigten Staaten oder aus Kanada nach Freudenstadt, um nach seinen Vorfahren zu suchen.

Ein Soldat der Union im amerikanischen Bürgerkrieg (1861/1865)

Johann Sigmund Rieker ist am 4. Sept. des Jahres 1835 in Freudenstadt geboren als Sohn des Müllers und Mehlhändlers Johann Jakob Rieker und seiner Ehefrau Christine Dorothea, geb. Habisrittinger. Im Familienregister ist sein Tod so vermerkt: „Bullrun 30. August 1862" (gelegentlich falsch „Ballrun" gelesen).

Während des amerikanischen Bürgerkrieges (1861/1865) wurden die Truppen der Union (der Nordstaaten) von den Truppen der Konföderierten (der Südstaaten) in zwei Schlachten, am 21. Juli des Jahres 1861 und am 29.–30. Aug. des Jahres 1862, am Bach Bull-Run bei Manassas in Virginia geschlagen. Der Bull-Run ist ein rechtes Nebenflüßchen des Potomac-Flusses; die Stadt Manassas liegt nur etwa 40 km südwestlich der Bundeshauptstadt Washington.

Johann Sigmund Rieker ist demnach während der zweiten Schlacht am Bull-Run gefallen. Wann er ausgewandert ist, und in welcher Truppe er gekämpft hat, ist derzeit nicht bekannt; angenommen kann aber werden, daß er Soldat der Unionstruppen war. Der Eintrag im Familienregister zeigt, daß Riekers Tod seiner Familie oder den Freudenstädter Behörden vom Kriegsministerium (War-Departement) der Vereinigten Staaten gemeldet wurde. (Diese Akten sind aber offenbar nicht erhalten.)

Außer Rieker sind übrigens – zumindest – noch zwei weitere Auswanderer aus dem damaligen Oberamt Freudenstadt im amerikanischen Bürgerkrieg gefallen:

Jacob Dölker (geb. 1824) aus Dietersweiler, Soldat im 20. Regiment Illinois Freiwillige, ist am 15. Febr. des Jahres 1862 in der Schlacht bei Fort Donelson, Tennessee, gefallen.

Gottfried Eilber (geb. 1836), aus Klosterreichenbach, Sohn des dortigen Schultheißen Johann Friedrich Eilber, wanderte im Jahr 1853 nach Amerika (USA) aus. Er ist in der den Krieg entscheidenden Schlacht bei Gettysburg, Pennsylvania, zwischen dem 1. und dem 3. Juli des Jahres 1863 gefallen. (Er ist jedoch nicht auf dem Soldiers' National Cemetery in Gettysburg bestattet).

Schlußwort zur Auswanderung

Seit vielen Jahren beschäftige ich mich mit der Geschichte der Auswanderung, einem Thema, das mich seit meiner Jugend angezogen hat, wohl weil ich selbst der Urenkel eines Auswanderers – aus der im Land verbliebenen Nachkommenschaft – bin und mehrere nahe Verwandte ebenfalls ausgewandert sind. Als Erkenntnisse aus langer Arbeit mit Teilbereichen des Themas Auswanderung als Teil der deutschen Sozialgeschichte des 18. und 19. Jahrhunderts füge ich der vorstehenden Abhandlung einige Bemerkungen und Überlegungen an.

Bei der Betrachtung der Gründe für die Auswanderung haben wir – am Beispiel der Herrnhuter unter den Auswanderern vom Jahre 1752 – gesehen, daß die in den Akten angegebenen Gründe nicht immer die wirklichen oder die alleinigen sind.

Nicht immer war es „der Staat", der seine Bürger zu sehr gängelte. Dies zeigt sich etwa bei der Handhabung des „Freien Zuges" – des Rechts zur Auswanderung –, der dann mit der Verfassung vom Jahr 1819 als ein aus der allgemeinen Freiheit der Person fließendes Recht, also nicht mehr als ein vom Herrscher notgedrungenen, oder als eine Art Gnade zugestandenes Recht, galt.

Viel öfter waren es die „Gesellschaft", – die Mitbürger, die Nachbarn, auch die Verwandten, – oder gesellschaftliche Mächte wie die Kirche im alten Württemberg, die Abweichungen von den gegebenen Regeln bestraften. Die zu enge Anlehnung der damaligen Kirche an den Staat führte eben auch dazu, daß sich nicht nur religiöse Eigenbrötler oder Abweichler von ihr abwandten, sondern auch viele meist unverschuldet in Not geratene Arme, die sich von der „Staatskirche" nicht mehr verstanden und vertreten fühlten.

Sieht man auf die Begleitumstände der Auswanderung, vor allem im 19. Jahrhundert bei den erzwungenen Auswanderungen, so fällt die vielfach gelinde gesagt gefühllose, manchmal grausame Behandlung und Bewertung der Auswanderer durch ihre Mitbürger, – meist ihre Verwandten und Nachbarn, – aber auch durch manche weltliche und geistliche Amtsträger auf. Bittere Vergleiche mit der heutigen Zeit drängen sich auf.

Zu beobachten ist freilich, daß viele der geschmähten Auswanderer, darunter sicher auch nicht wenige der aus Freudenstadt weggezogenen, in ihrer neuen Umwelt, wo sie sich freier entfalten konnten, sich durch Fleiß und Tüchtigkeit und oft auch durch gute Erfolge auszeichneten.

Der gute Klang, den der Begriff „Deutsch" einmal hatte und trotz allem vielfach noch hat, beruht meines Erachtens zum Beispiel gerade in Nordamerika zum großen Teil auf der Leistung der in ihrer Heimat verachteten Auswanderer in ihrer neuen Heimat und auf dem Beitrag, den sie für die Entwicklung dieser Länder geliefert haben. Wer das nicht glaubt, möge wie der Verfasser mit offenen Augen und abseits der Großtouristik in Ländern wie Pennsylvanien oder Ontario in Nordamerika reisen. Nicht vergessen sollte werden, daß viele Deutsche ihr Leben für ihre neue Heimat eingesetzt und gegeben haben wie zum Beispiel im Unabhängigkeitskrieg der Vereinigten Staaten (1774 – 1783) und im Bürgerkrieg zwischen den Nordstaaten und den Südstaaten der USA (1861 – 1865).

... viele Deutsche haben ihr Leben für die neue Heimat eingesetzt und gegeben ...

Auch heute wandern Landsleute aus, zum Beispiel Bauern, denen die Luft zum Atmen in unserem Land unter den Zwängen der Landwirtschaftspolitik und der Industrie zu dick wird. Wir erleben aber auch, daß Nachkommen unserer einstigen Auswanderer ins Land kommen, die einen aus dem Osten, weil sie dort keine Zukunft mehr sehen, viele Amerikaner und Kanadier, weil sie die Heimat ihrer Ahnen sehen und ihre Wurzeln finden wollen. Sie sind unsere Basen und Vettern, auch wenn viele Veränderungen wie der Wechsel der Sprache dies manchmal nicht sofort erkennen lassen. Wir sollten ihnen – gerne – helfen, den Nordamerikanern, hier ihre Wurzeln zu finden, den Deutschen aus dem Osten, hier wieder Wurzeln zu schlagen.

Quellen- und Literaturverzeichnis

Quellen

Ungedruckte Quellen

StadtA Freudenstadt (z. B.: Sammlung Dr. Rommel; Brief des Adam Gaißer, dat. Neu-Orleans 24. Febr. 1848, erworben aus Privatbesitz durch Vermittlung von Stadtrat Gerhard Hertel).

Ev. Kirchenregisteramt Freudenstadt

HStA Stuttgart (z. B.: Bestand A 343/344, B. 14: Bericht des Vogts Brastberger, dat. 7. Mai 1752)

StA Sigmaringen (Liste der Auswanderer 1854)

The Historical Society of Pennsylvania; Library; 1300 Locust Street, Philadelphia, Pennsylvania, USA.

Gedruckte Quellen

Evang. Kirchengemeinde Freudenstadt, Dekanat Freudenstadt. Auszüge aus den Taufbüchern, Totenbüchern, Ehebüchern. Gefertigt von Professor Max Cramer († 1933) (Abschrift gefertigt 1948)

Ev. Kirchenregisteramt Freudenstadt

Deutsche Ortssippenbücher: Stadt Freudenstadt. Bearbeitet von Horst Bruns und Günther Frey. Hrsg. von der Zentralstelle für Personen- und Familiengeschichte; Ortssippenbücher Reihe A, Nr. 248 (zugleich Band 33 der württembergischen Ortssippenbücher) (1998)

Vorarbeiten zum Ortssippenbuch Freudenstadt von Günther Frey (Quellenbuch), Werner Haussmann, Pfarrer i.R. Otto Strobel im StadtA. Freudenstadt

The Wuerttemberg Emigration Index. Volume Threee. By Trudy Schenk an Ruth Froelke (Salt Lake City, Utah, USA, 1987)

Literaturverzeichnis

William Beidelmann: The Story of the Pennsylvania Germans (Easton, Pennsylvania, USA, 1898)

George R. Beyer, Harold L. Myers: Guide to the State Historical Markers of Pennsylvania. Commonwealth of Pennsylvania, Pennsylvania Historical and Museum Commission. (5. ed., Harrisburg, Pennsylvania, USA, 1991)

Heros v. Borcke: Ein Reis von altem Stamme. Roman aus dem Leben von H. v. B. (Berlin 1895/1895/1896) 2. Abt.: 134–161 (148–156) Manassas und Bull Run

Ettwein, John, s. Kenneth G. Hamilton und Hans Rommel.

Reginald Finkbeiner: Gruß aus Kanada an unsere Heimat Baiersbronn. – In: Freudenstädter Heimatblätter, Bd. 15, Nr. 18, Juni 1983.

R. Geiges: Die Anfänge der Herrnhuter Brüdergemeine in Freudenstadt. – In: Freudenstädter Heimatblätter, 8. Bd., Nr. 10, 26.7.1957.

Wolfdieter Gramlich: St. Georgener Heimatbuch. Beiträge und Bilder zur 900jährigen Geschichte 1084 – 1984. (Hrsg. und Copyright: Wolfdieter Gramlich, 1984) Betr. Familie Ettwein

Mark Häberlein: Vom Oberrhein zum Susquehannah. Studien zur badischen Auswanderung nach Pennsylvania im 18. Jahrhundert. (= Veröffentlichungen der Kommission für geschichtliche Landeskunde in Baden-Württemberg, Reihe B, Forschungen, 129. Bd.) (Stuttgart 1993)

Kenneth Gardiner Hamilton: John Ettwein and the Moravian Church during the Revolutionary Period (Betlehem, Pennsylvania, USA, 1940)

Pennsylvania German Marriages. Marriages and Marriage Evidence in Pennsylvania German Chruches. Compiled by Donna R. Irish (Reprinted Baltimore, Maryland, USA, 1998)

George Fenwick Jones: The Georgia Dutch. From the Rhine and Danube to the Savannah, 1733–1783. (Athens (Georgia) and London 1992)

Fr. Krebs: Beiträge zur Amerikaauswanderung des 18. Jahrhunderts aus Altwürttemberg. – In: Südwestdeutsche Blätter für Familien- und Wappenkunde (Stuttgart), Bd. 11, 1959 – 1965 (H.8, Nov. 1961), 186–189.

Max Miller: Die Auswanderung der Württemberger nach Westpreußen und dem Netzegau 1776–1786. (= Veröffentlichungen der württembergischen Archivverwaltung, Heft 1) (Stuttgart 1935)

Max Miller: Ursachen und Ziele der schwäbischen Auswanderung. – In: Württemberg. Vierteljahreshefte f. Landesgeschichte 42, 1936, 184-218.Gottlieb Mittelberger: Reise nach Pennsylvanien im Jahr 1750 und Rückreise nach Deutschland im Jahr 1754. Hrsg. von Jürgen Charnitzky (= Fremde Kulturen in alten Berichten, Bd. 6) (Sigmaringen 1997)

A. G. Roeber: Palatines, Liberty and Property. German Lutherans in Colonial British America. (Baltimore (Maryland, USA) and London 1993)

Hans Rommel: Bischof Johannes Ettwein. Geboren 1721 in Freudenstadt, gestorben 1802 in Betlehem (USA). – 1. Teil (alles Erschienene). – In: Freudenstädter Heimatblätter, 8. Band, Nr. 10, 26.7.1957.

J. Daniel Rupp: Chronologisch geordnete Sammlung von mehr als 30.000 Namen von Einwanderern in Pennsylvanien aus Deutschland, der Schweiz, Holland, Frankreich ... von 1727 bis 1776, ... (Philadelphia 1880 / Abdruck Leipzig 1931 / Nachdruck Göttingen 1975)

Paul Sauer: Das württembergische Heer in der Zeit des Deutschen und des Norddeutschen Bundes. (= Veröffentlichungen der Kommission für geschichtliche Landeskunde in Baden-Württemberg, Reihe B, Forschungen, 5. Bd.) (Stuttgart 1958)

Pennsylvania German Pioneers. A Publication of the Original Lists of Arrivals in the Port of Philadelphia from 1707 to 1808. By Ralph Beaver Strassburger, LL.D. Edited by William John Hinke, PH.D., D.D. – Second Printing . In Two Volumes. – (Baltimore, Maryland, USA, 1980)

Karl Stumpp: Die Auswanderung aus Deutschland nach Rußland 1763 bis 1862. (5. Aufl. 1991, Landsmannschaft der Deutschen aus Rußland)

Gerhard Wein: Auswandererspuren in Kanada / Familiengeschichte auf einem Grabstein in Crediton. Grabstein des Jacob Fahrner, 1804–1879, aus Baiersbronn. – In: Der Landkreis Freudenstadt. Heimat- und Jahrbuch 1987/88, S. 100.

Gerhard Wein: Auf der Sandbank zurückgelassen. Schreckliches Schicksal Freudenstädter Auswanderer auf der Fahrt nach Amerika (1854). – In: Der Landkreis Freudenstadt. Heimat- und Jahrbuch 1988/89. SS. 132–140.

Gerhard Wein: Gefallen für die Union... Soldatentod des Auswanderers Jacob Dölker aus Dietersweiler im Jahr 1862. – In: Der Landkreis Freudenstadt. Heimat- und Jahrbuch 1989/90. SS. 117–119.

Gerhard Wein: Auswanderung nach Kanada. „Aus Baiersbronn in Württemberg kam ich an diesen Ort". – In: Der Landkreis Freudenstadt. Heimat- und Jahrbuch 1993/94. SS. 146 – 160.

Gerhard Wein: „ich bin gezogen in Americka". Die Auswanderung des Martin Marquardt aus Unteriflingen 1752. – In: Der Landkreis Freudenstadt. Heimat- und Jahrbuch 1994/95. SS. 168–174.

Gerhard Wein: Credition in Ontario – ein Neu-Baiersbronn in Kanada. – In: Freudenstädter Heimatblätter, Bd. 14, Nr. 4, April 1980.

Gerhard Wein: Baiersbronner Familien in Kanada. Braun, Wein. – In: Freudenstädter Heimatblätter, Band 14, Nr. 19, Nov. 1981.

Gerhard Wein: Auswanderung nach Osten – Rückwanderung aus dem Osten. Auswanderung aus Grüntal im Jahr 1782. – In: Freudenstädter Heimatblätter, Bd. 21, Nr. 1, Jan. 1990.

Gerhard Wein: Streiflichter auf die Geschichte der Auswanderung aus Baiersbronn. – Vortrag Baiersbronn 6.4.1992 (Mskr., nicht gedruckt).

Ruth Wein-Elben: Baiersbronner Siedler in Kanada. Familienkunde einmal anders. Auswanderer und ihre Nachkommen. – In: Freudenstädter Heimatblätter, Bd. 14, Nr. 20, Dez. 1981.

Ruth Wein-Elben: 1782: Auswanderung von Grüntal nach dem Osten. 160 Jahre später: Rückkehr in die schwäbische Heimat. Wechselvolles Schicksal der Familie Blum in zwei Jahrhunderten. – In: Freudenstädter Heimatblätter, Bd. 26., Nr. 3, März 1995.

Pennsylvania German Church Records of Births, Baptisms, Marriages, Burials, etc. Grom The Pennsylvania German Society Proceedings and Addresses. – In 3 Volumes. – Volume I: With an Introduction by Don Yoder. (Baltimore, Maryland, USA, 1983).

In mehreren Heimatbüchern und Festschriften sind Beiträge zur Geschichte der Auswanderung zu finden, z. B.: Dornstetten (1967), Tumlingen (1982).

Zeit des Aufbruchs und des Umbruchs:

Freudenstadt im Königreich Württemberg

Renate Karoline Adler

Das 19. Jahrhundert war ein Jahrhundert des Umbruchs. Ein tiefgreifender Strukturwandel erfaßte fast alle Lebensbereiche. Zahlreiche Krisen, aus denen Neues hervorwuchs, kennzeichneten diese Epoche.

Napoleon, Hungerkrisen und Reformen

Zu Beginn des 19. Jahrhunderts unterwarf Napoleon Südwestdeutschland mit seinen überalterten und verkrusteten Strukturen einer völligen Neuordnung. Die zahllosen Kleinstaaten waren dem herannahenden Industriezeitalter nicht mehr gewachsen; ab 1801 erfolgten die umfassenden Gebietsvereinheitlichungen unter Napoleon. Württemberg konnte dabei sein Territorium verdoppeln.

Bereits 1796 war es auf dem Kniebis zum Kampf der schwäbischen Kreistruppen mit den Franzosen unter Moreau gekommen, wobei auch Freudenstadt geplündert wurde. In den folgenden Jahren wiederholte sich die Besetzung der Stadt durch Franzosen und Österreicher mehrfach, zuletzt am 27. Sept. 1805.[1]

Etwa 800 Franzosen müssen damals zum unteren Stadttor hereingezogen sein, während die Österreicher zum oberen hinauszogen.[2]

In dieser Epoche ständiger militärischer Bedrängnis hatte auch Freudenstadt die Belastung durch Einquartierungen, Truppenaushebungen

1824 zeichnete der Freudenstädter Konditor Friedrich Bothner diese Stadtansicht.

und hohe Steuern zu tragen. Die hier ohnehin bei weiten Bevölkerungsteilen verbreitete Armut wurde noch verstärkt. Ganze Scharen an Bettlern zogen übers Land, darunter auch viele Kinder. Die Kriegszüge, die zunächst auf der Seite Napoleons geführt wurden, brachten es mit sich, daß Deutsche gegen Deutsche kämpfen mußten. Sie forderten zahlreiche Opfer ebenso wie die Befreiungskriege gegen Napoleon 1814/1815, von denen etliche Freudenstädter als Invaliden zurückkehrten.[3]

Das Oberamt Freudenstadt – Nutznießer der napoleonischen Umwälzungen

Große Unsicherheit prägte jene Jahre. Die altwürttembergischen (Kloster)Ämter rund um Freudenstadt, wesentlich älter als das Amt Freudenstadt selbst, wurden aufgehoben und mit dem neuen Königlichen Oberamt Freudenstadt vereinigt: Am 25. April 1807 geschah dies mit dem alten Amt Dornstetten und mit dem Klosteramt Reichenbach.[4] Der jahrhundertelang schwelende Machtkampf mit der Stadt Dornstetten war nun endgültig zugunsten der jüngeren aber wesentlich größeren Stadt entschieden.[5] 1810 traf auch das Klosteramt Alpirsbach die Auflösung, von dem einige wenige Orte zum Oberamt Freudenstadt geschlagen wurden. Das gebietsmäßig sehr kleine und erst gut 200 Jahre alte Amt Freudenstadt hatte durch diese Gebietsreform eine enorme Aufwertung erfahren.
Zwölf Landvogteien wurden als Übergangsbehörden im neuen Königreich Württemberg gebildet, Freudenstadt gehörte zur Landvogtei im Schwarzwald mit Sitz in Calw.[6] Nach deren Aufhebung 1817 bildeten vier Kreisregierungen die Mittelinstanzen. Das jetzt 41 Gemeinden umfassende Oberamt Freudenstadt wurde dem Schwarzwaldkreis mit Sitz in Reutlingen zugeschlagen.

Hungersnot

Schon seit 1811 folgte ein mageres Erntejahr dem anderen, besonders schlimm war es 1816. Im November wurde im Gerichtsprotokoll vermerkt: „Die auf hiesiger Markung gewachsenen Körnerfrüchte wurden nur zum vierten Teil richtig reif, das andere Viertel lieferte eine schlechte Frucht, während der Rest weder reif noch eingeheimst wurde."[7] Im Sommer eröffnete die Stadt Freudenstadt die erste öffentliche Suppenanstalt.[8] So konnten die ganz Armen kostenlos wenigstens ein bescheidenes Mittagessen erhalten, denn der Brotpreis war für viele auf unerschwingliche Höhe angestiegen. Es ist überliefert, daß damals zu Gerippen abgemagerte Menschen in Feld und Wald hinauszogen, um Wurzeln und wilde Kräuter zu suchen.[9]
Solch verarmte Einwohner kamen auf den Gedanken, durch Wiedereröffnung der seit 50 Jahren ruhenden Bergwerksgruben sich einen kleinen Verdienst zu verschaffen.[10] Das Hüttenwerk Friedrichstal nahm ihnen die dabei gefundenen Roherze ab. Und der Bierbrauer und Bäcker Daniel Schubert unternahm den Versuch, aus Malzschlamm Brot zu backen.[11] Um Verdienstmöglichkeiten zu schaffen, wurde 1817 eine Industrieschule gegründet.[12]

Die bittere Not machte erfinderisch.

Stadt der Schulen und Behörden

Freudenstadt war als Oberamtsstadt Sitz sämtlicher Bezirksstellen, vom Oberamt, Oberamtsgericht, Gerichtsnotariat, Forstamt, Revieramt, Eichamt und Postamt über das Oberamtsphysikat sowie dem Sitz des Oberamtswundarztes, des Oberamtstierarztes und des Oberamtsgeometers bis hin zum evangelischen Dekanat, Diakonat und seit 1859 dem Sitz einer katholischen Pfarrei. Lediglich das Kameralamt befand sich bis 1875 in Dornstetten.
Bildungsstätten für die Freudenstädter Jugend waren die sogenannte Deutsche Schule (später Volksschule) sowie die Lateinschule. Als Vermächtnis aus Gründungstagen lag die Verpflichtung für den Bau und die Unterhaltung beider Schulen beim Staat.[13] Zu Beginn des 19. Jahrhunderts waren sämtliche Schüler im alten Schulgebäude hinter der Stadtkirche untergebracht. Während die Lateinschule damals ohnehin nur von Jungen besucht wurde, saßen in der Deutschen Schule Jungen und Mädchen noch gemeinsam im Unterricht. Durch gestiegene Schülerzahlen gelang es 1811, reine Jungen- und Mädchenklassen zu bilden.[14] Der

Portal des Königlichen Oberamtsgebäudes auf dem Freudenstädter Marktplatz (Zeichnung von Stadtbaumeister Jakob Wälde).

Erwerb eines Hauses am Marktplatz als Mädchenschulhaus im Jahr 1829 machte die Trennung der Geschlechter perfekt.[15]

Verwaltungsreform durch König Wilhelm I.

1816 trat König Wilhelm I. die Thronfolge an. Er fand das Land in schwieriger Lage vor. In der Verfassungsfrage konnte er sich so wenig wie sein Vater mit der Ständeversammlung einigen. So führte er die dringend anstehende Verwaltungsreform ohne deren Beteiligung durch. In zahlreichen Organisationsedikten wurde der Staat bis hinab in den Bereich der Gemeinden auf eine neue Grundlage gestellt. Diese Edikte brachten eine klare Trennung von Justiz, Verwaltung und Staatsfinanzen. Der Aufbau der Gemeinde- und Bezirksverwaltung sowie der Justizbehörden wurde ganz neu geregelt, die Leibeigenschaft 1818 abgeschafft, die Ablösung der Feudallasten zumindest in die Wege geleitet. Lang währte der Kampf zwischen Landständen und König um die 1819 erlassene neue Verfassung. Das Zweikammernsystem des neu eingeführten Wahlrechts war im heutigen Sinne noch nicht demokratisch. Bedeutsam war die Einführung der kommunalen Selbstverwaltung. Die Mitglieder des Gemeinderates wurden von der Bürgerschaft auf Lebenszeit gewählt. Württembergische Besonderheit war die Einführung des Bürgerausschusses, dessen Mitglieder jedes Jahr zur Hälfte neu gewählt werden sollten. Er war eine Art Kontrollorgan für den Gemeinderat (das Beschlußorgan) und bestand bis 1919.

Das Stadtschultheißenamt wird eingeführt

Bis 1818 war der Freudenstädter Oberamtmann zugleich Stadtvorstand, die zumeist zwei Bürgermeister hatten die Funktion des Stadtpflegers inne. 1819 wurde in Württemberg das Amt des auf Lebenszeit gewählten Stadtschultheißen eingeführt. Seit 1930 nennt sich das Stadtoberhaupt Bürgermeister und seitdem Freudenstadt 1988 Große Kreisstadt geworden ist, gibt es einen Oberbürgermeister.

1819 – 1821	Christian Philipp Moser
1821 – 1839	Johann Michael Weimer
1839 – 1844	Friedrich Ludwig Trück
1845 – 1852	Johann David Lieb
1852 – 1870	Johann Reichert
1870 – 1876	Friedrich Ehmann
1877 – 1919	Alfred Hartranft
1919 – 1944	Dr. Ernst Blaicher
1945	Gottlob Klepser
1945 – 1948	Friedrich Rothfuß
1948 – 1955	Hermann Saam
1956 – 1963	Walter Bärlin
1964 – 1983	Gerhard Wolf
1984 – 1992	Hans H. Pfeiffer
seit 1992	Erwin Reichert

Freudenstadt als Bundesfestung?

Ab 1814 taucht wiederholt der Plan auf, Freudenstadt zur Deutschen Bundesfestung auszubauen.[16] Ein Teil der Summe, die von der französischen Kriegskontribution zur Anlage von Festungen ausgeworfen wurde, sollte hierfür verwandt werden. Die Befestigung Freudenstadts und des Kniebis schien kostengünstiger als jene der Stadt Rastatt. Nach Entwürfen aus den Jahren 1821 und 1822 sollten 16 Verteidigungswerke um die Stadt erbaut werden, die Besatzung war mit 9000 Mann vorgesehen.[17] Doch die Verhandlungen im Bundestag zogen sich über Jahre hin und verliefen schließlich im Sande.

Bekämpfung der Armut

Bis ins 19. Jahrhundert hinein galt die württembergische Kastenordnung von 1615, in der die gesamte Armenpflege geregelt war.[18] Die Verteilung der Unterstützung war in den Städten Sache des Oberamtmanns und des Waisenrichters. Die Aufsicht führten der Oberamtmann und der Dekan.

1807 wurde in Württemberg die Verpflichtung des Wohnorts zur Armenunterstützung durch diejenige der Heimatgemeinde abgelöst.[19] Diese Regelung galt bis 1873. Bedürftige mußten nun unabhängig vom Wohnort durch ihre Heimatgemeinde unterstützt werden. Um die Zahl der Armen nicht zu groß werden zu lassen, versuchten die Kommunen durch Verweigerung des Bürgerrechts unliebsame Personen fernzuhalten, um sie nicht unterstützen zu müssen. So konnten auch Eheschließungen Armer verhindert werden.[20] Nicht von ungefähr kamen in jenen Jahrzehnten etwa 10 bis 15 Prozent der Freudenstädter Kinder unehelich zur Welt.[21]

Die auf den Hungerwinter 1816/1817 folgenden Jahre hatten die finanzielle Situation der Armenpflege sehr verschlechtert.[22] Auch wurden die von den Bürgern zu leistenden Armenbeiträge als nicht mehr zumutbar empfunden.[23] Nur noch bei äußerster Not, beschloß der Gemeinderat 1824, sollten Arme mit Geld bedacht werden. Stattdessen wurde jeder Unterstützungsberechtigte im Wechsel bestimmten Familien zugeteilt, bei denen er dreimal täglich eine Mahlzeit abholen durfte. Nahrungsmittel konnten die Freudenstädter eher aufbringen als Bargeld.

1832 war ein schlechtes Jahr, es kam zu einer Teuerung und zur ersten größeren Amerikaauswanderung.[24] Die von der Stadt eröffnete Suppenanstalt verteilte täglich 200 Portionen. Unter der Leitung des Bezirkswohltätigkeitsvereins entstand eine Armenbeschäftigungsanstalt.[25] 150 Personen, größtenteils Kinder, verfertigten in großem Stile Strohhüte aller Art, die in den Verkauf gingen. Auf Neujahr 1833 wurde diese Anstalt in eine Aktiengesellschaft umgewandelt, schon für 5 Gulden konnte man Mitglied werden. Bis 1838 fand hier ein großer Teil der Armen Beschäftigung.

Seit 1824 wurde immer wieder die dringend notwendige Einrichtung eines Armenhauses diskutiert[26], bis die Stadt 1841 schließlich einen Teil des Wachthauses auf dem Marktplatz dafür bereitstellte und 1854 dann eigens ein Gebäude für die Unterbringung der Armen erwarb.[27]

Die Realschule wird gegründet

Seit den 1820er Jahren wurde der Ruf nach einer besseren gewerblichen Ausbildung in Freudenstadt laut. Der Stadtrat forderte eine Erweiterung der Lateinschule um die Fächer Realunterricht und Französisch. Dies konnte die seitherige Schule nicht bieten, wurden doch von einem Präceptor 40 bis 50 Schüler im Alter zwischen acht und vierzehn Jahren unterrichtet.[28] So heißt es in einer Eingabe vom Juni 1835 u.a.: „Die Lage der hiesigen Stadt, in der Nähe von Baden, der Schweiz und von Frankreich, und der Handelsverkehr mit diesen Ländern, geben dem Unterricht in der französischen Sprache eine besondere Wichtigkeit."[29] Nach langem Hin und Her kam es 1837 mit einem Staatsbeitrag zur Gründung einer Realschule. Angeblich soll durch die besseren Sprachkenntnisse der rege Viehhandel bis nach Paris danach einen weiteren Aufschwung erlebt haben. Der Andrang auf diese Schule war sehr groß.

Die französische Sprache hält in Freudenstadt Einzug.

Die wirtschaftlichen Verhältnisse

Nichts weiter als ein kleines Handwerkerstädtchen war Freudenstadt bis weit ins 19. Jahrhundert hinein, auch wenn es von altersher Oberamtsstadt war. Das Kleingewerbe dominierte. Hervorstechend an Freudenstadt war der unge-

Der Stadtwald

Der Teuchelweg wurde durch die Anpflanzung von Kastanien zur Waldpromenade gestaltet. Um 1900.

Der Wald hat für Freudenstadt eine ganz besondere Bedeutung. Die ausgedehnte, über 3.700 Hektar umfassende Markung der Stadt war noch um 1900 zu fast drei Vierteln bewaldet.
Von altersher hatte der Wald für die Menschen etwas Unheimliches an sich. Nur zum Zwecke der Nutzung, also zum Holzfällen, Harzen, Jagen, Beeren- und Streusammeln oder als Viehhirte drang man tiefer ein. Der Wald war der wichtigste Rohstofflieferant und als solcher wurde er ausschließlich betrachtet. 60 Holzhauer fanden im 19. Jahrhundert in Freudenstadt ihr Auskommen, und viele Frauen und Kinder hofften auf den Verdienst durch das Sammeln von Heidelbeeren.
Noch zu Beginn des 19. Jahrhunderts gehörten die weiten Wälder um Freudenstadt dem Staat. Den Bürgern standen jedoch beträchtliche Holzrechte darin zu. Mit dem Bevölkerungswachstum stiegen auch die Holzabgaben und so dachte man an eine Ablösung dieser alten Rechte. Es kam zu Verhandlungen mit dem Freudenstädter Stadtschultheißen Weimer, dem es zu verdanken ist, daß die alten Rechte der Bürger nicht mit Geld abgelöst wurden, sondern mit Wald.
1833 kam der für die Stadt so wichtige Ablösungsvertrag zustande, bei dem 7.097 württembergische Morgen Wald, das sind rund 2.300 Hektar, vom Staat in das Eigentum der Stadt übergingen (bisher hatte die Stadt nur gut 400 Morgen Wald besessen). Dagegen mußte die Stadt die seitherigen Gegenleistungen an die Berechtigten mit dem 20fachen eines Jahresbetrages (insgesamt 6.884 Gulden) zur Ablösung bringen.
Dieser Vertrag war ein Markstein in der Entwicklung der Stadt. Durch seine ausgedehnten Waldungen wurde Freudenstadt zu einer der reichsten Gemeinden des Landes, die Gemeindesteuern konnten abgeschafft werden. Jeder gewerbetreibende Bürger erhielt jahrzehntelang kostenlos elf Raummeter Scheiterholz, von den Nebennutzungen wie Waldstreu-, Viehfutter- und Beerensammeln ganz zu schweigen. An diesem Bürgernutzen, später als Holzgeld ausbezahlt, hingen die Freudenstädter ganz besonders.

Am weitesten verbreitet war die Fichte, gefolgt von der Weißtanne. Vereinzelt fanden sich auch Forchen und Lärchen und nur selten Laubbäume. Ein Förster und vier Waldschützen hatten nach dem Stadtwald zu sehen.

Im Laufe des 19. Jahrhunderts, verstärkt dann seit Beginn des 20. Jahrhunderts, veränderte sich die

Sehr beliebt für kleine Ausflüge waren die Waldhütten.

Einstellung zur Natur. Waren es zunächst nur einzelne Individualisten, die den Schwarzwald durchstreiften, so steigerte sich der Zustrom mit der Entdeckung seiner heilklimatischen Kräfte. Die Lust am Wandern kam auf. Erst seit etwa 100 Jahren ist der Schwarzwald mit Wegen, Bänken und Schildern so erschlossen, wie wir ihn heute kennen. Für Ruhe- und Erholungssuchende wurde er zum Zufluchtsort.

Auch für die Freudenstädter wandelte sich der Wert des Waldes mit dem Aufkommen der Luftkur und der Wanderfreude ganz entscheidend. Das weite, geschlossene Waldgebiet, das die Stadt von drei Seiten umgibt, stellt(e) ein großes Kapital dar, ihm verdankt Freudenstadt ganz wesentlich seine Entwicklung als Kurstadt.

Bereits Ende des 19. Jahrhunderts erkannte man, daß wegen des Kurbetriebs auf die Nutzung des Altholzes verzichtet werden mußte. Der Wald rings um die Stadt sollte den Charakter eines Hochwaldes nicht verlieren. Und im 1909 beschlossenen Wirtschaftsplan wurde der weitblickende Entschluß gefaßt, große Teile des Stadtwaldes als Parkwald zu bewirtschaften.

Im Christophstal.

Hätten die Freudenstädter ihren Waldbesitz im 19. Jahrhundert unter die Bürger verteilt, wie es in vielen Nachbargemeinden der Fall war und wie auch hier immer wieder der Wunsch laut wurde, so wäre dem Wald nicht diese vorbildliche Pflege zugekommen – die Grundlage für die Entwicklung zum Kurort hätte gefehlt.

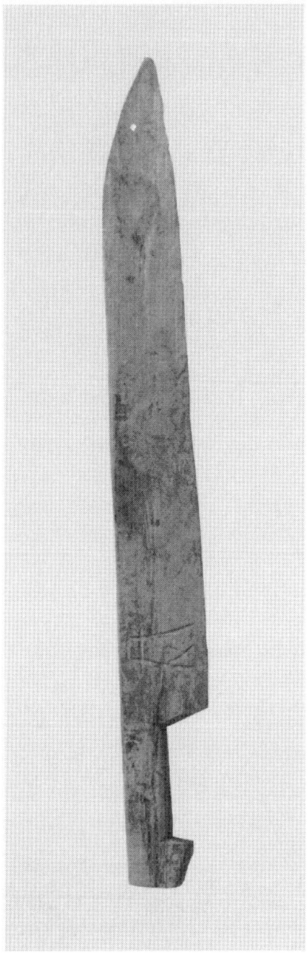

Zahlreiche Tuchmacher arbeiteten in Freudenstadt. Hier ein sogenanntes Tuchmacherschwert eines Freudenstädter Meisters.

wöhnlich große Waldbesitz, der vielen Einwohnern neben dem Handwerk als Holzhauer das Auskommen sicherte.
Im Verhältnis zur Einwohnerzahl verfügte Freudenstadt über eine nur kleine landwirtschaftliche Anbaufläche. Auf die einzelnen Familien fielen etwa fünf Morgen Land. Im Vergleich zu anderen Städten, wie etwa dem benachbarten Dornstetten, war dies sehr wenig. Trotzdem wurde in Freudenstadt in der Mitte des 19. Jahrhunderts zehnmal so viel Frucht angebaut als zu Beginn des 20. Jahrhunderts![30] Auch der Stadtbürger trieb eine Landwirtschaft um, versuchte sich so weit als möglich selbst zu versorgen.
1858 heißt es in der Beschreibung des Oberamts Freudenstadt:[31] „Die Haupterwerbsquelle der Bewohner besteht außer Feldbau und Viehzucht in Gewerben, auch suchen minder Bemittelte ihr Auskommen durch Taglohn und hauptsächlich durch Arbeiten in den Waldungen zu sichern." ... „Was den Charakter betrifft, so sind die Ortseinwohner im allgemeinen gesellig, ordnungsliebend, äußerst fleißig und sparsam. In ihren Vermögensumständen stehen viele ohne Verschulden zurück, was mitunter der minder ergiebigen und im Verhältnis zur Einwohnerzahl zu kleinen Feldmarkung zuzuschreiben ist. Übrigens gibt es dennoch einzelne Reiche und ziemlich viele Vermögende."
In einem Universallexikon Württembergs findet sich folgender Eintrag über die Freudenstädter Gewerbestruktur um 1840:[32] „Was die Nahrungszweige der Einwohner betrifft, so treiben sie meist städtische Gewerbe. Es bestehen hier Essigfabriken, Terpentin-, Kolofonium- und Kienrußfabriken, Sauerkleesalz- und Pottaschesiedereien usw. Überdies gibt es der Tuchmacher und Nagelschmiede in Menge. Der Handel ist ziemlich bedeutend, besonders was die Artikel Holz und Vieh betrifft. Übrigens gehören die meisten Einwohner nicht zu den Wohlhabenden und viele möchten sogar ganz heruntergekommen genannt werden, indem ihnen das Aufhören des Schmuggelhandels aus Baden ins Württembergische herüber ihren letzten Erwerbszweig raubte." Bekanntlich wurde 1834 der Deutsche Zollverein gegründet und seitdem gab es für die Bewohner einer Grenzstadt keine Zölle mehr zu umgehen.
Auch sonst bemühte sich der Staat in diesen ersten Jahrzehnten des 19. Jahrhunderts in besonderer Weise, den Herausforderungen der Zeit gerecht zu werden, u. a. erstrebte man die Gewerbefreiheit. Die Gewerbeordnung von 1828 brachte diese zwar noch nicht, lockerte den überalterten Zunftzwang jedoch erheblich und befreite den Handel von zahlreichen Schranken. Auch ging man daran, neue und gerechtere Besteuerungsgrundlagen zu schaffen. Diesen Steuergesetzen verdanken wir die ersten statistischen Erhebungen über die Freudenstädter Gewerbestruktur aus dem Steuerkataster von 1823.[33]
Über 70 % der in diesem Gewerbesteuerkataster aufgeführten Personen gehörten zum Handwerk. Es gab in der über 4000 Einwohner zählenden Stadt etwa 30 Bäcker, 30 Metzger, 26 Schuhmacher, 13 Zimmerleute, 12 Maurer, um die stark besetzten, aber nur für den Eigenbedarf der Bürger produzierenden Handwerkszweige zu nennen. Bereits damals arbeiteten hier sehr viele Tuchmacher und Nagelschmiede, d.h. schon zu Beginn des 19. Jahrhunderts wurden in Freudenstadt über den Eigenbedarf hinaus Nägel und Tuch für den Handel produziert.
Wirtschaftlich deutlich am schlechtesten gestellt waren die Tagelöhner und die Weber sowie die vier Pottaschesieder. Ansonsten bildete die sehr breite Handwerkerschicht in Freudenstadt eine relativ ausgewogene Einkommensgruppe. Zu den schlechter Verdienenden gehörten hier die Schneider, Schuhmacher und die Messerschmiede, auch die Nagelschmiede waren kaum besser gestellt. Bei den Tuchmachern fallen große Schwankungen zwischen den einzelnen Meistern auf.
Verschiedentlich erhielten Freudenstädter Handwerker auf der Stuttgarter Kunst- und Industrieausstellung Auszeichnungen, etwa 1827 Friedrich Nestle mit seinen kunstvoll aus Golddraht gefertigten Artikeln[34] oder 1831 der Gürtler Frasch mit seiner Lampe ohne Docht[35].
In jener vorindustriellen Zeit konnten sich immerhin 36 Frachtfuhrleute durch den Transport von Waren mit Pferde- oder Ochsengespannen ihren Verdienst sichern. Daß sich die Mobilität, der Warenfluß, im Laufe der nächsten Jahrzehnte steigerte, läßt sich daran ablesen, daß es im Jahr 1852, also noch lange bevor

die Eisenbahn Freudenstadt erreichte, bereits über 50 Frachtfuhrleute gab.[36]
Die Oberschicht war nur sehr dünn und hob sich stark von der übrigen Bevölkerung ab: Es waren die wenigen Kaufleute wie auch die beiden Apotheker, die über ein etwa zehnfach höheres Einkommen als ein durchschnittlich verdienender Handwerker verfügten.

Die Revolutionszeit

Das 19. Jahrhundert war das Jahrhundert der Krisen. Langfristige Untersuchungen über Klimaveränderungen weisen diese Zeit als eine sehr kalte aus; Mißernten und Hungerjahre häuften sich. Ausgelöst durch eine schreckliche Hungerkatastrophe bildete die Zeit um 1850 den Kristallisationspunkt zahlreicher politischer und gesellschaftlicher Umwälzungen des 19. Jahrhunderts.

Notjahre in der Mitte des 19. Jahrhunderts

Zwischen 1846 und 1856 kam es zu einer durch die katastrophale Mißernte des Jahres 1846 ausgelösten, lang anhaltenden wirtschaftlichen und auch politischen Krise. Handel und Gewerbe lagen fast ganz darnieder. Die Getreidepreise waren hoch, die Holzpreise extrem niedrig. Die Bevölkerung litt große Not. In vielen Häusern wurde nur noch einmal am Tage gegessen.[37] Auch schreckten die Freudenstädter nicht mehr vor dem Verzehr von Pferden, Hunden und Katzen zurück.[38]
1847 wurde eine öffentliche Armenbeschäftigungsanstalt mit Hilfe der Stadt eingerichtet.[39]
Von privater Seite kam es zur Errichtung einer Wollstrickerei wie auch einer Weißstickerei, und der 1839 gegründete Gewerbeverein führte 1852 die Bürstenherstellung ein. Neben der bereits während der Hungerkatastrophe von 1817 gegründeten Industrieschule wurde 1854 auch noch eine gewerbliche Fortbildungsschule als Keimzelle für industrielle Kenntnisse und Fertigkeiten ins Leben gerufen.
Durch Vergebung von Notstandsarbeiten versuchte die Stadt, der Bevölkerung – die innerhalb eines Jahrzehntes von 4.000 auf 5.000 Personen angewachsen war – einen wenn auch geringen Verdienst zu verschaffen.[40] Straßen und Wege wurden durch halb verhungerte Gestalten ausgebaut, die ohnehin kleine Anbaufläche durch Waldrodung vergrößert, Vogelbeerbäume auf dem Schöllkopf gepflanzt u.a.
In privater Initiative bildeten sich verschiedene Vereine, die Lebensmittel verteilten, um den Kinderbettel und auch den Bettel der Handwerksburschen abzuschaffen.[41] Wöchnerinnen und armen Kindern wurden extra Rationen ausgeteilt. Daneben sorgte auch der nach der Hungerkrise von 1816/1817 gegründete und bei der nächsten Hungersnot 1847 wieder neu ins Leben gerufene Bezirkswohltätigkeitsverein für die Ortsarmen.[42]

Hammer und Nägel eines Freudenstädter Nagelschmieds.

Etwas Besonderes stellte die Einrichtung einer Hilfskasse für die Arbeiter der Hüttenwerke zu Beginn der 1840er Jahre dar.[43] Jeder der etwa 100 Arbeiter war verpflichtet beizutreten. Arbeitsunfähige erhielten eine wöchentliche Unterstützung und auch Witwen und Waisen erfuhren besondere Hilfe.

1854 wurden auf Kosten der Stadt 40 der ärmsten Freudenstädter nach Amerika geschickt.

In dieser schlimmen Zeit kam es in Freudenstadt zu etwa 50 Konkursen und Zwangsversteigerungen. Das Problem war die eindeutige Spezialisierung auf wenige Branchen. Man machte sich gegenseitig Konkurrenz. So verdienten im Jahr 1852 fast 200 Freudenstädter, zumeist Familienväter, mit der Herstellung von Nägeln ihr Brot.[44]
Verschärft wurde die Not durch die Aufeinanderfolge etlicher schlechter Jahre, es war kein Ende abzusehen. „Alles geht dem Verderben entgegen“ schrieb Louis Nestle 1853 in seine Chronik.[45]
Aus dieser bedrückenden und ausweglosen Situation heraus entschloß sich die Stadt 1854, die Ärmsten der Armen auf ihre Kosten nach Amerika auswandern zu lassen. Eine Fahrkarte (in eine völlig ungesicherte Zukunft) kam billiger als die jahrelange Armenunterstützung. Am 29. September verließen 204 Freudenstädter die Stadt. Wir wissen, daß 40 der Auswanderer bei der Ankunft in New Orleans nicht mehr am Leben waren![46]

Die Revolution bricht aus

Die Nachrichten aus Paris wühlten die Bevölkerung auf.

Die seit Winter 1846/1847 ausgebrochene Hungersnot verschärfte das politische Klima; Unruhe begann sich in der Bevölkerung breitzumachen. Die Nachricht von der am 24. Februar 1848 in Paris ausgebrochenen Revolution rief auch in Freudenstadt eine Welle der Erregung hervor. Überall wurde diskutiert und politisiert. Einige Freudenstädter Bürger, die die bestehenden Verhältnisse nicht länger hinnehmen wollten, taten sich zusammen.[47] Auf den 3. März luden sie ins Gasthaus zur Linde ein, um über eine Petition an die Regierung zu beraten. 244 Bürger unterschrieben diese sehr patriotisch gehaltene Eingabe, in der es um ein geeintes Deutschland, um Pressefreiheit, um Vereins- und Versammlungsfreiheit, um Bürgerbewaffnung und um die Neuwahl der Ständekammer ging.
Die Freudenstädter waren aufgewacht und wollten informiert sein. Zur Fortbildung und politischen Weiterbildung der Bevölkerung gab es jetzt zwei Lesevereine, die Bücher und Zeitungen zirkulieren ließen.[48] Im Gasthaus Linde lagen die Deutsche Volkszeitung, die Mannheimer Abendzeitung, der Eulenspiegel u.a. zur Einsicht aus.
Am 9. März 1848 kam es zur Regierungsumbildung in Stuttgart, was auch in Freudenstadt große Freude hervorrief. Dieses sogenannte Märzministerium erließ Pressefreiheit, führte die Versammlungsfreiheit wieder ein und beschloß die Abschaffung der Grundlasten.
Wie eine Bombe schlug am 23. März 1848 die Nachricht ein, Tausende von Franzosen seien über den Rhein gekommen und würden sengend, brennend und mordend das Kinzigtal heraufziehen. Woher dieses Gerücht, das weithin in Süddeutschland auftauchte, kam, läßt sich wohl nicht mehr feststellen. Die Bevölkerung wurde in größten Schrecken versetzt. Man bedenke, daß die napoleonischen Feldzüge erst ein paar Jahrzehnte zurücklagen. Größte Hektik entstand in Freudenstadt; die Bevölkerung begann, kostbare Dinge zu vergraben oder auszulagern.[49] Am 24. März erbat die Bevölkerung des Kniebis vom Oberamt Hilfe gegen die angeblich 12.000 Franzosen, die vom Badischen her am Vorrücken seien. Weitere Schreiben, etwa des Rippoldsauer Bürgermeisters, folgten. Das Oberamt bat dringend um militärische Unterstützung aus Stuttgart.[50] Am nächsten Morgen marschierten mehrere hundert Freudenstädter auf die Alexanderschanze, um die französischen Freischärler am Einfall in Württemberg zu hindern.[51] Bewaffnet waren die Männer mit Sensen, die sie im Hüttenwerk Friedrichstal geholt und auf mächtige Flößerstangen gesteckt hatten[52], manche auch nur mit Dreschflegeln und Hauen. Auf dem Kniebis wartete die kampfeslustige Schar vergeblich, kein einziger Franzose zeigte sich. Nach einigen Stunden kam die Nachricht, daß alles nur blinder Alarm sei. Auf Gemeindekosten kehrten die Freudenstädter im Ochsen ein, bevor sie wieder heimwanderten. Das war der „Franzosenfeiertag“.
Immerhin bot dieses Ereignis den Anlaß, auf schnelle Aufstellung und Bewaffnung der Bürgerwehren zu drängen. Am 1. April 1848 gestand die Regierung dies zu. Mehrmals pro Woche exerzierte nun die Freudenstädter Bürgerwehr unter ihrem Kommandanten Münster auf dem Exerzierplatz vor dem Loßburger Tor beim „Rappen“.[53]

Die „Reichstagswahl" Ende April 1848 bewegte die Bevölkerung stark. In der Freudenstädter Stadtkirche kam es zu einer großen Wahlversammlung mit dem Kandidaten Prof. Frisch, ansonsten Lehrer in Stuttgart, der dann auch gewählt wurde. Für die Landtagswahl im Mai 1848 sollte als Landtagsabgeordneter für diesen Wahlkreis der Dichter Ludwig Uhland gewonnen werden, doch ließen dies seine Verpflichtungen als Abgeordneter in Frankfurt nicht zu. Stattdessen wurde Schultheiß Pulvermüller von Baiersbronn in den Landtag gewählt.

Am 2. Juli 1848 konstituierte sich in Freudenstadt ein Volksverein u. a. mit den Zielen, die Bevölkerung in vaterländischen Dingen gegenüber Behörden und der Regierung zu unterstützen und bei Wahlen aufklärerisch zu wirken.

Die Revolution griff um sich und erfaßte selbst die Körperschaften des Oberamts und der Gemeinden. Eine neue Oberamts- und Gemeindeordnung wurde im Juni 1848 ausgearbeitet und die Amtsversammlung (heute: Kreistag) für öffentlich erklärt. Die lebenslänglich gewählten Gemeinderäte verzichteten auf ihre Mandate oder stellten sich im Juli 1848 zur Neuwahl.

Durch das Sticken einer Bürgerwehrfahne brachten auch die Freudenstädter Frauen ihre Begeisterung für die neue Epoche zum Ausdruck.[54] Die Fahnenweihe am 8. Oktober 1848 war ein großes Ereignis, das mit Festzug, Ansprachen, mit Theateraufführungen und einem abendlichen Ball gefeiert wurde.

Die Ermordung des Leipziger Parlamentsabgeordneten Robert Blum, der ein unermüdlicher Vorkämpfer der deutschen Einheit und Freiheit war, rief im November 1848 große Entrüstung hervor. Fast 3000 Personen nahmen auch in Freudenstadt an einer Totenfeier teil.[55] Dieser Mordfall machte vielen Deutschen klar, daß es um die ersehnte Freiheit und Einigung nicht zum besten stand. Zwar freute man sich über die Verkündung der Grundrechte für das deutsche Volk im Winter 1848/1849, doch tauchten bald Schwierigkeiten auf; das Scheitern des Frankfurter Parlaments zeichnete sich ab.

Der „Freudenstädter Auszug"

Ende April 1849 nahm die Unruhe in der Bevölkerung zu.[56] Die Freudenstädter richteten eine Adresse an die Regierung, in der sie ihre Standhaftigkeit für die Reichsverfassung ausdrückten. Am 29. April fand vor dem Loßburger Tor eine große Versammlung mit dem Abgeordneten Pulvermüller statt. Und bei den Volksversammlungen in Offenburg oder in Horb a. N. beteiligten sich zahlreiche Freudenstädter.

Für Aufregung sorgten österreichische Kanoniere und badische Offiziere, die in Rastatt den Eid auf die Reichsverfassung verweigerten und auf dem Durchzug am 18. Mai 1849 in Freudenstadt nächtigten.[57] Die Situation spitzte sich zu. Die Volksvereine wurden mit dem Ministerium Römer immer unzufriedener. In Freudenstadt agierten Oberamtstierarzt Wallraff, Rechtskonsulent Klumpp und Kronenwirt Faist sehr heftig und aufgebracht. Wallraff äußerte oft, man solle den Strohstuhl als eine neue Art der Guilliotine herumgehen und allen Aristokraten die Köpfe herunterschneiden lassen.[58] Auch Buchbinder Kodweiß hätte gerne standrechtliche Erschie-

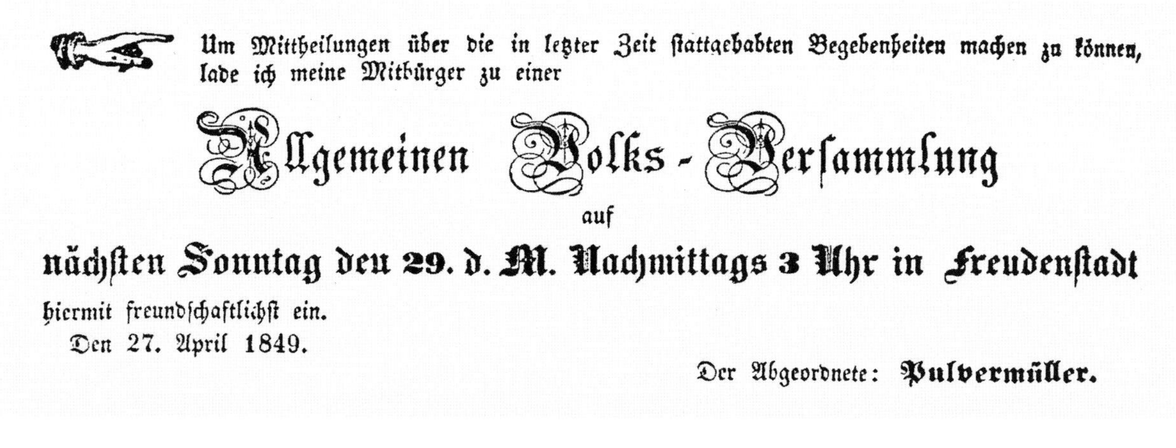
Um Mittheilungen über die in letzter Zeit stattgehabten Begebenheiten machen zu können, lade ich meine Mitbürger zu einer

Allgemeinen Volks-Versammlung

auf

nächsten Sonntag den 29. d. M. Nachmittags 3 Uhr in Freudenstadt

hiermit freundschaftlichst ein.

Den 27. April 1849.

Der Abgeordnete: Pulvermüller.

Anzeige im „Gränzer" vom 28. April 1849.

Auch Freudenstädter wollten die Regierung in Stuttgart stürzen.

Der Oberamtmann warnte vor einem Auszug nach Stuttgart.

ßungen gesehen. Insgesamt war die Stimmung des Volkes gerade auch im Schwarzwald sehr aufgeheizt. Man forderte die Aufhebung der Feudallasten und plante einen gemeinsamen Zug nach Stuttgart. Die 1843 gegründete Freudenstädter Tageszeitung „Der Gränzer" konnte ihre Auflagenhöhe steigern.

Auf einer geheimen Versammlung in Tübingen im Juni 1849 wurde auch der Auszug der Schwarzwälder nach Stuttgart besprochen. Erklärtes Ziel war, das Ministerium Römer zu stürzen. Aus Freudenstadt waren als Organisatoren Oberamtstierarzt Wallraff und Rechtskonsulent Klumpp, seit April 1849 Vorsitzender des Volksvereins Freudenstadt, dabei. Zurück von Tübingen schickten die beiden von Freudenstadt aus Sendboten in die umliegenden Städte, um die Stimmung zu erkunden: Überall trafen sie offene Bereitschaft für eine Erhebung an.

So fand am 21. Juni 1849 eine Versammlung im Gathaus Linde statt, um sich wegen des Auszugs nach Stuttgart zu besprechen. Die Diskussion wurde so lautstark geführt, daß der in der Nähe wohnende Oberamtmann Sigmundt mithören konnte. Da er alles Gehörte später getreulich an die vorgesetzte Behörde berichtete, ist der Verlauf der revolutionären Ereignisse im Oberamt Freudenstadt gut dokumentiert.[59] Auch warnende Stimmen waren auf der Versammlung zu hören und man war sich einig, nur einen Auszug zu organisieren, wenn die Erhebung des Volkes massenhaft sei und sich auch die umliegenden Oberämter daran beteiligten. Noch in derselben Nacht wurden sogenannte „Emissäre" in die umliegenden Oberämter abgesandt. Im Falle, daß diese Beihilfe zusicherten, wollte man am Sonntag, dem 24. Juni, ausziehen.

Am 23. Juni setzte der Oberamtmann eine dringende Warnung vor diesem Unternehmen in das Amtsblatt: „... so fühlt das Oberamt sich gedrungen, insbesondere Familienväter an den großen Jammer zu erinnern, welcher über ihre Familien kommen könnte, wenn es, was Gott verhüten wolle, bei einem solchen Unternehmen zu einem Zusammenstoße mit der bewaffneten Macht der Regierung kommen sollte ...".[60]

Die Mehrzahl der Bürgerwehrmitglieder hatte dem Auszug zugestimmt. Doch Kaufmann Münster, Befehlshaber der Bürgerwehr, weigerte sich aus Gewissensgründen die Leitung des Auszugs zu übernehmen.

Früh am Morgen jenes legendären 24. Juni 1849 ließ der Schützenhauptmann Wallraff seine Kompagnie herausblasen, ebenso die Bürgerwehr. Es erschienen über 100 Mann, manche von ihnen hatten den Rausch vom gestrigen Tag noch nicht ausgeschlafen. Besonnene Bürger wie etwa der seither sehr aktive Kronenwirt Faist oder Kaufmann Haist waren an diesem Morgen nirgends zu finden.[61] Diese geringe Zahl und die Kunde aus den Nachbargemeinden, daß kein einziger Mann mitgehen würde, ließen das Unternehmen fraglich erscheinen.

Doch da zog eine Abteilung von 60 Freudenstädtern nach Baiersbronn. Diese läuteten dort Sturm und stießen Drohungen aus, falls die Baiersbronner nicht mitzögen. Auch wurde behauptet, die Bevölkerung der ganzen Region hätte sich erhoben. Gegen abend endlich zog die Freudenstädter Truppe mit den Baiersbronnern unter der Führung der beiden Glasfabrikanten Böhringer in Freudenstadt ein. Sie waren – so behauptete dies jedenfalls der Oberamtmann – „teils mit Schießgewehren, teils auch bloß mit Stöcken bewaffnet, beinahe die Hälfte Knaben von 16 bis 18 Jahren, die älteren zusammengelesenes Gesindel, der größte Teil bereits betrunken".

Aber auch aus Klosterreichenbach waren 40 Mann und aus Loßburg 30 Mann in Freudenstadt eingetroffen. Dadurch ermutigt wurde nun auch in Freudenstadt die Bevölkerung herausgetrommelt. Die Mitglieder der Bürgerwehr sammelten sich aber nur spärlich, teilweise sollen sie sogar mit Gewalt aus ihren Häusern getrieben worden sein.[62] Es gelang, etwa 250 Freudenstädter auf die Beine zu bringen. Endlich wurde abmarschiert. 400 Murgtäler bildeten die Spitze, dann folgten die Freudenstädter und die Loßburger Bürgerwehr, das Jugendbanner und die Studentenlegion, insgesamt noch einmal 350 Mann.[63] Den Schluß bildeten die Proviant- und Munitionswagen. Die Offiziere trugen schwarzrotgoldene Schärpen. Nach Schätzung des Oberamtmanns waren es insgesamt etwa 500[64], nach anderen Schätzungen etwa 1.000 Mann[65], die an jenem Abend loszogen, um die Regierung zu stürzen. Erstes Ziel

war das „große Feld bei Grünmettstetten". Hier sollten die Freischärler vom oberen Neckartal zu denen vom Schwarzwald stoßen.[66]
Mit viel Begeisterung und großem Geknalle ging es los. Bereits am „Katzenholz", zwei Kilometer hinter der Stadt, lichteten sich die Reihen. Diese vorzeitig Umgekehrten mußten sich allerdings von den Freudenstädter Frauen Vorhaltungen gefallen lassen.[67]
Als der Zug Aach erreichte, drangen Bewaffnete in das Schulhaus ein und zwangen den Schultheiß, Sturm zu läuten. Beim Vesper im Gasthaus zur Brücke kam es zur ersten Disharmonie, da die Anführer nicht wie die anderen „Backsteinkäse" aßen, sondern eine Bratwurst bekamen. Glasfabrikant Böhringer von Buhlbach ahnte das Mißlingen des ganzen Vorhabens und ritt mit 200 Leuten ins Murgtal heim. Auch viele Freudenstädter kehrten in der Nacht schon von Dornstetten aus, wo sie sich einquartiert hatten, um. Am nächsten Morgen war der Haufen deutlich zusammengeschmolzen, auch schlossen sich weder in Dornstetten noch in Schopfloch weitere Auszügler an. So kehrte auch die zweite Baiersbronner Abteilung um. Oberkommandant Becher soll erklärt haben, er sehe ein, daß die gute Sache an der Teilnahmslosigkeit des Volkes scheitere.
Auf dem Weitermarsch trafen weitere ungünstige Nachrichten ein: die Horber selbst würden wenig Lust zum Auszug zeigen und bereits am Vortag sei die Calwer Gruppe wieder heimgekehrt. Auch sei Militär im Anzug. Da erlosch der letzte Rausch der Begeisterung der beim Seehaus Rastenden. Zwei den Aufständischen nachgeschickte Stadträte hatten leichtes Spiel, die Auszügler zum Heimmarsch zu bewegen.[68] Am nächsten Tag marschierten sie von Grünmettstetten mit Trommelwirbel nach Freudenstadt zurück. Die Anführer fuhren von Hörschweiler aus auf einem dreispännigen Leiterwagen dem Badischen zu, wo sie sich vermutlich am Freiheitskampf beteiligten und später in die Schweiz absetzten.[69]
Am 26. Juni abends erreichte Freudenstadt das Gerücht, daß 60 bis 70 bewaffnete Freischärler, darunter Wallraff, Kuch und Becher, in Schönmünzach erschienen seien, was für einige Unruhe sorgte. Vor dem Oberamtsgefängnis sammelte sich eine Schar Kinder und Frauen. Einer der

Unter dieser Fahne, die 1848 von Freudenstädter Frauen gefertigt wurde, zogen im Juni 1849 die Revolutionäre im bewaffneten Auszug Richtung Stuttgart. Nach dem Scheitern der Revolution wurde die Fahne von der Feuerwehr übernommen und ist heute im Freudenstädter Heimatmuseum zu sehen.

führenden Köpfe der Freudenstädter Revolutionäre, Unterlehrer Wucherer, saß hier in Haft. Der Oberamtsrichter, welcher mit dem Oberamtmann durch die Straßen ging, sprach eine der Frauen an.[70] Diese bat, er solle doch den seit gestern sich in Haft befindlichen Wucherer freilassen, die Schulkinder würden so um ihren Lehrer weinen. Als ihr hierauf der Oberamtsrichter erwiderte, Wucherer werde schon freigelassen werden, wenn es Zeit sei, forderten die Frauen: „Nein, heute noch muß er heraus!". Mittlerweile hatte sich eine kleine Menschenmenge angesammelt und es hatte überhaupt den Anschein – dies berichtete jedenfalls später der Oberamtmann –, als ob die Frauen nur vorgeschoben seien, um Spektakel einzuleiten. Es mußte der auf dem Rathaus versammelte Stadtrat und Bürgerausschuß aufgefordert werden, die Leute zum Auseinandergehen zu bewegen.[71] Nur mit Mühe gelang dies.
Tags darauf schrieb der Oberamtmann an die Regierung des Schwarzwaldkreises:[72] „Wenn nun auch ein kleiner Teil der hiesigen Bürgerschaft es ist, welcher an dem Auszuge freiwilligen Anteil genommen hat, denn – wie ich schon erwähnte – wurden viele dazu gezwungen, so ist es doch sehr zu bedauern, daß vor-

zugsweise die Bürgerwehr sich bei der Sache beteiligte, daß sie ihre Fahne mit dem Schimpfe des Aufruhres befleckt und daß der gutgesinnte Teil so wenigen Mut gezeigt hat, daß er der kleinen Rotte bösartig Gesinnter keinen Widerstand entgegen gesetzt hat."

Am 28. Juni 1849 erhielt Freudenstadt 500 Mann württembergisches Militär als Einquartierung. Durch Patrouillen und Torwachen sorgten die Truppen in der Stadt für Ruhe und Ordnung, auch schützten sie die Bürger vor Unruhestörern und badischen Freischaren, die über die Schwarzwaldhöhen zogen.[73] Die Bürgerwehr wurde vollständig entwaffnet, es kam zu mehreren Verhaftungen. Auch die Grenze zu Baden wurde durch Militär geschützt.

Die Voruntersuchungen dauerten lange.[74] Erst Ende September 1850 kam die Untersuchungskommission nach Freudenstadt.[75] Für einige Wochen wurde nochmals Militär stationiert.

Die Hauptschuldigen wurden bis zu 20 Jahren Zuchthaus verurteilt.

Von September 1851 bis Februar 1852 wurde der Schwarzwälder Auszug, Teil dessen der Freudenstädter Auszug war, vor dem Schwurgericht in Ludwigsburg aufgerollt.[76] Nach dreiwöchentlichen Verhandlungen begnadigte König Wilhelm I. etliche Teilnehmer am Freudenstädter Auszug, so etwa Konditor Bothner, Kaminfeger Geißler, Schuhmacher Laistner, Metzger Leube, Tagelöhner Schweickert und den Arzt Dr. Wiedersheim.[77] Dagegen wurden Oberamtstierarzt Wallraff zu 20 Jahren, Rechtskonsulent Klumpp zu 18 Jahren und Unterlehrer Kuch zu 12 Jahren Zuchthaus verurteilt. Unterlehrer Wucherer, Maurer Johann Haug und Kaufmann Georg Wagner erhielten nur einige Monate Kreisgefängnis verordnet. Mit dem Postwagen wurden diese Hauptschuldigen ins Gefängnis auf den Hohenasperg befördert, sofern sie sich nicht wie Wallraff und Kuch in die Schweiz abgesetzt hatten. Auch Rechtskonsulent Klumpp konnte sich unter einem Vorwand noch davonmachen, stellte sich aber im Mai 1852 freiwillig, erhielt vier Jahre Kreisgefängnis auf dem Asperg und fand nach zwei Jahren Begnadigung.[78]

So endete dieser „Auszug". Verständlicherweise wollten die Teilnehmer später nicht mehr gerne daran erinnert werden.[79] Sie wurden nach dem Scheitern nicht nur von der Regierung, sondern auch von der Bevölkerung verurteilt.[80] Davon abgesehen waren die Beweggründe der Aufständischen sehr unterschiedlich. Neben Freude am Krawall und am Randalieren fand sich zweifellos auch das ehrliche Bestreben, die Einheit Deutschlands als auch überhaupt Freiheit und Gerechtigkeit zu erringen. Hätte die Revolution zum Ziel geführt, gäbe es heute in Freudenstadt vielleicht eine Johann-Ludwig-Wallraff- oder eine Carl-Klumpp-Straße.

Der damalige Grüntaler Pfarrer Gustav Barth vermerkte in seiner Pfarrchronik über den Freudenstädter Auszug: „Ich glaube die Freudenstädter hätten lauter Kröpfe bekommen, wenn sie nicht ausgezogen wären."[81]

Von der Bürgerwehr zur Feuerwehr

Die 1848er Revolution belebte den Gedanken der Selbstverteidigung aufs neue und es entstanden Bürgerwehren. Zwar scheiterte die Revolution, doch „aus den Trümmern der Bürgerwehr entstand in neuem Glanze die Feuerwehr", wie es in der Festschrift zum 30jährigen Bestehen der Freudenstädter Feuerwehr heißt.

1884 beging die Freudenstädter Feuerwehr ihr 30jähriges Jubiläum (Bild rechts).

Schon seit Jahrhunderten war das Feuerlöschwesen in Freudenstadt geordnet, die männliche Bevölkerung nach den Stadtvierteln in Feuerrotten eingeteilt und die Herbeischaffung des Wassers im Brandfalle genau organisiert. 1851 wurde im Auftrage der Stadt das Feuerlöschwesen neu geordnet.[82] Nutzbringend erwiesen sich acht neu errichtete Brunnen. „Bei Brandunglücken zeigt die hiesige Einwohnerschaft eine ungewöhnliche Tätigkeit und in dieser Beziehung muß insbesondere des weiblichen Geschlechts rühmend gedacht werden", schreibt Unterlehrer Heid 1852.[83] 1854 kam es dann zur Gründung der Feuerwehr.

1861 mußte sich die Feuerwehr einer merkwürdigen Kette von Brandfällen stellen: Jede dritte Nacht brannte ein anderes Freudenstädter Gasthaus ab. 16 von der Gemeinde bestellte Männer bewachten damals die Stadt bei Nacht.[84] 1863 wurde ein Hydrophor angeschafft.[85]

Der Ausbau der Wasserversorgung brachte auch für die Feuerwehr große Veränderungen mit sich.[86] Das Wasser konnte nun aus den Straßenhydranten entnommen werden, die vier Feuerlöschteiche wurden nach und nach aufgefüllt.[87]

Ablösung alter Grundlasten

Eine langwierige Angelegenheit – die Ablösung der alten Grundlasten.

Noch zu Beginn des 19. Jahrhunderts waren die Bürger zumeist nicht im freien Besitz ihrer Güter. Als Zeichen dafür, daß es sich nicht um Eigenbesitz, sondern um erbliche Lehen handelte, hatten sie regelmäßig Abgaben an den Grundherrn zu entrichten. Im 19. Jahrhundert wurden diese aus dem Mittelalter herrührenden Zustände immer untragbarer. 1817 leitete König Wilhelm I. die sogenannte Bauernbefreiung ein, es gab nun keine Lehen mehr. Erst 1836 verabschiedete der Landtag weitere Gesetze über die Befreiung von diesen grundherrlichen Lasten.

Während der 1848er Revolution wurde auch in Freudenstadt der Ruf nach der endgültigen Abschaffung der alten Grundlasten immer lauter. Man sah nicht länger ein, warum z. B. jede zehnte Garbe von den Freudenstädter Feldern in die Zehntscheuer der Geistlichen Verwaltung (hinter der Stadtkirche) geschafft werden sollte. Unter dem Druck der Revolution wurde vom Landtag 1848 das Gefällablösungsgesetz und 1849 das Zehntablösungsgesetz beschlossen. Die Ablösung dieser Grundlasten erwies sich als kompliziert und langwierig. Dicke Aktenbüschel wurden in den folgenden Jahren produziert, Verträge abgeschlossen und viel über dabei nicht ausbleibende Ungerechtigkeiten diskutiert.

Nachdem in Freudenstadt mehr als die Hälfte der Zehntpflichtigen der Morgenzahl nach für die Ablösung des Kameralamtszehnten gestimmt hatte, beschlossen die bürgerlichen Kollegien 1852 dessen Ablösung.[88] 1854 wurde zwischen dem Kameralamt Dornstetten namens der Staatsfinanzverwaltung und den vormaligen Zehntpflichtigen zu Freudenstadt der Zehntablösungsvertrag unterschrieben. In 24 Jahren sollte diese Ablösungsschuld mit jährlichen an die Stadtpflege zu entrichtetenden Zeitrenten getilgt werden.

Gustav Werner und die „Anstalt"

Gustav Werner schärfte auch in Freudenstadt das christliche Gewissen für soziale Probleme.

Wiederholt kam Gustav Werner als Reiseprediger nach Freudenstadt, 1849 konnte die Stadtkirche nicht alle Zuhörer fassen.[89] Das soziale Engagement erwachte sehr stark in der Bevölkerung und es bildete sich eine Gruppe an Gustav-Werner- Anhängern, die aus christlicher Nächstenliebe 1855 ein Heim für sozial Schwache in Freudenstadt eröffneten. Bei dessen Einweihung 1857 schloß sich diese Gruppe mit ihren Familien und Lehrlingen der Hausgemeinschaft an, brachte ihren Haus- und Güterbesitz in die neue Gemeinschaft ein und vereinigte ihre Grundstücke zu einem einheitlichen landwirtschaftlichen Betrieb. Es wurde weiterhin im eigenen Haus gewohnt und gearbeitet, doch zu Mahlzeiten, Beratungen und Andachten versammelte man sich in der Anstalt, die sich im späteren Gebäude Stock zur Linde befand. Nicht die Not trieb diese Leute zu einem solchen Entschluß – sie hatten fast alle ihr gutes Auskommen -, sondern die Liebe zur Sache. Bald schon mußten die Wohnungen für die über 100 Bewohner der Anstalt erweitert werden. Nach einigen Jahren war die Zeit der schlimmsten Not vorbei, 1867 wurde die Anstalt aufgelöst.[90]

Damals noch außerhalb der Stadt wurde 1857/1858 durch Oberbaurat Landauer eine katholische Pfarrkirche im romanischen Basilikastil errichtet. Aufgrund der starken Zunahme der Gemeindeglieder mußte sie 1930/1931 dem Neubau der Taborkirche weichen.

Die Stadt der Glaubensflüchtlinge – eine Hochburg des Protestantismus

Eine katholische Kirche in der ehemaligen Exulantenstadt?

1856 fragte der evangelische Dekan von Freudenstadt beim Konsistorium an, ob es rechtens sei, daß Katholiken in einer Stadt, deren erste Bewohner von Katholiken einst hart bedrängt worden seien, ohne weiteres eine Kirche erbauen dürften. Offensichtlich hatte das Ansinnen, für die Katholiken des Oberamts Freudenstadt eine Kirche zu errichten, im streng protestantischen Freudenstadt für einige Erregung gesorgt.[91] Das Konsistorium versuchte zu beruhigen, auch durch den Hinweis, daß erst vor wenigen Wochen in Rottenburg eine evangelische Kirche eingeweiht worden sei. Zum besseren Verständnis sei hier angefügt, daß wenige Jahre zuvor eine aufregende Schilderung der Leiden und Verfolgungen der Exulanten auf ihrem Weg bis Freudenstadt im Druck erschienen war. Erst Jahrzehnte später konnte diese als freie Erfindung entlarvt werden.[92] Als besonderen Affront empfanden es die Freudenstädter, die katholische Kirche direkt neben dem Friedhof erbauen zu wollen. Schließlich gelang es, einen etwas weiter entfernt liegenden Bauplatz zu erwerben. 1859 konnte die katholische Kirche geweiht werden.
Zugleich wurde Freudenstadt auch Sitz einer katholischen Pfarrei. Durch die Hüttenwerke im Forbachtal und die Glashütten in Buhlbach und Schönmünzach waren zahlreiche katholische Facharbeiterfamilien in unsere Region gezogen. Auch auf dem Zwieselberg wohnten katholische Holzhauer. So wurde der Wunsch nach einer katholischen Seelsorge im Oberamt Freudenstadt immer lauter, zumal die zuständige Pfarrei sich in Heiligenbronn (heute Gemeinde Waldachtal) befand. Nach einigem Hin und Her entschloß man sich, diese Pfarrei in der Oberamtsstadt anzusiedeln. 272 Mitglieder umfaßte die Pfarrei bei ihrer Gründung, nur 34 davon wohnten in Freudenstadt.
Trotzdem wurde 1863 in Freudenstadt eine katholische Schule als sogenannte freiwillige Konfessionsschule mit 20 Kindern eingerichtet. Sieben dieser Schüler wanderten jeden Morgen von Zwieselberg nach Freudenstadt, wo die Schule zunächst in einem Privathaus untergebracht war.
Starken Auftrieb erhielt die katholische Kirchengemeinde durch den Bahnbau der 1870er Jahre. Katholische Eisenbahnerfamilien zogen nach Freudenstadt und bildeten jahrzehntelang das Rückgrat des kirchlichen Gemeindelebens. Die Entwicklung Freudenstadts zum Kurort brachte der katholischen Kirchengemeinde weiteren Aufschwung, kurz vor dem Ersten Weltkrieg lebten etwa 500 Katholiken in Freudenstadt, weitere 300 im Bezirk.

Kleinkinderschulen entstehen

Im Laufe des 19. Jahrhunderts änderte sich die Einstellung zum Kind. Kinder wurden nicht mehr nur als kleine Erwachsene gesehen; die Kindheit wandelte sich zu einem eigenen, von der Gesellschaft respektierten Lebensabschnitt. Zumindest Kinder aus wohlhabenderen Familien durften nun einen sozialen Schonraum genießen. 1851 kam es in Freudenstadt zur Gründung einer sogenannten Kleinkinderschule.[93]
Dieser erste Freudenstädter Kindergarten gedieh zusehends und ein Jahr nach der Gründung berichtete Unterlehrer Heid über die neue Einrichtung:[94] „Der kindliche Frohsinn wird erhalten, das erwachende religiöse Gefühl, die Anschauungs- und Gedächtniskraft wird ge-

weckt, belebt und gestärkt, das sind die Früchte dieser Schule und es ist für einen Kinderfreund gewiß eine Lust, zu sehen, wie die lieben Kleinen beten, singen, erzählen, fragen, lachen, spielen."

1875 befand sich die Kleinkinderschule im alten „Mädchenschulhaus" am Roseneck.[95] Von 7.30 Uhr bis 11 Uhr und von 13 Uhr bis 16 Uhr wurden die Kinder von einer Lehrerin und einer Gehilfin betreut. Im Sommer kamen etwa 60 Kinder, im Winter knapp 100 Kinder; noch mehr waren es in der Vorweihnachtszeit, denn die Weihnachtsfeier lockte besonders. Die Kinder waren drei bis sechs Jahre alt und gehörten in der Regel den „besseren Familien" an.[96]

Im Juli 1863 legte die arbeitslose Charlotte Ulrich dem Freudenstädter Kirchenkonvent das Gesuch vor, auch im Christophstal eine Kleinkinderschule gründen zu dürfen, „da durch die Nähe des Forbachs und der vielen laufenden Werke den kleinen Kindern viele Gefahr droht und schon manches Unglück geschehen ist."[97] Die Beiträge der Eltern waren für Charlotte Ulrich Verdienst genug, lediglich für die Räumlichkeit und das nötige Brennholz erbat sie Zuwendungen von der Stadt.

Im Zeitalter des Fortschritts

Ende des 19. Jahrhunderts setzte ein rasanter technischer Wandel ein. Noch um 1860 wurde in Freudenstadt das Feuer mit dem Feuerstein entfacht[98]; und das in Teucheln hergeleitete Wasser mußte mit Eimern aus den Brunnen geschöpft werden. Erst das letzte Drittel des 19. Jahrhunderts brachte einen regelrechten Innovationsschub, nicht zuletzt wurde dieser ungeheure Auftrieb durch den gewonnenen Krieg gegen Frankreich und die daraus folgende Reichsgründung bewirkt.

Der 1870er Krieg und die Reichsgründung

Schon der Ausbruch des Krieges im Sommer 1870 brachte große Bewegung in die Bevölkerung. Überall wurde für die Soldaten gesammelt;[99] 87 Zugpferde ließen sich auftreiben, und die Stadt stellte Räumlichkeiten für die Unterbringung von 50 verwundeten Soldaten zur Verfügung.[100]

Die Begeisterung für den Krieg trieb aus unserer heutigen Sicht fast groteske Blüten – z.B. brach von Freudenstadt aus eine Reisegruppe auf, um die Beschießung Straßburgs zu beobachten[101] – und mündete in die Gründung des Deutschen Reiches 1871 im Spiegelsaal zu Versailles. Am 6. März knallten auch in Freudenstadt bei der „Friedensfeier" die Böller und wehten die Fahnen.[102] Freilich waren nicht alle Freudenstädter von der Reichsgründung begeistert. Posthalter Ernst Luz meinte später darüber: „Mir hätte nach der Weinflasch lange solle, net nach der Schnapsflasch".[103]

Anzeige im „Grenzer" vom 1. September 1885.

Alljährlich wurde nun am 2. September, dem „Sedanstag", ein riesiger Holzstoß auf dem Kienberg angezündet.[104] Der nach dem 1866er Krieg gegründete Militärverein wuchs auf über 60 Mitglieder an.[105] Dieser Sieg verbreitete kurzfristig eine geradezu euphorische Aufbruchsstimmung. In Freudenstadt riß man mit dem Loßburger Tor das letzte Stadttor ab, und zahlreiche Neubauten entstanden bereits im Sommer 1871 entlang der Straßburger Straße.

In jenem Jahr wurde vom Kriegsministerium ernstlich der Plan erwogen, in Freudenstadt eine (neue) Kaserne für ein Bataillon zu errichten.[106] Doch scheiterte dieser Plan an anderweitiger Konkurrenz; die Stadt hatte einen Beitrag von „nur" 100.000 fl in Aussicht gestellt.

Stadtschultheiß Alfred Hartranft

Als 1876 der seitherige Stadtschultheiß Ehmann überraschend starb, war allen klar, daß jetzt nur eine sehr herausragende Persönlichkeit helfen konnte, die Stadt aus ihren ärmlichen Verhältnissen zu befreien.[107] Mit Alfred Hartranft wurde ein Mann gewählt, der nicht nur die Zeichen der Zeit, sondern – als Auswärtiger – auch die besonderen Qualitäten Freudenstadts erkannte. Er war beflügelt von der Idee einer Kurstadt. Was er innerhalb weniger Jahrzehnte aus dem „heruntergekommenen" Städtchen machte, ist erstaunlich. Schon gleich zu Beginn seiner Amtszeit standen der Bau der Wasserversorgung, die Abtragung der Wälle, der Bau der Eisenbahn sowie die Gewerbeausstellung an.

Die Bevölkerung mußte sich gegen Ende des 19. Jahrhunderts einem unglaublichen Wandel stellen.

Freilich gab es viele kritische Stimmen in der Bevölkerung, die mit Argwohn all das Neue betrachtete und die hohen finanziellen Ausgaben, die die Stadt nun tätigen mußte, verurteilte. Für die Bevölkerung war es ein ungeheurer Umbruch, der sich gegen Ende des 19. Jahrhunderts in ihrem Städtchen vollzog.

Hartranft wußte sehr geschickt zu taktieren. Von Anfang an bediente er sich zweier angesehener Vereine, um seine Ziele im Gemeinderat durchzusetzen. Sowohl im Verschönerungsverein als auch im Schwarzwaldverein, den er selbst mitgründete, hatte Hartranft den Vorsitz inne. 1885 nahm er bei einem Freudenstädter Maskenball auf humorvolle Weise seinen Kritikern den Wind aus den Segeln, indem er in seiner „Kapuzinerpredigt" die vermeintliche Geldverschwendung der letzten Jahre, all das „Großstädtlestau" und die „luftkurverruckten Sachen" in der Stadt anprangerte.[108] Auch als Landtagsabgeordneter konnte er seinen Einfluß geltend machen, etwa beim Bau der umstrittenen Murgtalbahn. Hartranft und seinen Mitstreitern gelang es, eine Vision umzusetzen, aus Freudenstadt war eine Kurstadt geworden.

Die Kurstadt Freudenstadt – Hartranfts Vision war Wirklichkeit geworden.

Parteien entstehen

Im Laufe des 19. Jahrhunderts bildeten sich die ersten Parteien. Doch standen sie bei den Wahlen in der ersten Jahrhunderthälfte noch nicht im Mittelpunkt. Die Führung der Liberalen ging immer mehr auf Karl Frey aus Schwarzenberg, den Mitgründer der Deutschen Partei im Jahr 1866, über.[109] Auf ihn ist es zurückzuführen, daß 1868 bei der Wahl ins Zollparlament Freudenstadt als einziges Oberamt Württembergs eine Mehrheit für einen „Deutschparteiler" aufbrachte (freilich wurde diese Mehrheit von den vier anderen zum Wahlkreis zählenden Nachbaroberämtern überstimmt). Bis zur Jahrhundertwende behielt die Deutsche Partei im Oberamt die Mehrheit, was zuletzt aber nur durch die überragende Persönlichkeit Stadtschultheiß Hartranfts bedingt war. Von 1885 bis 1900 war Hartranft Landtagsabgeordneter.

Auch die Volkspartei wurde 1866 gegründet, faßte aber mangels überzeugender Kandidaten hier zunächst kaum Fuß.[110] Erst 1900 konnte sie durch die Wahl des Stuttgarters Oskar Galler, dem sogenannten „Eisenbahnkönig", der den Bau weiterer Eisenbahnlinien versprach, die Mehrheit für die beiden folgenden Jahrzehnte erlangen.

Die Sozialdemokraten hatten Ende des 19. Jahrhunderts zunächst nur wenige Anhänger, auch wenn 1900 der religiöse Sozialist Pfarrer Blumhardt aus Bad Boll als Wahlredner in Freudenstadt auftrat.[111] Erst bei der Landtagswahl 1910 erzielten sie einen beachtlichen Erfolg, die Sozialdemokratie war „hoffähig" geworden.[112]

Verkehr, Post und Eisenbahn

Die einst so wichtige Handelsstraße über den Kniebis, die Straßburg mit Innerschwaben verband, verlor im Laufe des 19. Jahrhunderts an Bedeutung. Durch den Bau der Eisenbahn von Stuttgart nach Bruchsal kamen immer weniger Reisende durch Freudenstadt.[113] Nur die benachbarten Bäder Rippoldsau, Peterstal und Grießbach brachten im Sommer einigen Reiseverkehr in die Stadt.

Seit dem Ende des 18. Jahrhunderts erfolgte der systematische Ausbau des Straßennetzes, weitere Verbesserungen brachte das 19. Jahrhundert. So wurde, um ein paar Beispiele zu nennen, 1811 die Straße nach Friedrichstal als Chaussee ausgebaut[114], 1832 bis 1835 die alte Poststraße auf den Kniebis neu hergestellt und 1882 die Straße über den Zwieselberg nach Rippoldsau erbaut.

Das Wachthaus auf dem Marktplatz hatte im Laufe der Zeit viele öffentliche Funktionen; 1876 bis 1895 diente es als Postamt.

Im Gasthaus zur Post wickelten der Gastwirt und seine Frau sämtliche Postgeschäfte ab. Nur eine Magd half beim Austragen.[115] Im Stall standen die Postpferde bereit. In der Mitte des 19. Jahrhunderts stand Freudenstadt mit Stuttgart, Tübingen und Reutlingen in täglicher Verbindung sowie mehrmals wöchentlich mit Rottweil, Alpirsbach, Schönmünzach, Gernsbach, Muckensturm (badische Eisenbahnstation), Wildbad, Peterstal und Rippoldsau.[116]
Seit 1876 war das Postamt im sogenannten Wachthaus auf dem Marktplatz untergebracht[117] und zog 1895 in ein nun neu auf dem Marktplatz errichtetes Postgebäude.[118] Ganz bewußt hatte man weiterhin diesen Standort gewählt, um wenigstens die Post mitten in der Stadt zu haben, wenn schon der (Haupt)Bahnhof so weit entfernt lag.

Ursprünglich war der Bau des Bahnhofs Freudenstadt zwei Kilometer vor der Stadt, noch auf Wittlensweiler Markung, geplant gewesen.[119] Wenn es nach dem Willen der Einwohner gegangen wäre, hätte dieser noch näher, wie dann geschehen, an der Stadt gebaut werden sollen.
Beim Bau der Gäubahn nach Freudenstadt stellte die Topographie die Ingenieurskunst vor eine echte Herausforderung: drei Täler waren kurz vor Freudenstadt zu überwinden.[120] Durch drei hohe, seitdem das Landschaftsbild prägende Viadukte wurde dies gelöst. Am 1. September 1879 feierte man die Eröffnung der Gäubahn, verbunden mit einer großen Gewerbeausstellung in der Turnhalle. Fast 300 Gewerbetreibende[121] gaben sich alle Mühe, etwas Gediegenes zu präsentieren; von nah und fern

Uraufgeführt am 1. September 1879.

kam das Publikum. Auch König Karl und Königin Olga beehrten die Ausstellung und machten einige Einkäufe.

Ende der 1880er Jahre wurde auch die Fortführung der Renchtalbahn bis nach Freudenstadt diskutiert.[122] Den Kniebis wollte man durch einen Tunnel mit Kehrschleife überwinden. Auch wenn dieses Projekt nicht zur Ausführung kam, so entwickelte sich Freudenstadt doch zu einem Eisenbahnknotenpunkt. 1886 konnte die Kinzigtalbahn eröffnet werden, 1900 begann man mit dem Bau des Stadtbahnhofs und ein Jahr darauf wurde die Murgtalbahn eröffnet. Doch führte diese Bahn zunächst nur bis Klosterreichenbach. 60 Jahre dauerte es insgesamt, bis die Murgtalbahn durchgängig erbaut war; an ihr tobte sich der badisch-württembergische Partikularismus aus.[123] 1869 wurde das erste Teilstück Rastatt – Gernsbach, 1928 schließlich das letzte, grenzüberschreitende Teilstück Raumünzach – Klosterreichenbach eröffnet.

Stadtentwicklung

Bis weit ins 19. Jahrhundert hinein änderte sich an der Stadtanlage fast nichts. Doch wurde die schon auf dem Stadtplan faszinierend wirkende Anlage Freudenstadts in der Wirklichkeit oft als unpraktisch empfunden: Nur die am Marktplatz stehenden Gebäude hatten freie Sicht, denjenigen in den hinteren Zeilen blieb nur der Ausblick auf die „mit Cloaken versehenen Hinterseiten der Vorderhäuser“, wie in der Beschreibung des Oberamts kritisch vermerkt wurde.“[124] Die Häuser „haben alle eine gleiche, an Architektur arme Bauart und häufig dieselbe Größe, was dem Ganzen eine drückende Eintönigkeit gibt“.[125]

Durch die besondere Anlage der Stadt gab es auch keine Hofräume und so mußten die Dunglegen am Straßenrand aufgesetzt werden. Entsprechend verschmutzt waren die völlig unbefestigten Ortsstraßen.[126] 1824 entschloß man

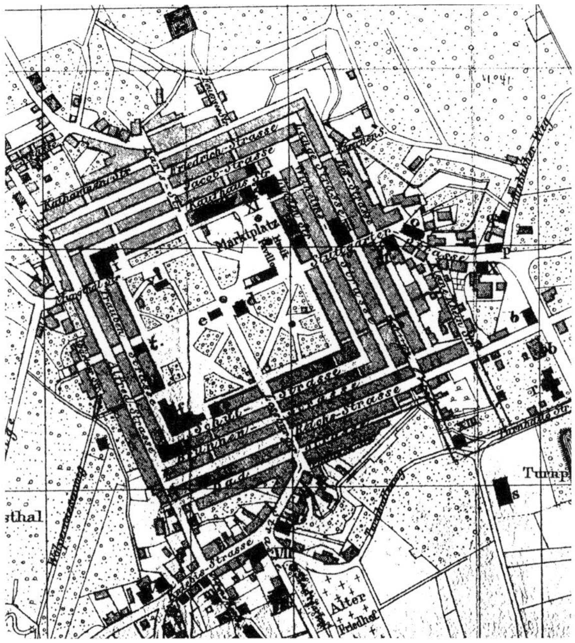

Auf dem Stadtplan wirkte Freudenstadt zu allen Zeiten faszinierend …

... doch die Realität sah mitunter anders aus.

sich, sämtliche Gassen der Stadt auf Kosten der Hausbesitzer pflastern zu lassen.[127]
Schon 1763 muß sich der Festungswall hinter der Stadtkirche in sehr schlechtem Zustand befunden haben.[128] Als man Steine für den Bau der Oberamtei benötigte, wurde damit begonnen, die Festungswerke abzutragen. 1827 erwarb die Stadt vom Staat die Festungsanlagen und verkaufte sie an die Bürger,[129] um diese seither verwahrlosten Plätze für die Landwirtschaft oder für Neubauten zu nutzen.[130]
Am besten waren noch die vier massiven, gewölbeartigen Stadttore, die als Gefängnisse oder Wohnungen dienten, erhalten.[131] Auch sie wurden als unnötiger Ballast empfunden, behinderten sie doch den stark zunehmenden Verkehrsfluß und die Anlage von Vorstädten.[132] 1864 war ein wichtiges Jahr für die Freudenstädter Stadtentwicklung. Es wurden nicht nur das Hirschkopftor, das Stuttgarter und das Loßburger Tor abgerissen, der Gemeinderat entschloß sich auch, die Stelle eines Stadtbaumeisters zu schaffen. Ebenso leisteten sich die Freudenstädter in jenem Jahr den Bau einer Turnhalle.
Die Stadt begann sich zu entwickeln. Wie Pilze schossen nach dem gewonnenen 1870er Krieg die Häuser aus dem Boden; so erfolgte die weitere Bebauung der Straßburger Straße im Sommer 1871. Auch das Murgtaltor, das man für ein gediegenes Werk Schickhardts ansah[133] und an dessen Entfernung man sich seither nicht herangewagt hatte, wurde abgerissen, die Steine für Neubauten verwendet.
1877/1878 gelang es die alten, halb verfallenen Festungswälle an drei verschiedenen Stellen zu durchbrechen. Das schaffte dem Verkehrsfluß große Erleichterung.[134] „Einen fast großstädtischen Charakter", wie Stadtschultheiß Hartranft meinte, verlieh die Anlage von Gehwegen der zugleich auch verbreiterten Straßburger Straße.[135] Durch den Erwerb der Wallanlagen vom Staat und den Wiederverkauf an die Bürger konnte die Stadt ihre desolaten Finanzen verbessern.[136]

Ab 1884 ließ die Stadt die noch verbliebenen Wälle durch Vergabe von Notstandsarbeiten entfernen. Nun konnte sich die Stadt frei entfalten.

Richtungsweisend war der 1879 genehmigte Stadtbauplan mit der Bahnhofzufahrtsstraße.[137] Im selben Jahr wurde mit dem Bau der Reichsstraße begonnen. Doch hielt der Aufschwung trotz der ebenfalls 1879 eröffneten Eisenbahn nicht an. Diese Jahre waren von einer sehr schwachen konjunkturellen Lage geprägt, „die Geschäftslosigkeit in der Stadt war groß", berichtet Louis Nestle in seiner Chronik über das Jahr 1884. So faßte der Gemeinderat den Beschluß, endlich den längst projektierten Walldurchbruch zu machen. Fünf Jahre später wurde das letzte Stück des Festungswalles abgetragen. Nun konnte sich die Stadt frei entfalten, ganz neue Straßenzüge wurden angelegt.[138] Entlang der Straßburger und der Lauterbader Straße entwickelte sich der Kurbezirk. Zahlreiche Hotels, Erholungsheime und Villen entstanden. Das Baugewerbe florierte.

1884 brannte die alte Kaserne ab.[139] Diese war während der Befestigung der Stadt als Winkelhakenbau hinter dem Rathaus in der zweiten Zeile erbaut worden. Bis 1750 stand sie als solche in Benutzung, danach als Wohngebäude für zahlreiche Familien.[140]

Seit Mitte der 1880er Jahre wurden jährlich etliche Neubauten errichtet. Stuttgarter Industrielle, z.B. Paul Lechler, kauften zahlreiche Grundstücke auf, um sie zu bebauen. 1891 entstand die erste Villa in Freudenstadt. 1894 vermerkte Louis Nestle in seiner Chronik: „Diese große Bautätigkeit, wie solche in diesem Jahre hier war, kann sich niemand denken."[141] Die Stadterweiterung erfolgte Zug um Zug. 1897 wurde die Turnhallestraße, 1898 die Rappenstraße

angelegt. Der Bau des Stadtbahnhofes führte 1902/1903 zum Ausbau der dorthin führenden Straßen.[142]

Durch Gründerzeit, Bahnbau und Fremdenverkehr kam es in Freudenstadt zu einem ungeheuren Bauboom, der bis zum Ersten Weltkrieg anhielt und das Stadtbild stark veränderte. Neue Begriffe wie Villenkolonie, Kuranlagen, Neufreudenstadt, Champagnerallee (Straßburger Straße) oder Millionenviertel waren bezeichnend für die Stadterweiterung – offenbarten aber auch die Distanz zur alten Kernstadt.

Elektrizität

Gegen Ende des 19. Jahrhunderts begann die Elektrifizierung der größeren und später auch der kleineren Städte. Besonders für die Industrialisierung bedeutete diese neue Form der Energiegewinnung einen gewaltigen Anschub; zunächst waren es Firmen, die Elektrizitätswerke betrieben. So bot im Frühjahr 1894 die Maschinenfabrik Eßlingen der Stadt Freudenstadt an, ein Elektrizitätswerk zu errichten und zu betreiben.[143] Der fortschrittliche Schultheiß Hartranft und sein Gemeinderat stimmten zwar zu, doch fanden sich zunächst nur 78 Bürger, die dieses Vorhaben durch Unterschrift unterstützten. Erst am 15. September 1895 konnte man folgendes im Schwarzwälder Boten lesen: „Freudenstadt. Gestern Abend brannten hier zur großen Freude der hiesigen Einwohnerschaft die ersten elektrischen Lichter, zu denen das hiesige Elektrizitätswerk den erforderlichen Strom geliefert hatte. Auf dem oberen Markt-

1895 gingen in Freudenstadt die (elektrischen) Lichter an.

platz brannten zwei Bogenlampen, die den Platz um den Musikpavillon auf mehrere 100 Schritte Entfernung fast taghell beleuchteten. Im Gasthof zur Post, im Schwarzwaldhotel, im Kurhaus Palmenwald, im Hotel Krone, in einer Apotheke sowie im Elektrizitätswerk brannten elektrische Glühlampen".

Nach vier Jahren ging dieses E-Werk als Eigenbetrieb an die Stadt über. 1901 wurde die Leistung der zunächst als Dampfkraftwerk mit 75 PS errichteten Anlage auf 350 PS erhöht, 1913 die Netzeinspeisung und Drehstromverteilung eingerichtet und seither auch Wechselstrom erzeugt. 1925 kam ein Dieselaggregat hinzu.

Seit 1907 wurde die Ziegelei Bacher vom E-Werk Glatten aus durch die erste überregionale Stromleitung in unserem Raum mit Strom versorgt. Der Bedarf an Energie stieg rasch an. 1909 wurde das städtische Gaswerk errichtet.[144] 1923 erfolgte der Anschluß des städtischen Elektrizitätswerks an das Heimbachkraftwerk.

Wasserversorgung

Wasser – zu allen Zeiten ein kostbares Gut

Für die auf einer Hochfläche liegende Stadt war die Wasserversorgung nicht ohne weiteres gesichert, im Stadtgebiet gab es fast keine Quelle. Um bei Feuersbrünsten genügend Wasser vorrätig zu haben, waren auf dem Marktplatz vier Feuerlöschteiche und nördlich der Stadt ein Feuersee angelegt. Das Trinkwasser mußte vom über drei Kilometer entfernten Löwenbrunnen mit Hilfe von Teucheln hergeleitet werden.

Um den steigenden Wasserverbrauch zu decken, wurden 1842 außerdem noch die am „Schwarzen Stich" austretenden Quellen im Werra-Brunnen gefaßt und der Stadt zugeführt.[145] So konnten bald etliche weitere Brunnen in der Stadt gebaut werden. Die nun 19 städtischen Brunnen waren sehr wichtige Einrichtungen, noch immer gab es keine Hauswasserleitungen.[146]

Brunnen waren wichtige Treffpunkte in der Stadt.

1864 wurde damit begonnen, die hölzernen Teucheln gegen gußeiserne Rohre auszutauschen.[147] 1877 kam es unter der Oberleitung des Bauinspektors Ehmann zur Errichtung einer neuen städtischen Wasserleitung mit Hydranten und Hauswasseranschlüssen. Gußeiserne Rohre brachten nun das als vorzüglich gelobte Trinkwasser aus den Waldgebieten südwestlich der Stadt in ein Reservoir auf dem Kienberg und von da in die Stadt.[148] Jedem Bürger stand es frei, sich eine Wasserleitung ins Haus legen zu lassen. Von den Mägden wurde diese Einführung bedauert, nun fiel der kleine Schwatz am Brunnen weg. Auch sonst muß gegenüber dieser Neuerung ein gewisses Mißtrauen bestanden haben: Im Jahr 1880 ehrte die Stadt Bauinspektor Ehmann in einer öffentlichen Sitzung, da seine Wasserleitung nun schon bereits drei Jahre ohne geringste Störung funktioniere.[149]

Mit großem Engagement setzte sich Hartranft auch für den weiteren Ausbau der Wasserversorgung ein. Er erkannte, daß der Wasserverbrauch in der Kurstadt weiterhin steigen würde und setzte 1906 im Gemeinderat durch, daß für den Bau einer Reservewasserversorgung aus den Kinziglequellen ein Kredit aufgenommen wurde.

Ebenso aber mußte der Abfluß des Abwassers geregelt werden; dieses floß ursprünglich nur oberirdisch ab. Nachdem durch den Wallabhub der enge Gürtel um die Stadt beseitigt war, machte man sich daran, ein Kanalisationsnetz zu schaffen und alle Straßen mit Dolen zu versehen.[150]

Das 300-jährige Jubiläum der Stadt

Historische Rückblicke lagen ganz im Trend des ausgehenden 19. Jahrhunderts. Die 300-Jahr-Feier im September 1899 brachte der aufblühenden Kurstadt einen wirklichen Höhepunkt. Zahlreiche Veranstaltungen wurden geboten, vom Königsessen über ein im wahrsten Sinne des Wortes ins Wasser gefallenes Feuerwerk bis hin zum historischen Festzug, der Darbietung lebender Bilder, einem Festgottesdienst in der neu renovierten Stadtkirche, der Herausgabe von Jubiläumsmedaillen und einem sehr gelungenen Kinderfest.

Für dieses Jubiläum scheute man keine Kosten. Die Turnhalle hatte man eigens mit einem Anbau versehen. Für die Planung und die Ausgestaltung des historischen Festzugs wurde neben Professor Bauder aus Stuttgart auch ein Münchner Kostümfabrikant und ein Stuttgarter

Mit Thriumphbögen feierte man das 300jährige Bestehen der Stadt – ein Höhepunkt im Leben der aufblühenden Kurstadt.

Garderobeschneider hinzugezogen. Für die Festvorbereitung kam es zur Anstellung eines weiteren Rathausdieners.[151] Auch leistete man es sich, Militärpferde des Ulanenregiments König Wilhelm I. für den Festumzug von Ludwigsburg nach Freudenstadt bringen zu lassen. Darüber hinaus gedachte man auch des Stadtgründers und wollte ihm ein Denkmal setzen. Dieser Plan wurde dann umgewandelt und der Herzog-Friedrich-Turm auf dem Kienberg erbaut.[152] Mit großem Gefolge nahm auch König Wilhelm II. an den leider stark verregneten Feierlichkeiten zur 300-Jahr-Feier der Stadt teil.[153] Riesige Menschenmengen strömten in die sich eben zum Kurort entwickelnde Stadt; das Fest war ein deutliches Signal, daß hier etwas im Werden begriffen war.[154]

Gesundheitswesen

Seit dem 17. Jahrhundert besteht in Freudenstadt eine Apotheke, die heutige Löwen-Apotheke.[155] 1811 wurde in Freudenstadt eine zweite Apotheke eröffnet, die spätere Adler-Apotheke.

1837 richtete man im damaligen Waschhaus auf dem Marktplatz eine Siechenstation mit vier Betten ein.[156] Später wurde dieses städtische Spital, dessen Betrieb manches zu wünschen übrig ließ, in die untere Reichsstraße verlegt, wo es anfangs der 1860er Jahre einen Anbau erfuhr.[157] In der Aufbruchstimmung, die auf den gewonnenen Krieg gegen Frankreich folgte, beschlossen Gemeinderat und Bürgerausschuß 1872 den Bau eines städtischen Krankenhauses, wozu es aber nicht kam.

Erste Überlegungen zur Errichtung eines Bezirkskrankenhauses wurden von der Regierung des Schwarzwaldkreises zu Beginn der 1880er Jahre angestellt.[158] Von verschiedensten Seiten kamen die Mittel zusammen; die Stadt etwa stellte kostenlos das Baugrundstück zur Verfügung. So konnte 1888 das Bezirkskrankenhaus eröffnet werden. An das zunächst für 47 Betten ausgelegte Haus wurde 1894 ein Operationssaal angefügt. Weitere Anbauten folgten.

Seit 1888 gibt es in Freudenstadt ein Krankenhaus.

In der Gewerbeschule wurde während des Ersten Weltkrieges ein Lazarett des Roten Kreuzes eingerichtet.

Die Ansprüche im Gesundheitswesen stiegen. 1892 fand unter Dekan Zeller und seiner Frau die Gründung eines Vereins zur Verabreichung von Krankenkost und 1894 die Gründung eines Krankenpflegevereins statt.[159] Von den Mitgliedern des homöopathischen Vereins, der sich um die Gesundheits- und Krankenpflege kümmerte, wurde der Gedanke des Roten Kreuzes aufgegriffen.[160] 1908 kam es in Freudenstadt zur Gründung einer Sanitätskolonne. Wer ahnte wohl, daß es hier bald Lazarette geben würde?

Schulbildung

Die Hebung des Gewerbes war eine Forderung, die im 19. Jahrhundert sehr häufig zu hören war. Hervorgehend aus einer Sonntags-Zeichenschule wurde auch in Freudenstadt zur Heranbildung der Lehrlinge und Gesellen 1865 eine Gewerbeschule gegründet.[161] Rechnen, Geometrie, Zeichnen und Aufsatzschreiben waren die wichtigsten Fächer.[162] Eine entsprechende Einrichtung für die Mädchen mit denselben Schwerpunkten wurde 1869 ins Leben gerufen.[163]

Durch die zunehmende Bevölkerung wuchsen auch die Schülerzahlen. 1879 begann der Staat den Bau des neuen Knabenvolksschulgebäudes (heute Eberhardschule) an der Bahnhofstraße.[164] Das neue Mädchenschulgebäude (heute Hartranftschule) konnte 1890 eingeweiht werden.[165]

Die Realschule wies mehr Schüler als die Lateinschule auf und mußte 1885 auf drei Klassen erweitert werden; elf Jahre später geschah dies dann auch mit der Lateinschule.[166] Mit dem Aufblühen des Freudenstädter Fremdenverkehrs wurde Ende des 19. Jahrhunderts der Gedanke der Erweiterung der hiesigen Schulen in der Bürgerschaft immer lebendiger.[167] Nach langem Hin und Her, ob nun die Lateinschule oder die Realschule erweitert werden sollte, entschloß man sich, die bisherige dreiklassige Realschule zu einer sechsklassigen auszubauen. Nun war es möglich, in Freudenstadt das sogenannte „Einjährige“ (Mittlere Reife) zu erwerben. Die dreiklassige Lateinschule blieb als solche bestehen. 1902 mußte die Realschule wiederum erweitert werden. 1920 wurde die Lateinschule, obwohl inzwischen ebenfalls

sechsklassig, als „Lateinabteilung“ der Realschule angegliedert und 1930 mit dieser als Kepler-Gymnasium vereinigt. 1913 konnte der Neubau der Gewerbeschule in der Musbacher Straße eröffnet werden.
Auch für die Mädchen wurde eine höhere Ausbildung gefordert. In der auf das Notjahr 1817 zurückgehenden Industrieschule konnten die Mädchen lediglich im Stricken und Nähen unterrichtet sowie „an Reinlichkeit und Sittsamkeit gewöhnt werden“.[168] Seit 1869 gab es, wie erwähnt, nach Abschluß der Volksschule für die Freudenstädter Mädchen die Möglichkeit, eine gewerbliche Fortbildungsschule zu besuchen. Eine 1879 gegründete[169] und 1912 wieder neu ins Leben gerufene[170] Frauenarbeitsschule sowie eine private höhere Töchterschule rundeten das schulische Angebot ab[171]. Freilich beschränkten sich diese Bildungsangebote von der Mädchenfortbildungsschule abgesehen noch weitgehend auf spezifisch „weibliche Fächer“. Erst zu Beginn des 20. Jahrhunderts besuchten einige Mädchen die Lateinschule sowie die Realschule.

Kirchliches Leben

Die 1905 verfaßte Pfarrbeschreibung der ev. Stadtpfarrei Freudenstadt spiegelt ein vielfältiges Gemeindeleben wieder.[172] Außer dem Gottesdienst am Sonntagmorgen, der im Winter schon um 8.30 Uhr stattfand, wurde um 17 Uhr eine sonntägliche „Abendpredigt“ gehalten. Seit altersher saßen Männer und Frauen bei den Gottesdiensten streng getrennt in den beiden Kirchenschiffen, betraten sogar getrennt die Kirche: Frauen benutzten die Mitteltür und Männer die Tür unter dem Glockenturm.[173] Zu Beginn des 20. Jahrhunderts löste sich diese Sitte auf: die Kurgäste richteten sich nicht danach.[174]
Es gab nicht nur die Gottesdienste, sondern auch Betreuung rundum. Kinderlehre, Kindersonntagsschule und Konfirmandenunterricht waren für die Kinder und Jugendlichen da, Christenlehre, Jünglingsverein und Jungfrauenverein folgten als Angebot für die nächste Altersstufe; und schließlich gab es auch noch den Gustav- Adolf-Verein, den Frauenmissionskreis, den evangelischen Bund und weitere Kreise. Darüber hinaus bestanden etliche pietistische Gruppen, die ihre „Stunde“ abhielten.
Freudenstadt war eine sehr protestantische Stadt. Und doch fanden sich hier auch andere Bekenntnisse. Seit 1859 bestand, wie schon erwähnt, die katholische Kirchengemeinde, die kurz vor dem Ersten Weltkrieg etwa 500 Mitglieder zählte. Während des 19. Jahrhunderts existierte eine Zeit lang auch eine Tempelgemeinde, deren Mitglieder sich Jerusalemsfreunde nannten.[175] Die Methodisten, schon Jahrzehnte in Freudenstadt mit einer Gemeinde vertreten[176], konnten 1903 ihre Friedenskirche einweihen.[177] In einem Wohnzimmer wurden 1910 die ersten neuapostolischen Gottesdienste in Freudenstadt abgehalten.[178]

„Einen Hang zur Mystik“ bescheinigte Ernst Luz den Freudenstädtern.

Arbeit und Beruf während der frühen Industrialisierung

Im Laufe des 19. Jahrhunderts vollzog sich auf allen Gebieten ein enormer Umbruch; besonders die wirtschaftlichen Strukturen unterlagen einem starken Wandel.

Landwirtschaft in Freudenstadt?

Trotz der vergleichweise geringen Anbaufläche stellte die Landwirtschaft auch in Freudenstadt einen wichtigen Faktor dar. Die Bevölkerung betrieb weitgehend Selbstversorgung. In der zweiten Hälfte des 19. Jahrhunderts verlor diese an Bedeutung. 1856 hielten zwei Drittel aller Haushalte eine Milchkuh;[179] 1907 traf dies nur noch auf ein Drittel zu.[180] Durch bessere Transportmöglichkeiten bedingt, senkte sich der Getreidepreis gegen Ende des 19. Jahrhunderts zunehmend[181]; immer weniger Freudenstädter bauten nun noch Getreide an.
So ging auch der Prozentsatz der in der Landwirtschaft Beschäftigten stark zurück[182], ebenso die Zahl der Haushalte, die eine Landwirtschaft betrieben. 1907 gab es „nur“ noch gut 800 landwirtschaftliche Betriebe in Freudenstadt, d.h. noch etwa jeder zweite Haushalt war landwirtschaftlich geprägt.

Die Auflösung der Zünfte

Die Handwerkszünfte unterlagen strengen Gesetzen. Jahrhundertelang wurden durch deren Reglementierungen die ehrliche Handarbeit des Meisters und seiner Gesellen geschützt und dem Verbraucher ein hohes Maß an Qualität garantiert.
Auch die Freudenstädter Zünfte besaßen ein starkes Traditionsbewußtsein und pflegten ihre Rituale. So hatten die Kupferschmiede, Schmiede, Flaschner, Wagner und Schuhmacher ihre Herberge in der Krone; die Dreher, Küfer und Hafner in der Rose; die Zimmerleute, Schreiner und Glaser in der Docke; die Bäcker und Schlosser in der Linde; die Kaufleute und Hammerschmiede im Goldenen Löwen (Post); die Tuchmacher und Tuchscherer im Dreikönig; die Nagelschmiede im Adler; die Seiler und Sattler im Waldhorn; die Schneider und Messerschmiede in der Traube und die Maurer und Weber im Schwert.[183]

Das jahrhundertealte Zunftsystem hatte sich überlebt. In den 1850er Jahren gab es Reformversuche, etwa durch die Neubildung von Zunftbezirken. So wurden 1854 einige Dornstetter Zünfte gegen großen Widerstand mit den Freudenstädter Zünften vereinigt.[184] Die überkommenen Strukturen paßten immer weniger ins anbrechende Industriezeitalter. Viel diskutiert wurde die Frage nach der Einführung der Gewerbefreiheit: Sollte die jahrhundertealte Zunftverfassung aufgehoben werden? 1862 kam es dann tatsächlich zu deren endgültiger Aufhebung und zur Einführung der Gewerbefreiheit.

Nagelschmiede, Tuchmacher und andere Handwerker

Das Handwerk spielte im Freudenstädter Wirtschaftsleben weiterhin eine sehr bedeutende Rolle. Die stärkste Gruppe unter den Hand-

Jede Zunft hatte ihr Zunftlokal. Im Gasthaus Dreikönig z.B. trafen sich die Tuchmacher und Tuchscherer.

werkern bildeten die Nagelschmiede; dies rührte von der Eisenfabrikation der Hüttenwerke im Christophs- und Friedrichstal her, auf deren Rechnung die Nagelschmiede ursprünglich arbeiteten. Nach und nach verselbständigten sich die Nagelschmiede. Fast 200 Freudenstädter übten noch um 1880 dieses Gewerbe aus, obwohl die im Ausland bereits maschinell gefertigten Nägel starke Konkurrenz brachten.[185] Die in Freudenstadt gefertigten Hufnägel waren wegen ihrer Dauerhaftigkeit sehr gefragt.

Große Verbreitung hatte auch das Freudenstädter Tuchmacherhandwerk, obwohl dieses hinsichtlich des Bedarfs an Rohstoffen noch nicht einmal bodenständig war.[186] Bereits 1809 tauchte der nicht realisierbare Plan auf, im Baiersbronner Tor eine Spinnerei-Anstalt einzurichten; ein Problem war die mangelnde Wasserkraft. Um 1850 wurden von den etwa 100 Tuchmachern pro Jahr viereinhalbtausend Stück Tuch, Flanell oder Biber produziert. Besonders im Badischen erfreuten sich diese karierten Freudenstädter Zeuge großer Beliebtheit.[187] Es kam zur Gründung einer Tuchmachergesellschaft. Zahlreiche Freudenstädter Meister betrieben gemeinsam in Friedrichstal, seit 1852 in Christophstal, eine Walke. Diese wurde noch zu Beginn des 20. Jahrhunderts technisch immer wieder auf den neuesten Stand gebracht.[188]

In den 1870er und 1880er Jahren ging es den Tuchmachern schlecht, sie fanden keinen Absatz mehr für ihre Waren. In einer Beschreibung aus dem Jahre 1905 heißt es dennoch:[189] „Bedeutend ist namentlich die schon seit langem betriebene Wolltuchfabrikation mit mehr als 40 Betrieben und 80 bis 100 Arbeitern, darunter etwa fünf, welche elektrische Kraft benützen. Die früher vorwiegende Fabrikation von Tüchern hat seit 30 Jahren infolge der norddeutschen Konkurrenz der Fabrikation von Flanellen Platz gemacht, welche unter dem Namen 'Freudenstädter Flanelle' einen weit verbreiteten Ruf haben. Wegen ihrer Güte werden sie namentlich in den Kreisen, wo auf solide Ware gesehen wird, den ausländischen Erzeugnissen vorgezogen."

Die Messerschmiede[190], deren große Anzahl in Freudenstadt sich auf die Eisenwerke im Christophstal gründete[191], erlebten ihre Blütezeit in den 1860er und 1870er Jahren. Noch vor der Jahrhundertwende gingen einige Betriebe zu Dampfbetrieb oder elektrischem Antrieb über. Hergestellt wurden „gewöhnliche bis hochfeine Waren" sowie chirurgische Instrumente. Der Absatz ging größtenteils an Fabrikanten und Handelshäuser. Nach dem Ersten Weltkrieg starb dieses alte Handwerk nach und nach aus.

Eine sehr wichtige Stellung nahm auch die Holzverarbeitung ein: 1858 befanden sich auf der Gemarkung Freudenstadt sieben Sägewerke, die z. T. schon vor der Jahrhundertwende auf Dampfkraft umstellten. Ebenso war die Möbelschreinerei von alters her in Freudenstadt und Umgebung ansässig. Großen Beifall fanden die Mosaik-Arbeiten der Freudenstädter Kunstschreiner.[192]

Zunftsiegel der Freudenstädter Messerschmiede.

Freudenstadt als Handelsstadt

Im Untergeschoß des Rathauses wurden enorme Mengen an Getreide umgesetzt.

Auch wenn der Handel zu Beginn des 19. Jahrhunderts in Freudenstadt noch relativ unbedeutend war, so bildete die Stadt doch einen gewissen Handelsmittelpunkt. Die Fruchtschranne im Freudenstädter Rathaus, die sich zu den größeren des Landes zählen durfte, stellte einen von weither besuchten Getreideumschlagplatz dar.[193] Fast 40.000 Zentner Frucht wurden um 1860 jährlich umgesetzt.[194] Auch wenn damals in Freudenstadt noch viel Getreide angebaut wurde, konnte der Eigenbedarf niemals gedeckt werden. So brachten die Bauern aus dem Gäu und dem Badischen vor allem Hafer und Dinkel auf der Freudenstädter Fruchtschranne zum Verkauf. Von weither, vowiegend aus dem Murgtal, Renchtal und dem oberen Wolftal kam die Käuferschaft. Die Fruchthändler holten Frucht von der Freudenstädter Fruchtschranne auf die Märkte von Oppenau und Oberkirch. Auf dem Rückweg nahmen sie Obst und Gemüse mit, das sich in Freudenstadt gut verkaufen ließ.[195] Dieser Handel brachte Leben in die Stadt und ihre Gasthäuser.

Durch die erhöhte Mobilität und das geänderte Verhalten der Verbraucher, die ihr Mehl jetzt direkt beim Müller kauften, ging der Freudenstädter Fruchthandel gegen Ende des 19. Jahrhunderts stark zurück; 1912 wurde die Frucht-

Der Viehhandel führte die Freudenstädter bis nach Paris.

schranne aufgelöst.[196] Auch die vier Jahrmärkte[197] hatten bereits um die Jahrhundertwende viel von ihrer einstigen Attraktivität verloren, die Freudenstädter Geschäfte bildeten eine zu große Konkurrenz.
Das wichtigste Handelsgut, das Holz, lieferten die großen Waldgebiete um Freudenstadt; besonders gefragt war das Langholz. Auch mit einem weiteren Rohstoff, nämlich dem Buntsandstein, wurde viel gehandelt. Seit der Errichtung der Eisenbahn war es möglich, diesen bequemer zu transportieren; er war in jener Zeit ein äußerst begehrter Baustoff.
Neben dem bedeutenden Holzhandel nahm auch der Handel mit Vieh eine wichtige Stellung ein. Vom Gäu her wurde das Vieh über Freudenstadt nach Straßburg und ins Elsaß getrieben. Seitdem die Freudenstädter auf der 1837 gegründeten Realschule Französisch lernen konnten, bekam der Schaf- und Ochsenhandel, der die Händler bis auf die Pariser Schlachtmärkte führte, noch mehr Auftrieb.[198] In manchen Familien erzählt man sich heute noch, daß der Urgroßvater zum Verkauf seiner Schafe bis nach Paris gewandert sei.
Eine deutliche Erleichterung stellte für die Viehhändler der Bau der Eisenbahnrheinbrücke im Jahr 1861 dar; nun konnten sie ihr Vieh in Kehl auf die Bahn verladen und bis nach Paris transportieren. Auch der Rückweg war auf diese Weise wesentlich kürzer. In der Mitte des 19. Jahrhunderts wurden etwa 100 Mastochsen pro Woche durch Freudenstadt in Richtung Straßburg getrieben.[199] Gegen Ende desselben ging der Viehhandel etwas zurück.[200]

Freudenstädter Fabriken

Zu nennen sind hier an erster Stelle die jahrhundertealten Hüttenwerke im Christophstal und seit jüngerer Zeit auch diejenigen im Friedrichstal, die zusammen in der Mitte des 19. Jahrhunderts etwa 130 Personen Arbeit boten. Während im unteren Werk, in Friedrichstal, die Stahl- und Stahlwarenherstellung dank der Förderung durch den Kurfürsten Friedrich zur weiteren Ausdehnung kamen, wurden im Christophstal zu Beginn des 19. Jahrhunderts eine Feilenhauerei, eine Sensenschmiede sowie eine Bajonettschmiede errichtet.[201] Als letztere 1811 abbrannte, verlegte man sie des Wassermangels wegen nach Oberndorf.
1808 wurden die auf Baiersbronner Markung gelegenen Werke von den übrigen getrennt und einer eigenen Hüttenverwaltung unter dem Namen „Friedrichstal" unterstellt.[202] Im Jahre 1835 kam es zur Wiedervereinigung der beiden Werke unter dem Namen „Königliche Hüttenwerke Friedrichsthal"; Die seitherige Tochterfirma hatte inzwischen wesentlich größere Bedeutung als das Stammwerk erlangt.[203] 1839 kam es zum Verkauf der Anlagen im Christophstal. Die Wasserkraft wurde nun von anderen Fabriken genutzt[204] und das Gebäude des bereits 1830 aufgegebenen Oberbergamtes zehn Jahre später Sitz des Forstamtes.[205]
Noch immer betrieb man im Christophstal die Herstellung von Pfannen, doch nach und nach verdrängten die gepreßten Pfannen die geschmiedeten. 1887 mußte dieser jahrhundertealte Fabrikationszweig eingestellt werden.[206]
Im 19. Jahrhundert wurde im Christophstal noch Schwerspat und Eisenerz abgebaut. Während der Hungerjahre von 1816/1817 kamen total verarmte Einwohner auf den Gedanken, sich durch Wiedereröffnung der seit 50 Jahren ruhenden Bergwerksgruben einen kleinen Verdienst zu verschaffen.[207] Das Hüttenwerk Friedrichstal nahm ihnen die dabei gefundenen Roherze ab. Auch der aus einigen alten, wiedereröffneten Gruben gewonnene Schwerspat fand noch jahrzehntelang bei den in Freudenstadt betriebenen Spatmühlen Abnahme.[208] 1887 wurden einem Auswärtigen die Abbaurechte an den etwa 200 Hektar großen Grubenfeldern zur Gewinnung aller dort vorkommenden Erze verliehen. Auch in den folgenden Jahrzehnten kam es immer wieder zu einer Verleihung einzelner Bergbaurechte.
Seit dem Ende des 18. Jahrhunderts gab es beim Freudenstädter Steinbruch sowie im Ödenwald zwei Salmiakfabriken.[209] Freilich hatte das Wort „Fabrik" damals eine etwas andere Bedeutung. Der Betrieb im Ödenwald expandierte stark und produzierte in der Jahrhundertmitte mit einer Dampfmaschine von 10 Pferdestärken und einer Belegschaft von 40 bis 50 Arbeitern blausaures Kali, Phosphor und chemischen Dünger.[210]

Vor der Bierbrauerei zur Sonne, 1903.

1845 gründete der Freudenstädter Tuchmacher W. F. Münster mit staatlicher Unterstützung auf dem Anwesen des ehemaligen Oberen Hammers im Christophstal eine mechanische Wollspinnerei. 1852 fanden hier 40 Personen Beschäftigung, die den Freudenstädter Tuchmachern zuarbeiteten.[211]
In der Oberamtsbeschreibung[212] ist die Rede von einer wohl auf Notstandsarbeiten zurückgehenden Bürstenfabrik, die 60 Personen beschäftigte und hauptsächlich Wurzelbürsten produzierte. Auch bestand eine Zündholz- und Kistenfabrik mit knapp 50 Arbeitsplätzen.[213]
Um 1850 errichtete Kaufmann Moritz Hipp die heute noch stehende Rußhütte, die Abfallprodukte der Friedrichstaler Eisenverhüttung zu Kienruß verarbeitete. Allerdings produzierte sie nur wenige Jahre lang; schon bald konnte Ruß viel billiger aus Erdölprodukten hergestellt werden.

Konjunktur und industrielle Entwicklung

Ende der 1850er Jahre setzte im gesamten Südwesten ein etwa 15 Jahre anhaltender Aufschwung ein, an dem auch die Landwirtschaft teilhatte. Die eigentliche Industrialisierung begann. Die Wirtschaftseuphorie nach dem gewonnenen 1870er Krieg schlug durch die Überproduktion der nun folgenden Gründerjahre ab 1873 in eine Wirtschaftsdepression um. Nach deren Überwindung, seit Mitte der 1880er Jahre, folgte bis etwa 1895 eine differenzierte Entwicklung, bei der sich Wachstum, Rückgang und Stagnation bestimmter Wirtschaftsteile überlagerten. Diese Periode wurde Mitte der Neunzigerjahre von einer Phase der Hochkonjunktur abgelöst, die fast bis zum Ersten Weltkrieg anhielt. Dieser generell für ganz Südwestdeutschland festzustellende Konjunkturverlauf läßt sich auch für Freudenstadt nachzeichnen. So erfolgten

Im 19. Jahrhundert entstanden in Freudenstadt einige Betriebe, die je um die 50 Arbeitsplätze boten.

nach der Gewerbefreiheit von 1862 einige Geschäftsgründungen, z.B. 1863 das Modehaus Bernhardt oder 1864 die mit Dampfkraft arbeitende Mechanische Werkstätte der Gebrüder Schmid.[214] 1868 eröffnete die Firma Haug ihren ebenfalls als Fabrik zu bezeichnenden Brauereiausstattungsbetrieb, der sich allerdings nur kurze Zeit hielt.[215] 1871 siedelte sich wohl auf Anregung Pfarrer Gustav Werners in Freudenstadt eine Filiale der Seidenfabrik Karl Mez aus Freiburg an.[216] Zuerst wurde für das Zwirnen und Flechten von Rohseide eine Fabrikhalle auf dem Festungswall errichtet, der Betrieb 1874 dann ins Christophstal verlegt. Über 100 Arbeiterinnen waren dort beschäftigt.[217] Ebenfalls kurz nach der Reichsgründung errichtete Christian Laufer eine Malzfabrik. Die genannten Betriebe siedelten sich alle auf Flächen an, die durch die Abtragung der Wälle in den 1860er Jahren neu gewonnen worden waren.

Doch bald schon schlug dieser Aufschwung in ein wirtschaftliches Tief um; lange Zeit erfolgte in Freudenstadt keine Neugründung mehr. Der Freudenstädter Schlossermeister Bäßler verfaßte über den Zeitraum von 1878 bis 1890 ein Tagebuch, in dem sich unmittelbare Äußerungen eines selbst von der Wirtschaftsdepression Betroffenen niederschlagen.[218] Im Jahre 1878 z. B. schrieb Bäßler: „Die seit 1875 immer fortschreitende Geschäftskrise hat auch in diesem Jahr immer weitere Fortschritte gemacht. Auch in hiesiger Stadt wird selbige recht fühlbar. Nagelschmiede haben kaum für die Hälfte Absatz zu gedrückten Preisen. Viele suchen andere Beschäftigung. Tuchmacher, Messerschmiede, gleich schlecht, keinen Absatz."

30 Freudenstädter zogen als Hausierer über Land.

Solch einen Versuch, anderweitig Beschäftigung zu finden, stellte etwa das Hausieren dar. In den 1880er Jahren zogen Scharen von Hausierern von Tür zu Tür; allein über 30 waren in Freudenstadt gemeldet.[219] Die sehr große Konkurrenz – z.B. hatten sich auch zahlreiche Dornstetter aufs Hausieren verlegt[220] – führte dazu, daß nach wenigen Jahren viele dieses Metier wieder „an den Nagel hängten". Um die Jahrhundertwende gab es nur noch einige wenige Angehörige dieses Berufsstandes.

Kurzlebige Verdienstmöglichkeiten bot in solch schwierigen Jahren der Bau der Eisenbahnstrecken. „Einen wohltätigen Einfluß übt der Bahnbau, gibt Geld und Verkehr in die Gegend", schrieb Bäßler 1878 anläßlich des Baus der Strecke von Hochdorf nach Freudenstadt. Auch 1883 heißt es in diesem Tagebuch: „Der Bahnbau nach Schiltach hat unserer Gegend etwas Leben gebracht, aber auch viel schlechtes Gesindel."

Vergleicht man die Anzahl der in Freudenstadt gestellten Bauanträge pro Jahr[221], so fällt auf, daß in den Jahren, als die Eisenbahn zusätzlichen Verdienst bot, deutlich mehr gebaut wurde. Auch wenn die Einheimischen nicht selber beim Bahnbau arbeiteten, so profitierten sie doch auf vielfältige Weise davon, vorneweg natürlich die Metzger, Bäcker und Wirte. Besonders den Bierbrauern bescherten diese Jahre eine Hochkonjunktur. Vereinzelt boten auch Hotelbauten – etwa das Waldeck 1880 – dem Bauhandwerk, das ansonsten in weitem Umkreis nach Aufträgen suchen mußte, kurzfristige Verdienstmöglichkeiten.

Ab 1885 setzte auch hier eine bessere Zeit ein. Die Ansiedlung der Böhringerschen Glasfabrik in jener Zeit verdankte Freudenstadt eindeutig seinem Bahnanschluß. Über 60 Arbeiter fanden dort Beschäftigung. Um die Jahrhundertwende wurde in Freudenstadt eine Filiale der süddeutschen Kabelwerke Mannheim mit etwa 70 Arbeitern eröffnet. 1899 begannen die Gebrüder Bacher den Betrieb ihrer Dampfziegelei, in der zahlreiche, auch auswärtige Arbeiter Verdienst fanden. Die 1912 errichtete Jugendstilvilla an der Stuttgarter Straße erinnert heute noch an diesen Betrieb. Um 1907 wurden die Vorläufer der späteren PINO AG von Schopfloch nach Freudenstadt in das Gebäude der seitherigen Kabelfabrik an der Ringstraße verlegt.[222] Mit zunächst sechs Arbeitskräften wurden Fichtennadel-Badezusätze u. ä. produziert. 1919 gründete Robert Bürkle seine Spezialwerkzeugmaschinenfabrik im Christophstal und Max Fiedler begann mit der Fabrikation fotografischer Geräte (später als „Mafi" bekannt).

Konzentration der Betriebe

Der Gründung dieser (aus damaliger Sicht größeren) Betriebe stand der deutliche Rückgang der Klein- und Kleinstbetriebe gegenüber.

Ein wichtiger Ort: der Freudenstädter (Haupt)Bahnhof.

1823 hatten in 400 Gewerbebetrieben insgesamt nur 470 Personen gearbeitet;[223] bei nur wenigen Betrieben fand sich zusätzlich ein Geselle. Diese kleingewerbliche Struktur verstärkte sich während des 19. Jahrhunderts noch und erreichte nach der 1862 erfolgten Gewerbefreiheit ihren absoluten Höhepunkt. Mit den Gründerjahren kam der Umbruch. Die Kleinbetriebe begannen langsam auszusterben.

Die durchschnittliche Größe der Freudenstädter Betriebe vervierfachte sich in den Jahrzehnten nach 1870; ein großer Anteil setzte die Dampfkraft ein.[224] Durch diese Expansion entstanden mehrere hundert neue Arbeitsplätze, aber auch veränderte Strukturen mit ganz neuen Berufsbildern traten auf wie Betriebsleiter, Werksführer, Fabrikaufseher, Buchhalter u.ä.

Als Beispiel für den Rückgang von Kleinbetrieben bei gleichzeitiger Steigerung der Produktion sollen hier die Bierbrauereien angeführt werden. Das alleinige Braurecht besaß bis 1815 eine seit 1749 im Christophstal erwähnte herrschaftliche Brauerei für die Berg- und Hüttenleute.[225] 1823 gab es bereits elf Bierbrauereien in Freudenstadt, 1882 wurde in 22 Betrieben das Bier selber gebraut. Ihre Zahl sank danach langsam wieder ab, kurz vor dem Ersten Weltkrieg fanden sich noch zwölf Brauereien.[226] Trotzdem konnten diese ihren Ausstoß von zusammen etwa 3.000 Hektolitern Bier auf über 26.000 Hektoliter steigern.

Von dieser allgemeinen Tendenz zur Konzentration blieb der Bereich Fremdenverkehr ausgeschlossen. Hier stiegen – landesweit – die Anzahl der Betriebe wie auch die der Beschäftigten stark an.

Technische Neuerungen

Die neue Mobilität bewirkte auch ein verändertes Zeitgefühl.

Dieser wirtschaftliche Aufschwung wäre ohne die neuen technischen Möglichkeiten und die Entwicklungen im Verkehrswesen nicht denkbar gewesen.

Einen Höhepunkt für die Geschichte Freudenstadts stellten die Eröffnung der Eisenbahnlinie im Jahr 1879 und die damit verbundene Gewerbeausstellung dar.[227] Zweifellos gab dies der Freudenstädter Wirtschaft einen starken Impuls, wenngleich dieser auch durch die schlechte Konjunktur jener Jahre abgeschwächt wurde. Im Gegensatz zu manchen anderen Gemeinden nahm Freudenstadt diese Chance wahr und nutzte sie. Die ersten Hotelbauten entstanden.

Die neue Mobilität bot nicht nur ganz andere wirtschaftliche Möglichkeiten, sondern im Sektor Verkehr selbst fanden auch zahlreiche Personen ihr Auskommen. Zu Beginn des 20. Jahrhunderts waren fast 100 Freudenstädter Bürger bei der Eisenbahn als Lokführer und Schaffner, als Stationsdiener oder Stationskommandant, als Heizer, Bremser, Kontrollleur oder Wagen-

Anzeige im „Gränzer", 1879.

aufschreiber beschäftigt. Rechnet man alle Berufsgruppen, die der Mobilität dienten, also etwa auch die Straßenwarte, Lohnkutscher oder die Postangestellten zusammen, so waren es an die 170 Personen, die hier Arbeit fanden.[228] Wichtige technische Neuerungen stellten aber auch 1862 der Anschluß Freudenstadts an die Telegraphenlinie sowie 1895 der an das Telefonnetz[229] dar. In jenem Jahr ging auch das Elektrizitätswerk in Betrieb und 1909 nahm das städtische Gaswerk seine Arbeit auf.

Blütezeit durch den Fremdenverkehr

Um die Jahrhundertwende hob sich der Wohlstand in Freudenstadt ganz enorm.

Die in diesem Kapitel geschilderte Entwicklung war nicht die eigentliche Ursache dafür, weshalb sich der Wohlstand in Freudenstadt innerhalb weniger Jahrzehnte so enorm anhob. Freudenstadt hatte sich zur internationalen Kurstadt entwickelt. Diesen Status verdankte es seinen weiten Wäldern, dem Bau der Eisenbahn und nicht zuletzt einigen weitblickenden Persönlichkeiten wie Stadtschultheiß Hartranft und Hotelier Ernst Luz.

Der Freudenstädter Fremdenverkehr brachte ungeahnte neue Verdienstmöglichkeiten. Die Zahl der Gastronomiebetriebe erhöhte sich von 44 in der Mitte des 19. Jahrhunderts auf 77 zu Beginn des 20. Jahrhunderts. Weitaus die meisten Beschäftigten fanden sich nun im Beherbergungswesen.[230]

Auch zahlreiche andere Gewerbe verdienten am Fremdenverkehr: nicht nur der Einzelhandel, sondern auch Lohnkutschereien, Wäschereien, Möbelschreinereien, Friseure und Masseure. Auch vier Buchdruckereien profitierten. Zwei selbständige Zeitungen erschienen in Freudenstadt – Der Grenzer und die Schwäbische Dorfzeitung – sowie seit 1912 auch noch das Fremdenblatt.

Das Warenangebot vervielfältigte sich – neue Bedürfnisse wurden geweckt.

In der Mitte des 19. Jahrhunderts fanden sich in Freudenstadt immerhin 15 Krämerläden; in den Jahren vor dem Ersten Weltkrieg lassen sich über 120 Lebensmittel-, Kleider- und Schuhläden nachweisen, die sich durch ein gehobenes Warenangebot (und höheres Preisniveau) auszeichneten. Auch Obst und Gemüse konnte man jetzt im Laden kaufen, etwas, was seither höchstens auf dem Wochenmarkt zu haben war. Acht Delikatessengeschäfte boten ihre Ware feil. Galanterie-, Leder-, Portefeuille- und Spielwarenhandlungen wurden eröffnet. Acht Weinhandlungen konnten sich in der etwa 8.000 Einwohner zählenden Stadt halten. Selbst Bier mußte trotz der zahlreichen Freudenstädter Brauereien eingeführt werden, um allen Ansprüchen gerecht zu werden. Freudenstadt war keine Stadt mehr, die sich weitgehend selbst versorgte; es gab jetzt sehr viel auswärtig produzierte Ware zu kaufen. Neue Bedürfnisse waren in der Bevölkerung geweckt worden.

Freilich ist diese Entwicklung nicht nur dem Fremdenverkehr zuzuschreiben, sie trat ebenso, wenn auch nicht so ausgeprägt, in benachbarten Städten wie Dornstetten oder Horb auf. Verstärkt wurde sie in Freudenstadt auch durch den Zuzug wohlhander Personen.

Während noch in den 1880er Jahren viele Freudenstädter auswärts ihr Brot suchen mußten, bot die Stadt im folgenden Jahrzehnt immer mehr Verdienstmöglichkeiten, immer mehr Bürger konnten hier ein gesichertes Auskommen finden. Auch der Umgebung brachte dies Vorteile, etwa den zahlreichen jungen Mädchen aus dem Murgtal, die in Freudenstädter Hotels in Stellung waren.

Auch Verwaltung, Dienstleistungs- und Gesundheitswesen entwickelten sich. In den Jahren vor dem Ersten Weltkrieg arbeiteten 58 Personen in der Verwaltung, es gab 24 Lehrer – aber erst 15 Personen arbeiteten im Gesundheitswesen. Das Bankenwesen begann sich zu entwickeln. Obwohl bereits 1834 die Oberamtssparkasse gegründet wurde,[231] 1869 die Gewerbebank folgte und 1884 Apotheker Haug eine eigene Bank aufmachte, fanden sich in der Tageszeitung noch regelmäßig Anzeigen wie etwa folgende: „Geld auszuleihen. Beim Unterzeichner liegen gegen gesetzliche Versicherung oder gute Bürgschaft 250 Gulden parat." Seit den 1880er Jahren führten zahlreiche Bürger, vor allem nebenberuflich, eine Versicherungsagentur.

Laut dem Gebäudekataster[232] hatte sich der Wert der Freudenstädter Gebäude in der Zeit zwischen dem Eisenbahnanschluß und dem Beginn des Ersten Weltkrieges verfünffacht, das Gewerbesteueraufkommen hatte sich vervierfacht. Die Bevölkerung wuchs von 6.000 auf 8.000 Personen an.

Frauenarbeit und Nebenerwerb

Die Freudenstädter Entwicklung soll jedoch nicht zu glänzend dargestellt werden, dies war nur die Schauseite der Medaille. Zu allen Zeiten, auch um die so blühende Jahrhundertwende, herrschte bei einem Teil der Bevölkerung große Armut. Man besann sich auf die unterschiedlichsten Nebenerwerbe: Nicht nur die Köhlerei und das Pottaschesieden wurden betrieben, man sammelte Harz und Beeren im Wald, für die Papierherstellung Hadernlumpen und für die chemische Industrie Knochen, und auch das Stricken von Strümpfen war eine bescheidene Möglichkeit, das Leben zu fristen. Im Adreßbuch von 1902 findet sich zwischen all den Hoteliers, Kurhausdirektoren und Privatiers auch eine Laubsammlerin.

Besonders das Sammeln von Heidelbeeren stellte einen weit verbreiteten Nebenerwerb dar. Wer zählte die Stunden, die Frauen und Kinder im Wald gebückt beim Heidelbeerpflücken zubrachten? Im Jahre 1910 wurden auf dem Baiersbronner Bahnhof achteinhalbtausend Körbe Heidelbeeren mit einem Gewicht von über 200.000 kg verladen.

Trotz der neuen Verdienstmöglichkeiten und trotz der vielen wohlhabenden, in Freudenstadt niedergelassenen Bürger, gab es weiterhin sehr arme Bevölkerungsschichten, die nicht wußten, wie sie ihre Kinderschar satt bekommen sollten. Auch Frauenarbeit war weit verbreitet, sogar im Steinbruch arbeiteten viele Freudenstädterinnen. Seitdem der Vorrat an Steinen aus dem Abbruch der Festungsanlagen aufgebraucht war, gewann der Steinbruch in Freudenstadt wieder an Bedeutung. Der über lange Zeit anhaltende Bauboom benötigte sehr viel Material und bot den Armen einen Verdienst.

Ein wichtiger Bereich, der hier auch genannt werden muß, ist die private Zimmervermietung an Fremde. Im Jahr 1892 vermieteten 86 Freudenstädter Familien private Wohnräume an Sommergäste, wie sich heute noch aus den Kurlisten erschließen läßt.[233] Zehn Jahre später war diese Zahl auf 213 private Vermieter angewachsen. Während der ganzen Sommersaison rückte die Familie dann auf engstem Raume zusammen, um die besseren Zimmer des Hauses vermieten zu können. Diese Wohnsituation ging vorwiegend zu Lasten der Frau. Auch putzte sie die Fremdenzimmer, wusch die Wäsche und bekochte u. U. die Gäste. Diese Zimmervermietung stellte einen wichtigen Beitrag zum Familieneinkommen dar, der in keinem Gewerbesteuerkataster erscheint.

Der Beitrag der Frauen zum Familieneinkommen kann nur erahnt werden.

Was die Frauen in den Handwerkerfamilien an Erwerbstätigkeit leisteten, kann heute nur noch erahnt werden. Ihr Beitrag dazu war sicherlich größer, als gemeinhin angenommen. Bei dem in Freudenstadt weit verbreiteten Tuchmachergewerbe muß der Anteil der weiblichen Arbeitskräfte sehr hoch angesetzt werden.

Erst gegen Ende des 19. Jahrhunderts erlernten manche Freudenstädter Frauen einen eigenen Beruf, etwa den der Näherin. 1882 arbeiteten 25 selbständige solcher „Nähterinnen" in Freudenstadt.[234] Zwölf Wasch- und Bügelgeschäfte boten vor dem Ersten Weltkrieg ihre Dienste an. Immer wieder gründeten Frauen ein eigenes Geschäft, sei es als Putzmacherin, als Modistin oder dergleichen. Auch gab es zwei „Magdverdingerinnen", d.h. daß hier eine Stellenvermittlungsagentur betrieben wurde.

Arbeiterbewegung

Das Bewußtsein eines Arbeiterstandes bildete sich in Freudenstadt kaum aus.

Mit dem Aufkommen von Fabriken etablierte sich auch der Arbeiterstand. Ein entsprechendes Bewußtsein bildete sich hier jedoch kaum aus; die Fabrikarbeiter waren zu bodenständig, betrieben weiterhin nebenbei ihre Landwirtschaft. Es entstand hier zunächst auch kein Arbeiterverein. Einer der beiden während der Revolutionsjahre bestehenden Lesevereine trug jedoch den Charakter eines Arbeiterbildungsvereines.

Die Wiege sozialdemokratischen Denkens in Freudenstadt stellte die 1884 eröffnete Glasfabrik dar.[235] Glasmacher, als gefragte Facharbeiter, verfügten über ein hohes Standesbewußtsein. Bei der Gründung des sozialdemokratischen Arbeitervereins in Freudenstadt, zu der es im Jahre 1900 kam,[236] waren die Glasmacher maßgeblich beteiligt. In diesem Verein wurde enger Zusammenhalt gepflegt, so gab es z.B. eine eigene Theatergruppe. Um günstiger einkaufen zu können, wurde 1910, freilich nicht nur von Glasmachern, der Konsumverein Freudenstadt gegründet.[237]

Erst seit dem 19. Jahrhundert wurden aus den Ehefrauen „nur" Hausfrauen.

Auswirkungen auf die Familienstruktur

Die Veränderungen der Berufswelt, die sich innerhalb weniger Jahrzehnte vollzogen, blieben nicht ohne Einfluß auf die Familienstruktur. In der vorindustriellen Gesellschaft hatte jedes Haus eine eigene wirtschaftliche Einheit gebildet, die Grundform jeglicher Arbeitsorganisation stellten der Haushalt bzw. die Familie dar. Einem Haushalt bzw. einer Familie kamen damals somit wesentlich mehr Funktionen als heute zu. In erster Linie war der Haushalt eine Produktionsstätte, die die Versorgung der Familienmitglieder mit allen lebensnotwendigen Gütern sicherstellte.
Die grundsätzliche Änderung, die im Zeitalter der Industrialisierung die Familienstruktur betraf, war der Verlust dieser Wirtschaftseinheit innerhalb eines Hauses. Denn nun fiel durch die außerhäusliche Lohnarbeit eine der zentralen Funktionen des vorindustriellen Haushaltes weg; es wurde nichts mehr produziert, der (nun reduzierte) Haushalt allein der Frau zugeschrieben, während der Mann außer Haus arbeitete. Auch die Selbstversorgung durch die Landwirtschaft verlor sich zunehmend. Das Haus bildete keine autonome wirtschaftliche und soziale Einheit mehr.
Parallel dazu ging auch die Anzahl der zu einer Familie bzw. einem Haushalt gehörenden Personen zurück. Innerhalb eines halben Jahrhunderts sank die durchschnittliche Familiengröße in Freudenstadt von 5,4 Personen im Jahr 1846[238] auf 4,4 Personen im Jahr 1907![239] Ein Haus in dem nicht mehr produziert wurde, konnte demnach weniger Personen ernähren und brauchte nicht mehr die Mithilfe der älteren Kinder. Diese mußten bei lohnabhängigen Familien möglichst bald das Haus verlassen und in Stellung gehen.
Bis ins 18. oder sogar 19. Jahrhundert hinein war jede Familie durch einen bestimmten Beruf definiert gewesen, der sich häufig über Generationen hinweg vererbt hatte. In Freudenstadt übte – um ein paar Beispiele zu nennen – im 17., 18. und z.T. auch noch im 19. Jahrhundert die Familie Armbruster den Beruf des Metzgers aus, die Bacher waren Ziegler und die Baldenhofer Tuchmacher...[240]

Freudenstädter Familienleben: Hier am Heiligen Abend in der Wohnstube der Fotografenfamilie Fiedler in den 1920er Jahren.

Im Laufe des 19. Jahrhunderts verlor sich langsam der Zwang, daß der Sohn automatisch das Handwerk des Vater zu übernehmen hatte. Die junge Generation wurde unabhängiger. Diese immer geringer werdende Bereitschaft, den väterlichen Beruf zu übernehmen, ist bereits ein typisches Phänomen des 19. Jahrhunderts.
Auch war es einst selbstverständlich, beim Heiraten auf eine Frau zu sehen, deren Vermögen und Fähigkeiten zum eigenen Beruf paßten. Besonders bei Berufsgruppen, für die spezielle Voraussetzungen erforderlich waren, wurde darauf geachtet. Ob es wohl reine Zufälle waren, daß um 1800 der Glasermeister Christian Ludwig Drissler eine Tochter aus der bekannten Glaserfamilie Nestle ehelichte oder daß der Rebstockwirt Eyth die Tochter des Lindenwirts heiratete?
Familie und Beruf ließen sich einstens kaum trennen. In erster Linie bildete die Familie eine Arbeitsgemeinschaft. Durch das Aussterben der Einmannbetriebe und das Aufkommen größerer Produktionsstätten, was außerhäusliche Lohnarbeit bedingte, war ein entscheidender Schritt hin zu modernen Familienstrukturen vollzogen. Die Rollenverteilung zwischen Mann und Frau vertiefte sich. Familienleben und Berufsleben waren nun klar zu trennende Bereiche. Aus der Familie, die ursprünglich vorrangig eine Arbeitsgemeinschaft darstellte, war eine durch persönliche Beziehungen geprägte Lebensgemeinschaft geworden.

Familie und Beruf bildeten ursprünglich eine Einheit.

Das 19. und beginnende 20. Jahrhundert war die Zeit des Wandels und des Fortschritts, aber auch die Zeit des Verlustes altbewährter, traditioneller Lebensformen und nicht zuletzt eine Epoche, die in einem katastrophalen Weltkrieg endete. Diese Zeit des großen Aufbruchs und Umbruchs hat auch in Freudenstadt ihre Spuren hinterlassen.

Anmerkungen

1 Führer durch Freudenstadt und Umgebung, hrsg. von Postverwalter E. Luz in Freudenstadt, 1881, S. 17.
2 G. Heid, Freudenstadt und Umgebung, Freudenstadt 1852, S. 136.
3 G. Hertel, Freudenstadt im Jahr 1837, in: 50 Jahre Liederkranz Freudenstadt, Freudenstadt 1987, S. 16.
4 G. Mauer, Der Kreis Freudenstadt gestern und heute, in: Der Kreis Freudenstadt, Stuttgart/Aalen 1978, S. 244 f.
5 Zwar wurde noch einige Jahre lang etwa für Freudenstadt und Dornstetten eine sogenannte Particular-Amtspflegerechnung geführt, Dornstetten sogar als Unteramt bezeichnet, doch war dies nur von kurzer Dauer und verlor sich zu Beginn der 1820er Jahre.
6 STAL D 73.
7 StadtA FDS Gerichtsprotokoll 25.11.1816.
8 SR 8.4.1944.
9 SZ 5.6.1935.
10 SR 13.11.1941.
11 SZ 9.4.1942.
12 DG 3.8.1910.
13 August Nestle, Die Vermögens- und wirtschaftlichen Verhältnisse der Stadt Freudenstadt, Freudenstadt 1912, S. 3 f.
14 Heid, S. 64.
15 Der Neubau des Realgymnasiums und der Oberrealschule in Freudenstadt, Festschrift der Schwarzwald-Zeitung „Der Grenzer", S. 28 und 30.
16 StA FDS FA XII „Festung"; W. Kull, Festung Freudenstadt (= FB 4/1985), S. 36 f. und 89 ff.
17 Katalog der aus Anlaß der Eröffnung der Gäubahn veranstalteten Bezirks-Gewerbe-Ausstellung in Freudenstadt nebst einer Denkschrift enthaltend Ortsgeschichte und Ortsbeschreibung der Stadt Freudenstadt, bearbeitet vom Vorstand des Ausstellungs-Comités Stadtschultheiß Hartranft, Freudenstadt 1879, S. 5.
18 A. Weller, Sozialgeschichte Südwestdeutschlands, Stuttgart 1979, S.99.
19 Siehe oben, S. 133.
20 K. J. Matzke, Pauperismus und Bevölkerung. Die gesetzlichen Ehebeschränkungen in den süddeutschen Staaten während des 19. Jahrhunderts, Stuttgart 1980.
21 OAB S. 144.
22 StA FDS Heiligenpflegerechnungen; Gemeinderatsprotokolle 3. 2. 1817, 27. 1. 1820 und 16. 10. 1822.
23 StadtA FDS Gemeinderatsprotokolle 24.2.1824 und 2.8.1827.
24 Pfarramt Grüntal, Chronik des Kirchspiels Grüntal ab 1820, S. 72.
25 StA Sigmaringen Wü 65/10 Bd. 1, Bü 225.
26 StA FDS Gemeindratsprokolle 24. 2. 1824, 18. 5. 1830 und 12. 9. 1831.
27 OAB, S. 138.
28 R. Fener, Aus den Gründungstagen der Realschule Freudenstadt, in: FH 2. Jahrgang 1937, S. 81 – 98, hier S. 84.
29 Der Neubau des Realgymnasiums, S. 27.
30 A. Nestle, Freudenstadt einst und jetzt, Freudenstadt 1914.
31 OAB, S. 145.
32 Carl Th. Griesinger, Universallexikon für Württemberg, Hechingen und Sigmaringen, Stuttgart 1842.
33 StadtA FDS FB XI Gewerbekataster von 1823.
34 SZ 4.11.1941.
35 SZ 9.4.1942.
36 OAB S. 149. Die hier veröffentlichten Zahlen beruhen auf einer Gewerbestatistik des Jahres 1852.
37 DG 4.10.1903.
38 Siehe oben
39 Nestle, Freudenstadt einst, S. 12.
40 Nestle, Freudenstadt einst, S. 11.
41 OAB S. 151.
42 StadtA FDS Gemeinderatsprotokoll 28.11.1820 (Hier findet sich eine erste Spur dieses Vereins).
43 SZ 19. 1. 1941.

[44] OAB S. 149 (basierend auf einer Gewerbestatistik des Jahres 1852).
[45] DG 4.10.1903.
[46] DG 7.10.1903.
[47] Oswald Heinzelmann, Die Revolution 1848/1849 im Kreis Freudenstadt, in: FB Nr. 7/1991, S. 2.
[48] Siehe oben.
[49] DG 1./2.8.1908.
[50] Hugo Müller, Die Württembergischen Hüttenwerke im Forbachtal, maschinenschriftl. Manuskript, Friedrichstal 1943, hier als Auszug in: FH Nr. 8/1997.
[51] Der „Freudenstädter Auszug" im Jahre 1849. Nach den Erinnerungen des Alt-Schuhmachermeisters Bernhardt (1835–1919), in: FH 2. Jg. 1937 S. 67.
[52] Müller, Hüttenwerke, hier als Auszug in: FDS HB Nr. 8/1997.
[53] Heinzelmann, Revolution, S. 4.
[54] Siehe oben.
[55] Siehe oben S. 7.
[56] DG vom April 1849.
[57] Heinzelmann, Revolution, S. 8.
[58] Siehe oben.
[59] STAL E 177 I Bü 2835.
[60] DG 23.6.1849.
[61] FH 2. Jg. 1937, S. 67.
[62] STAL E 177 I Bü 2835.
[63] Heinzelmann, Revolution, S. 11.
[64] STAL E 177 I Bü 2835.
[65] FH 2. Jg. 1937, S. 53.
[66] FH 2. Jg. 1937, S. 68.
[67] Siehe oben.
[68] Lebensbeschreibung des Schulmeisters Johannes Gaiser in Baiersbronn, in: FH 2. Jg. 1937, S. 53.
[69] STAL E 177 I Bü 2835.
[70] Siehe oben.
[72] Siehe oben.
[73] Lebensbeschreibung, S. 58.
[74] Heinzelmann, Revolution, S. 11.
[75] Lebensbeschreibung, S. 55.
[76] Anklageakt gegen den vormaligen Rechts-Consulenten August Becher von Ravensburg und Genossen, o. O. und Jahr, S. 126 – 156.
[77] Lebensbeschreibung, S. 56.
[78] Lebensbeschreibung, S. 58.
[79] Lebensbeschreibung, S. 56.
[80] Siehe oben.
[81] Pfarramt Grüntal, Chronik des Kirchspiels Grüntal 1820 – 1849, S. 96/98.
[82] Heid, S. 28 ff.
[83] Heid, S. 28.
[84] DG 15.10.1903
[85] Festschrift zum 125jährigen Bestehen der Freiwilligen Feuerwehr Freudenstadt, 1854 – 1979, Freudenstadt 1979, S. 36.
[86] Katalog zur Gewerbeausstellung, S. 28.
[87] Katalog zur Gewerbeausstellung, S. 43.
[88] StAS Wü 65/10 Bd. 1 Bü 54; StadtA FDS Gemeinderatsprotokoll 23.7.1853.
[89] Der Kreis Freudenstadt, hrsg. von Gerhard Mauer, Stuttgart und Aalen 1978, S. 238.
[90] Richard Schmid (Anstaltsmetzger), Die Freudenstädter Anstalt. Maschinenschriftl. Manuskript im StadtA FDS.
[91] 100 Jahre Pfarrei Freudenstadt. Hundertjahrfeier der katholischen Pfarrei Freudenstadt vom 3. – 5. Juli 1959.
[92] Heid, S. 81 ff.
[93] DG 27.7.1840.
[94] Heid, S. 63.
[95] Der Neubau des Realgymnasiums, S. 30.
[96] Weiteres zur hiesigen Kleinkinderschule vor 100 Jahren, in: FH IX. Band Nr. 15 vom 20.7.1964.
[97] Zum Folgenden: Hans Rommel, Zur Geschichte der Freudenstädter Kindergärten, in: FDS HB IX. Band Nr. 14 vom 13.5.1964.
[98] SZ 5.6.1935.
[99] Z.B. DG 21.7.1870.
[100] StAS Wü 65/10 Bd. 1 Bü 263.
[101] DG 9.–16.9.1870.
[102] DG 4.3.1871.
[103] Freundlicher Hinweis von G. Hertel.
[104] Erinnerungen von Liesel Neuscheler an ihre Schulzeit, in: FH Juli 1987.
[105] DG 2.8.1870; Katalog zur Gewerbeausstellung S. 28.
[106] Katalog zur Gewerbeausstellung, S. 5.
[107] DG 29.1.1927.
[108] Kapuziner-Predigt, vorgetragen beim Masken-Ball der Gesellschaft Janitscharia am 14. Februar 1885 in der „Post" in Freudenstadt, Freudenstadt 1885.
[109] H. Rommel, Die Landtagsabgeordneten des Oberamts Freudenstadt, in: FH 8. Band Nr. 12 vom 7.12.1957, S. 39.
[110] Siehe oben, S. 39 f.
[111] G. Hertel, Bußpredigt eines Sozialdemokraten, in: FB 7/1991, S. 90 f.
[112] G. Hertel, Eine Landtagswahl vor 70 Jahren, in: FB 7/1991, S. 74.
[113] OAB, S. 150.
[114] StAS, Wü 65/10 Bd. 1 Bü 251.
[115] DG 6.6.1935.
[116] OAB, S. 150; Heid, S. 54 f.
[117] Der Neubau des Realgymnasiums, S. 28.
[118] FH 6/1951 vom 20.10.1951.
[119] Katalog zur Gewerbeausstellung, S. 45 f.
[120] H.-W. Scharf/B. Wollny, Die Eisenbahn im Nordschwarzwald, Bd. 1, Freiburg 1995, S. 129 ff.
[121] Katalog zur Gewerbeausstellung, S. 1.
[122] DG 28.12.1888.
[123] Scharf/Wollny, Eisenbahn, S. 175.
[124] OAB, S. 135.
[125] OAB, S. 136.
[126] OAB, S. 136; Heid, S. 35.
[127] StadtA FDS Gerichtsprotokoll 8.1.1824.
[128] G. Hertel, Der Abbruch des Festungswallstücks im Kohlwald, in: FB Nr. 6/1987, S. 168–171.
[129] Kull, Festung, S. 127.
[130] Heid, S. 35.
[131] OAB, S. 136.
[132] StadtA FDS, Gerichtsprotokoll 23.3.1864.
[133] Das Murgtaltor kann – wie man heute weiß – natürlich nicht von Schickhardt stammen, es wurde erst später gebaut.
[134] Katalog zur Gewerbeausstellung, S. 47.
[135] Katalog zur Gewerbeausstellung, S. 48.
[136] DG 22.7.1933.
[137] Katalog zur Gewerbeausstellung, S. 43.
[138] Kull, Festung, S. 128.
[139] DG 25.10.1903.
[140] OAB, S. 143.
[141] DG 12.11.1903.
[142] Kull, Festung, S. 128.
[143] G. Hertel, Vor 100 Jahren: Das Jahr 1895 brachte Freudenstadt das elektrische Licht, in: FH Bd. XXVI, Nr. 12 vom Dez. 1995.
[144] StadtA FDS Gemeinderatsprotokoll 15.10.1908.
[145] Rolf Kneißler, Natur und Geschichte erleben, Teil 16, in: SB 4.9.1998.
[146] OAB, S. 143.
[147] SZ 24.5.1934.
[148] Katalog zur Gewerbeausstellung, S. 31.
[149] Siehe oben.
[150] StadtA FDS FA IV.2.

[151] StadtA FDS, Gemeinderatsprotokolle 15.5.1899, 11.10.1899 und vom 24.8.1899.
[152] StA FDS, Gemeinderatsprotokoll vom 30.1.1899.
[154] DG 1.7.1927.
[155] A. Nestle, Die Geschichte der Apotheken in Freudenstadt und Umgebung, in: DG 27.11.1937.
[156] Chr. Sund, Kreiskrankenhaus Freudenstadt. Vergangenheit und Gegenwart, Freudenstadt 1995, S. 16.
[157] Festzeitung zur Einweihung des Bezirkskrankenhauses in Freudenstadt, in: DG 6.12.1926; Katalog zur Gewerbeausstellung, S. 23 f.
[158] Sund, Kreiskrankenhaus, S. 16.
[159] J. Haller, Die evangelischen Geistlichen Freudenstadts von der Gründung der Stadt bis zur Gegenwart, Freudenstadt 1938, S. 42.
[160] Frauenarbeit im Deutschen Roten Kreuz während des Zweiten Weltkrieges. Berichte über die Arbeit der weiblichen Bereitschaften des Kreises Freudenstadt, Freudenstadt 1972, S. 5.
[161] Katalog zur Gewerbeausstelung, S. 25.
[162] Heid, S. 63.
[163] Katalog zur Gewerbeausstellung, S. 25.
[164] DG 25.10.1903.
[165] DG 28.10.1903.
[166] H. Rommel, Die Lateinschule Freudenstadt, in: FH IX. Band Nr. 10, Juli 1963.
[167] Der Neubau des Realgymnasiums, S. 31 f.
[168] Heid, S. 65.
[169] Katalog zur Gewerbeausstellung, S. 26.
[170] SZ 2.7.1942.
[171] Ev. DekA FDS, Pfarrbeschreibung für die Pfarrei Freudenstadt, gefertigt auf 1. Oktober 1905 von Dekan Paul Zeller, S. 51.
[172] Siehe oben.
[173] K. Feigenbaum, Männlein und Weiblein getrennt, in: FH Dezember 1981.
[174] Ev. DekA FDS, Pfarrbeschreibung.
[175] STAS Wü 65/10, Bd. 1 Bü 204.
[176] Siehe oben.
[177] Ev. DekA FDS, Pfarrbeschreibung, S. 237.
[178] Chronik 1907 – 1988 der Neuapostolischen Kirche Bezirk Freudenstadt.
[179] Am 1. Jan 1856 wurde eine Viehzählung durchgeführt und in der 1858 erschienenen Beschreibung des Oberamts Freudenstadt veröffentlicht.
[180] Württembergische Gemeindestatistik, Zweite Ausgabe nach dem Stand von 1907, hrsg. vom K. Statistischen Landesamt, Stuttgart 1910.
[181] Zur Getreidepreisentwicklung dieser Region vergleiche: R. K. Adler, Demographie und Familiengeschichte der beiden Schwarzwalddörfer Aach und Schönmünzach (= Beiträge zur südwestdeutschen Wirtschafts- und Sozialgeschichte Bd. 14), St. Katharinen 1991, S. 40 ff.
[182] Württembergische Gemeindestatistik, 1910.
[183] Heid, S. 50.
[184] StAS Wü 65/10 Bd. 1 Bü 108.
[185] Katalog zur Gewerbeausstellung, S. 66.
[186] SZ 14.9.1940.
[187] OAB, S. 100.
[188] StadtA FDS Baugesuch der Tuchmachergesellschaft, 1913; SZ 14.9.1940.
[189] Beschreibung des Königreich Württembergs, Bd. 2, Stuttgart 1905, S. 116.
[190] K. Zizelmann, Von den alten Messerschmieden in Freudenstadt und ihrer Zunft, in: FH, Jg. 2/1937, S. 99 ff.
[191] FH XXVIII. Band Nr. 8 vom August 1997.
[192] OAB, S. 100.
[193] STAS Wü 65/10 Bd. 1 Bü 256. StadtA FDS FB VIII sowie FA VII.
[194] Beschreibung des Königreichs Württemberg, Bd. 2, Stuttgart 1905, S. 117.
[195] OAB, S. 101.
[196] H. Rommel, Eine Vermögens-Aufstellung der Stadtgemeinde Freudenstadt vor 50 Jahren, in: 100 Jahre Buchdruckerei Kaupert, Freudenstadt 1958, S. 21.
[197] Heid, S. 53.
[198] Eine Schwarzwaldreise im Jahr 1837 von Ad. Arnold, in: Freudenstädter Fremdenblatt vom 24.8.1935.
[199] OAB, S. 100.
[200] Beschreibung des Königreichs Württemberg, Bd. 2, Stuttgart 1905, S. 117. Katalog zur Gewerbeausstellung, S. 2.
[201] Hugo Müller, Die württembergischen Hüttenwerke im Forbachtal im Schwarzwald, in: FDS HB, Mai 1997, S. 3.
[202] OAB, S. 161.
[203] Müller, Hüttenwerke, S. 1.
[204] Rudolf Metz, Mineralogisch-landeskundliche Wanderungen im Nordschwarzwald, 2. A., Lahr 1977, S. 262.
[205] DG 18.10.1940.
[206] Müller, Hüttenwerke, S. 2.
[207] SR 13.11.1941.
[208] Zum Folgenden: Kurt F. Kunzmann, Der Berbau und die Mineralien des Freudenstädter Reviers, in: FB 8/1992, S. 14.
[209] FH Bd. XI, Nr. 8 vom 16.4.1970.
[210] OAB, S. 97.
[211] Handbuch der baden-württembergischen Geschichte, Bd. 3, Stuttgart 1992, S. 560; OAB, S. 148; FH Bd. XII, Nr. 23 vom Juni 1975; SZ 16.5.1947.
[212] OAB, S. 98.
[213] W. Kull, Die Rußhütte in Freudenstadt, in: W. Leiner (Hrsg.), Stuttgarter technikgeschichtliche Vorträge 1980/1981, Stuttgart 1981, S. 9 – 26.
[214] FH Bd. XII, Nr. 26 vom Oktober 1975.
[215] FH BD. XII, Nr. 23 vom Juni 1975.
[216] FH Bd. XII, Nr. 23 vom Juni 1975; SZ 22.7.1940.
[217] Katalog zur Gewerbeausstellung, S. 73.
[218] Dieses Tagebuch wurde bereits auszugsweise von G. Hertel veröffentlicht in: FB Nr. 7/1991, S. 48 ff.
[219] StadtA FDS FB XI Gewerbekataster von 1882 ff.
[220] StadtA Dornstetten: DB XI Gewerbekataster von 1882 ff.
[221] StadtA FDS Baudiarien.
[222] FH Bd. XVII, Nr. 1 vom Januar 1986.
[223] StadtA FDS FB XI Gewerbesteuerkataster von 1823.
[224] StAS Findbuch Wü 65/10 Bd. 2 (Dampfkesselaufstellung).
[225] Metz, Wanderungen, S. 270.
[226] Siehe Adreßbuch der Stadt Freudenstadt von 1902.
[227] G. Hertel, Königliches Oberamt Freudenstadt, Horb 1987, S. 79 ff.
[228] Siehe Adreßbuch der Stadt Freudenstadt von 1913.
[229] DG 3.10.1895; SZ 1.10.1935.
[230] Württembergische Gemeindestatistik, 1910.
[231] G. Hertel, Freudenstadt im Jahr 1837, S. 16.
[232] StadtA FDS FB XIII.
[233] Diese Kurlisten wurden zunächst in der Tageszeitung, später dann in den Fremdenblättern veröffentlicht.
[234] StadtA FDS FB XI Gewerbesteuerkataster von 1882 ff.
[235] G. Hertel, Weihnachtsfeier des sozialdemokratischen Arbeitervereins 1909, in: FB 7/1991, S. 67-71.
[236] Hinweis von Frau Elli Schmid, Freudenstadt.
[237] 75 Jahre Konsumgenossenschaft Freudenstadt, 1910 – 1985, hrsg. von coop Freudenstadt Konsumgenossenschaft eG, 1985, S. 13.
[238] 4978 ortsanwesende Einwohner in 922 Familien.
[239] 7918 ortsanwesende Einwohner in 1792 Familien.
[240] Ortssippenbuch Freudenstadt, 1600 – 1820 (Deutsche Ortssippenbücher, hrsg. von der Zentralstelle für Personen- und Familiengeschichte, Reihe A – Nr. 248), Freudenstadt 1998.

Der Marktplatz

Der Marktplatz im Winter, Ende des 19. Jahrhunderts. Rechts im Hintergrund das alte Postamt, davor der heute nicht mehr existierende Färberbrunnen.

Der „größte Marktplatz Deutschlands" ist beinahe fünf (4,8) Hektar groß. Jede Seite ist mehr als 200 Meter lang, die größte, östliche, etwas über 218 Meter lang, die kleinste, nördliche, etwas über 211 Meter. Der Platz bildet also kein vollständiges Quadrat, und seine Seiten sind nicht genau nach den Himmelsrichtungen ausgerichtet.

Geplant wurde dieser Platz für ein großes Schloß, das die Hälfte dieser Riesenfläche überdeckt hätte. Das Schloß wurde nie gebaut, und die ganze Stadtanlage, insbesondere der Marktplatz, haben der Stadtverwaltung zu allen Zeiten viele Sorgen bereitet.

Das erste Haus, das auf dem Marktplatz errichtet wurde, war ein vornehmer Gasthof, genannt der „Güldene Barben". Hier soll auch Herzog Friedrich I. bei seinen Besuchen in Freudenstadt abgestiegen sein. Das zweite Gebäude war die evangelische Stadtkirche. Zugleich wurde auch der Bau der übrigen Stadt gefördert. Die um den Marktplatz stehenden Gebäude haben in den Erdgeschossen Arkaden (Laubengänge), so daß man bei nasser Witterung trockenen Fußes um den ganzen Marktplatz gehen kann, was besonders in schneereichen Wintern von großem Vorteil ist.

Im Jahre 1750 galt der riesige Marktplatz mitten in Freudenstadt nur noch als „Feld". Er nahm eine größere Fläche ein als die Stadt selbst, die damals aus zweieinhalb nur lückenhaft ausgebauten Häuserreihen bestand. Dieses „Feld" wurde an die Bürger als Kraut- und Gemüsegärten verpachtet, nur jeweils einen Platz vor der Kirche und vor dem Rathaus ließ man frei bestehen. Der Platz vor dem Rathaus diente als eigentlicher Marktplatz.

Im Jahr 1829 wurde der Platz vom Staat, der nicht wußte was er mit der riesigen Fläche anfangen sollte, an die Stadtgemeinde für 3.600 fl. verkauft. Zwei schnurgerade Hauptstraßen (von Südost nach Nordwest und von Südwest nach Nordost), welche sich in der Mitte des Marktplatzes kreuzten, teilten die Stadt in vier Teile, und zwar in das Kirchen-Viertel, das Altkaufhaus-Viertel, das Rathaus-Viertel und das Kronen-Viertel. Bis in die zweite Hälfte des 19. Jahrhunderts hatte Freudenstadt keine eigentli-

chen Straßennamen. Die Häuser wurden so wie sie erstellt waren durchnummeriert und nach den Vierteln bezeichnet.
Die Stadt verkaufte den Marktplatz in Einzelparzellen an die Bürger weiter und machte dabei ein gutes Geschäft. Das ganze Areal wurde in 137 Grundstücke für Gärten- und Holzlegeplätze eingeteilt und alsbald „mit Häuschen und Hütten verunziert". Das Gesamtbild des Marktplatzes wurde bis zur „Unerträglichkeit verunschönt". Um den Marktplatz ab der Mitte des 19. Jahrhunderts als Einheit neu zu gestalten, mußte die Stadt die einzelnen Parzellen wieder zurückkaufen. Dies dauerte bis in die 30er Jahre des 20. Jahrhunderts.

Blick vom Kirchturm auf den noch weitgehend in Gartengrundstücke eingeteilten Marktplatz.

Der Marktplatz – Treffpunkt, Mittelpunkt und „gute Stube" Freudenstadts, hier auf einer Ansichtskarte kurz vor dem Ersten Weltkrieg. Der insgesamt über den Marktplatz fließende Verkehr wurde erst später zu einem Problem.

Eine besondere Sorge war der Marktplatz auch für Stadtschultheiß Hartranft. „Von seinem Rathausfenster aus mußte er mit ansehen, wie auf dem sogenannten 'Marktplatz' Schweine, Gänse, Hühner weideten, wie mitten drinnen an einer schwarzen Wasserlache Unrat über Unrat darauf sich anhäufte ... ."
Die Verschönerung des Marktplatzes begann in den 1860er Jahren. Vor allem wurden 1860 bis 1881 die unsauberen Wetten (Feuerlöschteiche) aufgefüllt und der Musikpavillon errichtet, die Hauswasserleitung eingeführt und damit die Brunnentränke aufgehoben. Die Metzger mußten sich darein fügen, im Schlachthaus zu schlachten und das Fleisch nicht tagelang unter den „Bögen" auszuhängen. Es dauerte lange, bis der Marktplatz wieder frei und sauber war.
Am 16./17. April 1945 wurden 40% der Stadt zerstört – unter anderem die komplette Altstadt um den Marktplatz mit den dahinterliegenden Häuserzeilen. Zwischen 1949 und 1951 erstand der Markplatz neu aus Ruinen – allerdings nicht mehr in giebelseitiger, sondern in traufseitiger Bauweise der Häuser.
In den 1990er Jahren erfuhr dieser einmalige Platz eine grundlegende Neugestaltung.

Erster Prospekt vom „Höhen-Luft-Kurort" Freudenstadt von 1894. Der zentrale Teil war der Blick ins Christophstal und auf die Stadt im Hintergrund. Im Vordergrund rechts eine Schwarzwälderin, links der Löwenbrunnen. Unten der ehemalige Aussichts-Pavillon auf dem Kienberg und der Kopf des Drachenbrunnens am Teuchelweg.

Freudenstadt – „Eine Perle des Schwarzwalds"

Vom Landstädtchen zum Luftkurort

Maria Heidebrecht

Ein Neubeginn für Freudenstadt

Der Ende 1876 gewählte Stadtschultheiß Alfred Hartranft stand vor der schwierigen Aufgabe, der Stadt Impulse für einen Aufschwung zu geben. Die Entwicklungsmöglichkeiten der Stadt Freudenstadt waren damals eher als eingeschränkt zu betrachten. Für die Landwirtschaft war das Klima zu rauh und es gab wenig Gewerbe. Die Hauptberufe, Nagelschmiede und Tuchmacher, hatten mit der wachsenden Industrialisierung im Lande an Bedeutung verloren. Die Stadt selbst war „ ... ein noch weithin unbekanntes Landstädtchen mit einfachen Verhältnissen und ohne jeglichen Bahnanschluß, mit 5.400 Einwohnern..."[1]
Allerdings gab es genügend Gasthöfe und Wirtschaften, die in der Lage waren, nicht nur Einheimische, sondern auch Fremde und Durchreisende zufriedenzustellen. So schrieb G. Heid 1852 in seinem Buch „Freudenstadt und Umgebung": „Der Verkehr mit Fremden ist nicht unbedeutend und wird belebt durch die Landesstraße von Stuttgart her und die neuangelegten Straßen über den Kniebis nach Straßburg und ins Murgtal; gleichwohl können die hiesigen Gasthäuser sie alle wohl versorgen. Die frequentesten Weinwirtschaften sind die Gasthöfe zum Goldenen Löwen (Post) und zur Linde, das Waldhorn, der goldene Ochsen, das Schwert, das Rößle, der Weinschank des Mehlhändlers Rieker und die Wirtschaft des Schneiders Hauser; die frequentesten Bierbrauereien: Krone, Engel, Christophs-Au, Rappen, Adler, Rose, Dreikönig, Hirsch, Lamm, Dokke u.a. – Im ganzen sind in Freudenstadt 44 Wirtschaften, darunter 24 Bierbrauereien".[2] Aus dem kulturellen und gesellschaftlichen Leben waren die Gasthäuser und Hotels nicht mehr wegzudenken. In der Zeit als es noch keine Kurhäuser oder Theater gab, spielte sich das damalige öffentliche Leben in den zahlreichen Wirtschaften ab. Auch das politische Leben spiegelte sich in den Veranstaltungen der Hotels und Gasthöfe wieder.

Alfred Hartranft, Stadtschultheiß in Freudenstadt von 1877 bis 1919.

Vom Fremdenverkehr wußte man, daß im nahgelegenen Bad Rippoldsau im Sommer Großfürsten und Herzöge wohnten, aber erst als die Straße nach Rippoldsau gebaut wurde, bekamen die Freudenstädter Geschäftsleute „den ersten Hauch des Segens des Fremdenverkehrs" zu spüren. „Unsere Bäcker, unsere Bauhandwerker, überhaupt alle wanderten jedes Jahr mit Arbeit herüber und hinüber. Warum soll aber Freudenstadt nicht auch Fremde haben?"[3]
Die Sommer- oder Winterfrische gehörte in der zweiten Hälfte des 19. Jahrhunderts zum Lebensstil der gehobenen Kreise Europas und

Im 19. Jahrhundert wurde der Heileffekt der Höhenlagen entdeckt.

des Bürgertums, die aufgrund ihrer wirtschaftlichen Macht auch den adeligen Lebensstil imitierten. Immer mehr Leute hatten Geld und Zeit, um zu reisen, und Reisen wurde zur Mode. Am Ende des 19. Jahrhunderts sprach man von „Luftkurorten", als man die Erholungs- und Heileffekte der Höhenlagen entdeckte. Es entstanden Kurorte, deren Existenz ganz auf den Kurbetrieb und die Kurgäste ausgerichtet war. Die Kur ersetzte die Vergnügungsreisen, es änderte sich die Einstellung zur unberührten Natur, Gebirge und Wald wurden attraktiv.
Bereits vor Hartranft wußten die Freudenstädter „die ihnen so reich geschenkte Gabe der Natur" zu schätzen. „Unsere Stadt zeichnet sich, wie männiglich bekannt, vor vielen anderen durch ihre schöne Umgebung, ihre gesunde Lage, durch herrliche Luft und treffliches Wasser aus, weshalb sie auch zur Sommerzeit von Fremden aus aller Herren Länder zahlreich besucht wird".[4]
Da Freudenstadt keine Heilquellen und Thermen hatte, wurde die reine balsamische Luft als Kurmittel für rheumatische und entzündliche Erkrankungen eingesetzt. „Luft, Licht, wechselnde Sinneseindrücke, Wärmeentziehung, energische Bewegung bietet sich hier in vollstem Maße".[5]

Seit dem 1. Januar 1825 wurde in Freudenstadt das Wetter systematisch beobachtet. Der Oberamtsarzt Dr. von Launer begann mit seinen Beobachtungen, die von Nachfolgern fortgesetzt wurden, von Lehrern, Pfarrern und nicht zuletzt von Blumenwirt Louis Nestle. Die meteorologische Zentralstation in Stuttgart schrieb in ihrem Bericht von 1891: „Von sämtlichen Stationen hat Freudenstadt am heißesten Sommertag die geringste 'Sommerhitze'...". Im Witterungsbericht vom Jahr 1907, herausgegeben vom Statistischen Landesamt, übertraf Freudenstadt mit seinen 233 schönen Tagen im Sommer und 106 im Winter alle übrigen Orte. Dazu kamen jederzeit trockene Waldspaziergänge und gesundes fast chemisch reines Quellenwasser.

Der Verschönerungsverein – der vom Gemeinderat „bestgehaßte" Verein

Bereits 1875 wurde in Freudenstadt ein Verschönerungsverein gegründet. Den Anstoß gab der Tuchmacher Jakob Möhrle (1826–1874). Vor seinem Tod vermachte er testamentarisch einen großen Teil seines Vermögens gemeinnüt-

Beliebt bei den Stadtbewohnern und Kurgästen waren die Konzerte im Musikpavillon auf dem Marktplatz, errichtet 1881 vom Verschönerungsverein und von Musikfreunden. Als die Zahl der Musiker stieg, baute man 1911 einen neuen Pavillon.

zigen Stiftungen. Eine von ihnen war der noch nicht bestehende Verschönerungsverein, dem 1000 fl. zugedacht waren. Die Bedingung für den Antritt des Erbes war allerdings, daß der Verein innerhalb eines Jahres nach Möhrles Todestag gegründet werden sollte. Jakob Möhrle kannte seine Mitbürger, denn erst kurz vor dem Ablauf der Frist wurde am 13. Februar 1875 in der Sonne der Verschönerungsverein ins Leben gerufen. Vorstand wurde Oberamtsrichter Schilling.

Als später Hartranft zum Schultheißen gewählt wurde, hat er in dem Verein ein gutes Werkzeug gefunden, um seine Pläne auch gegen den Widerstand der Mehrheit in der Bürgerschaft und im Gemeinderat durchzusetzen. Der Verschönerungsverein war zeitweise der vom Gemeinderat „bestgehaßte" Verein.

„Alles, was in Freudenstadt bis zum Weltkrieg für die Kur getan wurde, ist mit Hilfe dieses Vereins durchgesetzt worden: die vielen Anlagen, die Hunderte von Ruhebänken, der gesamte Baumsatz, die zahllosen Fußwege, die Waldhütten und Brunnen, der Musikpavillon auf dem Marktplatz, der Friedrichsturm auf dem Kienberg (zusammen mit dem Schwarzwaldverein), der Tennisplatz, das Kurtheater und die Wandelhalle."[6]

Zahlreiche Freudenstädter und auswärtige Helfer haben den Verein mit ihren Spenden unterstützt. Es gibt Beispiele, wo dem Verein in Testamenten beachtliche Summen hinterlassen wurden. Vielleicht wurden die Erblasser durch die großzügige Spende Jakob Möhrles dazu inspiriert. Manche Spender haben es dem Vorstand überlassen, wie das Geld verwendet werden sollte, andere unterstützten gezielt bestimmte Projekte. Das Mitglieder-verzeichnis des Verschönerungsvereins Freudenstadt von 1900 enthält 388 Namen. Es waren nicht nur Hotelbesitzer oder Privatiers, Bäcker oder Metzger, die vom Fremdenverkehr profitierten, sondern „Bürger aller Stände", Steinhauer, Lehrer, Schreiner und Rechtsanwälte hatten sich im Verein zusammengefunden.[7]

Am 20. November 1933 löste sich der Verschönerungsverein auf, nachdem der 1921 gegründete Kurverein dessen Aufgaben übernommen hatte. Der letzte Vorsitzende des Verschönerungsvereins war Forstmeister Grammel.

Der Schwarzwaldverein als Freudenstadts erster Bezirksverein

Am 23. November 1884 wurde in Stuttgart der Württembergische Schwarzwaldverein gegründet. Freudenstadt war durch Hartranft vertreten, der auch den Gründungsaufruf unterzeichnet hatte. Zweck der Gründung des Vereins sollte sein, „da einzutreten, wo die Wirksamkeit der örtlichen Verschönerungsvereine, der Staats- und der Gemeindebehörden nicht mehr ausreiche."[8] Fünf Wochen später, am 4.1.1885, wurde im Gasthaus zur Linde als erster Bezirksverein derjenige von Freudenstadt gegründet. Zur Gründungsversammlung erschienen 42 Personen. Hartranft wurde zum Vorsitzenden des Ausschusses gewählt.

Paragraph 1 der damaligen Satzung lautete: „Der Zweck des Vereins ist die Hebung des Fremdenverkehrs nach Maßgabe der Satzung des Württembergischen Schwarzwaldvereins."[9] Tausende von Wegweisern wurden angebracht, viele Kilometer Wanderwege angelegt und ausgebessert sowie Naturschönheiten zugänglich gemacht. Das Hauptwerbemittel des neuen Schwarzwaldvereins waren die guten, auf Leinen aufgezogenen und in der Anfangszeit kostenlos gelieferten Wanderkarten.

Erst durch den Schwarzwaldverein wurde der Schwarzwald so erschlossen, wie wir ihn heute kennen.

Hotels – die Schlösser des Bürgertums

Die Hotels standen vor neuen Aufgaben. Wenn dem Reisenden des 18. Jahrhunderts noch eine bequeme Unterkunft und gutes Essen genügten, hatte der Gast jetzt höhere Ansprüche während seines manchmal wochen- und monatelangen Aufenthalts.

Wie eng die Entwicklung eines Hotels mit der Geschichte der Stadt verbunden sein kann, wird am Beispiel des Hotels Rappen deutlich. Erbaut wurde der Gasthof 1833/35 von Johann Martin Laufer, als die Straße auf den Kniebis fertiggestellt worden war und die Gegend vor dem Loßburger Tor für Handel und Wandel plötzlich an Bedeutung gewonnen hatte. Durch den Bau der katholischen Kirche in der Nähe bekam der Rappenwirt zusätzliche Gäste und er konnte sich an der Beförderung von Baumaterial beteiligen. Bedingt durch den Brauereibetrieb hatte

Hotel Rappen.
Vom Sommerhaus ...

Laufer eine große Anzahl von Pferden eingestellt. Die „Rappenpferde" standen in dem besonderen Ruf, schön und edel zu sein.
Mit dem Beginn der Kur in Freudenstadt wurden 1889 im Ökonomiegebäude des Rappen, welches unter dem Namen „Luft- und Sommerhaus" bekannt war, Gästezimmer eingerichtet. Max Laufer, Fritz Laufers Sohn, gab die Brauerei auf und baute das Hotel neu um. Er kaufte die angrenzenden schönen Grundstücke auf, damit die Aussicht nicht verbaut werden konnte. Jedes Jahr folgten weitere Verbesserungen. Innerhalb von 15 Jahren entstand ein Hotel mit 200 Betten. Es waren gewaltige Anstrengungen, Phantasie und gesunder Unternehmergeist nötig, um mit den Erfordernissen der Zeit Schritt zu halten. Untrennbar mit der Entwicklung der Stadt verbunden ist auch das Hotel Post (z. Goldenen

... zu einem
Grand-Hotel.

Löwen), die Wiege der Hoteliers-Dynastie Luz. Die Wirtschaft wird seit der Festungsbauzeit erwähnt. Dieses Haus hatte schon früher zu den besten Hotels gehört, aber jetzt nahm es sofort die Spitzenposition ein. Als Ludwig Luz im Jahre 1846 starb, lebten von seinen elf Kindern nur noch eine Tochter und die Söhne Christian und Ernst. Christian übergab die Wirtschaft 1854 aus gesundheitlichen Gründen an seinen Bruder, nachdem dieser Pauline Gschwind aus der „Post" in Nagold geheiratet hatte. Die junge Frau erwies sich als eine Gehilfin wie Ernst Luz sie sich nicht besser hätte wünschen können. Ihre Küche wurde bald weit und breit berühmt. Ernst Luz hat Großes zur Entwicklung der Stadt beigetragen. Der Grund der fast plötzlichen Berühmtheit dieses eigentlich entlegenen Schwarzwaldstädtchens mag in zweierlei gefunden werden: erstens war vor nicht allzulanger Zeit die Eisenbahn Stuttgart-Freudenstadt vollendet worden, welche diesen Teil des Schwarzwaldes in den Weltverkehr eingebunden hat, und dann entstand bei der Stadt ein Hotel – das Schwarzwaldhotel – welches auch höheren Ansprüchen genügen wird. Nachdem diese Vorbedingungen für die Aufnahme eines Ortes in Touristen- und Sommerfrischlerkreisen erfüllt worden waren, war Freudenstadt scheinbar „über Nacht ein eigenartiger Glanzpunkt in dem berühmten Kranz der Schwarzwälder Kurorte... ."[10]

Das Hotel wurde von dem Stuttgarter Baurat Leibbrand im „modernen Schweizer-Holzstyl" erbaut, ein Gebäude-Komplex, der aus Wohn-, Wirtschafts- und Stallgebäuden bestand und über eine großzügige Auffahrt verfügte. Ernst Luz fing mit sechs Betten an. Später wurde das Hotel von seinem Sohn Ernst Luz jun. siebengeschossig mit sechzig Betten ausgebaut. Dazu gehörten sechs Hektar Ackerland. Kurgäste bekamen Rahm zum Kaffee und kuhwarme Milch aus eigenem Kuhstall. Ein großer Park mit exotischen Bäumen und Blumen wurde angelegt. Tennisplätze, Krocket- und Turnplätze und ein großes Kegelspiel im Freien standen zur Verfügung. Für die zahlreichen Engländer wurde eine anglikanische Kapelle errichtet, in der den Sommer über ein Kaplan um Gotteslohn predigte.[11]

1899 gründete Ernst Luz am Rande des Palmenwaldes ein zweites Haus, die Waldlust. Im Verein mit seinem Architekten Vitali (Baden-Baden) schuf er aus einer „Karawanserei" einen Komplex kleiner Appartements mit familiärem Charakter. Er richtete sein Hotel mit dem hohen Komfort jener Zeit ein. Die drei Söhne führten sein Werk weiter.

Carl Luz (1858–1928) erwarb das Hotel Waldeck und baute es zu einem Betrieb mit 400 Betten und 150 Angestellten aus. Paul Luz (1868–1928) übernahm das Hotel Post in Nagold, das der Vater 1899 erworben hatte. Wilhelm Luz (1877–1935) bekam 1901 vom Vater das Stammhaus und führte es im alten Geist weiter, unterstützt von seiner Frau Eugenie, geborene Hartranft. Sie bauten das Hotel Post völlig um, verschönerten es und fügten die Dependance hinzu. Sein Sohn Ernst war bereits seit 1927 im väterlichen Betrieb tätig. Er und seine Frau Claire geborene Faßbender führten das Hotel später weiter.

Kurhaus mit christlichem Gemeinschaftsleben

„Aktiengesellschaft Kurhaus Palmenwald"

Neben den traditionellen, neugebauten oder modernisierten Hotels ist das Hotel Palmenwald ein Beispiel für einen neuen kurstädtischen Hotelbetrieb. Der Gründer des Unternehmens war Paul Lechler, „Großkaufmann und Fabrikant, Sozialreformer, Gründer des Deutschen Instituts für ärztliche Mission".[12] Als Erholungssuchender kam er 1890 nach Freudenstadt, erwarb mit Unterstützung von Hartranft ein Grundstück von ca. 4 Hektar mit herrlichem Ausblick auf die Schwäbische Alb und ließ es von einem Stuttgarter Landschaftsgärtner in einen Waldpark umgestalten. Für einen Teil des Geländes plante Lechler ein „Kurhaus auf gemeinnütziger Grundlage mit christlichem Gemeinschaftsleben". Es gelang ihm, mehrere führende evangelische Geistliche und Politiker aus Stuttgart und Freudenstadt für seine „gemeinnützige Aktiengesellschaft Kurhaus Palmenwald" zu gewinnen. Am 24. Juli 1895 wurde das Hotel eingeweiht. Mit 150 Betten und allem möglichen Komfort (elektrisches Licht, Telefon, Aufzug und Zentralheizung, die es ermöglichte, auch den Winterbetrieb aufzunehmen) stieg das Hotel Palmenwald zu einem Grand Hotel auf. Dank der Einführung des Winterbetriebs „hatte sich die Anschauung derart

Freudenstädter Hotels

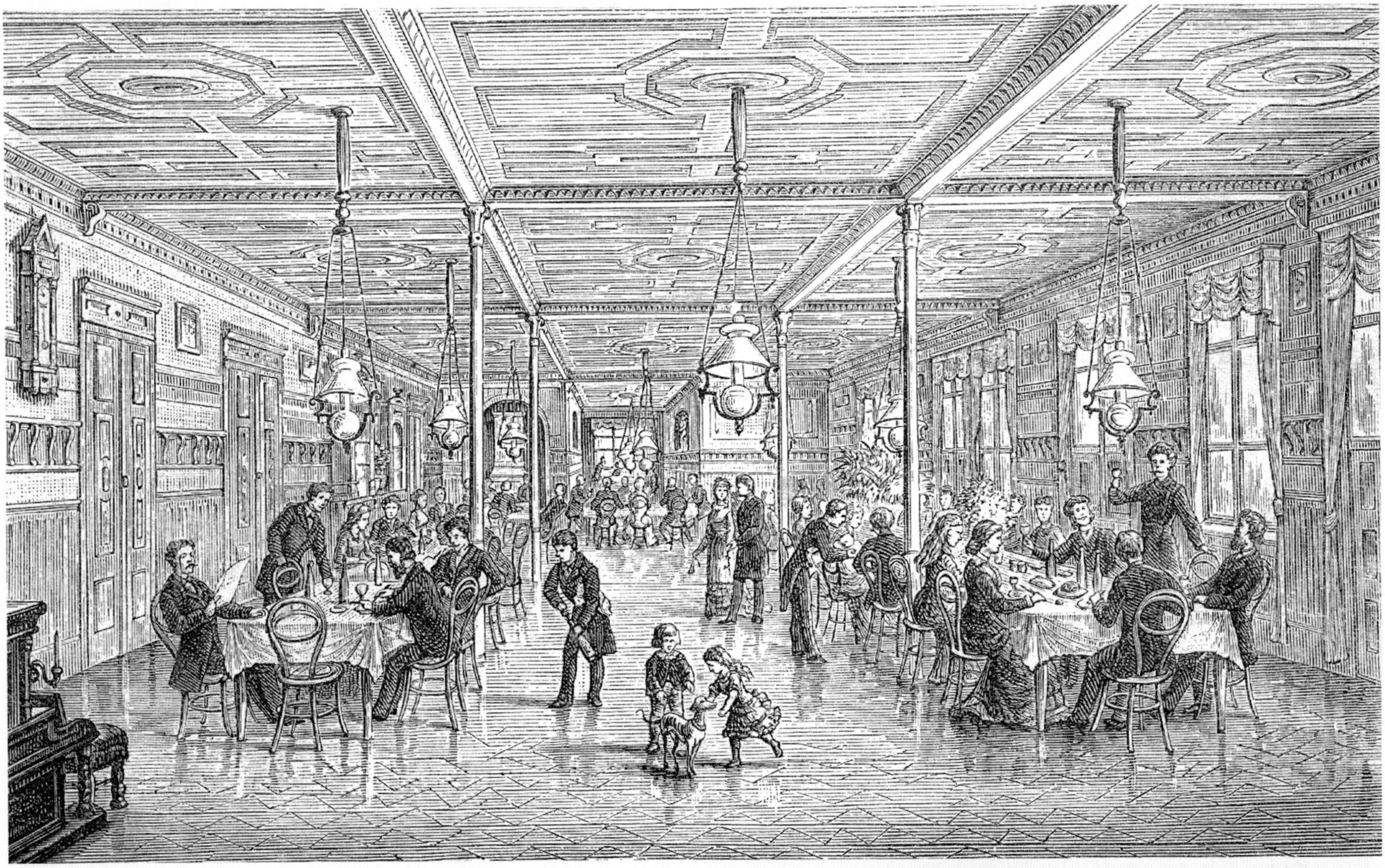

Viele vornehme Gäste aus „aller Herren Länder" verkehren im noblen Schwarzwald-hotel.

Das Schild des Hotels zur Post, ursprünglich Posthalterei. Dieser gut geführte Betrieb war das Stammhaus der Hoteldynastie Luz.

Wilhelm Braun hatte als einer der Kurpioniere das Hotel Waldeck am Steinbruch erbaut. Dieses Haus wurde von Carl Luz gekauft und mit der Dependance „Christophsaue" zum Kurhaus Waldeck erweitert.

Eine gewisse „Bescheidenheit" des christlich geführten Kurhauses Palmenwald spiegelt sich in der gediegenen und stilvollen Inneneinrichtung wieder. (Abb. Mitte)

Das ursprüngliche Waldcafé Stokinger entwickelte sich zu einem renommierten Waldhotel (heute Hotel Zollernblick). Mit einer großen Konditorei wurde die Tradition des Cafés fortgesetzt.

An der Talseite des Hotels zum Rappen wurde nach 1901 ein großer Saalbau „im blühendsten Jugendstil" errichtet.

geändert, daß Freudenstadt mit allem Recht als hervorragender Winterkurort weithin bekannt geworden ist".[13]
Die Palmenwald-Kapelle wurde von Paul Lechler gestiftet und 1886 in der Lauterbadstraße erbaut. Bei der Sonntagspredigt haben auch oft die Einwohner der Stadt Freudenstadt nicht gefehlt.

David Huppenbauer – „der Vater vom Palmenwald"

Mitbegründer und langjähriger Leiter des Kurhauses Palmenwald (von der Eröffnung bis 1926) war David Huppenbauer, „der Vater vom Palmenwald", eine der großen Persönlichkeiten Freudenstadts und engagiertes Mitglied des Gemeinderates. „Er war im Pietismus tief verwurzelt aber weltoffen, tief gläubig aber ein Realist, dem nichts Menschliches fremd schien und der für alle Lebenslagen das rechte Wort hatte".[14]

Erholungsmöglichkeiten für „Minderbemittelte"

Schon in der Gründungsplannung für den Palmenwald dachte Paul Lechler auch an eine andere Gruppe der Bevölkerung, an die „Minderbemittelten" – Mitarbeiter der Mission, Lehrer, kleine Angestellte, Witwen und ähnliche Personengruppen. „Erholungsmöglichkeiten für solche gab es damals kaum, und das neue Haus mußte, um billige Preise bieten zu können, ... in erster Linie aus gestifteten Geldern zustande kommen".[15] Erst nach drei öffentlichen Aktionen und mit Unterstützung des Königs und der Königin gelang es, das nötige Geld zu beschaffen. Den Bauplatz für das Haus hatte Paul Lechler gestiftet, und so wurde im Sommer 1892 das Erholungshaus feierlich eröffnet.
Beliebt waren Privatpensionen in Villen, die an der Lauterbadstraße, auf dem Kienberg und an der Kniebisstraße erbaut wurden – sämtlich in der Nähe des Waldes.

Freudenstädter Familien nahmen zu günstigen Preisen Gäste auf.

Billiger waren die Preise in Privatwohnungen, deren mietbare Zimmer in großer Auswahl (gegen 100) in Hartranfts Führer von 1896 angeboten wurden. „Viele Familien machen sich die zahlreich vorhandenen Familienwohnungen mit Küche (ab 20 Mk. pro Woche) für eigene Wirtschaftsführung im Sommer zunutze."[16]
In der „11. Kur- und Fremdenliste" vom 3. September 1911 fällt auf, daß in Privatunterkünften 208 Gäste gezählt wurden. „Unter den Pensionen führten fast alle Frauennamen: Villa Adelheid, Anna, Augusta, Elsa, Hilde, Johanna, Iris, Katharina, Klara, Margarete, Marianne, Marie-Luise, Pauline und Rosa."[17]

Sommerfrische und Waldcafé

Die herrliche Natur und die zahlreichen Spazierwege führten dazu, daß sich die Gäste für eine längere Zeit im Wald aufhielten. Es kam die Idee auf, die Gäste auch unterwegs zu bewirten. So entstanden Waldcafés und Gartenwirtschaften. Das erste Café dieser Art war das Waldcafé Noll (1892) im Teuchelwald, in wenigen Minuten von den Hotels Rappen und Waldeck aus zu erreichen. Eine Tasse Kaffee und ein Stück Kuchen konnte man auch im Waldcafé Stokinger in Lauterbad bekommen. Es wurde 1894 von Hermann Stokinger erbaut, hatte einen Grundriß von 6 x 3 Metern, eine Höhe von 2 Metern und besaß einen Petroleumherd mit zwei Flammen. Das Café war zunächst nur sonntags und feiertags „bei heißer Witterung" geöffnet. Das Geschäft lief aber so gut, daß Hermann Stokinger 1902 dort ein Hotel erbaute, das sich zu einem renommierten Betrieb entwickelte. Die Tradition des Waldcafés wurde mit einer großen Konditorei fortgesetzt.

Erholung und Unterhaltung

Um dem Prädikat „Höhenluftkurort" gerecht zu werden, waren bestimmte medizinische Einrichtungen erforderlich. Zu den ständig praktizierenden Ärzten kam während der Saison noch zusätzlich ein Kurarzt hinzu. Es wurde ein neues Bezirkskrankenhaus „in freundlicher geschützter Lage außerhalb der Stadt" erbaut, in dem zwei leitende Ärzte und drei Diakonissen arbeiteten. Bothners Badeanstalt wurde 1896 neu eingerichtet und stand für Kiefernnadel-, Sole-, Moor,- und Dampfbäder zur Verfügung. Dr. Buobs Kneippanstalt befand sich in der Nähe der Turnhalleanlagen. Bei ausgezeichneter Vieh- und Milchwirtschaft wurden „als mitunterstützender Heilfaktor" Milchkuren angeboten.

Das Kurtheater, erstellt 1902 nach dem Entwurf von Professor Bauder.

Für die Unterhaltung der Kurgäste war mit Kurmusik (renommierte Hotels unterhielten ihre eigenen Musikkapellen), Kurtheater, Lesesaal, öffentlichen Tennisplätzen, oder mit Gondelfahrten auf dem romantischen Langenwaldsee gesorgt. „Die Wälder der Umgebung bieten schöne Gelegenheit zur Jagd auf Rehe, Hasen, Füchse; eine große Anziehungskraft übt namentlich auch die Auerhahnenjagd aus, ..." warb Hartranft in seinem ersten „Führer" des Höhenluftkurorts.

Das Kurtheater

Stadtschultheiß Hartranft und der von ihm geleitete Verschönerungsverein setzten sich sehr für den Bau eines Theaters ein. Im Dezember 1901 übernahm der Ausschuß des Vereins die Leitung beim Bau eines Sommertheaters, in dem von Juni bis September Aufführungen stattfinden konnten. Die nötigen Kosten sollten mittels der Zeichnung von Anteilscheinen, die von wirtschaftlich interessierten Kreisen und Kunstfreunden erwartet wurden, aufgebracht werden.[18] Die Stadt stellte den Bauplatz auf dem alten Friedhof zur Verfügung. Nach dem Entwurf von Professor Bauder aus Stuttgart wurde das Sommertheater in nur acht Wochen erstellt. Am 29.6.1902 konnte dieses Kurtheater eröffnet werden. Der erste Direktor war Hans Robert. Er hatte das Theater während der Kursaison gepachtet und dort mit seinem Ensemble von ca. 20 Personen gespielt. „Er kam von Ingoldstadt mit seiner Truppe, und etwa 22 Jahre hat er dem Theaterleben in unserer Stadt vorgestanden".[19]

Wintersport in Freudenstadt

Wintersportangebote ergänzten die Kur.

Schon vor 1880 veranstalteten örtliche Vereine oder kleinere Gesellschaften Pferdeschlittenfahrten nach Rippoldsau und anderen Orten.[20] Die Lage der Stadt mit unterschiedlichen Höhenniveaus war auch sehr für den Rodelsport geeignet. Im Winter wurde die Turnhallestraße von der Stadtverwaltung zum Schlittenfahren freigegeben. Eine richtige Rodelbahn wurde erst 1908 errichtet, als der Wintersportverein, der in diesem Jahr aus dem Verschönerungsverein entstand, um Unterstützung bei der Errichtung einer Rodelbahn bat. „Als Rodelbahn ist der Kienberg vom Turmrestaurant an am Wasserreservoir und der Villa Luginsland vorbei und die

Hotel Waldeck, Ausgangspunkt für vielartige Langlaufskitouren.

Hochfeldstraße herunter bis zur Lauterbadstraße in Aussicht genommen". Die Eisbahn auf dem Marktplatz Freudenstadt, geschützt von rauhen Winden, umrahmt von lauschigen Bogengängen und die Schlittschuhbahn bei der Turnhalle waren bei Einwohnern und Gästen sehr beliebt.[21] Das Schlittschuhlaufen war so populär, daß große Hotels eigene Eisbahnen errichteten (Hotel Waldlust 1908). Abends wurden Eisfeste veranstaltet mit italienischer Nacht und unter Mitwirkung der Kapelle „Cellarius".[22]
Viele Hotels nahmen den Winterbetrieb mit Erfolg auf, als erstes das Hotel Palmenwald. Ihm folgten die Hotels Rappen, Waldeck, Stokinger und andere, so auch die Hotels Ruhestein, Alexanderschanze, Zuflucht und Lamm auf dem Kniebis.

Schneeschuhkurs

Der erste Freudenstädter Schneeschuhkurs wurde 1909 durchgeführt. Er wurde von Paul Dinkelacker – „dem Bundesvater aller Schneeschuhvereine Württembergs" mit Unterstützung seiner Frau geleitet.
Schon zum ersten Schneeschuhkurs kamen Hunderte von Teilnehmern, die in 3–4-tägigen Kursen das Skilaufen „lernten". Es bildeten sich auch Jugendgruppen, welche regelmäßige Ausflüge unternahmen und Wettfahrten veranstalteten. Eine eigene Zeitung für die Teilnehmer, „Skiwisch" genannt, fehlte auch nicht.
Ungünstiges Wetter, Mangel an Schnee und Frost erschwerten die Durchführung dieser Kurse. Nicht alle Hotelbesitzer waren bereit, eine so große Menge an jungen Leuten aufzunehmen, die sehr laut waren, den schönen Parkettboden mit Skischuhen beim Tanzen zerkratzten und überhaupt das ganze Haus auf den Kopf stellten. Und das alles noch zu ermäßigten Preisen. Manche Hotels waren nicht auf den Winterbetrieb eingerichtet; es fehlten elektrische Lichtanlagen, Zentralheizung und Trockenräume. Paul Lechler erinnert sich in seinem Buch „Aus meinem Leben": „Als ich einstens den Freudenstädtern meine Absicht kundgab, das Kurhaus auch im Winter geöffnet zu erstreben, hatten diese nur ein mitleidiges Lächeln und erklärten mein Vorhaben als unausführbar und gänzlich verfehlt." [23]

Der obere Marktplatz mit Rathausbrunnen, Musikpavillon und Oberamtsgebäude auf einer Ansichtskarte aus der Zeit um die Jahrhundertwende. Vor dem Pavillon erkennt man eine Vorrichtung, die zum Wiegen von Heu diente.

Werbung für die Kur

Die erste Werbung zum Kuraufenthalt in Freudenstadt kam vom Gasthof Linde. Der illustrierte Führer durch Kurstadt und Umgebung berichtet im Abschnitt „Blick in die Geschichte" unter der Jahreszahl 1878: „Lindenwirt Adrions Witwe lädt im Staatsanzeiger zur Sommerfrische ein".[24] Das war jene Lindenwirtin, die 1881 den ersten Kurgast Major von Raaben, der bei ihr „seinen gewohnten Dämmerschoppen getrunken hat...", ausfragte, „wo er her sei und was er in Freudenstadt zu besorgen habe". Die Antwort, er sei hier Luftkurgast, hatte sie in Erstaunen gesetzt. „Die Frau Adrion hat natürlich an die „gute Luft" des Marktplatzes gedacht, die ihr täglich in die Nase gestiegen ist..."[25] Wiederholt kamen Artikel über Freudenstadt auch in der illustrierten Zeitung „Über Land und Meer" von 1881/82.
Die meisten Reisebücher erwähnten aber nur mit wenigen Zeilen die „neuentdeckte Stadt", „eine der interessantesten Partien des Schwarzwaldes", deshalb gab der Postverwalter und Hotelbesitzer Ernst Luz 1881 einen eigenen „Führer durch Freudenstadt und Umgebung" heraus. 1896 veröffentlichte Stadtschultheiß Hartranft seinen „Führer durch Freudenstadt im Schwarzwald", der mehrmals neu aufgelegt wurde, seit 1922 dann durch den Kurverein. Der Führer enthielt ausführliche Informationen über die Geschichte der Stadt, über klimatische Verhältnisse, Unterkommen, Unterhaltung, Geselligkeit etc. Freudenstadt wurde als „ein sehr günstiges Standquartier" für zahlreiche Ausflüge in alle Richtungen bezeichnet.[26] Spätere Fremdenführer enthielten auch General- und Spezialkarten, Abbildungen von Panoramen, Stadtpläne und zahlreiche Illustrationen.
Mit dem Erscheinen der Ansichtskarten von touristischen Sehenswürdigkeiten wurden auch diese zu sehr effektiven Werbemitteln für den Fremdenverkehr. Man hat die Ansichtskarten als Postkarten benutzt und in Alben gesammelt.
Zur Förderung des Fremdenverkehrs trugen auch die Heimatzeitungen und Druckereien bei. In der Buchdruckerei Kaupert wurden bereits vor der Jahrhundertwende Werbeprospekte gedruckt. In den Zeitungsspalten jener Jahre spiegelt sich die erfolgreiche Entwicklung der Schwarzwaldstadt zum internationalen Kurort wieder.

Schwarzwaldhotel Waldlust

Freudenstadt, württembergischer Schwarzwald

In diesem Jahre, und besonders, seitdem die Sonne wieder hell am Himmel strahlt, hat der Schwarzwald seinen mächtigen, unwiderstehlichen Reiz wieder auf die internationale Gesellschaft ausgeübt.

Aus allen Ländern sind sie, ob sie Erholung oder Vergnügen suchen, in die wunderbaren Wälder des Schwarzwaldes gekommen.

Die folgenden Namen sind ein Beweis, dass das Hotel Waldlust allen Anforderungen an Lage, Komfort und Verpflegung genügt und dass es unaufhörlich von den **leading stars** der internationalen Gesellschaft aufgesucht wird.

This season and especially since more charming weather has followed the rainy days of early summer, the Black Forest has more than ever before attracted to it, because of its irresistable charm, visitors from all over the world.

The following list of guests copied from the register of the Hotel Waldlust testifies to its wonderful location and surroundings, its perfect attention and care for every comfort of its patrons and finally to its splendid cuisine.

Prinz und Prinzessin Margany von Georgien, mit Begleiterin, Jungfer und Chauffeur, Paris
Prinzessin De Magenzeder, mit Dienerschaften, London.
Marquis u. Marchioness v. Winchester, Kgl. Engl. Kronrat, mit Begleiterin, Jungfer, Diener, Chauffeur, London-Paris.
Marquis u. Marquise del Rebalso, Kgl. span. Gesandte, Paris.
Mr. John William O'Brien, Mitglied des Parlaments der Südafrikanischen Union, Pietermaritzburg, Südafrika.
Exzellenz De Geer, mit Familie und Dienerschaften, Kgl. Holl. Finanzminister, Den Haag, Holland.
Lord Raglan und Freunde, Chauffeur und Bedienung, London.
Mrs. und Honorable Samuel Destey, Cheltenham, England.
Judge und Mrs. Hugo Pam, Richter des Obersten Gerichtshofs, Chicago Jll.
Captain u. Mrs. George W. Steele, Lakehurst, N.-Y.
der Kommandant des „Los Angeles" oder „Z. R. III, dessen Amerikaflug uns allen noch in Erinnerung ist.

Die Welt des Films ist vertreten durch das weltberühmte Paar:
Douglas Fairbanks und Mary Pickford, Los Angeles, Cal.
und
Mr. und Mrs. Sol Lesser und Familie, Los Angeles.
Manager Arthur Hirsch, Berlin-New-York.

Ferner weilen hier:
Frau Baronin von Spengler und Frau von Boddaert, Kgl. Holländische Hofdamen, Den Haag, Holland.
Herr Kapellmeister K. Pappenheim und Familie, Amsterdam, Holland.
Frau Elsita de Lutz Lussandro, Buenos Aires.
Comte de Martimpy, Nizza.
Exzellenz Freiherr von Seckendorff, Berlin.
Herr General-Direktor Will Leese, Essen.

Weitere internationale Gäste sind:
Mr. und Mrs. John Koester, Cape Town.
Messrs. Wagner, London-Zürich.
Dr. und Mrs. Stetten, New-York.
Mr. und Mrs. Ch. Rosenbaum, New-York.
Mr. u. Mrs. Berthold Fallert, Brooklyn, New-York.

Douglas Fairbanks und Mary Pickford nach ihrem Erholungsaufenthalt im Schwarzwaldhotel Waldlust in Freudenstadt

Mr. und Mrs. S. Baer, St. Louis.
Mr. und Mrs. J. Caldwell, New-York.
Baroness Julia von Eichel, New-York.
Mr. S. Mendels, Baltimore.
Mrs. S. Goodmann, Los Angeles.
Mr. und Mrs. A. Lambert, New-York.
Mr. und Mrs. Harry Neugass, New-York.
Mrs. Philps, Chicago.
Mr. und Mrs. Fred Rogers, New-York.
Mr. L. Stern, New-York.
Mr. und Mrs. J. Velleman, New-York.
Mrs. J. B. Vorhees, Santa Barbara.
Dr. und Mrs. Moore, Columbus, Ohio.
Mr. und Mrs. Woodward, Vancouver, Canada.
Mrs. P. M. Nigthingale, Brunswick, Georgia.
Mr. und Mrs. J. H. Robinson, Mont Clair.
Mrs. H. H. Schuhman, Chicago.
Mrs. Marcia Clinton, Buffalo.
Mr. und Mrs. H. Steckler, New-York.
Mrs. Van Wagenen Alling u. Miss Van Wagenen-Alling, Lake Forest Ill
Herr und Frau Van der Velde, Val Fortile, Locarno.
Mr. und Mrs. Korkus, New-York.
Mr. und Mrs. Franz E. Loes, White Plains, New-York.
Mr. und Mrs. Solon Spiro, New-York.
Mrs. William P. Doerr, Chicago.
Mr. und Mrs. H. D. Cretors, Chicago.
Mr. und Mrs. H. Wilson, Detroit.
Mrs. Goldschmidt, New Jersey.
Mr. u. Mrs. L. K. Comstock, New-York
Mr. Campbell, Huntington.
Mr. J. W. Steward, Ashland, N. Y.
Mr. und Mrs. Emmerich, New-York.
Mr. Graumann, Paris.
Mr. Harry Weber, Philadelphia.
Miss O'Sullivan, Washington.
Mr. und Mrs. Schwartz, New-York.
Mr. F. Rogers, Clinton.
Mr. Percy V. Loewy, New-York.
Dr. Van Den Bosch, Antwerpen.
Baron S. Van Deventer, Wassenaar, Holland.
Dr. und Mrs. Maurice L. Richardson, Cleveland.
Baron von Folkersamb, Schloß Rolandseck.
Mrs. Cclbe, Genf.
Dr. und Mrs. J. E. Greewe, Cincinnati, Ohio.
Mr. und Mrs. Henry Rohner, Philadelphia.

Wir empfehlen auch Ihnen, sich diesen herrlichen Kurort mit seinem gutgepflegten, riesigen Waldpark anzusehen. Sie werden an Ihren Aufenthalt in Freudenstadt gerne zurückdenken und bestimmt wiederkehren.

Niemand kann der Liebenswürdigkeit des alten Herrn Luz widerstehen. Marchioness of Winchester bei ihrer Ankunft in der Waldlust

Mary Pickford verspricht dem Besitzer, in 14 Tagen wiederzukommen

Fremdenblatt für Freudenstadt und Umgebung vom 14. August 1926

Freudenstädter Fremdenblätter

In der Schwarzwaldzeitung „Der Grenzer" erschienen ab 1884 Kurlisten über Gäste (als Nachdruck aus dem Stuttgarter „Schwäbischen Merkur"), die in Freudenstädter Hotels, Pensionen und Privathäusern einen Erholungsaufenthalt genossen. „Die Gäste selbst wollten die Namen und Herkunft der Mitanwesenden wissen. Dann waren solche Zusammenstellungen die beste Empfehlung für den Kurort mit seinen Gasthöfen und Pensionen".[27]
Seit 1896 druckte der Grenzer eigene Kurlisten und kündigte an, daß im Hinblick auf die von Jahr zu Jahr steigende Frequenz unseres viel und gern besuchten Höhenluftkurorts jetzt jeden Samstag während der Saison ein Fremdenblatt erscheine.[28]
Die regelmäßigen Beilagen wurden auch im Titelseitenkopf aufgeführt: „Fremdenblatt für Freudenstadt und Umgebung". Mehr als die Hälfte der Seiten nahm das Verzeichnis der in der letzten Woche anwesenden Kurgäste ein. Dann folgten Allgemeines für die Gäste sowie Geschäfts- und Adressentafeln.[29] Mitte Mai 1912 erschien das neue „Fremdenblatt für Freudenstadt und Umgebung" als selbständige Zeitung.
Das Fremdenblatt war eine Art Heimatzeitschrift. Schriftleiterin war von 1912 bis 1916 Helene J. Zeller, Tochter des Dekans Paul Zeller. Helene Zeller hatte sich in Freudenstadt „um die weibliche Jugend große Verdienste erworben". Sie verfaßte viele Jugenderzählungen und schrieb Theaterkritiken für den „Grenzer". Fast in jeder Nummer der „Fremdenblätter" brachte sie Historisches und Kunstgeschichtliches. Die Beiträge der ersten drei Jahre wurden von Oberlehrer Götz, Präzeptor Bitzer, Dr. Ernst Blaicher, Paul Dinkelacker u.a. redigiert. Der dritte Jahrgang 1914 wurde vorzeitig eingestellt. Im Sommer 1915 erschien das Blatt wohl wieder. Im Herbst 1916 verließ Helene Zeller Freudenstadt, und das Fremdenblatt wurde eingestellt. Es erschien erst 1921 wieder.

Freudenstadt – eine europäische Stadt

Natürlich haben auch die Gäste das Leben der Stadt sehr geprägt. Es kamen Leute aus vielen

Fremdenblatt für Freudenstadt und Umgebung
Amtliche Kurliste und Organ der Kurverwaltung
Erscheint jeden Sonntag über die Saison. Abonnement für 15 Nummern Mk. 2.— die einzelne Nummer 20 Pfg.
Anzeigenpreis: 15 Pfg. die kleinspaltige Zeile, Reklamen 50 Pfg.
Nr. 11 (Zweites Blatt) Sonntag den 18. August 1912 1. Jahrgang.

Ländern und brachten den Hauch der großen Welt in das verschlafene abgelegene Schwarzwaldstädtchen. Könige, Herzöge, Prinzen, Künstler von Rang und Finanzmagnaten stiegen hier ab. Es wurde in verschiedenen Sprachen gesprochen, man hat mit Interesse die fremde Mode angeschaut, das Verhalten der Leute beobachtet. Obwohl die einfachen Freudenstädter nur aus der Distanz auf die reichen Fremden schauten, die auf der sogenannten „Champagnerallee" flanierten, fühlten sie sich doch mit der großen Welt verbunden.
Zwischen Hoteliers oder Hausbesitzern und Kurgästen entwickelten sich oft richtige Freundschaften; auch persönliche Beziehungen lockten die Gäste in die Stadt. So hat Ernst Luz schon während seines Aufenthalts in England die Fremdenwerbung mit Erfolg aufgenommen. „Schon damals waren zwei Drittel der Gäste Ausländer, zuerst Engländer, dann Amerikaner u.a. Rockefeller, der in einem Sonderzug hier angekommen war, Holländer, Russen usw., die die Lücken füllten, die die Deutschen ließen, die lieber ins Ausland fuhren".[30] Nicht nur Adelige und Prominente ließen sich in die Gästelisten eintragen. Schon in den Kurlisten von 1885 erschienen Postbeamte, Kaufleute, Ärzte, Rechtsanwälte, Lehrer und Lehrerinnen. Wer sich kein Luxushotel leisten konnte, fand in Pensionen und Privatwohnungen Unterkunft. Besonders beliebt waren bei Frauen mit Kindern und bei Alleinstehenden private Unterkünfte.
Ist der erste „Luftschnapper", Major von Raben, der 1881 nach Freudenstadt kam, noch zur historischen Persönlichkeit geworden, so waren 1912 schon 10.000 Kurgäste zu verzeichnen. In den Kurlisten wurde von jedem einzelnen

Name, Herkunft, Beruf und Quartier (Hotels, Pensionen, Privathäuser) angegeben. Daraus gehen folgende Zahlen der Kurgäste hervor: Waren es 1881 nur einige wenige Kurgäste, so erreichte deren Zahl im Jahre 1885 bereits 560, im Jahre 1900 verzeichnete man genau 3.761 Besucher in Freudenstadt. Die Zahl der Gäste stieg kontinuierlich an und erreichte 1904 ungefähr die Größenordnung von 6.000.

„So entsteht etwa von 1890 bis 1910 am Fuße des Kienberges ein modernes Kurviertel, von dem bereits im Jahr 1900 der schwäbisch-alemannische Dichter Hansjakob schreiben konnte: 'Freudenstadt ist das reinste Nizza des Schwäbischen Schwarzwaldes,...'"[31]

Auch große politische Ereignisse hatten Einfluß auf den Fremdenverkehr. So wurde im Ersten Weltkrieg der alte Glanz der großen Hotels zerstört, die ausländischen Gäste blieben aus. Über zehn Jahre dauerte es bis die Zahl der Gäste wieder das Niveau der Vorkriegszeit erreichte.

Anmerkungen:

1 Stadtschultheiß Alfred Hartranft, 40 jähriges Jubiläum, in: DG vom 27.1.1917, Nr. 22
2 G. Heid, Freudenstadt und Umgebung, Freudenstadt 1852, S. 56.
3 Dr. Ernst Blaicher, Alfred Hartranft, ein Leben der Arbeit, in: DG vom 1.7.1917.
4 DG vom 23.3.1875.
5 Ernst Luz, Führer durch Freudenstadt und Umgebung, Freudenstadt 1881, S. 27.
6 Hans Rommel, Vom Verschönerungsverein Freudenstadt, in: FH Nr.1, 1950, S. 6.
7 Mitglieder-Verzeichnis des Verschönerungs-Vereins Freudenstadt, in: DG vom 30.7.1900. StadtA FDS: Akten des Verschönerungs-Vereins.
8. Hans Rommel, 75 Jahre Schwarzwaldverein Freudenstadt, in: DG vom 5./6.11.1960, Nr. 256.
9. Wilhelm Klaißle, 90 Jahre Schwarzwaldverein Freudenstadt, in: Schwarzwälder Bote vom 10.1.1975, Nr. 7.
10 E. Sternfeld, in: DG, 1882.
11 Ernst Luz, Führer durch Freudenstadt und Umgebung, Freudenstadt 1881, S. 4
12 Paul Gehring, Sonderdruck aus: Schwäbische Lebensbilder, Bd. 6, Paul Lechler, S. 401.
13 Paul Lechler, Aus meinem Leben, Stuttgart 1921. S. 42.
14 Hans Huppenbauer, Vater Huppenbauer vom Palmenwald, Metzingen/Württ., 1972.
15 Paul Gehring, Sonderdruck aus: Schwäbische Lebensbilder, Bd.6, Paul Lechler, S. 417.
16 Alfred Hartranft, Höhenluftkurort im Württ. Schwarzwald, Freudenstadt 1896. S. 15.
17 Hans Rommel, Vom Freudenstädter Fremdenblatt, in: FH Nr. 5, 1973.
18 K. Alber, Als Hartranft ein Theater bauen ließ, in: DG vom 29.6.1968.
19 Aus den ersten Jahrzehnten des Freudenstädter Kurtheaters, in: DG vom 7.9.1949.
20 DG vom 1.1.1885
21 DG vom 29.1.1885, 19.1.1892, 5.1.1893.
22 DG vom 24.1.1885, 27.1.1908.
23 Paul Lechler, Aus meinem Leben, Stuttgart 1921. S. 42.
24 Walter Kull, Freudenstädter Blätter, Heft 42, 1978/79.
25 Gerhard Hertel, Freudenstadt zu Hartranfts Zeiten, Horb a.N. 1983 S. 123
26 Alfred Hartranft, Höhenluftkurort Freudenstadt im Schwarzwald, Freudenstadt 1896.
27 Hans Rommel, Vom Freudenstädter Fremdenblatt, in: FH Nr. 5, 1973
28 Dr. K. Weidenbach, Im Dienste des Fremdenverkehrs, in Buchdruckerei Oskar Kaupert 100 Jahre im Familienbesitz, Freudenstadt 1958 S. 32
29 Hans Rommel, Vom Freudenstädter Fremdenblatt, in: FH Nr. 5, 1973.
30 Der erste Freudentädter Kurgast, in: DG vom 12.8.1931. Gerhard Hertel, Freudenstadt zu Hartranfts Zeiten, Horb a. N. 1983. S. 123
31 Karl Weidenbach, Freudenstadt. Ein Beispiel für den deutschen Wiederaufbau, Freudenstadt. S. 6

Erster Weltkrieg und Weimarer Zeit

Jörg Johannsen-Reichert

Erster Weltkrieg – Ursachen und Folgewirkungen

Gunhild Appuhn-Biese[1], eine Tochter des zwischen 1911 und 1918 in Freudenstadt wohnenden Malers und Zeichners Karl Biese (1863–1926), schildert in ihren Lebenserinnerungen ihre ersten Erfahrungen mit Freudenstadt folgendermaßen:

„Was war das doch 1911 für eine herrliche Zeit! Wohnungsnot kannte man nicht! Als mein „Maler Vater" wieder einmal beschloß, seinen Wohnsitz vom Norden (Deutschlands) nach dem Schwarzwald zu verlegen, gab er im 'Grenzer' eine Anzeige auf. Er erhielt acht Angebote. In einem bot der Besitzer eine komfortable 5-Zimmer-Wohnung in der Turnhallestraße an und wies besonders auf zwei hübsche 'Ärgerstübchen' (Erkerstübchen)[2] hin. Da mein Vater behauptete, dafür keine Verwendung zu haben, entschloß er sich für eine Wohnung in der Murgtalstraße."[3]

Gunhild Bieses Erinnerungen vermitteln einen atmosphärischen Eindruck von der Zeit vor dem Ersten Weltkrieg, verschaffen aber keinen Einblick in die politische Szenerie der Wilhelminischen Ära (1890–1918), die wesentlich durch den unausgeglichenen außenpolitischen Kurs des letzten Hohenzollern-Kaisers Wilhelm II. (1888–1918) bestimmt war. Dieses „persönliche Regiment" des Deutschen Kaisers führte immer wieder zu außenpolitischen Krisen; es verschärfte das sowieso schon belastete Verhältnis zu Frankreich und verstärkte den Gegensatz zu Großbritannien. Die Unstetigkeit der deutschen Außenpolitik begünstigte nach 1890 die Bildung von Bündnissen zwischen Frankreich und Rußland (1894) und zwischen Frankreich und Großbritannien (1904), in die das Deutsche Reich nicht einbezogen wurde.

Darstellungen aus der Zeit vor und während des Ersten Weltkriegs belegen, daß damals viele politisch Denkende in Deutschland der Überzeugung waren, daß das Deutsche Reich sich energisch gegen eine Verschwörung seiner ausländischen Gegner wehren müsse.[4]

Gunhild Biese: „1911 – eine herrliche Zeit".

Der Bericht eines Redakteurs der Freudenstädter Zeitung „Der Grenzer", der am 31. Juli 1915 einen Rückblick auf das erste Kriegsjahr verfaßte, gibt einen Hinweis auf die damalige politische Stimmungslage:[5]

„Der heutige Tag gilt dem Rückblick auf das schreckvollste Jahr, welches die Menschheit je erlebt hat. Da erscheint uns als das Allerwichtigste die Tatsache, daß nicht wir (Deutschen) diesen Weltbrand entzündet, verursacht oder auch nur gewollt haben – voll und ausschließlich ist das Gewissen unserer Gegner mit der Blutschuld dieses Krieges belastet. ... Jene erste Bluttat (das Attentat serbischer Studenten auf Franz Ferdinand von Österreich am 28. Juni 1914) war nur ein Teil jener größeren weltumspannenden Verschwörung, welche das friedliebende, arbeitsame Volk Deutschlands und Österreichs allseitig einkreiste, um sie gleich herrenlosem Gut auf ländergierige Nachbarn aufzuteilen. Man zeige uns einen Fleck Erde auf der Landkarte, den wir unseren Nachbarn wegnehmen wollten – aber zahlreich sind die Landstriche, welche jene auf unsere Kosten sich anzueignen einen räuberischen Bund eingingen. ...

Verbrecherische Einkreisung, entsprungen dem unseligen Gehirn (König) Edwards VII. (von England, Regierungszeit 1901–1910), hat diesen Krieg herbeigeführt. ... Nicht Weltherrschaft einer Raubgenossenschaft, sondern Friedensverband arbeitender Völker, arbeitsfrohes Nebeneinanderleben[6] ist unser Kriegsziel; der Dauerfriede, der jedem Volk seinen Platz an der Sonne sichert, keinem das Recht gibt, andere von der Welt und von dem Meere abzusperren."

1. August 1914: Beginn des Ersten Weltkrieges.

Noch im Juli 1914 konnte sich kaum ein Politiker das Ausmaß eines möglicherweise bevorstehenden Krieges vorstellen. Auch der württembergische Ministerpräsident von 1906 bis 1918 Karl Freiherr von Weizsäcker glaubte zu dieser Zeit noch, daß der Krieg zu verhindern sei. Aber der Weg in den Krieg war im Deutschen Reich und im Kaiserreich Österreich-Ungarn, die sich von Feinden umringt sahen, nicht mehr aufzuhalten. Auch die Freudenstädter – als Württemberger und deutsche Patrioten – entzogen sich diesem Sog eines „guten Kampfes reiner Herzen" nicht. Wie viele andere, die sich freiwillig zum Kriegsdienst meldeten, gingen auch die wehrfähigen Freudenstädter in einen Krieg, der mit großem Materialeinsatz und mit äußerster Härte geführt wurde. Für viele Soldaten brachte er den Tod auf dem Schlachtfeld. Die württembergischen Divisionen, die überwiegend an der deutschen Westfront in Frankreich, aber auch im Reichsland Elsaß-Lothringen und an anderen Abschnitten der Westfront sowie an der Ostfront eingesetzt waren, kämpften mit der für sie charakteristischen herausragenden Tapferkeit. Gegen Ende des Jahres 1918 wies Württemberg – in Relation zur Bevölkerungszahl – die höchste Anzahl aller Kriegsgefallenen der deutschen Bundesstaaten auf.[7] Von den etwa 2,5 Millionen Einwohnern Württembergs (1914) kämpften gegen Ende des Krieges 520.000 Württemberger an allen Fronten.[8]

Die nüchterne Überlegung, daß dem Ersten Weltkrieg eine unverantwortliche Kriegspolitik fast aller europäischen Mächte zugrunde lag, wollte damals kaum jemand zur Kenntnis nehmen.

Wie der Beginn des Ersten Weltkriegs in Freudenstadt empfunden wurde, mag an den Reaktionen der Gunhild Biese – damals 18 Jahre alt – zu erkennen sein; sie erlebte den Kriegsbeginn im August 1914 folgendermaßen:

„Der Weltkrieg bricht aus: Diese Zeit (die als herrlich empfundene Zeit vor 1914) sollte leider ein jähes Ende finden. Im Sommer 1914 brach der Erste Weltkrieg aus. Es rieselte uns kalt den Rücken herunter, als die Mobilmachung mit dumpfem Trommelwirbel in den Straßen verkündet wurde. Aber dann verfiel alles in einen vaterländischen Taumel und eine Begeisterung, wie man sie sich heute nicht mehr recht vorstellen kann. Tag für Tag rollten die Züge mit Soldaten vorbei und machten manchmal auch kurze Station auf dem Bahnhof. Die Waggons waren mit grünen Zweigen geschmückt, Kreideaufschriften wie etwa 'Nach Paris' oder 'Weihnachten sind wir wieder zu Hause' zierten die Wagen."[9]

Dieser Krieg, der sich über ganz Europa hinzog, dauerte fast viereinhalb Jahre. Etwa 345 Freudenstädter fielen dem Kriegsgeschehen zum Opfer. Schon im Jahr 1914 fand eine große Anzahl von Soldaten an allen Fronten den Tod; allein in den ersten fünf Kriegsmonaten starben 58 Freudenstädter, die meist in Frankreich standen. In jedem der folgenden Jahre (1915 bis 1918) sind mehr als 50 Freudenstädter auf dem Schlachtfeld geblieben oder ihren kriegsbedingten schweren Verwundungen erlegen. In nahezu allen damals in Freudenstadt vorhandenen Berufsgruppen waren Kriegstote zu beklagen, beispielsweise Freudenstädter Schmiedearbeiter und -meister (aus den Branchen des Messer-, Sensen-, Zeug-, Schaufel-, Nagel-, Kupfer- und Hauenschmiedehandwerks), Kaufleute, Steinhauer, Schlosser, Glaser, Mechaniker, Tagelöhner, Schreiner und Maurer. Ebenso befanden sich mehrere Lehrer, Berufssoldaten, ein Tuchfabrikant und zwei Gymnasiasten – die Oberprimaner Richard Buob und Friedrich August Karl Luz, die gleich nach Beendigung ihrer Schulzeit in den Krieg gegangen waren – unter den Opfern. Auch Ernst Paul Philipp Luz, ein weiterer Sohn des Freudenstädter Hoteliers Ernst Luz, fiel im Ersten Weltkrieg.

Unter den Gefallenen waren erstaunlich viele junge Wehrpflichtige und Kriegsfreiwillige, und nahezu aus jedem Jahrgang – von 1871 bis 1899 – starben Freudenstädter Männer an den Fronten. Das Alter der Gefallenen lag zwischen 15 und 43 Jahren. Allein aus der Altersgruppe der 15–21jährigen Soldaten stammte etwa ein Drittel aller Gefallenen. Anhand der Verzeichnisse der Orte, wo die Soldaten fielen, kann rekonstruiert werden, an welchen Frontabschnitten Freudenstädter Bürger im Ersten Weltkrieg kämpften. Unter den Gefallenen waren beispielsweise 43 Soldaten, die bei Ypern und Langemarck (Flandern) den Tod fanden, und weitere 33 Opfer waren im übrigen Flan-

Bombenangriff auf das Postamt in Freudenstadt (1917).

dern (Belgien) sowie mehr als 200 Gefallene in ganz Frankreich an allen hart umkämpften Frontabschnitten der 'Westfront' (Arras, Elsaß/Vogesen, Somme, Marne, Argonnerwald) zu beklagen, aber auch aus Rußland (14), Polen (10), Rumänien (5), Deutsch-Ostafrika (heute: Tanzania) und Tsingtau (China) kamen Soldaten nicht mehr in ihre Heimat nach Freudenstadt zurück.[10]

Zur Erinnerung an die Bürger Freudenstadts, die im Krieg gefallen waren, gab die Stadt Freudenstadt im September 1919 ein „Gedenkblatt zu Ehren der gefallenen, gestorbenen, vermißten und gefangenen Helden (1914–1918)" heraus, in dem auch diejenigen aufgeführt waren, die sich zu Kriegsende noch in Kriegsgefangenschaft befunden hatten (etwa 120). Vier Jahre später weihte die Stadt ein Kriegerdenkmal für die gefallenen und vermißten Bürger der Stadt ein.[11]

Darüberhinaus mag es nicht verfehlt sein anzunehmen, daß etwa 500 Freudenstädter gegen Ende des Krieges ganz oder teilweise kriegsinvalid gewesen sein könnten, was sich daraus erschließen läßt, daß schon zu Beginn des dritten Kriegsjahres (August 1916) in Freudenstadt 251 Einwohner als Invalid-Rentner gemeldet waren.

Die nachstehend wiedergegebenen Auszüge aus dem „Gedenkblatt zu Ehren der gefallenen, gestorbenen, vermißten und gefangenen Helden der Stadtgemeinde Freudenstadt" des Jahres 1919 mögen einen Einblick geben, wie – aus offizieller Sicht – von Seiten der Stadtverwaltung der Opfer des Ersten Weltkrieges gedacht wurde:

... Die Gefallenen „lebten und litten, kämpften und bluteten, welkten und starben im guten Glauben an die Gerechtigkeit unserer Sache, an die endliche Krönung durch Friede und Sieg. ... Ein irdischer Siegespreis ist ihnen geblieben: sie schirmten die lieblichen Gaue der Heimat vor Brand und Verheerung durch den schützenden Wall ihrer Leiber. ... Dank und treues Gedenken schulden wir auch den Lebenden: allen, die mitgekämpft und gelitten in jahrelangem Völkerkampf ... Ein Gedanke sei ihnen und uns leuchtender Leitstern im Dunkel der Zeit: In Mühe und Arbeit, in Treue und Pflicht das Vaterland neu hinanzuführen mit ungebrochenem Lebensmut aus der Tiefe zur Höhe, aus Armut zu Wohlstand, aus Krankheit zur Genesung, aus Knechtschaft zur Freiheit, aus Schmach zur Ehre!"[11]

An Inhalt und Wortwahl dieses Gedenkens ist zu erkennen, daß in Freudenstadt – wie auch anderswo – nach dem Ersten Weltkrieg eine Neubewertung des Kriegsgeschehens aus republikanischer Sicht, die von der während des Krieges üblichen politischen Sichtweise abgewichen wäre, von den meisten Verantwortlichen nicht versucht wurde. Die Problematik, die in der deutschen Mitverantwortung für die Entstehung und den Verlauf des Ersten Weltkriegs lag, wird in dieser Denkschrift nicht angesprochen; vielmehr rühmte die Stadt das kriegerische Tun der Soldaten und rechtfertigte es mit dem Hinweis auf den aufrichtigen Glauben der Soldaten an die Gerechtigkeit der deutschen Politik.

Freudenstadt im Spiegel des städtischen Haushalts von 1912

Freudenstadt hatte sich in den letzten Jahren vor dem Ersten Weltkrieg zu einer Kurstadt entwickelt, die im In- und Ausland weithin für ihre Luftkur bekannt und berühmt war. Nach der Volkszählung vom 1. Dezember 1910 hatte Freudenstadt 8456 Einwohner[12] in etwa 1800 Haushaltungen. Nur 6,6 Prozent aller Einwohner zählten zur römisch-katholischen Kirche, und über 90 Prozent der Einwohner waren als Gläubige des evangelischen (lutherischen, reformierten oder unierten) Bekenntnisses eingetragen. Außerdem lebten 13 Israeliten (Juden) in der Stadt.[13]

Bei näherer Betrachtung des städtischen Haushalts Freudenstadts aus dem Jahre 1912[14] unterscheidet sich dieser in seiner Struktur nicht allzu sehr von anderen öffentlichen Haushalten vergleichbarer württembergischer Städte vor dem Ersten Weltkrieg. Das Bestreben der Freudenstädter Verwaltung, Ausgaben im Wesentlichen durch Einnahmen – und nicht so sehr durch hohe Kreditaufnahmen – auszugleichen, war – im Vergleich zu Haushaltsführungen anderer Städte – keine Besonderheit.

Bis in die Zeit des Ersten Weltkriegs bestanden die wesentlichen Positionen des städtischen Vermögenshaushalts in Waldbesitz und in einem nicht umfangreichen Gebäude- und Grundbesitz. Der im Jahre 1912 ermittelte Waldbesitz betrug 2.447 Hektar (ha). Die Stadtwaldungen waren mit einem Vermögenswert von ca. 11,2 Millionen Mark (Goldmark) anzusetzen, da ihr durchschnittlicher Marktwert – abgesehen von ihrem ideellen und ökologischen Wert – damals etwa bei 4.500 Mark pro ha (Obergrenze) lag. Der zweite größere Vermögensposten der Stadt, der Gebäude- und Grundbesitz, erreichte im selben Jahr einen Gesamtvermögenswert von 976.000 Mark.

Hinsichtlich der haushaltsmäßig im Jahr 1912 festgestellten Einnahmepositionen der Stadt ist zu bemerken, daß der Ertrag aus dem Holzeinschlag eine der wichtigsten Einnahmequellen bildete. Allein diese Position erzielte im Jahr 1912 einen Reinertrag von 213.016 Mark[15], während die Einnahmen aus dem Bereich der Gesundheits- und Wohlfahrtspflege (Luftkurwesen, Wasserzins etc.) eine Summe von 57.010 Mark erreichten. Bei Berücksichtigung aller Einnahmepositionen kam ein Gesamtbetrag in einer Höhe von 556.568 Mark zustande. Hiervon müssen noch die Beträge abgerechnet werden, die den „Haushaltsvorständen", den geschäftsfähigen Bürgern der Stadt, zustanden: die Beträge für den „Bürgernutzen". Jeder voll geschäftsfähige und wirtschaftlich selbständige Bürger Freudenstadts hatte einen Anspruch gegen die Stadt auf 25 Mark pro Jahr.

Diesen Einnahmen der Stadt standen im Jahre 1912 Ausgaben in Höhe von insgesamt 461.340 Mark gegenüber. Die weitaus größte Ausgabenposition betraf die Schulen (Sachausgaben, Lehrergehälter) mit 123.847 Mark, gefolgt von der Position „Straßen, Wege" mit 96.750 Mark und der Position „Allgemeine Verwaltung", die Ausgaben in Höhe von 57.655 Mark auswies.

Das Freudenstädter Kurwesen aus der Perspektive des städtischen Haushalts

Aus der Gesamtbilanz des städtischen Haushalts (1912) ist zu entnehmen, daß sich ein relativ hoher Betrag der Einnahmen im Bereich der Gesundheits- und Wohlfahrtspflege aus dem Luftkurwesen mit 24.800 Mark und aus den Wasserzins-Einnahmen mit 30.000 Mark ergab. Diesen Einnahmen im Luftkurwesen

standen Ausgaben der Stadt für die Kur in fast doppelter Höhe gegenüber.[16] Neben den ausgewiesenen Kur-Einnahmen in Höhe von 57.010 Mark wurden kurmäßig zu veranschlagende Ausgaben in Höhe von 105.144 Mark aufgeführt. Da diese Ausgaben auch der Verbesserung der allgemeinen Infrastruktur der Stadt (Straßen- und Wegebau) dienten, ergab sich ein im Kurbereich finanziell (noch) tragbares Einnahmen-Ausgaben-Verhältnis.
An der Art des rechnerischen Ausgleichs des Kur-Haushalts, dessen Ausgabe-Positionen im wesentlichen durch Steuer-/Gebühren-Einnahmen inflationsneutral ausgeglichen werden konnten, ist die generelle Linie der damaligen städtischen Haushaltspolitik zu erkennen, daß Ausgaben im wesentlichen durch Einnahmen finanziert werden sollten. Kreditaufnahmen in größerem Umfang fanden nur bei größeren und langfristigen Projekten – und nur ergänzend zu der Finanzierung durch Einnahmen – statt.
An der damaligen städtischen Haushaltsführung wird erkennbar, daß die Einnahmen aus dem Luftkurwesen (vor allem aus der Kurtaxe) wesentlich zur Entlastung der Haushaltsaufwendungen für Kurwesen und Gesundheitspflege beitrugen. Es mag in diesem Zusammenhang der Hinweis gestattet sein, daß damals kaum einer der Kurgäste von der Stadt erwartete, daß sie Kurleistungen „zum Nulltarif" anzubieten habe. Die Stadtverwaltung hielt es – im Interesse einer ausgeglichenen Kostenverteilung – für sinnvoll, alle Nutznießer von Kureinrichtungen (Musik, Theateraufführungen) – auch die nur potentiell als Nutznießer in Betracht kommenden Gäste – über die Erhebung einer nicht zu gering bemessenen Kurtaxe an den Gesamtaufwendungen für Kureinrichtungen zu beteiligen. Dessen ungeachtet stiegen die Übernachtungszahlen vor dem Ersten Weltkrieg beständig. Immerhin kamen im Vorkriegsjahr 1913 insgesamt 9.093 Kurgäste (Übernachtungsgäste für jeweils mindestens zwei Nächte) nach Freudenstadt. In dieser Summe waren die „Passanten" (Übernachtungsgäste für eine Nacht) nicht mitgerechnet. Es ist wohl realistisch, von insgesamt etwa 25.000 Gästen für das Jahr 1913 auszugehen.[17]

Überschüsse im städtischen Haushalt

Aus dem Haushalt des Jahres 1912 kann der Schluß gezogen werden, daß die Finanzen der Stadt Freudenstadt als wohlgeordnet angesehen werden können. Der Abschluß wies einem Bilanz-Überschuß in Höhe von 95.228 Mark aus.[18] Dieser Überschuß stand zu den für das Jahr 1912 errechneten städtischen Schulden in der Höhe von 1.661.000 Mark in einem tragbaren Verhältnis, da – bei einem damals realistischen Schuldzinssatz von etwa 6 Prozent – eine jährliche Zinslast in Höhe von etwa 100.000 Mark zugrunde zu legen war. Diese Aussagen über den städtischen Haushalt kurz vor dem Ersten Weltkrieg lassen einerseits die damalige Finanzlage transparent werden, andererseits ermöglichen sie aber auch den Vergleich des Haushaltsjahres 1912 mit den Haushaltsjahren 1928/29, womit auch die Unterschiede in den Strukturen der Haushalte dieser Rechnungsjahre aufgezeigt werden können.[19]

1913: 9.000 Kurgäste in Freudenstadt.

Lebenshaltung eines „Untertanen" im Spiegel seines privaten Haushalts

In Anbetracht der Vorstellung des Haushalts von 1912 mag es angezeigt sein, daß die Darstellung des „Haushaltsplans" eines anonym gebliebenen Zeitgenossen aus der Zeit um 1910–1914 auch dazu beiträgt, uns heute einen Einblick in damalige Lebensverhältnisse zu ermöglichen.
In der nachfolgenden Aufstellung erfahren wir von einem „Untertanen und Stadtbürger" – in humorvoller Form – welche durchschnittlichen Lebenshaltungskosten er für sich und seine Ehefrau notierte. Somit gibt der Plan Aufschluß über das Niveau der Ausgaben eines Privathaushalts der „Kaiserzeit", der nicht nur eine statistische Bedeutung hat, sondern auch viel über die Mentalität eines damaligen Haushaltsvorstands verrät.

Die Auflistung der Kosten bei mittlerem Anspruchsniveau geht von einem Jahreseinkommen in Höhe von 2.000 Mark aus.[20] Es mag in diesem Zusammenhang erwähnenswert sein, daß damals – bei Vorhandensein von Kindern – nur über die Steuerklasseneinteilung eine finanzielle Entlastung der Eltern erfolgte; die Gewährung von Kindergeld war unbekannt. Die Auflistung der Haushaltspositionen dieses Ehepaares sah folgendermaßen aus (Beträge pro Jahr):

1. Raum ist in der kleinsten Hütte für	300 M
2. Des Lebens Notdurft ist nicht klein, drum stelle diesen Posten ein	720 M
3. Daß Kleider Leute machen, ist bekannt, doch geh' nicht über deinen Stand	180 M
4. Ausdauernd zwar sind Schusters Rappen, doch mußt du auch dafür berappen	50 M
5. Daß warm und hell die Hütte sei, dafür bezahle froh und frei	90 M
6. Die Aufwasch- und die Wäschwaschfrau erhalten beide fast genau	100 M
7. Vor frühem Tod und Feuersbrunst versichre, doch ist's nicht umsunst	130 M
8. Bezahle gern den Steuerherr, im Zukunftsstaat sind's noch viel mehr	80 M
9. Das gift'ge Kraut, Tabak genannt, wird mäßig nur von dir verbrannt	50 M
10. Der Frau gewähre als Entgelt ein kleines Schoko-Nadelgeld (*)	50 M
11. Des Sonntags mit der Frau zum Park, Biergroschen läppern sich zur Mark	150 M
12. Mögst Arzt und Apotheke du entbehren, den Büchern und Charitas < der Nächstenliebe > zu Ehren	100 M
Insgesamt	2000 M

Anmerkung: (*) Bezeichnung für das damals üblicherweise der Ehefrau zu zahlende Taschengeld.

Literatur- und Bildungsinteressen

Die Atmosphäre der deutschen Kaiserzeit, die nun über 80 Jahre zurückliegt, prägte ganz bestimmte Lese-Interessen. Anhand eines im Stadtarchiv Freudenstadt vorhandenen gedruckten „Katalogs der Lehrer-Lesegesellschaft Freudenstadt" aus dem Jahre 1912 – mit einigen handschriftlichen Ergänzungen aus der Zeit der frühen Zwanziger Jahre –[21] ist zu erkennen, welche Bücher die Lesegesellschaft in der Zeit vor und während des Ersten Weltkriegs vorrätig hielt. Mit einigen Vorbehalten lassen sich aus einer Auswahl des damaligen Bibliotheksbestandes Rückschlüsse auf die seinerzeit gängigen Literatur-Neigungen, Themenstellungen und Inhalte ziehen.

In der Abteilung „Deutsche Sprache und Literatur" befanden sich Werke von Goethe und Schiller sowie Werke von Friedrich Hebbel, Berthold Auerbach („Barfüßele"), Wilhelm Hauff („Lichtenstein"), Helen Keller („Geschichte meines Lebens"), Hermann Hesse („Unterm Rad") und von Peter Rosegger („Weltgift"), während in der Abteilung „Geschichte" Werke des ehemaligen Reichskanzlers Otto von Bismarck (1815–1898) und Biographien über Martin Luther, Friedrich den Großen (König Friedrich II. von Preußen) und über den militärischen Verteidiger der deutschen Protestanten im Dreißigjährigen Krieg, Gustav II. Adolf von Schweden (1611–1632), sowie Werke von Johann Gottlieb Fichte („Reden an die deutsche Nation"), von Friedrich dem Großen, von General Erich Ludendorff („Meine Kriegserinnerungen") und Darstellungen über die Zeit der Befreiung Deutschlands von der Herrschaft Napoleons (1813–15) vorrätig waren. Auch befanden sich historische Betrachtungen des schwedischen Geschichtsforschers Rudolf Kjellén (1864–1922) zur Weltgeschichte der Vor- und Weltkriegszeit (1890 bis 1922) unter dem Titel „Die Großmächte der Gegenwart" in der Lehrer-Bibliothek.

In der Abteilung „Kultur- und Kunstgeschichte" dominierten Titel, die eine konservative Themenwahl deutlich werden lassen, so zum Beispiel Werke über die Sozialdemokratie (in gegnerischer Tendenz), Bücher von Gustav Freytag (1816–1895) „Aus dem Jahrhundert des großen Kriegs" (u.a.) und von dem preußischen General Carl von Clausewitz (1780–1831), der in seinem Buch „Vom Kriege" (posthum erschienen) die Ansicht vertreten hatte, daß die Kriegführung von Staaten grundsätzlich ein legitimes Mittel der politischen Auseinandersetzung sei und daß Kriegführung als eine Form der „Politik mit anderen Mitteln" aufgefaßt werden könne.[22]

Erster Weltkrieg – Zeit der Kriegsanleihen und der Lebensmittelkarten

Die Jahre des Ersten Weltkriegs (1914–1918) waren auch für Freudenstadt eine Zeit schwerer Sorgen und Nöte, verbunden mit großen finanziellen Belastungen. Stadtschultheiß Alfred Hartranft amtierte seit 1877 als Stadtvorstand, immer mit dem Ziel vor Augen, Freudenstadt zu einer weithin bekannten Kurstadt zu entwickeln.[23]

Mit Beginn des Ersten Weltkriegs ging der Kurbetrieb in erheblichem Maße zurück, und während des Krieges war die Anzahl der Kurgäste deutlich geringer als vor 1914. Schon am 31. August 1914 trafen die ersten Kriegsverwundeten in Freudenstadt ein. Nach und nach wurden sieben Lazarette eingerichtet, so daß die Kurstadt sich allmählich zu einer Lazarettstadt entwickelte.

Die Lazarette wurden meist in Hotels und öffentlichen Gebäuden eingerichtet, so beispielsweise in der erst 1913 ihrer Bestimmung übergebenen Gewerbeschule (Berufsschule), im Schwarzwaldhotel und im Kurhaus Palmenwald. Die Kurgäste, die während des Ersten Weltkriegs nach Freudenstadt kamen, mußten kriegsbedingte Einschränkungen hinsichtlich des Kurangebots und der Verpflegung hinnehmen.

Im Jahre 1915 wurde offenkundig, daß sich die schwere Last der Kriegswirtschaft auch auf Freudenstadt auswirkte. Die zahlreichen Kriegsanleihen des Deutschen Reichs, die der Finanzierung des Krieges dienten, erreichten astronomische Höhen, die letzte – neunte – Kriegsanleihe wurde von opferbereiten Bürgern noch bis kurz vor Kriegsende gezeichnet.[24]

Bereits die erste Reichskriegsanleihe vom 7. August 1914 erbrachte im Deutschen Reich eine Zeichnungssumme in Höhe von 89 Millionen Mark. Im „Königlichen Oberamt Freudenstadt" erreichten die Zeichnungen auf die erste Reichskriegsanleihe – in dem Zeitraum von August 1914 bis März 1915 – den Betrag von 1.738.000 Mark.[25] Gegen Ende des Krieges erbrachten Zeichnungen auf die neunte Kriegsanleihe im Oberamtsbezirk Freudenstadt eine Gesamtsumme in Höhe von etwa 4.430.000 Mark.[26] Mit dieser Entwicklung gingen eine starke Beschleunigung der Inflation und private Geldknappheit einher.

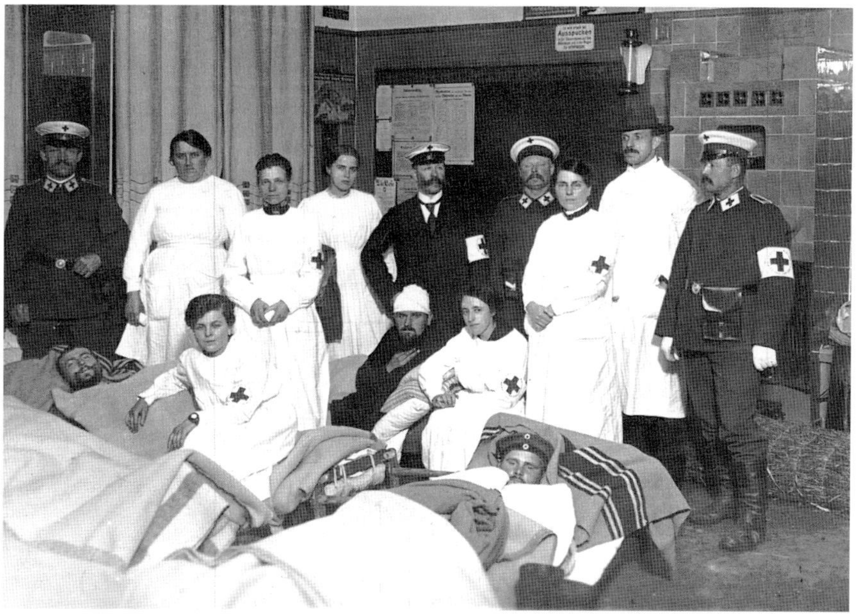

Während des Ersten Weltkriegs: Das Rote Kreuz in Freudenstadt.

Vom zweiten Kriegsjahr an wurden in Freudenstadt die Kolonialwaren (Importwaren) knapp, und es trat eine allgemeine Verteuerung aller Lebensmittel und Gebrauchsgüter ein. Durch die Einführung von staatlichen Höchstpreisen für diese Warengruppen versuchte der Staat, den sozialen Belangen Rechnung zu tragen. In vielen Familien wurde es üblich, Kriegsbrot (Brot mit Kartoffelzusätzen) zu essen. Um die Versorgung vor allem der städtischen Bevölkerung sicherzustellen, waren die Landgemeinden verpflichtet, Grundnahrungsmittel (z.B. Eier, Milch und Butter) an die Oberamtsstadt Freudenstadt zu staatlich festgesetzten Preisen abzugeben. So lieferten beispielsweise die Freudenstädter Bürger selbst im Monat Juni des Jahres 1918 4.623 Eier ab; die – vor allem auch für die Kurgäste – benötigten großen Mengen an Milch und Butter wurden der bäuerlichen Produktion aus der Umgebung Freudenstadts entnommen. Beispielsweise kamen allein im Monat Juni 1918 von der Gemeinde Pfalzgrafenweiler (15 km nordöstlich Freudenstadts) 10.548 l Milch an die staatliche Milchsammelstelle in Freudenstadt.[27]

In den Jahren 1916/17 wurde damit begonnen, Lebensmittel und Gebrauchsgüter nur noch gegen Vorlage von Berechtigungskarten – Lebensmittelkarten – und Kaufabschnitten an

Die Inflation zwang auch die Stadt Freudenstadt, selbst Münzen zu prägen, um dem Geldmangel abzuhelfen.

die Bürger abzugeben. Überdies wurde die Menge der jedem Bürger zustehenden Lebensmittel immer geringer. So betrugen die vom „Mehlamt" der Amtskörperschaft Freudenstadt staatlich festgesetzten Abgabemengen für Lebensmittel auf Lebensmittelkarten im August 1917[28]:

Abgabemengen auf Berechtigungsschein (Lebensmittelkarte) :
pro Person/pro Woche (Auszug) :

Lebensmittel	A für Kinder	B für Selbstversorger	C für Versorgungsberechtigte	D für Schwerarbeiter
Haferflocken	250 g	125 g	250 g	500 g
Kriegsmus*	750 g	750 g	750 g	750 g
Dörrgemüse	500 g	500 g	500 g	500 g

* Brotaufstrichmittel: Mus aus Kartoffeln, Obst, Hülsenfrüchten u.a.

Da die Deutsche Reichsbank in den Kriegsjahren den inflationär bedingten Geldwertverlust zunehmend nicht mehr mit einer laufenden Erhöhung des Geld-Nennwertes ausgleichen konnte, gingen viele Stadtverwaltungen dazu über, kommunales Geld in Umlauf zu bringen. Die Stadtverwaltung Freudenstadt beschloß im Jahr 1916, eigene – städtische – Münzen aus einfachem Metall zu prägen, um dem Metall- und Münzgeldmangel abzuhelfen; sie versuchte, der stark inflationären Geldvermehrung und der nicht mehr ausreichenden staatlichen Münzprägung so entgegenzuwirken. Freudenstadt begann, städtische Münzen – viereckige „Fünfer" (5-Pfennig-Stücke) und achteckige „Fünfziger" (50-Pfennig- Stücke) – in Umlauf zu bringen. Auf Anordnung des „Königlichen Oberamts Freudenstadt" wurde schließlich mit Beginn des fünften Kriegsjahres im Juli 1918 die Zwangsenteignung metallener Einrichtungsgegenstände zu Zwecken der Kriegsverwendung verfügt. So lag der staatliche „Übernahmepreis" (Enteignungspreis) beispielsweise für ein Kilogramm Buntmetall (Kupfer / Kupfer-Legierungen) bei einem Betrag zwischen sechs und vierzehn Mark.[29]

Backpulvertüte der Firma Herbstreith/ Freudenstadt.

Das 40jährige Amtsjubiläum des Stadtschultheißen Alfred Hartranft (1917)

Am 30. Januar 1917 feierte die Stadt Freudenstadt das 40jährige Amtsjubiläum ihres Stadtschultheißen Alfred Hartranft. Der Jubilar Hartranft, nach dem die Alfredstraße, die Hartranftschule, die Hartranftanlagen und die Hartranftstraße in Freudenstadt benannt sind, wurde am 1. Juli 1847 in Böblingen geboren. Als Ausdruck des Dankes für Hartranfts unermüdliche Tätigkeit für das Wohl der Stadt und für deren Ausbau zu einem heilklimatischen Luftkurort gründeten die Freudenstädter im Jahr 1917 die Alfred-Hartranft- Stiftung – eine Stiftung, die zunächst der finanziellen Unterstützung notleidender Kriegsteilnehmer (aus den Zinserträgen einer Summe von zunächst 10.000 Mark) gewidmet war und die später dazu diente, besonders bedürftige Einwohner/innen der Stadt zu unterstützen. Im selben Jahr erhöhte die Stadtverwaltung das Jahresgehalt des in Freudenstadt sehr verehrten Stadtschultheißen auf 9.000 Mark, um so die hohe Wertschätzung der Freudenstädter für Hartranft zu betonen.

Aus einer Würdigung eines Redakteurs des „Grenzers" über das Wirken Alfred Hartranfts für die Stadt und das kurstädtische Leben anläßlich seines Jubiläums konnten die Leser/innen erfahren, welche Eigenschaften den Freudenstädter Stadtschultheißen nach Ansicht der Zeitung und der vieler „Untertanen und Stadtbürger" auszeichneten:

Die Tatsache, „daß Hartranft sich stets als freier, charakterfester und energischer Mann mit feinem Gerechtigkeitsgefühl erwies" (...) und „in uneigennütziger Weise nur das Wohl der Stadt als höchstes Ziel voranstellte, hat ihm die Liebe und hohe Achtung seiner Mitbürger in reichem Maß verschafft. Das will im Schwarzwald mehr heißen als anderswo, denn der zurückhaltende Schwarzwälder liebt die Kritik und läßt sich Beifall und Vertrauen nicht abschmeicheln, die wollen ehrlich und redlich verdient sein. ... Unser Stadtschultheiß ist auch alles andere als ein Bürokrat, und stets ließ er sich in seinem Handeln davon leiten, daß der Buchstabe tötet, aber der Geist lebendig macht".[30]

Der Jubilar nahm in seiner Dankesrede auf seinen 40jährigen Dienst für die Stadt und auf die Zeitumstände Bezug, indem er sich mit folgenden Worten an die „bürgerlichen Kollegien" der Stadt wandte:

„Schön ist die Jugend, sie kommt nicht wieder. Und doch heute bin ich wieder jung und schöpfe aus der Liebe und den Ehren des Tages die Kraft und den Mut ... wenigstens über den Krieg, wenn's Ihnen paßt, noch weiter durchzuhalten; nehmen Sie mich vollends, wie ich bin, gäb's einen schöneren Abschied der Jahre und des Amtes, als die große Zeit vollends mit Ihnen durchzuerleben und die Krieger, unser einziger Gedanke, als Sieger in die liebe Heimat, in den Grünschmuck der Berge und Wälder, zurückkehren zu sehen und ihnen die Hände zu drücken. ... Treue um Treue. Friede auf Erden, Friede über dieser Stadt und leuchtender Sonnenschein für alle Zeiten, unsere Freudenstadt. Es gibt nur eine Freudenstadt – sie blühe, wachse und gedeihe!"[31] – Am 1. September 1919, unter nun veränderten politischen Verhältnissen, trat der geachtete und von vielen Bürgerinnen und Bürgern der Stadt sehr geschätzte Stadtschultheiß Alfred Hartranft im Alter von 72 Jahren von seinem Amt zurück.

Hartranft-Gedenkstein mit Gedenktafel (gestaltet von David Fahrner).

Im Jahre 1927 wurde zum 50jährigen Gedenken an Hartranfts Amtsantritt eine von David Fahrner modellierte Bronzeplakette, auf der Hartranfts Portrait abgebildet war, im Rathaussaal angebracht; diese Plakette trug die Aufschrift „Arbeit ist Leben" auf ihrer Rückseite. Eine ähnliche Bronzeplakette ließ die Stadt auch an dem im Jahre 1902 aufgestellten „Hartranftstein"', einem großen Rotsandstein, am Eingang zum Teuchelwald anbringen.[32] – Elf Jahre nach der Amtsniederlegung starb Alfred Hartranft – von den Bürgern der Stadt hochgeehrt – am 21. November 1930 in Freudenstadt. Am darauffolgenden Tag fand Paul Dörr, der damalige Schriftleiter der Zeitung „Der Grenzer", in einem Nachruf auf den langjährigen Stadtschultheißen folgende Worte:

1917: Stadtschultheiß Alfred Hartranft: „Es gibt nur eine Freudenstadt – sie blühe, wachse und gedeihe."

„Alfred Hartranft war eine markante Persönlichkeit von eigenstem Gepräge, immer ganz er selbst in allem, was er sagte und tat; ein Mann von fabelhafter Arbeitskraft und zäher Energie, eine Kampfesnatur, draufgängerisch und zielbewußt, trotzig und hartnäckig – nicht ohne Anklang an seinen Namen! – eigenwillig, ganz gewiß nicht immer bequem für Mitarbeiter und Zeitgenossen, die hinter ihrer Zeit zurückblieben. Er baute den Bau der Zukunft, weitschauend und vorwärtsblickend, auf dem Boden der Gegenwart. Mit Süßholzraspeln schmiedet man keine Kronen und gründet man keine Städte. Längst hat seine Stadt erkannt, was er ihr gewesen und geworden ist; die Kampfeszeiten liegen weit dahinten und was bleibt, ist Treue und Dank weit über Tod und Grab hinaus."[33]

In der Anfangszeit der Weimarer Republik

Demokratische Neuordnung (1918/19)

„Trübes Ende, trüber Anfang" – Mit diesen Worten beschrieb der Historiker Golo Mann (1909–1994)[34] die gegen Ende des Jahres 1918 entstandene politische Lage im nunmehr republikanisch-demokratischen Deutschen Reich, um vor allem den kriegsbedingten wirtschaftlichen Niedergang Deutschlands zum Ausdruck zu bringen. Aber es gab in dieser Zeit auch viele Deutsche, die in der Arbeit an einer neuen demokratischen Staatsverfassung (Weimarer Reichsverfassung) einen hoffnungsvollen Neuanfang sahen und dauerhafte politische Stabilität und wirtschaftlichen Aufschwung erwarteten – trotz der drohenden Siegerhaltung der Entente-Mächte, insbesondere der französischen Regierung unter Ministerpräsident Georges Clemenceau (1917–1920) und Staatspräsident Raymond Poincaré (1913–1920).

11. November 1918 in Freudenstadt: Auf Befehl: Rote Rosetten im Knopfloch eines jeden Beamten.

König Wilhelm II. von Württemberg (1891–1918) berief kurz vor Ausbruch der deutschen Revolution eine neue, nunmehr dem Parlament verantwortliche Regierung (8.11.), die jedoch infolge der revolutionären Ereignisse ihre Amtsgeschäfte nicht aufnehmen konnte.[35]
Nach Ausbruch der Revolution in Berlin am 9. November 1918 kamen am darauffolgenden Tag (10.11.) sechs Abgesandte des Soldatenrats von Sindelfingen nach Freudenstadt und besprachen im Hotel Rappen die Lage mit einigen Bürgern der Stadt. Der folgende Montag (11.11.) wurde zum Feiertag für die Arbeiterschaft erklärt; jedoch waren Betriebe, die der Grundversorgung der Stadt dienten (Elektrizitätswerk, Wasserwerk), davon ausgenommen. Am selben Tag suchten die Soldatenräte die Freudenstädter Stadtverwaltung auf. Alfred Hartranft, der zu dieser Zeit noch Stadtschultheiß war, berichtete über diese Ereignisse des Jahres 1918 in handschriftlichen Anmerkungen zu einer gedruckten Zeittafel der Stadt, die 1921 in die Blechkugel des Uhrturms der Stadtkirche gelegt wurde und die – trotz der Zerstörung großer Teile der Stadt im April 1945 – halbverkohlt erhalten geblieben ist.
In dieser Zeittafel beschrieb Stadtschultheiß Alfred Hartranft den Ablauf der Revolution in Freudenstadt folgendermaßen: „Der Ausbruch der Revolution am 11. November 1918, an welchem Tag bewaffnete 'Agenten' der 'neuen Ordnung' auf dem hiesigen Rathaus in der Kanzlei des Stadtschultheißen aufmarschierten und die schriftliche Anerkennung von ihm erwirkten, drückte die Siegel darauf. Auf dem Musikpavillon wehte die rote Fahne gleichwie auf dem Wilhelmspalais in Stuttgart... Die Beamten führten weisungsgemäß rote Rosetten im Knopfloch."[36] Ein Beauftragter des Soldatenrats gab der auf dem Marktplatz versammelten Bürgerschaft Kenntnis von der in Württemberg erfolgten Umwälzung und legte die Ziele und Aufgaben der neuen Regierung dar, deren vornehmste für den Augenblick eine rasche Herbeiführung des Friedens sei: Es sei die Pflicht des Volkes, Ruhe und Ordnung zu bewahren, da sonst unsägliches Leid über das Volk komme; er gab bekannt, daß König Wilhelm II. von Württemberg abgedankt habe, und teilte mit, daß dem König – seiner persönlichen Sicherheit wegen – der Aufenthalt in Württemberg unverwehrt bleiben solle. Zuletzt stimmte die Versammlung in ein Hoch auf den Arbeiter- und Soldatenrat ein.[37] Dennoch stieß die in den nächsten Tagen vorgenommene Beflaggung mit roten Fahnen bei der übergroßen Mehrheit der Bürgerinnen und Bürger schon bald auf einhellige Ablehnung. Nach einigen Tagen wurden die Revolutionsfahnen wieder eingeholt. In einer Stellungnahme des „Grenzers" über diese Freudenstädter Revolu-

Feldbäckerei der rückmarschierenden Fronttruppen am Stadtbahnhof (1918).

tion des 11. November 1918 hieß es, daß sich der ganze Vorgang am St. Martinstag „ohne jeden Zwischenfall" abgespielt habe. Die „Martini-Revolution" hatte sich als eine friedliche Revolution erwiesen. Die Revolutionsumzüge wichen schnell der unaufschiebbaren Arbeit an den alltäglichen Aufgaben und dem Aufbau einer veränderten politischen Ordnung.

Der aus den Reihen des Arbeiter- und Soldatenrates ernannte Freudenstädter Arbeiter- und Bürgerrat unter dem Vorsitz des Buchdruckers Karl Haas[38] versuchte so schnell wie möglich, nicht nur demokratisch-geordnete Verhältnisse in Freudenstadt einzuführen, sondern auch für das allgemeine Wohl zu sorgen, beispielsweise indem er sich vehement für die Gründung einer gemeinnützigen Baugenossenschaft einsetzte. In der Revolutionszeit zwischen dem 11. November 1918 und den Wahlen zur Verfassunggebenden Württembergischen Landesversammlung am 12. Januar 1919 war die Stadtverwaltung gezwungen, mit dem Arbeiter- und Bürgerrat zusammenzuarbeiten; wenn auch Stadtschultheiß Hartranft – als „Mann der alten Ordnung" – diesen vielleicht innerlich ablehnte, mußte er dennoch in den Gemeinderatssitzungen auf dessen Vertreter Rücksicht nehmen. Diese waren der Fabrikant Hermann Herbstreith, Eigentümer der Tannennadelölfabrik Herbsttal, der Buchdrucker Karl Haas und der Monteur Albert Kaufmann. Zum Bezirksvorsitzenden des Arbeiter- und Bürgerrates wurde der Lebensmittelhändler Johann Walter (1869–1931) gewählt, der zwischen den politischen Fronten der bürgerlichen Kollegien und dem Arbeiter- und Bürgerrat um einen Ausgleich bemüht war. Gegen Ende des Jahres 1918 entwickelte sich überall eine rege Parteiarbeit, und neue politische Parteien formierten sich.

Nach den ersten Gemeinderatswahlen in einem republikanisch-demokratischen Gemeinwesen, die am 11. Mai 1919 stattfanden, stellten die Arbeiter- und Bürgerräte ihre Tätigkeit ein. Politisch gesehen trat nunmehr an die Stelle der Weisungsgebundenheit der Arbeiterräte an Einzelentscheidungen des Wahlvolks (imperatives Mandat) das gemeindliche Entscheidungsrecht der auf freie, gleiche, geheime und unmittelbare Weise gewählten Gemeinderäte, die in ihrem politischen Handeln für die Stadt nur ihrem Gewissen unterworfen waren (freies Mandat).

Heimkehr der Soldaten

Zwischen dem 15. November und 22. Dezember 1918 trafen in Freudenstadt – im Zuge der Heimkehr der deutschen Heeresverbände von der französischen Front – Teile der Heeresgruppe D ein. Bald darauf kam im Auftrag der neuen republikanischen Regierung ein Minister aus Stuttgart nach Freudenstadt, um Herzog Albrecht (*1865, †1939), den Befehlshaber der Heeresgruppe D, dessen Hauptquartier sich im Hotel Rappen befand und dessen Söhne Philipp Albrecht (*1893) und Ulrich zum Thronverzicht zu bewegen. Da der kinderlose König Wilhelm II. am 30. November 1918 auf den Thron verzichtet hatte, war die evangelische Königslinie des Hauses Württemberg erloschen. Somit wäre damals – gemäß dem bis 1918 geltenden fürstlichen Familienrecht – Herzog Albrecht aus der katholischen Linie des Hauses Württemberg thronfolgeberechtigt gewesen. In Anbetracht der zu erwartenden – von der Westfront über Freudenstadt nach Hause marschierenden – Truppenverbände telegraphierte der Soldatenrat der Heeresgruppe Herzog Albrechts von Freudenstadt aus an den Zentralrat der Arbeiterräte nach Stuttgart folgende Erklärung: „Kein freud-, sang- und klangloser Empfang für die Heimkehrenden, ein solcher würde niederdrückend wirken. Sichtbare Zeichen der Anerkennung dagegen werden ihnen Freudigkeit zum politischen und wirtschaftlichen Aufschwung geben."[39] Dementsprechend wurde den heimkehrenden Truppen im November und Dezember 1918 ein freudiger Empfang von Seiten der Freudenstädter Bevölkerung geboten. Die Freudenstädter/innen begrüßten die Truppen mit Girlanden und grünem Reisig, und am Haus des Dekanatsamts stand der Spruch zu lesen: „Selig sind, die da Heimweh haben, denn sie sollen nach Hause kommen."

Aber nicht nur tiefe Trauer über zerbrochene Hoffnungen und über nicht heimkehrende Männer bestimmte das Denken der Bürgerinnen und Bürger; bei einigen hatten der verlorene Krieg und die Revolution auch eine Wandlung im politischen Denken bewirkt.[40] Aber die Revolution erwies sich als eine Scheinrevolution, die nicht zu einer grundlegenden Veränderung der Machtverhältnisse führte, sondern zunächst nur im parlamentarisch-politischen Raum sichtbare Veränderungen bewirkte. Die alten Führungskräfte aus der Zeit des Kaiserreichs, die überwiegend in ihren Ämtern verblieben, stellten sich zwar in den Dienst der neuen deutschen demokratischen Republik, erfüllten aber deren Institutionen nicht mit einem neuen republikanischen Staatsbewußtsein; viele blieben auch weiterhin Royalisten. Es war daher nicht erstaunlich, daß das neue demokratische System den Keim des Scheiterns schon in sich trug. Der deutsche Publizist Sebastian Haffner beschrieb diesen Zusammenhang folgendermaßen: „Solange die alte Bürokratie und das überwiegend adlige Offizierskorps ihre Macht behielten, war die Revolution verloren, auch mit der schönsten Verfassung und dem schönsten Parlament. Die wirkliche Macht saß in den Ämtern, in den Polizeipräsidien und Generalkommandos, auch in den Justizpalästen."[41]

In einem von Erinnerungen getragenen Rückblick aus dem Jahr 1984 gab Karl Votteler, der 1918 noch ein Bub war und später am hiesigen Gymnasium unterrichtete, seinen persönlichen Eindruck über die Anfangszeit der Weimarer Republik wieder:[42]

„Fast täglich kamen in den folgenden Monaten und Jahren Hausierer und Bettler an die Glastüre – Hunger, Armut, Krankheit herrschten. Kaum eine Familie war vom Krieg verschont geblieben – ein Angehöriger war gefallen oder vermißt oder verwundet. Ich kann mich daher nicht entsinnen, daß Unterhaltungen der Erwachsenen über diesen Krieg, zu Hause oder in der Schule, je etwas anderes als Betroffenheit, je auch nur einen Anflug abenteuerlich-heroischer Gefühle in uns geweckt hätten. Ich weiß aber auch noch genau, daß wir bei politischen Gesprächen gespannt zuhörten, wenn zum Beispiel Kaiser Wilhelm II. und die von ihm mitgetragene deutsche Vorkriegs-Politik hart verurteilt wurden, wenn andererseits Bismarck damals ohne Einschränkung gerühmt wurde oder wenn man über das schwer belastete deutsch-französische Verhältnis sprach – wobei das Urteil frei von „Erbfeind"-Gerede, wenn auch nicht frei von Groll über die harten Bedingungen des Versailler Vertrages blieb. – Friedrich Ebert, 1919 zum Reichspräsidenten gewählt, ein Mann von großer menschlicher und politischer Bildung, wurde hoch geschätzt. Gewalt – als Krieg oder Mord an moralisch untadeligen Politikern – wurde gefürchtet und verworfen; wann immer man uns die Stelle bei Bad Griesbach zeigte, wo Matthias Erzberger 1921 von zwei nationalistischen Fanatikern erschossen worden war – als „Vaterlandsverräter", dieser mutige Unterzeichner des Waffenstillstands – waren wir fassungslos: dies also konnte hier und jetzt geschehen! ... Daß es nicht nur einzelne, sondern weite politische Kreise gab, die das Rad der Geschichte zurückdrehen wollten – mit welchen Mitteln auch immer – das erfuhren viele, bitter ernst, erst nach Jahren . . . viele erst, als es zu spät war. – Diese frühen Jugend- und Nachkriegsjahre zeigten langsam, aber spürbar auch eine freundlichere Seite; das darf nicht verschwiegen werden: es wehte ein Wind des Umbruchs; auf allen Lebensgebieten gab es neue Erkenntnisse, Ideen und schöpferische Impulse. . . . Daß diese nach wenigen Jahren wieder verfemt und schließlich unterdrückt würden, ahnte damals wohl niemand."[43]

Gegen Ende der Weimarer Republik waren die antidemokratische politische Rechte und – als deren „Erben" – die Nationalsozialisten besonders einflußreich.

Es gelang führenden militärischen Befehlshabern des Ersten Weltkriegs wie General Erich Ludendorff (1865–1937), mit dem Gerede vom angeblichen „Dolchstoß der sozialistischen Novemberverbrecher in den Rücken des Heeres" vom Versagen der politischen und militärischen Führung des Kaiserreichs, das zur Niederlage der deutschen Armeen im Jahr 1918 führte, abzulenken. Der Schriftsteller Sebastian Haffner hat die Wirkungsgeschichte der „Dolchstoß-Legende" treffend mit den Worten gekennzeichnet, in dieser Haltung habe sich die „Selbstvergiftung eines Volkes durch eine politische Lebenslüge"[44] manifestiert. So entsprach auch die Rede von der „Schmach von Versailles", womit die von sehr vielen Deutschen als ungerecht empfundene Behandlung des geschlagenen Deutschen Reiches durch die Siegermächte aufgrund des „Friedensvertrages von Versailles" (1919) gemeint war, dem Bild eines unbesiegten, von seinen inneren Feinden verratenen und von den Siegermächten ungerecht behandelten Deutschen Reiches. Psychologisch wirkten sich die überaus harten Bestimmungen des Versailler Vertrages verheerend auf die politische Stabilität der neuen deutschen Republik aus, und große Probleme ergaben sich aus der von der Entente erzwungenen Annahme der Kriegsschuldartikel, die dem Deutschen Reich die Alleinschuld am Ersten Weltkrieg zusprachen. Daher wurde dem Deutschen Reich auch die Verpflichtung auferlegt, jahrzehntelang hohe Reparationszahlungen leisten zu müssen.[45] Als besonders gravierend erwiesen sich auch die innenpolitischen Probleme infolge der – auf Veranlassung der Entente-Mächte – nicht durchgeführten oder ignorierten Volksabstimmungen in Teilen des ehemals deutschen Reichsgebiets.

Daher war die Ablehnung des „Diktats von Versailles", wie der Historiker Hagen Schulze schreibt, vielleicht das einzige „emotional wirksame Integrationsmittel", das die deutsche Republik überhaupt besaß.[46] Der deutsche Kampf gegen die „Kriegsschuldlüge" ging oft auch mit einer Ablehnung der Staatsordnungen der Entente-Mächte einher. Daher war es verständlich, daß in der ersten deutschen Republik wenig Anstrengungen unternommen wurden, um die Gesellschaft grundlegend neu zu ordnen. Die Weimarer Republik verzichtete auf jede religiöse Grundlage oder areligiöse Weltanschauung, sie hatte keinen konfessionellen Ehrgeiz, sie besaß kein nationales Selbstbewußtsein, sie beschied sich mit einem Minimum an Machtmitteln. Vom Staatlichen her ergab sich daraus ihre eigentümliche Farblosigkeit.[47] Allerdings blieb in den Bereichen, die dem Privaten – dem persönlichen Bekenntnis oder Glauben – zuzurechnen waren, eine – manchmal auch konstruktive – Kontinuität zu Traditionen der Vorkriegszeit erhalten, die sich insofern als tragfähig erwiesen als sich in ihnen ein entschieden christlich (evangelisch oder katholisch) geprägtes Menschenbild gegen weltanschauliche Verführungen des 20. Jahrhunderts behauptete.

Ein Landesfest der Gustav-Adolf-Stiftung (1925)

In Anbetracht der Tatsache, daß Freudenstadt schon seit der Gründung der Stadt im Jahr 1599 eine entschieden evangelische Prägung besaß (und besitzt), eignete sich die Stadt auch in den zwanziger Jahren als Tagungsort für Feste der evangelischen Glaubensgemeinschaft, die dazu dienten, deren Solidarität mit den in der Diaspora befindlichen Glaubensbrüdern und -schwestern zu betonen. Aus diesem Grund fand vom 13. bis 17. Juni 1925 in Freudenstadt die 82. Hauptjahresversammlung des württembergischen Vereins der Gustav-Adolf-Stiftung statt.[48]

Die Bedeutung dieser Gustav-Adolf-Feier[49] umriß Stadtpfarrer Herrlinger damals mit folgenden Worten: Das Fest solle ein „rechtes christlich evangelisches Wallfahrtsfest" sein, ... ein Fest der Begegnung der evangelischen Glaubensgenossen, ein Fest der Einsammlung und auch ein „Gedenkfest göttlicher Durchhilfe und Bewahrung in alter und neuer Zeit und in den schweren Zeiten des letzten Krieges".

Freudenstadt nahm die Gelegenheit des Gustav-Adolf-Festes wahr, sich an den – in der Zeit des Dreißigjährigen Krieges (1618–1648) – wichtigsten militärischen Verteidiger der protestantischen Sache – Gustav II. Adolf von Schweden – und an den Glaubens- und Existenzkampf der Protestanten gegen die Katholiken an der Wende zum 17. Jahrhundert zu erinnern – an eine Zeit, da Protestanten in Frankreich, Österreich und anderen katholischen Ländern wegen ihres Glaubens verfolgt wurden.[50] Da in Freudenstadt schon einmal – im Jahr 1896 – ein Gustav-Adolf-Fest stattgefunden hatte, konnte der Gustav-Adolf-Verein mit dieser Feier an eine bewährte Tradition anknüpfen.[51]

Die Gustav-Adolf-Vereine hatten – zum Beweis des Andauerns der Hilfe Freudenstadts für evangelische Gläubige – aus der Diaspora Pfarrer Schiefermayer aus der Steiermark (Gemeinde Rottenmann)[52] nach Freudenstadt eingeladen, der sich in seiner Heimat darum bemühte, für die Kirchengemeinden der dortigen evangelischen Gläubigen zu sorgen. Die Gustav-Adolf-Vereine wollten mit dieser Veranstaltung daran erinnern, daß die evangelisch Gesonnenen sich der Aufgabe bewußt sein sollten, sich aller evangelischer Glaubensbrüder und -schwestern in der Welt anzunehmen, die unter staatlicher oder kirchlicher Repression litten und in ihrer Existenz und Religionsausübung bedroht waren. Die auch in den zwanziger Jahren unseres Jahrhunderts noch feststellbare Beeinträchtigung der Religionsausübung der Evangelischen in Österreich, Polen und in der Sowjetunion war für die Gustav-Adolf-Vereine der aktuelle Anlaß, um für die evangelische Sache solidarisch einzutreten.

Politische Entwicklungslinien – Freudenstädter Wahlergebnisse

Die Landtagswahlen der Weimarer Zeit

Eine genaue Betrachtung der Ergebnisse der ersten demokratischen Wahlen zur Verfassunggebenden Landesversammlung des republikanischen „Volksstaates Württemberg" vom 12. Januar 1919 – nur zwei Monate nach Ausbruch der Revolution – ist für das Verständnis der weiteren Entwicklung in Freudenstadt von grundlegender Bedeutung. In Freudenstadt kandidierten im Januar 1919 folgende Parteien zur Wahl der Landesversammlung: USPD (Unabhängige Sozialdemokratische Partei Deutschlands), Zentrum (katholische Partei), Württembergischer Bauernbund, Württembergischer Weingärtnerbund, Partei der Landwirte Oberschwabens, Deutsche Demokratische Partei (DDP), Sozialdemokraten (SPD), die Deutsche Friedenspartei und die Württembergische Bürgerpartei (W.BP), die der Deutsch-Nationalen Volkspartei (DNVP) auf Reichsebene entsprach. Schon bei dieser ersten demokratischen Wahl sind einige Persönlichkeiten gewählt worden, die später während der NS-Zeit durch ihren profilierten Widerstand gegen das NS-Regime in ganz Deutschland bekannt wurden, so beispielsweise der Pfarrer Theophil Wurm (der spätere evangelische Landesbischof Württembergs) und der damalige Weihbischof (und spätere Bischof) Dr. phil. Johannes Sproll (Diözese Rottenburg).

Für das Oberamt Freudenstadt wurde der Abgeordnete Johannes Gaiser (DDP) aus Baiersbronn in die Landesversammlung gewählt.
In der Stadt Freudenstadt sah das Wahlergebnis für die Landesversammlung folgendermaßen aus: Von 5331 Wahlberechtigten stimmten 4747 Wähler ab; das entsprach einer Wahlbeteiligung von 89 Prozent (bei Wahlpflicht). Die Wählerstimmen verteilten sich auf folgende Parteien: SPD 42,5 %, DDP 37,2 %, Württembergische Bürgerpartei (BP) 14 %, Zentrum 4,6 %, USPD 1,2 %, Deutsche Friedenspartei 0,3 % (14 Stimmen), Württembergischer Bauern- und Weingärtnerbund / Landwirte Oberschwabens 0,2 %. Dieses Wahlergebnis zeigte eine deutliche Orientierung der Wähler hin zu den großen Parteien der „Mitte", wohingegen die rechts-konservative Bürgerpartei, die Deutsche Friedenspartei und linksradikale USPD nur einen kleineren Teil der Wähler gewinnen konnten.
Der allgemeine Trend der Wahlen im Jahr 1919 – im Reich wie in Württemberg – gab zu erkennen, daß die meisten Bürgerinnen und Bürger den verfassungsloyalen Parteien der Republik das politische Mandat übertrugen, den demokratischen Neuanfang zu bewerkstelligen. Für die Maxime „Weder Hohenzollern-Monarchie noch Sowjetrepublik" schien die Nation sich mit dem Wahlzettel entschieden zu haben (nach Golo Mann)[53], aber der Weg in einen demokratischen Neuanfang war in Deutschland im Jahre 1919 noch nicht gefestigt.
Der folgende Überblick zu den Freudenstädter Landeswahl-Ergebnissen zwischen 1919 und 1932 soll verdeutlichen, wie das politische Meinungsbild aussah und wie es sich besonders dramatisch seit Ende der zwanziger Jahre veränderte.[54]
Die Wahlergebnisse lassen erkennen, daß die SPD und DDP, die beiden anfänglich sehr starken politischen Parteien, die sich als Garanten der Weimarer Verfassung verstanden und sich eindeutig zu Demokratie und Rechtsstaatlichkeit bekannten, schon 1928 nur noch ein Drittel der Stimmen in Freudenstadt errangen.
Im selben Zeitraum nahmen Partei-Neugründungen im bürgerlichen und rechts-konservativen Lager beständig zu, was im württembergischen Landtag wie im Reichstag eine Zersplitterung der politischen Kräfte zur Folge hatte, wodurch die Bildung handlungsfähiger Regierungen erschwert war. So wurde den entschiedensten Feinden der parlamentarisch-demokratischen Weimarer Verfassung, der KPD und der NSDAP, der Angriff auf das – von diesen Parteien so genannte – Weimarer System

Freudenstädter Wahlergebnisse in der Weimarer Zeit:
Die Ergebnisse der Wahl zur Württembergischen Landesversammlung (LV) 1919 und der württembergischen Landtagswahlen (I – IV) von 1920, 1924, 1928 und 1932 :

	LV	I	II	III	IV
Parteien :	1919	1920	1924	1928	1932
Sozialdemokratische Partei (SPD)	42,5	30,0	–	23,6	21,9
Vereinigte Sozialdem. Partei	–	–	14,5	–	–
Zentrum (katholische Partei)	4,6	4,5	4,5	4,8	5,9
Deutsche Demokratische Partei (DDP)	37,2	31,5	20,1	9,6	4,3
Deutsche Volkspartei (DVP)	–	–	11,7	10,4	7,3
Christlicher Volksdienst (CVD)	–	–	–	12,4	7,1
Württ. Bauern-/ Weingärtnerbund	0,2	1,3	1,5	1,3	0,4
Württ. Bürgerpartei (DNVP)	14,0	20,7	28,4	27,1	4,7
Volksrechtpartei	–	–	–	4,7	1,6
NSDAP	–	–	–	1,9	35,4
KPD (Kommunistische Partei)	–	0,1	15,5	6,5	10,8
USPD (Unabhängige Sozialdemokratische Partei)	1,2	9,7	–	–	–
Sonstige Parteien	0,3	–	3,2	11,3	–

Der Aufruf zur Wahl der Deutschen Nationalversammlung (1919) – Zeichnung von Cesar Klein.

erleichtert. Erhebliche Wanderungen der bürgerlich-konservativen Wähler der Württembergischen Bürgerpartei bzw. der DNVP und anderer Parteien (DVP, Volksrechtpartei, Reichspartei des Deutschen Mittelstands) zur NSDAP im Zeitraum zwischen 1928 und 1932 führten dazu, daß die Weimarer Parteien (SPD, Zentrum, DDP) im Jahre 1932 nur noch 32,1 % der gültigen Stimmen erreichten. Selbst unter

Landtagswahl

Wahlbezirk Freudenstadt

1	**Sozialdemokratische Partei Württembergs** Dr. Schenkel — Wegert — Günther — Klumpp Haas — Teufel	1	◯
2	**Württ. Zentrumspartei** Beyerle — Andre — Scheffold — Groß	2	◯
3	**Württ. Bauern- und Weingärtnerbund** Haag — Wilh. Heinzelmann — Gottlob Heinzelmann Theurer — Finkbohner — Walz	3	◯
4	**Deutsche Demokratische Partei** Dr. Mauthe — Höfel — Rothfuß — Maier — Baisch Gutöhrle	4	◯
5	**Kommunistische Partei Deutschlands** Link — Acker — Roh — Stockburger — Mohrlok Müller, Mathilde	5	◯
6	**Deutschnationale Volkspartei** (Württ. Bürgerpartei) Sautter — Frick — Barth — Zürn	6	◯
7	**Deutsche Volkspartei und Volkskonservative Vereinigung** Dr. Frauer — Dr. Welte — Boßeler — Ahner	7	◯
8	**Christlicher Volksdienst für Württemberg** Frank — Schanzenbach — Wein — Wirth — Fischer	8	◯
9	**Volksrecht-Partei** Bauser — Hagel	9	◯
10	**Nationalsozialistische Deutsche Arbeiterpartei** (Hitler-Bewegung) Bätzner — Baitinger — Reustle — Koch — Geiger — Frey	10	◯

Wahlschein der Landtagswahl vom 20. Mai 1928.

NSDAP-Wähler bei Landtagswahlen in Freudenstadt: 1928: 1,9% 1932: 35,4%.

Hinzurechnung der Wähler/innen des „Christlichen Volksdienstes" (die 1928 und 1932 in Freudenstadt überproportional vertreten waren) errangen diese Parteien im Jahr 1932 nur 39,2 %. Die NSDAP erreichte im Jahr 1932 in Freudenstadt 35,4 % aller Wahlstimmen, obwohl diese Partei noch vier Jahre vorher – bei der Landtagswahl 1928 mit 1,9 % – völlig bedeutungslos gewesen war. Dieses Freudenstädter Landtagswahl-Ergebnis des Jahres 1932 fiel im Vergleich zu Gesamt-Württemberg aus dem Rahmen, da der Landesdurchschnitt der NSDAP-Wähler im selben Jahr in Württemberg bei 26,4 % lag. Schließlich ist bemerkenswert, daß die „christlich-orientierten" Parteien, das Zentrum (katholisch-christliche Wähler) und – eingeschränkt – der Christliche Volksdienst (evangelisch-christliche Wähler), im wesentlichen ihre Wählerinnen und Wähler halten konnten.

Die Wahlen zum Gemeinderat im Mai 1919

Am 11. Mai 1919 wählte Freudenstadt die erste Gemeindevertretung nach dem Ersten Weltkrieg. Insgesamt waren im Gemeinderat der Stadt Freudenstadt 20 Sitze zu vergeben. Die Kandidaten, die nach der Rangfolge der errungenen Stimmenanzahl vorn lagen, bekamen die ersten zehn Gemeinderatssitze für eine Amtszeit von sechs Jahren; die restlichen zehn Gemeinderatssitze wurden auf die rangniederen Kandidaten verteilt, die für nur drei Jahre gewählt waren. Da in jeder der folgenden Gemeinderatswahlen nur jeweils die Hälfte des Gemeinderats auf sechs Jahre neu gewählt wurde, betrug die Amtsdauer ab 1922 für jeden neu gewählten Gemeinderat sechs Jahre. Für die Gemeinderatswahl galt das auch heute noch gültige Verhältniswahlsystem mit der Möglichkeit des Panaschierens und Kumulierens. Alle Staatsbürger/innen ab 20 Jahren erhielten das aktive Wahlrecht. Auch konnten sich 1919 im Deutschen Reich erstmalig die Frauen an allen Wahlen aktiv beteiligen, da ihnen dieselben Rechte wie den Männern zuerkannt worden waren. Am 11. Mai 1919 stellten sich drei Parteien zur Gemeinderatswahl: die Deutsche Demokratische Partei (DDP), die Württembergische Bürgerpartei (W. BP) und die Sozialdemokratische Partei Deutschlands (SPD). Aufgrund der Wahlergebnisse ergab sich im Freudenstädter Gemeinderat folgende Sitzverteilung:[55]

a) Gemeinderäte für die Dauer von sechs Jahren (bis 1925):

– Hermann Herbstreith, Fabrikant (bestes Ergebnis)	SPD	SPD 5
– Adolf Nestlen, Flaschnermeister	SPD	
– Ernst Wegert, Geschäftsführer	SPD	
– Friedrich Rothfuß, Schriftleiter der Tageszeitung „Der Grenzer"[56]	SPD	
– Adolf Fischer, Holzhauer, Christophstal	SPD	
– Wilhelm Baessler, Major a.D., Hotelier „Waldeck"[57] (zweitbestes Ergebnis)	DDP	DDP 3
– Karl Weber, Gastwirt „Zur Sonne"	DDP	
– Wilhelm Finkbeiner (Senior), Gastwirt „Zum Dreikönig"	DDP	
– August Rentschler, stellv. Bürgermeister, Landgerichtsrat	W.BP	W.BP 2
– Fritz Schittenhelm, Maurermeister, bisheriger Gemeinderat	W.BP	

b) Gemeinderäte für die Dauer von drei Jahren (bis 1922):

– Josef Teufel, Reserve-Lokomotivführer	SPD	SPD 4
– Albert Kaufmann, Monteur	SPD	
– Gustav Graf, Steinhauer (später: Gastwirt der „Kohlwälder Post")	SPD	
– Karl Friedrich Haas, Buchdrucker	SPD	
– Gottlob Graf, Buchdruckereibesitzer	DDP	DDP 4
– Louis Trost, Kaufmann	DDP	
– Karl Schneider, Metzgermeister	DDP	
– Louis Frey, Flaschnermeister	DDP	
– Gottlob Wirth, Kaufmann	W.BP	W.BP 2
– Georg Haug, Gerichtsvollzieher	W.BP	

Im Freudenstädter Stadtrat galt somit zwischen 1919 und 1922 folgende Sitzverteilung:
Die SPD – als stärkste Partei – nahm neun Sitze ein, die bürgerlich-liberale DDP erhielt sieben Sitze und die Württembergische Bürgerpartei (DNVP in ihrer württembergischen Form) erzielte vier Mandate. Die bürgerlichen Parteien (DDP, W. Bürgerpartei) konnten somit eine Mehrheit von elf der 20 Mandate (55 Prozent) für sich beanspruchen. An diesen Mehrheitsverhältnissen änderte sich bis zur Wahl der Stadtvertretung im Jahr 1931 nichts Wesentliches. Die bürgerlichen Fraktionen hielten bis 1931 die absolute Mehrheit im Stadtrat (elf Sitze von 1919 bis 1925, 12 Sitze von 1925 bis 1931). Da nach der Württembergischen Gemeindeordnung der Stadtschultheiß gleichzeitig stimmberechtigtes Mitglied des Gemeinderats war und das Recht hatte, bei Stimmengleichheit im Gemeinderat den Stichentscheid abzugeben, wirkten sich Pari-Abstimmungsergebnisse – wegen der eher bürgerlichen Einstellung des 1919 gewählten Stadtvorstandes – zugunsten der bürgerlichen Fraktionen des Gemeinderates aus.
Die beigefügte Übersicht über die Sitzverteilungen aufgrund aller Gemeinderatswahlen der Weimarer Zeit in Freudenstadt soll die politische Entwicklung des Gemeindeparlaments aufzeigen.[58] Aus der Entwicklung der Wahlergebnisse wird deutlich, daß die sich auch im Reich abzeichnende politische Wende aus dem Ergebnis der letzten demokratischen Gemeinderatswahl vor 1933 zu erkennen ist. Aufgrund der Wahl vom 5. Dezember 1931 hielten die bürgerlichen Fraktionen des Gemeinderats (Wirtschaftliche Bürgervereinigung und Christlicher Volksdienst) zwar noch immer 50 Prozent der Sitze, jedoch erzielten die nicht-bürgerlichen Parteien (im Sinne eines damals üblichen Begriffs von Bürgerlichkeit) – NSDAP, SPD, KPD – zusammen rechnerisch ebenfalls 50 Prozent der Sitze, so daß Pari-Abstimmungen Realität werden konnten.

Gemeinderat der Stadt Freudenstadt (1919 bis 1931):
Mandatsverteilung auf Parteien/Fraktionen
Anzahl der Gemeinderäte: 20

Parteien	SPD	DDP	W. AG / BV	Württ.BP	CVD	NSDAP	KPD
1919	9	7	–	4	–	–	–
1922	9	3	6	2	–	–	–
1925	8	–	12	–	–	–	–
1928	7	–	12	–	1	–	–
1931	6	–	9	–	1	3	1

Erläuterungen:
SPD Wahlbündnis von SPD und Freien Wählern (1922)
W. AG / BV Wirtschaftliche Arbeitsgemeinschaft (1922) und Wirtschaftliche Bürgervereinigung
(1925–1931): Wahlbündnis der bürgerlichen Parteien (DDP, W. Bürgerpartei u.a.)

Eine Analyse des Wahlergebnisses der ersten Gemeinderatswahl zeigt deutlich, daß noch im Jahr 1919 die Freudenstädter Bürgerinnen und Bürger den Kandidaten, die sich für einen demokratischen Neuanfang aussprachen, eine Chance geben wollten, ihr politisches Können unter Beweis zu stellen. Aber schon drei Jahre später (1922), als die nächste Gemeinderatswahl anstand, schien es sowohl den Parteimitgliedern der DDP als auch denjenigen der Württembergischen Bürgerpartei (DNVP) ratsam, sich im Interesse des angestrebten Wahlerfolges auf kommunaler Ebene nicht allzu deutlich zu einer Partei zu bekennen, sondern unter dem Namen der Liste „Wirtschaftliche Arbeitsgemeinschaft" (oder auch: Wirtschaftliche Bürgervereinigung) zu kandidieren. Die SPD versuchte ebenfalls, breite Wählerschichten anzusprechen, indem sie unter dem Listennamen „SPD, freie Wähler und andere" kandidierte. Die Enttäuschung breiter Volksschichten über den politischen Zustand des Deutschen Reichs (Inflation, Unruhen, außenpolitische Probleme) führte zwischen 1919 und 1922 dazu, daß viele Deutsche den Weimarer (Regierungs-) Parteien (SPD, DDP und Zentrum) alle politischen Fehlschläge anlasteten, so daß es auch für Mitglieder der Regierungsparteien nicht mehr tunlich schien, sich ausschließlich zu ihren Parteien zu bekennen. Obwohl das politische Klima in den frühen zwanziger Jahren im Deutschen Reich sehr rauh wurde, blieb der Freudenstädter Gemeinderat politisch handlungsfähig; es gelang ihm, die Kurstadt sowohl für Einheimische als auch für Gäste wieder attraktiv zu machen und mit Hilfe öffentlicher Förderung das Schulwesen, den sozialen Wohnungsbau und die allgemeine Infrastruktur für Freudenstadt zu verbessern.

Die Stadtschultheißenwahl im September 1919

Das auf die Gemeinderatswahl 1919 folgende politische Ereignis war die im September desselben Jahres anstehende Wahl des Stadtschultheißen, wie der Bügermeister in Württemberg bis 1930 genannt wurde. Diese Wahl war notwendig geworden, da der bisherige Amtsinhaber Alfred Hartranft am 1. September 1919 von seinem Amt zurückgetreten war. Gemäß der württembergischen Gemeindeordnung mußte der Stadtschultheiß direkt von der wahlberechtigten Bevölkerung auf zehn Jahre gewählt werden. Als Kandidaten standen der in Freudenstadt wohnende und arbeitende Amtmann Dr. jur. Ernst Blaicher (parteilos), der Freudenstädter Landgerichtsrat August Rentschler (Württembergische Bürgerpartei) sowie der Sparkassen-Verwalter Dillmann aus Fellbach (bei Stuttgart) und Dr. ing. Essich aus Stuttgart zur Wahl.
Einige der damaligen Wahlaufrufe zur Stadtschultheißenwahl machen eine – historisch verständliche – geringe Vertrautheit mit dem Geist der neuen demokratischen Prinzipien deutlich, wenn beispielsweise ein Wahlkomitee zur Wahl Dr. Blaichers mit der Empfehlung aufrief, der neu zu wählende Stadtschultheiß müsse „ein Führer und zugleich ein Volksmann" sein[59]. Während ein nicht personifizierbares Wahlkomitee durch Aufrufe im „Grenzer" die Wahl Dr. Blaichers unterstützte, fand der Freudenstädter Landgerichtsrat (der spätere Amtsgerichtsdirektor) August Rentschler Unterstützung von Seiten der Württembergischen Bürgerpartei. Die übrigen Bewerber für das Amt des Stadtschultheißen wiesen keine ersichtlichen Parteibindungen auf.
Am 14. September 1919 fand die erste demokratische Freudenstädter Stadtschultheißenwahl statt. Sie führte zu folgendem Ergebnis: Von 5338 wahlberechtigten Freudenstädter Bürgern

gaben 74 Prozent ihre Stimme ab. Dr. Blaicher erhielt 1553 Stimmen (39 Prozent), Landgerichtsrat Rentschler 1139 Stimmen, Sparkassenverwalter Dillmann 961 Stimmen und Dr. Essich 282 Stimmen. Somit war Dr. Blaicher mit der – im ersten Wahlgang ausreichenden – einfachen (relativen) Mehrheit von 39 Prozent der abgegebenen Stimmen als Stadtschultheiß auf zehn Jahre (1919–1929) gewählt worden.[60]
Die feierliche Amtseinsetzung des Stadtschultheißen Dr. Ernst Blaicher fand am 18. Oktober 1919 statt. Ernst Blaicher, der von einer alten Seifensiederfamilie abstammte, die seit 1816 in Freudenstadt ansässig gewesen ist, wurde am 25. September 1886 am oberen Marktplatz Nr. 6 (frühere Gastwirtschaft Pflug) geboren. Er wuchs in diesem Haus auf, wo seine Mutter, eine Tochter des Schafhändlers und Gemeinderats Christian Haas, ein Kolonialwarengeschäft und eine angesehene Weinwirtschaft führte. Nach dem Besuch der Volks- und Lateinschule in Freudenstadt und des Eberhard-Ludwig-Gymnasiums in Stuttgart studierte Ernst Blaicher Rechtswissenschaft. Nach Abschluß des Studiums und nach Absolvierung der Referendarzeit ließ er sich am 1. Juni 1913 in seiner Heimatstadt als Rechtsanwalt nieder. Von 1915 bis 1917 mußte Ernst Blaicher zwei Jahre als „Landwehrmann" in der Heimat Kriegsdienst leisten, bis ihn das königlich-württembergische Innenministerium im Jahr 1917 in den Verwaltungsdienst berief. Zuerst war er als Amtmann in Calw und anschließend für das Oberamt Freudenstadt tätig. Als erster frei gewählter Freudenstädter Stadtschultheiß bezog er im Jahr 1919 im alten Rathaus eine große, niedere Eckstube, die für viele Jahre sein Amtszimmer war. Da er im Jahr 1929 wiedergewählt wurde und 10 Jahre später (1939) – ohne Wahl – durch die NS-Machthaber im Amt bestätigt wurde, lenkte er bis zu seinem Tode im Jahr 1944 25 Jahre lang die Geschicke der Stadt. Da er sich parteilich nicht gebunden hatte, verstand er seine Tätigkeit als Bürgermeister im überparteilichen Sinn als verantwortungsvollen Dienst an den Bürgern und Bürgerinnen der Stadt. Er hatte großes Interesse an deutscher Literatur und besaß viel Sinn für historische Bezüge und Zusammenhänge; auch seine Mitgliedschaft im „Schwäbischen Schillerverein" war von daher zu erklären.

Anläßlich seiner Amtseinsetzung als Stadtschultheiß am 18. Oktober 1919 sprach der Beauftragte des Bezirks Freudenstadt, Regierungsrat Dr. Frauer, zunächst einige einführende Worte.[61] Anschließend hielt Dr. Blaicher eine Rede, die zeigte, wie der neu gewählte Stadtschultheiß damals die Entwicklung der deutschen Geschichte beurteilte und worin er eine politische Aufgabe der Deutschen sah (Auszüge): „Meine Herren! Als ich gelesen habe, daß der 18. Oktober mein Einsetzungstag ist, ging es wie ein freudiges Leuchten durch mich. War doch der 18. Oktober 1813 (Völkerschlacht bei Leipzig: Anm. des Vf.) der große Siegestag für unser deutsches Vaterland, daß es erlöst wurde von französischer Knechtschaft.
Leider ist dem damaligen Siegesjubel und der Freiheitsbegeisterung nicht die innere Freiheit gefolgt. Reaktion und das Metternichsche System, Polizeistaaten, sind lauter Namen, die Sie alle kennen. Ein merkwürdiger Gegensatz: damals ein gewonnener Krieg mit Reaktion[62] und heute ein verlorener Krieg und volle innere Freiheit, wie sie auf der ganzen Welt kein Volk besitzt. Unser Leitstern wird heute nur sein: 'Ein freies Volk auf freiem Grund und Boden stehend'. Das ist's, was uns fehlt. Dies wird unser Lebensziel sein für unser ganzes deutsches Volk, und dies können wir nur durch Arbeit und Ordnung erreichen. Durch die Ausführung des Friedensvertrags werden uns seitens unserer Gegner keine Demütigungen erspart bleiben, man wird unsere Souveränität antasten. Trotzdem müssen wir danach streben, wieder emporzukommen. Das ist aber nur möglich, wenn wir bei uns selber anfangen. Nicht ein Wunder oder ein Mann wird uns erretten, aus uns selbst muß die Errettung kommen. Dann werden auch die Gemeinwesen wieder aufblühen und das Vaterland wieder emporkommen und gesunden." ... [63]
Abends um halb sieben Uhr fanden sich der Kriegerverein, der Militärverein, der Turnverein, der Männerchor Liederkranz, die Schützengilde und die Sanitätskolonne zu einem gemeinsamen Fackelzug und zum Singen eines Ständchens zusammen.
Nachdem die Vereine das wehmütig klingende Heimatlied „Im schönsten Wiesengrunde" gesungen hatten, bedankte sich Alfred Hartranft, der über 40 Jahre Stadtschultheiß der

Stadtschultheiß Dr. Ernst Blaicher.

Bürgermeister Ernst Blaicher (1919): „Ein freies Volk auf freiem Grund ... Das ist's, was uns fehlt."

Stadt gewesen war, bei den Sängern für ihre Ehrerbietung und schloß seine Dankesrede mit den Worten: „Freudenstadt, die ewiggrüne, sie lebe hoch!"

Ernst Blaichers Wahl zum Stadtschultheißen sollte sich für die Stadt als eine Bereicherung herausstellen. Sowenig ihm daran lag, in der Öffentlichkeit hervorzutreten, so sehr war er bestrebt, für Freudenstadts Gedeihen alles zu tun, was in seiner Macht stand. Mit geistreichen Reden und mit Überzeugungskraft gewann er oft die Zustimmung der Gemeinderäte zu den von ihm befürworteten Projekten, da er – anders als sein oft eigensinnig agierender Vorgänger Hartranft – meistens auf diplomatisch-geschickte Weise seine Vorschläge dem Gemeinderat vorzutragen wußte.[64] Das Interesse Ernst Blaichers an Dichtung und Kunst ließ Kontakte zu bekannten Künstlern und Schriftstellern entstehen, und es ergab sich oft eine jahrelange Bindung dieser Persönlichkeiten an die Stadt. So kam beispielsweise der Dichter Gerhart Hauptmann (1862–1946) – Ernst Blaicher zuliebe – zu einer Tagung des Schriftstellerverbandes nach Freudenstadt; auch andere, wie der mit ihm eng befreundete Generalmusikdirektor Fritz Busch und seine Freunde Ernst Moritz Mungenast und August Lämmle waren oft zu Besuch. Bürgermeister Blaicher war mit Plänen zu einem Kunstführer der Stadt und mit Überlegungen zu einer schon damals geplanten Chronik der Stadt befaßt. Die mit Beginn der vierziger Jahre „immer heilloser werdenden Zeiten" (nach einem Wort des ehemaligen Stadtarchivars Hans Rommel) und Blaichers angeschlagene Gesundheit machten diese Pläne zunichte. Bürgermeister Dr. Ernst Blaicher starb am 24. September 1944 in Tübingen.

„Die Goldenen Zwanziger Jahre" – krisenhaft und hoffnungsvoll

Wiederaufbau des Kurwesens und Gründung des Kurvereins (1920/21)

Nach dem Ende des I. Weltkriegs konnte niemand sogleich an die Wiederaufnahme des Kurbetriebs denken; wirtschaftliche Not und politische Unruhe verhinderten 1919/20, daß nahtlos an die Kur-Verhältnisse von vor dem I. Weltkrieg angeknüpft werden konnte.

Erst allmählich legte sich die Abneigung der Freudenstädter gegenüber den neuen Kurgästen, da diese oft als „Kriegsgewinnler" tituliert wurden, „die hier nur hamstern wollen".[65] Es gab im Jahr 1920 nicht nur in der Bevölkerung, sondern auch im Gemeinderat sowohl Befürworter des Ausbaus des Kurbetriebs als auch Befürworter einer stärkeren Industrieförderung in Freudenstadt.

Zu letzteren gehörte vor allem der Fabrikant Hermann Herbstreith (SPD) und dessen „Sprachrohr" – die im Raum Altensteig-Freudenstadt gelesene Tageszeitung „Schwarzwald-Echo". Hermann Herbstreith, der 1922 aus dem Gemeinderat ausschied, befürwortete damals die Fortführung des erst im Jahre 1914 eingestellten Abbaus von Schwerspat am Finkenberg. Bald stellte sich heraus, daß im Gemeinderat und in der Bevölkerung die Befürworter des Ausbaus des Kurbetriebs weit zahlreicher waren als die Anhänger einer stärkeren Industrieförderung. Deshalb wurde am 4. Dezember 1920 – unter Vorsitz des Stadtschultheißen Dr. Blaicher – in öffentlicher Versammlung im großen Saal des Dreikönig-Hotels die Gründung eines Kurvereins beschlossen.[66] Im Verlauf dieser Veranstaltung, an der Persönlichkeiten teilnahmen, die für Freudenstadts Entwicklung nicht ganz unwichtig gewesen sind – wie beispielsweise die Hoteliers Wilhelm Baessler (Hotel Waldeck), Ernst Luz (Schwarzwaldhotel), Oberamtsbaumeister Karl Bernhardt (Gewerbeverein), der Kaufmann Hermann Stock und der Gewerbelehrer Max Grieshaber – erläuterte Dr. Blaicher, daß es notwendig sei, die Kurverwaltung von der Stadtverwaltung zu trennen und einen Kurverein für alle kurfördernden Maßnahmen zu gründen, da diejenigen, die aus dem Fremdenverkehr die Vorteile zögen, auch verpflichtet seien, Aufwendungen für die Kur-Werbung und anderes selbst zu finanzieren. Die wesentliche Aufgabe des Kurvereins bestehe darin, so betonte Dr. Blaicher, ... „in erster Linie Fremde heranzuziehen und ihnen ... den Aufenthalt so angenehm wie möglich zu gestalten ..., aber auch ein gewisses Einvernehmen unter den Kurinteressenten ... herbeizuführen, damit gewisse wirt-

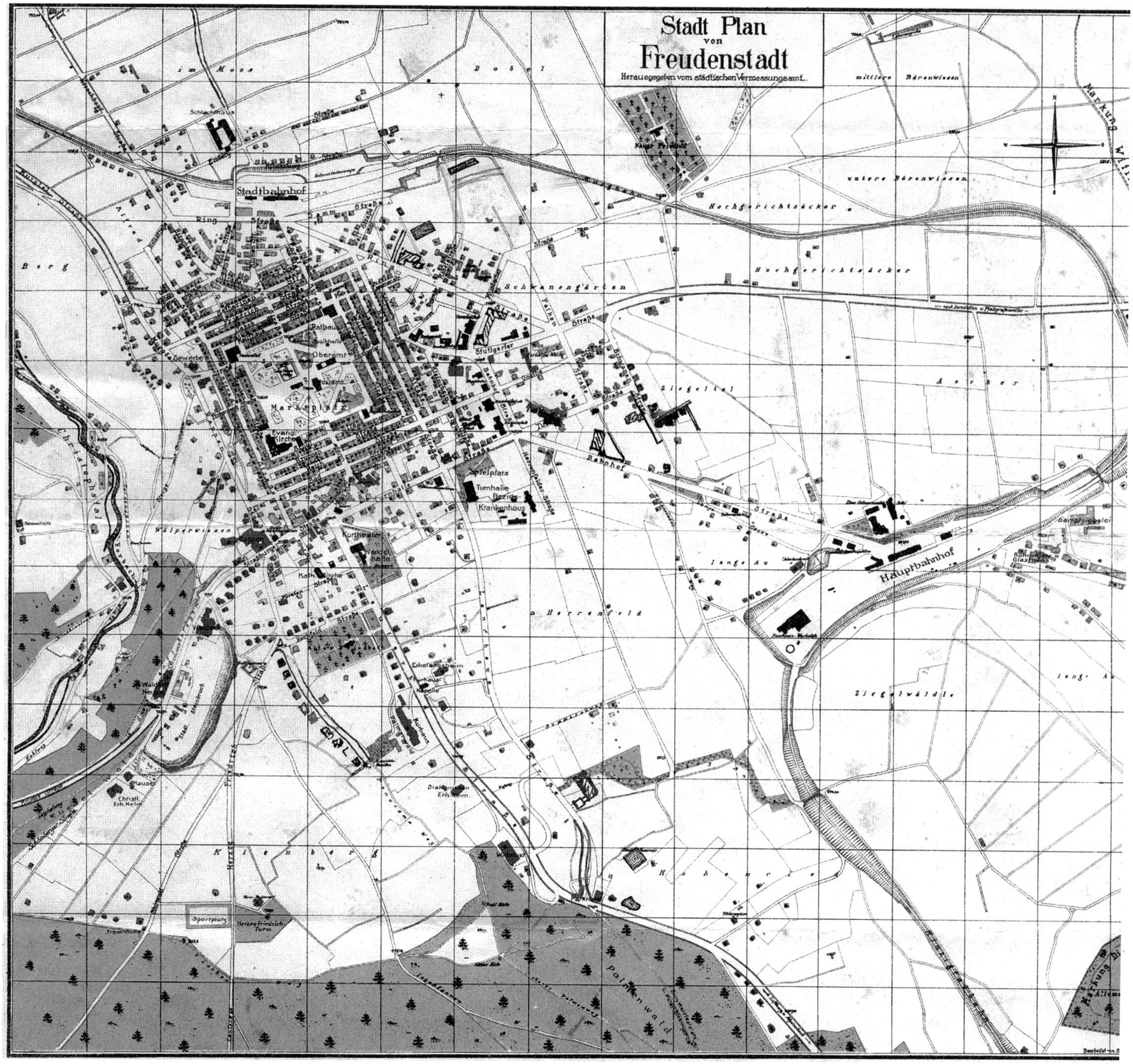

Stadtplan Freudenstadt 1922.

schaftliche Beziehungen unter ihnen entstehen, daß gegenseitig mit der Verteilung der Aufträge und der Geschäfte untereinander Rücksicht genommen wird. Er soll aber auch gewisse Auswüchse, die eventuell durch den Fremdenverkehr entstehen könnten, selber bekämpfen,"[67] – wobei mit „Kurinteressenten" in erster Linie heimische Unternehmer gemeint waren. Mitglied des Kurvereins konnte jeder Erwachsene werden, der Interesse an der Entwicklung des Kurwesens bekundete. Vorsitzender des Kurvereins war der Stadtschultheiß. Aufgabe der Generalversammlung des Kurvereins war es unter anderem, einen Verwaltungsausschuß und einen Geschäftsführer (Kurdirektor) zu wählen. Außerdem wurde in der Sitzung beschlossen, ein Ver-

kehrsbureau zu eröffnen, das dafür zuständig sein sollte, Kurtaxen und Mitgliedsbeiträge einzuziehen, Kurkarten auszugeben und – bei Überbelegung eines Hotels – Umbuchungen vorzunehmen.
Nach mehreren Wechseln in der Geschäftsführung wählte der Kurverein im Jahr 1923 den Freudenstädter Rechtsanwalt Dr. Richard Laufer (1878–1948) zum Kurdirektor, der dieses Amt bis in die vierziger Jahre innehatte. Der Verwaltungsausschuß des Kurvereins, das Beschlußorgan, bestand im Jahr 1923 aus 21 Mitgliedern. In diesen Ausschuß konnten politische Amtsträger (Gemeinderäte), Unternehmer und sonstige am Kurwesen interessierte Bürgerinnen und Bürger berufen werden.[68]
Um die Freudenstädter Kurgäste angemessen zu unterhalten und zu informieren, wurde ab Mai 1921 das erstmals nach dem Ersten Weltkrieg wieder erscheinende Freudenstädter Fremdenblatt – mit vielen nützlichen Hinweisen und Artikeln für die Fremden (das heißt: für die Kurgäste) – von der bürgerlich-liberalen Freudenstädter Tageszeitung „Der Grenzer" herausgegeben, deren Schriftleiter Paul Dörr (1870–1943) für das Fremdenblatt manchen heimatkundlichen Beitrag schrieb.

Wirtschaftsstruktur und Kurwesen

Langsam bewegte sich der Umfang des Kurbetriebs wieder auf das Vorkriegsniveau zu.
Im Freudenstädter Stadtführer aus dem Jahre 1922 mit dem Titel „Höhenluftkurort Freudenstadt im württembergischen Schwarzwald"[69] beschrieb der Alt-Stadtschultheiß Alfred Hartranft die charakteristischen Eigenschaften der Stadt aus seiner langjährigen Kenntnis folgendermaßen:
„Die Oberamtsstadt Freudenstadt, vielbesuchter Höhenluftkurort und Fremdenplatz mit subalpinem Klima, ist die höchstgelegene Stadt Württembergs, 740 m über dem Meer. Mit 9.175 Einwohnern und jährlich etwa 20.000 Kurgästen ist sie eine Weltkurstadt – ein Ort der Sommer- und Winterkur. ... Die Einwohner gehören vorwiegend dem Mittelstande an. Der Wohlstand hat sich seit der Eröffnung der Eisenbahn und mit dem gesteigerten Fremdenverkehr bedeutsam gehoben, ein großer Teil der Bevölkerung findet Beschäftigung in Wald und Feld. ... Als einträglicher Nebenzweig der Landwirtschaft erweisen sich die Obstbaumzucht, die Geflügel- und Bienenzucht." ... Die Bürger der Stadt „sind fleißig, sparsam, tüchtig und unternehmend, freie Red' und freier Bürgersinn gehen Hand in Hand mit weltgeübter Form und Gastlichkeit. ... Hervorstehende Eigenschaften der Einwohner sind ein ausgeprägter Familien- und Heimatsinn, ein reger Geschäftsgeist und ein gesunder schalkhafter Mutterwitz."
Viele Vereine trugen damals dazu bei, daß die Förderung des Kurwesens und die Geselligkeit nicht zu kurz kamen: die (Karnevals-)Gesellschaften „Janitscharia" und „Kasino", die Gesangvereine „Liedertafel" und „Sängerlust", ein Theaterverein, der seit 1862 bestehende Turnverein, der 1921 gegründete Kurverein, der Homöopathische Verein, der Verein der Naturfreunde sowie die Ortsgruppe Freudenstadt des Württembergischen Schwarzwaldvereins, die 1885 gegründet worden war.
Drei Buchhandlungen – Schlaetz, Schnitzler und Margreiter – vier Buchdruckereien sowie zwei lokale Tageszeitungen – die auch als Amtsblatt dienende Zeitung „Der Grenzer" (Verlag O. Kaupert) und das Schwarzwald-Echo (Druck und Verlag H. Herbstreith) – sorgten in der Weimarer Zeit für den kurstädtischen Bedarf an Information und Bildung.
Traditionell waren die Holzindustrie, die Tuchfabrikation (insbesondere die Herstellung von Woll- und Flanelltuchen) und die Nagelfabrikation die für Freudenstadt typischen Branchen; auch gab es in der Weimarer Zeit noch viele kleinere Möbelhersteller und Schreinereien. Aber schon im Jahre 1922 wurde die in Freudenstadt beheimatete Nagelfabrikation nur noch von wenigen Firmen fabrikmäßig betrieben. Von zehn ortsansässigen Brauereien, die den Freudenstädtern vor dem Krieg den „Durst löschten", waren 1922 nur noch zwei übrig geblieben.
Des weiteren bestanden in Jahr 1922 noch folgende Fabrikationsanlagen in Freudenstadt: mehrere Schnapsbrennereien (Branntwein und Schwarzwälder Obstschnäpse), die Glasfabrik Otto Böhringer (Herstellung von Champagnerflaschen), eine Flaschenverschlußfabrik (Walter Fetscher), eine Malzfabrik (Christian Frey), eine

Landwirtschafts-Maschinen-Fabrik (Firmen-Name „Marko"), die von den Herren Schöpp und Walter (Nachfolgerin der „Herbsttal-Werke" Hermann Herbstreiths) betriebene Fichtennadelölfabrik (die spätere Pino AG), eine Dampfsägmühle (Bernhardt & Bruder), eine Rasierklingenfabrik (Knoblauch), eine Weberei und Färberei (Gebr. Steurer) und eine Alpacca-Fabrik (Deetjen).

Im Stadtteil Christophstal, wo das Wasser des Forbachs zum Wasserradantrieb genutzt wurde, befanden sich im Jahr 1922 noch eine Wollspinnerei und Weberei, sieben Sägewerke, eine Eisfabrik, ein Schleifwerk, drei Täferschindelfabriken, eine Mahlmühle und andere Holz- und Metallwarenfabrikationsbetriebe.
Die in Baiersbronn-Friedrichstal und Christophstal gelegene Zweigstelle der nach dem I. Weltkrieg neu gegründeten „Schwäbischen Hüttenwerke" (SHW) wurde zu Beginn der Weimarer Zeit in neuer Form strukturiert. Zwar war dort noch im 19. Jahrhundert Stahl hergestellt worden, jedoch gingen die dortigen Hüttenwerke – wegen der inzwischen gestiegenen Anforderungen an die Qualität des Stahls – mit Beginn des 20. Jahrhunderts immer mehr dazu über, Schaufeln, Sensen und Hauen mit einem von auswärts bezogenen Stahl herzustellen. Die auf Initiative der württembergischen Staatsregierung im Frühjahr 1921 zustande gekommene Privatisierung der SHW und deren Überleitung in eine GmbH (mit Sitz in Stuttgart) führte im Jahre 1921 schließlich dazu, daß die Werke in Christophstal und Friedrichstal auf begrenzte Zeit an das Hüttenwerk „Gutehoffnungshütte" (Aktienverein für Bergbau- und Hüttenbetrieb) in Oberhausen (Rheinland) verpachtet wurden.[70]

Luftbild von 1923.

In der Mitte der zwanziger Jahre begann die Stadtverwaltung, sich um eine Modernisierung und Sanierung der Altstadt zu bemühen, dies nicht zuletzt auch deswegen, weil man um das Renommee der Kurstadt besorgt war.

1928: Die neue Murgtal-Bahn und ungeahnte Aussichten: Paris – Wien über Karlsruhe – Freudenstadt – Stuttgart?

Für das Verkehrswesen war die im Juli 1928 fertiggestellte Eisenbahnverbindung zwischen Freudenstadt und Karlsruhe von ganz besonderer Bedeutung. Die von den Freudenstädtern und von vielen Bewohnern des Murgtals langersehnte Murgtalbahn war schließlich doch noch Reallität geworden. Nach 50jähriger Planungs- und Bauzeit war dieses badisch-württ- tembergische Gemeinschaftsprojekt zum Abschluß gebracht worden, nachdem das letzte noch fehlende Teilstück der Strecke Freudenstadt-Rastatt – zwischen Klosterreichenbach und Schönmünzach – für den Bahnverkehr freigegeben worden war. Die direkte Murgtal-Bahnverbindung nach Karlsruhe bot den Freudenstädtern eine bessere Anbindung an den überregionalen Bahnverkehr im Rheintal.

Freudenstadt – „Nervenkurort I. Ranges"

In dem schon genannten Freudenstädter Stadtführer von 1922 wurden die klimatischen Qualitäten der Kurstadt wie folgt beschrieben: „Bei der offenen Lage Freudenstadts ist das Stagnieren der Luft ausgeschlossen, die Atmosphäre in Freudenstadt, wie an solchen Hängen überhaupt, ist stets bewegt, und ein Luftaustausch ist leicht möglich – einerseits bei Frost aus milderen, andererseits bei Hitze aus kühleren Regionen. Der Einfluß des Waldes auf die Temperatur äußert sich vor allem in einer Verzögerung sowohl der Erwärmung als auch der Abkühlung, vermindert also – ebenso wie der am Gebirgshang erleichterte Luftaustausch – die Tages- und Sommerhitze wie die Nacht- und Winterkälte."[71] Des weiteren konnte der Kurgast in dem genannten Stadtführer über die Eignung Freudenstadts als Kurort lesen: „Freudenstadt ist Nervenkurort I. Ranges, wird als Nachkurort für die Bäder Elster im Vogtland, Ems, Soden im Taunus, Karlsbad, Kissingen, Marienbad, Nauheim und Neuenahr ärztlich empfohlen. Staubfreie, kräftig anregende, ozonreiche Tannenwaldluft, vorzügliches Quellwasser."[72]

Die Kur-Saison-Zeiten waren auf die Zeit vom 1. Mai bis 1. Oktober (Sommerkur) und vom 1. Dezember bis 28. Februar (Winterkur) festgelegt worden. Ab 1923 stellte Freudenstadt jedoch auf einen ganzjährigen Kurbetrieb um. Zur Unterhaltung der Kurgäste dienten vor allem die Kurkonzerte und die Aufführungen des Kurtheaters.

Glanzpunkte der Sommersaison bildeten die „Italienischen Nächte" auf dem Marktplatz, wo – nach Hartranfts Worten – „tausende von Schaulustigen unter freiem Sternenhimmel in stiller Waldandacht den Abendklängen lauschten und vom oberen Kirchturm elektrisch heimgeleuchtet wurden".[73] In der Gunst der Kurgäste standen sowohl die „Kleine Kurkapelle" unter der Leitung des Dirigenten Albert Krämer als auch das „Große Kur-Orchester" in einem besonders hohen Kurs. Die städtische Kurkapelle und das Kur-Orchester spielten in der Hauptsaison (Juni–September) im Kurgarten nahezu täglich bekannte Melodien zum Mitsingen und Tanzen sowie Operetten- und Walzermelodien und Werke der deutschen Klassik und Romantik. Diese musikalischen Darbietungen wurden ergänzt durch die Stadtkapelle, die überwiegend abends im kleinen Pavillon auf dem Marktplatz Militär- und Marschmusik spielte.[74]

Alle größeren Hotels – Waldlust, Waldeck-Christophsaue[75], Post, Stokinger und Hauser – boten regelmäßig „bunte Abende", Picknicks und „Turner-Spiele" an. In den Hotels Rappen und Waldeck fanden wöchentlich Tanzabende für die Hotel- und Kurgäste statt.

Das Kurhotel Waldeck-Christophsaue in den zwanziger Jahren

Die weithin bekannten Freudenstädter Hotels verliehen dem Kurbetrieb ein besonderes Flair. Die Hotelier-Dynastie Luz aus dem Hotel Post hatte schon um die Jahrhundertwende die Hotels Schwarzwaldhotel, Waldlust und Waldeck gegründet. Die Ausstattung des Hotels Kurhaus Waldeck-Christophsaue (Straßburger Straße) war – ebenso wie die Qualität der

Oberer Marktplatz – Kurpromenade 1922.

anderen größeren Hotels – bemerkenswert; aber in seiner Kapazität (325 Betten im Jahr 1922) übertraf dieses Hotel alle anderen am Ort. In den zwanziger Jahren wurde das Hotel Waldeck von einem gebürtigen Freudenstädter, dem Major a.D. Wilhelm Baessler (1878–1975), der dem Gemeinderat von Mai 1919 bis April 1933 angehörte und der Witwe Anna Lutz, geb. Luz (1866–1930) geleitet. Wilhelm Baessler hatte das Hotel von seinem Schwiegervater Carl Luz (gest. 1920) im Jahr 1919 übernommen.

Im Hotel Waldeck-Christophsaue trafen sich viele prominente Persönlichkeiten aus dem ganzen Deutschen Reich und bevorzugt auch aus dessen südwestlicher Ecke. Auch Besucher aus dem Ausland (USA, Holland, England) kamen oft in das Hotel Waldeck, das damals wegen seiner schönen Lage und wegen seines hervorragenden Komforts eines der größten und attraktivsten Hotels in Südwestdeutschland war. So lassen sich beispielsweise aus den Gästelisten des Hotels Waldeck – wie auch anderer renommierter Freudenstädter Hotels – geradezu Auflistungen der damaligen Prominenz des Deutschen Reiches erstellen. Es logierten in Freudenstadt beispielsweise der deutsche Reichsaußenminister (1923–1929) Dr. Gustav Stresemann, Prinz Max von Baden (der letzte Reichskanzler des Deutschen Kaiserreichs), HRH Prince of Wales (der spätere britische König Edward VIII.), der Dichter Gerhart Hauptmann, die Schauspielerin Käthe Dorsch, die Sängerin Erna Sack sowie die Musiker Fritz und Adolf Busch, der 1944 dem deutschen Widerstand nahestehende General Dr. phil. Hans Speidel[76] und viele andere bekannte und weniger bekannte Persönlichkeiten des öffentlichen Lebens.

Auch der erste Reichspräsident von1918 bis 1925 Friedrich Ebert besuchte im August 1920 Freudenstadt und weilte einen Monat im Hotel Waldeck. Danach suchten Reichspräsident Friedrich Ebert und seine Frau fast jedes Jahr das Hotel Waldeck auf, nicht zuletzt auch deswegen, weil Friedrich Ebert und sein Staatssekretär Dr. Otto Meißner mit dem Eigentümer des Hotels, Wilhelm Baessler, gut befreundet waren.

Bis in unsere Tage können sich viele alte Freudenstädter an das „Ebert-Zimmer" im Waldeck erinnern.

Steigende Attraktivität der Kurstadt

Um einen Gesamtüberblick über die Entwicklung des Fremdenverkehrs zu erhalten, sind vor allem die Jahre von 1921 bis 1933 zu betrachten. Ab 1927 war ein Anstieg der Zahl der Übernachtungen über 200.000 pro Jahr zu verzeichnen, und 1929 übernachteten 258.000 Gäste in der Stadt. Als Kurgäste galten nur diejenigen, die wenigstens zwei Nächte in Freudenstadt übernachteten, während mit dem damals üblichen Begriff „Passanten" diejenigen bezeichnet wurden, die nur eine Nacht in Freudenstadt blieben. Anders als die Kurgäste mußten die Passanten keine Kurtaxe, aber eine Fremdenwohnsteuer zahlen – berechnet nach der Dauer des Aufenthalts.

Aufgrund einer im „Grenzer" abgedruckten tabellarischen Übersicht vom Oktober 1932 läßt sich die Entwicklung der Zahl der Kurgäste und der Übernachtungen ermitteln. In der Summe der Übernachtungsgäste sind die Anteile von Zwieselberg und Kniebis nicht enthalten; die hier genannten Zahlen beziehen sich nur auf das Stadtgebiet. Kurgäste und Passanten sind in den Gäste- und Übernachtungszahlen gleichermaßen berücksichtigt:[77]

Die Zahl der Gäste erhöhte sich zwischen 1926 und 1928 von 19.370 (1926) auf 30.928 (1928); und im Zeitraum zwischen 1923 und 1929 erhöhte sich die die Anzahl der Übernachtungen von 167.753 (1923) auf 258.688 (1929).

Die aus diesen Zahlen erkennbare Steigerung der Anzahl der Kurgäste um 37 % und der Übernachtungen um 35 % liegt parallel zu der gleichermaßen nachweisbaren Steigerung der Anzahl der Einwohner Freudenstadts. Während

Oben: Kurhotel Waldlust.

Mitte: Weimarer Politiker vor dem Hotel Waldeck im Sommer 1920, von links nach rechts: General Walther Reinhardt, Reichspräsident Friedrich Ebert, Kabinettschef Dr. Otto Meißner, Reichswehrminister Dr. Otto Geßler, Major a.D. Wilhelm Baessler (Eigentümer des Waldeck und Gemeinderat), Oberst i.G. Muff und Gesandter Hildenbrandt.

Unten: Die Service-Kräfte: Oberkellner, Kellner, Serviererinnen und Saaltöchter des Hotels Waldeck im Jahr 1921.

Stadtkapelle 1925

im Jahre 1910 insgesamt 8.456 Einwohner in Freudenstadt lebten, waren im Jahr 1933 10.575 Einwohner in der Stadt ansässig. Somit hatte sich die Anzahl der Einwohner Freudenstadts innerhalb von 23 Jahren um 25 Prozent erhöht. Die durchschnittliche Übernachtungsdauer der Kurgäste betrug im Zeitraum von 1921 bis 1933 etwa 12–14 Tage.

Der Ausländeranteil unter den Kurgästen belief sich in der Weimarer Zeit auf etwa 9 Prozent. Niederländer, US-Amerikaner, Briten sowie – in weit geringerem Maße – Schweizer und Franzosen bildeten das Hauptkontingent der ausländischen Gäste. Während des Rekord-Jahres 1930 betrug der Anteil der Übernachtungen ausländischer Gäste an der Gesamtzahl sogar 14,24 Prozent.

Politische und wirtschaftliche Krisenzeit (1921 bis 1923)

Eine wesentliche Ursache für die in den Jahren von 1921 bis 1923 immer gravierender werdenden wirtschaftlichen und politischen Probleme im Deutschen Reich stellte die stark inflationäre Entwicklung dar, die schon während des Krieges infolge der Hochrüstung eingesetzt hatte und sich danach – wegen der Bedingungen des Versailler Vertrages – noch einmal erheblich steigerte. Dabei ist zu berücksichtigen, daß von 1913 bis 1921 die deutsche Währung einen inflationären Wertverlust in Höhe von mindestens 600 Prozent erlitt. Viele Deutsche lebten plötzlich in Armut und litten Hunger; viele hatten nicht einmal das Nötigste zum Leben.

Um die wirtschaftlich-soziale Entwickung zu Beginn der zwanziger Jahre aufzuzeigen, soll die auf Freudenstadt bezogene Inflationsentwicklung des Jahres 1921 verdeutlicht werden. Anhand der statistischen Entwicklung der Lebenshaltungskosten, die ab Februar 1920 veröffentlicht wurden, läßt sich der parallel zu dieser Entwicklung zu berechnende Geldwertverlust ermitteln. Die Lebenshaltungskosten beziehen sich auf den – jeweils – monatlichen Verbrauch einer durchschnittlichen fünfköpfigen Familie (2 Erwachsene, 3 Kinder), an Lebensmitteln und an Bedarfsgütern einschließlich der

Freudenstädter Notgeld – 12. September 1923

Wohnungskosten für eine Zwei-Zimmer-Mietwohnung. Die auf diese Weise festgestellten Lebenshaltungskosten stiegen während des Jahres 1921 in Freudenstadt von 864 Mark im Januar auf 1272 Mark im Dezember. Die Verschlechterung des Kurswertes der Mark lag somit innerhalb eines Jahres, bei etwa 50 Prozent.[78] Daraus ergibt sich, daß Freudenstadt immerhin zu den württembergischen Städten gehörte, die sich noch am unteren Rand der Inflationsentwicklung befanden. In den Jahren 1922 und 1923 lagen die Inflationsraten in Freudenstadt – wie in ganz Württemberg – weit über dem scheinbar noch maßvollen Wert des Jahres 1921. Diese Inflationsentwicklung entsprach der allgemeinen Tendenz im Deutschen Reich. Der Wertverfall der Mark nahm im Jahr 1923 rapide zu, und obwohl ständig neue Noten mit höheren Wertangaben gedruckt wurden, konnte der Bedarf an Geldscheinen wegen deren andauernder Entwertung nicht mehr befriedigt werden. Im August 1923, drei Monate vor der Währungsreform, waren Reichsbanknoten im Wert von insgesamt 663 Billionen Mark (663.000.000.000.000 Mark) im Umlauf, während die schwebende Schuld des Deutschen Reichs zu dieser Zeit mehr als eine Trillion Mark betrug. Daher beschloß die Stadtgemeinde Freudenstadt im selben Jahr, mit den ihr zur Verfügung stehenden Mitteln ein wenig gegenzusteuern.

In der Sitzung des Freudenstädter Gemeinderats vom 25. September 1923 erklärte Stadtschultheiß Ernst Blaicher den Gemeinderäten, daß die von der Stadtgemeinde und von der benachbarten Gemeinde Baiersbronn infolge der anhaltenden Zahlungsmittelknappheit im September 1923 ausgegebenen Gutscheine im Gesamtbetrag von 600 Milliarden Mark (Notgeld der Reichsbank) angesichts der andauernd steigenden Geldentwertung nicht ausgereicht hätten, um die laufenden Ausgaben und die Gehälter und Löhne der städtischen Bediensteten zu begleichen.[79] Daher seien die Gemeinden gezwungen, eigenes – städtisches – Notgeld (Noten und Münzen) herzustellen und in Umlauf zu bringen.

Wie sehr die Bürgerinnen und Bürger der Stadt durch den Geldwertverfall in Not gerieten, ist an den – von dem Freudenstädter Kunstmaler Heinrich Feigenbaum entworfenen – Motiven auf den Freudenstädter Notgeldscheinen zu erkennen. Heinrich Feigenbaums Zeichnungen veranschaulichen den Teufelskreis der sich immer schneller drehenden Spirale der Geldentwertung.

Am 15. November 1923 setzte die deutsche Reichsregierung dieser Hyper-Inflation ein Ende. Die deutsche Währungsreform brachte die Einführung der Rentenmark. Eine Billion (Papier-)Mark entsprach fortan einer Rentenmark, an deren Stelle am 30. August 1924 die Reichsmark (RM) trat. Dieser Währungsschnitt gab der wirtschaftlichen Entwicklung bis zur Weltwirtschaftskrise 1929 eine stabile Grundlage. Diejenigen, deren wesentlichstes Vermögen in Sparguthaben bestanden hatte, waren die Leidtragenden dieser Reform; meist waren dies Arbeiter und Angestellte ohne Haus- und Grundbesitz. Dadurch entstand ein Wählerpotential von Enttäuschten und Unzufriedenen, das Ideologen und Demagogen in der Folgezeit zur Verfügung stand, um die Weimarer Demokratie, das Weimarer System, zerstören zu können.

Städtische Sorge um soziale Erfordernisse

Siedlungs- und Wohnungsbauförderung

In den zwanziger Jahren erfuhr die daniederliegende Bautätigkeit durch die städtische Siedlungs- und Wohnungsbauförderung einen spür-

baren Aufschwung. Die Übernahme dieser Aufgabe durch die Stadt erschien aus sozialen Gründen geboten und wurde auch deshalb für notwendig gehalten, weil nach dem Ersten Weltkrieg viele ehemalige Soldaten – ohne ausreichenden Wohnraum und oft erwerbslos – auf die Hilfe der Stadt angewiesen waren.
Die Ausrichtung der städtischen Investitionen auf die Förderung des Wohnbaus führte zu einer deutlichen Vermehrung des Wohnraums innerhalb der Stadt. Am 1. April 1927 hatte Freudenstadt einen Bestand von 187 stadteigenen Wohnungen – im Vergleich zu 14 Wohnungen im Jahr 1914.
Die jährlichen Mieteinnahmen der Stadt betrugen im Jahr 1927 etwa 55.000 RM; das heißt, jede Wohnung wurde durchschnittlich zu einem Mietpreis von etwa 300 RM jährlich (25 RM monatlich) vermietet. Die durchschnittliche Größe der Mietwohnungen lag bei etwa 50 bis 60 Quadratmetern. Zwischen 1919 und 1926/27 wurden in einigen Wohngebieten 79 städtische Neubauwohnungen erstellt.
Im Zeitraum von 1923 bis 1927 wurde von Seiten der Stadt ein Betrag von 259.003 Goldmark (Geldwert auf der Basis von 1913) für Zwecke des Wohnungsneubaues – im wesentlichen mit Hilfe von Kredit-Aufnahmen – eingesetzt, wobei der Erwerb von Gebäuden privater Eigentümer für Wohnzwecke zusätzlich noch Kosten in Höhe von 58.400 Goldmark verursachte. Somit nahm die Stadt für Wohnbauzwecke – unter Zugrundelegung des Goldmark-Werts der Reichsmark des Jahres 1927 (1 Goldmark 1913 = etwa 4–5 RM 1927) – einen Betrag in Höhe von 317.403 Goldmark (etwa 1, 27 Millionen RM) in diesem Zeitraum auf. Außerdem kaufte die Stadt zwischen 1924 und 1927 Siedlungsgelände innerhalb der Stadtgrenzen mit einer Gesamtfläche von 176 Ar und einem Gesamtwert von 63.600 RM. Somit waren infolge der städtischen Förderung des Siedlungs- und Wohnungsbaues insgesamt Ausgaben in Höhe von etwa 1,3 Millionen RM entstanden.[80] In Anbetracht des Mißverhältnisses zwischen der Höhe der städtischen Kreditaufnahmen und dem durch die Bautätigkeit erreichten baulichen Wertzuwachs sah sich Dr. Blaicher im Juni 1925 zu der Feststellung ver-

Falkenfeld	38 Häuser mit 53 Wohnungen
Erzbergstraße	23 Häuser mit 68 Wohnungen
Alpenblick	4 Häuser mit 8 Wohnungen
Ziegeltal	2 Häuser mit 8 Wohnungen

anlaßt, es habe aus Zwangsgründen viel zu viel Kapital in Wohnungen investiert werden müssen.[81] Diese grundlegende Tatsache, die eine wesentliche Ursache für die starke Verschuldung der Stadt gegen Ende der zwanziger Jahre darstellte, erwies sich in ihren Auswirkungen langfristig als äußerst belastend. Denn die städtischen Aufwendungen für Kreditzinsen in den Haushalten der späten zwanziger Jahre und frühen dreißiger Jahre stellten ein zentrales Verschuldungsproblem dar. Aber trotz aller Bemühungen der Stadt, die Wohnungsnot zu lindern, fehlten bis in die zweite Hälfte der zwanziger Jahre immer noch Zwei- und Dreizimmerwohnungen. Die Schaffung ausreichenden Wohnraums blieb in den zwanziger Jahren ein Dauerthema der städtischen Sozialpolitik.[82]

Zur Bilanz der städtischen Haushalte der Jahre 1928 und 1929

Die im folgenden getroffene Auswahl der Voranschläge der städtischen Haushalte für die Jahre 1928 und 1929 erfolgte aus der Überlegung heraus, daß die Bilanzen dieser Haushaltsjahre am besten darüber Aufschluß geben können, wo einige auf die laufende städtische Wirtschafts- und Finanzpolitik rückführbare Haushaltsprobleme möglicherweise ihren Ursprung haben, weil in den Jahren 1928 und 1929 die durch die Weltwirtschaftskrise (Oktober 1929) hervorgerufenen Probleme noch nicht vorhanden waren.
Aus den von der Freudenstädter Stadtkämmerei für diese Haushaltsjahre veröffentlichten Haushalts-Voranschlägen sind die Angaben in der folgenden Aufstellung entnommen. Es werden vor allem diejenigen Haushaltspositionen der Stadt erwähnt, bei denen eine erhebliche Zu- oder Abnahme der Einnahmen oder Ausgaben – von 1928 auf 1929 – zu verzeichnen war:[83]

Haushalts-positionen	Voranschlag 1928	Voranschlag 1929	Zu-/Abnahme (1928–1929)
I. Gemeindevermögen			
Waldungen	324.172	260.000	– 64.174 (– 20 %)
Überschuß der Elektrizitätsverwaltung	46.232	66.948	+ 20.716
I. Insgesamt	626.388	557.996	– 68.392 (– 11 %)
Einnahmen gesamt	1.143.581	1.089.928	– 53.653 (– 4 %)
Ausgaben			
I. Gemeindevermögen			
Zinslast für lang- und kurzfristige Kapitalschulden	159.327	211.085	+ 51.758 (+ 33 %)
I. Insgesamt	439.066	341.605	– 97.461 (– 23 %)
III. Gemeindeverwaltung			
A Im Allgemeinen	179.957	196.700	+ 16.743
B Im Besonderen			
Straßen u.Wege	357.338	290.504	– 66.834
Insgesamt	872.966	844.449	– 28.517
Ausgaben gesamt	1.683.739	1.573.584	110.155 (– 6,5 %)

Hohe städtische Defizite und hohe Arbeitslosigkeit: 1930 bis 1933

Freudenstadt in der Schulden-Falle.

Wie aus den Freudenstädter Haushaltsvoranschlägen der Jahre 1928 und 1929, die mit den realen Rechnungsergebnissen der Haushalte 1928 und 1929 im wesentlichen übereinstimmen, zu ersehen ist, war die Stadt durch die Kreditaufnahme in den zwanziger Jahren in eine Verschuldungssituation geraten, die noch dadurch besonderes Gewicht erhielt, daß gegen Ende der zwanziger Jahre das Kreditzinsniveau anstieg und sich daher die Zinslast für lang- und kurzfristige Kapitalschulden erhöhte. Anhand der Ausgaben-Positionen aus den Haushaltsvoranschlägen kann festgestellt werden, daß innerhalb nur eines Jahres von Januar 1928 bis Januar 1929 die Zinslast um 33 Prozent anstieg. So entstanden hohe Defizite (Abmangel). Für 1928 ist ein Abmangel von 540.158 RM festzustellen, und im Jahr 1929 ergab sich ein Abmangel in Höhe von 483.656 RM.

Trotz der gegen Ende der zwanziger Jahre einsetzenden höheren steuerlichen Belastung der Selbständigen (Gewerbe, Handel, Handwerk) mit städtischen Sondersteuern (Ertragssteuer in Höhe von 20 Prozent auf die Jahreserträge von 1928 und 1929) und neuer städtischer Kreditaufnahmen konnten Einnahmen und Ausgaben schon 1928 nicht mehr haushaltsmäßig zur Deckung gebracht werden. Es war im Jahr 1929 schließlich offensichtlich, daß die Stadt am Rand des finanziellen Abgrunds stand. Zwar hatten der Freudenstädter Gemeinderat und die Stadtverwaltung ab 1919 immer den politischen Willen zum Ausdruck gebracht, eine solide Haushaltspolitik betreiben zu wollen, jedoch orientierte sich die gemeindliche Politik – fast ausschließlich – an Kriterien wie Siedlungs- und Wohnungsbauförderung, niedrige steuerliche Belastung der Bürger/innen und Förderung des Kurwesens. Diese Politik vernachlässigte jedoch erheblich den Grundsatz der Sparsamkeit und Wirtschaftlichkeit bei der Führung eines öffentlichen Haushalts.

Nach den realen Rechnungsergebnissen der Jahre 1927 und 1928 stieg die Schuldenlast der Stadt Freudenstadt von 194.920 RM (1927) auf 290.308 RM (1928). Diese für sich schon bedenkliche Entwicklung wurde noch dadurch verstärkt, daß die Steigerung der Einnahmen völlig hinter der Steigerung der Ausgaben zurückblieb. Dies stellte das finanzielle Kernproblem der Haushaltspolitik dar.

Die Arbeitslosigkeit in Freudenstadt erfaßte fast alle Branchen, jedoch in relativ geringem Umfang das Bekleidungsgewerbe (Tuchfabrik Christophstal) und das Hotel- und Gaststättengewerbe. Das letztere nahm schon seit dem Ende des 19. Jahrhunderts in Freudenstadt eine besonders wichtige Stellung deshalb ein, weil durch dieses Gewerbe viele andere Branchen positiv in ihrer Auftragsentwicklung beeinflußt wurden, insbesondere das Bauhandwerk.[84]

Vor allem die Holzhauer und die Beschäftigten im Holz- und Schnittstoffgewerbe (Sägewerke und Möbelindustrie) sowie in den keramischen und metallverarbeitenden Branchen waren von Arbeitslosigkeit schwer betroffen. Im Hinblick auf die untersuchten Berufsgruppen ist erwähnenswert, daß vor allem Arbeiter sowie Selbständige der Kleingewerbe- und Handwerksbetriebe entweder gänzlich erwerbslos oder in hohem Maße unterbeschäftigt waren.

Aufgrund der Angaben des Bürgermeisters[85] und der Berechnungen, die in der Tageszeitung „Der Grenzer" Anfang der dreißiger Jahre veröffentlicht wurden[86], war für die Zeit zwischen

1930 und 1933 eine annähernd gleichbleibend hohe Arbeitslosigkeit im Kreis Freudenstadt zu verzeichnen. Alle registrierten Arbeitslosen erhielten entweder Arbeitslosenunterstützung (Alu) oder Krisenunterstützung (Kru), wobei die Krisenunterstützung im Ansatz der heutigen Arbeitslosenhilfe entsprach. Die Arbeitslosenunterstützung und die Krisenunterstützung waren jeweils auf die Dauer eines Dreivierteljahres befristet. Nach Beendigung dieser Unterstützungszahlungen – in der Regel nach spätestens eineinhalb Jahren – mußte die städtische Wohlfahrtshilfe, so gut es ging, die Arbeitslosen unterstützen.

Da für den Zeitraum von 1930 bis 1933 nur hinsichtlich des Kreises Freudenstadt genaue Arbeitslosenzahlen vorhanden sind, müssen diese Daten herangezogen werden, um das Ausmaß der Arbeitslosigkeit in der Stadt Freudenstadt überblicken zu können.

Ende Dezember des Jahres 1930 gab es im Kreis Freudenstadt 2.479 Arbeitslose als Bezieher von Arbeitslosen- oder Krisenunterstützung. Ein Jahr später, Ende Dezember 1931, wurden 2.287 Arbeitslose gezählt, und wiederum ein Jahr später, im Dezember 1932, waren – scheinbar – nur noch 1.251 Arbeitsuchende im Kreis ohne Beschäftigung. Die im Vergleich zu den Arbeitslosenzahlen im Dezember 1930 oder 1931 scheinbar vorliegende Verkleinerung der Anzahl der Arbeitslosen (im Sinne von Erwerbslosen) im Dezember 1932 bedeutet in Wahrheit keineswegs eine Abnahme der Anzahl der Erwerbslosen, sondern deutet darauf hin, daß bei vielen Langzeit-Arbeitslosen im Dezember 1932 die Unterstützungsberechtigung weggefallen war, so daß diese zu diesem Zeitpunkt schon nicht mehr in der Erwerbslosenstatistik geführt wurden. Diese Erwerbslosen waren nun zu Wohlfahrtsempfängern der Stadt geworden, denn wer weder auf Arbeitslosenunterstützung noch auf Krisenunterstützung Anspruch hatte, war auf gemeindliche Wohlfahrtsfürsorge – auch „Armenfürsorge" genannt – angewiesen. So versuchte auch die Stadt – trotz der immensen finanziellen Belastung – im Wege der Wohlfahrtsfürsorge alle Bedürftigen zu unterstützen.

Aus alledem kann man auf die Quote der Arbeitslosigkeit in Freudenstadt schließen, wie sie sich in den Jahren 1931 bis 1933 darstellt. Aufgrund der Württembergischen Gemeinde- und Bezirksstatistik vom 16. Juni 1933[87] wurden in der Stadt, die etwa 10.000 Einwohner zählte, 4670 haupt- und nebenberufliche Erwerbstätige gezählt.[88] Zum gleichen Zeitpunkt waren 494 vormals abhängig Beschäftigte (Arbeitslose)[89] und 907 berufslose Selbständige (Erwerbslose im engeren Sinn)[90] von Arbeitslosigkeit betroffen. Somit ergab sich im Juni 1933 die Gesamtzahl von 1401 Erwerbslosen (Arbeitslose und Erwerbslose i.e.S.). Freudenstadt hatte somit gegen Ende der Weimarer Republik eine Erwerbslosigkeitsquote in Höhe von etwa 25 bis 30 Prozent zu verzeichnen.[91]

Dieses Problem griff Bürgermeister Dr. Blaicher im Jahre 1936 wieder auf und wies in einem Zeitungsartikel, der am 25. März 1936 unter der Überschrift „Freudenstadt – 1932 vor dem Bankrott, heute gesund" kurz vor der manipulierten Reichstagswahl vom 29. März 1936 in der Freudenstädter (NS-treuen) Schwarzwald-Zeitung veröffentlicht wurde, rückblickend darauf hin, daß die Stadt „in diesen Jahren" (der Massenarbeitslosigkeit: 1930 bis 1932) immer etwa 400 bis 500 Arbeitslose zu versorgen hatte. Die Stadt hatte – im Rahmen der Wohlfahrtsunterstützung – für diejenigen Erwerbslosen zu sorgen, die aufgrund langer Arbeitslosigkeit nicht mehr berechtigt waren, Arbeitslosenunterstützung oder Krisenunterstützung zu bekommen.

So hatte die Stadt in den Jahren 1930 bis 1932 für Wohlfahrtsunterstützungsausgaben einen Gesamtbetrag in Höhe von etwa 200.000 Reichsmark aufzubringen. Die städtischerseits in diesen Jahren finanzierten Arbeitsbeschaffungsmaßnahmen, die Notstandsarbeiten, betrafen meist Straßenbauarbeiten in der Stadt und Arbeiten an Verlegungen von Dolen. Jedoch waren dieser Art der Arbeitsvergabe enge finanzielle Grenzen gesetzt, da die Stadt in dieser Zeit äußerst wenig finanzielle Mittel besaß, um solche Arbeiten großzügig fördern zu können.[92]

So richtig Bürgermeister Blaichers Beschreibung der Situation der Erwerbslosigkeit und der finanziellen Lage der Stadt hinsichtlich der Zeit vor 1933 war, so falsch waren seine Schuldzuweisungen, die er in seinem Rückblick auf diese Jahre öffentlich erhob. In diesem Zeitungsartikel vom 25. März 1936 betonte Ernst Blaicher, daß man die in den Jahren 1930 bis 1932 unzweifelhaft vorhandene Verschuldung der Stadt im wesentlichen auf die Politik der Reichsregierungen zurückführen könne; seit der Regierungsübernahme durch Adolf Hitler am 30. Januar 1933 habe die Stadt keine neuen Schulden aufgenommen, und auch die Schuldzinsen seien für die Stadtgemeinde wieder normal geworden. Überdies sei die Stadt vor 1933 von Banken, die „samt und sonders in jüdischem Besitz waren, fürchterlich ausgesogen" worden.[93]

Es ist bestürzend zu sehen, daß in diesen Erläuterungen des Bürgermeisters zur finanziellen Lage der Stadt vor 1933 der wahre Sachverhalt für die überaus hohe städtische Verschuldung, nämlich die im wesentlichen von der Stadt selbst zu verantwortende Politik der andauernden Kreditaufnahme, nicht erwähnt wurde. Da Ernst Blaicher gewußt haben muß, daß sich die Zinssätze aller deutschen Banken vor 1933 an der Währungspolitik der deutschen Notenbank – der Deutschen Reichsbank – zu orientieren hatten, nicht aber an den Schuldzinssätzen einiger Bankhäuser, muß davon ausgegangen werden, daß er sich im Jahre 1936 an ähnlich lautenden wirtschaftspolitischen Auffassungen der Nationalsozialisten geistig ausrichtete. Auch die aufgestellte Behauptung, daß die Notverordnungspolitik der Reichsregierungen in den Jahren 1930 bis 1932 eine wesentliche Ursache für die hohe Verschuldung der Stadt gewesen sei, entsprach nicht der Wahrheit der Freudenstädter Haushaltsentwicklung in den zwanziger und dreißiger Jahren, sondern enthielt bestenfalls eine Teilwahrheit.

Die hier auszugsweise wiedergegebenen Aussagen von Bürgermeister Dr. Blaicher vermitteln einen – ausschnitthaften – Einblick in ein Denken, das nicht nur bei den dem Nationalsozialismus nahestehenden Volksgenossen anzutreffen war. Sie ähneln vielen anderen offiziellen und privaten Äußerungen aus dieser Zeit, in denen eine geistige Orientierung an ideologisch verbogenen oder unwahren Aussagen der nationalsozialistischen Vordenker durchscheint; dabei bleibt jedoch in jedem Fall noch zu prüfen, ob solche Äußerungen unter Druck zustande gekommen sind.

Die Einweihung der Kepler-Schule im September 1930

Gegen Ende der Weimarer Zeit konnte sich Freudenstadt über mangelndes Interesse von Kurgästen nicht beklagen. Im Jahre 1930, in dem besonders viele Touristen nach Freudenstadt kamen, trafen auch viele Gäste aus dem Ausland ein; so besuchte im Sommer 1930 der Gesangverein Arion aus Brooklyn (New York) die Stadt, und auch die deutsch-amerikanische Steuben-Gesellschaft hielt sich mit einer Abordnung von 240 Amerikanern zu Besuch in der Stadt auf.

Auch der – als Notverordnungs-Politiker bekannt gewordene – dem Zentrum angehörige Reichskanzler (1930–32) Heinrich Brüning (1885–1970) kam 1930 nach Freudenstadt zur Kur und weilte für ein paar Tage in dem neu eröffneten katholischen Kurheim St. Elisabeth. Als die Sommer-Saison des Jahres 1930 in Freudenstadt ihrem Ende entgegenging, stand der Stadt ein „großer Tag" bevor, denn am 6. September fand ein Ereignis statt, das sich nachträglich als einer der wesentlichen kulturellen Höhepunkte Freudenstadts in der Weimarer Zeit herausstellen sollte: die Einweihung des Neubaus der Oberrealschule und des Realgymnasiums, der an der Ecke der Stuttgarter Straße zur Musbacher Straße errichtet worden war, wo sich heute die Hauptstelle der Kreissparkasse Freudenstadt befindet.

Voller Begeisterung über das Erreichte feierten die Bürgerinnen und Bürger der Stadt den Umzug der früheren Realschule – mit Lateinabteilung – die lange Zeit in verschiedenen Gebäuden der Altstadt in sehr beengten Räumlichkeiten untergebracht gewesen war. Die frühere Realschule, die seit 1854 ihren Sitz am Marktplatz hatte, war oft baulich erweitert und vergrößert worden, weil der Schulraum für die steigende Anzahl von Schülern nicht mehr ausgereicht hatte. Nach der Jahrhundertwende wurden einzelne Klassen der Realschule im alten Knabenschulhaus (hinter der Kirche), im alten Forstamtsgebäude (hinter dem Rathaus), in der Gewerbeschule (Musbacher Straße), in der Hartranft-Schule (damals noch Mädchenschulgebäude an der Ecke Bahnhof-/Turnhallestraße) und im alten Mädchenschulhaus am

Der Schickhardtbau beherbergte von 1864 bis 1930 die Real- und Lateinschule.

Marktplatz (Realschule II) untergebracht. Eine solche weitverstreute Verteilung der Schulgebäude auf das Stadtgebiet war in Württemberg damals nicht gerade häufig und so wurde die Erstellung eines neuen Gebäudes, das alle Klassen beherbergen konnte, in den zwanziger Jahren immer dringlicher. Als die bisher nur sechsklassige städtische Realschule mit Lateinabteilung mit Schuljahresbeginn an Ostern 1928 in eine staatliche Oberrealschule mit Realgymnasium (mit Abiturprüfungsrecht) umgewandelt wurde, war es offenkundig, daß ein schulischer Notstand behoben werden mußte. Deshalb entschied sich der Freudenstädter Gemeinderat im Herbst 1928 für die Errichtung eines Neubaus, da nur so die schulischen Raumnöte behoben werden konnten.

Das neue Schulgebäude bestand aus einem Bauteil an der Stuttgarter Straße, einem Gebäudetrakt an der Ringstraße und aus einem relativ langen Mittelbau – etwa parallel zur Musbacher Straße – der die Teile miteinander verband. Der Bau war nicht nur mit den üblichen Klassen-, Lese- und Lehrerräumen ausgestattet, sondern auch mit einer Turn- und Festhalle und mit einem Hallenschwimmbad im Untergeschoß, das nicht nur den Schülerinnen und Schülern, sondern außerhalb der Schulzeiten auch den Bürgerinnen und Bürgern der Stadt offenstand. Ein großzügig gestalteter Turn- und Pausenhof gehörte ebenfalls dazu.

Besonderen Wert legten die Planer auf eine großzügige Gestaltung der Räume, in denen die geistige, künstlerische und handwerkliche Arbeits-Lust – oder Arbeits-Unlust – der Schüler und Schülerinnen sich austoben konnte.

Außerdem war die Schule mit einem Zeichensaal, einem Werk- und Handarbeitssaal und mit einem Musik- und Prüfungssaal ausgestattet worden. Auch hatte die Stadt daran gedacht, eine Theaterbühne für schulische Aufführungen und einen Schulgarten einzuplanen.

Die Ausstattung der Schule mit Gemälden, Bildern und Skulpturen wurde durch Spenden ehemaliger Latein- und Realschüler und der Lehrer sowie auch durch Zuwendungen verschiedener Freudenstädter Firmen, Familien und Institutionen ermöglicht.

Der Freudenstädter Bildhauer David Fahrner (1895–1962) gestaltete mehrere Steinreliefs und Plastiken zur Verschönerung der Inneneinrichtung der Schule.

Von ihm stammten beispielsweise die Steinreliefs zweier Barben (dem Wappen Freudenstadts nachgebildet)[94] und ein Flöte spielender Pan; auch formte er für die Kepler-Schule Steinplastiken wie diejenige eines Jünglings, an der die Inschrift Mens sana in corpore sano (Ein gesunder Geist in einem gesunden Körper) angebracht war.[95]
Hohe künstlerische Aussagekraft besaß auch das sich im Eingangsbereich befindliche große Wandbild, das der bekannte Maler Paul Kälberer (1896–1974) aus Glatt (bei Sulz am Neckar) für die Schule gestaltet hatte;[96] dieses Fresko, das griechischen und italienischen Vorbildern nachempfunden war, hatte das Thema „Bildung von Körper, Seele und Geist" zum Inhalt. Die von David Fahrner und Paul Kälberer geschaffenen Werke standen in der Folge der Stile der Bauhaus-Architektur und der Neuen Sachlichkeit. Diese in den zwanziger Jahren weltweit bedeutsam gewordenen Kunstrichtungen verbinden viele – auch heute noch – mit den Namen international bekannter Künstler (Walter Gropius, Ludwig Mies van der Rohe[97], Hans Scharoun, Oskar Schlemmer). Das neue Schulgebäude – einer der wenigen großen öffentlichen Neubauten im damaligen Kreis Freudenstadt – war in seiner großzügigen räumlichen Gestaltung ein herausragendes Bauwerk. Die für den Bau verwendeten Baustoffe – roter Klinker, Glas und Holzschindeln – waren harmonisch aufeinander abgestimmt.
Anläßlich der Einweihung des neuen Gymnasiums mag vielen Freudenstädtern bewußt geworden sein, daß sie – nach einer langen Zeit des baulichen Schul-Notstandes – nicht nur ein neues Schulgebäude erhalten hatten, sondern daß die Stadt nun endlich eine Mehrzweckhalle (Turn- und Festhalle) und ein – auch der allgemeinen Öffentlichkeit zugängliches – Hallenschwimmbad mit Bäder- und Massage-Abteilungen vorweisen konnte. Mit der Erstellung des Hallenschwimmbades hatte der Gemeinderat sowohl den Wünschen der Bevölkerung als auch den Wünschen der Kurgäste Rechnung tragen wollen.
Die mit einem Realgymnasium verbundene Oberrealschule wurde auf den Namen „Kepler-Schule" getauft. Es ist leicht nachzuvollziehen, weshalb die Stadt sich im Jahr 1930 des berühmten württembergischen Astronomen Johannes Kepler erinnerte. Kepler, der gegen Ende des 16. Jahrhunderts in Graz (Steiermark) als Professor lehrte, war im Jahr 1600 – wie zahlreiche Ansiedler Freudenstadts – wegen seines evangelischen Glaubens von Erzherzog Ferdinand III. von Österreich (*1578 †1637) aus der Steiermark vertrieben worden; zudem jährte sich 1930 das Todesjahr des berühmten Wissenschaftlers zum 300. Mal. Johannes Kepler, der von 1601 bis 1612 am Hof Kaiser Rudolphs II. (†1612) in Prag als Astronom arbeitete, war ein Zeitgenosse Herzog Friedrichs I. von Württemberg (*1557 †1608; Herzog seit 1593).[98]
Die großen Anstrengungen Freudenstadts, die Rahmenbedingungen für schulische Bildung zu verbessern, waren nur wenige Jahr zuvor schon einmal von Erfolg gekrönt gewesen, da im November 1924 die neue Volks- und Realschule – die Falkenschule – eingeweiht worden war. Nun fanden diese Bemühungen durch die Fertigstellung des Oberrealschulbaues einen krönenden Abschluß. Deshalb mag es – rückblickend – einleuchten, wenn das zu Ehren der Kepler-Schule gefeierte Fest zu den wichtigsten Höhepunkten der Weimarer Zeit in Freudenstadt gezählt wird.
Ein Freudenstädter, der als Oberprimaner die Einweihung der Kepler-Schule im Jahre 1930 miterlebt hat, der spätere Studiendirektor der Kepler-Schule, Dr. Karl Votteler, erinnert sich – 60 Jahre später – gern an die Feierlichkeiten zu Ehren der neu erbauten Schule; sie waren für ihn „ein Fest und ein Erlebnis, das weit über den Augenblick hinausweisen sollte".[99]

Die neue Kepler-Schule – 1930.

Anmerkungen:

[1] Hans Rommel, in: FH, Bd. XIII, Nr. 4, vom 6.10.1977, Der vorbildliche Landschaftsmaler – Karl Biese 1863–1926 /1911–1918 in Freudenstadt.

[2] Vgl. das Gedicht 'Im Erkerstübchen' des Dichters Rainer Maria Rilke aus dessen Gedichtzyklus „Larenopfer" (1895), in: R.M. Rilke, Sämtliche Werke, Bd. I, Frankfurt a.M. 1987, S. 17.

[3] Die Familie Biese zog in eine Wohnung von Max Töpfer, der vor dem I. Weltkrieg Bonbonwarenfabrikant in Freudenstadt war (Murgtalstraße 9).

[4] Vgl. Gerd Krumeich: Das Wilhelminische Deutschland, von seinen Nachbarn aus gesehen, in: Bernd Martin, (Hrsg.) Deutschland und Europa, München 1992, S. 175 f.

[5] DG 31. 7. 1915, Nr. 176, S. 1, Sp. 2 und S. 2, Sp. 1.

[6] Hier wird das Wort „Nebeneinanderleben" verwendet; ein harmonisches „Miteinanderleben" der Völker Europas schien damals nur für wenige vorstellbar zu sein.

[7] Der Ausspruch des Generals Erich Ludendorff (1865–1937), Chef der „Obersten Heeresleitung" (OHL) im I. Weltkrieg, „Württemberg hat nur gute Divisionen" entsprach der Kriegswirklichkeit, da die württembergischen Soldaten im Kriegsgeschehen die größte 'Tapferkeit vor dem Feind' bewiesen.

[8] Karl Weller/Arnold Weller, Württembergische Geschichte im südwestdeutschen Raum, 10.A., Stuttgart 1989, S. 282.

[9] In: FH, Bd. XIII, Nr. XIV, April 1979.

[10] Heimatmuseum Freudenstadt: Gefallenentafel, in: Eisernes Buch.

[11] StadtA FDS, Stadt Freudenstadt, (Hrsg.) Gedenkblatt zu Ehren der gefallenen, gestorbenen, vermißten und gefangenen Helden der Stadtgemeinde Freudenstadt (1914–1918), Freudenstadt 1919. Dieses Verzeichnis ist nicht vollständig.

[12] Württembergische Jahrbücher für Statistik und Landeskunde (WJbb), hrsg. vom Kgl. StatistischenLandesamt, Jg. 1912, Stuttgart 1913, S. 198.

[13] WJbb 1912, aaO, S. 308/309.

[14] StadtA FDS, August Nestle (Freudenstadt), Die Vermögens- und wirtschaftlichen Verhältnisse der Stadt Freudenstadt, Freudenstadt 1913. August Nestle war ein Sohn des Louis Nestle (des Wirts des Gasthofs Blume).

[15] Zu den Walderträgen der Stadt: Im Jahr 1912 lag der Durchschnittspreis für ein Festmeter Tannenholz (je nach Qualität) zwischen 14 und 24 Mark. – Vgl. zum Thema „Bürgernutzen"': Nestle, Vermögensverhältnisse, S. 6, 12–14.

[16] August Nestle, Vermögensverhältnisse, aaO, S. 15.

[17] Nestle, Vermögensverhältnisse, aaO, S. 4.

[18] Nestle, Vermögensverhältnisse, aaO, S. 12 (vgl. auch A. Nestle, aaO, S. 16/17) hat die Freudenstädter Haushaltsbilanz korrekt erstellt, jedoch offensichtlich die Beträge für die Positionen „Einnahmen" und „Ausgaben"' miteinander vertauscht, da es auf Seite 12 (vgl. auch Seite 13) für 1912 heißen muß: 556.568 Mark Einnahmen und 461.340 Mark Ausgaben.

[19] Vgl. DG 21.7.1931, Nr. 167, S. 5 f.

[20] DG 1.3.1923, Nr. 50, S. 3. – Die genannten Mark-Beträge sind für das Jahr 1910 ausgelegt, entsprechen aber etwa dem Wert der Mark (Goldmark) in der Zeit um 1914

[21] Katalog der Lehrer-Lesegesellschaft Freudenstadt, Freudenstadt 1912 (mit handschriftlichen Ergänzungen bis 1922).

[22] Vgl. kritisch: John Keegan, A History of Warfare (Eine Geschichte der Kriegführung), New York 1993, S. 12–28 und 46–47.

[23] Gesamtzahl der Kurgäste 1913: etwa 25000.

[24] Vgl. DG, 5.11.1918, Nr. 260: Noch Anfang November 1918 zeichnete ein Schwabe für die neunte deutsche Kriegsanleihe bei der Gewerbebank Freudenstadt 1000 Mark mit der Bemerkung „Ein Schwabe, dem sein Vaterland lieb".

[25] DG, 20.3.1915.

[26] DG, 12. 11. 1918, Nr. 266, S. 3, 2. Sp.

[27] DG, 12. 7. 1918, Nr. 161, S. 4.

[28] DG, 2. 8. 1917, Nr. 178, S. 4.

[29] DG, 24. 7. 1918, Nr. 171, S. 4.

[30] DG, Festbeilage zum 40jährigen Amtsjubiläum zum 30.1.1917; vgl. auch: FH Bd. VIII, Nr. 2, 12.11.1955, Sp. 1–6, hier: Sp. 4–5. – Der zitierte neutestamentliche Lehrsatz 'Der Buchstabe tötet, aber der Geist macht lebendig' stammt von dem Apostel Paulus.

[31] DG, 31.1.1917, Nr. 25, S. 5–8; hier: S. 7, Sp. 2.

[32] Vgl. E. Blaicher, in: DG, 2. 7. 1927: Alfred Hartranft 1847 – 1877 – 1927 – Ein Leben der Arbeit.

[33] Paul Dörr: Alt-Stadtschultheiß Hartranft gestorben, in: DG, 22.11.1930.

[34] Golo Mann, Deutsche Geschichte des 19. und 20. Jahrhunderts, Frankfurt a.M. 1992, S. 648, zusammenfassend: S. 648–668 (zitiert: Deutsche Geschichte).

[35] Golo Mann, Deutsche Geschichte, aaO, S. 648 und S. 654.

[36] Vgl. Hans Rommel, in: FH Bd. XI, Nr. 3 vom 24. 6. 1969, Sp. 20, 22.

[37] Hans Rommel, aaO, in: FH Bd. XI, Nr. 3, Sp. 19,20.

[38] StadtA FDS, Schriftwechsel des Arbeiter- und Bürgerrates vom Jahr 1919, in: Altregistratur des Bürgermeisteramts der Stadt Freudenstadt (Flattich-Nr. 1229).

[39] Gerhard Hertel, Revolution 1918 mit Aufruf zu Ruhe und Ordnung – Eine Martinirevolution ohne Sensationen, in: FB 7/1991, S. 92 (im folgenden: FB 7/91 zitiert).

[40] Gerhard Hertel, In der neuen Republik mangelte es an Republikanern, in: FB 7/91, S. 95.

[41] Gerhard Hertel, in: FB 7/91, S. 92.

[42] Karl Votteler, Kriegsende – November 1918 – Ausblick, in: FH Bd. XV, Nr. 35, 20.11.1984.

[43] Karl Votteler, Kriegsende, aaO, FH, Bd. XV, Nr. 35, S. 1/2

[44] Sebastian Haffner, Die sieben Todsünden des Deutschen Reiches im Ersten Weltkrieg, Bergisch Gladbach 1981, S. 114. – Vgl. auch: Ulrich Heinemann: Die Last der Vergangenheit, in: Karl-Dietrich Bracher u.a. (Hrsg.), Die Weimarer Republik 1918–1933, 2. Aufl., Bonn 1988, S. 371/372.

[45] Die Kritik der Deutschen richtete sich vor allem gegen Artikel 231 des Versailler Friedensvertrages.

[46] Hagen Schulze, Weimar. Deutschland 1917–1933, Berlin 1984, S. 418f.

[47] Hellmut Diwald, Geschichte der Deutschen, 4. A., Berlin 1978, S. 218. – Vgl. im übrigen: Hagen Schulze, Vom Scheitern einer Republik, in: Bracher u.a., Die Weimarer Republik, aaO, S. 617–625.

[48] Dekanatsarchiv FDS, Schwarzwälder Rundschau vom 6. 6. 1925, Nr. 129, S. 5–8 und vom 13. 6. 1925, Nr. 135, S. 5. – Vgl. auch: 'Gustav-Adolf-Blatt aus Württemberg', 53. Jg., Nr. 2, 1925, S. 9–16. – Im übrigen: DG, 13.6., S. 13 / 15.6., S. 6 und vom 16.6. 1925, S. 5/6.

[49] DG, 16. 6. 1925, S. 5.

[50] Im Jahr 1630 trat König Gustav II. Adolf von Schweden (1594–1632, König ab 1611) in den Dreißigjährigen Krieg ein, um die deutschen evangelischen Fürsten in ihrem Kampf gegen das katholische habsburgische Kaiserhaus zu unterstützen.

[51] Vgl. Dekanatsarchiv FDS, Festspiel-Heft: L. Lauxmann, Die Gründung Freudenstadts (mit einer Notenbeilage), in: Evangelische Vereins-Bühne, Heft 7, Leipzig o.J. (ca. 1896).

[52] Vgl. Bericht des Pfarrers Schiefermayer aus Rottenmann (Steiermark) über die dortige evangelische Diaspora-Arbeit, in: DG, 16.6.1925, S. 5, Sp. 3.

[53] Golo Mann, Deutsche Geschichte, aaO, S. 656.

[54] Landes-Wahlergebnisse nach DG: a) 13.01.1919, S. 2/3; b) 07.06.1920, S. 8; c) 05. 05.1924, S. 6; d) 21. 05. 1928, S. 4; e) vom 25. 04. 1932, S. 5.

[55] DG, 14.5.1919, siehe auch: H. Rommel, in: FH, XI. Band Nr. 3, 24. 6. 1969, Sp. 23.

[56] Friedrich Rothfuß, geb. 31.1.1884, gest. 15.5.1960, war seit 1902 Sozialdemokrat sowie Redakteur und Schriftleiter der Freudenstädter Tageszeitung „Der Grenzer", von 1919 bis 1931 Mitglied des Gemeinderats und von 1945 bis 1946 auf Beschluß der französischen Besatzung der erste Bürgermeister der Stadt nach 1945; 1946 wurde er mit großer Mehrheit von den Freudenstädtern zum Bürgermeister gewählt.

[57] Wilhelm Baessler, Major a.D., geb. 31.1.1878 Freudenstadt, gest. 14.7.1975 Freudenstadt, Eigentümer des Hotels Waldeck seit 1919, von 1919 bis 1933 Mitglied des Gemeinderats.

[58] Gemeinderatswahlergebnisse nach: DG: a) 06./14. 05.1919; b) 12. 12. 1922; c) 8. 12. 1925; d) 11. 12. 1928; e) vom 05. 12. 1931. – Am 11. 04. 1933: der Gemeinderat konstituiert sich neu: Ernennung (!) der Gemeinderäte durch die NSDAP; es fand keine Wahl zum Gemeinderat statt.

[59] DG, 11. 9. 1919.

[60] StadtA FDS, Sammlung Hans Rommel: Wahlergebnis aus: DG, 19.8.1929.

[61] Vgl. DG, Nr. 245, 20. 10. 1919, S. 1.

[62] DG, Nr. 245, 20. 10. 1919, S. 2-3. – Anmerkung: Mit dem Begriff „Reaktion" meinte Ernst Blaicher die „Metternichsche Ära" in der Zeit des Deutschen Bundes von 1815 bis 1848. Clemens Fürst von Metternich (1773–1859) war von 1809 bis 1848 österreichischer Staatskanzler und hatte im Kollegium der deutschen Fürsten, dem Deutschen Bundestag in Frankfurt am Main, den Vorsitz bis zum Jahr 1848 inne.

[63] Zitate aus: DG, 20. 10. 1919, Nr. 245, S. 3.

[64] Anmerkung: Veröffentlichungen von Ernst Blaicher: „Den Toten unserer Stadt" (jeweils 1927 und 1928 in der Silvesterausgabe der Zeitung „Der Grenzer"); „Die Geschichte des Marktplatzes in Freudenstadt" (DG, 6.10.1930).

[65] Vgl. Hans Rommel, Wiederaufbau der Freudenstädter Kur 1921, in: FH, XII. Band Nr. 6, 10. 5. 1973, Sp. 1 (zitiert: Wiederaufbau).

[66] Siehe hierzu: DG, 10.12.1920, Nr. 290, S. 9–10.

[67] DG, 10. 12. 1920, S. 9, Sp. 3.

[68] Vgl. Hans Rommel, Wiederaufbau, in: FH, XII. Band, Nr. 6, vom 10.5.1973, Anm. 4.

[69] Höhenluftkurort Freudenstadt im württembergischen Schwarzwald, bearbeitet von Stadtschultheiß Hartranft, 7. Auflage, Freudenstadt 1922. Die Zitate finden sich auf Seite 6 ff.

[70] StadtA FDS, Hugo Müller, Die württembergischen Hüttenwerke im Forbachtal im Schwarzwald, Friedrichstal (bei Freudenstadt) 1943, S. 297–308.

[71] Höhenluftkurort, aaO, S. 27.

[72] Höhenluftkurort, aaO, S. 42.

[73] So Alfred Hartranfts poetische Schildung in: Höhenluftkurort, aaO, S. 44.

[74] Vgl. etwa das Programm des „Großen Kur-Orchesters" am 29.7. 1929, in: DG, 29.7.1929, S. 5, Sp. 1.

[75] Der Name des Waldeck-Gebäudes „Christophsaue" weist auf einen einzigartigen Ausblick von dort zum Christophstal hin.

[76] Dr.Hans Speidel war in der NS-Zeit Generalleutnant und 1944 Stabschef bei Generalfeldmarschall Erwin Rommel an der Invasionsfront und nach dem II. Weltkrieg General der Bundeswehr, zuletzt Oberbefehlshaber der NATO-Landstreitkräfte in Mitteleuropa.

[77] DG, 19.10.1932, Nr. 245, S. 5, Sp. 2 und 3. – Vgl. auch: DG, 17.1.1931, Nr. 13, S. 9.

[78] Vgl. DG, 13. 2. 1922, S. 5.

[79] StadtA FDS, Protokoll des Freudenstädter Gemeinderats vom 25.9.1923, in: Gemeinderatsprotokolle der Stadt Freudenstadt, Band: Zeitraum 6.6.1923–10.6.1925: unter § 162.

[80] DG, 11.8. 1927, Nr. 185, S. 5.

[81] Vgl. die Haushaltsberatung der Stadt Freudenstadt vom 10.6.1925, in: DG, 11.6.1925, S. 5 ff.

[82] Vgl. DG, 11.8.1927, Nr. 185, S. 5, zur „Wohnungszwangswirtschaft".

[83] DG, 2.8.1929, Nr. 179, S. 6–8.

[84] DG, 10. 3. 1932, Nr. 58, S. 5.

[85] Vgl. Ernst Blaicher in: Schwarzwald-Zeitung vom 25.3.1936, Nr. 71.

[86] DG: vom 15.10.1930, Nr. 241, S. 5, vom 10.3.1932, Nr. 58, sowie vom 12. 1. 1933, S. 5.

[87] Württ. Gemeinde- und Bezirksstatistik, 3. Ausgabe nach dem Stand vom 16.6.1933, hrsg. vom Württembergischen Statistischen Landesamt, Stuttgart 1935, S. 38/39, zitiert: WGBS 1933.

[88] WGBS 1933, aaO, S. 38: Die Summe wurde rechnerisch ermittelt aus der Gesamtsumme der Spalten 7,8 / 11,12 sowie aus den Spalten 14,15 und 17,18.

[89] WGBS 1933, aaO, S. 39, Sp. 22.

[90] WGBS 1933, aaO, S. 39, Sp. 20.

[91] Vgl. Willi A. Boelcke, Sozialgeschichte Baden-Württembergs 1800–1989, Stuttgart 1989, S. 396/397.

[92] Ernst Blaicher, in: Schwarzwald-Zeitung vom 25. 3. 1936, Nr. 71; vgl. auch: DG, 10. 11. 1932, S. 5.

[93] Ernst Blaicher, in: Schwarzwald-Zeitung vom 25. 3. 1936. – Vgl. DG, 1.11.1930, S. 5/6.

[94] Die Wappenfische Freudenstadts (zwei goldene Barben) weisen auf das Wappen der ehemals württembergischen Stadt und Grafschaft Mömpelgard (Montbéliard) hin.

[95] Vgl. O. Weber, Der plastische Schmuck, in: DG, Festschrift, 6.9. 1930, S. 16/17; vgl. auch: DG, 8. 9.1930, Nr. 209, S. 5–8.

[96] Vgl. zu Paul Kälberer die Schrift 'Kälberer in Bernstein / Festschrift zur Wiedereinweihung der ehemaligen Klosterkirche in Bernstein', hrsg. von Bernhard Rüth, Sulz a.N. 1992.

[97] Ludwig Mies van der Rohe (*1886 Aachen †1969 Chicago) war seit 1912 in Berlin als Architekt selbständig tätig; von 1930–1933 war er Direktor des „Bauhauses" (Hochschule für Gestaltung) in Dessau und Berlin.

[98] Vgl. zu Johannes Kepler: Eberhard Walz, Seine Heimat hat es ihm nicht leichtgemacht, in: Beiträge zur Landeskunde, Dezember 1995, S. 11 f.; vgl. auch: M. Lemcke, Johannes Kepler, 1995.

[99] Dr. Karl Votteler, in: FH Bd. XXI, Nr. 11, November 1990.

Freudenstadt im Dritten Reich

Klaus M. Heckmanns

Die Anfänge der NSDAP in Freudenstadt

„... in die Zukunft ziehn wir Mann für Mann" – so heißt es im Refrain eines HJ-Liedes.[1] Diese „Zukunft" beginnt für Freudenstadt im Spätsommer 1928, als die NSDAP hier erstmals an die Öffentlichkeit tritt und sie endet am 17. April 1945, als die Stadt im furiosen Feuerwirbel französischer Artilleriegranaten in Schutt und Asche sinkt. Dazwischen liegen 17 Jahre Stadtgeschichte.

„... die Knechtschaft dauert nur noch kurze Zeit" – diese Zeile aus dem Horst-Wessel-Lied[2] kennzeichnet die Situation der Bevölkerung aus der Sicht der Nationalsozialisten am Ende der zwanziger Jahre recht gut. Deutschland befindet sich – unter anderem aufgrund des Versailler Vertrages – in einer katastrophalen Wirtschaftslage. Der Diktatfriede birgt einen neuen bewaffneten Konflikt bereits in sich.

Die 1919 gegründete DAP, 1921 in NSDAP umbenannt, verspricht vor dem Hintergrund nationaler Gesinnung die Rettung aus der Misere. Ihr I. Vorsitzender, ein berufsloser ehemaliger Gefreiter des I. Weltkriegs, österreichischer Staatsbürger und abgebrochener Kunstmaler scheint genau zu wissen, was die Menschen nötig haben: Freiheit, Arbeit und Brot! Sein Name: Adolf Hitler!

Ein mißglückter Putsch führt im November 1923 zu einem zeitweiligen Verbot der Partei. Hitler, zu Festungshaft in Landsberg verurteilt, schreibt dort wesentliche Teile seines Buches „Mein Kampf". Darin sind seine politischen Ziele festgelegt – eines davon ist der „Lebensraum im Osten"[3], damit der deutsche Bauer dort die Scholle bearbeiten kann, wobei ihm das Schwert nur noch den Boden zu geben hat ...[4]

Hitler gründet die SA, eine Parteiarmee, die er zur Durchsetzung seiner innenpolitischen Ziele benötigt, und er gibt den Männern damit gleichzeitig Arbeit und Brot. Die SA-Leute werden von der Partei nicht bezahlt, aber die Partei sorgt dafür, daß für ihre SA die nötigen Dinge der Lebensgrundlage vorhanden sind. Dies nennt man „Sozialismus der Tat"! Zunächst nur zum persönlichen Schutz Hitlers wird die SS gegründet. Die NSDAP ist damit zu einem – zwar unkalkulierbaren – jedoch rein rechtlich gesehen wählbaren politischen Faktor geworden.

Der älteste Beleg des Vorhandenseins einer Ortsgruppe der NSDAP in Freudenstadt stammt vom 1. Februar 1928.[5] In der Presse ist hierüber noch keinerlei Resonanz zu finden. Eine Beilage der Schwarzwald Zeitung vom 7./8. Oktober 1933 gibt Aufschluß darüber, wie sich die NSDAP in Freudenstadt etabliert hat.[6]

'Aus Leipzig kam der erst 18-jährige Kurt Lüdemann nach Freudenstadt, um hier zu arbeiten und um auch hier Anschluß an die Partei zu finden. Es war im Juli 1928, als der junge HJ-Führer eine Stellung im kaufmännischen Bereich der Tuchfabrik Christophstal antrat. Was die NSDAP anbetraf, so fand Lüdemann einen dünnen und unorganisierten Kreis von jungen Leuten vor, denen er sich anschloß.'

Die erste Parteiversammlung findet auf dem Zwieselberg im Hotel Hirsch statt. Die NSDAP hat in Freudenstadt selbst zunächst keine großen Chancen und verlegt daher ihre Aktivitäten auf das Umland der Stadt.

Das Reichstagswahlergebnis ist denn auch entsprechend: Von 4032 gültigen Stimmen in Freudenstadt entfallen auf die NSDAP 105 Stimmen, also ungefähr 2,6%. Die SPD hat mit 967 Stimmen den stärksten Stimmanteil.[7]

Am Mittwoch, dem 3. Oktober 1928 erscheint im „Grenzer" erstmals eine eigenständige Anzeige der Freudenstädter Ortsgruppe. Hier ist eine Pflichtversammlung im Gasthaus zum Rad anberaumt, die, zu diesem relativ frühen Zeit-

Eine Erklärung der in diesem Text verwendeten Abkürzungen aus der Zeit des III. Reiches befindet sich auf S. 354.

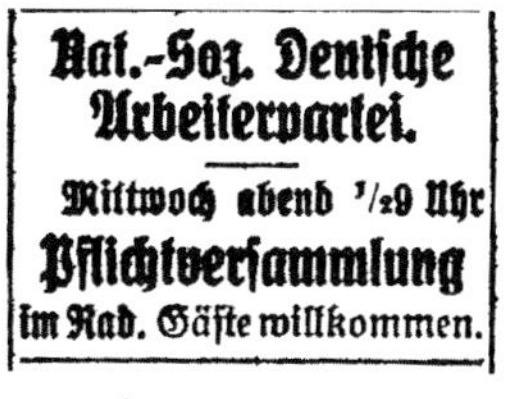
Nat.-Soz. Deutsche Arbeiterpartei.
Mittwoch abend ½9 Uhr
Pflichtversammlung
im Rad. Gäste willkommen.

Aus dem Grenzer vom 3. Oktober 1928

punkt, schon auf eine straffere Organisation schließen läßt.[8] Dies ist bereits unzweifelhaft Lüdemanns „Handschrift".

Der Bekanntheitsgrad der Nationalsozialisten in Freudenstadt ist jedoch noch gering – eine Gruppe hitlerbegeisterter junger Leute, die von der Existenz der Ortsgruppe offenbar keine Kenntnis hat, will im Dezember 1928 eine Werbewoche für die Partei veranstalten und bittet die Gauleitung – damals noch in Esslingen – um Propagandamaterial. Die Gauleitung verweist auf die bereits bestehende Formation vor Ort.[9]

Die Kampfzeit verläuft in Freudenstadt ruhig. Am 15. August 1929 wird die SA gegründet.

Die Kampfzeit verläuft in Freudenstadt eher ruhig. Im Frühjahr 1929 wird die Ortsgruppe neu gegründet. Seit dem 15. August 1929 gibt es in Freudenstadt einen SA-Trupp. Zuerst sind es nur vier, dann sechs und schließlich acht Mann mit ihrem Truppführer Lüdemann. Unter dem Eindruck der Aufmärsche beim Parteitag bestellt Lüdemann Uniformen für seine SA, die dann am 5. September 1929 erstmals parteibraun gekleidet in den Straßen Freudenstadts zu sehen ist. Ein Aufmarsch in Balingen, bei dem aus ganz Württemberg 250 SA- und SS-Leute zusammengekommen sind, sieht die Freudenstädter SA erstmals offiziell außerhalb ihrer Heimatstadt.

Lüdemann wird am 9. Januar 1930 zum Ortsgruppenleiter bestimmt. Die Nationalsozialisten zählen in Freudenstadt damals ganze 24 Mitglieder – drei Jahre später sind es über 1.000 Parteigenossen. Im September 1930 erlebt Freudenstadt im Sternensaal[10] die erste Großveranstaltung der NSDAP. Der Reichstagsabgeordnete Dietrich von Jagow[11] hält eine Rede zum Thema „Hinweg mit dem heutigen System! Was will der Nationalsozialismus?". Der mit 600 Zuhörern besetzte Sternensaal ist von der Polizei abgeriegelt, Zwischenrufe sind verboten und Jagow kann völlig ungestört reden, womit die Kundgebung ein voller Erfolg wird. Im November gibt Lüdemann die Führung der SA ab. Sie zählt schon 25 Mann und fährt am 5. Dezember 1930 geschlossen nach Stuttgart, um dort Adolf Hitler zu sehen und zu hören.

„Hinweg mit dem heutigen System! Was will der National-sozialismus?"

Im Jahr 1931 vergrößert sich die Organisation gewaltig. Eine HJ-Abteilung und ein BDM-Ring werden gegründet. Eine NSF-Gruppe und eine Kampfgruppe des Handwerks und des Gewerbes (später NSBO) werden ebenso ins Leben gerufen, wie auch ein NSKOV-Amt.

Ihre Feuertaufe erhält die Freudenstädter SA, indem sie auf Lkws ohne Genehmigung durch das Kommunistenviertel in Rastatt fährt. Lüdemann wird deshalb zu drei Monaten Gefängnis verurteilt, die er aber nicht absitzen muß. Ansonsten wird, um Kontroversen mit den Kommunisten zu vermeiden, „getarnt gefahren". Die SA erfährt nach dem Wahlsieg vom September 1930 eine Vergrößerung und im Dezember 1931 rücken die ersten drei Pgn. in den Freudenstädter Stadtrat ein, zusammen mit einem Ratsherrn von der KPD. Ende 1931 wird Kurt Lüdemann Kreisleiter. Gleichzeitig übernimmt der von Thüringen zugezogene SA-Sturmbannführer Pg. Albert Schmierer die Führung der SA in Freudenstadt. Im Frühjahr 1932 wird eine SS-Abteilung gegründet, mit deren Führung zunächst Oberscharführer Hugo Schwenk betraut ist, der dann später von Obersturmführer Schwarz abgelöst wird.[12]

Das Jahr 1932 ist eine Periode des dauernden Wahlkampfes. Eine große Anzahl von Versammlungen und Sprechabenden wird abgehalten, deren Themen sich vorzugsweise damit befassen, die NSDAP gegenüber dem Wähler in einem möglichst günstigen Licht erscheinen zu lassen.

Die Stadt Freudenstadt in der Zeit des politischen Umbruchs

Um 1929/1930 hat sich die Stadt in hohe Schulden hineinmanöveriert.[13] Der finanzielle Ruin droht! Aus den Haushaltsplänen ist ersichtlich, daß von einem ausgeglichenen Haushalt keine Rede sein kann.[14] Der Haushalt wirft zwischen 1928 und 1932 jeweils knapp über eine halbe Million Reichsmark Abmangel aus. Überschüsse werden lediglich noch aus dem Stadtwald und bei den Stadtwerken erzielt. Zur Deckung der Schulden reicht das nicht. Selbst die nach der 2. Notverordnung anberaumte Kürzung von Löhnen und Gehältern der im öffentlichen Dienst beschäftigten Teile der Bevölkerung zeigt kaum Wirkung. Der Gedanke, den Strompreis zu erhöhen, wird wieder verworfen, weil unpopulär. Die NSDAP Fraktion beantragt im Februar 1932 die Abschaffung der Sitzungsgelder.

Obwohl gespart werden muß, sind trotzdem diese oder jene Arbeiten erforderlich, um den reibungslosen Ablauf des öffentlichen Lebens zu gewährleisten. Ausserdem hat die Stadt noch Arbeitslose zu versorgen. Man greift zu Arbeitsbeschaffungsmaßnahmen in der Form von Notstandsarbeiten. Auch diese Regelung ist nicht befriedigend.

Während 1929 nur 206 Arbeitslose zu verzeichnen sind, steigt deren Zahl 1930 auf 667. Der Bauwirtschaft geht es schlecht und in der Folge davon dann auch der holzverarbeitenden Industrie und dem metallverarbeitenden Sektor. Bei den SHW Friedrichstal gibt es Kündigungen und mit der Stillegung der Glasfabrik Böhringer gehen schlagartig 160 Arbeitsplätze verloren. Das ist für die Stadt eine enorme Belastung.

Der Stadtrat verfügt nun Steuererhöhungen, will aber einer von oben angeordneten Getränkesteuer nicht zustimmen. Daraufhin diktiert das Oberamt eine solche in Höhe von 10% des Einzelhandelspreises mit Wirkung vom 1. Oktober 1932. Eine Biersteuer wird ebenso eingeführt, wie auch eine Filialsteuer, mit der diejenigen Betriebe belegt werden, die nicht direkt am Ort produzieren. Um mit den Bauarbeiten besser voranzukommen, hat der Stadtrat am 16. Februar 1932 die Einführung des FAD (Freiwilliger Arbeitsdienst) beschlossen. Die dort beschäftigten Arbeitslosen erhalten Löhne – sie haben also keine Ansprüche auf Unterstützung mehr. Der FAD ist zum Teil in Baustellennähe in Arbeitslagern untergebracht – zwar müssen erst kostenaufwendig Baracken erstellt werden, aber diese Kosten kommen die Stadt zusammen mit den Personalkosten billiger als die vorher bezahlte Unterstützung.

Jetzt kann man auch größere Projekte angehen – z. B. den Bau der Höhenstraße zwischen Freudenstadt und Besenfeld / Urnagold. Die Arbeitsweise des FAD ist natürlich effektiver als die kleiner Gruppen von Arbeitslosen. Bei den nun anstehenden Bauarbeiten – immer noch als Notstandsarbeiten bezeichnet – werden pro Baustelle 200 – 250 Mann eingesetzt. Maschinen gibt es nicht – alle Arbeiten sind mit Pickel und Schaufel auszuführen. Lediglich die Baumaterialien bringt man mittels Lkw in ein nahe der Baustelle angelegtes Depot, von wo aus sie mit Feldbahnen weitertransportiert werden.

Der FAD hat seine Arbeit am 12. September 1932 aufgenommen.

Der FAD hat seine Arbeit am 12. September 1932 aufgenommen. Der erste Einsatz findet im Christophstal statt. Knapp südlich vom Bärenschlößle wird die Schwarzwaldschanze gebaut, die am 17. Dezember 1932 fertiggestellt ist und Sprünge bis 55 Meter Weite zuläßt. Ein weiteres Projekt ist dann der Bau der Verbindungsstraße zwischen Alexanderschanze und Ruhestein über Zuflucht und Schliffkopf.

Nach der Machtübernahme starten die Nationalsozialisten ein Programm gegen Verelendung. Dabei sollen die Arbeitslosenzahlen im Baugewerbe reduziert werden. Der gesunkenen Kaufkraft begegnet man mit Preisabschlägen. Sehr effektiv sind diese Maßnahmen jedoch nicht.[15]

Die hohen Arbeitslosenzahlen werden von der Partei mit fehlender Industrie begründet. Auch läßt die Wetterlage im Frühjahr keine Straßenbauarbeiten zu. Zwar gehen 1933/1934 die Arbeitslosenzahlen zurück, aber gleichzeitig steigen die Mitgliederzahlen der SA. Im Mai 1934 wird die „Arbeitsschlacht" geschlagen. In Freudenstadt-Stadt sinkt die Arbeitslosenzahl von 572 im März auf 151 im Mai. Diesen „Erfolg" verbuchen die Nationalsozialisten für sich – in Wirklichkeit ist es um diese Jahreszeit auch in Freudenstadt wieder wärmer geworden und es sind wieder Straßenbauarbeiten möglich.

Februar 1936: „Endkampf gegen die Arbeitslosigkeit".

Im Februar 1936 beginnt der Endkampf gegen die Arbeitslosigkeit – im Kreis Freudenstadt gibt es wieder 1317 Arbeitslose. Am 25. März 1936 äußert sich Bürgermeister Dr. Blaicher in einem Zeitungsartikel positiv über die Situation der Stadt. Aus Staatsraison beschönigt er die Lage. Ein gutes Jahr später, am 11. Juni 1937 titelt die Schwarzwald Zeitung: „Keine Notstandsarbeiten mehr – Haushalt ausgeglichen."

Die Volksgenossen finanzieren sich selbst.

Die Lage scheint bereinigt. In Wirklichkeit ist ein großer Teil der Arbeitslosen in der wiedererstarkten Rüstungsindustrie untergebracht, ein weiterer Teil ist in der Landwirtschaft tätig und wiederum andere arbeiten in der Rohstoffgewinnung und in der Ersatzstoffproduktion. Die Preisbindungen verbessern scheinbar die wirtschaftliche Lage der Volksgenossen, nur, daß diese sich im Prinzip selbst finanzieren, weil ja ihre Löhne, z. B. die der Rüstungsarbeiter letztendlich aus dem Steuersäckel bezahlt werden, begreifen die wenigsten.[16]

Zwischen 1928 und 1933 finden neben Landtags-, Gemeinderats- und Reichspräsidentenwahlen (1932) sowie Volksabstimmungen noch sechs Reichstagswahlen statt. Trotzdem ist die Wahlbeteiligung bei den einzelnen Urnengängen noch recht beachtlich. Obwohl die NSDAP zunächst nicht so gut ankommt, überflügelt sie schließlich die SPD.

Die SPD ist immer die stärkste Partei in Freudenstadt gewesen.

Die SPD ist bis dahin immer die stärkste Partei in Freudenstadt gewesen. Die erreichten Prozentsätze an Wählerstimmen sind zwar Schwankungen unterworfen, aber 1932 und 1933 relativ konstant geblieben, was darauf hindeutet, daß die SPD ihre Stammwähler beibehalten hat, während die NSDAP ihre Stimmen von Wechselwählern der Splitterparteien bekommen haben dürfte.

Eine Analyse der Reichstagswahl vom 12. November 1933 ist nicht möglich, weil die Nationalsozialisten die SPD zu diesem Zeitpunkt bereits verboten haben und weil in den Wahlübersichten keine Angaben über die Anzahl der abgegebenen Stimmen mehr gemacht sind. Dasselbe gilt für die Volksabstimmung über die „Billigung der Politik Hitlers".

Auch die Ergebnisse der Reichspräsidentenwahlen zeigen in Freudenstadt einen deutlichen Trend: man gibt sich konservativ und stimmt mehrheitlich für den greisen Feldmarschall Hindenburg.

Bei der Volksabstimmung zur „Vereinigung des Amtes von Reichspräsident und Reichskanzler zum Amt des Führers und Reichskanzlers" am 19. August 1934 haben in Freudenstadt immerhin 8,7% der 10569 Wahlberechtigten mit „Nein" gestimmt.[17]

Bei der Reichstagswahl 1930 beginnt in Freudenstadt der Wahlkampf relativ spät – nur drei Wochen vor der Wahl. Das Jahr 1932 hingegen ist eine Periode dauernden Wahlkampfes. Die NSDAP selbst erlebt einen großen Wahlsieg. Während die anderen Parteien außer Warnungen vor der NSDAP, die ungehört verhallen, keine brauchbaren Konzepte mehr zu bieten haben, konfrontieren die Nationalsozialisten die Wähler mit knallharten Alternativen: „Hakenkreuz oder Sowjetstern, Nationalsozialismus oder Bolschewismus, christliche Front oder antichristliche Front".[18] Die Panikmache vor den Kommunisten ist sicher mit ein Grund für den Wahlsieg der NSDAP.

Nach einigen Turbulenzen wird Hitler in den Mittagsstunden des 30. Januar 1933 zum Reichskanzler ernannt. Dieser Tag wird im ganzen Reich fortan als „Tag der nationalen Erhebung" bezeichnet und gefeiert. Berlin versinkt am Abend dieses Tages in einen Freudentaumel. In der Provinz ahmen die Städte und Gemeinden dies nach. Die Demokratie ist damit zu Ende.

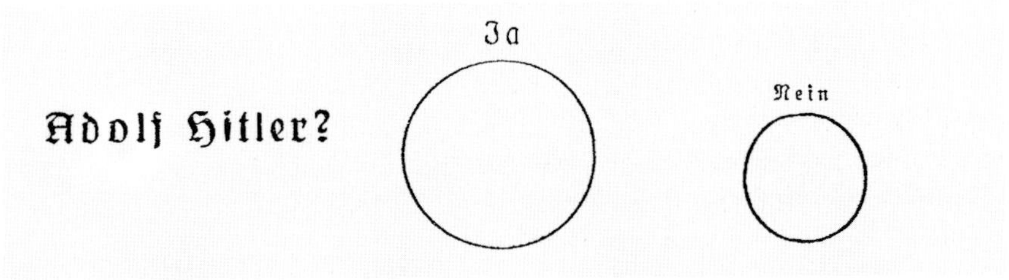

Machtübernahme und Gleichschaltung – die Folgen des 30. Januar 1933

„Bald flattern Hitlerfahnen über alle Straßen ..."[19] – dieser Tag ist jetzt gekommen! Auch Freudenstadt befindet sich im Siegestaumel. Selbstverständlich gibt es auch hier einen

Reichstagswahlergebnisse

	20. Mai 1928		14. September 1930		31. Juli 1932	
	NSDAP	SPD	NSDAP	SPD	NSDAP	SPD
Deutsches Reich	2,6%	29,8%	18,3%	24,5%	37,4%	21,6%
Freudenstadt	2,6%	24,0%	10,7%	20,5%	39,3%	17,8%
	6. November 1932		5. März 1933		12. November 1933	
	NSDAP	SPD	NSDAP	SPD	NSDAP	SPD
Deutsches Reich	33,1%	20.4%	43,9%	18,3%	„99,...%	verboten
Freudenstadt	32,3%	19,3%	47,1%	17,4%	„99,...%	

Fackelzug aller Formationen durch die Straßen der Stadt. Am Tag der Machtübernahme findet in Freudenstadt eine Erwerbslosenversammlung statt, die von Gipsermeister Georg Link, gleichzeitig KPD-Stadtrat und von Glasmacher Erwin Haist, ebenfalls KPD-Funktionär, organisiert wird. Da man die Städtische Turnhalle trotz Verbots als Versammlungslokal benutzt, werden Link und Haist wegen erschwerten Hausfriedensbruchs belangt. Die Versammlung wird von der Polizei aufgelöst.

Einen Tag später, am 31. Januar 1933 rufen dieselben Akteure zu einer Demonstration gegen die Reichsregierung auf. Link und Haist werden auf dem Marktplatz von den Nationalsozialisten niedergeschrien. Im Anschluß an den sodann stattfindenden Demonstrationszug durch die Straßen der Stadt, der wieder auf dem Marktplatz endet, kommen Link und Haist erneut nicht zu Wort. Von der „umsichtigen" Polizei werden die Kontrahenten getrennt – die Nationalsozialisten werden zur Forststraße hin und die Kommunisten zum Roseneck abgedrängt. Dort „muß" die Polizei dann schärfer gegen die Demonstranten vorgehen. Es finden vier Verhaftungen statt.[20]

„... der Tag für Freiheit und Brot bricht an"[19] oder: „Die Freiheit ist immer die Freiheit der Andersdenkenden".

Hitler kann in den folgenden Wochen seine Macht festigen, wozu ihm die Reichstagsbrandverordnung (28. Februar 1933) und bald darauf das Ermächtigungsgesetz sehr dienlich sind. Schnell verlieren die Länder ihre Selbständigkeit. In Stuttgart residiert jetzt der Reichsstatthalter und Gauleiter der NSDAP, Wilhelm Murr. Die antidemokratischen, staatszerstörenden, verbrecherischen und menschenverachtenden Maßnahmen der Nationalsozialisten werden nach und nach auch in Freudenstadt zur Realität. Zwischen dem 1. und dem 23. März 1933 verhaftet man in Freudenstadt 50 Männer und Frauen.[21]

Diese „Schutzhaftmaßnahmen" begründet die Polizei mit „Mitglied bei der KPD", „ehemaliges Mitglied der KPD", „marxistisch eingestellt", „antinationalsozialistisch" oder „politisch unzuverlässig". Die meisten dieser „Elemente" kommen in das KZ Heuberg, nahe dem Wehrmachtstruppenübungsplatz bei Stetten a. k. M.. Wer das Glück hat, von dort wieder entlassen zu werden, wird per Unterschrift dazu verpflichtet, Stillschweigen zu bewahren.

„Schutzhaft" ist gleichbedeutend mit Inhaftierung im KZ.

Einer der Zurückgekommenen hat vom Lageraufenthalt schwere gesundheitliche Schäden davongetragen und ist bettlägerig. Aus einem nicht mehr nachvollziehbaren Grund soll der Mann ein zweites Mal auf den Heuberg gebracht werden. Er selbst sieht in diesem Falle keine Überlebenschancen mehr für sich. Der behandelnde Arzt, gleichzeitig noch Untersturmführer der SS stellt dem Mann ein Attest aus, welches seinen desolaten Gesundheitszustand bescheinigt und worin gleichzeitig bemerkt wird, daß der Patient einen Transport auf den Heuberg nicht überleben würde. Diese „Transportunfähigkeitsbescheinigung" hat verhindert, daß der Freudenstädter ein zweites Mal ins KZ mußte, und sie hat ihm wohl auch das Leben gerettet.[22]

Viele, die aus den KZs zurückkommen, haben bleibende physische und psychische Schäden erlitten. Die Lagerinsassen werden geschunden und geschlagen und in Steinbrüchen oder bei Straßenbauarbeiten zu härtestem Einsatz gezwungen. Mancher überlebt diese Torturen nicht. Intern nennt man das „Vernichtung durch Arbeit".

„Vernichtung" durch Arbeit.

Dem Freudenstädter Gipsermeister und KPD-Stadtrat Georg Link ergeht es besonders übel. Link flieht nach dem Reichstagsbrand in die Wälder am Finkenberg um einer drohenden Verhaftung zu entgehen. Die Menschen aus dem Christophstal – bei weitem nicht nur Kommunisten – versorgen ihn mit Lebensmitteln. Ein kurzfristiger Aufenthalt bei einem städtischen Arbeiter wird Link zum Verhängnis – seine Anwesenheit ist verraten worden. Link wird verhaftet und auf dem Heuberg zusammen mit dem ebenfalls verhafteten Kurt Schumacher (SPD) vor dem Lauf eines Maschinengewehrs auf einem Fahrzeug im „Triumphzug" von den Bewachern durchs Lager gefahren. Man hat Link geschunden und gequält und einmal auch versucht, ihn in den Elektrozaun zu jagen, um einen „Selbstmord" vorzutäuschen oder vielleicht auch, um ihn dort „auf der Flucht zu erschießen". Link kommt erst nach dem Krieg als physisches Wrack wieder nach Freudenstadt zurück.[23]

... großes Höhenfeuer auf dem Kienberg mit „Zapfenstreich".

Der 21. März 1933, der „Tag von Potsdam", wird auch in Freudenstadt feierlich begangen. Abends um 7 Uhr findet ein Fackelzug zum Kriegerdenkmal auf dem alten Friedhof (heute Park Courbevoie) statt – es werden entsprechende Reden gehalten. Der Zug führt zurück zum Marktplatz, wo Lüdemann eine programmatische Rede hält, anschließend das Horst-Wessel-Lied singen läßt und mit den Bürgern auf den Kienberg zieht, um dort ein großes Höhenfeuer zu entfachen, während die Stadtkapelle den „Großen Zapfenstreich" intoniert.[24]

Zwei Tage später bringt der Stadtrat ein Treuegelöbnis auf Führer und Regierung aus. Der Stadtrat besteht aus 20 Ratsherren, von denen jeweils 10 turnusgemäß alle drei Jahre gewählt werden. Die letzte Wahl war am 5. Dezember 1931. Danach sind Georg Link für die KPD, Otto Mast, Robert Leinberger und Albert Schüle für die NSDAP, Max Bacher, Wilhelm Bässler und Otto Müller für die Wirtschaftliche Bürgervereinigung und Josef Teufel, Ernst Wegert und Johann Fahrner für die SPD in den Stadtrat eingezogen.[25]

Verdiente Männer werden aus dem Gemeinderat „entfernt".

Nach der Machtübernahme versucht man zunächst Georg Link loszuwerden – mit fadenscheinigen Begründungen, er habe den Stadtrat beleidigt, will man ihm ein Verfahren anhängen. Link wird aber dann nach dem Reichstagsbrand verhaftet. Gemeinderäte, die nicht der NSDAP angehören, werden im Rahmen der Gleichschaltung aus dem Gremium entfernt. Sie erhalten eine Ehrenurkunde und dürfen sich als entlassen betrachten. Verdiente Männer, vor allem aus den Reihen der SPD, die viel für die Stadt getan haben, werden auf diese schäbige Art behandelt. Die freigewordenen Plätze werden – im Verhältnis zum Reichstagswahlergebnis vom 5. März 1933 – ohne Wahl von den Nazis besetzt. Um beschlußfähiger zu sein, wird die Anzahl der Sitze der NS Stadträte kurz darauf einfach verdoppelt – ebenfalls ohne Wahl. Die Gemeinderäte werden zukünftig nur noch bestimmt.[26] Der aus 16 Ratsmitgliedern am 26. April 1933 neugebildete Stadtrat wird in einer Festsitzung am 3. Mai 1933 vereidigt. In eben dieser Sitzung wird auch beschlossen, die scheidenden Stadträte mit einer Ehrenurkunde zu bedenken. Der Sitzungssaal im Rathaus ist mit Tannengrün geschmückt, eine neue Hakenkreuzfahne prangt an der Stirnwand, und neubeschaffte Bilder von Reichspräsident Hindenburg und Reichskanzler Hitler sind aufgehängt. Weitere Bilder aus der Geschichte der Stadt runden die Dekoration ab. Der Stadtrat besteht nun aus folgenden Personen: Für den Christlich Sozialen Volksdienst Architekt Wilhelm Zeininger, für die Kampffront Schwarz-Weiß-Rot Dr. Alfred Bubenhofer und Richard Bruder (Sägewerksbesitzer), für die NSDAP Bücherrevisor Robert Leinberger, Malermeister Otto Mast, Gipsermeister Albert Schüle, Postassistent Christian Bässler, der kaufmännische Angestellte Wilhelm Holdermann, Bahngärtner Fritz Hahn, Mechaniker Karl Brucker, Kaufmann Georg Wägelein, Architekt Wilhelm Weiss, Schriftleiter Rudolf Dangel, Zugführer Karl Wirth und Studienassessor Paul Schänzlin sowie für die Württembergisch-Hohenzollerische Zentrumspartei der Zugführer Georg Härle.[27]

Am 1. April 1933 findet auch in Freudenstadt die erste Boykottkundgebung gegen Juden statt. Ziel dieser Aktion ist es, die Bevölkerung davon abzuhalten, in jüdischen Geschäften einzukaufen bzw. auch die Angebote jüdischer Dienstleistungsunternehmen in Anspruch zu nehmen.

Am 20. April wird in Freudenstadt erstmals Hitlers Geburtstag mit großen Veranstaltungen gefeiert. Der Stadtrat sieht sich gegenüber dem Reichspräsidenten und dem Reichskanzler zu Ehrungen verpflichtet, was zur Umbenennung öffentlicher Straßen und Plätze führt. Bei Bedarf wird auch in der Folgezeit von diesem Mittel Gebrauch gemacht.[28]

Straßenumbenennungen in Freudenstadt während der Zeit des III. Reiches

Name im III. Reich	heutiger Name – 1999 – oftmals auch der vorherige Name vor 1933
Adolf-Hitler-Platz	Promenadenplatz
Adolf-Hitler-Straße	Lauterbadstraße
Hindenburganlagen	Hartranftanlagen (vorderer Teil)
Horst-Wessel-Straße	Friedrich-Ebert-Straße
Horst-Wessel-Platz	Katz-Kollsman(n)-Platz
Horst-Wessel-Straße	Herzog-Friedrich-Straße

Emil-Schaller-Weg	Professor-Endriss-Weg
Schlageterstraße	Landhausstraße
Wilhelm-Murr-Straße	Turnhallestraße
Langemarckplatz	= Kreuzungsbereich Murgtal- und Rappenstraße
Apothekerweg	nur geplant – nicht ausgeführt
Ludendorffstraße	Hermann-Hesse-Straße
Litzmannstraße	Mozartstraße
Mackensenstraße	Beethovenstraße
Ostmarkstraße	Hölderlinstraße
Turmstraße	Blaicherstraße

Der 1. Mai wird nun erstmals als „Tag der nationalen Arbeit", als nationaler Feiertag unter dem Zeichen des Hakenkreuzes begangen. Nach dem großen Wecken findet in der Stadtkirche ein Festgottesdienst statt, bei welchem Stadtpfarrer Bossert, damals noch den DC nahestehend, die Festpredigt ganz im Sinne der neuen Machthaber hält. Nachmittags zieht in buntem Reigen ein großer Festzug durch die Stadt und anderntags werden reichsweit sämtliche Gewerkschaftsführer in Schutzhaft genommen.
Aus Anlaß des 10. Todestages von Albert Leo Schlageter, eines am 26. Mai 1923 von den Franzosen auf der Golzheimer Heide bei Düsseldorf erschossenen Terroristen, findet am 27. Mai 1933 in Freudenstadt eine „Schlageter Feier" statt. Dieser ehemalige Oberleutnant des I. Weltkriegs wird von den Nazis zum „1. Soldaten des Dritten Reiches" hochstilisiert, weil er nicht, wie seinerzeit von der Regierung gefordert, den Widerstand gegen die französischen Rheinlandbesetzer passiv, sondern mit Hilfe von Sprengmitteln aktiv betrieben hatte. Die Feier, vom kommandierenden Sturmbannführer der SA und vom DC-nahen Stadtpfarrer eindrucksvoll gestaltet, läßt, gehalten in bester NS-Diktion, an Widersprüchen und an Schwülstigkeit sowie an Geschichtsklitterung keine Wünsche mehr offen. Ähnliches wird den Volksgenossen im Laufe des „1000-jährigen Reiches" noch öfter geboten.
In Freudenstadt hat man seit 1841 beziehungsweise seit 1847 die Schwarzwald-Zeitung „Der Grenzer" gedruckt. Kurz nach der Machtübernahme etabliert sich hier noch das NS-Kampfblatt „Der wackere Schwabe". Dieses Presseprodukt erscheint aber lediglich vom 1. März bis zum 15. Juni 1933. Der Verleger des „Grenzer", Oskar Kaupert, ist nicht Mitglied der NSDAP. Seine Zeitung wird von den Nationalsozialisten vereinnahmt und der NS-Presse unterstellt, nachdem sie zuvor mit dem „wackeren Schwaben" vereinigt worden ist. Ab dem 16. Juni 1933 nennt sich das Blatt „Schwarzwald-Zeitung" . Verlagsleiter ist der Kreisleiter Kurt Lüdemann. Am 1. Oktober 1940 werden das „Schwarzwälder Volksblatt" in Horb und die „Sulzer Chronik" in Sulz eingestellt und mit der „Schwarzwald-Zeitung" vereinigt. Ab diesem Datum heißt die Zeitung „Schwarzwald Rundschau" . Am 14. April 1945 stellt sie ihr Erscheinen aufgrund von Kriegseinwirkung ein. Erst ab 1949 heißt die Zeitung wieder wie früher „Der Grenzer".[29]

Die Parteiarbeit in Freudenstadt

Die Kreis- und Ortsgruppenleitung

Am 30. Januar 1933 hat die NSDAP in Freudenstadt knapp über 1.000 Mitglieder. Dafür reicht zunächst eine Ortsgruppe aus, deren Leiter in Personalunion der Kreisleiter Kurt Lüdemann ist. Unter den Mitgliedern sind nur wenige „alte Kämpfer", also solche Pgn., die schon lange vor 1933 dabei waren. Nach der Machtübernahme erlebt die Partei im März 1933 einen gewaltigen Mitgliederzuwachs. Viele Volksgenossen haben sich überlegt, daß es besser sei, dazuzugehören. Diese Pgn. nennt man in Anlehnung an 1848 spöttisch „die Märzgefallenen".
Die Ortsgruppen sind in Zellen unterteilt und diese wiederum in Blöcke. Ein Block umfaßt, abhängig von der Einwohnerzahl und Größe des Ortes eine bestimmte Anzahl von Haushaltungen, die im einzelnen variieren kann. Dem Block steht ein Blockwart vor, der „das Ohr am Volke"

Partei-Abzeichen

sein soll. Der Blockwart ist gehalten, dem Zellenleiter über Vorkommnisse in seinem Bereich und über seine damit verbundenen Erkenntnisse zu berichten. Der Zellenleiter wiederum ist dem Ortsgruppenleiter verantwortlich.[30]

Die erste Ortsgruppe in Freudenstadt besteht aus vier Zellen, die nach den Ecken des Marktplatzes bezeichnet sind.

Zelle 1 – Rathausviertel	Zellenleiter Richard Lenk
Zelle 2 – Rosenviertel	Zellenleiter Hans Merz
Zelle 3 – Kirchenviertel	Zellenleiter Albert Sandau
Zelle 4 – Kaufhausviertel	Zellenleiter Alfred Roß

Die Organisation der NSDAP in Freudenstadt.

Im Sommer 1937 erhält Kurt Lüdemann einen größeren Kreis, den Doppelkreis Balingen – Hechingen zugewiesen. Sein Nachfolger ist der Gauorganisationsleiter und vormalige Kreisleiter von Künzelsau (Hohenlohe) Heinrich Michelfelder. Michelfelder ist von Beruf Lehrer. Er ist eher der gemäßigten Art zuzuordnen, während sein Vorgänger Lüdemann als „scharfer Hund" gilt, der sich mit mancher unpopulären Maßnahme in der Bevölkerung nicht unbedingt beliebt gemacht hat. Da einerseits die Anzahl der Mitglieder immer größer wird und andererseits im Herbst 1938 die Parteikanzlei (Stellvertreter des Führers Rudolf Heß) bestimmt, daß eine Ortsgruppe möglichst nicht mehr als 1.000 Haushaltungen umfassen solle, wird in Freudenstadt die Gründung einer zweiten Ortsgruppe notwendig.

Für Freudenstadt sieht die neue Aufteilung folgendermaßen aus:

Kreisleitung Marktplatz 39
Kreisleiter Michelfelder
betreut insgesamt 21 Ortsgruppen

Ortsgruppe Freudenstadt Ost
Marktplatz 11
Ortsgruppenleiter
Willy Holdermann
Zelle 1 – 4
östlicher Teil von Freudenstadt
Zelle 5 Wittlensweiler
(insgesamt 33 Blöcke)

Ortsgruppe Freudenstadt West
Straßburgerstraße 26
Ortsgruppenleiter
Heinrich Michelfelder
Zelle 1 – 4
westlicher Teil von Freudenstadt
bei Zelle 3 Zwieselberg als Block 5
Zelle 5 Blöcke 1 – 3 Christophstal
Blöcke 4 – 5 Friedrichstal
Zelle 6 württembergischer Kniebis
(insgesamt 33 Blöcke)[31]

Die Trennlinie zwischen beiden Ortsgruppen ist in etwa der (alte) Verlauf der Reichsstraße Nr. 294.

Parteidienststellen in Freudenstadt

Marktplatz 39
(heute Marktplatz 42)
Braunes Haus
Kreishaus I
(vorher im Hause Marktplatz 6
Café Maurer – ehemaliges
Gasthaus „Pflug")
Kreisleitung NSDAP
NSV Kreisamtsleitung
RAD Gruppenstab 262
RAD Abteilungsführer I/262

Stuttgarter Straße 29
(heute Staatl. Vermessungsamt)
Kreishaus II
DAF Kreiswaltung
NS-Gemeinschaft KdF
NSF Kreisamtsleitung
NSV Ortsgruppe
NSBO
NSLB
Volksbildungswerk

Marktplatz 1
Rathaus I
NSKOV Kreisamtsleitung

Kaufhausstraße 2
Rathaus II
(vormals Gasthaus „Rad")
NSDAP Kreisgericht

Schickhardtbau
RLB Dienststelle

Gottlieb-Daimler-Straße
RAD-Lager
(heute Gasthaus „zum Dobel")
Abt. I/262 Herzog Friedrich I.
von Württemberg

HJ-Heim

Marktplatz 3
„Bürgerstüble"
SA-Sturmlokal
Sturmbannführung III/180

Wilhelm-Murr-Straße 34
(= Turnhallestraße)
NSKK

Marktplatz 6
Café Maurer
SS-Sturmlokal
Sturmführung 8/86

Bahnhofstraße 17
HJ Bannführung
Bann 126 Kniebis
HJ und JV
BDM Untergauführung
Untergau 126 Kniebis
BDM und JM

Wilhelmstraße 30
SA-Reitersturm
NSFK[32]

Die Kreisleiter des politischen Kreises Freudenstadt

Kurt Lüdemann	Dez. 1931 bis Mai 1937
Heinrich Michelfelder	Mai 1937 bis März 1941
N. Haag (Vertr. im Amt)	März 1941 bis ......
N. Staden (Vertr. im Amt)	.... bis 15.01.1943
N. Arnold (Vertr. im Amt)	16.01.1943 bis 14.03.1943
Karl Maier	15.03.1943 bis 16.04.1945

Die Ortsgruppenleiter von Freudenstadt

Karl Kantlehner	11.07.1929 bis 01.08.1929
Edelbert Rosenfelder	01.08.1929 bis 09.01.1930
Kurt Lüdemann	09.01.1930 bis Mai 1937
Heinrich Michelfelder	Mai 1937 bis Sept. 1938
Heinrich Michelfelder	Sept. 1938 bis März 1941 OG-West
Willy Holdermann	Sept. 1938 bis März 1941 OG-Ost
Willy Holdermann	März 1941 bis 01.02.1943 OG West
Karl Brucker	März 1941 bis 01.02.1943 OG Ost
Karl Brucker	01.02.1943 bis 16.04.1945 OG West und Ost

„Ehrendienst am deutschen Volke".

Das Leben in und mit der Partei

Eine der Hauptaufgaben der Partei ist es, möglichst große Teile der Bevölkerung sowohl in ihre Formationen, als auch in ihre Arbeit zu integrieren. Immer und immer wieder wird die Werbetrommel gerührt. Ist der Volksgenosse erst einmal Mitglied, wird er regelrecht vereinnahmt. „Dienst" heißt nun die allgegenwärtige Vokabel. Schlagworte wie „Ehrendienst am deutschen Volke", „.... aus Liebe zum Vaterland" oder „als Beweis der Treue zum Führer" sind die Standardformulierungen, mit denen die Partei ihre Ziele bei den Volksgenossen zu erreichen versucht. Darüber stehen noch zwei gewichtige Grundsätze: „Du bist nichts – dein Volk ist alles!" und „Gemeinnutz geht vor Eigennutz!". Wer diese Grundsätze nicht

„Du bist nichts – dein Volk ist alles!"

„Gemeinnutz geht vor Eigennutz!“

beachtet, gilt als „Volksschädling“. Die Partei scheut sich auch nicht, derartige „Elemente“ öffentlich anzuprangern. So werden z. B. in Fällen von Steuerhinterziehung Urteile in der Presse veröffentlicht. Auch mit Alkoholikern geht man nicht zimperlich um. In der Schwarzwald Zeitung vom 6. August 1937 kann man z. B. lesen: „Die Kreisleitung gibt folgende Mitteilung an sämtliche Gastwirte bekannt: „Der (folgt Beruf, Vorname, Name) in (folgt Wohnort) ist auf die Trinkerliste zu setzen! Es ist untersagt, an (folgt Name) alkoholische Getränke zu verabfolgen.“

Schließlich will man ja ein „sauberes Reich“ – auch in Freudenstadt! Um vielleicht etwas aufzudecken, was andere vertuscht haben könnten, wird die Partei in zunehmendem Maße selbstherrlich. So fordert z. B. Kreisleiter Lüdemann – in naß-forscher Tonlage schriftlich – bei Bürgermeister Dr. Blaicher Akten betreffend den „Fall“ „Erdrutsch im Boschenloch“ an. Der Bürgermeister läßt den Kreisleiter jedoch auflaufen und behauptet, daß die Akten noch bei der Versicherung seien, obwohl sie längst auf dem Rathaus in der Registratur liegen.[33] Lüdemann hätte hier, selbst in seiner Stellung als Stadtrat und stellvertretender Bürgermeister, ein berechtigtes Interesse nachweisen müssen.

Am 11. Oktober 1935 druckt die Schwarzwald Zeitung eine „lesenswerte“ Definition der NS-Partei ab: „Der Führer ist die Partei, die Partei aber ist das Volk. Von Mann zu Mann, von Volksgenosse zu Volksgenosse soll der Redner, der Propagandist der Partei reden, er soll den Volksgenossen aus den Herzen und wieder in die Herzen sprechen!“ – Damit ist – wieder einmal – ersichtlich, wie „volksnah“ die Parteiarbeit vonstatten geht. Bei der praktischen Umsetzung dieser These wird den Volksgenossen zellenweise beigebracht, was der Führer und seine Paladine für sie erdacht haben. Es finden Zellensprechabende statt, die Themen wie „Rassenkunde des deutschen Volkes“, „Verhinderung erbkranken Nachwuchses“, „Der jüdische Weltherrschaftsanspruch“, die Auslegung der Nürnberger Gesetze oder das Thema „Zum Frieden gewillt – zur Abwehr bereit“ zum Inhalt haben. Recht gerne werden auch das britische Königshaus und die britische „Plutokratie“ mit despektierlichen Äußerungen bedacht – dies allerdings erst nach dem Kriegseintritt Großbritanniens. Nach dem Überfall auf die Sowjetunion im Juni 1941 wird den Volksgenossen immer wieder erzählt, daß die Sowjets „slawische Untermenschen“ seien, die es zu vernichten gelte. Die Wehrmacht bekommt dann schnell und schmerzhaft

Propagandafahrt von Partei und SA.

zu spüren, welch hochqualifizierter Gegner die Rote Armee ist.
Bei diesen Versammlungen wird auch „gekämpft" und es werden „Schlachten" geschlagen. Zunächst , jedoch nicht mehr allzu lange, gab es die „Wahlschlacht". Es folgen die „Arbeitsschlacht", die „Schlacht gegen Arbeitslosigkeit", die „Erzeugerschlacht" bzw. die „Erzeugungsschlacht", die „Zinsschlacht", die „Schlacht gegen Drückeberger und Miesmacher", die „WHW-Schlacht gegen Hunger und Kälte" oder der „Kampf dem Verderb". In all den Schlachten wird das Volk um Spenden angegangen. Beim WHW gibt es eine „Arbeitsbeschaffungslotterie", die „Pfundspende", Geldspenden und eine große Zahl von Sammlungen. Bei der „Pfundspende" werden pfundweise Lebensmittel für bedürftige Volksgenossen gespendet. Bei den WHW-Sammlungen werden Abzeichen aller Art und aus fast jedem Material verkauft – im Nachkriegsdeutschland später begehrte Sammelobjekte. Die so gesammelten Gelder in Millionenhöhe kommen nur zum Teil den Bedürftigen zugute – der „große Rest" landet in der Parteikasse oder in der Rüstungsindustrie.
Während der Aktivitäten des WHW – jährlich von Oktober bis März – finden zu seinen Gunsten vierzehntägig sogenannte „Eintopfsonntage" statt. Die Volksgenossen sollen sich solidarisch zeigen – die Hausfrauen sollen für die Familie ein Eintopfessen kochen. In den Gaststätten dürfen ebenfalls nur Eintopfgerichte angeboten werden – in der Regel gibt es vier Gerichte zur Auswahl. Dieses einfache Essen bekommen finanziell schwache Volksgenossen des öfteren auf den Tisch. Eben mit diesen soll nun an den „Eintopfsonntagen" Volksgemeinschaft demonstriert werden, indem dieses Gericht von allen Volksgenossen gegessen wird. Das nennt man „Sozialismus der Tat!".
Bei größeren Veranstaltungen, z. B. „Tag der Wehrmacht" oder „Tag der Deutschen Polizei" sowie ab und zu beim RAD gibt es Eintopf aus der „Gulaschkanone" (Feldküche). Auch hier steht die Solidarität im Vordergrund. Die dabei eingenommenen Gelder werden nach Abzug der Sachkosten dem WHW gespendet.
Beim Eintopfsonntag für das WHW werden in den Gasthöfen z. B. folgende Gerichte angeboten:

Eintopfsonntag zugunsten des WHW.

Kartoffelsuppe mit Wurst
weiße Bohnensuppe mit Pökelfleisch oder Wurst
Fischeintopfgericht mit Einlage
Gemüseeintopf vegetarisch mit Knödel
Gemüseeintopf mit Fleischeinlage
Eintopf von Sauerkraut mit Schweinefleisch
Brühkartoffeln mit Rindfleisch[100]

Man ist auch mehr oder weniger gezwungen, dem WHW Spenden aus Löhnen und Gehältern zuzuführen. Die Kreisleiter scheuen sich nicht, auch einzelne Volksgenossen darum anzusprechen oder anzuschreiben, falls diese in den Augen der Hoheitsträger zu wenig gespendet haben.[34] Rechnerisch betrachtet ist das im Prinzip nur eine gigantische Eigentumsumverteilung innerhalb des Volkes, welche dem Staat Sozialausgaben in Milliardenhöhe erspart. Das Volk finanziert sich selbst – und auch die Rüstung.
Um die Volksgenossen trotz all dem bei Laune zu halten, sind über das ganze Jahr verteilt eine stattliche Anzahl von Feiertagen anberaumt. Dabei steht immer die nationale Gesinnung im Vordergrund und manchen dieser Feiern kann man den Charakter von Kulthandlungen nicht absprechen. So wird versucht, den Alltag vermeintlich erträglicher zu machen.

Die Garanten der Macht

„Alles für Deutschland"

In Freudenstadt etablieren sich sowohl Einheiten der SA, als auch solche der Reiter-SA, der Motor-SA, des NSKK und der SS. Offiziell gibt es die SA hier seit dem 15. August 1929.
Am Anfang ist nur der Sturmbann II/126, bestehend aus den Stürmen 15/126, 16/126 und 17/126 in Freudenstadt präsent, wobei Freudenstadt selbst zunächst nur einen Sturm stellt. Die II bedeutet die Nummer des Sturmbannes innerhalb der Standarte 126. Die Zahl 126 bezieht sich auf einen Traditionstruppenteil des I. Weltkriegs, auf das „8. Württembergische Infanterie-Regiment Nr. 126". (Siehe hierzu auch den HJ Bann 126 Kniebis). Ab 1935 werden die Stürme umnummeriert in 24/180 und 25/180 – sie gehören zum Sturmbann III / 180 und sind nun beide in Freudenstadt ansässig.

Das SA-Sturmlokal war im „Bürgerstüble".

Da ein Sturm gewöhnlich etwa 120 Mann zählt, ist 1935 die SA in Freudenstadt ungefähr 250 Mann stark. Ein Sturmbann besteht aus 3 – 5 Stürmen, welche auf Standartenebene durchnummeriert sind. Das Sturmlokal der SA befindet sich im Hause Schmid, Marktplatz 3, „Bürgerstüble" und ebenso auch die Führung des Sturmbannes III/180.[35]

Der Führer des Sturmbannes II/126 ist zunächst der Apotheker und Pharmazierat Sturmbannführer Albert Schmierer. Die hochqualifizierte akademische Stellung Schmierers führt zu seiner Ernennung zum Reichsapothekerführer. Seine Arbeit in seinem Dienstsitz in Berlin ist der Wissenschaft und der Organisation der Reichsapothekerkammer gewidmet, deren Vorsitzender er gleichzeitig ist. Obwohl er nur noch begrenzt aktiv im SA-Dienst tätig ist, wird er 1941 ehrenhalber mit dem Rang eines SA-Gruppenführers versehen. Freudenstadt hat sich schon in den dreissiger Jahren einen Namen als Kongreßstadt gemacht, was mehrheitlich das Verdienst von Albert Schmierer ist, der beinahe jedes Jahr im Herbst die Tagung der Reichsapothekerkammer nach Freudenstadt einberuft. Eine große Anzahl von Apothekern aus dem ganzen Reich tagt hier und tauscht auf wissenschaftlichem Gebiet Erfahrungen und Meinungen aus. Die Tagungen sind allerdings nicht frei von nationalsozialistischem Gedankengut.[36]

Kreisleiter und SA zeigen sich nach der Machtübernahme besonders „diensteifrig".

Nach Sturmbannführer Schmierer führt Obersturmbannführer Emil Reustle, im Zivilberuf Oberpostinspektor, die Freudenstädter SA. Als er aus beruflichen Gründen 1943 Freudenstadt verläßt, wird sein Schwager, Hauptsturmführer Otto Ferdinand Graf sein Nachfolger.

Nach der Machtübernahme zeigen sich Kreisleiter und SA besonders „diensteifrig". Dies wird schon bei den Verhaftungswellen im März 1933 ersichtlich, die im Zusammenwirken von Polizei, Gendarmerie, SA und SS durchgeführt werden. Der KZ-Kommandant Buck auf dem Heuberg wundert sich, was denn in Freudenstadt los sei, denn von dort kommen überdurchschnittlich viele „Schutzhäftlinge".[37]

Im Rahmen der Verhaftungen finden auch Hausdurchsuchungen statt – die SA hat sich hier schon Polizeifunktion angemaßt – wobei ein SA-Führer besonders gründlich vorgeht. Er läßt die kranke, bettlägrige Frau eines ehemaligen SPD-Stadtrats aus dem Bett heben und sucht dort unter den Matratzen nach Propagandamaterial der SPD. Man findet in den Wohnräumen aber lediglich ein Bild von dem verstorbenen Reichspräsidenten Friedrich Ebert.[38]

Die SA nimmt auch an Fahrten zum Reichsparteitag teil. Die Teilnehmer sind „handverlesen" – ihre Mitgliedsnummer muß unter der Zahl 300.000 liegen. Im Juni 1934 bei der sogenannten „Röhm-Affäre", als Hitler seine SA der Wehrmacht opfert, bleibt die Freudenstädter SA völlig ungeschoren.

Im Sommer 1936 passiert an der Besenfelder Steige (Besenfeld – Schönegründ) ein folgenschwerer Unfall, bei dem ein mit 64 Mann – zumeist SA Leute aus Mannheim – besetzter Lkw samt Anhänger den Abhang hinunterstürzt. Es sind 27 Todesopfer und 37 Verletzte zu beklagen. Letztere kommen ins Bezirkskrankenhaus Freudenstadt und werden dort nicht nur von Ärzten und Schwestern, sondern auch von den Freudenstädter SA-Kameraden hervorragend betreut. Es findet sich auch prominenter Besuch ein: Sowohl Gauleiter Wilhelm Murr, als auch der Reichsführer-SS Heinrich Himmler kommen, um die Unfallopfer zu besuchen.

Ansonsten tut die SA in Freudenstadt ihre Pflicht! Was auch immer darunter zu verstehen ist – es ist die Ausführung der Befehle eines Unrechtssystems. Eine Volksabstimmung am 10. April 1938, die den Anschluß Österreichs und die bis dahin betriebene Politik Hitlers sanktionieren soll, gerät für den Bischof der Diözese Rottenburg, Dr. Johannes (Baptista) Sproll, zu einem Fiasko, weil der aufrechte Kirchenmann sich weigert, an der Abstimmung teilzunehmen. Die SA-Gruppe Südwest (Neckar) organisiert einen Sternmarsch nach Rottenburg, an dem möglicherweise auch Freudenstädter SA-Leute teilgenommen haben. Das bischöfliche Palais wird gestürmt – der Bischof muß fliehen – nur weil er in einem Staat, der keine Demokratie mehr ist, ein demokratisches Recht beansprucht hat. Bei jener Volksabstimmung vom 10. April 1938 tut sich auch der Kreisleiter Michelfelder besonders hervor. In einem als „vertraulich" gekennzeichneten Rundschreiben vom 6. April 1938, gerichtet an sämtliche Bürgermeister des politischen Kreises Freudenstadt mutet er diesen folgendes zu:

„Ich habe in einem Rundschreiben angeordnet, daß sich die Hoheitsträger mit den Herr(e)n Bürgermeistern in Verbindung setzen sollen, um diese zu veranlassen, bei der kommenden Wahl eine Urne für Stimmscheine aufzustellen./Ich halte diese Maßnahme deshalb für notwendig, um klar feststellen zu können, von wem evtl. „Nein"-Stimmen abgegeben werden./Man konnte bei den letzten Wahlen feststellen, daß häufig Resultate dadurch versaut worden sind, daß irgendwelche Stimmscheinwähler von außen herein mit „nein" stimmten./Um am Wahlsonntag genau feststellen zu können, inwieweit Stimmschein-Wähler zweifelhafte Volksgenossen sind, halte ich diese Maßnahme für notwendig.
Heil Hitler! (Unterschrift) Michelfelder, Kreisleiter"[39]

Hier werden also die Kommunalverwaltungen dazu aufgefordert, Beihilfe zum Wahlbetrug zu leisten!

Die SA macht tagtäglich ihren üblichen Dienst. Dazu gehört auch das Sammeln von Alteisen für die Rüstungsproduktion oder das Sammeln von Altpapier. Es werden auch SA-Kampfspiele und Geländemärsche, Schießübungen auf dem Schießstand Zehnmorgen sowie Wehrsporttage und Winterwehrkampf durchgeführt. Auch ein SA-internes Sportabzeichen kann erworben werden. Ab und zu erscheint der SA-Standartenführer Welz aus Tübingen, um diesen oder jenen Sturm zu besichtigen. 1936 wird die Standarte 180 in Standarte 125 umnummeriert. Der Standort der Standarte 125 ist jetzt Horb.

Wie zum Leben, welches die SA ganz auf ihren Obersten SA-Führer (OSAF) Adolf Hitler ausrichtet, so hat sie auch zum Tod ein besonderes Verhältnis. Ein SA-Mann „stirbt" nicht einfach – er wird „zur Standarte Horst Wessels" abberufen. Der Verstorbene wird auch nicht einfach beerdigt, sondern er erhält eine Trauerparade aller Formationen, die keinen Wunsch an Pathos mehr offenläßt. Wenn ein SA-Mann im Krieg gefallen ist, so erhält er üblicherweise eine Würdigung seiner Person in der Presse.

Mit Kriegsbeginn werden viele der paramilitärisch gut ausgebildeten SA-Leute und auch Hoheitsträger zur Wehrmacht eingezogen. Manch einer erwirbt sich dabei Meriten – so auch der Kreisleiter Michelfelder, der beide Eisernen Kreuze erhält. Manch einer kommt aber auch nicht wieder in die Heimat zurück – wie etwa der Kreisleiter Lüdemann, der im Rahmen seines Einsatzes bei der 78. Infanterie-Division (78. Sturmdivision) 1941 in Rußland fällt.

„Zum letzten Mal wird Sturmappell geblasen, zum Kampfe stehn wir alle schon bereit...." Angetretene SA – 1936 auf dem Marktplatz.

Das Verhältnis zum Tod indessen ist eher fragwürdig – während in der Heimat mit viel Pathos damit umgegangen wird, müssen gefallene Landser an der Front oft in aller Eile regelrecht verscharrt werden. In den Konzentrationslagern werden die Toten dann einfach nur noch verbrannt!

„Meine Ehre heißt Treue".

Selbstverständlich gibt es in Freudenstadt auch einen Sturm der SS – er trägt die Sturmnummer 8/86. Dieser Sturm untersteht dem Sturmbann II/86 und dieser wiederum gehört zur Standarte 86 mit Sitz in Offenburg.[40] Die SS tut in Freudenstadt einen ähnlichen Dienst wie auch die SA. Die schwarze Truppe beteiligt sich genauso

„Blut und Ehre".

Schulterklappe des Bannes 126 Kniebis.

an den Veranstaltungen und Aktivitäten, die die Partei durchführt, wie die anderen Formationen auch. Eigenständige öffentliche Veranstaltungen führt die SS – zumindest in Freudenstadt – nicht durch. Ihr Sturmlokal befindet sich im Cafe Maurer im Hause Marktplatz 6.

Die Mitglieder der SS – und auch viele von der SA – sind mehrheitlich aus der Kirche ausgetreten und geben als Bekenntniszugehörigkeit „gottgläubig" an. Eine kirchliche Hochzeit wird durch eine SS-Hochzeit im Kreise der Kameraden ersetzt. Anstatt einer Taufe findet das „Fest der Namensgebung" statt. Hier wird eine Lebensart ersichtlich, die eine gewollte aber nie erreichte Verbindung zu germanischen Traditionen erahnen läßt.[41]

Der Reichsführer-SS Heinrich Himmler selbst hat einmal voll Zynismus das Verhältnis von SS und Bevölkerung definiert: „Ich weiß, daß es manche Leute in Deutschland gibt, denen es schlecht wird, wenn sie diesen schwarzen Rock sehen; wir haben Verständnis dafür und erwarten nicht, daß wir von allzu vielen geliebt werden."[42]

Die Garanten der Zukunft

„Wir sind der Zukunft Soldaten .... Träger der kommenden Taten"[43] so singt die HJ – von sich selbst und vom Führer vollkommen überzeugt. Die HJ wähnt sich auf der Straße des Sieges. Die Jugend glaubt, durch ihre Führer bestärkt, die Werte und Erfahrungen der älteren Generation ignorieren zu können. „Und wenn die Alten auch schelten, so laßt sie nur toben und schreien, und stemmen sich gegen uns Welten, wir werden doch Sieger sein!"[44] Sie sind keine Sieger gewesen – nicht ein einziger! Sie sind die Verlierer – sie werden gewissenlos verführt und zuletzt noch an den Fronten „verheizt". Sie haben das wertvollste verloren, was ein Mensch überhaupt verlieren kann: die Jugend! Manche von ihnen sind ausserdem noch um Eltern und Heimat gekommen – und ums eigene Leben ....

Die HJ, in Freudenstadt 1931 durch Kreisleiter Lüdemann gegründet, besteht zunächst nur aus wenigen Jungen und Mädchen. Nach der Machtübernahme erlebt auch diese Jugendorganisation einen gewaltigen Zulauf. Bei der HJ besteht die Möglichkeit, die Jugendlichen von Anfang an in eine bestimmte interessen- oder gar berufsorientierte Richtung zu lenken. Dafür stehen folgende Einheiten zur Auswahl: die „normale" HJ, die Flieger HJ, die Motor HJ, die Nachrichten HJ, die Reiter HJ, die Marine HJ sowie die HJ Feuerwehrscharen. In Freudenstadt gibt es außer der normalen HJ noch je eine Gruppe der Flieger- und Nachrichten HJ.

Die kleinste Einheit in der HJ ist die Kameradschaft, der als die nächst größeren die Schar und dann die Gefolgschaft folgen. Eine Gefolgschaft besteht aus 120 – 150 Jungen. Drei bis fünf Gefolgschaften bilden einen Unterbann. Somit gehören in Freudenstadt mehr oder weniger an die 600 Jungen zur HJ. Die der Gefolgschaft bei der HJ entsprechende Formation heißt beim Jungvolk (DJ) Fähnlein.[45]

Diese Fähnlein sind in Freudenstadt nach Gewannbezeichnungen benannt. So gibt es ein Fähnlein Buchholder und ein Fähnlein Ettenbühl. Nachdem Kurt Lüdemann gefallen ist, gibt es auch ein Fähnlein Kurt Lüdemann.

Landauf landab herrscht dasselbe Problem – die HJ leidet unter Raumnot. Dies liegt daran, daß die Kommunen kein Geld für den Heimbau haben. Verschiedene Versuche, die HJ in Freudenstadt unterzubringen, scheitern, so daß sich die Stadt 1935 entschließt, hart nordöstlich des RAD Lagers in der Gottlieb-Daimler-Straße doch noch ein Heim zu bauen. Das Haus Straßburgerstraße 26, welches zwischen 1931/33 und 1935 die komplette HJ-Führung Freudenstadts beherbergte, wird 1936 geräumt. Zusammen mit der Bannführung 126 ziehen die ganzen Stäbe in das Gebäude Bahnhofstraße 17 ein.[46]

Zunächst muß sich die HJ gegenüber den konfessionell gebundenen bereits bestehenden Jugendverbänden durchsetzen.[47] Die Eingliederung dieser Verbände in die HJ geht in Freudenstadt zwar nicht ganz reibungslos aber doch zügig vonstatten. Kuriosum dabei: Im Juli 1933 wird noch vor der Eingliederung Gustav Memminger, Führer des HJ-Unterbannes IV/126 zum Wehrsportleiter (!) des Evangelischen Jugendwerkes (!) bestimmt.

Das Leben der HJ ist zwar vom Zeitgeist diktiert, aber Romantik und Abenteuer gehören ebenso dazu, wie Dienst, Sport und Schulung. Ein nächtlicher Appell im Fackelschein auf dem Kienberg, ein Sommer- oder Wintersonnwendfeuer auf der

Alexanderschanze, HJ Lagerleben in Eisenbach oder auf dem Büchenberg, Geländemärsche, Wehrsportschießen mit dem Mauser-KK Kal. 22 lfB oder die Arbeit mit Karte und Kompass stehen ebenso auf dem Dienstplan, wie das Basteln von Weihnachtsgeschenken für Kinder, die Hilfe bei der Ernte und die Betreuung von Verwundeten in den Freudenstädter Lazaretten. Das nationalsozialistische Wirtschaftsdenken und die damit erzeugte Rohstoffknappheit macht den Begriff „sammeln" allgegenwärtig. Die HJ sammelt Alteisen für die Rüstungsindustrie, Flaschen für die Getränkeversorgung der Wehrmacht, Kastanien für die Winterfütterung des Wildes, Gelder in Sammelbüchsen für das WHW, Wildbeeren, Pilze, Spinnstoffe und Bücher.
Es wird auch Sport betrieben – für Freudenstadt sogar recht erfolgreich. Die HJ wird im Winter 1939 Gebietsmeister im Skilauf und während des Zeitabschnitts, als Helmut Brenner K-Bannführer ist, wird auch die Gebietsmeisterschaft im Handball erreicht. Schöne Leistungen, auf die die Jungen und Mädchen stolz sind. An allen politischen Feiertagen ist die HJ während der dabei stattfindenden Feierlichkeiten selbstverständlich ebenfalls anwesend.
Als dann 1944 die alliierten Truppen die Reichsgrenzen überschreiten, bringt man der HJ bei, wie man mit einem Karabiner 98k umgeht und eine Panzerfaust abschießt. „Und liegt vom Kampf in Trümmern, die ganze Welt zuhauf, das soll uns den Teufel kümmern, wir bauen sie wieder auf!"[48] Auch dies ein HJ-Lied!

Die Bannführer der Hitler-Jugend des Bannes 126 Kniebis

Bannführer (Sitz der Bannführung in Calw)
Willy Waidelich 1934 bis 13.05.1937

Führer des Unterbanns 23
Theo Hepting 1931 bis 1933

Führer des Unterbanns IV/126
Gustav Memminger 1933 bis 06/1935
N. Kirschenmann 06/1935 bis .....

Verlegung des Sitzes der Bannführung am 15.04.1936 von Calw nach Freudenstadt

Bannführer Bann 126 – Kniebis
Albrecht Achilles 13.05.1937 bis 14.12.1938
N.Thumm 14.12.1938 bis 02.08.1939

K-Bannführer Bann 126 – Kniebis
N. Hohloch 28.09.1939 bis ....
N. Herzog .... bis ....
Willy Memminger Sommer 1940 bis ....
N. Volk .... bis ....
Herbert Uhlmann .... bis ....
Helmut Brenner 11.11.1942 bis 25.07.1943
N. Schmid (V. i. A.) 07/1943 bis 19.10.1943
Franz Lang 19.10.1943 bis 16.04.1945

„Zäh wie Leder, hart wie Kruppstahl und schnell wie die Windhunde" – so sollte die Jugend sein, die den Namen des Führers trug.

Prominenz aus Partei und Wehrmacht zu Besuch in Freudenstadt

Während der Zeit des III. Reiches besucht eine ganze Anzahl von Persönlichkeiten aus der Partei- und Wehrmachtsspitze unsere Stadt.

24.03.1933
Stellvertreter des Führers und Reichsminister ohne Geschäftsbereich Rudolf Heß ist auf der Durchreise.

14.08.1933
Vizekanzler Franz von Papen ist auf der Durchreise.

08.10.1933
Gauleiter und Reichsstatthalter Wilhelm Murr – Murr ist an diesem und am nächsten Tag in Freudenstadt, weil man zu seinen Ehren die Turnhallestraße nach ihm umbenannt hat. Murr ist außerdem am 1.12.1935 in Freudenstadt wegen des Besuches der Reichsfrauenschaftsführerin, sowie im Sommer 1936 wegen des Unfalls an der Besenfelder Steige. Er ist ebenfalls im November 1937 sowie im November 1940 wegen der Tagung der Reichsapothekerkammer hier.

28.07.1935
Reichssportführer Hans von Tschammer und Osten

02.08.1935
SA-Obergruppenführer und SA-Adjutant des Führers Wilhelm Brückner

01.12.1935
Reichsfrauenschaftsführerin Getrud Scholz-Klink – sie redet auf zwei Großkundgebungen in der Turnhalle und im Kurhaus.

30.07.1936
Reichsführer-SS und Chef der Deutschen Polizei Heinrich Himmler ist ebenso wie am 11.10.1936 Reichsminister für Volksaufklärung und Propaganda Dr. Joseph Goebbels nach Freudenstadt gekommen, um die Unfallopfer von der Besenfelder Steige zu besuchen.

23.10.1936
Reichsjugendführer Baldur von Schirach ist angesagt, kommt aber wegen eines dringenden Termins nicht und schickt ersatzweise seinen Stellvertreter Arthur Axmann.

30.03.1938
Reichsleiter Alfred Rosenberg ist auf der Durchreise.

24.06.1940
General der Artillerie Friedrich Dollmann erhält das Ritterkreuz des Eisernen Kreuzes. Er ist mit dem kompletten Stab der 7. Armee von November/Dezember 1939 bis Mitte Juni 1940 in Freudenstadt gewesen. Der Ort der Verleihung der Auszeichnung ist nicht bekannt.

Der „Führer" in Freudenstadt.

05.07.1940
Der Führer und Reichskanzler Adolf Hitler besucht Verwundete des Frankreichfeldzuges im Reservelazarett Freudenstadt.

13.07.1941
HJ-Gebietsführer Erich Sundermann inspiziert die Führung des Bannes 126 – Kniebis.[49]

unb. 1941
Italiens Botschafter in Berlin, Dino Alfieri weilt im Hotel Waldeck.

Okt. 1943
Generalleutnant Dr. Hans Speidel hat seine in Mannheim ausgebombte Familie in der Hartranftstraße untergebracht. GL Dr. Hans Speidel ist Freudenstadt schon seit längerem verbunden – er und Major a. D. Wilhelm Bässler, Hotelier und Eigentümer des Waldeck sind befreundet. Beide Herren sind Kriegskameraden des I. Weltkrieges – Hans Speidel war als Leutnant Adjutant des Majors an der Westfront. GL Dr. Hans Speidel weilt oft in Freudenstadt und im Zusammenhang mit diesen Besuchen ist auch Generalfeldmarschall Erwin Rommel im Waldeck abgestiegen – dies allerdings privat.[50]

Im sogenannten „Eisernen Buch" der Stadt Freudenstadt (Museumsbestand) sind außerdem noch folgende Personen verzeichnet, die Freudenstadt besucht haben:

15.07.1936
RAD-Führer Willi Decker ist anläßlich einer Tagung in der Stadt.

21.05.1937
Kreisleiter Kurt Lüdemann verläßt Freudenstadt.

27.11.1937
Gauleiter und Reichsstatthalter Wilhelm Murr ist anläßlich der Tagung der Reichsapothekerkammer in Freudenstadt.

12.05.1938
RAD-Generalarbeitsführer Dr. Herbert Schmeidler leitet hier eine Woche lang eine RAD-Verwaltungstagung.

28.10.1940/16.11.1940
Generaloberst Friedrich Dollmann ist in diesem Zeitraum in Freudenstadt und verabschiedet sich mit Dank von der Stadt.

27.11.1940
Stabschef der SA Viktor Lutze nimmt vier Tage lang an der Tagung der Reichsapothekerkammer teil.

28.01.1942
Generalfeldmarschall der Luftwaffe Hugo Sperrle ist für 11 Tage privat im Waldeck abgestiegen. Der Feldmarschall ist leidenschaftlicher Skatspieler und hat vorsichtshalber zweckdienlich gleich seinen Adjutanten mitgebracht. In Hoteldirektor Oswald Blum ist schnell der „dritte Mann" gefunden und so spielt der Luftkrieger, der zumindest beim Spiel ein schlechter Verlierer ist, mit den beiden Herren nächtelang Skat, wobei der nach des Tages harter Arbeit sicher müde Hoteldirektor erst in den frühen Morgenstunden nach Hause kommt.[51]

26.02.1944
Generalleutnant Theobald Lieb, ein Sohn der Stadt Freudenstadt, hat von Hitler für seine

Führungsleistungen und seinen persönlichen Einsatz bei der Sprengung des Kessels von Tscherkassy und beim Durchbruch zur eigenen Frontlinie das silberne Eichenlaub zum Ritterkreuz des Eisernen Kreuzes verliehen bekommen. Er wird fortan der „Löwe von Tscherkassy" genannt.

Eichenlaub für den „Löwen von Tscherkassy".

23.03.1944
Feldwebel Max Vetter, ebenfalls ein Sohn der Stadt Freudenstadt, hat von Hitler das Ritterkreuz des Eisernen Kreuzes für persönlichen Einsatz bei der erfolgreichen Verteidigung gegen überlegene sowjetische Kräfte verliehen bekommen.

14.04.1944
Generalleutnant Dr. Hans Speidel hat für seinen persönlichen Einsatz bei Tscherkassy von Hitler das Ritterkreuz des Eisernen Kreuzes verliehen bekommen.

Alle Personen, die in dem vorgenannten Zeitraum im „Eisernen Buch" der Stadt eingetragen sind, erhalten aus gegebenem Anlaß einen festlichen Empfang im Sitzungssaal des Rathauses. Es gibt noch einen weiteren Ritterkreuzträger aus Freudenstadt, der leider nicht im „Eisernen Buch" eingetragen ist. Es ist dies der Führer einer Grenadierkompanie, Leutnant Friedrich Grammel. Der tapfere Offizier kann das ihm verliehene Ritterkreuz nicht mehr persönlich in Empfang nehmen, weil er bei dem Einsatz, der zur Verleihung des Ordens geführt hat, im Kessel von Tscherkassy gefallen ist. Die Verleihung wird am 4. Mai 1944 posthum vorgenommen. Die Stadt ehrt den toten Sohn mit einer Stiftung.

Die Wehrmacht in und um Freudenstadt

Es ist so schön, Soldat zu sein....

Am 16. März 1935 wird im Deutschen Reich die allgemeine militärische Dienstpflicht (allgemeine Wehrpflicht) eingeführt. Freudenstadt erhält im Hause Forststraße 23 (ehemals Gasthof Murgtäler Hof) ein Wehrmeldeamt unter dem Kommando von Oberstleutnant Lange. Hier werden laufend die Jahrgänge zur Musterung erfaßt. Bedingt durch die wiedererlangte Wehrhoheit gibt es auch wieder Manöver. Diese finden meist im Umland der Stadt statt. Die Bevölkerung erhält dabei Einquartierung, wobei hier die Soldaten bestens betreut werden. Oft wird hierbei auch der Grundstein für eine private Liaison gelegt – Verbindungen, die ein Leben lang halten und nicht selten in eine Ehe münden. Freudenstadt ist in jener Zeit von seiner geographischen Lage her in das militärische Verteidigungssystem der dem Westwall in einer Tiefe von 50 km nachgelagerten Luftverteidigungszone – West (LVZ-West) eingebunden. Die LVZ-West ist an günstigen Punkten mit Flugabwehrgeschützen bestückt und mit entsprechenden Bunkern und Unterständen versehen.[52] Die Nähe zu diesen Anlagen, die 1936 ff gebaut worden sind, hat die Anerkennung Freudenstadts als Lazarettstadt verhindert, da die Stadt nach der Genfer Konvention nicht nur 10 km, sondern mindestens 30 km von derartigen Bauwerken hätte entfernt sein müssen.
Trotzdem das komplette Schliffkopfgebiet seit dem 24. September 1938 unter Naturschutz steht, hat man am Hinterhang des Schwarzwaldkammes – zunächst zu militärischen Zwecken – die Verbindungsstraße Alexanderschanze – Ruhestein gebaut.[53] Das Hinterland des Westwalls – einer großzügig angelegten Bunkerkette in der Oberrheinebene von Basel bis Saarbrücken – muß gesichert sein.
Am 10. Mai 1940 beginnt der Westfeldzug. In einer großangelegten „Sichelschnittoperation" wird durch die Benelux-Staaten Frankreich von Norden her angegriffen. Die dem Westwall auf französischer Seite gegenüberliegende Maginot-Linie wird von hinten umgangen. Die 7. Armee des Generals Dollmann soll, wenn die Maginot-Linie von hinten her abgeriegelt ist, diese durchstoßen. Im Großraum Freudenstadt liegen Truppen aller Gattungen für diesen Angriff bereit. In Freudenstadt selbst befindet sich zu dieser Zeit der komplette Stab der 7. Armee. Diese ungefähr 500 Mann Stabspersonal sind bereits seit November / Dezember 1939 in Freudenstadt und bleiben bis Mitte Juni 1940 dort. Da wegen der Anwesenheit des Militärs eine Gästesperre verhängt worden ist, trifft dies diejenigen Freudenstädter besonders, die ihr Auskommen mit der Vermietung von Zimmern

„Kamerad wir marschieren im Westen ...".

an Kurgäste bestreiten. Auch die Hotelleitungen sind nicht glücklich über diesen Umstand, da verschiedene Hotels von der Wehrmacht für Quartierzwecke genutzt werden. Überdies sind einige der Hotels bereits zu Teillazaretten umfunktioniert. Mit Recht wehrt sich Bürgermeister Dr. Blaicher gegenüber dem Landratsamt Anfang 1942 vehement dagegen, daß erneut Truppen in die Stadt gelegt werden sollen. Der Fremdenverkehr wäre sonst wieder vollkommen lahmgelegt worden, was nicht im Sinne der Bürger sein kann. Die Einwendungen des Bürgermeisters sind erfolgreich gewesen.[54]

Die Anlage „T" – das Führerhauptquartier „Tannenberg"

Das Führerhauptquartier im Hochmoor wird nur für 8 Tage benutzt.

Die Lage des Verkehrsknotenpunktes Freudenstadt hat maßgeblich dazu beigetragen, daß der Stab der 7. Armee im November 1939 hier unterzieht. Daraus resultiert auch die Idee der Anlage eines Führerhauptquartiers (FHQ), damit von dem zentral im Hinterland und doch grenznah gelegenen Punkt aus ein Großteil der Kampfstätten des mittleren westlichen Kriegsschauplatzes rasch und einigermaßen bequem erreicht werden kann.

Der Standort des FHQ befindet sich 1,5 km in NNW Richtung von der Alexanderschanze (Stadtteil Kniebis) entfernt. Vor dem Bau muß das Gelände mittels Drainagen wenigstens einigermaßen entwässert werden – der Sperrkreis I liegt mitten im Hochmoor. Die Entwässerung ist jedoch nicht vollständig geglückt, denn Hitlers Ordonnanz, der SS-Untersturmführer Heinz Linge, hat später angemerkt, daß die Bunker feucht gewesen seien.[55] Die Anlage wird im Winter 1939/40 erstellt. Sie besteht innerhalb des Sperrkreises I aus einem Wachthäuschen mit Schlagbaum, aus zwei getrennten Dusch-, Bad- und WC-Anlagen, aus vier Baracken für Adjutanten, aus einer Lagebaracke, einem Kasino, einem Teehaus, einer Wohnbaracke (sog. Sommerhaus) für Hitler, sowie aus je einem Bunker für Hitler, für den Wehrmachtführungsstab (Generale Keitel und Jodl) und für den Nachrichtenzug (General Fellgiebel), außerdem aus einem Wasserbunker, hangseitig zum Buhlbach hin gelegen, sowie aus einer Energiezentrale für Dieselgeneratoren und einer Zisterne. Dem Oberbaudirektor (OT) Fritz Autenrieth gelingt es gerade noch rechtzeitig, das Projekt fertigzustellen, bevor Hitler mit dem Führerbegleitbataillon und den FHQ-Stäben – insgesamt etwa 1.000 Mann – auf dem Kniebis erscheint.[56]

Hitler kommt von seinem FHQ „Wolfsschlucht I" bei Givet (F) und ist dann am 28. Juni 1940 ab 11.00 Uhr im FHQ „Tannenberg" anwesend. Zwölf Stunden später ist die Besatzung des FHQ komplett. Am 30. Juni kommen noch zwei Kradschützenzüge – 90 Mann – unter dem Befehl des Hauptmanns Freiherr von Blomberg hinzu. An diesem Tag verläßt Hitler die Anlage um 9.00 Uhr, um im Elsaß die dortigen Schlachtfelder und die Panzerwerke der Maginot-Linie zu besichtigen. Da die Anlage „Tannenberg" ziemlich klein ist, müssen einige Arbeitsstäbe in den umliegenden Hotels untergebracht werden. Im Hotel „Lamm" hat sich Hitler verschiedene PK-Filme vom Westfeldzug angesehen. Eine in der Nähe des Hotels gelegene Wiese wird als Start- und Landebahn für Kurierflugzeuge vom Typ Fieseler – Storch verwendet. Ein weiterer Arbeitsstab des FHQ residiert im Hotel „Zuflucht". Da auch hier eine Gästesperre verhängt ist, man aber den Gastwirt Schmelzle für seinen Verdienstausfall entschädigen möchte, ergeht aus der direkten Umgebung Hitlers die Anweisung, der dort anwesende Stab möge den Ausgleich durch reichliche Inanspruchnahme des Weinkellers herstellen. Zu einer „Befehlsverweigerung" dürfte es hier wohl nicht gekommen sein.

Am 5. Juli 1940 besucht Hitler das Reservelazarett (Kreiskrankenhaus) Freudenstadt. Um 11.30 Uhr fährt die Führerkolonne in die Stadt vom Kniebis her kommend ein. Umgeben von Angehörigen des Führerbegleitkommandos, welches von der Leibstandarte-SS-Adolf Hitler (LSSAH) unter dem Kommando von SS-Standartenführer Rattenhuber gestellt wird, steht der Führer in seinem Mercedes-Benz G4, welcher wie immer von SS-Hauptsturmführer Erich Kempka sicher gelenkt wird. Der G 4 ist ein dreiachsiges Geländefahrzeug, eine Sonderanfertigung Ausführung 1939 mit – für damalige Verhältnisse – aufwendiger Sonderausstattung. Der Anfahrtsweg wird von den beiden Krad-

„Führer befiehl! Wir folgen Dir!" Adolf Hitler – der „größte Feldherr aller Zeiten" – am 5. Juli 1940 in der Straßburger Straße.

schützenzügen von Blombergs, die hier mit Absperrmaßnahmen betraut sind, gesichert. Bereits am Waldeck (Straßburger Straße) wird Hitler von jubelnden BDM-Mädchen empfangen. Die Straßburger Straße, die Hindenburganlagen, der Adolf Hitler Platz, die Wilhelm Murr Straße, Teile der Bahnhofstraße und Teile der Herrenfelderstraße sind von der Bevölkerung dicht umsäumt. Hunderte von Freudenstädter Bürgern und auch Wehrmachtsangehörige jubeln „Heil" schreiend mit zum deutschen Gruß erhobenem rechten Arm dem „größten Feldherrn aller Zeiten" zu. Die Fahrzeuge halten vor dem Kreiskrankenhaus und Hitler betritt das Gebäude, um hier die Verwundeten des Frankreichfeldzuges zu besuchen. Er tritt an verschiedene Betten heran, hat für jeden ein freundliches Wort und verläßt dann das Haus wieder. Die Fahrzeugkolonne fährt auf demselben Weg wieder zurück. Hitler hat vermutlich die Anlage „Tannenberg" nicht mehr betreten, denn um 13.20 Uhr fährt sein Führerzug vom Bahnhof Oppenau aus, geschützt durch den II. Ersatz-Flakzug nach Berlin Anhalter Bahnhof ab, welchen er am nächsten Tag um 15.00 Uhr erreicht. Das FHQ „Tannenberg" wird danach nie wieder benutzt. Bei Kriegsende haben Teile der Bevölkerung Mittel- und Obertals aus der Anlage das abmontiert, was noch brauchbar erschien und sie haben auch das Mobiliar entfernt. Heute sind nur noch kümmerliche Reste der Anlage „T" vorhanden.

Die Stadt Freudenstadt ist auf den Führerbesuch nicht vorbereitet, denn erst am Morgen des 5. Juli 1940 wird in der Stadt bekannt, daß Hitler kommen soll. Der Bannführer der HJ hat noch schnell einige blonde und blauäugige Hitlerjungen aus dem Unterricht holen lassen, um mit ihnen noch einige Kommandos einzuüben.

Als Hitler an der HJ-Gruppe vorbeifährt, hat der Bannführer seine Kommandos völlig vergessen und nur noch „Heil" geschrien. Hitler hat von seinem Terminplan her nur knapp zwei Stunden Zeit für Freudenstadt. Bei mehr Zeit hätte man Hitler sicher einen Empfang auf dem Rathaus bereitet, wo er womöglich noch Ehrenbürger geworden wäre. Das wenigstens ist der Stadt erspart geblieben.[57]

Freudenstadt als Lazarettstandort

Bereits im September 1939 sind Teile des Kreiskrankenhauses (Bau I) für Zwecke der Wehrmacht als Reservelazarett freigestellt worden. Polen, Norwegen und erst recht Frankreich lassen während der Feldzüge dort die Zahl der Verwundeten derart hoch ansteigen, daß die Kapazitäten im Kreiskrankenhaus nicht mehr ausreichen und auch Hotels als Teillazarette belegt werden müssen.

Im Fremdenverkehr müssen erhebliche Einbußen hingenommen werden. Bei Ende des Krieges hat das Reservelazarett in 14 Häusern rund 2000 Betten zur Verfügung, die zu diesem Zeitpunkt etwa zu 80% belegt sind.

Im April 1940 übernimmt Oberfeldarzt Dr. Joachim Bauer die Leitung von Krankenhaus und Reservelazarett von Dr. Alfred Bubenhofer. Anfang 1945 verlegt wegen Frontnähe die San. Abt. 5 von Karlsruhe nach Freudenstadt. Deren Kommandeur, Oberstarzt Dr. Becker wird Standortarzt – das Reservelazarett I wird nun von Dr. Bauer und das Reservelazarett II von Dr. Eschle geleitet.

Im Frühjahr 1945 versuchen Landrat Lauffer, Bürgermeister Klepser und Kreisleiter Maier darauf hinzuwirken, daß Freudenstadt wenigstens als Lazarettbezirk anerkannt wird. Es dür-

Der Führer und Reichskanzler Adolf Hitler vor dem alten Kreiskrankenhaus Freudenstadt am 5. Juli 1940.

fen in der Stadt keine militärischen Befestigungen mehr gebaut werden und durchziehende Truppen der Wehrmacht dürfen kein Quartier machen. Genützt hat dies jedoch nichts.[58]

Die Verwundeten werden – soweit es die Umstände zulassen – bestens versorgt. Sämtliche Gliederungen der Partei wetteifern darin, die Verwundeten in irgendeiner Form zu betreuen. Dem Ideenreichtum sind hier keine Grenzen gesetzt. In den ersten Kriegsjahren erhalten Verwundete noch Besuch von ihren Angehörigen. Je länger der Krieg dauert, desto weniger ist dies möglich, weil sämtliche Transportkapazitäten für die kämpfende Truppe benötigt werden.

Luftschutz – Abwehr oder Angriff?

Bereits 1933 setzt man sich mit dem Gedanken des Luftschutzes auseinander, wobei dieser als „rein" defensiv deklariert wird. Die Volksgenossen werden aber dadurch – durchaus gewollt – in eine gewisse Hysterie versetzt. Der RLB wird gegründet und schon 1934 beginnt man mit Entrümpelungsaktionen der Dachböden. Nichts mehr soll dort abgestellt werden, was brennen könnte. Bei diesen Aktionen landet auch so manche Tonne Eisen in den Hochöfen der Rüstungsindustrie. Die Dachböden werden dick mit Sand ausgestreut, Balken und Verlanderungen werden mit einem feuerresistenten Kalkanstrich versehen und es werden überall Eimer mit Wasser aufgestellt, aus denen mittels Handspritzgerät gelöscht werden soll. Als sicherster Aufenthaltsort im Falle eines Luftangriffes gilt der Keller. Kellertüren werden verstärkt, Kellerfenster werden teilweise zugemauert und vor die noch offenen Fenster stellt man Betonklötze als Splitterschutz. Neubauten sind grundsätzlich mit einem Luftschutztraum zu versehen. Sabotage am Luftschutz wird als Landesverrat geahndet. Auch in Freudenstadt werden im Laufe der dreißiger Jahre alle diese Maßnahmen durchgeführt.

Im Sommer 1938 erhalten die Kommunalverwaltungen die als „Geheim" gekennzeichnete Lufwaffen-Dienstvorschrift 773 mit dem Titel „Richtlinien für die Brandbekämpfung im Luftschutz". Bereits 1935 werden sowohl in Freudenstadt, als auch im gesamten Oberamt Verdunklungsübungen durchgeführt – bis zum Exzeß! Wehe dem Volksgenossen, aus dessen Wohnung noch ein Lichtschein nach draußen fällt.

Im Falle eines Luftangriffs hat sich die Bevölkerung in die Keller zu begeben. Wer gerade unterwegs ist, dem stehen öffentliche Luftschutzunterstände zur Verfügung. In Freudenstadt gibt es 13 Stück davon, die über die ganze Stadt verteilt sind.

Als sicherster Aufenthaltsort im Falle eines Luftangriffs gilt der Keller.

Der Aufenthalt in einem Luftschutzraum ist nicht eben angenehm. Sanitätsmaterial, Trinkwasser und Kerzen müssen vorhanden sein. Frischluftzufuhr muß immer gewährleistet sein. Die Angehörigen des RLB – sie haben Polizeifunktion – müssen darauf bedacht sein, eine mögliche Panik unter den Luftschutzrauminsassen zu verhindern. Wenn der Alarm mehrere Stunden dauert, ist dies nicht einfach zu bewerkstelligen. Die Bevölkerung kann aber mit allen notwendigen Hilfsmaßnahmen rechnen. Die Luftschutzräume sind in der Regel elektrisch beleuchtet, haben Stockwerkbetten, Heizöfen und genügend Sitzgelegenheiten.[59]

Sogleich nach Kriegsbeginn müssen die Glocken der Stadtkirche als Alarmmittel herhalten, zumindest so lange, bis Luftschutzsirenen installiert sind. Es wird aufgrund der Luftalarme immer wieder darauf hingewiesen, daß danach aufgefundene Blindgänger nicht berührt werden sollen, da hier Lebensgefahr besteht. Derartige Funde sollen der Polizei oder dem RLB gemeldet werden.

Es ist auch verboten, abgeworfene Flugblätter zu lesen! Diese sind vollständig (!) und ungelesen (!) beim Bürgermeisteramt abzugeben (!).[60]

Abgeworfene (feindliche) Flugblätter sind vollständig(!) und ungelesen(!) beim Bürgermeisteramt abzugeben!

Es werden auch besondere Richtlinien für notgelandete oder abgestürzte Flugzeuge (eigene oder feindliche) bekanntgegeben. Demnach ist Hilfe zu leisten und die feindlichen Besatzungen sind gefangenzunehmen. An den abgestürzten Maschinen darf bis zum Eintreffen von Experten der Luftwaffe nichts verändert werden. Im Raum Freudenstadt sind – soweit bisher bekannt – von Anfang 1944 bis Kriegsende neun deutsche, vier britische und eine amerikanische Maschine abgestürzt. Deren Reste hat man teilweise lokalisiert.[61]

Freudenstadt gehört den Luftkrieg betreffend eher zu den ruhigeren Zonen. Es werden daher von Partei und NSV sehr viele Umquartierte, auch Evakuierte genannt, hier untergebracht. Auch Kinder aus luftkriegsgefährdeten Gebieten sind hier in sogenannten KLV-Lagern zusammengefaßt. Dafür hat man Hotels und Fremdenheime herangezogen. Im Oktober 1944 sind vorsichtshalber zwischen den einzelnen Häusern des Marktplatzes unterirdische Verbindungsgänge geschaffen worden, damit die sich in Kellern von zusammengebrochenen Häusern befindlichen Personen durch einen solchen Gang ins Nachbarhaus retten und dort ins Freie gelangen können.[62]

Abfolge der Luftangriffe auf Freudenstadt und die nähere Umgebung

16.02.1944 Hauptbahnhof
08.10.1944 Viaduktbrücke Wittlensweiler

Aufklärungsfoto der USAAF vom 16. April 1945 – die Bombentrichter im Umfeld der Lauterbader Brücke stammen mehrheitlich vom Angriff der Flying Fortresses am 15. Februar 1945.

28.12.1944	Viaduktbrücke Wittlensweiler
28.12.1944	Hauptbahnhof
30.12.1944	Gaswerk
15.01.1945	Hauptbahnhof
23.01.1945	Hauptbahnhof
02.02.1945	Hauptbahnhof
08.02.1945	Viaduktbrücke Wittlensweiler
08.02.1945	Viaduktbrücke und Haltepunkt Grüntal
13.02.1945	Hauptbahnhof
14.02.1945	Viaduktbrücke Grüntal
14.02.1945	Kursaal
15.02.1945	Viaduktbrücke Lauterbad
16.02.1945	Viaduktbrücke Lauterbad
09.04.1945	Viaduktbrücke Lauterbad
09.04.1945	Stadtkern, Schlachthof, Bereich um den Schickhardtbau und die Stadtkirche, Lauterbadstraße, alter Friedhof
12.04.1945	Viaduktbrücke Lauterbad
12.04.1945	Besenfeld
13.04.1945	Stadtbahnhof, bebaute Grundstücke zwischen Bahnhofstraße und Falkenfeld
14.04.1945	Finanzamt, Wilhelmstraße
15.04.1945	Hauptbahnhof, Murgtalstraße, Hirschkopfstraße, Marktplatz neben Wachthaus, Lange-, Friedrich-, Lindenstraße, Kepler-Schule /Auto Hornberger, Kurtheaterpavillon, Lauterbadstraße, Wachthaus, alle Hauptverkehrsstraßen
16.04.1945	Häuser Nähe Hauptbahnhof, Frühlingsauweg, Häuser Nähe Stadtbahnhof, Herzog-Eugen- und Gottlieb-Daimler-Straße, Hofstraße, Evang. Gemeindehaus, Marktplatz, Postgebäude, Wachthaus, Stadtkirche

Insgesamt sind von der USAAF auf Freudenstadt 30 short tons Bomben abgeworfen worden. Meist handelt es sich um Sprengbomben. Auch Bordwaffen (20 mm Maschinenkanonen) sind eingesetzt worden. Oft traten nur Schäden an Gebäuden auf.

Am 16. Februar 1944 brennt der Wilhelmsbau, am 28. Dezember 1944 wird die ehemalige Glasfabrik Böhringer ein Raub der Flammen und zwei Tage später wird der Gaskessel beschädigt. Am 13. Februar 1945 kommen neun Zivilisten um, einen Tag später sind es zwei Zivilisten und sieben Wehrmachtsangehörige. Am Tag darauf kommen weitere drei Zivilisten ums Leben. Am 16. April 1945 wird die Hochdruckwasserleitung irreparabel beschädigt und die Stadtkirche in Brand geschossen. Bei den Angriffen zwischen dem 9. und 16. April 1945 sind 15 Ziviltote zu beklagen.

Luftschutzunterstände in Freudenstadt

In Freudenstadt stehen 13 Luftschutzunterstände zur Verfügung.

Standort	Anzahl der Personen	Grundfläche m^2
Steinbruch beim Waldeck	500	487
südlich des Ökonomiegebäudes Waldlust	keine Angabe	125
Stollen zwischen Ökonomiegebäude und Waldlust	500	441
Lauterbadstraße b. Haus Schierenberg	100	88
Lauterbadstraße b. Kurhaus	200	161
Landhausstraße b. d. Turnhalle	200	160
Bahnhofstraße b. d. Falkenschule unter dem Schulhof	100	81
Ringstraße als Anbau ans Schwimmbad	150	108
Ringstraße am städt. Bauhof Ecke Hirschkopfstraße	60	41
frühere Brauerei zur Sonne Stuttgarter Straße 24	350	384
Rathaus – Befehlsstelle Marktplatz 1	keine Angabe	125

Gastwirtschaft Schwanen Forststraße	130	keine Angabe
Rettungskeller in der Keplerschule unter Hofraum und Schulgarten	keine Angabe	keine Angabe
Nähe Gebäude Murgtalstraße 80	1944 begonnen, nicht mehr fertiggestellt	

Der Kirchen schwerer Stand im III. Reich

„... die Kirche stellt sich freudig und geschlossen hinter den Führer".

„.... die Kirche stellt sich freudig und geschlossen hinter den Führer" – so Landesbischof Theophil Wurm im Oktober 1933! Solche und ähnliche Fürbitten lassen den Schluß zu, daß die Evangelische Landeskirche Württemberg die Zeichen der Zeit erkannt zu haben scheint – allerdings noch nicht den „Wolf im Schafspelz". Zunächst soll – so 1935 – Gott das Werk des Führers in Gnaden gelingen lassen – oder 1936 – soll Gott seine Hand über den Führer unseres Volkes halten. Aber schon 1943 soll ER der Verkündigung der Kirche in Wort und Schrift freien Raum verschaffen. Inzwischen werden Gottesdienste von der Gestapo überwacht – es werden Stenogramme mitgeschrieben und die Pfarrer werden vom Oberkirchenrat dazu angehalten, Angelegenheiten des Staates und der NSDAP in der Predigt außer Erörterung zu lassen.[63]

„... allerschwerste Beschimpfungen gegen den Führer".

Einer hält sich nicht daran! Es ist dies der Vikar Walter Ellwanger aus Mitteltal, der sich in seiner Predigt am 21. März 1937 „allerschwerste Beschimpfungen gegen den Führer" zuschulden kommen läßt. Hitler wird dabei als „gottlos" und als „Bolschewist" bezeichnet.[64] Mutige Worte in einer unseligen Zeit! Ellwanger wird verhaftet und suspendiert. Kreisleiter Lüdemann weiß den Vikar im Amtsgerichtsgefängnis in Freudenstadt und ruft zu einer Versammlung auf dem Marktplatz auf. Der Vikar soll dort der Menge vorgeführt werden, doch der umsichtige Amtsgerichtsdirektor Kaufmann hat den Gefangenen bereits nach Stuttgart bringen lassen. Der von Lüdemann heraufbeschworene „Volkszorn" verpufft wirkungslos. Laut Schwarzwald-Zeitung sollen 6.000 erzürnte Volksgenossen auf dem Marktplatz gewesen sein – vermutlich hat die Zahl 6.000 hier eine Null zuviel. Vikar Ellwanger wird von einem Psychiater eine hohe Affektivität bescheinigt – dies wirkt sich strafmildernd aus und das Verfahren wird eingestellt. Der mutige Kirchenmann kommt zur Truppe – dort zu einer Einheit, die in Jugoslawien beim Bandenkampf eingesetzt ist. Dabei fällt er im scharfen Einsatz am 2. Dezember 1943![65]

Auch die HJ und ihre Funktion werden 1933 von Landesbischof Wurm zunächst positiv gesehen. Wurm schlägt sogar einen gemeinsamen monatlichen Bibelabend von HJ und Evangelischem Jugendwerk vor – eine für die HJ völlig abstruse Idee. Als dann Schirach im Dezember 1933 das „Abkommen über die Eingliederung der evangelischen Jugend in die HJ" vorlegt, erkennt man kirchlicherseits endlich, was die Stunde geschlagen hat. Aber nun ist es zu spät – jegliche kirchlichen Rettungsversuche sind vergeblich! In Freudenstadt gibt es Unstimmigkeiten zwischen HJ und CVJM. Es kommt zu Sachbeschädigung seitens der HJ an kirchlichem Eigentum im Gemeindehaus. Ende Januar 1934 kann Stadtvikar Pfeiffer nur mit größter Mühe eine tätliche Auseinandersetzung auf dem nächtlichen Marktplatz verhindern.[66]

Als sich Dekan Haller Ende September 1934 nach 14-jähriger Dienstzeit in Freudenstadt nach Tübingen in den Ruhestand begibt, hält er zuvor noch eine Abschiedspredigt, der er die Textstelle Apg. 4,12 zugrunde legt. Darin heißt es: „Es ist in keinem anderen Heil, es ist auch kein anderer Name unter dem Himmel den Menschen gegeben, darin wir sollen selig werden, als allein der Name Jesus". Der Redakteur der Schwarzwald-Zeitung, der über den Abschied des Dekans kurz berichtet, vermerkt irritiert, man möge den Rest der Predigt im Gemeindeblatt nachlesen.[67]

Die Haltung der Partei zur Kirche ist entsprechend! Sowohl Lüdemann als auch später Michelfelder sprechen die Empfehlung aus, „die Pfaffen doch einfach unter sich zu lassen und nicht hinzugehen". Nachdem einige Pfarrer der BK verhaftet werden und in der Kir-

chengemeinde deshalb Unruhe entsteht, äußert sich Kreisleiter Lüdemann dazu in höchst menschenverachtendem Ton, indem er meint, wenn heute vom Staat Pfarrer verhaftet würden, dann seien dies große Halunken.[68]
Ab 1937 dürfen nur noch solche Pfarrer, die ein Treuebekenntnis zum Führer abgelegt haben, in den Schulen Religionsunterricht erteilen. Wer aus dem Religionsunterricht austritt, muß am Weltanschauungsunterricht teilnehmen. Schließlich wird der Religionsunterricht vollkommen durch den Weltanschauungsunterricht ersetzt. Beim Weltanschauungsunterricht wird versucht, Gottesglauben ohne dogmatische Bindung zu lehren. Das Ergebnis ist entsprechend. Mit der hinlänglich bekannten Arroganz der staatlichen Schulaufsicht konfrontiert, lassen sich erzürnte Eltern abweisen. Die Kirche unterläuft derartige Anordnungen und führt private Bibelkreise ein.
Der im Januar 1935 aufgezogene neue Dekan Theodor Gerhardt hat sich im Spätherbst 1940 kritisch über das Euthanasieprogramm der Nazis geäußert und wird deshalb von der Gestapo vernommen. Im Wiederholungsfalle wird ihm Schutzhaft angedroht. Seine Äußerungen hatten sich auf Grafeneck bezogen, aber auch im Kreis Freudenstadt ist in den Häusern der Gustav-Werner-Stiftung dieses Programm angelaufen. Es gibt für diesen Bereich hier zwar keine Nachweise über „die Vernichtung lebensunwerten Lebens" mehr, wohl aber solche über Zwangssterilisierungen im Rahmen des „Gesetzes zur Verhütung erbkranken Nachwuchses". Dekan Gerhardt wird auch mit einem anonymen Schreiben in Verbindung gebracht, welches der Gestapo in die Hände gefallen ist. Eine Haussuchung im Dekanat am 15. April 1943 führt zu keinem Ergebnis.[69]
Die Gottesdienste der Stadtkirche richten sich, ihren Inhalt betreffend, nach den Vorgaben der Synode, oder sie orientieren sich an den Festen und Sonntagen des Kirchenjahres. Während der Zeit des III. Reiches gibt es jedoch auch eine Anzahl von Gottesdiensten, die sich auf „historische" Ereignisse beziehen, mithin also politischen Inhalts sind, bzw. einen politischen Hintergrund haben.[70]

Gottesdienste in der Stadtkirche Freudenstadt zu historischen Ereignissen im III. Reich

07.04.1935
Fürbitte für Volk und Kirche wegen der neuen Wehrgesetzgebung

21.04.1935
Wort des Landesbischofs zum Führergeburtstag

21.04.1936
Fürbitte wegen Zurückweisung der Verurteilung durch den Völkerbund aufgrund der Rheinlandbesetzung

Dank und Fürbitte an Gott – aber nicht nur auf deutscher Seite ...

20.03.1938
Dankgottesdienst wegen des Österreichanschlusses

15.09.1938
Fürbitte für bedrängte Volksgenossen jenseits der Grenzen (CSSR)

02.10.1938
Dankfeier für den erfolgreichen Abschluß des Münchner Abkommens und für den Einmarsch in das Sudetenland

25.03.1939
Dank und Fürbitte zur Zerschlagung der Resttschechei, der Errichtung des Protektorats und der Rückgabe des Memellandes

08.10.1939
Dankgottesdienst zum Sieg über Polen

09.11.1939
Dank für die Bewahrung des Führers beim Attentat im Bürgerbräukeller

09.06.1940
Dankgottesdienst wegen des Sieges in Flandern und im Artois

26.06.1940
Dankgottesdienst wegen des Sieges über Frankreich

Das mehrfache Läuten der Kirchenglocken wird zu folgenden Gelegenheiten angeordnet: Einnahme von Warschau, Sieg über Polen, Sieg (!) bei der Kesselschlacht von Dünkirchen und Sieg über Frankreich.[71]

Nach 1940 hat die Deutsche Wehrmacht keine großen Siege mehr zu verzeichnen – anstatt Dankgottesdiensten finden nur noch Trauergottesdienste statt – ohne Glockengeläut!

Kunstschätze und Luftschutz.

Was die Kirchengebäude und die sich darin befindlichen Kunstschätze anbetrifft, so haben Denkmalamt und RLB entsprechende Richtlinien zur Sicherung der Gebäude samt Inhalt geschaffen. Ein gotisches Chorgestühl und der Taufstein der Stadtkirche werden mit Ziegelsteinen eingemauert. Das Chorgestühl verbrennt 1945 dennoch innerhalb seiner Ummauerung. Die ungenügend gesicherten Kirchenbücher verbrennen unter der Treppe des Uhrturms. Das gotische Kruzefix wird gerettet – die Rettungsaktion kostet die Frau Dekan Gerhardts das Leben. Der romanische Lesepult wird von Dekan Gerhardt mehr im Vorbeigehen mit ins Dekanat genommen – und entgeht so der Zerstörung.

Die Katholiken, in Freudenstadt in der Minderzahl, haben in Stadtpfarrer Eugen King einen hervorragenden Seelsorger, der sein Amt nicht nur einfach ausführt, sondern es auch lebt. Stadtpfarrer King wird am 1. Juli 1936 zum Dekan des Landkapitels Horb gewählt.

Am 2. Mai 1935 weiht Stadtpfarrer King in der Taborkirche den unterhalb des Kirchenschiffs eingerichteten katholischen Kindergarten St. Konrad ein. Dieser Kindergarten, der heute noch besteht, ist insofern ein Novum, als es jetzt erstmalig eine derartige katholische Einrichtung in Freudenstadt gibt. Provozierend daran ist gegenüber der Partei die konfessionelle Ausrichtung, wo doch die NSV gleichartige, allerdings ideologisch gefärbte Einrichtungen anbietet.

Der katholische Kindergarten – ein Dorn im Auge der Partei.

Der Stadtpfarrer hat hier vollendete Tatsachen geschaffen, wohl wissend, daß die Kreisleitung keine rechtliche Handhabe hat, den Kindergarten wieder zu schließen. Der Kindergarten St. Konrad hat das städtische „Kinderschüle" am Marktplatz spürbar entlastet, so daß die Stadt mit einem Neubau noch zuwarten kann.

Nicht nur der Kindergarten, sondern auch das Kirchengebäude erregt bei den Nazis Anstoß. Bei der exponierten Lage der Taborkirche fällt dem Betrachter sofort das beleuchtbare Kreuz auf dem Kirchturm ins Auge. Die Partei ist nun bestrebt, die „Bausünden der Systemzeit" zu eliminieren und dabei hat man sich die im Bauhausstil errichtete Kirche ausgesucht – hier speziell den Kirchturm. Die Schwarzwald-Zeitung hat bereits einen Umbauvorschlag des Turmes samt Zeichnung veröffentlicht – der Turm wäre demnach mit einem Spitzdach versehen worden, auf dem das Kreuz keinen Platz mehr gehabt hätte. Darum und nur darum geht es einzig und alleine! Bei der Eliminierung der „Bausünden der Systemzeit" hat man beispielsweise das Kepler-Gymnasium vergessen – auch ein Gebäude im Bauhausstil ....

Zu einem Umbau an der Kirche ist es erfreulicherweise nicht gekommen! Die Nazis behaupten nun, die Katholiken würden mit diesem Kreuz „Reklame" machen! Nun – das Kreuz auf dem Kirchturm ist geblieben – die vielen Hakenkreuze auf den Fahnen und wo auch sonst immer nicht ....[72]

Die jüdischen Einwohner Freudenstadts

In Freudenstadt hat es nie viele Juden gegeben. In seiner Veröffentlichung „Die jüdischen Gemeinden in Württemberg und Hohenzollern" nennt Paul Sauer für Freudenstadt zum 30. Januar 1933 nur sieben Personen. Zu-, Weg – und Umzüge halten diese Zahl nicht konstant. Nach dem von der NS-Hago 1935 herausgegebenen Büchlein „Deutscher kaufe nicht beim Juden – Verzeichnis jüdischer Geschäfte in Württemberg und Hohenzollern" leben in Freudenstadt fünf jüdische Familien:

Beer, Karl, Dr. med. –
Facharzt für innere Krankheiten –
Praxis und Kur-Pension

Levi, Salomon	Viehhändler
Levi, Wilhelm	Viehhändler
Weil, Manfred	Kaufmann
Weil I, Simon	Mehlhändler

Außer den in dem obigen NS-Machwerk genannten Familien gibt es noch weitere jüdische Mitbürger in Freudenstadt:

Fellheimer, Leopold	Pensionär,
Felsenstein, Jakob	Kaufmann,
Berwin, Beate, Dr. phil.	Schriftstellerin,
Kaulla, Jeanette	Hausfrau

Selbst in einem relativ ruhigen Städtchen, wie Freudenstadt es ist, müssen diese bedauernswerten Menschen entwürdigende Schikanen über sich ergehen lassen. Der Boykott jüdischer Geschäfte, die Nürnberger Gesetze, das Reichsbürgergesetz und dergleichen mehr sind Diskriminierungen, die die jüdischen Mitbürger erdulden müssen. Am 16. März 1937 meldet die Schwarzwald-Zeitung: „Jüdischer Viehhandel im Kreis Freudenstadt praktisch ausgeschaltet". Am 19. März 1937 schreibt die Schwarzwald-Zeitung, daß Juden im Kreis Freudenstadt in Zukunft in Hotels und Gasthöfen keine Unterkunft mehr finden würden. Weitere drei Tage später wird die „Judenfrage in Kurorten" behandelt und am 12. Mai 1937 werden die Freudenstädter Krämermärkte als „judenfrei" gemeldet. Während sich Ende November 1937 auch die Reichsapothekerkammer mit rassepolitischen Fragen befaßt, ist dann Mitte März 1938 in der Schwarzwald-Zeitung zu lesen, daß Juden im Kreis Freudenstadt unerwünscht seien. Im Laufe des Jahres 1938 ergeht für jüdische Anwälte und Ärzte ein Berufsverbot. Am 11. November 1938 titelt die Schwarzwald-Zeitung: „Das Volk selbst hat das Urteil gesprochen..." – Anfang 1939 müssen männliche Juden in den Personalpapieren zusätzlich den Vornamen „Israel" und Jüdinnen zusätzlich den Vornamen „Sarah" eintragen lassen und führen. Außerdem werden die Pässe mit einem großen „J" (= Jude) gestempelt. Ab September 1941 muß der gelbe Judenstern (Davidsstern) auf der Kleidung getragen werden und am 20. Januar 1942 findet die „Wannsee-Konferenz" statt, deren Tagesordnung die „Endlösung der Judenfrage" zum Inhalt hat.[73]

Über die Schicksale der jüdischen Bewohner Freudenstadts ist wenig bekannt. Von Jeanette Kaulla sowie von Jakob Felsenstein weiß man überhaupt nichts. Dr. Beate Berwin ist in die USA ausgewandert. Leopold Fellheimer ist zwei Monate nach seinem 81. Geburtstag im November 1941 in Freudenstadt verstorben. Seinem Wunsch, eingeäschert zu werden, wird nicht entsprochen – für Juden gibt es keine Kohlen. Die Ächtung der Juden hat Leopold Fellheimer aufs schwerste getroffen. Gold, Schmuck und Trauring muß der Witwer abgeben, nach der Reichskristallnacht auch das silberne Tafelgeschirr. Bei der Kreissparkasse kann er von seinem eigenen Konto monatlich nur RM 300,– abheben, nach einem Schlaganfall im Jahr 1939 wird die Summe „großzügig" auf RM 350,– erhöht. Jeden Monat erhält er Besuch von einem Polizeibeamten, der überprüfen „muß", ob ein Haustier oder gar ein Telefon vorhanden ist. Nach dem Tod Leopold Fellheimers wird bekannt, daß Kreisleiter Lüdemann verfügt hat, daß Fellheimer und wohl auch Dr. Beer nicht angepöbelt werden dürfen und daß ihnen nichts geschehen dürfe. Kreisleiter Michelfelder habe Fellheimer einmal besucht und sei sehr menschlich gewesen. Der alte Herr schämte sich, der Pflicht nachzukommen, den gelben Stern zu tragen. Deshalb hat er seine Wohnung auch nicht mehr verlassen!

Mit diesem „Judenstern" wurden die Angehörigen der „jüdischen Rasse" gekennzeichnet. Bei dem hier abgebildeten Emblem handelt es sich um ein von Dr. Carl Beer getragenes Stück.

Der Viehhändler Salomon Levi ist von Rexingen nach Freudenstadt zugezogen und er ist auch wieder nach Rexingen zurückgegangen. Dort wird er mit seiner Frau am 21. August 1942 verhaftet und nach Theresienstadt und von dort aus in das Lager Maly-Trostinec deportiert, wo beide umkommen. Das Ehepaar wird am 31. Oktober 1942 für tot erklärt. Dem Sohn Wilhelm Levi gelingt die Flucht in die USA. Manfred Weil wandert 1938 mit Frau und Sohn nach Shavey-Zion (Palästina) aus und siedelt später in die USA über. Simon Weil I war bereits 1930 verstorben. Seine Witwe, Marie Weil, hat die Geschäfte weitergeführt und ist im September 1938 ihrem Sohn Manfred nach Palästina gefolgt und geht von dort aus – vermutlich zusammen mit der Familie ihres Sohnes – in die USA.[74]

Mit einem solchen „J" wurden die Pässe jüdischer Mitbürger gekennzeichnet.

Dr. Carl Beer (1885 – 1969) ist in Ungarn geboren und kommt im I. Weltkrieg als Verwundeter ins Lazarett Palmenwald. Nach Ausheilung seiner Verwundung betätigt er sich dort als Militärarzt und lernt dabei seine Frau kennen, die im selben Hause als Krankenschwester arbeitet. Nach dem Krieg eröffnet Dr. Beer in Freudenstadt eine Praxis und betreibt sowohl dort, als auch in der Zeppelinstraße je eine kleine Privatklinik bzw. Privatkurheim mit zusammen etwa 25 Betten. Dr. Beer ist in Freudenstadt sehr beliebt und geachtet. Finanziell weniger gut stehende Patienten behandelt er auch ohne Honorar.

Als im August 1938 die Bestallungen jüdischer Ärzte erlöschen, lebt Dr. Beer sehr zurückgezogen. Trotz dieser Maßnahme des Berufsverbots lassen sich viele Freudenstädter nicht davon abhalten, die Praxis weiterhin aufzusuchen. Sie tun dies nachts, damit sie nicht gesehen werden.[75]

8./9. November 1938 – die Nacht, in der in Deutschland die Synagogen brennen!

Die Nacht vom 8. auf den 9. November 1938, die Nacht, in der in Deutschland die Synagogen brennen und die man später die „Reichskristallnacht" nennen wird, verbringt die Freudenstädter SA-Führung im Hotel zur „Post" und „versorgt" sich dort mit Alkoholika auf Kosten des Hauses. Zu vorgerückter Stunde, nachdem die Getränke langsam Wirkung zeigen, schlägt einer der Anwesenden vor, man könne doch jetzt den Beer besuchen. Ein nicht mehr namentlich bekannter SA-Führer verbietet eine derartige Aktion mit dem Hinweis, daß er von Dr. Beer als Kind vom Keuchhusten geheilt worden sei und daß man deshalb jetzt nicht dorthin gehe.[76] So bleibt also in jener Nacht das Eigentum des Arztes unangetastet. Dr. Beer wird aber einen oder zwei Tage später zu einer Vernehmung abgeholt. Es geht dabei wohl darum, daß Juden von Versicherungsleistungen ausgeschlossen werden und die von der SA verursachten Schäden selbst bezahlen müssen und außerdem auch noch eine Abgabe an das Reich zu entrichten haben. Nach der Vernehmung wird Dr. Beer inhaftiert und am 11. November 1938 ins Konzentrationslager Dachau gebracht, wovon er am 12. Dezember 1938 wieder nach Freudenstadt zurückkehrt. Was sein weiteres Schicksal im Jahr 1939 und während der Kriegszeit anbetrifft, so ist lediglich bekannt, daß er im Ghetto von Nürnberg als Ghettoarzt tätig ist und zwar bis zum April 1945. Von dort aus kehrt er wieder nach Freudenstadt zurück.[77] Nach dem Krieg praktiziert Dr. Beer in Freudenstadt weiter und bekleidet in der SPD-Fraktion einen Sitz im Stadtrat.[78]

Dr. Beer als Ghettoarzt in Nürnberg.

Die Schule – „das Tor der Jugend zu Volk und Staat"

Wer die Jugend auf seiner Seite hat, der hat auch das Volk auf seiner Seite. Außerschulisch gilt dies für die HJ und sonstige Parteiorganisationen – innerschulisch muß gewährleistet sein, daß der Lehrkörper voll und ganz hinter der Ideologie des Staates steht. Mit einem Christian Mergenthaler als Kultminister ist dies kein Problem. Mergenthaler, der sich wegen dienstlicher Belange öfters mit Gauleiter Murr überwirft, bringt es fertig, in Württemberg als einzigem Land des Deutschen Reiches ersatzweise für den Religionsunterricht den Weltanschauungsunterricht einzuführen.

Natürlich sind nicht alle Lehrer Nazis. Es gibt solche, die das Parteiabzeichen aus Staatsraison tragen, und es gibt solche, die zunächst voll von Hitler und seinem System überzeugt sind und erst im Laufe der Zeit das Verbrecherische dieser Ideologie erkennen. Sie sind schockiert und maßlos enttäuscht. Die große Mehrheit aber ist dem Führer, dem Staat und der Partei treu ergeben. Mit der ihnen eigenen Betriebsblindheit und Ignoranz haben sich die südwestdeutschen Kultusverwaltungen nach dem Krieg genau wieder aus diesem Reservoir bedient.[79]

Am 30. Juni 1933 werden in den Schulen die Kreuze ab- und die Führerbilder aufgehängt. In Freudenstadt verfährt man natürlich ebenso landeskonform – der Bezirksschulrat Hermann Nesch gibt am 23. März 1934 für sämtliche Schulorte des Schulamtsbezirks eine Flaggenordnung gemäß ministeriellem Erlaß vom 24. Januar 1934 heraus – [80] (Auszüge):

„Feierliche Flaggenhissung – Flaggenordnung für das Hissen der Reichsflaggen in den Schulen. .... Antreten der Klassen vor den Flaggenmasten, unter Umständen an einem anderen Platz mit Anmarsch vor die Masten. Die Aufstellung aller Klassen wird von einem Lehrer geleitet. Die Lehrer stehen am rechten Flügel ihrer Klasse. Stillgestanden! — Richt euch – Augen geradeaus – Rührt euch! Nun stellen sich die zum Aufziehen der Flaggen befohlenen Schüler an den Masten auf. Zur Flaggenehrung – stillgestanden – Augen rechts! Blick nach der Flagge, wobei vorher genaue Anweisung zu geben ist, welcher Flagge die einzelnen Klassen den Blick zuwenden. Hißt Flagge! Alle Schüler erheben den rechten Arm zum Gruß und beginnen gleichzeitig mit dem Gesang der ersten Strophe des Horst-Wessel-Liedes. Die Flagge wird langsam hochgezogen. Nach Beendigung des Gesangs: Augen geradeaus! (gleichzeitig wird der Arm heruntergenommen) Rührt euch! Abrücken! (in Ordnung unter dem Befehl der einzelnen Lehrer)."

In der Schule, vor allem im Sportunterricht, werden nach und nach Umgangsformen, Umgangston und Befehlssprache üblich, wie sie sonst nur die Wehrmacht oder die Parteiorganisationen kennen.
Zu Ostern 1937 werden die konfessionellen Schulen zur Deutschen Volksschule vereinigt. Die Katholiken sind damit nicht einverstanden, aber Mergenthaler setzt sich unbeirrt durch und schafft auch den kirchlichen Religionsunterricht ab. Ab Juli 1938 hat die Volksschule 8 anstatt wie bisher nur 7 Schuljahre. Im Mai 1935 sind 56,86% aller Schüler des Kreises in der HJ, von 4378 Schülern sind es im November 1935 dann schon 66,31%, im Sommer 1936 sind es 85,84 % und im Juni 1936 bei insgesamt 4286 Schülern dann 89,29%[81]
Wenn in einer Schule mehr als 85% der Schüler in der HJ sind, darf die Schulleitung die HJ-Fahne auf dem Schulhausdach hissen. Dem Kepler-Gymnasium wird diese Ehre unter den Freudenstädter Schulen zuerst zuteil.
Im Laufe des Jahres 1940 macht sich an den Schulen Lehrermangel bemerkbar.
Viele Lehrer sind zur Wehrmacht eingezogen worden und an ihrer Stelle werden nun Pensionäre reaktiviert. Im Laufe des Krieges nimmt der Unterricht sowohl an Quantität als auch an Qualität ab. Dies liegt an der Kriegseinwirkung auf Verkehrswege, an Fliegeralarmen, am Mangel an Unterrichtsmaterialien und auch an der Verlegung ganzer Schulklassen aus zerstörten Städten in ruhigere Zonen. Im Kepler-Gymnasium sind von 20. Oktober 1943 bis 22. September 1944 einige Schulklassen aus Backnang anwesend, sowie auch Schüler aus nähergelegenen Orten. Die Schülerinnen und Schüler werden jeweils in die bestehenden Klassen integriert. In der Klasse 8 sind 35,7% der Schüler solche, die auch schon vorher Freudenstadt als Schulort hatten, in Klasse 7 sind es 47,6% und in Klasse 6 sind es 47%. Ein wesentlicher Einschnitt in das Schülerleben findet ab 1943 statt: Die Jungen ab 16 Jahren werden LwH! Die Schüler beziehen Stellung an der Schwarzenbach-Talsperre und Studienrat Dr. Hans Rommel wird zu ihrer Unterrichtung dienstverpflichtet. Die Flakstellungen an der Staumauer sind mit 2 cm Zwillingen und Vierlingen bestückt, die von den Jungen ebenso wie die Scheinwerfer bedient werden müssen. Dafür ist Ausbildungspersonal der Lufwaffe zuständig. Am 19. Juni 1944 findet ein Bombenangriff der USAAF statt, bei dem aber nichts ernstlich beschädigt wird. Es gibt ein paar Leichtverwundete. In der Folgezeit finden dann noch einige Jägerangriffe ohne nennenswertes Ergebnis statt.[82]
Die jüngeren Schüler beschäftigen sich in der unterrichtsfreien Zeit mit dem Sammeln von Altmaterialien jeglicher Art, die als wertvoller Rohstoff der Industrie wieder zugeführt werden. Außerdem werden Beeren, Kräuter, Teekräuter und Pilze gesammelt – nicht nur für den Eigenbedarf, sondern auch für die Wehrmacht. Gesammelte Bucheckern werden in der Ölmühle Jäckle & Sieber in Betzweiler abgegeben. Dafür erhält man Öl oder Margarine. Sodann wird noch der „Volksfeind Nr. 1", der Kartoffelkäfer bekämpft. Es werden Kartoffelkäfersuchtrupps gebildet, die den Bauern die Felder zertrampeln – Käfer findet man dabei selten. Im Winter 1941/42 werden die Weihnachtsferien verlängert – nach kurzfristiger Wiederaufnahme des Unterrichts werden die Schulen für eine gewisse Zeit ganz geschlossen – wegen Brennstoffmangels. In den Sommer- und Herbstferien sind Schüler und Lehrer – letzteren hat man die Ferien halbiert – im Ernteeinsatz tätig. Schließlich kommt Mergenthaler Ende Oktober 1944 noch auf die Idee, den bei der Wehrmacht in der Offiziersausbildung gebräuchlichen Sandkasten als Unterrichtsmittel einzusetzen. Die Schüler sollen anhand von Modellen in Strategie und Taktik unterwiesen werden und den Krieg „nachspielen"......

Bucheckern in der Ölmühle abgegeben und dafür Öl oder Margarine erhalten.

... den Krieg „nachspielen" ...

Die Verkehrslage in der Umgebung von Freudenstadt

Die Verkehrswege von und nach Freudenstadt lassen in früherer Zeit so manchen Wunsch offen. Den Ruhestein erreicht man über Baiersbronn und Obertal oder über Kniebis, Alexanderschanze, Griesbach, Oppenau und Allerheiligen. Der Weg nach Stuttgart führt über die alte Stuttgarter Straße – heute Wittlensweiler Straße und Alte Poststraße – durch Aach hindurch. Besenfeld erreicht man über die Igelsberger

Bau der Höhenstraße, die heute „Schwarzwaldhochstraße" heißt.

Straßenbau aus militärischen Gründen.

Straße, über Igelsberg, Erzgrube und Schorrental, oder über Baiersbronn, Röt-Schönegründ und dann die Besenfelder Steige aufwärts. Die Verkehrsanbindung ist also recht unbefriedigend.
Zu der Zeit, als Anfang der dreißiger Jahre noch Geldmangel und Arbeitslosigkeit das Handeln der Kommunen bestimmten, beginnt im Raum Freudenstadt der Straßenbau.[83] Schon 1925 ist bei der Reichspost die Idee entstanden, den Nordschwarzwald durch den Bau von Verkehrswegen besser zu erschließen. In Baden-Baden beginnt man mit dem Bau einer Höhenstraße, die, später als „Schwarzwaldhochstraße" bezeichnet, weltberühmt wird. Im Oktober 1930 ist das Teilstück Baden-Baden – Untersmatt fertig. Im Juli 1933 folgt die Strecke von Untersmatt über die Hornisgrinde zum Mummelsee und im Juli 1934 ist die Verbindung bis zum Ruhestein befahrbar. Die Straße ist im Endausbau 6 – 6,5 Meter breit. Sie wird am 1. Januar 1935 vom Reich übernommen und erhält die Reichsstraßennummer 500.
Nun kann die „Schwarzwald-Bodensee-Post" die Strecke Lindau – Konstanz – Freiburg – Hausach – Wolfach – Rippoldsau – Freudenstadt – Baiersbronn – Ruhestein – Hornisgrinde – Baden-Baden befahren.
Jetzt fehlt noch ein Teilstück der Hochstraße vom Ruhestein über den Schliffkopf und die Zuflucht zur Alexanderschanze. Die bereits 1933 angelegte Planung wird veröffentlicht und die Schwarzwald-Zeitung erhält einiges an Leserbriefen. Bei der Straßenführung an der Ostseite des Schwarzwaldkammes würde der ganze Abschnitt auf württembergischem Gebiet verlaufen – bei der Straßenführung an der Westseite meint ein Leserbriefschreiber: "Die andere Möglichkeit ist der Westweg, der – der Teufel hat die Hand bei dieser Grenzziehung im Spiel – ausgesprochen badisch werden würde." Sechs Jahre später wird die Straße aus militärischen Gründen „ausgesprochen württembergisch".[84]
Im Sommer 1935 wird die Stuttgarter Straße neu gebaut. Es fallen zwei Bahnübergänge weg, die Bahn hat man bei der Bacher-Villa überbrückt und Aach ist durch einen weiteren Brückenbau innerörtlich verkehrsberuhigt. Die Straße kann im Herbst 1935 dem Verkehr übergeben werden.
Ebenfalls im Herbst 1935 wird nach zweijähriger Bauzeit die einem mittelalterlichen Weg folgende Höhenstraße nach Besenfeld fertiggestellt. Sie hat, im Dezember vom Reich übernommen, die Reichsstraßennummer 294 erhalten.
In der Stadt selbst ist die Hirschkopfstraße aus- und umgebaut worden, da sie ja nun Ortsdurchfahrt ist. 1938 wird dann noch die Kniebisstraße baulich verbessert. Gute Straßen sind nun zwar vorhanden, aber der private Reiseverkehr wird zugunsten der Wehrmacht immer mehr eingeschränkt, bis er schließlich Anfang 1945 total zum Erliegen kommt.[85]

Der Pkw-Bestand im Kreis Freudenstadt

Jahr	Pkw
1930	359
1931	388
1932	367
1933	396
1934	471
1935	513
1936	621
1937	654
1938	759
1972	17 984[86]

Fremdenverkehr – ein wichtiger Erwerbszweig für Freudenstadt

Die Erkenntnis, daß die gute Schwarzwaldluft ein vorzügliches Heilmittel ist, hat in Freudenstadt dazu geführt, daß der Fremdenverkehr kommerzialisiert wurde, wobei durch ansprechende Werbung ein eigener Erwerbszweig entstand. Diese Verdienstmöglichkeit floriert prächtig – 1939 hat Freudenstadt 71 Hotels, Fremdenheime und Pensionen mit zusammen 2132 Betten![87] Hinzu kommen noch eine große Anzahl von Privatquartieren. Stadtverwaltung und Bürger bemühen sich, der Stadt ein ansprechendes Aussehen zu geben, was sich in erfreulich hohen Übernachtungszahlen niederschlägt.
Im Dezember 1936 steht Freudenstadt mit seinen Übernachtungszahlen an zweiter Stelle in Württemberg. Eine Übernachtung im Privatquartier kostet mit Frühstück RM 3,50 – 4,00. Man redet vom „billigen Schwabenland".

Schon recht früh haben sich NSV und auch die der DAF unterstellte NS-Gemeinschaft KdF auf ihre Aufgabe konzentriert, der arbeitenden Bevölkerung möglichst billigen oder sogar durch Spenden und Freiplätze auch kostenlosen Urlaub zu verschaffen. Gleich zügeweise werden die Kinder mit der KLV an ihren Ferienort, beziehungsweise die Erwachsenen an ihren Urlaubsort gebracht. Bereits im August 1934 sind in Freudenstadt schon Rekordzahlen von 2600 Übernachtungen pro Nacht festgestellt worden. Die billigste Unterkunft erhält man im Evangelischen Erholungsheim für RM 3,50 pro Nacht und das teuerste Bett Freudenstadts steht im Hotel Waldlust und ist für RM 12,00 zu haben.

Die KdF-Urlauber reisen oft quer durch Deutschland. Schwarzwälder machen an der Ostsee Urlaub, Berliner kommen in den Schwarzwald, Westfalen kommen nach Bayern und die Bayern wiederum kommen nach Bremen – es ist so ziemlich jede Kombination möglich und überall schnellen die Übernachtungszahlen in die Höhe. Auch Reisegesellschaften des englischen Reisebüros Thomas Cook sind regelmäßig in Freudenstadt.

Übernachtungszahlen in Freudenstadt

Jahr	Gäste und Passanten	Übernachtungen
1930	33133	271788
1932	39449	259232
1934	46662	323493
1936	61033	394509
1938	60366	371165[88]

Bald werden auch Qualitätsvorschriften für Unterkünfte erlassen und man beginnt, sich Gedanken zum Thema „Lärmbekämpfung" zu machen. Im Krieg sind keine KdF Reisen mehr möglich, da der Transportraum für die Wehrmacht benötigt wird, denn: „Räder müssen rollen – für den Sieg!"

Ab März 1937 erhalten Juden in Hotels und Gaststätten im Kreis Freudenstadt keine Unterkunft mehr. Vor der Stadt stehen trotzdem keine der üblichen Schilder mit dem Text „Juden sind hier unerwünscht", weil die Partei offenbar Ressentiments befürchtet. Ausländische Juden hingegen sind willkommen, „weil es ja im Ausland kein Judenproblem gibt", so Kreisleiter Lüdemann. Dieser Unsinn soll lediglich verschleiern, daß die ausländischen Juden nur deshalb willkommen sind, weil sie Devisen ins Land bringen.

„Im Ausland gibt es kein Judenproblem".

Bereits 1937 werden wegen Fettknappheit und wegen der auch sonst angespannten Versorgungslage die Speisenkarten vereinfacht. Es soll weniger Fleisch und dafür mehr Fisch gegessen werden.

Im Krieg werden die Urlaubsmöglichkeiten mehr und mehr eingeschränkt. Zuletzt sind nur noch 14 Tage Urlaub pro Jahr möglich, wobei die Dauer zu Kontrollzwecken auf der Reichskleiderkarte vermerkt werden muß. Schließlich stellt man aufgrund der Überbelegung durch Verwundete und Evakuierte fest, daß in Freudenstadt mehr Beherbergungsraum geschaffen werden muß – nach dem Krieg, so wird argumentiert, werden sicher viele Ausländer kommen, um das siegreiche Deutschland zu bestaunen. (!) Wie wahr – es kommen große Mengen von Ausländern aber – seltsamerweise – tragen sie alle dieselbe Kleidung ...[89]

„Wir werden durch die Tyrannei den Weg zur Freiheit gehen" – das Stadtgeschehen zwischen 1933 und 1945

Die ersten Jahre im Zeichen des Hakenkreuzes

Der Stadtwald ist am 7. Juli 1933 seit 100 Jahren im Besitz der Stadt. Er ist ihr Kapital – seine Fläche beträgt 2585 ha. Im November 1933 muß das Rathaus vergrößert werden. Der Gasthof „Zum Rad" wird gekauft und als Rathaus II umgebaut (siehe dazu Anm. 8). Im Rathaus ist es zu eng geworden – die Registratur ist „völlig ungenügend und unübersichtlich" auf dem Dachboden untergebracht. Ein Dauerthema im Stadtrat ist die Marktplatzumgestaltung – die Gärten zwischen dem Dekanatsgebäude und der Murgtalstraße werden beseitigt. Teilweise aufgrund von Zwangsmaßnahmen des Kreisleiters gelangt die Stadt nach und nach in den Besitz der kompletten Marktplatzfläche. Die Bürger werden immer wieder ermahnt, ihre Häuser in Ordnung zu halten und für Blumenschmuck zu sorgen. Im November 1934 wird

Der Stadtwald ist Freudenstadts Kapital.

mit Rücksicht auf Ortsbild und Kur ein totales Bauverbot für den Kienberg erlassen.[90]
Am 6. Februar 1935 stürzen am Müllplatz „Boschenloch", dessen Aufschüttung durch Dauerregen eine immense Gewichtszunahme erfahren hat, zwischen 6.000 und 8.000 m^3 Müllmasse zu Tal und reißen unter anderem das im Schluchtausgang stehende Forsthaus um. Das Forstwartsehepaar Roh findet dabei den Tod, der Sohn Walter wird schwer verletzt. In 30.000 Arbeitsstunden beseitigt der FAD das abgestürzte Material.[91] Am 1. April 1935 tritt die neue „Deutsche Gemeindeordnung" in Kraft. Damit ist die Selbstverwaltung der Gemeinden beseitigt. Die Gemeinderäte werden durch die Beauftragen der NSDAP – hier durch den Kreisleiter – im Einvernehmen mit dem Bürgermeister ernannt. Der Kreisleiter ist nicht selbst Gemeinderat, ist aber zu den Beratungen des Gremiums zu laden. Auch Bürgermeister werden nur noch ernannt. Damit ist die Partei die Kontrollinstanz gegenüber der Gemeindeverwaltung.[92]
Studienrat Dr. Hans Rommel, Archiv- und Denkmalpfleger baut im Zeitraum 1935/36 das Archiv der Stadt auf. Am 22. April 1936 erscheint in der Schwarzwald-Zeitung erstmals die von Dr. Rommel herausgegebene Beilage mit dem Titel „Freudenstädter Heimatblätter". Diese Beilage erscheint auch heute noch – unter anderer Regie – im Schwarzwälder Boten. „Ein Heimatgruß ins Feld" lautet der Titel eines Büchleins, welches Dr. Rommel 1940 zusammen mit der Kreisleitung für die sich im Einsatz befindlichen Soldaten Freudenstadts und des Kreises herausgibt. Die Soldaten erhalten das Büchlein jeweils als Gabe ihrer Gemeinde in einem Feldpostpäckchen.[93]

Die letzten Friedensjahre

Bemerkenswert ist 1937 zunächst, daß es der Stadt finanziell wieder besser geht. Somit kann der Bau einer zweiten Kläranlage im Christophstal in Angriff genommen werden und es können auch verschiedene Bebauungspläne (Herrenfeld, Viehgasse) beschlossen werden. Die Stadtwerke florieren. Die Kurverwaltung kauft Villa

Die Gratulanten zum Dienstjubiläum des Bürgermeisters am 18. Oktober 1939 – 1. Reihe sitzend 4. von links der Jubilar Dr. Ernst Blaicher, 5. von links Kreisleiter Heinrich Michelfelder.

und Park Schierenberg an. Im Dezember entsteht auf dem Turnhalleplatz eine Eisbahn. Die Stadt stellt Ende 1938 fest, daß Siedlungen, wie sie vom Reich gefordert werden, für Freudenstadt ungeeignet sind, da man in Württemberg einen höheren Wohnstandard gewohnt ist. Ab 1. Januar 1939 werden die Stadtwerke rein kaufmännisch als selbständige Betriebe ausgewiesen. Im Spätsommer 1939 findet im „Haus der Deutschen Kunst“ in München die vielbeachtete „Deutsche Kunstaustellung“ statt, bei der zum wiederholten Male drei Werke des Freudenstädter Bildhauers David Fahrner gezeigt werden.

Dann kommt der erste September 1939 – im Europa des 20. Jahrhunderts gehen zum zweiten Male die Lichter aus. Es beginnt nun das, was Gustav Heinemann als „den Ausdruck der totalen Bosheit unter allen Völkern“ bezeichnet hat – ein Krieg, bei dem Hitler zunächst Polen überfällt, der dann aber zum II. Weltkrieg wird. Dieser Krieg hat 55 Millionen Menschen das Leben gekostet – darunter auch 731 Freudenstädtern. Am 28. August 1939 wird bereits die allgemeine Bezugsscheinpflicht eingeführt – für Lebensmittel, Seife, Kohle, Textilien und Schuhwaren, und drei Tage später, am 1. September „wird ab 5.45 Uhr zurückgeschossen.“[94]

Am 18. Oktober 1939 kann Bürgermeister Dr. Ernst Blaicher sein 20-jähriges Dienstjubiläum feiern. Er wurde 1919 als Nachfolger von Stadtschultheiß Hartranft gewählt. Dr. Blaicher wird nachgesagt, er sorge für den Ausgleich von Gegensätzen. Er sei ein gerechter Mittler zum Wohle des Ganzen, er beweise bei Gemeinderatssitzungen große Geschicktlichkeit und habe zu seinen Mitarbeitern ein herzliches Vertrauensverhältnis. Dr. Blaicher sei in seiner bisherigen Amtszeit einen beschwerlichen Weg gegangen, denn diese Amtszeit sei ein mit immer wechselnden Mitteln fortgesetzter Krieg gewesen. Das habe er auf sich genommen, obwohl Freudenstadt berühmt wegen seiner Uneinigkeit sei.[95]

Über die Kriegszeit in Freudenstadt

Die Freudenstädter Landwirte haben Anfang 1940, so die Schwarzwald-Zeitung, einen großen Anteil an der Schließung der Fettlücke. Sie werden aufgefordert, jedes Stückchen Boden zu bebauen. Auch der Anbau von Mohn soll in Freudenstadt möglich sein. Am 22. Dezember 1941 druckt die Schwarzwald-Rundschau einen Aufruf Hitlers mit dem Titel: „Kein deutscher Soldat soll frieren“. Die Volksgenossen sollen ihre wärmsten Kleidungsstücke zu einer Sammlung für die Soldaten der Ostfront abgeben. Man hat – auch im Osten – mit einem schnellen Sieg gerechnet und daher keine Winterbekleidung an die Truppe ausgegeben. Die Folge sind Ausfälle wegen Erfrierungen. Anfang 1943, nachdem Goebbels den totalen Krieg proklamiert hat, stellt Bürgermeister Dr. Blaicher fest, daß dies eine Anspannung der ganzen Volksgemeinschaft sei. Sämtliche Planungen verschwinden in den Schubladen – man hat jetzt andere Sorgen. Wegen Mangel an Wohnungen sei nach dem Krieg eine starke Bautätigkeit erforderlich. (!) Gas und Strom sollen gespart werden – die Wasserversorgung sei gesichert und halte großen Anforderungen stand. (!)[97]

„Kein deutscher Soldat soll frieren!“

Mitte 1943 sollen auf dem Marktplatz vom RAD drei Feuerlöschteiche angelegt werden. Im Dezember wird die Bevölkerung von Kreisleiter Maier und Landrat Dr. Lauffer aufgefordert, die Fahrbahnen der Nebenstraßen selbst vom Schnee zu reinigen – die Gemeinden sind dazu nicht mehr in der Lage. 1944 sollen Behelfsheime für Luftkriegsgeschädigte im Frühlingsauweg und in der Stöfflerstraße gebaut werden.

Die Gemeinden sind nicht mehr dazu in der Lage, die Fahrbahnen der Nebenstraßen vom Schnee zu befreien. (1943)

Ende September 1944 muß die Stadt einen herben Verlust hinnehmen. Bürgermeister Dr. Ernst Blaicher (*25.09.1886) ist am 24.09.1944 nach kurzer Krankheit verstorben. Auf ihn, so die Schwarzwald-Rundschau, trifft zu, daß treu erfüllte Pflicht und ein selbstloses Arbeiten viele Freunde schafft, von denen der Lebende oft gar nichts weiß. Diese Freundschaften aber sind die wertvollsten![98]

Nach dem Krieg soll zu seinen Ehren am Roseneck ein „Ernst Blaicher Brunnen“ gebaut werden. Dieser Plan wird nicht realisiert, aber man benennt eine Straße nach ihm. Zunächst führt der I. Beigeordnete Otto Mast die Amtsgeschäfte weiter. Am 1. März 1945 wird Gottlob Klepser, zuvor Bürgermeister in Liebenzell, als neuer Bürgermeister von Freudenstadt in sein Amt eingeführt.[99] Seine Amtszeit beträgt nur noch 48 Tage.

Die Bautätigkeit von 1932 – 1940

01.10.1932
Einweihung des Schliffkopfhauses (10.10.1932)

09.07.1933
Einweihung des Waldschwimmbades Langenwaldsee

01.11.1933
Ziegeltalsiedlung am Kleinsiedlerweg beschlossen (keine Planung)

01.09.1934
Einweihung des FAD Lagers am Dobel – Gottlieb-Daimler-Straße

Sept. 1935
Abbruch des Gasthofes „Roter Löwe" am Adolf-Hitler-Platz (Promenadenplatz – heute Standort Gebäude Straßburger Str. 2)

20.10.1935
Einweihung des HJ-Heims an der Gottlieb-Daimler-Straße (hart NO des RAD-Lagers)

24.12.1935
Einweihung des Skiabfahrtshangs am Hotel „Stokinger"

April 1936
Umbau des Kursaales

15.10.1936
Einweihung des Neubaues Haus Christophstal an der Ludwig-Jahn-Straße (heute Telekom-Gebäude)

10.11.1936
Schlüsselübergabe des neuen Finanzamtes an der Musbacher Straße

Nov. 1936
Planung der Siedlung „Rosenbuschweg" südlich der Herzog-Eugen-Straße

1936
Dampfkamin der PINO AG erstellt – ein 60 m hohes neues „Wahrzeichen" der Stadt

Jan. 1937
Bebauungspläne Herrenfeld und obere und untere Viehgasse erstellt

26.06.1937
Manbach-Kläranlage in Betrieb genommen

Juli 1937
Siedlung Rosenbuschweg fertiggestellt – Man baut Häuser mit einer Grundfläche von 6,70 x 7,80 m, wobei die Stadt den Siedlern den Grund für RM 2,– pro Quadratmeter abgegeben hat. Das schlüsselfertige Haus kostet dann RM 7000,–.

22.04.1938
Es wird der Beschluß gefaßt, im Ziegeltal zunächst 21 Siedlerhäuser zu bauen

Juni 1938
Die neue Gewerbeschule an der Ludwig-Jahn-Straße wird fertiggestellt. Es wird mit dem Bau von Lehrlingswerkstätten begonnen

18.10.1938
Einweihung von Neubau und Umbau des Stadtbahnhofes

19.10.1939
Beschluß zur Erweiterung des Altersheims an der Wildbader Straße

1938/1940
Bau des Milchwerks (Milchverwertungsgenossenschaft) an der Gottlieb-Daimler-Straße

1939
Bau von großen Garagen der Hotels „Post", „Waldeck", „Rappen" und „Waldlust".

Im Krieg werden nur vordringliche Unterhaltungsarbeiten ausgeführt – die Bautätigkeit stagniert vollkommen wegen Materialmangels und fehlenden Transportraumes.

1940
Rauhfuttersammelstelle des Heeres an der Ludwig-Jahn-Straße gebaut – heute: Städtischer Bauhof

01.03.1940
Einweihung des Umbaues der Rathauserweiterung im ehemaligen Gasthof „Anker" – direkt an der ONO Seite des Rathauses

01.03.1940
Der EHW – Stall wird seiner Bestimmung übergeben. (Schweinemast-Anlage des Ernährungshilfswerkes des Deutschen Volkes (NSV))[96]

„Führer befiehl! – Wir folgen Dir!" – das Leben der Bevölkerung Freudenstadts in den Jahren 1933 – 1945

Die Versorgungslage

Die Landwirtschaft ist in Freudenstadt aufgrund der wenig ertragreichen Böden noch nie sehr bedeutend gewesen. Trotzdem werden auch hier die Bauern zur Mithilfe bei der Schließung der Fettlücke – die wohl eher ein respektables Loch ist – angehalten. Zur besseren Kontrolle, zur Preislenkung und zur Verhinderung privater Geschäfte der Landwirte wird im Dezember 1934 die Bezirksmilchverwertungsgenossenschaft gegründet. Die von dort abgegebene entrahmte Milch unterliegt genauso der Preisbindung wie alle anderen Lebensmittel. Preisverordnungen sollen zu Preisstabilität führen, wobei man letztere durch Preisüberwachung und Preiskontrolle zu erreichen versucht. Dadurch müßten sich – theoretisch – alle alles leisten können. Das soziale Gefüge bleibt aber trotzdem erstarrt. In der Schwarzwald-Zeitung stehen im Oktober 1935 schon mal vorsichtshalber Rezepte für butterloses Weihnachtsgebäck. Der Durchschnittslohn eines Arbeiters beträgt zu dieser Zeit monatlich RM 220,– netto.

Mit Kriegsbeginn wird alles rationiert. Man erhält neben Bezugsscheinen auch Lebensmittelkarten, getrennt nach Arten. Für Bekleidung gibt es die Reichskleider- und Schuhkarte. Die Karten sind in Abschnitte unterteilt und wenn in einem Lebensmittelgeschäft oder in einem sonstigen Geschäft gerade dies oder jenes Lebensmittel, bzw. die oder jene Ware in größerer Menge eingetroffen ist, so wird vom Bürgermeisteramt veröffentlicht, welche Ware wo erhältlich und welcher Abschnitt dafür gültig ist. Stundenlanges Warten in der Schlange vor diesen Geschäften ist dann die Folge, bis man seine Zuteilung erhält. Wenn mehr Wartende vorhanden sind als zuzuteilende Warenportionen, so haben die letzten das Nachsehen und erhalten nichts mehr auf ihren Abschnitt.

Je länger der Krieg dauert, desto prekärer wird die Lage. Im Februar 1940 veröffentlicht die Schwarzwald-Zeitung ein Rezept für einen „Kartoffelkrümelkuchen", wozu man unter anderem 1 Ei und 35 g Fett benötigt! Für Hochzeiten werden Sonderzuteilungen an Lebensmitteln genehmigt, aber nur für 12 Personen. Werdende Mütter erhalten im Sommer 1940 zusätzlich 150 g Nährmittel pro Tag. Diese werden kurz darauf um 50 g gekürzt, aber die Frauen erhalten anstattdessen 125 g Butter pro Woche zusätzlich. Anfang 1941 gibt es vitaminisierte Margarine – mit viel Vitamin A aus der Walfischleber. Im Februar 1942 sollen fürs Feldpostpäckchen „Pflastersteine" gebacken werden – mit 1 Ei und 50 g Fett. An Weihnachten 1942 gibt es für Lang-, Nacht-, Schwer- und Schwerstarbeiter eine Zuteilung von je 1 Flasche Wein, außerdem eine Sonderzuteilung für alle von 50 g Bohnenkaffee pro Person. Im Frühjahr 1943 berichtet die Schwarzwald-Rundschau, daß man bei einem Fuchs Trichinen festgestellt hat. Es wird dringend davor gewarnt, das Fleisch von Fuchs und Dachs ohne vorhergehende Fleischbeschau zu verzehren. Auch wird vor dem Genuß von technischen Ölen gewarnt. Man regt an, Kohlrüben zu kochen und „entdeckt" wieder ein Standardgericht der Vorfahren – die Gerstengrütze. Ab März 1943 kann man auf unbebauten Flächen des Marktplatzes privaten Anbau betreiben – das Gelände muß man aber selbst umgraben. Im Juli 1943 wird die Wurst auf 5 Sorten reduziert. Zu Weihnachten 1943 gibt es Kaffeebohnen und Trinkbranntwein und 1944 ist im Herbst viel Weißkraut zu haben. Im März 1945 gibt es plötzlich Honig und am 11. April, 6 Tage bevor die Franzosen kommen, kann man bei Pfannkuch 250 g Zwiebeln pro Person erhalten![101]

Vitaminisierte Margarine mit Vitamin A aus der Walfischleber.

Ab März 1943 kann man auf unbebauten Flächen des Marktplatzes privaten Anbau betreiben ...

„Wir marschieren für Hitler durch Nacht und durch Not..."

„Grüß Gott" zu sagen, wenn man Freunde oder Bekannte trifft, ist alte schöne Tradition. Ab 1933 heißt das „Heil Hitler!". Das Händeschütteln wird durch den „Deutschen Gruß" ersetzt, durch das Erheben des gestreckten rechten Armes mit ausgestreckter Hand, wobei sich der Ellbogen etwa in Augenhöhe befindet. Im Dezember 1933 wird die Bevölkerung aufgefordert, Weihnachtseinkäufe zu besorgen. – Wer nicht kauft, obgleich er es kann, handelt falsch gegenüber der Allgemeinheit, so die

„Heil Hitler!" anstatt „Grüß Gott!"

Schwarzwald-Zeitung am 13. Dezember. Auf zwei weiß gedeckten Tischen werden in der Stadt Weihnachtsbäume aufgestellt. Auf den Tischen soll die Bevölkerung Weihnachtsgeschenke ablegen, für die, die in Not sind. Am 20. April 1934 ,zu Führers Geburtstag, gibt es nicht nur Glockengeläut, sondern in der Turnhalle auch die kostenlose Ausgabe von Metzelsuppe an die Armen. Wer nun sowohl an den Weihnachtsgeschenken teilhatte als auch mit der Metzelsuppe bewirtet wurde, der hat unter Mithilfe der Partei seinen sozialen Status der Öffentlichkeit preisgegeben...

Glockengeläut und Metzelsuppe zu Führers Geburtstag.

Im Juli 1934 erfährt der SZ Leser erstmals die „Wahrheit“ über die SA-Greuel im KZ Oranienburg. Es bietet sich im Zusammenhang mit der Röhm-Revolte gerade gut an, die SA in Mißkredit zu bringen. So kann jetzt aber niemand mehr behaupten, von den KZs nichts gewußt zu haben und auch nichts darüber, wie es darin zugeht.

Weihnachten 1934 – das „Heimtückegesetz“ tritt in Kraft.

Kurz vor Weihnachten 1934 tritt das „Gesetz gegen heimtückische Angriffe auf Staat und Partei und zum Schutz der Parteiuniform“ in Kraft. Abgesehen davon, daß die Parteiuniform nicht mehr mißbraucht werden kann, können nichtöffentliche bösartige Redeweisen, die in privatem Kreis geäußert werden, nunmehr zur Anzeige gebracht und geahndet werden. Dem Denunziantentum ist damit Tür und Tor geöffnet.

Im Januar 1936 wird verfügt, daß Trauringe nur noch mit einem Goldgehalt von 333/1000 angefertigt werden dürfen. Ab 1938 darf für Brillenfassungen und für Schreibfedern kein Gold mehr verwendet werden. Sodann müssen alte Gold- und Silbermünzen abgegeben werden – zur Bereicherung der Reichsbank. Am 25. August 1936 wird die Dienstpflicht in der Wehrmacht mit der Begründung „sowjetische Angriffsrüstung“ auf zwei Jahre erhöht. Hitler hat Anfang 1937 beruhigend gesagt:“ Das deutsche Volk ist kein Volk, das heute oder morgen einen Krieg beginnt!“ – dabei stehen die Zeichen längst auf Sturm.

„Das deutsche Volk ist kein Volk, das heute oder morgen einen Krieg beginnt!“ (Adolf Hitler – 1937)

Der 1. September 1939 bringt für die Freudenstädter einige Veränderungen. In Freudenstadt gehen buchstäblich die Lichter aus. Der Ernstfall ist eingetreten und nun muß jede Nacht verdunkelt werden. In der Schwarzwald-Zeitung werden täglich Hinweise zu den nötigen Verdunklungszeiten veröffentlicht. Bald darauf kann man in dem Blatt nichts mehr über die Wettervorhersage lesen, denn die feindliche Luftwaffe könnte daraus Hinweise für ihre Flugtätigkeit ableiten. Auch das Abhören ausländischer – nunmehr feindlicher – Rundfunksender wird verboten und als „ehrloses Verbrechen“ abgestempelt. Manch einer traut aber der deutschen Propaganda weniger, als den Nachrichten aus London. Das geht nicht immer gut aus.

Am 3. Oktober 1939 erscheint in der Schwarzwald-Zeitung zum ersten Male eine jener Anzeigen, die, mit einer Abbildung des Eisernen Kreuzes versehen, den Heldentod eines Freudenstädter Soldaten bekanntgeben. Am 11. Oktober steht in der Schwarzwald-Zeitung erstmals zu lesen, daß ein Freudenstädter Soldat für seinen Kampfeinsatz bei Lodsz das Eiserne Kreuz II. Klasse verliehen bekommen hat. Diesen beiden sollen noch viele Kreuze folgen – solche aus Eisen und solche aus schlichtem Birkenholz......

Nach Abschluß des Polenfeldzuges kommen die ersten polnischen Gefangenen nach Freudenstadt. Im „Moos“ werden Baracken erstellt, in denen die Polen hausen müssen. Die Gefangenen werden täglich zur Arbeit in Freudenstädter Firmen geführt und abends wieder ins Lager zurückgebracht. Bevor die Baracken fertig waren, sind die Gefangenen im alten Brauereigebäude des „Sternen“ in der Paulinenstraße untergebracht gewesen. Als sie in Freudenstadt ankommen, sind sie in einem bedauernswerten Zustand. Sie werden nicht ausreichend verpflegt und sind deshalb oft hungrig. Der Umgang mit Kriegsgefangenen gilt als „ehrvergessen“, aber trotzdem läßt ihnen die Freudenstädter Bevölkerung zusätzliche Nahrungsmittel zukommen. Gerhard Hertel handelt sich dadurch, daß er einem Gefangenen sein Frühstücksbrot abgibt, eine Vorladung bei der Gestapo ein, die erfreulicherweise glimpflich ausgeht. Die Polen kommen später im Freudenstädter Umland auf Bauernhöfe, wo sie arbeiten müssen und auch untergebracht sind. Die nächsten Gefangenen, die im Sommer 1940 kommen, sind Franzosen.[102]

Am 10. Mai 1940 „marschieren die Kameraden im Westen“ und am Tag darauf verfügt der Reichsführer-SS ein Tanzverbot wegen des Ern-

stes der Zeit. Für Trauerkleidung sind keine Abschnitte der Reichskleiderkarte erforderlich. Trauerkleidung wird jetzt häufiger verlangt.
Als am 4. Juni ein „Teilsieg" im Westen errungen ist – man hat aus dem Kessel von Dünkirchen ein komplettes britisches Expeditionskorps mit 338.000 Mann über den Kanal entkommen lassen – ordnet Hitler für die nächsten drei Tage (5.-7.6.) jeweils von 12.00 – 12.15 Uhr das Geläut aller Glocken an. Nach Abschluß des Westfeldzuges am 25. Juni wird 10 Tage lang beflaggt, und sieben Tage lang läuten jeweils stundenweise alle Glocken. „Kamerad, wir marschieren und stürmen, für Deutschland zu sterben bereit; bis die Glocken von Türmen zu Türmen verkünden die Wende der Zeit" heißt es in der letzten Strophe des Frankreichliedes. Ist nun wirklich die Wende der Zeit eingetreten? Die Wehrmacht hat eine große Schlacht gewonnen, aber noch nicht den Krieg. Ähnlich verkündet es Général de Gaulle von London aus.
Auf den Balkanfeldzug im April 1941 erfolgt am 22. Juni der Überall auf die Sowjetunion. Schon einige Zeit zuvor werden die Landwirte aufgefordert, Heu, Hafer und Stroh an die Rauhfuttersammelstellen des Heeres abzuliefern. Damit ist eine Angriffsabsicht schon im Vorhinein zu ahnen. Im Osten gibt es keinen schnellen Sieg – die Gefechte dauern an, und die Anzeigen mit dem Text „gefallen für Führer, Volk und Vaterland" werden immer häufiger. In den Kirchen finden Trauergottesdienste statt – erst noch einzeln, dann gesammelt .... Im Februar 1943, als bei der Schlacht um Stalingrad Zehntausende von Menschen umgekommen sind, als die Rote Armee den Kessel liquidiert hat und 90.000 deutsche Soldaten in Gefangenschaft geraten, werden für drei Tage alle Unterhaltungsstätten geschlossen. Am 13. Februar fordert Goebbels in einer programmatischen Rede im Sportpalast in Berlin den „totalen Krieg".
In Freudenstadt werden nicht kriegswichtige Geschäfte geschlossen. Das Gefangenenlager ist inzwischen mit russischen Kriegsgefangenen belegt. Ein Trupp von ihnen wird jeden Tag am Stadtbahnhof vorbei durch die Moos- und Ulanenstraße zu dem an der Murgtalstraße liegenden Dampfsägewerk Gruber & Weber geführt, um dort zu arbeiten. Der Bevölkerung ist bewußt, daß auch diese Gefangenen Hunger leiden und so werden auch sie heimlich mit Eßbarem versorgt. Man geht dabei so vor, daß – unter den Augen der Bewacher – Kinder zwischen dem Russenzug umherrennen, mit Modellflugzeugen in den Hand ein Spielen vortäuschen, in Wirklichkeit aber den Gefangenen schnell etwas zustecken. Man wünscht sich, daß es Vater, Bruder oder Sohn, sofern sie in Gefangenschaft kommen sollten, möglichst gut gehen möge, und deshalb soll auch hier das Los mancher russischer Gefangener erleichtert werden. Trotzdem ist der Hunger ziemlich groß, denn als die Russen eines Tages einen Güterwagen voll Kartoffeln ausladen sollen, steckt sich einer der Leute eine Hand voll Kartoffeln in die Tasche. Das wird von einem Wachtposten bemerkt, der den „Täter" mit dem Koppel blutig schlägt. Die sich in der Nähe befindlichen Kinder empfinden das als große Ungerechtigkeit – schließlich sind ja genug Kartoffeln da.[103]

... den Gefangenen Nahrung zugesteckt ...

Zwei der russischen Gefangenen finden den Tod. Einer wird wegen Widersetzlichkeit und Arbeitsverweigerung erschossen, ein anderer wird auf der Flucht angeschossen und stirbt später im Krankenhaus.

... wegen Widersetzlichkeit erschossen ...

In einigen wenigen Freudenstädter Betrieben arbeitet mehrheitlich kurzfristig eine geringe Anzahl deportierter Polen. Da es in Freudenstadt keine kriegswichtige Industrie und schon gar keine Rüstungsindustrie gibt, ist wohl davon auszugehen, daß es sich hier eher um Fremd- als um Zwangsarbeiter handelt. Es ist sogar vorgekommen, daß sich einige davon beim Einmarsch der Franzosen schützend vor ihre Arbeitgeber stellen. Andere wiederum fühlen sich genauso als Sieger wie die Franzosen.
Der totale Krieg macht sich mehr und mehr bemerkbar. Tauschgeschäfte werden offiziell erlaubt. Geht man zum Rasieren, zum Friseur, so muß man selbst ein Handtuch mitbringen. Schöngeistige Bücher werden nicht mehr produziert. Nach dem Endsieg kann man alles wieder kaufen – sagt die Partei .... Selbst leiseste Zweifel am Endsieg werden als Wehrkraftzersetzung ausgelegt, welche ein todeswürdiges Verbrechen ist. Dabei muß man nicht General sein, um zu erkennen, daß nach Stalingrad die Kriegswende eingetreten ist.

Nach dem Endsieg kann man alles wieder kaufen ...

Am 22. Oktober 1944 wird in Freudenstadt der Volkssturm aufgestellt.

Am 22. Oktober 1944 findet der „Ausverkauf der Helden" statt. Morgens um 9.00 Uhr beginnt in der Turnhalle eine Großkundgebung der Partei, die die Aufstellung des Volkssturmes zum Ziel hat. Für alle noch daheimgebliebenen Männer zwischen 16 und 60 Jahren ist die Veranstaltung verpflichtend, denn sie sollen auf die Verteidigung ihres Ortes und dessen Umgebung vorbereitet werden. Ihr Kampfanzug besteht aus Militärmänteln oder aus umgefärbten Parteiuniformen, sowie aus einer Armbinde mit aufgedrucktem Hoheitszeichen und der Aufschrift „Deutsche Wehrmacht – Volkssturm", womit landkriegsrechtlich ein Kombattantenstatus hergestellt ist. Dieses letzte Aufgebot wird mit alten Karabinern 98k oder belgischen Beutegewehren, sowie mit einer Hand voll Munition völlig unzureichend bewaffnet ins Gefecht geschickt und soll die Garantie für den Endsieg sein. Der Volkssturm ist in Freudenstadt zahlenmäßig nicht sonderlich groß.

Im Januar 1945 ein letztes großes Volksopfer ...

Im November 1944 wird die Städtische Müllabfuhr eingestellt – für die Fahrzeuge des Städtischen Fuhrparks sind weder Fahrer noch Kraftstoff vorhanden. Am 6. Januar 1945 ruft die Partei zu einem letzten großen Volksopfer auf. Nun sollen auch die wirklich wertvollen Dinge abgegeben werden, um in einer letzten Anstrengung dem Feind Einhalt zu gebieten. Sogar die bisher „heilig gehaltenen" Parteiuniformen werden dafür geopfert und Reichsapothekerführer Schmierer, in Personalunion gleichzeitig stellvertretender Vorsitzender des Deutschen Schützenbundes plädiert dafür, die Schützenuniformen abzugeben.

Ab 1. April 1945 wird das Halten von Enten und Gänsen verboten. Man benötigt deren Futter andersweitig dringender und man braucht auch viele Federn für die neuen Betten der ausgebombten Volksgenossen.

„Uns ist gegeben, deutsch zu sein!"

Am 31. März veröffentlicht dann die Schwarzwald-Rundschau noch folgenden „bemerkenswerten" Satz: „Uns ist gegeben, deutsch zu sein! Vermag auch keiner von uns erschöpfend zu sagen, was „deutsch" sei, so spüren wir es doch alle. Nichts anderes als deutsch! Also werden wirs auch bleiben!" Dem ist, „so spüren wir es doch alle" nichts mehr hinzuzufügen.....

Am 28. Februar 1945 erscheint in der Schwarzwald-Rundschau die letzte Folge eines Fortsetzungsromans von Walter Redeker. Es wird danach kein neuer Roman mehr begonnen. Der Titel des beendeten Romans lautet: „Der Weg zurück". Am Freitag, dem 13. April bringt die Schwarzwald-Rundschau eine Anzeige, nach der vorgesehen ist, jedem Kreiseinwohner über 18 Jahre zwei Flaschen Wein á 0,7 l zukommen zu lassen. Flaschen und Korken sind zu den Verteilerstellen mitzubringen. Die Weinausgabe ist für den Zeitraum vom 14. – 18. April vorgesehen. In derselben Ausgabe der Schwarzwald-Rundschau kündigen die Kurlichtspiele einen Film an, der in der Hauptrolle mit Heli Finkenzeller besetzt ist und vom 13.–16. April laufen soll. Sein Titel: „Alarmstufe V".

Am 17. April 1945 sind morgens um 9.30 Uhr französische Truppen in der Stadt![104]

Die Besetzung Freudenstadts am 16./17. April 1945 – eine strategische Notwendigkeit

Französische Absichten und Planungen

Die französischen Truppenkontingente, die sich Mitte April 1945 auf Freudenstadt zubewegen, gehören zur 1re Armée Française – zur 1. Französischen Armee – die von Général Jean de Lattre de Tassigny, einem sehr befähigten Truppenführer befehligt wird. Diese Truppe hat sich nach der Niederlage Frankreichs im Sommer 1940 dann in der Folgezeit in Nordafrika neu gebildet und den Kampf gegen die Achsenmächte wieder aufgenommen, nachdem die Amerikaner im November 1942 (Unternehmen „Torch") in Nordafrika gelandet waren.[105]

Die 1re Armée Française besteht aus zwei Corps d'Armée, aus dem I. Korps (Ier CA) welches Général Béthouart untersteht und aus dem II. Korps (IIe CA), welches von Général Monsabert kommandiert wird. Kennzeichnend für die französischen Streitkräfte ist, daß die Mannschaften zum größten Teil aus Algeriern, Tunesiern, Marokkanern, Senegalesen, Zouaves und Fremdenlegionären bestehen, während die Unteroffiziers- und Offiziersränge jedoch von Weißen bekleidet werden.

Zusammen mit amerikanischen Einheiten sind die Franzosen am 18. August 1944 in der Pro-

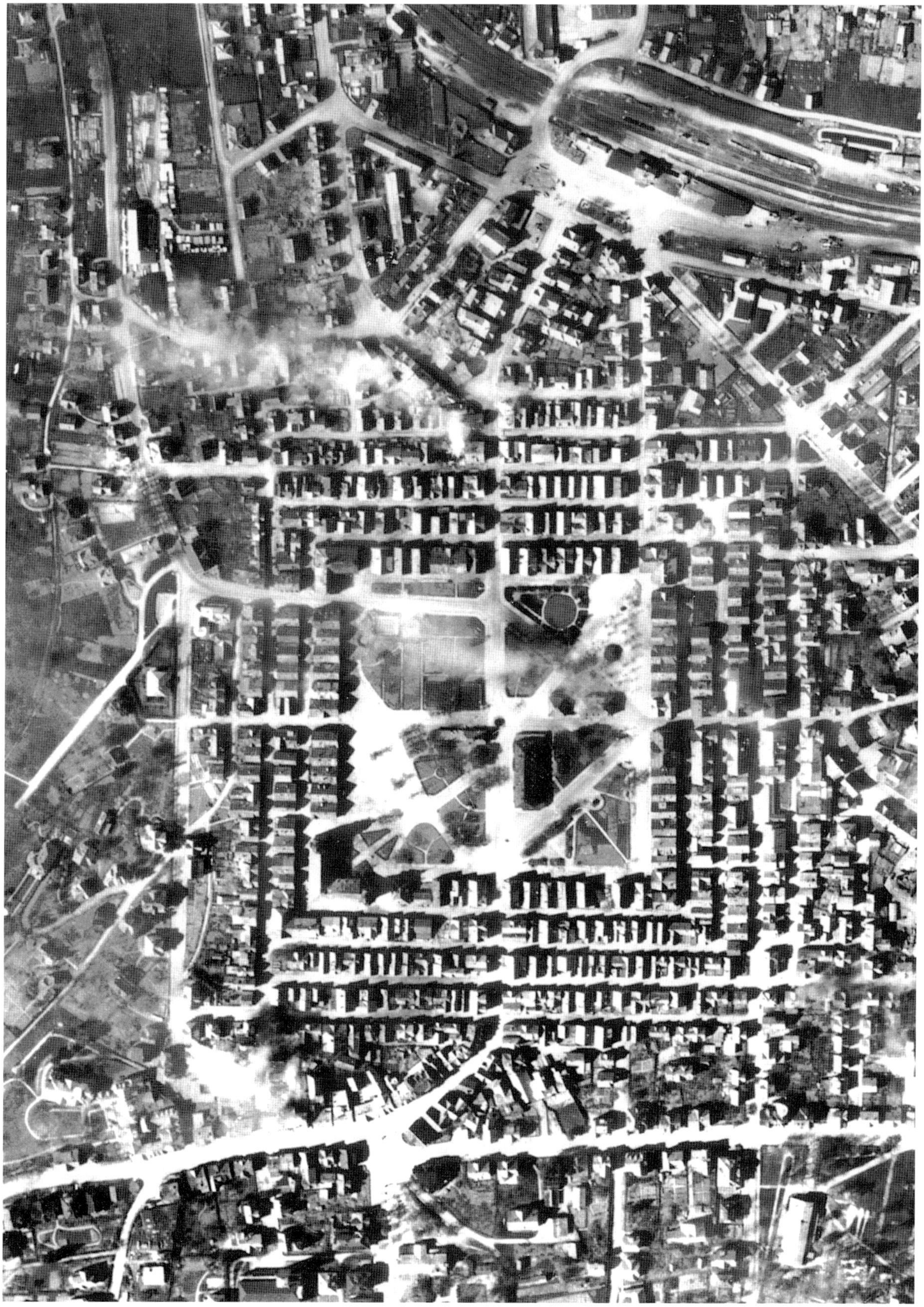

„Wir fliegen durch silberne Weiten, selig dem Himmel gesellt; wir schweben und stürzen und gleiten, durch unendliche Breiten, die Gott uns zum Schauen bestellt!" (Aus dem NS-Soldatenlied „Flieger empor!")

Dies ist das letzte Foto der noch intakten Stadt bei Beginn des Artilleriebeschusses am frühen Nachmittag des 16. April 1945. Aufklärungsfoto der USAAF – Freudenstadt Innenstadt – das Foto wurde zwischen 14.00 und 15.00 Uhr aufgenommen – vor dem Postamt sind deutlich Rauchwolken von Granaten zu sehen, die mit hochgezogenem Sprengpunkt eingestellt waren, so daß für den französischen Artilleriebeobachter (vermutlich im Flugzeug) genaue Trefferlagen erkennbar waren. Die Zerstörungen im Bereich Hirschkopfstraße / Moosstraße stammen von Bombenabwürfen.

Général Monsabert – Kommandeur des IIe CA, welches Freudenstadt eingenommen hat.

vence gelandet und kämpfen sich nun rhôneaufwärts in Richtung Elsaß vor, um von dort aus den Rhein zu überschreiten und an der Schlacht um Deutschland teilzunehmen. Ihr Gegner ist die 19. Deutsche Armee (General Wiese). Ihr Ziel ist es, eine möglichst große französische Besatzungszone zu erhalten, damit sich das Rhénanieprojekt des französischen Staatschefs Général Charles de Gaulle realisieren läßt. Dabei handelt es sich um die Abtrennung des Rheinlandes von Deutschland zwischen der Pfalz im Süden und dem Ruhrgebiet im Norden, wobei dieses Terrain wirtschaftlich an Frankreich angelehnt werden sollte. Der westliche Teil Deutschlands wäre somit seiner Industriezentren beraubt gewesen. Außerdem wünscht de Gaulle die französische Kontrolle über das Saargebiet und Baden. Die Voraussetzung dafür ist eine möglichst große Besatzungszone, um gegenüber den Engländern und Amerikanern Tauschobjekte in der Hand zu haben. Deshalb ist mit der Einnahme dieses Besatzungsgebietes größte Eile geboten.[106]

1er Armée Française – vom Rhein nach Vorderösterreich innerhalb von 35 Tagen.

Ab 31. März 1945 führt das IIe CA seinen Rheinübergang bei Speyer, Germersheim und Leimersheim durch, während das Ier CA noch auf dem linken Rheinufer zwischen Basel und Strassbourg verbleibt. Nur 35 Tage später stehen de Lattres Truppen in Vorderösterreich – Freudenstadt ist ein Opfer dieser Eile geworden!

Freudenstadt – strategisches Ziel und Drehscheibe französischer Truppenbewegungen

Aus dem in den ersten Apriltagen rechtsrheinisch gebildeten Brückenkopf in der Pfalz stößt nun das IIe CA nach Osten, dann nach Südosten und schließlich nach Süden vor. Während sich eine zum IIe CA detachierte Kampfgruppe des Ier CA aus dem Bereitstellungsraum heraus über Karlsruhe und an Pforzheim vorbei zum Teil murgaufwärts kämpft, stößt das ebenfalls zum IIe CA gehörende Groupement Chappuis (Kampfgruppe) bestehend aus Teilen sowohl der 2e DIM als auch der 5e DB, gefolgt vom Hauptkontingent der 2e DIM aus dem Raum zwischen Alb und Nagold nach Süden vor und damit auf Freudenstadt zu. Gleichzeitig gelingt es diesem Kontingent, das zur 19. Deutschen Armee (inzwischen General der Panzertruppen Brandenberger) gehörende LXIV. Armeekorps vom zur selben Armee gehörenden XVIII. SS-Armeekorps zu trennen.[107]

Kurz bevor das Groupement Chappuis Freudenstadt erreicht, hat die Kampfgruppe des Ier CA im Rahmen ihres Kampfauftrages nach Rastatt und Baden-Baden nun auch Kehl genommen. Damit ist für das Ier CA die Möglichkeit des Rheinübergangs bei Strassbourg geschaffen.

Nach der Besetzung Freudenstadts am 17. April 1945 kann nun das Ier CA in West-Ost-Richtung auf Freudenstadt vorstoßen, die Verbindungen vom Rheintal mit dem Schwarzwald und die Schwarzwaldhochstraße auf der Linie Oberkirch – Freudenstadt und in Verlängerung dieser Linie bis Horb abriegeln und sich in Freudenstadt mit dem IIe CA vereinigen.[108]

Durch die Aufspaltung von Teilen der 19. Armee entsteht nördlich von Freudenstadt eine große Frontlücke. Dort hinein wird nun die Kampfgruppe des Generalmajors von Alberti geworfen, bestehend aus der 716. Infanteriedivision (ID) und der Gruppe Scheyer. Diese Truppe hat bei weitem nicht ihre Sollstärke. Der größte Teil der Einheiten befindet sich noch nördlich und vor allem nordöstlich von Freudenstadt – lediglich eineinhalb Bataillone sind stützpunktartig auf Herzogsweiler, Hallwangen, Obermusbach und im Wald südlich Igelsbergs verteilt. Sie erhalten nach und nach Gefechtsberührung mit den Einheiten von Général Chappuis. Sie sind ohne schwere Waffen und haben kaum Kampferfahrung, da sie zuvor an der Atlantikküste als Sicherungseinheiten eingesetzt waren. Alberti selbst hat seinen Gefechtsstand in Freudenstadt-Süd im Hotel Stokinger (heute Zollernblick) bezogen. Er hat den Befehl, zu verteidigen, aber womit? Die Frage, ob er verteidigen will, muß ungeklärt bleiben. Nach dem Fall von Freudenstadt zieht sich Alberti nach Süden zurück – die Franzosen rücken sofort nach und sperren den Loßburger Paß.[109]

Am 18. April 1945 treffen sich die Generale de Lattre de Tassigny, Béthouart und Monsabert im vorgeschobenen Gefechtsstand Freudenstadt und besprechen das weitere Vorgehen. Jetzt kann die Rochade Oberkirch – Freudenstadt – Horb erfolgen.[110] Von Kehl aus schwenkt die 9e DIC direkt nach Süden ab. Andere Teile des Ier CA, unter anderem auch die 4e DMM dringen nach Freudenstadt vor und Teile davon gehen von dort aus ebenfalls direkt nach Süden und vereinigen sich am Hochrhein mit der 9e DIC. Damit ist das XVIII. SS-Armeekorps eingeschlossen. Die 2e DIM geht von Freudenstadt aus nach Horb vor, geht weiter nach Tübingen und schwenkt dann nach Norden Richtung Stuttgart ab.[111]

Dieser Ablauf aus strategischer Sicht zeigt, daß Freudenstadt für die Truppenbewegungen der beiden französischen Armeekorps praktisch die Drehscheibe gewesen ist.

Die Ereignisse in Freudenstadt am 16. April 1945

Am 15. April erreicht das Groupement Chappuis Besenfeld, welches durch Teile der 2. Luftwaffen-Brigade Oberrhein hart verteidigt wird. Nachdem auch noch deutsche Artillerie ins Gefecht eingreift, muß Chappuis Luftwaffenunterstützung anfordern. Südlich von Besenfeld sind von Pionieren und Volkssturmleuten mittlerweile eine Anzahl von Panzersperren aufgebaut und dazwischen Verhaue angelegt worden.[112] Die Sperren sollen vom Freudenstädter Volkssturm verteidigt werden, welcher sie jedoch nicht besetzt. Die Männer gehen nach Freudenstadt zurück und weisen den Kreisleiter Maier auf ihre mangelhafte Bewaffnung, Ausbildung und auf ihre geringe Stärke hin. Der Kreisleiter schickt sie wieder nach vorn, aber sie besetzen nur noch die Stellungen am Waldrand nördlich der Stadt.[113]

Général de Lattre de Tassigny, Kommandeur der 1re Armée Française (rechts) unterhält sich mit Général de Linarès, dem neuen Kommandeur der 2e DIM, den er mit der Durchführung des „Manoeuvre de Freudenstadt" beauftragt hat.

Nachdem Besenfeld besetzt ist, fühlen die Franzosen in Richtung der Sperren vor und stellen fest, daß diese nicht verteidigt werden. Am 16. April morgens werden die Sperren mit Hilfe des Zwangseinsatzes der Bevölkerung passierbar gemacht. Um 10.00 Uhr wird Igelsberg kampflos besetzt und die Kampfgruppenartillerie, das Groupement Jouannic bringt auf dem Wasen in Igelsberg zwei und im Schorrental beim Gasthaus „Forelle" eine weitere Batterie Long Toms cal. 155 mm in Stellung, deren Feuer durch Artillerieflieger geleitet wird.[114]

Am 16. April kommt Generalmajor von Alberti morgens in die Stadt und besichtigt die Stellungen des Volkssturmes. Die Volkssturmmänner tun das einzig Vernünftige – sie verlassen die Stellungen am Abend des 16. April und gehen nach Hause. Auf dem Weg zu seinem Gefechtsstand schickt Alberti flüchtende Zivilpersonen mit dem Hinweis zurück, daß er nicht verteidigen werde. In der Stadt befinden sich derzeit 11.500 Einwohner und knapp 1.200 Verwundete in den verschiedenen Lazaretten, sowie zusätzlich eine Anzahl Evakuierter und Flüchtlinge. Freudenstadt ist nur als Lazarettbezirk deklariert worden, was aber keine kriegsrechtliche Auswirkung hat.[115]

Freudenstadt ist nicht Lazarettstadt, sondern nur Lazarettbezirk.

Nach den Anordnungen des Gauleiters Murr und des RFSS Himmler vom 12. April dürfen keine Panzersperren geöffnet und keine weißen Fahnen gezeigt werden. Außerdem dürfen Kampfkommandanten nicht in ihrer Pflichterfüllung behindert werden. Freudenstadt wäre demnach zu verteidigen. Zuwiderhandlungen ziehen die Todesstrafe für den Täter und die Sippenhaft für seine Angehörigen nach sich.[116]

Ob Albertis eineinhalb Bataillone auch an der Sperre Bengelbruck eingesetzt sind, ist unklar. Dort und im danebenliegenden Metzgerloch befinden sich von Norden her gesehen die letzten beiden Panzersperren vor der Stadt.

Ab dem 9. April 1945 finden vorbereitende Luftangriffe auf Freudenstadt statt.

Ab dem 9. April erfolgen vorbereitende Luftangriffe auf Freudenstadt, die sich bis zum 16. April fortsetzen. Hierbei werden vor allem am 16. April zwischen Postgebäude und Wachthaus die Hochdruckwasserleitung sowie auch die alte Wasserleitung von zwei Bomben irreparabel durchschlagen. Die Löschangriffe der Feuerwehr sind daher ganz erheblich durch Wassermangel beeinträchtigt. Die am selben Tage mit Bordwaffenbeschuß belegte Stadtkirche fängt im Dachstuhl durch die mit Phosphorbeiladung verwendeten Geschosse Feuer. Für diese Kampftätigkeit ist die USAAF verantwortlich.[117]

Am Morgen des 16. April tritt das Sous-Groupement des Commandant (Major) Christian de Castries um 3.00 Uhr von Besenfeld aus zur Einnahme von Freudenstadt an. Es handelt sich um eine mit Infanterie verstärkte Panzeraufklärungseinheit, die sowohl mit Panzerspähwagen als auch mit Panzern vorgeht und die Infanterie aufgesessen mitführt. Aufgehalten durch noch nicht abgebaute Sperren und vor allem durch Verhaue benötigen sie bis Igelsberg sieben Stunden.[118]

Nach der Besetzung Igelsbergs um 10.00 Uhr finden dort Plünderungen und Vergewaltigungen statt – wie auch tags zuvor schon in Besenfeld.

Bei den Sperren an Bengelbruck und Metzgerloch rechnet de Castries damit, daß auch hier nicht verteidigt wird, aber genau das Gegenteil ist der Fall. Um die Mittagszeit ergibt sich hier erste Gefechtsberührung. Diese hat den Commandant einen Gefallenen und drei Verwundete gekostet und de Castries tut nun genau das, was jeder andere Frontkommandeur in seiner Lage auch getan hätte: Er zieht seine Leute in gute Deckung zurück und fordert Artillerieunterstützung an. Daraufhin streut Jouannic mit seinen 105 mm Selbstfahrlafetten (SFL) auf der Linie Klosterreichenbach – Erzgrube – Schernbach – Omersbach das südlich davon liegende Terrain mit 1200 Schuß ab.[119]

Die Sperre an der Bengelbruck wird trotzdem weiter verteidigt. Außer Angehörigen der 2. Luftwaffenbrigade und einer fremden Volkssturmeinheit sind hier noch etwa 60 Mann des Freikorps Zöberlein im Einsatz. Bei einem erneuten Vorstoß am Nachmittag kann die Sperre endlich niedergekämpft werden. Mit der Beseitigung der Sperre und der Verhaue sind die Franzosen bis gegen 19.00 Uhr beschäftigt.[120] Eine solch lange Zeit haben sie nicht einkalkuliert, zumal sie davon ausgegangen sind, daß Freudenstadt nicht verteidigt werde, da man die Sperren direkt südlich von Besenfeld ja auch nicht verteidigt hat. Auch die deutsche Artillerie hat sich – mit ihrer letzten Munition – nochmals eingeschaltet[121] und dadurch den Franzosen ein weiteres Argument für die Annahme in die Hand gespielt, daß Freudenstadt verteidigt werde. Um die Mittagszeit wird außerdem der Artillerieführer der 1re Armée aktiv. General der Artillerie Dewynck ordnet die Beschießung Freudenstadts mit 500 Schuß aus den Long Toms an.[122]

Den Franzosen dauert das alles zu lange – der Zeitplan droht durcheinanderzukommen. Sie wollen sich schnell mit ihrem Ier CA vereinigen und nun steht da ausgerechnet vor diesem Freudenstadt solch eine lächerliche Panzersperre und macht Schwierigkeiten. Die Konsequenz ist klar – das Ergebnis leider auch!

Es ist gerade deshalb völlig unsinnig, den Commandant und nachmaligen Général Christian de Castries für die Beschießung und Zerstörung Freudenstadts verantwortlich machen zu wollen! Für die Franzosen muß ja der Eindruck entstehen, daß Freudenstadt verteidigt wird und

hinzu kommt dann noch die Eile. Das ist der alleinige Grund für den Beschuß und die Zerstörung unserer Stadt! Der Beschuß beginnt um 14.30 Uhr – ungefähr nach zwei Stunden, als das befohlene Kontingent verschossen ist, tritt eine Feuerpause ein.[123]
Alberti hat wohl unter diesen Umständen eine Verteidigung für sinnlos angesehen und beim LXIV. Armeekorps eine Zurücknahme der Front beantragt, um die Stadt vielleicht noch zu retten. Der Antrag wird vom Armeeoberkommando 19 abgelehnt, welches Alberti befiehlt, die Stadt zu verteidigen.[124]
Zwischen 18.00 und 19.00 Uhr beginnt das Feuer erneut. Jouannic hat seine SFL vorgezogen und kann nun auch mit diesem kleineren Kaliber Freudenstadt erreichen. Auf die Stadt und auf diverse umgliegende Geländepunkte ist nächtliches Störfeuer vorgesehen – 450 Schuß 105 mm und 300 Schuß 155 mm.[125] Die marokkanischen Kanoniere haben eine unruhige Nacht – die Freudenstädter Einwohner allerdings auch! Die Franzosen verwenden Granaten mit Brandsätzen, worauf bald große Teile der Innenstadt brennen.
Am Morgen des 16. April erscheint ein 60 Mann starker Trupp des „Freikorps Zöberlein"[126] an der Sperre Bengelbruck um dort zu verteidigen. Die Leute – es sind Freiwillige aus Oberbayern und Tirol – werden von den Franzosen mit SS-Angehörigen verwechselt, weil sie dunkle Zivilkleidung tragen. Von der SS ist in den französischen Gefechtsjournalen die Rede[127] aber im Raum Freudenstadt ist weit und breit keine SS zu finden.
Die Angehörigen des „Freikorps Zöberlein" sind dem letzten irrsinnigen Werwolfaufruf von Goebbels gefolgt. Sie sind bereit dazu, als „Werwölfe" zu agieren, also sich vom Feind überrollen zu lassen, um dann im Hinterland der Front „tätig" zu werden. Dazu kommt es jedoch nicht mehr, weil Monsaberts Truppen zu schnell vorgehen. Die Franzosen haben eine fürchterliche Angst vor dem Werwolf und in den Feindlageunterlagen der 2e DIM findet sich eine ganze Anzahl von Abhandlungen über den „loup garou", wie diese Truppe in der 1re Armée genannt wird.[128]
Alberti behauptet später, er habe die Zöberlein-Leute wegen Eigenmächtigkeit entlassen, aber er beschreibt nicht, worin diese Eigenmächtigkeit bestanden hat. Vermutlich haben sich diese Leute nach der Erkenntnis der Aussichtslosigkeit der Lage selbständig gemacht. Diejenigen, die nachts und am frühen Morgen des 17. April noch von der Bengelbruck zurückkommen, setzen sich in Richtung Loßburg ab und richten dort weiteres Unheil an.[129]

Die Stadtkirche Freudenstadts am Abend des 16. April 1945 – der Brand im Dachstuhl wurde durch 20 mm Geschosse mit Phosphorbeiladung erzeugt, welche von amerikanischen Jabos verfeuert wurden.

Die Besetzung Freudenstadts am 17. April 1945

Die Stadt brennt die ganze Nacht hindurch. Gelöscht werden kann kaum, denn die Hochdruckwasserleitung ist ja beschädigt und außerdem sind Motorspritze und Mannschaftswagen durch Artillerievolltreffer ausgefallen. Es steht lediglich eine kleine Tragspritze zur Verfügung. In der Jakob- und Friedrichstraße können zwei Häuserzeilen durch Löschen mit Gülle gerettet werden. Die Bevölkerung, die sich mehrheitlich bei Beginn des Beschusses in die umliegenden Wälder geflüchtet hat, kommt nun am Morgen des 17. April in die Stadt zurück, nachdem das Artilleriefeuer aufgehört hat, wohl weil das befohlene Kontingent an Munition verschossen ist.[130]

... bei Beginn des Beschusses in die Wälder geflüchtet ...

„...wir kommen und schlagen in Scherben ihre alte verrottete Welt"- Es war wohl umgekehrt – Die Bevölkerung Freudenstadts versucht, von ihrer persönlichen Habe noch zu retten, was zu retten ist.

Um 6.30 Uhr treten die Franzosen erneut zur Einnahme Freudenstadts an. Panzer und Panzerspähwagen bringen die aufgesessene Infanterie bis zum Waldrand (heute Karneolbrücke). Dann gehen die Gefechtsfahrzeuge und die Infanterie langsam, sich gegenseitig deckend und sichernd, über die Felder gegen die Stadt vor. Noch immer müssen die Franzosen ja damit rechnen, daß die Stadt verteidigt wird. Nach dem Debakel vom Vortag hat de Castries seine Aufklärungseinheit noch um ein Bataillon Infanterie vom 151. IR verstärkt. An den ersten Häusern im Norden der Stadt entsteht eine Schießerei, die jedoch deutscherseits nicht erwidert wird. Jetzt erst haben die Franzosen bemerkt, daß die Stadt doch nicht verteidigt wird.[131]

17. April 1945 – um 9.45 Uhr wird die Stadt an die Franzosen übergeben.

Sie dringen weiter in die Stadt ein und erreichen um 9.45 Uhr das Rathaus. Mit hoher Wahrscheinlichkeit ist es de Castries selbst, der die Übergabe von Rathaus und Stadt durch Stadtamtmann und Ratsschreiber Wilhelm Schwarz entgegennimmt. Wilhelm Schwarz ist – und ganz sicher hat auch er Angst – der einzige, der von den städtischen Honoratioren und Beamten noch die Stellung hält und das Eintreffen der Franzosen abwartet. Alle anderen sitzen im Bunker oder sie sind sonst irgendwo – auf jeden Fall aber nicht im Rathaus, wo sie hingehören. Die Parteileitung ist tags zuvor schon verschwunden und Bürgermeister Klepser taucht erst dann auf, als die erste kritische Situation bereits überstanden ist. Die französischen Truppen, die jetzt in Freudenstadt stehen, setzen sich aus marokkanischer Infanterie, aus marokkanischen Panzertruppen und aus Alpenjägern zusammen. Insgesamt sind es etwa drei Bataillone, die nun innerhalb von nur einer Stunde die Stadt säubern. Es geht deshalb so schnell, weil ja auch keine Truppen da sind, die sie hätten ausheben müssen. Teile dieser Einheiten rücken – von Eile getrieben – sofort zum Südrand der Stadt vor und klären in Richtung Loßburg auf. Auch in Richtung Baiersbronn wird aufgeklärt, der Ort aber als noch unbesetzt

erkannt. In Rodt jedoch geraten die Franzosen in einen Hinterhalt der Zöberlein-Leute.[132]
Die Szenen, die sich beim Einmarsch und danach in der Stadt abspielen, lassen sich kaum in Worte fassen, und sie werden den Freudenstädtern, die sie miterleben mußten, zeitlebens im Gedächtnis bleiben. Die Truppen rücken in eine brennende Stadt ein, in der sie mit Verteidigung gerechnet haben. Es wird zwar nicht verteidigt, aber die psychische Anspannung bei der Truppe hat trotzdem einen Punkt erreicht, an dem sie nur noch den einen Wunsch hat, dieses „wunderschöne Feuerwerk" wenn möglich noch zu vergrößern. Abgesehen davon, daß die Wehr am Löschen behindert wird, werfen die Franzosen in noch unbeschädigte Häuser Brandplättchen hinein oder setzen diese auch mit Hilfe von Benzinkanistern in Brand. Außerdem werden auch Handgranaten in die Keller geworfen. Die Brandherde vergrößern sich wieder und gegen Mittag treten sogar Feuerstürme auf. Das Werk der Vernichtung nimmt seinen Lauf. Über mehrere Tag hinweg erfolgen immer wieder weitere Brandschatzungen. Nicht genug damit, daß die Franzosen den Brand im Rathaus drei Tage nach dem Einmarsch durch unvorsichtigen Umgang mit Munition selbst verschuldet haben und die Bevölkerung glauben machen wollen, dies sei der Werwolf gewesen und sie deshalb 160 Geiseln nach Lindau bringen, unter denen vier Todesopfer zu beklagen sind, werden auch immer wieder noch intakte Häuser angezündet. Teilweise wird den Franzosen auch von Nazigegnern gezeigt, wo Nationalsozialisten wohnen, damit deren Häuser auch in Brand gesetzt werden können, bzw. sollen. Hier liegen also regelrecht mutwillige Brandstiftungen vor.[133]

Französische Soldaten machen sich mutwilliger Brandstiftung schuldig.

Gleichzeitig finden schwerste Übergriffe auf die Bevölkerung in Form von Vergewaltigungen und Plünderungen statt. Bekannt ist, daß die Truppe am Morgen vor dem vermeintlich scharfen Einsatz pro Mann einen Viertelliter Schnaps zu trinken bekam.[134] Alkohol enthemmt bekanntlich, und die Marokkaner sind Alkohol, zumal Schnaps, aus Glaubensgründen nicht gewöhnt. Daher ist die Wirkung bei ihnen erheblich stärker als üblicherweise bei Weißen. Hinzu kommt dann noch, daß die Truppen in einer Weinkellerei im Norden der Stadt 200.000 Liter Rotwein, von der Wehrmacht requiriert und zurückgelas-

Französische Soldaten in amerikanischen Uniformen besetzen am 17. April 1945 unsere Stadt.

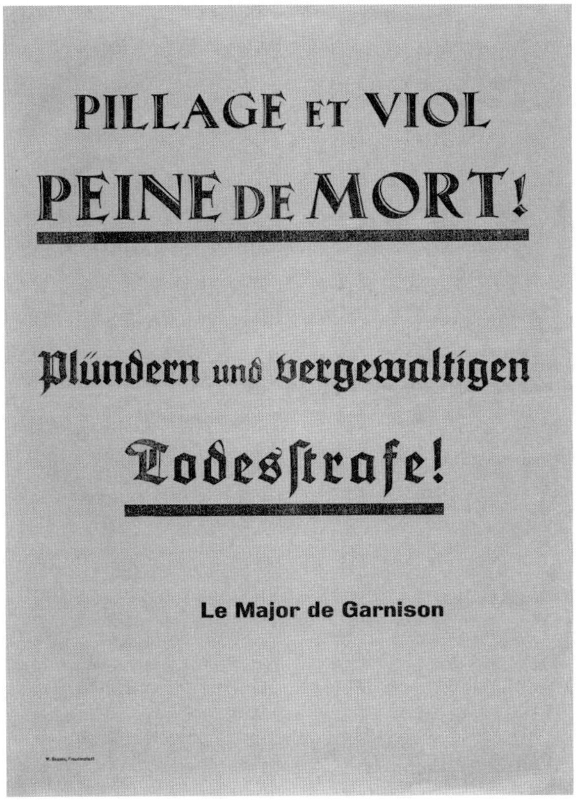

sen, sowie in diversen Hotels gut gefüllte Getränkekeller vorfinden.[135] Trunkenheit spielt also während der Besetzung der Stadt eine große Rolle.

Bei den darauffolgenden Plünderungen verschwinden unermeßliche Werte. Die Plünderung hat zum Ziel, dem Feind das zu nehmen, was er ganz persönlich für wertvoll hält. Ähnlich verhält es sich auch mit der Vergewaltigung – um den verhaßten Feind an seiner empfindlichsten Stelle zu treffen, nämlich dort, wo er sich selbst reproduziert, wird genau da das Mittel der Schändung eingesetzt. Hinzu kommt hier auch noch, daß viele Marokkaner eine andere Einstellung zu Frauen haben als wir Europäer.

Mit der Vergewaltigung den Feind an seiner empfindlichsten Stelle getroffen ...

Die Franzosen und Marokkaner sind aber nicht die einzigen, die sich so verhalten. Es gibt im Raum Freudenstadt eine ganze Anzahl polnischer Kriegsgefangener und auch einige polnische Fremdarbeiter, die sich durch die Franzosen plötzlich befreit fühlen und sich nun das Recht nehmen, ebenfalls so zu handeln und zu plündern und zu vergewaltigen. Die Vergewaltigungen und Plünderungen ziehen sich über mehrere Tage hin – immer wenn neue Truppen kommen oder durchziehen, meinen auch diese, das „Recht der Sieger" ausüben zu dürfen. Obwohl bekannt ist, daß zumindest Marokkaner auch vor jungen Männern nicht Halt machen, werden verschiedentlich junge Mädchen und Frauen durch Veränderung von Frisur und Kleidung in Knaben umstilisiert. Das hat wohl einige Mädchen geschützt. Andere versuchen, sich mit Gewalt häßlich zu machen – etwa durch Schwarzfärben der Zähne mit Ruß o. ä., um nicht behelligt zu werden. Einige Frauen behaupten mit eindeutiger Geste in Richtung Unterleib, daß sie krank seien. Auch dies hat die Vergewaltiger von ihrem Tun abgehalten.

Einen Befehl hinsichtlich „Mundraub" oder „Freinächten", wie manche behaupten, hat es in der französischen Armee nie gegeben. Falls er nur mündlich erteilt worden wäre, läßt sich das später natürlich nicht mehr nachweisen. Ein Schriftstück darüber liegt nirgends vor. Ebenso unrichtig ist auch die Behauptung, Freudenstadt sei aus Rache für Oradour-sur-Glane zerstört worden. Der Legenden gibt es da viele. Aber Eile und strategische Aspekte sprechen hier eine ganz eindeutige Sprache.[136]

In Freudenstadt werden in diesen Tagen 600 Frauen vergewaltigt. Dies ist jedenfalls die offizielle Lesart des Krankenhauses, weil sich dort 600 Frauen zur Behandlung eingefunden haben. Ob diese Frauen alle aus Freudenstadt sind, läßt sich nachträglich nicht mehr feststellen. Wenn man davon ausgeht, daß sich einige Frauen überhaupt nicht in Behandlung begeben haben, daß wiederum andere die Hebamme oder den Arzt vor Ort aufgesucht haben und daß eben jene 600 Frauen ins Krankenhaus gegangen sind, so spricht dies eher dafür, daß die Dunkelziffer mit Sicherheit sehr viel höher ist, als die vom Krankenhaus erfaßte Anzahl. Etwa 10% der vergewaltigten Frauen werden schwanger. Ein Teil läßt die Schwangerschaft abbrechen, ein weiterer Teil verliert die Kinder durch Fehlgeburt und der vermutlich kleinste Teil trägt die Schwangerschaft aus.[137]

Erst als überall die roten Zettel in französischer, arabischer, polnischer, russischer und deutscher Sprache aushängen: „Plündern und Vergewaltigen Todesstrafe" finden die Exzesse ihr Ende. Nachdem dann aber die Polen von den Franzosen bewaffnet werden, findet der Terror im Freudenstädter Umland noch eine monatelange Fortsetzung.[138]

Die französischen Offiziere verhalten sich zunächst gleichgültig gegenüber den Untaten ihrer Truppe. Sie warnen die Leute allerdings davor, die katholische Kirche zu betreten, welche nicht zerstört ist und in welcher Dekan King in jenen schweren Tagen einer ganzen Anzahl von Mädchen und Frauen Schutz bieten kann. Die Marokkaner sind ihren Offizieren disziplinarisch weitgehend einfach entglitten. Ein Dreivierteljahr vor der Einnahme von Freudenstadt sind bei derselben Division, der 2e DIM in Italien ebenfalls Fälle von Vergewaltigung und Plünderung vorgekommen. Da aber die Italiener ja nunmehr Bundesgenossen der Franzosen sind, beklagen sie sich bei der Korpsführung und fordern in Paris Général Juin auf, der Sache nachzugehen. Andernfalls werde man beim Papst intervenieren! Juin hat die Verantwortlichen vor ein Militärgericht gestellt.[139] Grundsätzlich ist Plündern und Vergewaltigen selbstverständlich auch in der französischen Armee verboten. Am 30. April 1945 hat de Lattre in einem Tagesbefehl extra noch einmal darauf hingewiesen.[140] Der Freudenstädter Bevölkerung hat das aber nichts mehr genutzt.

Das Manœuvre de Freudenstadt, wie de Lattre diese Operation bezeichnet, hat in der Stadt durch Bombenabwurf, Beschießung sowie durch Erschießung von mehreren Personen, die Frauen und Kinder schützen wollen, 70 Todesopfer gefordert. Die Stadt ist zu 40% zerstört.

„Vergebet einer dem anderen" (Eph. 4, 32) – Das Ehrengräberfeld auf dem Friedhof in Freudenstadt – R. I. P.

Abkürzungen aus der Zeit des III. Reiches

AK	= Armeekorps
AOK	= Armeeoberkommando
BDM	= Bund Deutscher Mädel – 14–17 Jahre
BK	= Bekennende Kirche (antinationalsozialistisch)
CA	= Corps d'Armée (Armeekorps in der 1re Armée Française)
DAF	= Deutsche Arbeitsfront
DAP	= Deutsche Arbeiterpartei (Vorläuferin der NSDAP)
5e DB	= Cinquième Division Blindée (5. Französische Panzerdivision)
DC	= Deutsche Christen (pronationalsozialistisch)
3e DIA	= Troisième Division d'Infanterie Algérienne (3. algerische Infanteriedivision)
9e DIC	= Neuvième Division d'Infanterie Coloniale (9. Kolonial-Infanteriedivision)
2e DIM	= Deuxième Division d'Infanterie Maroccaine (2. marokkanische Infanteriedivision)
DJ	= Deutsches Jungvolk – 10–14 Jahre
4e DMM	= Quatrième Division Maroccaine de Montagne (4. marrokkanische Gebirgs(jäger)division)
EHW	= Ernährungshilfswerk des Deutschen Volkes (NSV-Organisation)
FAD	= Freiwilliger Arbeitsdienst – etwa ab 1929/30 bis Mitte 1935, sodann RAD
FHQ	= Führerhauptquartier
Flak	= Flieger-, Flugzeugabwehrkanone
Fla-Waffen	= Flugzeugabwehrwaffen
Fliebo	= Fliegerbombe
Gestapo	= Geheime Staatspolizei
GuS	= BDM-Werk Glaube und Schönheit – 17–21 Jahre
HJ	= Hitler-Jugend – 14–18 Jahre
ID	= Infanterie-Division
IR	= Infanterie-Regiment
Jabo	= Jagdbomber
JM	= Jungmädel – 10–14 Jahre
98 k	= Mauser Karabiner Modell 1898 kurz (Kaliber 8 x 57 IS)
KdF	= Kraft durch Freude (DAF-Organisation)
KK	= Kleinkaliber (5,6 mm = 22 lfB) Mauser Wehrsportkarabiner
KL/KZ	= Konzentrationslager
KLV	= Kinderlandverschickung
Krad	= Kraftrad (Motorrad)
KTB	= Kriegstagebuch
22 lfB	= Kleinkaliberpatrone Kaliber 22 lang für Büchsen (= 5,6 mm)
LSSAH	= Leibstandarte SS Adolf Hitler (Stammdivision der Waffen-SS)
LwH	= Luftwaffenhelfer
Nazi(s)	= Kurzwort für Nationalsozialist(en)
NS	= Nationalsozialismus, nationalsozialistisch
NSBO	= Nationalsozialistische Betriebszellen Organisation
NSDAP	= Nationalsozialistische Deutsche Arbeiter Partei
NSF	= Nationalsozialistische Frauenschaft (auch als NSFr abgekürzt)
NSFK	= Nationalsozialistisches Flieger Korps
NS-Hago	= Nationalsozialistische Handwerks- Handels- und Gewerbe-Organisation
NSKK	= Nationalsozialistisches Kraftfahrer Korps
NSKOV	= Nationalsozialistische Kriegsopferversorgung
NSLB	= Nationalsozialistischer Lehrerbund
NSV	= Nationalsozialistische Volkswohlfahrt
OT	= Organisation Todt (Bauorganisation)
Pg(n)	= Parteigenosse(n) = Mitglied(er) der NSDAP
PK	= Propaganda-Kompanie (Kriegsberichterstatter)
RAD	= Reichsarbeitsdienst – ab Mitte 1935 aus dem FAD hervorgegangen
RAF	= Royal Air Force (britische Luftwaffe)
RLB	= Reichsluftschutzbund
RFSS	= Reichsführer SS und Chef der Deutschen Polizei Heinrich Himmler
San.Abt.	= Sanitäts-Abteilung
Sanka	= Sanitätskraftfahrzeug
SA	= Sturmabteilung
SS	= Saalschutz, dann Schutzstaffel (auch als Allgemeine – SS bezeichnet)
USAAF	= United States Army Air Force (amerikanische Heeresluftwaffe)
Waffen-SS	= Elitesoldaten der SS, die taktisch der Wehrmacht unterstellt waren
WHW	= Winterhilfswerk des Deutschen Volkes (NSV-Organisation)

Anmerkungen

Hinweis: Die in dem Kapitel „Freudenstadt im III. Reich“ genannten Personennamen sind, sofern es sich nicht um Namen von Persönlichkeiten der Zeitgeschichte handelt, alle bereits schon einmal veröffentlicht! Die mit diesen Namen in Zusammenhang stehenden Vorgänge, die in diesem Kapitel beschrieben sind, sind ebenfalls weitgehend schon einmal veröffentlicht. Die Beschreibung von Vorgängen aus Akten erfolgte ohne Namensnennung. Die Namen von Zeitzeugen sind im Text und in den Anmerkungen auf speziellen Wunsch dieser Personen nicht genannt. Die einschlägigen Vorschriften der §§ 185 – 187, §§ 189 – 190, §§ 192 – 194 und §§ 199 – 200 StGb sind entsprechend berücksichtigt.

1 Baldur von Schirach, HJ-Fahnenlied, „Vorwärts, vorwärts“ – 1933

2 Horst Wessel, NS-Weihelied, „Die Fahne hoch!“ oder „Horst-Wessel-Lied“ – 1929

3 Der Begriff „Lebensraum im Osten“ stammt von dem Professor für Geopolitik Dr. Karl Haushofer

4 Adolf Hitler, Mein Kampf, München 1938, S. 742 (sinngemäß)

5 Staatsarchiv Ludwigsburg (STAL) Sign. PL 501/I Bü 141 – nach Notizen des Autors

6 Schwarzwald-Zeitung (SZ) Freudenstadt, Sonderbeilage zum Kreiskongress der NSDAP Kreis Freudenstadt vom 7./8. Oktober 1933 – darin: Kurt Pauli, Wie die NSDAP Freudenstadt eroberte, S. 7 f

7 Der Grenzer (DG) – Freudenstädter Heimatzeitung vom 21. Mai 1928

8 Gasthaus „Rad“ – Anschrift: Kaufhausstraße 2 – stand früher zwischen dem Rathaus und dem Hotel „Schwanen“ – wurde 1933 geschlossen, dann an die Stadt verkauft. Nach Umbau erfolgte die Einrichtung als Rathaus II. 1945 zerstört, nicht wieder aufgebaut.

9 STAL a.a.O PL 501/I Bü 141

10 Der „Sternen“ mit Sternensaal befand sich hinter dem Hotel „Zur Stadt“ – heute Volksbank Neubauten und Kaufhaus Peters – und hatte an der Paulinenstraße ein altes, zugehöriges Brauereigebäude, in welchem ab Spätherbst 1939 die für Freudenstadt vorgesehenen polnischen Kriegsgefangenen zunächst provisorisch untergebracht waren.

11 Dietrich von Jagow war nach der Machtübernahme Polizeikommissar von Württemberg und SA-Obergruppenführer (≙ (Waffen-) General)

12 SZ 7./8. Oktober 1933 – Pauli a.a.O – hier sind die Namen der ersten SA-Leute veröffentlicht –, Schwarzwald-Rundschau (SR) vom 12. August 1941, SZ Sonderbeilage vom 22. Mai 1937 Kreisleiter Lüdemann zum Abschied! Kreisleiter Michelfelder zum Gruß!/Sturmbannführer ≙ Major, Oberscharführer ≙ Feldwebel, Obersturmführer ≙ Oberleutnant

13 Siehe bei Jörg Johannsen-Reichert – in diesem Buch auf S. 299 f

14 Siehe dazu: DG vom 02.08.1929, 15.10.1930, 21.07.1931, 16.02.1932, 18.08.1932, 01.10.1932, 10.11.1932, 31.12.1932, 05.01.1933, 12.01.1933, 17.02.1933 und SZ vom 27.07.1933, 09.08.1934, 10.08.1935.

15 SZ vom 08.03.1934

16 SZ vom 17.05.1934, 04.02.1936, 25.03.1936, 04.01.1937, 11.06.1937.

17 Heinz Höhne, Die Machtergreifung, Hamburg 1983 S. 39; Curt Rosten, Das ABC des Nationalsozialismus, Berlin 1933 S. 56 a, die Erscheinungsdaten der DG bzw. SZ Ausgaben stammen jeweils von dem der jeweiligen Wahl folgenden Tag.

18 Gerhard Hertel, 1932 – das Schicksalsjahr der Deutschen, in : Freudenstädter Heimatblätter (FH) Bd. 15 vom 14.02.1983 – Zitat nach dem Wahlaufruf eines Pfarrers

19 Siehe Anm. 02

20 Nach DG 31.01.1933

21 Stadtarchiv Freudenstadt (Stadt A FDS) – Sammlung Heckmanns – Freudenstädter Listen (FL) S. 4 f und S. 105 f – hier sind „nur“ 50 Verhaftete genannt, während Gerhard Hertel in seinem Aufsatz im Schwarzwälder Boten (SchwaBo) vom 04.07.1983 Titel: „Auf dem Heuberg“ deren Zahl mit 80 angibt. Einem freundlichen Hinweis von Herrn Hertel zufolge ist wohl eher die Zahl 50 als stimmend anzunehmen.

22 Zeitzeugenaussage

23 Gerhard Hertel, Auf dem Heuberg, SchwaBo 04.07.1983; ders., Ein quälendes finsteres Jubliäum 1933 – 1983, In FH Bd. 15 Nr. 23 November 1983

24 Vgl. DG vom 22.03.1933

25 Vgl. DG vom 24.11.1931 und vom 06.12.1931

26 Siehe Anm. 23

27 Stadt-A FDS FA F^3 1202 BMA, F^3 1220

28 DG 20.04.1933; Stadt-A FDS FA F^3 3604 und 3607 (Standesamt); dass., Stadtpläne 1936 und 1938/39; dass., Adressbücher des Kreises 1936, 1939 und 1956 und der Stadt Freudenstadt 1995. Die Bezeichnung „Professor Endriss Weg“ verdanke ich einem freundlichen Hinweis von Herrn Siegfried Haist Kniebis.

29 Hans Rommel, Vom Freudenstädter Zeitungswesen in 108 Jahren, in: FH VI/1949 vom 04.03.1950.

30 Robert Ley, Reichsorganisationsleiter (Hrsg.), Organisationsbuch der NSDAP, München 1936 S. 99 ff

31 SZ vom 25.07.1933, 07.07.1933, 08.07.1933, 20.08.1933

32 Stadt-A FDS Schwarzwald Adressbuch 1939 (Kreis FDS)

33 dass., FA F^3 1915 Standesamt und 3665 Tiefbauamt

34 Ein derartiges Schreiben, jedoch nicht aus Freudenstadt, befindet sich im Privatarchiv des Verfassers

35 Stadt-A FDS, Schwarzwald Adresbuch 1939; Ley, a.a.O. S. 358 ff

36 Diverse Artikel in der SR; diverse Zeitungsberichte; Eisernes Buch der Stadt Freudenstadt, im Bestand Stadt- und Heimatmuseum Freudenstadt (Stadthaus); Hauptsturmführer ≙ Hauptmann, Sturmbannführer ≙ Major, Obersturmbannführer ≙ Oberstleutnant.

37 Hertel, Heuberg a.a.O

38 Zeitzeugenaussage

39 Gemeindearchiv Loßburg, Bestand Schömberg, Akten nach Stichworten – Wahlen/Reichstags-, Gemeinderatswahlen. Eine Kopie dieses Schreibens befindet sich im Privatarchiv des Verfassers.

40 Siehe SZ vom 19.05.1938

41 Zeitzeugenaussage

42 Heinrich Himmler, Die Schutzstaffel als antibolschewistische Kampforganisation, München 1936 S. 29

43 Siehe Anm. 1

44 Hans Baumann, HJ-Lied, „Zum Beschluß“ oder „Es zittern die morschen Knochen“ o. J.

45 Ley, a.a.O. S. 437 ff

46 SZ Beilage o. D. (wahrsch. Oktober 1935) betr. Einweihung des HJ Heimes in der Gottlieb Daimler Straße; SZ vom 10.06.1933; Stadt-A FDS, Schwarzwald Adressbücher 1936 und 1939

47 Weiteres hierzu siehe im selben Kapitel unter dem Abschnitt „Der Kirchen schwerer Stand im III. Reich"
48 Siehe Anm. 44
49 Stadt-A FDS, Sammlung Heckmanns – Stichwortregister (SWR) zu den Zeitungen 1928 – 1945, S. 155 ff
50 Hans Speidel, Aus unserer Zeit, Berlin 1972 S. 151 f
51 Zeitzeugenaussage
52 Friedrich Wein Festungen – Heft 1 – Die Luftverteidigungszone des Westwalls bei Freudenstadt
53 SZ vom 24.09.1938, Verordnung über das NSG Schliffkopf; SZ vom 19.07.1939, Ausnahmegenehmigung zum NSG Schliffkopf; NSG Schliffkopf, Sonderdruck aus Schwäbische Heimat 1993/2 Stuttgart 1993
54 Stadt-A FDS FA F^3 o. Nr. BMA
55 Heinz Linge, Bis zum Untergang, München 1980 S. 207 ff
56 Peter Hoffmann, Die Sicherheit des Diktators, München 1975 Tafel 14 und Kapitel XI Anm. 18
57 Linge a.a.O.; Walter Warlimont, Im Hauptquartier der Deutschen Wehrmacht 1939 – 1945, Band I Augsburg 1990 S. 118; Gerhard Buck, Das Führerhauptquartier 1939 – 1945, Leoni 1983 S. 62 ff; Stadt-A FDS FA F^3 3604 und 3607 Standesamt; Bundesarchiv Militärarchiv (BAMA) Freiburg – Bestand Militärgeschichtliches Forschungsamt (MGFA) Freiburg (seit 1994 Potsdam) RW47/v. 6 – KTB-FHQ Nr. 3 vom 15.02.1940 bis zum 31.07.1940, S. 55 – 62, S. 113 – 123, S. 140; Bundesarchiv Filmarchiv (BAFA) Berlin, Deutsche Wochenschau Nr. 515/1940; Zeitzeugenaussagen; SS-Standartenführer ≙ Oberst, SS-Hauptsturmführer ≙ Hauptmann.
58 Hans Rommel, Vor zehn Jahren – 16./17. April 1945 – Wie es zur Zerstörung von Freudenstadt gekommen ist, Freudenstadt 1955 S. 10 ff; Oberfeldarzt ≙ Oberstleutnant, Oberstarzt ≙ Oberst, Oberstabsintendant ≙ Major.
59 Rommel, Vor zehn Jahren a.a.O. S. 17 und S. 47; ders. FH 3/1949 und 24, 26/1975; Ordnungsamt Freudenstadt LS-Akten; Stadt-A FDS, Sammlung Heckmanns SWR S. 231 – 239
60 Heinz Boberach, Meldungen aus dem Reich, Herrsching 1985 Stichwort: Freudenstadt
61 Diese Information verdanke ich seinem freundlichen Hinweis von Herrn Sigwart Fleischle aus Klosterreichenbach
62 Siehe Anm. 59; Stadt-A FDS FA F^3 9421 BMA
63 Evangelisches Dekanatsarchiv Freudenstadt (ev Dek A FDS) (Pfarramt I) Akten C III 2, C II 1a
64 dass. Akten C III 2
65 Landeskirchliches Archiv Stuttgart (LKAS) Reg. A 127 / E 61
66 ev Dek A FDS, Akten C IV 4
67 dass., Evangelisches Gemeindeblatt Nr. 10/1934; SZ vom 24.09.1934
68 dass., Akten ohne Signatur betr. Besprechung vom 26.02.1937; SZ vom 07.07.1933
69 dass., Akten C III 2, C II 1a, C II 4 a
70 Stadt-A FDS, Sammlung Heckmanns – Auflistung der verwendeten Akten aus dem ev Dek A FDS
71 ev Dek A FDS, Akten B IV 3, B II 1a
72 Katholisches Dekanatsarchiv Freudenstadt (rk Dek A FDS), Chronik der katholischen Kirche in Freudenstadt; Stadt-A FDS, FA F^3 Kindergärten, SZ vom 13.04.1939, 28.04.1939, 07.07.1939
73 Stadt-A FDS
74 Die Information zum Schicksal und Verbleib einiger jüdischer Familien, die in Freudenstadt gelebt haben, verdanke ich einem freundlichen Hinweis von Herrn Adolf Sayer Horb-Rexingen, Hans Rommel, Aufzeichnungen zu Leo Fellheimer, in: Stadt-A FDS F^3 Juden.
75 Zeitzeugenaussage
76 dass.
77 Das Schicksal von Dr. Beer in den Kriegsjahren ist nicht restlos geklärt. Er war Ghetto-Arzt in Nürnberg und hat dort in der Fürther Straße (Privatanschrift) gewohnt. Seine Frau hat ihn offenbar dorthin begleitet, aber es ist nicht geklärt, wann er nach Nürnberg gekommen ist. Er soll zwischenzeitlich auch nochmals kurz in Freudenstadt gewesen sein. Am 13. April 1945 hat die Gestapo-Leitstelle Nürnberg seine Rückkehr nach Freudenstadt bedenkenlos befürwortet. Es gab auch einige wenige Freudenstädter, die angeben, ihn in Nürnberg gesehen zu haben. Siehe hierzu auch Anm. 73 – 76.
78 Siehe hierzu die Anm. 73 – 76, Stadt-A FDS, Sammlung Heckmanns – FL S. 105, Dr. Beer hat nach dem Krieg betreffend seinen Aufenthalt in Lagern nur hinsichtlich des KL Dachau entsprechende Angaben gemacht. Seine ärztliche Tätigkeit in Nürnberg beschränkte sich ausschließlich auf Juden. Es gibt hierzu auch schriftlich fixierte Aussagen von Dr. Beer, die dieser nach dem Krieg gemacht hat und aus denen hervorgeht, daß man beispielsweise in Nürnberg von ihm verlangt hat, für einen Toten einen Totenschein aufgrund einer krankheitsbedingten Todesursache auszustellen, obwohl die Leiche jedoch eindeutig Spuren von Gewalteinwirkung aufwies.
79 Stadt-A FDS, Sammlung Heckmanns – FL S. 33 ff
80 Gemeindearchiv Loßburg, Bestand Schömberg, Akten nach Stichworten – Schulakten
81 Amtsblätter des württembergischen Kultusministeriums – Stuttgart o. J.
82 Hans Rommel FH Nr. 24 und 25/1975; Paul Sauer, Württemberg in der Zeit des Nationalsozialismus, Ulm 1975 S. 209 ff und S. 461 ff; Stadt-A FDS, LwH Tgb 1 1943/44 (Rommel) Auswertung Sammlung Heckmanns
83 Siehe hierzu im selben Kapitel den Abschnitt „Die Stadt Freudenstadt in der Zeit des politischen Umbruchs"
84 Siehe hierzu im selben Kapitel den Abschnitt „Die Wehrmacht in und um Freudenstadt"
85 Stadt-A FDS, Sammlung Heckmanns – SWR S. 23 – 29
86 DG vom 03.11.1932 und SZ vom 01.06.1939; die Zahl von 1972 verdanke ich einem freundlichen Hinweis von Herrn Hank, Kfz-Zulassungsstelle LRA Freudenstadt. Diese Zahl von 1972 wurde deshalb gewählt, weil dies vor der Kreisreform von 1973 die letzte Möglichkeit war, separate Daten für den Altkreis Freudenstadt zu erfassen.
87 Wirtschaftsgruppe Gaststätten und Beherbergungsbetriebe Stuttgart (Hrsg.), Württemberg und Hohenzollern – Hotels, Gasthöfe und Fremdenheime 1939 S. 10 f.
88 Stadt-A FDS, Schwarzwald Adressbuch 1939; SZ vom 14.01.1937, 08.04.1939, 20.12.1939; anschließend wurde kein Zahlenmaterial mehr veröffentlicht.
89 STAL, Notizen des Verfassers nach PL 501/I Bü 46 und PL 516 Bü 47; SZ vom 25.11.1936, 26.11.1937 und SR vom 23.01.1943; Stadt-A FDS, Sammlung Heckmanns – SWR S. 171 – 192
90 Stadt-A FDS, Sammlung Heckmanns – SWR S. 31 – 54
91 Klaus Heckmanns, Eine Naturkatastrophe im Boschenloch und ihre Folgen, in: FH Nr. 3/1996
92 Gerhard Hertel, Das Ende der kommunalen Selbstverwaltung, FH Jahrg. 17 Nr. 5
93 SZ vom 22.04.1936, 06.12.1939, 14.05.1940
94 Siehe Anm. 90 a.a.O. und S. 111 – 153
95 SZ vom 18.10.1939, 20.10.1939
96 Stadt-A FDS, Sammlung Heckmanns – SWR S. 55 – 61; SZ vom 02.04.1937, 07.07.1937, 03.12.1937
97 SR vom 05.01.1943, 06.01.1943
98 SR vom 23.06.1943, 14.08.1943 – Konsens hier unklar! Die Teiche sind auf den alten Stadtplänen und Flurkarten nicht eingezeichnet und sie sind auch auf Postkartenfotos und Luftbildern nicht zu erkennen. SR vom 20.12. 1943, 13.06.1944, 26.09.1944, 29.09.1944

[99] SR vom 03.03.1945
[100] SZ vom 12.03.1935, 05.12.1935, 10.01.1937
[101] Stadt-A FDS, Sammlung Heckmanns – SWR S. 63 – 110
[102] Gerhard Hertel, Als der Krieg begann, FH Jahrg. 20 Nr. 9 September 1989
[103] Zeitzeugenaussage
[104] Stadt-A FDS, Sammlung Heckmanns – SWR S. 11 – 153
[105] Klaus M. Heckmanns, Die Zerstörung Freudenstadts am 16./17. April 1945 – eine strategische Notwendigkeit, FH Bd. 26. Nr. 5, Mai 1995 – unter diesem Titel wurde der Text 1995 erstmalig veröffentlicht. Hier liegt er nun nochmals in leicht abgewandelter und gekürzter Form vor.
[106] Elmar Krautkrämer, Das Rhénanie-Projekt und die Frage der territorialen Gestaltung der französischen Besatzungszone, in: Joseph Just, (Hrsg.) Von der Besatzungszeit zur deutsch-französischen Kooperation, Freiburg i. Br. 1993 S. 61 ff
[107] Service Historique de l'Armée de Terre (SHAT) Vincennes, Les Grandes Unités Françaises – Gefechtskartensatz 1re Armée Française
[108] ebenda
[109] Rommel, Vor zehn Jahren a.a.O., S. 24 f
[110] Jean de Lattre de Tassigny, Histoire de la Prémière Armée Française – Rhin et Danube, Paris 1971 S. 523
[111] SHAT a.a.O. Gefechtskartensatz
[112] Rommel, Vor zehn Jahren, a.a.O. S. 18
[113] ebenda S. 18 f
[114] ebenda S. 20, 22, 43; SHAT KTB 2e DIM S. 499 und 11P/39 Artillerie Divisionnaire -Train 2e DIM
[115] Rommel, Vor zehn Jahren, a.a.O. S. 10 f
[116] ebenda S. 16
[117] ebenda S. 17
[118] SHAT KTB 2e DIM S. 497 – 499, KTB 5e DB S. 1345 ff., KTB IIe CA S. 389
[119] ebenda KTB 2e DIM S. 499 und 11P/39
[120] Rommel, Vor zehn Jahren, a.a.O. S. 18 f
[121] SHAT 11P/39
[122] ebenda
[123] Rommel, Vor zehn Jahren, a.a.O. S. 22
[124] BAMA – MGFA-Study Grimmeiß MS/B-598
[125] SHAT 11P/39 Artillerie Divisionnaire – Train 2e DIM
[126] Hans Zöberlein (1895 – 1964) Schriftsteller, Titel: u. a. „Der Glaube an Deutschland" und „Befehl des Gewissens" – Kriegs- und Propagandaromane der übelsten Sorte, war im III. Reich hoch angesehen, hohe Auszeichnungen im I. Weltkrieg, sowie auch von der NSDAP. Zöberlein führte eine Anzahl Freiwilliger aus Bayern und Tirol als „Werwölfe" gegen die Franzosen. Mitte April 1945 hatte er diese Leute auf dem Truppenübungsplatz Heuberg bei Stetten a. k. M. versammelt und bereitete sie dort für ihren Einsatz als Werwölfe vor. Ein Teil dieser Truppe geriet auch nach Freudenstadt – mit fatalem Ergebnis. Zöberlein wurde nach dem Krieg wegen der Erschießung von Zivilpersonen in Penzberg zum Tode verurteilt, dann zu lebenslanger Haft begnadigt und 1958 aus gesundheitlichen Gründen entlassen.
[127] SHAT KTB IIe CA S. 389 und de Lattre, a.a.O. S. 521
[128] ebenda Akten 2e Bureau 2e DIM (= französische I c Akten)
[129] Rommel, Vor zehn Jahren a.a.O. und Bestand Stadt-A FDS
[130] ebenda
[131] SHAT KTB 2e DIM S. 503
[132] ebenda und Rommel, Vor zehn Jahren, a.a.O. S. 25 f.
[133] Rommel, Vor zehn Jahren, a.a.O. S. 27 ff und Bestand Stadt-A FDS
[134] Bestand Stadt-A FDS
[135] ebenda
[136] Zeitzeugenaussage
[137] dass.
[138] Zeitzeugenaussage und Bestand Stadt-A FDS
[139] SHAT Divisionsgerichtsakten 2e DIM 11P/39
[140] SHAT Akten 1re Armée Française 10P – EM Ordres du Jour No. 88 und No. 89

Freudenstadt während der französischen Besatzungszeit

Klaus M. Heckmanns

Die Zeit zwischen den Zeiten

Nachdem die französischen Kampftruppen Freudenstadt in süd- und ostwärtiger Richtung verlassen haben und somit die Vereinigung des Ier CA (Premier Corps d'Armée) mit dem IIe CA (Deuxième Corps d'Armée) abgeschlossen ist, kommen Besatzungstruppen in die Stadt. Es sind dies in der Regel Troßeinheiten oder aus der Front herausgelöste Kampftruppen, sowie dann nach dem 8. Mai 1945 komplette Einheiten – jeweils etwa in Bataillonsstärke.[1]

Nicht ganz uneigennützig kümmern sich die Franzosen sofort um die Versorgung der Bevölkerung mit Lebensmitteln – hier vorzugsweise mit Weißbrot, einer für die Freudenstädter lange entbehrten Delikatesse. Und indem sie nun verschiedene Bäckereien in der Stadt wieder in Gang bringen lassen, kommen sie selbst auch zu ihren Baguettes und Ficelles. Es gibt einige Bäckereibetriebe, die fast ausschließlich für die Besatzung arbeiten.[2]

Bereits nach einer Woche kann wieder Gas und Strom bezogen werden. Mit dem Wasser dauert es etwas länger. Die Bevölkerung versorgt sich in der Zwischenzeit aus privaten und dann auch wieder aus städtischen Brunnen.[3]

Flüchtlinge und „Abgebrannte" – ein großes Problem für die Stadtverwaltung

Sehr viele Freudenstädter sind trotz alldem arm dran – zumal die, deren Häuser und Wohnungen zerstört worden sind. Sie werden als „Abgebrannte" bezeichnet und besitzen nur noch das, was sie auf dem Leib tragen. Diese Leute müssen bei Verwandten, Freunden oder Nachbarn untergebracht werden, deren Häuser noch intakt sind. Zum Teil erhalten sie auch in den Dörfern im Kreis Notquartiere. Diese Umstände führen auch dazu, daß es die Stadtverwaltung ablehnen muß, in der Stadt Flüchtlinge aufzunehmen. Die Situation, in der sich Freudenstadt befindet, läßt dies einfach nicht zu. Zwar gibt es ein Flüchtlingslager,[4] in dem vor allem Flüchtlinge aus dem Osten vorübergehend Unterkunft finden, aber sie müssen ausschließlich auf die Ortschaften im Umland von Freudenstadt verteilt werden.

In den zerstörten Häusern versucht man, aus dem Brandschutt noch brauchbare Dinge zu retten. Die Hoffnung aber, in den Kellern dieser Häuser noch etwas zu finden, zerschlägt sich schnell. Die dort deponierte Kleidung und die Schuhe sind von der Hitze so angegriffen, daß sie beim Kontakt mit der frischen Luft sofort zerfallen. Eingemachtes ist mehrfach übergekocht und damit ungenießbar.[5]

Die größten Probleme für die unter erschwerten Bedingungen teilweise wieder arbeitende Stadtverwaltung sind die Versorgung der Bevölkerung – über Lebensmittelkarten und Bezugsscheine – und die Trümmerbeseitigung. Friedrich Rothfuß (SPD) wird von den Franzosen zum kommissarischen Bürgermeister ernannt und lenkt nun die Geschicke der Stadt.

Die Franzosen haben sich inzwischen natürlich ebenfalls etabliert. Zum Teil haben sie Hotels requiriert, in denen die Mannschaften untergebracht werden. Im Straßen- und Wasserbauamt (Stuttgarter Straße) sind einige Einheiten regelrecht kaserniert. Das Sommerhotel Waldeck wird von der Kommandantur in Beschlag genommen.[6] Dort befindet sich der Chef d'Escadron, délégué du cercle de Freudenstadt – also der für Stadt und Kreis Freudenstadt zuständige Militärbefehlshaber und örtliche Vertreter des Militärgouverneurs in Tübingen. Dort steht vor dem Haus auch jener Fahnenmast mit der Trikolore, welche von der Zivilbevölkerung durch Abnehmen des Hutes bzw. durch Stillstehen mit Blickwendung zur Fahne zu grüßen ist. Wer dem nicht nachkommt, kann vom Militärgericht Freudenstadt dazu verurteilt werden, eine Nacht im Keller des Hauses Schierenberg zuzubringen. Im Haus Schierenberg (Lauterbad-

Die Trikolore war so zu grüßen wie weiland Geßlers Hut.

Das Sommerhotel Waldeck – in diesem Haus befindet sich ab April 1945 die französische Kommandantur.

Die Besatzer etablieren sich in Freudenstadt.

straße) befindet sich eine Dienststelle der französischen Gendarmerie. Die Militärgerichtsverhandlungen finden im Kurtheater statt, was einer gewissen Komik nicht entbehrt. Offiziere und Unteroffiziere haben sich in Freudenstadt Privatquartiere „besorgt", d. h. sie haben die schönsten Häuser requiriert, haben dort die deutschen Bewohner auf eine Wohnung zusammengedrängt und bewohnen selbst den Rest der Räumlichkeiten. Im Februar 1946 sind es 209 Häuser mit 534 Zimmern, die solcherart beschlagnahmt sind. Im April 1946 werden 200 Einzelzimmer von Unteroffizieren, 30 Einzelzimmer von Offizieren, 60 Wohnungen von verheirateten Unteroffizieren, 60 Wohnungen von verheirateten Offizieren und zwei komplette Villen von Generälen bewohnt. Am 17. Oktober 1949 stellt die Stadtverwaltung fest, daß die Besatzer noch immer einen Gasthof, ein öffentliches Gebäude, sieben Hotels, elf Pensionen und 131 Wohnungen mit insgesamt 1.135 Zimmern belegt haben.[7] Die Leute haben sich auf eine längere Zeit im Schwarzwald eingerichtet und deshalb ihre Familien nachkommen lassen. Da es in der ZFO (Zone Française d'Occupation) kein Fraternisierungsverbot gibt, sind bald Kontakte zwischen deutschen und französischen Familien hergestellt. Teilweise entwickeln sich daraus Freundschaften, die bis in unsere Tage andauern. Vor allem die Kinder sind hier die treibende Kraft. Beim Spielen lernt man – spielend – die Sprache der neuen Nachbarskinder und schon bald erleben deutsche Eltern, daß ihnen ihre eigenen Kinder auf Hinweise oder Ermahnungen in französischem Umgangston antworten. Andererseits versuchen auch die Franzosen, die deutsche Sprache zu erlernen, und irgendwann fragen sich dann beide Seiten, weshalb sie eigentlich gegeneinander gekämpft haben.

„Franzos, mit dr rota Hos, mit dr schwarza Kapp – Kerle halt dei Lapp" (Kinderreim aus der Besatzungszeit – Anspielung auf die französischen Uniformen im Krieg 1870/71)

Der Bevölkerung mangelt es an allem, und nicht umsonst wird dieser Zeitabschnitt der ersten Nachkriegsjahre nach dem „Umsturz" als „schlechte" oder „schwere Zeit" bezeichnet. Die Herren Chefs d'Escadron, mögen sie nun Champigneulle, Colin oder Remy heißen, benehmen sich recht selbstherrlich. Die Besatzungszeit, die in Freudenstadt bis in die Anfänge der 50er Jahre hinein dauert, ist in ihrer ersten Phase von Rechtlosigkeit, Willkür und Demütigung geprägt.

Bei der französischen Gendarmerie gibt es einen aus dem Elsaß stammenden Sergenten namens Schall, der kreisweit als übler Schläger bekannt ist. Mancher Freudenstädter, der sich – in den Augen der Franzosen – etwas zuschulden kommen läßt, bezieht im Keller der Kreissparkasse (Landhausstraße 2 – 4) – dort und im Haus daneben hat die Gendarmerie eine Dienststelle eingerichtet – kräftige Prügel.[8] Am 5. Juni 1945 wird der ehemalige SA-Hauptsturmführer Otto Ferdinand Graf von den Franzosen in Altheim verhaftet. Der Grund für die Verhaftung ist zunächst darin zu sehen, daß Graf der letzte kommandierende SA-Führer Freudenstadts war, der auch den „Werwolf" organisiert haben soll. Was nun folgt, ist reine Willkür! Graf wird von den französischen Gendarmen unter Mitwirkung des Sergenten Schall während eines „Verhörs" regelrecht zu Tode geprügelt! Der direkte Anlaß für diese Untat kann nicht mehr rekonstruiert werden. Es gibt Zeugen, die Graf im Umkreis von einigen hundert Metern haben schreien hören. Die Tat – als Tatbestand wäre Mord aus niederen Beweggründen anzunehmen gewesen – kann nicht geahndet werden, weil es in diesen Tagen im Raum Freudenstadt noch keine funktionierende Justizbehörde gibt und abgesehen davon jedermann Angst vor den Franzosen hat. Die Leiche Grafs wird am 7. Juni 1945 eingesargt, wobei der Sarg nicht mehr geöffnet werden darf und unter Aufsicht eines Sergenten, der Fremdenlegion zugehörig und deutscher Abstammung, von Friedhofsaufseher Glauner anonym an der Friedhofsmauer regelrecht verscharrt wird. Im Jahr 1948 wird die Leiche exhumiert und in einem ordentlichen Reihengrab beigesetzt.[9]

Erst nach und nach nehmen die einzelnen Behörden wieder ihren Dienst auf. Ab Ende September 1945 läuft auch die Post wieder normal. Da die bis dahin auf den Sendungen handschriftlich angebrachten Gebührenvermerke wegen der großen Anzahl der Briefe und Päckchen nicht mehr ordnungsgemäß erfolgen können, sucht man, da es ja auch noch keine Briefmarken gibt, nach einer Alternativlösung. So werden von der Druckerei Gosses hergestellte Gebührenzettelchen verwendet, bis dann ab Dezember 1945 / Januar 1946 die Zonenbriefmarken mit den Wappenaufdrucken eingeführt werden.[10] Diese werden bis 1949 verwendet.

Am 20. Januar 1946 werden in der ganzen französischen Zone Gedenkfeiern für die Opfer des Nationalsozialismus veranstaltet. Hier kann die Bevölkerung auch erstmals Filme über die Greuel in den Konzentrationslagern sehen. Am 9. Februar 1946 (!) erlassen dann die Franzosen ein Verbot des Tragens von NS-Uniformen. Gleichzeitig wird auch das Aufbewahren von Uniformen, Effekten und anderer Militaria verboten.[11]

Im Raum Freudenstadt finden auch Demontageaktionen in Industriebetrieben statt. Frankreich will damit seine Reparationswünsche befriedigen. Die Betriebe, die demontiert worden sind, können sich nach der Währungsreform mit Geldern aus dem Marshall-Plan moderne und leistungsfähige Maschinen kaufen, während die Betriebe, die nicht demontiert worden sind, mit den alten Maschinen zwar weiterproduzieren können, aber dann in relativ kurzer Zeit nicht mehr konkurrenzfähig sind.

Deutschlands Rettung – der Marshall-Plan.

Ebenfalls als Wiedergutmachung wird auch das Abholzen größerer Waldflächen verstanden. Für diese Arbeiten, die auch im Raum Freudenstadt stattfinden, werden teilweise deutsche Kriegsgefangene herangezogen.

Das Jagdrecht in den Wäldern wird ausschließlich von französischen Offizieren beansprucht, die dafür allerdings Pacht bezahlen müssen. Hier greift weitgehend deutsches Recht – die französischen Jäger müssen sogar einen deutschen Jagdschein vorweisen, und sie müssen auch umlernen, denn in Deutschland darf z. B. Rehwild nur mit der Kugel zur Strecke gebracht werden. Die Jagdreviere sind riesig – zwischen 1.215 ha (Alexanderschanze) und 1894 ha (Obertal).[12]

Postwertzeichen mit der Bezeichnung „Zone Française" – Dezember 1945.

Freudenstadt im kalten Krieg

Nachdem Großdeutschland unter den Siegermächten des II. Weltkrieges in vier Besatzungszonen aufgeteilt worden war, kommen zwischen Amerikanern, Briten und Franzosen einerseits und den Sowjets andererseits gegensätzliche Meinungen auf, die zur Entstehung eines Spannungsfeldes führen. Der Westen fühlt sich vom Osten bedroht und umgekehrt. Damit beginnt eine Zerreißprobe auf diplomatischer Ebene, die noch Jahrzehnte hindurch nachwirkt. Die beiden 1949 gegründeten deutschen Staaten haben sich politisch jeweils an den Besatzungsmächten orientiert:

Kur und Kurgebiet vertragen sich kaum mit Sprengkammern in Straßen und einem zentralen Sprengstofflager im Norden der Stadt.

die Bundesrepublik Deutschland an den demokratischen Staaten USA, Großbritannien und Frankreich und die Deutsche Demokratische Republik an der Sowjetunion. Damit entstehen zwei Machtblöcke, die sich auch in Militärbündnissen ausdrücken. Im Westen ist dies die NATO (gegr. 1949) – North Atlantic Treaty Organisation – und das östliche Gegenstück dazu ist der Warschauer Pakt (gegr. 1955).
Nachdem der britische Premierminister Winston S. Churchill 1946 erstmals den „Eisernen Vorhang" erwähnt, eskalieren die Spannungen derart, daß SHAPE (Supreme Headquarters of Allied Power in Europe), damals noch in Fontainebleau, sich zu praktischen Defensivmaßnahmen veranlaßt sieht.
Im Juli 1952 rücken in Freudenstadt französische Pioniere an und bauen, ohne die Stadtverwaltung umfassend zu informieren, in den nach Westen führenden Straßen (Straßburger-Straße, Kniebisstraße, Murgtalstraße und Walkensteige)[13] Schächte ein, die in den Maßen etwa den sonst üblichen Hydrantenschächten gleichen. Diese Schächte enthalten – zunächst – nichts! Seitlich am Straßenrand neben den Schächten werden Sandkästen angelegt, die mit einem Blechprägeschild – schwarze Schrift auf rotem Grund – in französischer und deutscher Sprache darauf hinweisen, daß der in den Kästen enthaltene Sand nicht zum Streuen verwendet werden darf.[14]

SHAPE will einem vermeintlichen sowjetischen Angriff Einhalt gebieten.

Mit dieser Aktion will SHAPE einem vermeintlichen Angriff der sowjetischen Streitkräfte auf westdeutsches Territorium Einhalt gebieten. Im Verteidigungsfall sollen die Schächte mit Sprengladungen versehen werden, die dann mit dem sich daneben befindlichen Sand verdämmt werden müssen. Mittels Reihensprengung können so ganze Straßenstücke „für die sich gegebenenfalls im Anmarsch befindlichen feindlichen Streitkräfte" unpassierbar gemacht werden.
Die Behörden in Freudenstadt sind aufgrund dieser Sachlage mehr als besorgt, zumal die Franzosen ein bereits seit 1949 auf der Kohlstädter Hardt nördlich der Stadt noch vor dem Wald gelegenes Munitionslager zur Einlagerung von Sprengstoff erweitern wollen. Nach massiven deutschen Protesten legen sie dann einen Plan vor, der hinter dem Waldrand ein für diese Sprengmittel erforderliches zentrales Lager vorsieht. Bürgermeister Saam und der Stadtrat sowie Landrat Hesselbarth und der Kreistag verwehren sich erneut auch hier vehement mit der Begründung „Kurstadt und Kurgebiet" gegen derartige Aktionen.[15]
So wird dann im Oktober 1953 etwa drei Kilometer waldeinwärts westlich der B 294 an der alten Igelsberger Straße ein 26 ha großes Munitionslager angelegt, welches man 1967 um 10 ha erweitert . Im Januar 1954 geht der Bau von Sprenglöchern an der Westseite des Hirschkopfes (Gewann Hüttenteich) aber weiter. Darüber wird die Stadtverwaltung diesesmal einfach überhaupt nicht informiert. Forstmeister Gerhard Kurtz entdeckt diese erneute Aktion erst, als die Arbeiten dazu schon in vollem Gange sind. Der Stadtrat bringt mit Rücksicht auf die Nachteile, die der Kur hier durch eine Pressekampagne entstehen könnten, nur noch seine Mißbilligung zum Ausdruck.[16]

Freudenstadt als Garnisonsstadt

Die Bundesrepublik Deutschland erhält 1955 die Wehrhoheit, nachdem die NATO-Staaten erkannt haben, daß Westdeutschland ein wichtiger Partner im Nordatlantikbündnis sein würde. Die Amerikaner, Briten und Franzosen in den drei westlichen Besatzungszonen haben bereits seit dem Anfang der 50er Jahre ihre Besatzungspolitik mehr und mehr gelockert und ihre Truppen teilweise schon in Kasernen der ehemaligen Wehrmacht oder auch in Kasernenneubauten untergebracht. Am 15. Februar 1952 sind in Freudenstadt von den Besatzungstruppen immer noch 47 Wohnungen (2 – 7 Zimmerwohnungen) sowie fünf Fremdenheime, ein Erholungsheim und zwei öffentliche Gebäude in Anspruch genommen.[17]
Da die sowjetischen Streitkräfte materiell und personell ein erhebliches Kräftepotential darstellen und die NATO-Staaten in dem Glauben leben, daß die Sowjets möglicherweise in die Bundesrepublik einmarschieren könnten, setzen die Amerikaner dieser Situation die Strategie des „Big Lift" entgegen. Dies ist ein Unternehmen, welches vorsieht, innerhalb ganz kurzer Zeit eine ungeheure Menge an Truppen und Material auf dem Luftwege von den USA aus in der Bun-

desrepublik zu landen. Voraussetzung dafür wäre aber, daß die dort stationierten NATO-Truppen die Sowjets, sollten diese marschieren, so lange aufhalten würden, bis die Amerikaner in voller Stärke da wären. Um dies zu gewährleisten, ist die permanente Anwesenheit von NATO-Truppen in der Bundesrepublik unbedingt erforderlich. Dabei ist die Lage Freudenstadts als Verkehrsknotenpunkt für die Franzosen offenbar so wichtig, daß sie trotz des bereits besetzten Straßen- und Wasserbauamts die Notwendigkeit sehen, hier eine Kaserne zu bauen.
Bevölkerung, Stadtverwaltung und Stadtrat sind nicht damit einverstanden, daß die Kurstadt zur Garnisonsstadt werden soll. Die Franzosen kümmert das wenig. Ein Vorschlag hinsichtlich der Lage des künftigen Kasernengeländes seitens der Stadtverwaltung wird diskussionslos verworfen. Die Franzosen wollen ihr Treibstoff- und Munitionslager auf der Kohlstädter Hardt zugunsten des geplanten Kasernenneubaus aufgeben. Das Lager wird dann einfach geräumt und sein Inhalt im Lager an der alten Igelsberger Straße untergebracht. Der alte Lagerplatz an der Kohlstädter Hardt ist aber für eine Kasernenanlage zu klein. Es muß hier also weiteres Gelände hinzugefügt werden, wobei die Grundstücksbesitzer durch Zusammenwirken der Dienststelle Blank mit der Bundesvermögensverwaltung zum Verkauf ihrer Ländereien veranlaßt werden. Dadurch wird die Bundesrepublik Deutschland Eigentümerin des Terrains, und die Stadt Freudenstadt sichert sich – bei Wegfall des militärischen Nutzungszweckes – das Vorkaufsrecht. Die Bundesvermögensverwaltung stellt den französischen Streitkräften – sie werden mittlerweile als FFA (Forces Françaises en Allemagne) bezeichnet – das notwendige Gelände zur Verfügung.
Im Herbst 1954 liegen die Pläne für die neue Kaserne vor, die das Sonderbauamt Tübingen ausgearbeitet hat. Im Jahr 1955 wird die Anlage gebaut und im März 1956 ist sie nach Fertigstellung bereits belegt. Die Zufahrt erfolgt über die Johann-Gottfried-Herder-Straße, in welcher die Kaserne die Hausnummern 51 und 51 a – e erhält. Das umzäunte Gelände liegt nordwestlich dieser Straße, während das südöstlich davon gelegene Terrain nicht umzäunt ist, aber den Franzosen für Übungen ebenfalls zur Verfügung steht, jedoch dafür selten genutzt wird.

Die Modalitäten sind hier über Pachtverträge ab Anfang Mai 1957 mit den Grundstückseigentümern geregelt.
Die Gebäude sind nicht sonderlich ansehnlich – es ist nur das Nötigste vorhanden. Der Hauptbau besteht im Erdgeschoß aus je einem Speiseraum für Offiziere, Unteroffiziere und Mannschaften. Es befinden sich dort außerdem ein Krankenrevier, ein Geschäftszimmer für den Adjudant (Hauptfeldwebel), diverse Büros, ein Geschäftszimmer für den Kompaniechef, eine Bar, zwei Leseräume, ein Schulungsraum, eine Kleiderkammer, einige Unterkunftsräume für Unteroffiziere, ein Spielzimmer, ein Kino und eine Spülküche. Das Untergeschoß enthält Magazin- und Vorratsräume, sowie zwei Küchen. Davon wird eine als Lehrküche genutzt. Im Obergeschoß sind die Schlafräume für die Mannschaften mit 130 Betten sowie das Zimmer des Sergent (Unteroffizier vom Dienst) zu finden. Auf jedem Stockwerk sind sanitäre Anlagen vorhanden. Außer dem Hauptgebäude besteht die Anlage noch aus vier großen Wellblechgaragen (zusammen 2.400 m², einem Appellplatz, einem Wachthäuschen und einem Schießstand am südöstlichen Rand des Übungsgeländes.
Im Frühjahr 1956 ist dort nun die 302e C.M.I. (trois-cent-deuxième Compagnie Mixte d' Intendance) eingezogen. In der Kompanie tun rund 150 Mann Dienst, wobei das Stammpersonal aus Berufssoldaten und der Rest der Truppe ebenfalls aus wenigen Berufssoldaten,

1955 ist Freudenstadt Garnisonsstadt geworden – zum zweiten Mal in seiner Geschichte.

Die französische Kaserne in Freudenstadt (1955 – 1976) auf der Kohlstädter Hardt.

Rangabzeichen eines Caporal-Chéf der 302e C.M.I.

Die 302e C.M.I. – eine Truppe, die sich mit Sensibilität und Subtilität in das Leben der Stadt eingebracht hat

mehrheitlich aber aus Wehrpflichtigen besteht, die nach einer gewissen Ausbildungszeit ausgewechselt werden. Der Dienstbetrieb in der Kaserne ist, wie man von den Soldaten hören kann, langweilig. Es werden hier Truppendienste ausgebildet, also Köche, Intendanten, Zahlmeister, Verwaltungsfachleute, Rechnungsführer und noch andere Chargen, ohne die man auch in der Armee nicht auszukommen glaubt. Die Disziplin in der Truppe ist für französische Verhältnisse korrekt.

Es sind junge Leute, die hier ausgebildet werden – und sie befinden sich im Ausland. Manch einer ist anfänglich etwas unsicher und die Annäherung an die Bevölkerung Freudenstadts erfolgt eher vorsichtig und respektvoll. Die Soldaten sind in Freudenstadt gern gesehene Gäste, und so wird in manchem Freudenstädter Lokal die deutsch-französische Freundschaft mit Bier begossen und zu vorgerückter Stunde auch schon mal darüber sinniert, „ob Hitler nun noch in Berlin eingesperrt ist oder nicht". Wer etwas zu tief ins Glas geschaut hat, der braucht – auch vor dem Zapfenstreich – nicht unbedingt an der Wache vorbeizugehen. Hinten am Waldrand gibt es im Kasernenzaun ein respektables Loch, durch welches der nächtliche „Grenzverkehr" abgewickelt wird. Dort treffen sich die Soldaten auch mit deutschen Mädchen zum tête-à-tête. Der Kompaniechef, Capitaine (Hauptmann) Pierre Bosser ist, obwohl Berufsoffizier, für seine Soldaten mehr ein väterlicher Freund denn ein strenger Vorgesetzter. Er läßt seiner Kompanie gewisse Freiheiten, ist aber stets darauf bedacht, daß in der Kaserne kein Schlendrian einkehrt. Wer ihn nicht näher kennt, könnte ihn für distanziert halten. Er räumt seinen Leuten die Möglichkeit ein, in Zivil auszugehen und er sorgt auch persönlich für ausgezeichnete Verpflegung für seine Truppe, zumal an Feiertagen. Hier läßt er es an nichts fehlen.

Während seiner Dienstzeit kommt, von der Freudenstädter Bevölkerung nahezu unbemerkt, auch hoher Besuch in die Kaserne. Général Pierre Koenig – er war während seines Kommandos als Oberbefehlshaber der FFA zwischen 1945 und 1949 schon einmal in Freudenstadt – besucht, aber nun im Ruhestand, Anfang der 60er Jahre noch einmal unsere Stadt. Einer seiner Nachfolger, Général Jaques Massu, macht zum Dienstantritt als Oberbefehlshaber der FFA im Sommer 1966 eine Inspektionsreise und kommt ebenfalls nach Freudenstadt. In beiden Fällen wird die ganze Anlage auf Hochglanz gebracht.

Die Soldaten der 302e C.M.I. treten in der Freudenstädter Öffentlichkeit offiziell so gut wie nie in Erscheinung. Ab und zu gibt es in der Kaserne einen „Tag der offenen Tür", an dem die Einrichtungen besichtigt werden können und an dem man gegen geringes Entgelt hervorragend verpflegt wird. Wenn eine Delegation aus Freudenstadts Partnerschaftsstadt Courbevoie sur Seine anwesend ist, so besucht diese auch ab und an die Kaserne. Jeweils am Volkstrauertag erscheint eine Abordnung der 302e C.M.I. am alten Friedhof in der Lauterbadstraße (heute Park Courbevoie), um gemeinsam mit dem Bürgermeister und den Gemeinderäten einen Kranz am Ehrenmal niederzulegen.

Anfang 1967 verläßt Pierre Bosser, inzwischen Commandant (Major), den Schwarzwald und kehrt nach Paris zurück – in den wohlverdienten Ruhestand. Sein Nachfolger wird Lieutenant (Oberleutnant) Colombani, der sein Kommando mit einer gewissen Lässigkeit führt. So ist es nicht weiter verwunderlich, daß der Wachthabende im Wachthäuschen erst an einem großen Schlüsselbund nach dem passenden Schlüssel für ein Vorhängeschloß suchen (!) muß, welches eine Kette zusammenhält, die als Sicherung durch die Abzugsbügel der in einem Holzgestell stehenden Maschinenpistolen der Wache gezogen ist.

Gleichzeitig mit dem Bau der Kaserne ergeben sich in Freudenstadt noch einige Veränderungen. Der Gasthof „Murgtäler Hof", von den Franzosen von 1945 bis 1955 als „Economat" (Einkaufsmöglichkeit französischer Waren ausschließlich von Angehörigen der FFA) genutzt, wird nun zum Kasino für die Truppe. Ebenfalls 1955 wird an der Ecke Saarstraße/Hölderlinstraße ein neuer „Economat" gebaut. Zeitgleich werden am Johann-Sebastian-Bach-Weg 20 Wohnungen für Offiziere und Unteroffiziere sowie für deren Familien erstellt.

Der Betrieb in der Kaserne läuft noch bis zum 30. September 1976. An diesem Tag rückt Lieutenant Colombani mit der 302e C.M.I. ab. Ab dem 1. Oktober 1976 tritt dann der „Wegfall der militärischen Nutzung" ein. Die Kasernenanlage – nunmehr unbewohnt – verfällt nach und nach. Am 20. Dezember 1979 nimmt die Stadt Freudenstadt ihr Vorkaufsrecht in Anspruch und schließt mit der Bundesvermögensverwaltung einen Kaufvertrag ab. Nachdem am 28. Juli 1980 der Grundbucheintrag im Amtsgrundbuch erfolgt ist, ist die Stadt damit Besitzerin des 382 a 46 m^2 großen Geländes geworden und gibt den Abbruch der Anlage in Auftrag, der am 6. November 1980 als vollzogen gemeldet wird. Das Gelände dient der Stadtgärtnerei heute als Kompostierplatz. Der „Murgtäler Hof" ist schon Ende der 60er Jahre von den FFA freigegeben worden – in ihm wird ein Jugendzentrum eingerichtet. Der „Economat" steht bis 1981 leer und wird dann von 1982 bis 1993 von der Arbeiterwohlfahrt benutzt. Im Frühjahr 1995 wird das Gebäude abgerissen und weicht einem Wohnhausneubau. Die Offizierswohnungen werden an Privateigentümer verkauft. Das Munitionslager wird noch bis 1991 genutzt, dann geräumt und 1992 /93 wird die Anlage abgebaut. Damit gehört die Ära der FFA in Freudenstadt der Vergangenheit an.[18]

Anmerkungen:

1 Ein Bataillon hat ungefähr 800 – 1.000 Mann.
2 Es handelte sich hier in erster Linie um die Bäckereien Pfaff (vormals Ecke Alfredstraße/Straßburger Straße) und Bauer (Bahnhofstraße / heute Bäckerei Knörzer)
3 Diese Informationen verdanke ich einem freundlichen Hinweis von Herrn Weiß, Stadtwerke Freudenstadt. Einer dieser privaten laufenden Brunnen befand sich beispielsweise auf dem Grundstück Alfredstraße 127.
4 Das Flüchtlingslager befand sich auf dem Gelände der alten Glasfabrik Böhringer unterhalb des Gasthofes „Zur Eisenbahn" (heute Diskothek Martinique).
5 Zeitzeugenaussage
6 Heute befindet sich dort die Wohnanlage „Christophsaue".
7 Städtisches Tiefbauamt Freudenstadt: Bauakten Johann-Gottfried-Herder-Straße 51/51 a-e; darin enthalten Baupläne und Akten Tiefbauamt F^4 9725; GRP vom 17.10. 1949
8 Die Kreissparkasse befand sich früher an der Ecke Turnhallestraße/Landhausstraße – heute Kreishaus. Siehe hierzu auch: Hans Rommel, Vor zehn Jahren – 16./17. April 1945 – Wie es zur Zerstörung von Freudenstadt gekommen ist, Freudenstadt 1955 (Freudenstädter Heimatblätter – Beiheft 1)
9 Zeitzeugenaussagen verschiedener Personen
10 Diese Informationen verdanke ich einem freundlichen Hinweis von Herrn Manfred Maier, Zahnarzt in Schopfloch, sowie einem freundlichen Hinweis von Herrn Gotthard Schrenk Freudenstadt.
11 Archives de l'Occupation Colmar (AOCol) Bestand WH C 2521
12 dass. WH C 3505
13 Stadtarchiv Freudenstadt (Stadt-A FDS) FA F^3 3705 Tiefbauamt
14 dass.; GRP vom 14.7.1952 und vom 21.7.1952; Erinnerungen des Autors.
15 dass.
16 Diese Informationen verdanke ich einem freundlichen Hinweis von Herrn Hubertus Jörg, Dietersweiler. Außerdem Bauakten – siehe Anm. 7 sowie darin enthaltene GRP.
17 Siehe Anm. 7.
18 Bauakten Johann-Gottfried-Herder Straße 51/51 a – e; darin enthalten Akten Tiefbauamt F^4 9725; Akten des Städtischen Liegenschaftsamtes betr. Kaserne auf den Zehnmorgen; GRP Juni 1954; Erinnerungen des Autors. Siehe außerdem Anm. 16.

Zeit der Not und des Aufbruchs Erinnerungen eines Freudenstädters

Gerhard Hertel

Überleben nach der Katastrophe

Ein Jahr nach der furchtbaren Katastrophe der Zerstörung unserer Heimatstadt befand sich die Bevölkerung immer noch in einem Zustand der Niedergeschlagenheit und Hoffnungslosigkeit.[1]
Im März 1946 wurde die Brotration herabgesetzt; da es „kartentechnisch" nicht möglich war, das für die März-Brotkarte bereits ausgegebene Brot wieder „zurückzuziehen", wurden von der April-Brotkarte einfach 880 Gramm gestrichen. Man hatte also „vorgegessenes" Brot durch Hungerrationen einzusparen. Statt einer Tagesration von 275 Gramm erhielt der Normalverbraucher nur noch 200 g Brot und das in einer Zeit, in der man buchstäblich vom Brot lebte – Fleisch und Fett gab es ja nur in Minirationen. Die ganze Trostlosigkeit der Situation wurde auch dadurch deutlich: der Oberkommandierende der französischen Besatzungszone ordnete an, daß sämtliche Silbermünzen, 2 und 5 Markstücke abzuliefern seien. „Wer der Ablieferung nicht nachkommt, hat außer mit der Beschlagnahme der Münzen mit hohen Strafen zu rechnen", hieß es in der Anordnung der Besatzungmacht. Ähnlich hatte die Anordnung der Nazis gelautet, als im sogenannten 3. Reich die Goldmünzen des Kaiserreichs zur Finanzierung der Kriegsvorbereitungen eingezogen wurden. Die Alliierten mußten sich nun mit den Silbermünzen aus der Nazizeit begnügen. Aber auch das Eisen wurde nicht verschmäht: ein Schienenstrang der zweigleisigen Strecke Horb-Singen fiel der Reparations-Demontage zum Opfer. Gold, Silber, Eisen – von der Last des Metalls war man endgültig befreit. Die Deutschen waren sichtbar bettelarm geworden.

April 1946 – pro Person und Tag nur 200 g Brot.

Immer noch boten die von der Wehrmacht gesprengten Viadukte einen trostlosen Anblick. Dornstetten war der neue Güterumschlagplatz, den der Reisende aus Freudenstadt zu Fuß oder – wenn er Glück hatte – mit dem Holzvergaser- – (im Volksmund Holzversager-) Omnibus erreichte. Allerdings benötigte er zum Überschreiten der Zonengrenze bei Bondorf, wenn er nach dem „amerikanischen" Stuttgart wollte, einen Laissez-passer, einen Passierschein, der nur sehr schwer zu erhalten war. Wer „schwarz" die Grenze überschritt, hatte mit Geldstrafen und Arrest zu rechnen; es wurde auch von der Schußwaffe Gebrauch gemacht.
Das Elend der deutschen Bevölkerung veranlaßte unsere Schweizer Nachbarn zu einer Lebensmittelspende, die auch den Kreis Freudenstadt erreichte. Eine Tonne Fett, zwei Tonnen Gemüse und 20 Tonnen Rüben wurden nach Konstanz verbracht, wo sie von der Stadtverwaltung abgeholt werden konnten. Man kann heute nicht mehr ermessen, welche Gefühle des Dankes die Freudenstädter den Schweizern für diese großherzige Gabe entgegenbrachten.
Im April 1946 rief der von der Militärregierung eingesetzte kommissarische Bürgermeister Rothfuß dazu auf, die Trümmerbeseitigung unserer Stadt energischer in Angriff zu nehmen, damit „wir nicht noch jahrzehntelang den Anblick des Trümmerfeldes vor uns haben".
Zum Osterfest gab es dann einen kleinen Lichtblick: Für jeden Verbraucher wurden drei Eier zugeteilt, so daß den Kindern ein Osternest gerichtet werden konnte. Außerdem gab es Muschelfleisch und Heringsmilch. Da die Freudenstädter nach dem Motto „was der Bauer net kennt, des frißt er net" solche Leckerbissen bis dahin kaum goutiert hatten, war das für sie eine zweifelhafte Delikatesse. Ich erinnere mich noch sehr deutlich, wie alte Freudenstädter in der Heringsmilch und dem Muschelfleisch – dem „Lompezeigs" – herzumstocherten. Aber schließlich „trieb dann halt doch der Hunger d´Bratwürst hinunter".

Gnädiger wurde die Ankündigung aufgenommen, daß in einer Kompensation der Länder Schwarzwälder Holz gegen Fische von der Waterkant getauscht werden sollten. Zum Braten des Fischfilets fehlte allerdings das Fett.
Am 1. April 1946, ein Jahr nach der Zerstörung der Stadt, wurde nun auch das Nobelhotel Waldlust, das den Krieg über als Lazarett gedient hatte, von der französischen Besatzungsmacht für zivile Zwecke freigegeben, nachdem es völlig heruntergewirtschaftet war. Andere Hotels – Palmenwald und Stokinger – dienten schon gleich nach dem Stadtbrand Abgebrannten als Behelfsunterkünfte.
Auf dem Marktplatz wurden inmitten der Trümmer Verkaufsbaracken geplant, nachdem dort an Verkaufsständen der erste Spinat für Ostern abgegeben wurde.

Neugründung der Parteien in Freudenstadt

In der Zwischenzeit hatte die Besatzungsmacht auch die Zulassung demokratischer Parteien genehmigt. Die Sozialdemokraten eröffneten in Freudenstadt den Reigen und gründeten am Ostermontag 1946 im Lindenhof ihren Ortsverein. Wenig später trat er mit einer großen Versammlung im Kurtheater mit dem Redner E. Roßmann – früher Landesparteivorsitzender und Reichstagsabgeordneter – an die Öffentlichkeit. Er erinnerte daran, daß die Weimarer Republik ein Ansatzpunkt für ein neues Deutschland gewesen wäre, wenn das deutsche Bürgertum die Demokratie als Lebensgrundlage anerkannt hätte. Gleichwohl lehnte Roßmann eine Kollektivschuld der Deutschen ab. Europa könne nicht gesunden, wenn der stinkende Leichnam eines großen und begabten Volkes den Erdteil und die ganze Welt verpeste. Es gelte, an der Überwindung der heutigen schweren Lage zu arbeiten.
Ende Mai stellte sich eine neue Partei, die Christlich-Demokratische Union, den Freudenstädter Bürgern vor. Wilhelm Bäßler, der „biedere Schwabe, alte Freudenstädter und aufrechte Deutsche" nannte als Grundlage der neuen Partei die 10 Gebote. Politisches Ziel sei die Schaffung eines auf starke Bundesstaaten gestützten Vaterlandes im Rahmen der Vereinigten Staaten von Europa. Dabei schließe der Glaube an die Aristokratie der Persönlichkeit die soziale Verantwortungsfreudigkeit nicht aus. Der Redner unterstrich den verpflichtenden Charakter des Eigentums und nahm – er selbst war Berufsoffizier des 1. Weltkriegs – zum Problem des Militarismus Stellung. Das wahre Soldatentum trage keine Schuld an dem Unglück, in das uns Hitler geführt habe.
Auch die Kommunisten traten mit Georg Link, der als standhafter Bekenner 12 Jahre im KZ gequält worden war, auf den Plan. In der Turnhalle rechnete er mit dem „Junkertum und den Monopolkapitalisten, den Herrenreitern und Industriebaronen" ab. Sie hätten Hitler an die Macht gebracht. Zur Religion meinte er, er habe im KZ 12 Jahre lang keinen Gott gebraucht, verwehre es aber niemandem, sich zum Gebet ins Kämmerlein zurückzuziehen. Scharf griff er die Stadtverwaltung in den Fragen des Wiederaufbaus an.

SPD, CDU und KPD haben sich 1946 in Freudenstadt auf örtlicher Ebene neu gegründet.

Dies ließ den kommissarischen Bürgermeister Rothfuß nicht ruhen. In einer großen Gegenversammlung wies er die Vorwürfe Links zurück. Man brauche auch den Segen des Himmels, wenn man unsere Stadt und unseren Staat wieder aufbauen wolle. In dieser Bürgerversammlung erhielt der Bürgermeister, der zunächst von der Besatzungsmacht eingesetzt worden war, mit seiner Verwaltung das ungeteilte Vertrauen der Freudenstädter.

Vergangenheitsbewältigung und neue Initiativen im politischen, kulturellen und kirchlichen Leben

Das kulturelle Leben erfuhr in diesem Notjahr eine ungeheure Blüte. Eine Kunstausstellung Freudenstadt 1946 zeigte eine reiche Schau des Kunstschaffens heimischer Meister, unter denen auch David Fahrner, Hildegard Rath, Dr. Kurt Schöpp, Georg Schaible und Paul Kälberer zu finden waren. Die Ausstellung stand unter dem besonderen Schutz des Kulturoffiziers Capitaine Thieberger, der in Freudenstadt bis auf den heutigen Tag einen guten Namen behielt.

60.000 cbm Schuttmassen mußten beseitigt werden – überall in der Stadt lagen Feldbahngleise.

In der Zwischenzeit ging die Trümmerbeseitigung, an der sich vor allem auch die Behörden beteiligten, weiter. Die Lorenbahn ging nun schon bis zur Alfredstraße; der Schutt wurde über die Landhausstraße zu der Mulde unterhalb der Waldlust gefahren. In der Volksküche wurde immer noch ein markenfreies Mittagessen für 40 Pfennige abgegeben, um der großen Not zu begegnen.

Im Juni 1946 wurde das Entnazifizierungsgesetz erlassen, das mit dem berühmten Fragebogen der Alliierten das Ausmaß nazistischer Betätigung ermitteln sollte. Die meisten Deutschen kamen allerdings als Mitläufer glimpflich davon. Beamte erhielten Rückstufungen, sonst gab es Geldbußen. Trotzdem war diese „Säuberungsaktion" – auch bei Gegnern des Naziregimes – sehr umstritten.

Es sieht wie Ironie des Schicksals aus, wenn gerade in diesen Tagen nun noch ein Brief aus Berlin eintraf, der dort am 16. März 1945 von einem prominenten Freudenstädter geschrieben wurde und nun mit „erheblicher Verspätung" in Freudenstadt ankam. Er war an einen Freudenstädter SA-Führer gerichtet. Die Einsichten dieses in den höheren Rängen der Nazihierarchie stehenden Freudenstädters waren bemerkenswert: „Im übrigen hast du auch mit den sogenannten Wunderwaffen (an deren Existenz sich die kleinen Nazis festklammerten) vollkommen recht. Es gibt nur eine Wunderwaffe des Geistes." Aber dann kommen böse Sätze: „Das ist der unbesiegliche Geist des deutschen Volkes, das letzte Kräfte mobilisiert, um der Judenschaft der ganzen Welt, die letzten Endes hinter allen Dingen steht, die Stirn zu bieten. Ich habe das beste Volkssturmbataillon, das Berlin aufgestellt hat. Wir brauchen vor keinem Wehrmachtsbataillon zurückzustehen. Der Sieg über den Bolschewismus ist nach meiner Meinung zu einer reinen Führungsfrage geworden. Darum müssen alle Formationen, die im Osten kämpfen, von wirklich nationalsozialistischen Führern durchsetzt werden. Der Offizier alter Prägung muß völlig verschwinden. Auch wenn unsere Lage noch so verzweifelt erscheint, werden wir nie verzagen und jedes Los eher auf uns nehmen, als uns dem Weltjudentum zu unterwerfen. In alter treuen Kameradschaft mit Heil Hitler!" Vier Wochen später fiel Freudenstadt diesem entsetzlichen Wahn als Brandfackel zum Opfer.

Es waren nun die vielgeschmähten „vaterlandslosen Gesellen", die, in der Not an die Spitze der Stadtverwaltung gestellt, den Schutt buchstäblich aufzuräumen hatten.

Als es dann im September 1946 zur ersten demokratischen Wahl des Bürgermeisters und der Gemeinderäte kam, stellte sich auch die CDU auf die Seite des SPD-Bürgermeisters Rothfuß, dem sie die Makellosigkeit seiner Person und korrekte und überparteiliche Amtsführung bescheinigte. Rothfuß wurde mit großer Mehrheit gewählt; in den Gemeinderat zogen fünf CDU-Leute, vier Sozialdemokraten und ein Kommunist ein. Das Gespenst des Hungers war noch lange nicht gebannt. Im Herbst 1946 erhielten die Deutschen der französischen Zone (und das auch nur auf dem Papier) 1550 Kalorien pro Tag. Am schwierigsten war die Kohlenfrage; Kohlen wurden fast ausschließlich der Industrie zur Verfügung gestellt. Die Haushalte mußten sich mit Holz begnügen, das in Selbstaufbereitung im Stadtwald geschlagen werden mußte. Natürlich wurde auch „organisiert", eine Bezeichnung, die sich schon während des Krieges eingebürgert hatte und die das handfeste Wort Diebstahl schamhaft umschrieb. Es gab ehrbare Bürger, die des Nachts den Zaun Freudenstädter Industriebetriebe überstiegen und sich dort als Kohlenklau betätigten. Im Oktober wurden nun drei Stadtbaupläne ausgestellt, damit die Bürgerschaft sich über die Planung unterrichten konnte. Außerdem wurde eine Baulandumlegungskommission gebildet. Im gleichen Monat wurden die Bürger der jungen Demokratie wieder zu den Wahlurnen gerufen: bei der Kreistagswahl erhielten die SPD 31 834, die CDU 34 858 und die KPD 7 129 Stimmen.

Als der Gouverneur der französischen Zone, General Widmer, im November in Freudenstadt bei einer Gouverneurs-Tagung die Zusage machte, daß Freudenstadt als erste Stadt des Landes wieder aufgebaut werden sollte, gab das den Freudenstädtern neue Hoffnung. Zuvor aber hatten Landrat Hesselbarth und Bürgermeister Rothfuß auf die völlig unzureichende Versorgung mit Kartoffeln und Brotgetreide hingewiesen; auch von den 320 Gramm Fett, die Erwachsene im Monat erhalten sollten, seien nur 250g abgegeben worden. Man sprach also eine offene Sprache.

Général Widmer versprach, daß Freudenstadt als erste Stadt des Landes wieder aufgebaut werden solle.

Begutachtung der bisher vorliegenden Wiederaufbauplanentwürfe durch die Vertreter der Militärregierung – u.a. Oberst Laboureur – am 21.10.1946 in Freudenstadt.

Immer noch befanden sich 5 Millionen Deutsche in alliierter Kriegsgefangenschaft. Eine Gesellschaft für Kriegsgefangenendienst schickte Liebespakete an die Kriegsgefangenen aus der Stadt und unterbreitete eine Weihnachtsbitte der Christen in Deutschland an die Völker der Welt, den deutschen Kriegsgefangenen die Rückkehr in die Heimat zu gestatten. So war auch das Weihnachtsfest 1946 immer noch davon überschattet, daß viele Frauen und Kinder ohne Mann und Vater das Fest der Liebe feiern mußten. Auch die Arbeitsmarktlage war

Ende 1946 waren in Freudenstadt 1692 Männer und 1222 Frauen arbeitslos.

alles andere als rosig! In Freudenstadt waren 1.692 Männer und 1.222 Frauen ohne Arbeit. Das kirchliche Leben nahm in jener Zeit einen gewaltigen Aufschwung. Nie waren die Kirchen so voll; im November hatte der Bischof von Rottenburg, Dr. Johannes Sproll, die katholischen Gläubigen durch seinen Besuch gestärkt, allerdings auch die leidvolle Kunde gebracht, daß der in den Schreckenstagen von 1945 bewährte Dekan King einen anderen Wirkungskreis erhalte. Das war für alle Freudenstädter – auch für die Protestanten – eine traurige Nachricht.
Im kulturellen Bereich hatte sich 1946 Erfreuliches getan: in Freudenstadt war ein Volksbildungswerk ins Leben gerufen worden, dem Otto Schoell vorstand. Vorträge von Prof. Steinbüchel und Prof. Angelloz von der Universtität in Caen, aber auch Meisterkonzerte stillten den Bildungshunger der Freudenstädter. Auch in den Vereinen regte sich neues Leben. Ein Kleintierzüchterverein und ein Kreisimkerverein, ein neuer Sportverein und die bereits erwähnte Gesellschaft für Gesundheitsfürsorge und Kriegsgefangenendienst (die an die Stelle des Roten Kreuzes getreten war) fanden ein reiches Feld der Betätigung.

Verschiedene Vereine gründen sich 1946 neu.

1947 – erste Ansätze für einen Neuaufbau und anhaltende Lebensmittelrationierung

Zu Beginn des Jahres 1947 war man voller Hoffnung, mit dem Wiederaufbau beginnen und praktische Schritte tun zu können. Die Firma Bruder und Haug begann, Holzzementplatten zu fertigen, die dem Mangel an Baumaterial abhelfen sollten. Im Rahmen von vier Vorträgen über den Wiederaufbau sprach auch Dekan Gerhardt über die Freudenstädter Stadtkirche. Aber immer noch waren die Wiederaufbaupläne nicht genehmigt, so daß die „Abgebrannten" immer noch nicht wußten, „wo sie dran sind". Auf Anregung der Militärregierung – die auch Suppe, Wurst, Käse und Brot stiftete – kamen Anfang 1947 die Freudenstädter Jugendverbände in der Turnhalle zusammen, um persönlichen Kontakt zwischen den verschiedenen Jugendgruppen herzustellen. Die Veranstaltung war – wie konnte das angesichts der leiblichen Genüsse anders sein – gut besucht.
Aber auch der Volkschor Freudenstadt erblickte nach langwierigen Geburtswehen jetzt im Jahr 1947 das Licht der Welt und trat an die Stelle der alten Gesangsvereine Chorgemeinschaft, Sängerlust und Freiheit! Dafür wurden nun die Kartoffeln äußerst knapp, was den Gemeinderat veranlaßte, bei der Staatsregierung vorstellig zu werden. Aber es ging doch auch wieder weiter! In Aach und Grüntal wurde mit dem Wiederaufbau der Eisenbahnviadukte begonnen, immer noch war die Kreisstadt von der Zufuhr wichtiger Güter auf der Schiene abgeschnitten. Gegen Schieber und Schwarzhändler wollte der Gemeinderat energisch vorgehen; wegen der fehlenden Kartoffeln sollte die Brotration auf 300g pro Tag erhöht werden, auch 250g Teigwaren pro Verbraucher und Monat wurden in Aussicht gestellt. Dagegen war eine Erhöhung der Fleischration nicht zu erwarten. Der Nährwert für die Verpflegung der Bevölkerung wurde pro Person und Tag auf 1.200 Kalorien gesenkt – das war der blanke Hunger!
Im März 1947 wurde nun endlich der umstrittene Wiederaufbauplan beim Innenministerium in Tübingen vorgelegt, der den Kompromiß enthielt, an Stelle der Reichsstraße die Turnhallestraße zur Durchgangsstraße zu machen. Die Bevölkerung wollte, daß der Marktplatz mit seinen Arkaden und Giebelhäusern wiedererstehen würde und der Plan Schickhardts die Grundlage für den Wiederaufbau abgäbe. Eine Satzung für eine „Wiederaufbaugenossenschaft Freudenstadt" wurde gleichzeitig fertiggestellt. Aber alle Baugesuche mußten nach Tübingen weitergeleitet werden, wo sie bis dahin in noch keinem einzigen Fall genehmigt worden waren. So war das tägliche Leben voller Sorgen, immer noch spielte die Ernährungs-, Kleidungs- und Schuhfrage die erste Rolle. „Biete Mädchen-Halbschuhe Größe 34, suche Knabenstiefel Gr. 34–36" – solche Anzeigen füllten seitenweise die Zeitung. Zahlreiche Umschulungen zum Gipser, Zimmerer und Maurer wurden durchgeführt. Büroberufe wurden kaum mehr gebraucht. Da schlug Ende April die Nachricht wie eine Bombe ein: Der Wiederaufbauplan ist abgelehnt. In der Turnhalle versammelte sich (wieder einmal) die Bürgerschaft, um sich die

Argumente der Regierung aus Tübingen anzuhören. Man wollte den Freudenstädtern keinen Plan aufzwingen und man wollte für Geld und Material für den Wiederaufbau sorgen. Trotzdem fand der Gablersche Plan, der von den Freudenstädtern gewünscht wurde, keine Gnade. Bürgermeister Rothfuß sah zwar immer noch die Möglichkeit eines Kompromisses zwischen Gabler- und Schmitthenner-Plan, aber man war wieder am Anfang der Überlegungen angelangt. Auf jeden Fall legte man beim Innenministerium in Tübingen Einspruch ein.

Im Mai wurde an Freudenstadt das Ansinnen gestellt, Vertriebene aufzunehmen. Aber solange noch 300 Freudenstädter in den Kreisgemeinden wohnten, weil in der Kreisstadt der Wohnraum mehr als knapp war – oft wohnte man zu fünft in einem Raum, ein weiteres Problem war die gemeinsame Küchenbenützung der Hausfrauen – war nicht daran zu denken, in der zerstörten Stadt Flüchtlinge anzusiedeln. Im Kreistag lehnten alle Parteien ein solches Vorgehen ab.

Die Aufräumarbeiten waren in der Zwischenzeit in vollem Gange. Die Belegschaft der Firma Mafi gab den Auftakt. Ihr folgten die Stadtverwaltung, die Kreisberufsschule, die EVS, die Oberschule und die Firma Bürkle. Man versuchte, aus den Trümmern Baumaterial zu gewinnen, das beim Wiederaufbau verwendet werden sollte. Dabei kam Freudenstadt zugute, daß ein für die Demontage bestimmtes Fabrikgebäude der Mauserwerke in Oberndorf erworben werden konnte; Stein um Stein und Balken um Balken wurden nach Freudenstadt transportiert. Die Lebensmittelnot war immer noch groß. An Stelle von Getreidemehl wurde nun Maismehl zugeteilt, aus dem die Bäcker ein Maisbrot herstellten, das zwar ungewohnt war, aber doch den Hunger stillte. In der Zwischenzeit wurden die Arbeiten an den Viadukten in Aach und Grüntal eingestellt – auf Anordnung der Militärregierung wurden die Arbeiter am Viadukt in Lauterbad eingesetzt, um die Bahnverbindung ins Rheintal herzustellen! Es würde noch ein langer Weg sein, bis die Deutschen wieder selbst über ihre eigenen Angelegenheiten bestimmen konnten.

Neue Pläneschmiede traten in die Öffentlichkeit; es gab nun noch einen SPD-Plan, einen Bernhardt-Stritt-Plan und einen Bacher-Plan, die der Bürgerschaft im Planungsamt vorgestellt wurden. Die Situation war verwirrend. Schließlich kam es zu einer Umfrage, in der sich die Mehrheit für den SPD-Plan – der an den Giebelhäusern festhielt – aussprach. Fast einstimmig abgelehnt wurde der Schmitthenner-Plan, der Reihenhäuser vorsah, die es dem Bürger nicht mehr gestatteten, „um sein Haus herumzulaufen". Später wird Baurat Schweizer einmal einen Freudenstädter fragen: „Ja sind Sie den überhaupt einmal um Ihr Haus herumgelaufen?" Darauf eine kurze Antwort, voll schwäbischer Logik: „Noi, aber i hätt könne!"

Im Juli 1947 wurde die Katz-Kollsmann Spende in der Kepler-Schule an die Bevölkerung ausgegeben. Jeder Freudenstädter erhielt 5 Pfund Mehl und 400 g Fett.

Und das alles angesichts eines knurrenden Magens; im Juni sollte die Brotration wieder auf 200g „heraufgesetzt" werden, die Ernährungslage im Mai war katastrophal. Im ganzen Monat gab es 150g Butter, dazu etwas Hülsenfrüchte und als außergewöhnlichen „Lichtblick" 8 (acht) Eier! Da kam im Juli 1947 wie ein Wunder die Nachricht, daß ein Sohn der Stadt, Paul Katz-Kollsmann, der vor dem Krieg nach Amerika ausgewandert war, seiner Vaterstadt eine hochherzige Spende gemacht habe. Jeder Freudenstädter erhielt 5 Pfund Mehl und 400g Fett – man kann

sich heute nicht mehr vorstellen, was eine solche Gabe für die Freudenstädter bedeutete. Mütter konnten endlich wieder einen Kuchen backen. Wie verzweifelt waren sie, wenn die Kinder bettelten: „Mamme, i han Honger."
Die Stadtkirche war durch freiwillige Helfer von den Schuttmassen befreit worden, es galt nun, ein Notdach über der Ruine zu errichten, um weiteren Verfall zu verhindern. In der Ziegelei Bacher wurden Backsteine und Ziegel für den Wiederaufbau der Stadt bereitgestellt; freiwillige Helfer aus den Reihen der Abgebrannten hatte man bevorzugt beliefert.
Im Oktober gab es wieder einen kleinen Lichtblick: jeder Freudenstädter Haushalt erhielt 3 Zentner Kohlen – das war zwar wenig, aber doch besser als nichts. Im Gemeinderat aber wurde nun endlich der Bucksche Wiederaufbauplan endgültig und einstimmig gutgeheißen. Doch war mit einer Zuweisung von Baumaterial in der für den Wiederaufbau erforderlichen Menge in absehbarer Zeit nicht zu rechnen. Die Situation war trostlos. Dazu kam nun ein Strommangel, der verschiedene Firmen zwang, bis zu 10 Tagen den Betrieb einzustellen. Vermehrte Arbeitslosigkeit war die Folge; die Arbeitslosenquote betrug 50%! Wegen des Strommangels tagte der Gemeinderat im Schein einer Stallaterne!

Kein Strom! Der Gemeinderat tagte trotzdem – im Schein einer Stallaterne!

Man verhandelte über die Zuteilung von Schuhen, die nur in geringer Menge zu haben waren. „Es ist kaum etwas vorhanden, also kann auch nichts verteilt werden", wurde dabei lapidar festgestellt. Die Hoffnung, beim Wiederaufbau jährlich etwa 60 Häuser erstellen zu können, wurde vom Leiter des Stadtbauamtes als reichlich kühn bezeichnet. Der Wiederaufbau werde das Werk einer ganzen Generation sein, das dürfe außer Zweifel stehen.

„Es ist kaum etwas vorhanden – also kann auch nichts verteilt werden."

Immer wieder wurden von Bürgermeister und Gemeinderat Eingaben an die Regierung gerichtet, die Freudenstädter Abgebrannten bei der Zuteilung von Waren besonders zu berücksichtigen. Am hinteren Langenbach wurde Holz gefällt, das als Bauholz in Sägewerken in Schwarzenberg, Huzenbach, Röt und Heselbach geschnitten werden sollte. Dann kam im November die düstere Nachricht, daß die Besatzungsmacht Demontagepläne durchführen werde. Auch Freudenstädter Firmen waren davon betroffen. Die Staatsregierung rief zu einem Generalstreik auf, der in den Behören mit gemischten Gefühlen durchgeführt wurde. Man saß auf den Schreibtischen herum, weil man das Eingreifen der Franzosen befürchtete. Manche Behördenchefs zogen sich mit einem „ich weiß von nichts" in ihre Büros zurück. So war auch dieser Generalstreik ein Akt verzweifelten Trotzes, der keine große Wirkung zeigte.
Freudig empfangen wurde in diesen Tagen Landesbischof Dr. Wurm, der in der überfüllten Turnhalle den evangelischen Gläubigen und seinen Freudenstädtern Mut zusprach. Dekan Gerhardt, der im April 1945 mannhaft und als echter Hirte der verzweifelten Freudenstädter auftrat, war aus unerfindlichen Gründen kurz zuvor nach Heilbronn versetzt worden. Der Landesbischof hatte Mühe, dieses Vorgehen seiner Kirchenbehörde den Freudenstädtern begreiflich zu machen.
Im November 1947 erhielt das Gesundheitsamt wieder einen Röntgenapparat, so daß nun wieder Reihenuntersuchungen der von der Tuberkulose bedrohten Bevölkerung durchgeführt werden konnten. Wieder wurden nun Weihnachtspäckchen für die Kriegsgefangenen gepackt – dabei war eine Spende von 1800 Zigaretten besonders zu erwähnen; „eine segensreiche Auswirkung der Frauen-Raucherkarte", meint der Chronist. Denn seit Januar diesen Jahres wurden auch den Frauen Raucherkarten zugeteilt. Das Rauchen war damals unter den Frauen noch nicht sehr verbreitet; die Zuteilung war aber im Zeitalter der „Zigarettenwährung" ein begehrtes Tauschmittel.
Am 20. November erschien die gesamte Regierung in Freudenstadt, und Staatspräsident Bock machte den Freudenstädtern bezüglich des Wiederaufbaus neue Hoffnung.
Das kulturelle Leben entfaltete sich in diesen Notzeiten in erfreulicher Fülle. Kirchenkonzerte in der Taborkirche, die in brüderlicher Gesinnung den Evangelischen zur Verfügung gestellt wurde und Vorlesungen berühmter Schauspieler, die der Krieg nach Tübingen verschlagen hatte, fanden großen Anklang. Unvergeßlich sind ein Heine-Abend mit Theodor Loos, eine Mörike-Lesung von Rudolf Fernau.
Zu Weihnachten waren die – ach so bescheidenen – Wünsche der Freudenstädter Hausfrauen: etwas Nähfaden, etwas Stopfgarn, eine Wä-

schebürste, ein Stückchen Waschseife (aber bitte: wirklich Seife), ein Scheuertuch, ein Paar Schuhbänder und – vielleicht – ein Täfelchen Schokolade oder ein paar Bonbons! Die Männer schlossen sich mit ihren Wünschen an: eine Rasierseife (aber eine, die auch schäumt), ein Rasierpinsel (oh ihr optimistischen Einfaltspinsel), ein paar Hosenträger-Ersatzteile, ein Kragenknöpfchen für hinten, einige Rasierklingen, ein paar Knöpfe für Unterwäsche und – vielleicht – ein Stamperl Schwarzwälder Kirsch. Das waren die Träume, die wahrscheinlich Schäume sein würden. Ganz schlimm stand es mit dem Schuhwerk; viele Kinder konnte nicht zur Schule, weil sie keine Schuhe hatten und es war nicht selten, daß Heranwachsende sich nicht anders zu helfen wußten, als die Damenschuhe ihrer Mütter anzuziehen.

In einer Jahresbilanz der Trümmerbeseitigung heißt es: „Von 60.000 cbm sind 7.000 beseitigt worden. Man rechnet damit, daß die Schuttabfuhr noch 5–7 Jahre dauern wird.“ Insgesamt meinte man, nun in einen Zehnjahresplan des Wiederaufbaus eingetreten zu sein.

1948 – Schwarzhandel und Währungsreform

So ging es nun mit gedämpftem Optimismus in das Schicksalsjahr 1948 hinein. Aber im Januar stellte die Freudenstädter Volksküche, welche für die Bevölkerung eine segensreiche Einrichtung war, wegen Lebensmittelmangel ihren Betrieb ein. „Die Genehmigungen sind so lange platonischer Natur“ – wurde im Gemeinderat bemängelt – „solange die Baustoffzuteilungen in Apothekermengen erfolgen.“ Im letzten Vierteljahr 1947 erhielt Freudenstadt 64 Zentner Zement und 2 Zentner Gips. Wie sollte man damit eine Stadt aufbauen?

Um Ostern zeigt sich auf den Trümmerfeldern das erste zarte Grün, ein kleiner Hoffnungsschimmer für die in den engen Wohnungen zusammengepferchten Menschen. Das Geld hatte nun endgültig seinen Wert verloren. Der Schwarzhandel blühte und Razzien, die des Nachts durchgeführt wurden, zeigten, wie die Geschäfte liefen. Da war auf einmal Bettwäschestoff da, 65 Ballen mit 4.000 Metern, da wurde auf einem Wagen Zement gefunden, der gegen Kartoffeln und Fleisch eingetauscht worden war.

Am Ruhestein erwischte man einen ganzen Viehtransport; leider aber wurden dort auch Obsttransporte konfisziert, die aus dem Badischen kamen und die die badische „Grenzpolizei“ nicht ins „feindliche“ Ausland Württemberg gelangen lassen wollte. So war es höchste Zeit, daß nun endlich ein echter Strich gezogen wurde, eine Währungsreform das Wirtschaftsleben normalisierte.

Das Geld hatte seinen Wert verloren, der Schwarzhandel blühte und Razzien waren an der Tagesordnung.

Mitte Mai war nun endlich auch die Lauterbadbrücke fertiggestellt, so daß Freudenstadt wenigstens von einer Seite her an den Schienenweg angeschlossen war. In einer Bürgerversammlung sprachen die Freudenstädter Bürgermeister Rothfuß erneut ihr Vertrauen aus, denn Wunder seien eben keine zu erwarten. Immerhin waren aber seit 1945 41 Häuser mit 3.685 qm Wohnfläche wieder aufgebaut worden.

Dann erschien am Samstag, 19. Juni, die Schlagzeile in der Zeitung: „Währungsreform für die Westzonen“. Das Gesetz Nr. 158 der Militärgouverneure regelte die Einzelheiten. Am Sonntag, dem 20. Juni 1948, standen die Freudenstädter in der Turnhalle der Keplerschule an, um ihre Kopfquote – 40 DM – gegen alte Reichsmark einzutauschen. Zuvor hatten die Menschen noch kräftig Kleingeld gehamstert, weil man hoffte, daß das Geld aus Eisen die Reform überstehen würde; aber die Hoffnung trog. In den letzten Tagen vor der Währungsreform waren Handel und Wandel wie gelähmt, verständlicherweise. Wer – wie der Schreiber dieser Zeilen – noch wenige Tage vorher einen Bezugsschein für ein Schlafzimmer erhalten hatte, suchte vergeblich die Möbel noch mit altem Geld zu erwerben. Die Währungsreform war wie ein Wunder. Plötzlich waren in den Schaufenstern – sofern es noch welche gab – längst vergessene Dinge ausgestellt. Es gab wieder Bismarckheringe, es gab später auch Schokolade, die Tafel für 5 DM. (Bei einem Monatsgehalt von 120 DM!)

Währungsreform – am 20. Juni 1948 erhielt man gegen Altgeld DM 40,– pro Person.

Plötzlich war fast alles an Waren wieder verfügbar.

„Wünschen Sie Kohlrabi, Kirschen oder Himbeeren“, wurde man in den Geschäften gefragt. Wenigstens Gemüse und Obst konnte man nun frei kaufen. In den Geschäften gab es lange Schlangen, weil nun das alte Geld eingezahlt werden mußte, damit die Abwertung des Geldes – zunächst einmal auf 5% des Wertes – durchgeführt werden konnte. Verdienstvoll setzte sich Stadtrat Bäßler, der bei der letzten Landtagswahl in den Landtag entsandt worden war, für eine Kredithilfe für die Freudenstädter Abgebrannten ein und unterstützte einen Antrag der Freudenstädter SPD-Stadträte, nun endlich den Wiederaufbau zu genehmigen.

Bezugsscheinpflichtige Waren flossen nun reichlicher nach Freudenstadt.

Im Arbeitsamt ging es zu wie in einem Taubenschlag; für gutes Geld war man nun auch wieder bereit, eine geregelte Arbeit anzunehmen, obwohl zunächst die Löhne nur ratenweise ausgezahlt werden konnten. Auch die bezugsscheinpflichtigen Waren, Schuhe und Textilien, flossen nun reichlicher nach Freudenstadt! Und in den Bäckereien gab es – oh Wunder – wieder weiße Brötchen!

Die monatliche Butterzuteilung blieb aber bei 125g und auch das Fleisch und das, was man Wurst nannte, waren knapp. Aber ein Viertele konnte man wieder im Gasthaus trinken. Luxuswaren, die jetzt in den Läden auftauchten – Wildlederhandschuhe, schweinslederne Damenhandtaschen, Silberkettchen und Uhren – waren zunächst weniger gefragt. Immerhin aber wurden für die Freudenstädter Geschäftswelt, die seither fast nur über Behelfsläden verfügte – oft waren zwei Lebensmittelhändler in einem Ladenraum untergebracht – in die Wandelhalle des Kurhauses Ladengeschäfte eingebaut. Der Kasernenplatz, seither noch eine Trümmerwüste, sollte nun geräumt werden, um den dortigen Geschäftsinhabern die Möglichkeit zu geben, ihre Geschäfte wieder aufzubauen. Auch das alte Schulhaus hinter der Kirche wurde nun aufgeräumt, nachdem dort ein Mehrfamilienhaus errichtet werden sollte.

In der Wandelhalle des Kurhauses wurden Ladengeschäfte eingebaut.

In diesen Tagen hielt sich auch Paul Kollsmann, der Wohltäter der Stadt, in der alten Heimat auf und konnte nun selber das Geschenk der Freudenstädter, eine geschnitzte Kuckucksuhr, in Empfang nehmen. Er war tief erschüttert von der Not und dem Elend, die über seine Heimatstadt gekommen waren.

Nun plante man auch, einen Verein der Abgebrannten zu gründen; namhafte Persönlichkeiten mühten sich darum. Auf dem Marktplatz wurde eine Wartehalle zu einem Café ausgebaut; da der Besitzer sein „Warenangebot" in französischer Sprache an die Wand malen ließ – Café, Bouillon – wurde es im Volksmund zum „Café Bouillon". Gott sei Dank hatte man in Freudenstadt trotz des schweren Schicksals den Humor nicht verloren.

Beim Kinderfest auf dem Kienberg wurden im September jedem Kind eine weiße Brezel und ein großes Stück Wurst geschenkt. In der Marktplatz-Frage hatte man sich im Gemeinderat nun auch zu den so umstrittenen Traufhäusern durchgerungen, wozu Sparsamkeit und schnelle Bauausführung rieten. Im Oktober wurde – erstmals nach dem Krieg – wieder ein Michaelis-Markt abgehalten – ein Zeichen, daß man sich wieder normalen Zeiten näherte. Und im gleichen Monat wurde das Richtfest der Stadtkirche gefeiert, man sah darin das Sinnbild für den Wiederaufbau der gesamten Stadt. Auch schüchterne Versuche, die Kur wieder in Gang zu bringen, wurden jetzt schon sichtbar.

Die freie Wählervereinigung und die Gemeinderatswahlen Ende 1948

Aber nun rückten Gemeinderats- und Bürgermeisterwahl in greifbare Nähe. Nachdem seither nur die Parteien auf dem Rathaus das Sagen hatten, bildet sich nun eine Freie Wählervereinigung. Man war mit den Parteien nicht zufrieden, meinte auch, daß hier Fraktionsmeinungen von den Fraktionsführern ausgehen und die Fraktionsmitglieder sich diesen unterwerfen würden. Nicht ausgesprochen wurde, daß viele Deutsche, die als Mitläufer der Nazipartei gebrannte Kinder und in die Räder der Entnazifizierung geraten waren, nun alle Parteien mit einem gewissen Horror betrachteten. „Nie wieder eine Partei" – das war eine unterschwellige Stimmung, die nun in der Freien Wählervereinigung ihr Ventil fand. So konnte es nicht ausbleiben, daß bei der Gemeinderatswahl am 14. November 1948 die Freie Wählervereinigung sieben Sitze gewann und damit stärkste Fraktion im sechzehnköpfigen Gemeinderat wurde. Ihr folgten SPD und CDU mit jeweils vier Sitzen; die KPD mußte sich mit einem Sitz begnügen.

In der Zwischenzeit aber war es mit dem Wiederaufbau außerhalb des Stadtkerns schon vorangegangen. Am Promenadenplatz zierte der

Wenn auch langsam Stein auf Stein gesetzt wurde – es ging doch wieder aufwärts.

Richtbaum das neue Geschäftshaus von Kaufmann Kopp; auch das Mehrfamilienhaus an der Stelle des alten Schulhauses wuchs aus dem Boden. An der Stadtkirche ging es voran. So konnte Bürgermeister Rothfuß im nun beginnenden Bürgermeisterwahlkampf mit gutem Gewissen auf seine Arbeit seit 1945 hinweisen, die er unter mehr als widrigen Umständen mit seinem Gemeinderat geleistet hatte. Allerdings war schon abzusehen, daß die Freudenstädter an seiner Stelle im neuen Gemeinderat „einen diesem gebührenden, neuen Bürgermeister" sehen wollten. Die freie Wählervereinigung hob Hermann Saam, bis dahin Leiter des Kreiswirtschaftsamtes, auf ihren Schild. Er versprach mit großer Sachlichkeit und der ihm innewohnenden Tatkraft neuen Wind aufs Rathaus zu bringen.

Es kam zu einem erbitterten Wahlkampf. Aber obwohl anerkannt wurde, daß Rothfuß in schwerster Stunde das Amt des Bürgermeisters übernommen hatte und vor allem auch Stadtrat Bäßler noch einmal darstellte, daß sich der alte Gemeinderat in keiner Weise einen Vorwurf zu machen brauche und daß Rothfuß überparteilich im Dienste Freudenstadts seines Amtes gewaltet habe, entschied man sich für den neuen Mann, der als Verwaltungsfachmann die Erwartung weckte, daß er den Wiederaufbau der Stadt nach der Währungsreform kraftvoll betreiben würde. An Weihnachten 1948 konnten die zurückgeführten Glocken der Stadtkirche, die dem Schicksal, zu Granaten umgegossen zu werden, entgangen waren, das Fest einläuten. Das war wie ein Symbol der Hoffnung!

Beginn der „Ära Saam" und ein neuer wirtschaftlicher Aufschwung

Die Hoffnung wurde nicht enttäuscht. Saam verstand es, ein Team zu gewinnen, das den gestellten Aufgaben gewachsen war. Später dichtete der Freudenstädter Karl Feigenbaum, dem wir das Freudenstädter Lied verdanken:

Behelfsläden auf dem Marktplatz – die erste Häuserzeile steht schon (Hintergrund).

„In Vergangnes sich versenken,
heißt des Ruhmes zu gedenken,
den ein Trio um die Stadt
damals sich erworben hat.
Ja, das waren starke Geister,
Saam der Aufbaubürgermeister,
Wolf, der mit der letzten Kraft
die Moneten beigeschafft
Und dann Schweizer, diesen reichen
Geist und Bauherrn seinesgleichen
heißer Dank und Ehre sei
diesen hochverdienten Drei."

Trotzdem vollzog sich der Wiederaufbau nicht reibungslos. Natürlich führte die einmalige Situation auch in Versuchung, manche Dinge etwas autoritär „durchzubürsten", so daß ein biederer Handwerksmeister auf die Frage, wie ihm sein neues Haus gefalle, zur Antwort gab: „Es fehlen zwei Haken. Am einen gehört der Schweizer aufgehängt, am anderen der Schultes." Weil Schweizer bei der Neuplanung des Marktplatzes zahlreiche Mauern errichtete – man hieß sie dann die Klagemauer und die Affengalerie – erhielt er selber den Spitznamen „Professor Mäuerle". Auch mit seinem Rathausturm konnten sich zahlreiche Freudenstädter nicht anfreunden. Aber selbstverständlich dachte damals niemand daran, über die Punkte der Kritik eine „Volksbefragung" durchzuführen. Man sah, daß die Stadt wiedererstand und man war froh, daß man wieder ein Dach über dem Kopf hatte und daß Handel und Wandel wieder zu blühen begannen. Als ich im Juni 1949 eine dreimonatige Kur anzutreten hatte, da mußte ich noch mit dem „Regenmolle", dem Holzvergaser-Omnibus mit meinem Köfferle nach Dornstetten fahren, um dort den Zug zu besteigen. In Urach gab es in jener Zeit schon Erdbeerkuchen mit Sahne – etwas völlig Märchenhaftes – seit Jahren nicht mehr Genossenes. Es war eben die Währungsreform, die völlig neue Ausgangsmöglichkeiten geschaffen hatte, die man nun nutzen konnte. Als ich im September nach Freudenstadt zurückkehrte, fuhr der Zug – zwar im Schritt-Tempo – bereits wieder über die alten Viadukte in den Freudenstädter Hauptbahnhof. In der Reichsstraße aber war schon die eine Seite durch das Evangelische Hilfswerk in einem Zug im Rohbau erstellt – in einem Vierteljahr hatte sich alles verändert. Es gab Baustoffe in jeder

Menge, nicht mehr die „Apothekerzuteilungen“, mit denen sich Rothfuß und der alte Gemeinderat herumzuschlagen gehabt hatten. Und am Marktplatz wurden nun die Behelfsläden erstellt, die dem alten Gemeinderat von Regierungsseite versagt worden waren. Im Metzgerladen aber konnte man schon – obwohl es noch Marken gab – kaufen, was man wollte. Es wurde nun über den Preis rationiert.

Der Wiederaufbau: Grundlagen und Erfolg

So kann man, ohne die Leistung des Wiederaufbaus nach 1948 in irgendeiner Weise schmälern zu wollen, nur konstatieren, daß der Wiederaufbau von 1946 an zäh und beharrlich betrieben wurde und daß ohne die mühselige Vorarbeit Weichen gestellt worden wären, die man kaum hätte umstellen können. Bürgermeister Rothfuß ist bei der Würdigung des Wiederaufbaus nach meiner Meinung seither zu schlecht weggekommen. Er war es, der mannhaft – oft gegen seine eigenen Parteifreunde in der Regierung – erklärte, daß er sich keinem Diktat unterwerfe. Er „schenkte den Herren aus Stuttgart reinen Wein ein“ und verhinderte mit seinem Widerstand gegen den Abel-Plan noch vor dem Wiederaufbau die zweite Zerstörung der Stadt. Er schlug sich mit der Besatzungsmacht herum, die allmächtig war und es den deutschen Zivilbehörden so schwer wie möglich machte. Daß zu seiner Zeit die Pläne nicht genehmigt wurden, hing allein an der Verkehrsfrage, in der Franzosen und Regierung eine Umgehungsstraße über die

Die Neubauten nahmen langsam Gestalt an – der Martkplatz bekam wieder ein Gesicht.

Reichsstraße forderten. Wer konnte sich zu jener Zeit auch vorstellen, daß einmal ein Massenverkehr über den Marktplatz brausen würde? Aber genau an dem alten Konzept hatte auch der Städteplaner Schweizer festgehalten – heute sind wir gescheiter und können die Wünsche der Besatzungsmacht besser verstehen.
Der Wiederaufbau vollzog sich im Geiste Schickhardts nach dessen Renaissanceplan, den Ludwig Schweizer mit neuen Ideen erfüllte. Zwar traten an die Stelle der Giebelhäuser die umstrittenen Traufhäuser, für die sich aber schon der Rothfußsche Gemeinderat – wenn auch schweren Herzens – entschieden hatte.
1954 war man dann soweit, daß man auf dem Marktplatz als Krönung des Wiederaufbaus die „Hypotheken-Venus" unseres Freudenstädter Bildhauers David Fahrner errichten konnte. Fahrner stellte symbolisch in dieser Figur Vergangenheit und Zukunft seiner gemarterten Heimatstadt dar: mit der einen Hand schiebt sie das Vergangene von sich, mit der anderen aber greift sie in eine bessere Zukunft.

Anmerkungen

1 Eigenes Erleben des Verfassers wurde durch Zeitungsberichte wo nötig von ihm ergänzt.

Aus einem Kur-
prospekt von 1957

Freudenstadt – Die Jahre zwischen dem Wiederaufbau und der Gemeindereform

Karl Sängle

Der historische Stadtkern war völlig zerstört.

Am Jahresende 1948 – wenige Monate nach der Währungsumstellung auf die Deutsche Mark – bot die Innenstadt von Freudenstadt noch ein trostloses Bild. Der historische Stadtkern mit über 600 Gebäuden war völlig zerstört, nur wenige Bauruinen waren behelfsmäßig überdacht. Die Geschäfte für den täglichen Bedarf der Bevölkerung und die öffentlichen Verwaltungsstellen waren in Notunterkünften über das ganze Stadtgebiet verstreut. Die Trümmerbeseitigung in Handarbeit und mit einfachen Hilfsmitteln ging nur schleppend voran.

1949 wurde mit dem Wiederaufbau der 1. Häuserzeile der Reichsstraße begonnen. Bereits am 1. Advent 1950 konnte die wiederaufgebaute Stadtkirche am Marktplatz – das historische Wahrzeichen der Stadt – eingeweiht werden. In wenigen Jahren bis 1954 wurden alle zerstörten Gebäude Zeile um Zeile wieder aufgebaut. Den Höhepunkt bildete die Einweihung des Rathauses, Kurhauses und Stadthauses bei der II. Festlichen Wiederaufbauwoche im Juni 1954. Die von dem einheimischen Künstler David Fahrner geschaffene Gedenksäule auf dem Marktplatz erinnert an die großartige Gemeinschaftsleistung. Die Verdienste der verantwortlichen Persönlichkeiten, allen voran Bürgermeister und Ehrenbürger Hermann Saam (1948 – 1955) werden an anderer Stelle gewürdigt.

Während des Wiederaufbaus wurde ab 1950 auch mit dem Bau von großen Wohnsiedlungen auf städtischen Grundstücken im Ziegeltal begonnen. Abgebrannte aus Freudenstadt und Heimatvertriebene fanden dort gemeinsam eine neue Heimstatt.

Auf die stürmische Zeit des Wiederaufbaus folgten während der Amtszeit von Bürgermeister Walter Bärlin (1956 – 1963) Jahre der Konsolidierung des Erreichten und des weiteren Ausbaus der Infrastruktur der Stadt.

Der gelungene Wiederaufbau wurde in der Presse als „Wunder von Freudenstadt“ bezeichnet und führte zu einer raschen Wiederbelebung des Fremdenverkehrs mit Auswirkungen auf alle Bereiche der örtlichen Wirtschaft.

Die großen Hotels und Fremdenheime am Stadtrand und im Kurgebiet waren in den Kriegsjahren bis 1945 als Lazarette mit Verwundeten und Kranken belegt und blieben dadurch von den Zerstörungen am Kriegsende im April 1945 verschont. In den folgenden Jahren wurden in den Gebäuden teilweise Notunterkünfte für Abgebrannte eingerichtet. Mit dem Wiederaufbau des Stadtkerns konnten die Abgebrannten wieder in ihre Gebäude und Neubauwohnungen umziehen, so daß die Hotels und Erholungsheime für den Fremdenverkehr zur Verfügung standen.

Die große Anziehungskraft der wiederaufgebauten Stadt bewirkte, daß bereits 1962 über 100.000 Gäste mit 800.000 Übernachtungen gezählt wurden.
Auch die Einwohnerzahl stieg von 10.689 im Jahr 1950 auf 14.213 im Jahr 1961.
Um zusätzlichen Wohnraum zu schaffen wurden 1956/1957 weitere Wohnsiedlungen an der Saarstraße und später im Manbachgebiet gebaut.
Die Versorgungseinrichtungen der Stadtwerke mußten laufend dem steigenden Bedarf angepaßt werden u.a. durch die Umstellung des Gaswerks auf Spaltgas und den Bau eines Umspannwerks für die Stromversorgung.
Bei den öffentlichen Einrichtungen wurde 1961 das neue Feuerwehrgerätehaus eingeweiht. Mit dem Bau des städt. Kindergartens an der Justinus-Kerner-Straße und mit dem Ausbau des Waldbades Langenwaldsee wurde begonnen. Die Mädchen-Mittelschule wurde 1965/1966 zur Realschule für Jungen und Mädchen erweitert und in das Falkenschulgebäude verlegt. Mit finanzieller Beteiligung der Stadt wurde der Hauptbahnhof modernisiert und eine neue Jugendherberge gebaut. Der Barbenbrunnen bei der Stadtkirche wurde 1957 der Öffentlichkeit übergeben. Weitere Vorhaben bleiben aus Platzmangel unerwähnt.
Für die Kriegsgeneration war die Aussöhnung mit den ehemaligen Kriegsgegnern und besonders mit den französischen Nachbarn ein besonderes Anliegen.
Während der Amtszeit von Bürgermeister Walter Bärlin wurden viele Kontakte geknüpft, die durch eine Partnerschaft mit der Stadt Courbevoie/Seine besiegelt wurden. Die Partnerschaftsurkunden wurden am 1. Oktober 1961 in Freudenstadt und im April 1962 in Courbevoie unterzeichnet. Die Partnerschaft wurde in den folgenden Jahrzehnten bis heute durch ständige Kontakte aller Bevölkerungsgruppen mit Leben erfüllt.
Die folgenden Jahre der Amtszeit von Bürgermeister und Ehrenbürger Gerhard Wolf (1964 – 1983) waren von einer wirtschaftlichen Hochkonjunktur in der Bundesrepublik Deutschland begünstigt. Es war aber auch eine Zeit tiefgreifender Reformen im Bildungswesen und in der Verwaltung. Die Ansprüche an die Infrastruktur der Stadt stiegen, auch als Folge der Bautätigkeit der gewerblichen Wirtschaft und im privaten Wohnungsbau.

In Freudenstadt siedelte sich Industrie an.

Das Gewerbegebiet an der Wittlensweiler Straße wurde erschlossen, einige Betriebe mit zahlreichen Arbeitsplätzen wurden angesiedelt oder erhielten eine Erweiterungsmöglichkeit.
Für den Wohnungsbau wurde das Baugebiet Zehnmorgen im ganzen erschlossen, Maßnahmen in anderen Baugebieten folgten.
Das Hauptproblem ist bis heute die Entlastung der Stadt vom steigenden Durchgangsverkehr auf den Ortsdurchfahrten der Bundesstraßen 28, 294 und 462. In jahrzehntelangen Verhandlungen konnte nur eine Teillösung erreicht werden. Im September 1977 wurde mit dem Bau des Südabschnitts der Umgehungsstraße B 294 begonnen und inzwischen auch der II. Bauabschnitt für den Verkehr freigegeben.

Die Wirtschaftsstruktur der Stadt besteht aus den beiden Standbeinen Gewerbe und Fremdenverkehr.

Die Wirtschaftsstruktur der Stadt besteht aus den beiden Standbeinen Gewerbe und Fremdenverkehr. Beide Bereiche bedingen eine gute Infrastruktur und Wohnqualität der Stadt.
Aus diesem Grund wurden in der Amtszeit von Bürgermeister Gerhard Wolf erhebliche Beträge in die Daseinsvorsorge investiert. Viele Maßnahmen bei der Wasserversorgung, Abwasserbeseitigung, Energieversorgung u.a. konnten nur in Zweckverbänden mit Nachbargemeinden in Angriff genommen werden.
Die ausreichende Wasserversorgung der Stadt konnte durch eine hohe Beteiligung am Zweckverband „Wasserversorgung Kleine Kinzig" gesichert werden. Die Planung für den Bau eines Trinkwasserspeichers begann 1972 mit einem geschätzten Bauvolumen von 200 Mio DM.
Über den Anschluß an das überörtliche Erdgasverbundnetz wurde seit 1967 mit der GVS (Gasversorgung Süd) verhandelt. Inzwischen fließt seit September 1983 diese umweltfreundliche Energie Erdgas über eine 52 km lange Stichleitung von Rottweil nach Freudenstadt und den Nachbargemeinden.
Für den weiteren Ausbau des Fremdenverkehrs wurden in den Jahren 1970 bis 1974 städt. Grundstücke am Waldrand in der Nordstadt und in der Nähe des Golfplatzes bereitgestellt und von privaten Investoren mit Fremdenverkehrsbetrieben überbaut. Der Landkreis Freudenstadt hat in der Nähe des neuen Kurgebiets an der

Der Marktplatz – das Zentrum der Stadt (Anfang der 1960er Jahre)

Karl-von-Hahn-Straße 1973 mit dem Bau des neuen Kreiskrankenhauses begonnen. Außerdem entstand in Privatinitiative auf benachbarten städtischen Waldgrundstücken eine Reit- und Tennisanlage.

Das Prädikat „Heilklimatischer Kurort" sollte das Kurmittelhaus sichern, in dem unter ärztlicher Leitung sämtliche Anwendungen der „Freudenstädter Kur" angeboten und weiterentwickelt werden. Der Standort war zunächst umstritten. Als jedoch 1971 Freudenstädter Bürger und Betriebe in wenigen Wochen 1,2 Mio Kommanditeinlagen zeichneten, war die Entscheidung für den Bau gefallen.

Im Kurmittelhaus wurden unter ärztlicher Leitung sämtliche Anwendungen der „Freudenstädter Kur" angeboten.

Viele Einzelvorhaben der Stadt in den Jahren bis zur Gemeindereform sollen hier nur in Stichworten erwähnt werden wie z.B. 1966 die Spendensammlung für den Seniorentreffpunkt mit tatkräftiger Unterstützung der Kirchen; die Einrichtung des Jugendzentrums, 1967 der Umbau des Bärenschlössle – historisches Gebäude im Christophstal –, die Privatspende für das Ehrenmal im heutigen Park Courbevoie und der Bau von mehreren Fußgängerbrücken. (Die Stadt wurde 1977 und 1980 in einem Wettbewerb des ADAC „Sicherheit der Fußgänger" als Bundessieger ausgezeichnet.)

Die Schulreform löste für Freudenstadt als Mittelzentrum und Schulstadt Investitionen von etwa 80 Mio DM aus. In der öffentlichen Diskussion unter dem Schlagwort „Bildungsnotstand" wurde ein neuer Bildungsgesamtplan für die Bundesrepublik Deutschland gefordert, der 1973 von einer Bund/Länder-Kommission beschlossen wurde. Durch den verstärkten Übergang in weiterführende Schulen, die veränderten Unterrichtsformen und -inhalte und die steigenden Schülerzahlen reichten die vorhandenen Schulgebäude und Räume nicht mehr aus.

Nach eingehenden Beratungen mit den Schulen und Schulbehörden entschloß sich die Stadt, das zwischen Hauptverkehrsstraßen eingezwängte Grundstück des alten Keplergymnasiums aufzugeben und ein neues Schul- und Sportzentrum in der Nähe des Neubaugebiets Zehnmorgen zu bauen.

Zuerst wurde die Theodor-Gerhardt-Schule als Grundschule für das nördliche Stadtgebiet 1968 eingeweiht. Dann wurde in einem finanziellen Kraftakt der Stadt in 2 Bauabschnitten (1974 und 1979) die neue Keplerschule mit Sporthalle erstellt. Eine weitere Sporthalle des Landkreises Freudenstadt für die Schüler seines Beruflichen Schulzentrums (1. Bauabschnitt 1975) kam hinzu. Zu dem Schul- und Sportzentrum zählt auch das benachbarte Hermann-Saam-Sportfeld. Den krönenden Abschluß des neuen Schul- und Sportzentrums bildet das Panoramabad, das 1983 eingeweiht wurde.

In den Räumen der neuen Keplerschule werden die Schüler der Hauptschule und des Keplergymnasiums unterrichtet. Zum Schluß muß noch erwähnt werden, daß für die Schüler der Grundschule und Realschule die David-Fahrner-Halle als weitere Sporthalle gebaut wurde.

Seit der Bildung des Bundeslandes Baden-Württemberg (1952) wurde im Landtag über eine Verwaltungsreform diskutiert. Alle Vorschläge zur Kreisreform und zur Verlagerung von Aufgaben wurden nach heftigen Widerständen zunächst aufgegeben. Erst 1971 trat das erste Gesetz zur Verwaltungsreform in Baden-Württemberg (Kreisreformgesetz) in Kraft. Der Landkreis Freudenstadt blieb ab 1973 in veränderten Grenzen bestehen und wurde nach dem Regionalverbandsgesetz der Region Nordschwarzwald und dem Regierungsbezirk Karlsruhe zugeordnet.

Zur Gemeindereform hat die Landesregierung zunächst in einer Großen Koalition aus CDU

und SPD das Ortschaftsgesetz (1970) verkündet und das Gesetz über den Kommunalen Finanzausgleich durch den sogenannten „goldenen Zügel" ergänzt. Den Gemeinden wurde bei einer freiwilligen Vereinbarung über die Gemeindereform eine Erhöhung der Finanzzuweisungen für einige Jahre in Aussicht gestellt.
Die Stadt Freudenstadt hat schon vor den Verhandlungen über die Gemeindereform in den Jahren 1970 – 1974 mit den Nachbargemeinden Wittlensweiler, Grüntal und Besenfeld eine Verwaltungsgemeinschaft und mit der Gemeinde Dietersweiler für den Ortsteil Lauterbad eine Fremdenverkehrsgemeinschaft vereinbart.
In den Bürgerversammlungen zur Gemeindereform wurde leidenschaftlich über das Für und Wider einer Eingemeindung gestritten. Die Meinungen über die Aufgabe der Selbständigkeit von jahrhundertalten Gemeinden waren im ganzen Land geteilt. Der von der Landesregierung angebotene „goldene Zügel" wurde zuletzt von den Bürgern auch als Chance erkannt, die Verbesserung der Infrastruktur zu finanzieren.
Die Stadt Freudenstadt hat ihren Nachbargemeinden, den heutigen Stadtteilen, in den Eingliederungsvereinbarungen zur Gemeindereform eine faire Partnerschaft zugesichert.
Die kleine Gemeinde Igelsberg hat sich 1971 als erste Nachbargemeinde zur freiwilligen Eingliederung in die Stadt Freudenstadt entschlossen.
Der Eingliederungsvertrag wurde am 18. September 1971 in einem Festakt in Igelsberg in Anwesenheit von Landesinnenminister Walter Krause besiegelt. Anschließend wurde ein Dorffest gefeiert.
Die Gemeinde Grüntal mit Frutenhof wurde als zweite Nachbargemeinde durch eine freiwillige Vereinbarumg am 1. Januar 1972 in die Stadt Freudenstadt eingegliedert.
Die Nachbargemeinden Wittlensweiler, Dietersweiler und Musbach konnten sich erst 1974 zur freiwilligen Eingliederung in die Stadt Freudenstadt entschließen, die am 1. Januar 1975 wirksam wurde.
Eine Besonderheit bildete die freiwillige Eingliederung des Kniebis. Dieser heutige Stadtteil war seit seinem Bestehen in drei Ortsteile auf den Markungen Baiersbronn, Freudenstadt und Bad Rippoldsau gegliedert, wobei noch die frühere Landesgrenze zwischen Baden und Württemberg trennte. Diese Dreiteilung erschwerte die Entwicklung des Kniebis in allen Bereichen, so daß sich bei der Bürgerbefragung die Mehrheit für den gemeinsamen Kniebis mit Anbindung an die Stadt Freudenstadt aussprach. Da es sich bei den früheren Ortsteilen Kniebis nicht um selbständige Gemeinden handelte, mußte die Markungsgrenzänderung mit den Markungsgemeinden Baiersbronn und Bad Rippoldsau vereinbart werden, der Ortsteil Jägerloch wurde dabei von Freudenstadt der Markung Baiersbronn angegliedert.
Durch die Gemeindereform erhöhte sich ab 1. Januar 1975 die Markungsfläche der Stadt Freudenstadt von 3.498 ha auf 8.759 ha und die Einwohnerzahl auf 19.987.
Das Ziel der Gemeindereform war die Schaffung größerer Verwaltungsräume.
Für den Verwaltungsraum Freudenstadt mit etwa 24.500 Einwohnern wurde mit den Nachbargemeinden Bad Rippoldsau-Schapbach und Seewald eine Verwaltungsgemeinschaft gebildet. Der gemeinsame Ausschuß dieser Verwaltungsgemeinschaft berät u.a. über die Fortschreibung des gemeinsamen Flächennutzungsplanes. Außerdem erfüllt die Stadt Freudenstadt seit 1. Januar 1975 für die Verwaltungsgemeinschaft die Aufgaben der Unteren Verwaltungsbehörde und der Unteren Baurechtsbehörde.

Am 1. Januar 1975 wurde die Gemeindereform, deren Ziel die Schaffung größerer Verwaltungsräume war, rechtskräftig.

GYMNASTIK
Physical exercises Gymnastique
WASSERTRETEN NACH KNEIPP
Treading water (Kneipp hydrotherapy treatment) «Pataugeage» (méth. Kneipp)
TERRAINKUR
Terrain cure Cure de terrain
MEDIZINISCHE BÄDER
Medicinal baths Bains médicinaux
DIE FREUDEN-STÄDTER KUR wirkt Wunder zu jeder Jahreszeit
KLEINGOLF
The miniature golf course Minigolf
IM FREISCHWIMMBAD
At the outdoor bathing pool
Piscine de plein air
TENNIS
GOLF

Aus einem Kurprospekt von 1962.

Zeittafel zur Geschichte der Stadt Freudenstadt

1564
Der St. Christophsstollen im Forbachtal wird abgebaut.
Von St. Christophorus, dem Schutzheiligen der Bergleute erhielt auch das Tal seinen Namen.

1572
Dr. Georg Gadner, Bergsachverständiger des herzoglichen Hauses zeichnet erstmalig einen Plan eines Teils des Christophstals.

1593
Die ersten „Christophstaler" werden – möglicherweise aus dem dort gewonnenen Silber – in Stuttgart geprägt.

1597
In der am 01. Juni herausgegebenen „Bergfreiheit für das Herzogtum Württemberg" steht folgendes zu lesen:
„ ... unnd der Berckstat da gebawet wird..." und „ ... so befreyen wir alle Berckleuth ...aller Stewr ...außgenommen, weß sich zu der notturfft der Berckstatt gebürt..." – Dies sind die ersten Hinweise auf die neu zu erbauende Bergstadt, die später Freudenstadt genannt wurde.

1599
Am 22. März werden im Beisein Herzog Friedrichs I. von dessen Baumeister Heinrich Schickhardt „im förchtig wilden Wald" die ersten Häuser und Gassen der neuen Stadt nach dem von Schickhardt entworfenen „Mühlebrettplan" abgesteckt.

1601
Die ersten Ansiedler – zunächst aus der näheren und weiteren Umgebung – kommen in die entstehende Stadt. Ebenso finden Glaubensflüchtlinge aus der Steiermark, aus Kärnten und Krain hier eine neue Heimat. Der Herzog gibt der neuen Stadt „ob dem St. Christophstal" den Namen „Freudenstadt" und legt am 02. Mai den Grundstein für die neue Stadtkirche. Die Bergknappen bringen eine Silbererzstufe (= Leib Christi) und eine Kupfererzstufe (= Blut Christi) für den Grundstein aus dem Christophstal herauf.

1602
Der Bau des Kauf- und zeitweiligen Rathauses (= Schickhardtbau) beginnt; in der Stadt stehen bereits 80 Häuser.

1604
Im St. Christophstal wird neben der Silberschmelze ein Sensenhammer eingerichtet; Messinghammer, Drahtmühle, Münzwerk und Glockengießerei folgen.
Die Lateinschule wird gegründet.

1608
Die in Winkelhakenform gebaute Stadtkirche mit ihren zwei Türmen ist vollendet. Stadtpfarrer Andreas Veringer hält am 01. Mai dieses Jahres die erste Predigt in der neuen Kirche.
Der Tod des Stadtgründers Herzog Friedrichs I. beendet die erste Blütezeit der Stadt. Die Einwohnerzahl ist auf ca. 2000 Seelen angewachsen.

1610
Einer ersten Pestwelle fallen innerhalb eines halben Jahres 713 Personen zum Opfer. Das Ende der Steuerfreiheit und der Rückgang der Ausbeute aus den Silbergruben sowie Enttäuschung über mageren Boden und zu rauhes Klima veranlassen viele Einwohner zur Abwanderung.

1618
Am 17. August wird die Stadt – bisher herzoglicher Besitz – dem Land eingegliedert.

1630
Obwohl der Dreißigjährige Krieg schon 12 Jahre andauert, ist die Stadt noch nicht befestigt.

1632
Am 24. Mai vernichtet ein Großfeuer, ausgehend vom Gasthaus „zum güldenen Barben", innerhalb von zweieinhalb Stunden 141 Gebäude.

1635
Eine zweite Pestwelle fordert 434 Opfer.

1639
Französische und weimarische Truppen plündern die Stadt.

1652
Die Bevölkerung ist auf ein Viertel zurückgegangen.

1667
Freudenstadt wird als Grenzfestung ausgebaut, nachdem Oberkirch und Oppenau endgültig an Straßburg zurückgefallen sind. Lohnender Verdienst und Steuerfreiheit ziehen Neubürger an.

1668
Beginn des Baues der vier Stadttore.

1669
Das Rathaus wird gebaut und ist 1670 bezugsfertig.

1672
Freudenstadt erhält ein Dekanat.

1674
Die zweite Blütezeit der Stadt findet mit der Einstellung des Festungsbaus ein rasches Ende.

1688
Der Pfälzische Krieg, dann der Spanische Erbfolgekrieg (1701 – 1714) bringen neue Kriegsleiden.

1704
Besetzung der Stadt und des Kniebis durch verbündete Truppen.

Freudenstädter Kirchturmuhr.

1737
Die Kaserne hinter dem Rathaus wird gebaut – die Stadt wird für 20 Jahre Etappenort der Reichsfestung Kehl.

1749
Einzelne Teile des Marktplatzes werden an Bürger verpachtet und als Gärten angelegt.

1770
Der Bergbau im Revier Freudenstadt wird eingestellt.

1784
Trotz des Protests der Bürgerschaft wird das Oberamteigebäude auf dem Marktplatz errichtet.

1796
Der Einfall der Franzosen über den Kniebis bringt einen erneuten Rückschlag. Weitere Kriegs- und Hungerjahre folgen.

1803
Das heutige Dekanatsgebäude wird erstellt.

1807
Die Ämter Dornstetten und Klosterreichenbach werden dem Oberamt Freudenstadt einverleibt.

1817
Eine Industrieschule wird gegründet.

1829
Die Stadt kauft dem Staat den Marktplatz um 3600 Gulden ab und verkauft ihn in 137 Teilstücken als Gärten und Holzlegeplätze wieder an die Bürger.

1832
Die neue Straße auf den Kniebis wird bis 1835 gebaut.

1833
Durch den Waldabfindungsvertrag mit der Staatsfinanzverwaltung erhält die Stadt 7097 Morgen (= 2450 ha) Wald. Dies ist das größte Kapital der Stadt.

1837
Die Realschule Freudenstadt wird eröffnet.

1839
Die staatlichen Gebäude der alten Werke im Christophstal werden verkauft – u.a. entsteht dort eine Tuchfabrik – und die neuen Werke im nahen Friedrichstal vergrößert; (jetzt: Schwäbische Hüttenwerke – SHW).

1841
Die Zeitung „Der Grenzer“ erscheint.

1849
Auch in Freudenstadt gibt es revolutionäre Tendenzen. Der Auszug, d.h. der Marsch nach Stuttgart wird zwar begonnen, aus Angst vor dem Einsatz von Militär jedoch bereits am Seehaus wieder abgebrochen.

1854
Auf Kosten der Stadt werden 204 arme Personen mehr oder weniger zur Auswanderung nach Amerika (New Orleans) „veranlaßt“ – 35 sterben unterwegs.

1858
Die Straße nach Loßburg und Alpirsbach wird gebaut und ist 1862 fertiggestellt.

1859
Die katholische Kirche St. Peter und Paul wird in Freudenstadt gebaut.

1864
Zwischen 1864 bis 1871 werden nach und nach die vier Stadttore – weil Verkehrshindernisse – abgerissen und die Wälle abgetragen.

1864
Die Turnhalle wird gebaut und ist 1865 fertiggestellt.

1875
Das Kameralamt (Nachfolger ist das heutige Finanzamt) wird von Dornstetten nach Freudenstadt verlegt.
Dank eines Vermächtnisses von Jakob Möhrle bildet sich ein Verschönerungsverein.

1876
Das Postamt wird vom Hotel Post auf den Marktplatz verlegt.
Alfred Hartranft wird als junger Justizassessor zum Stadtschultheißen gewählt und macht in mehr als 40-jähriger zielstrebiger Arbeit aus dem Hinterwäldlerstädtchen einen international berühmten Höhenluftkurort.

1878
Lindenwirt Adrions Witwe lädt im „Staatsanzeiger“ zur Sommerfrische ein.

1879
Der obere Marktplatz wird gesäubert und frei gemacht.
Durch die Eröffnung der Gäubahn am 01. September wird Freudenstadt mit der Residenz Stuttgart verbunden.

1881
Der erste Kurgast kommt nach Freudenstadt.

1882
Die Straße nach Bad Rippoldsau (über Zwieselberg) wird gebaut.

1883
Die Hartranftanlagen zwischen Rappen und Waldeck werden hergerichtet.

1884
Die alte Kaserne hinter dem Rathaus brennt ab und wird nicht wieder aufgebaut.

1886
Am 01. November wird die Kinzigtalbahn Freudenstadt-Hausach eröffnet.

1887
Das Bezirkskrankenhaus in Freudenstadt wird gebaut und kann im Dreikaiserjahr 1888 in Betrieb genommen werden.

1890
In diesem und im Folgejahr entsteht das Kurviertel in den Bereichen Landhausstraße, Lauterbadstraße, Palmenwald, Hartranftstraße, Kienberg und Straßburger Straße.

1895
In Freudenstadt wird durch die Maschinenfabrik Eßlingen ein Elektrizitätswerk errichtet.

1899
Jubelfeier aus Anlaß des 300-jährigen Bestehens der Stadt. Historischer Festzug unter Anwesenheit von König Wilhelm II. und Königin Charlotte.
Einweihung des Friedrichsturmes und des Cafés Friedrichshöhe.

Sonnenuhr am Bärenschlößle.

1901
Am 15. Januar ist das 25-jährige Dienstjubiläum von Stadtschultheiß Hartranft. Er wird zum Ehrenbürger ernannt. Heute sind die Alfredstraße, die Hartranftstraße und die Hartranftanlagen nach ihm benannt.
Am 21. November wird die Murgtalbahn Freudenstadt – Klosterreichenbach eröffnet. Das Teilstück Baiersbronn – Freudenstadt wird bis 1925/26 als Zahnradbahn betrieben, danach ab 1926 als Adhäsionsbahn.

1902
Das erste Kurtheater wird gebaut, 1912 eine Wandelhalle mit Musikmuschel angefügt und 1924 das ehemalige Friedofsgelände als Kurpark angelegt.

1903
Die Stadt erwirbt das Elektrizitätswerk.
Die Friedenskirche wird gebaut.

1905
Der Hartranftstein wird in den äußeren Hartranftanlagen aufgestellt.

1907
Das neue Schlachthaus wird gebaut. Heute steht an dieser Stelle das Altenpflegeheim Martin-Haug-Stift.

1908
In der Turnhallenstraße wird mit dem Bau des Oberamtssparkassengebäudes (heute Landratsamt/Kreishaus) begonnen, welches 1909 fertiggestellt wird.

1909
Das Gaswerk wird erstellt.
Es gibt zum ersten Mal einen Schneeschuhlaufkurs und eine Winterkurliste.

1912
Die Kurzeitung für Freudenstadt und Umgebung erscheint.

1914
Bei Kriegsausbruch verschwinden die Kurgäste fluchtartig.
Im I. Weltkrieg 1914 – 1918 werden in Freudenstadt sieben Lazarette eingerichtet.

1919
Am 1. September tritt Stadtschultheiß Hartranft in den Ruhestand.

1920
Die Real- und die Lateinschule werden vereinigt.

1922
Infolge der großen Not werden Schulspeisungen auch hier von Quäkern durchgeführt.

1923
Die Falkenschule wird gebaut und 1924 eingeweiht.

1928
Starke Bautätigkeit im Kurgebiet.
Am 13. Juli wird das Schlußstück der Murgtalbahn Klosterreichenbach – Raumünzach eröffnet.

1929
Der Golfplatz wird eröffnet.

1930
Am 06. September wird das Realschulgebäude (Kepler-Gymnasium – heute Hauptstelle der Kreissparkasse Freudenstadt) eingeweiht.

1931
Am 16. August wird die neue Taborkirche durch Bischof Dr. Johannes Sproll geweiht, da die seitherige katholische Kirche zu klein geworden war.
1881–1931 – 50 Jahre Luftkur in Freudenstadt.

1935
Die Höhenstraße Besenfeld – Wildbad ist fertiggestellt.

1936
Die Kniebisstraße wird bedeutend verbessert.

1937
65 000 Gäste waren in Freudenstadt – darunter viele Ausländer.

1939
Freudenstadt wird bei Kriegsbeginn wieder Lazarettstadt – wegen der Nähe der Befestigungen der Luftverteidigungszone-West erkennt dies das Internationale Rote Kreuz nicht an.

1945
Am 16./17. April nachdem die abziehende Wehrmacht sämtliche nach der Stadt führenden Brücken gesprengt hat, wird der alte Stadtkern durch französisches Artilleriefeuer vollkommen zerstört. Alle historischen Bauten sind betroffen und 40% des Wohnraums sind unbrauchbar geworden. Die Stadt ist bis fast in die Mitte der 50-er Jahre französisch besetzt. Die Bevölkerung leidet große Not.

1949
Der Wiederaufbau der Stadt nach einheitlichem Plan geht unter Bürgermeister Saam und Stadtbaurat Schweizer rasch voran.

1950
Die wiederaufgebaute evangelische Kirche wird eingeweiht.

1954
Die Stadt ist bis auf wenige Baulücken wieder erstanden, zuletzt das Rathaus. Eine festliche Wiederaufbauwoche wird mit der Eröffnung des neuen Kurhauses und der Eröffnung des Hermann-Saam-Sportfeldes verbunden.

1955
Einweihung des Stadthauses als Kongresshaus. Die französische Kaserne im Norden der Stadt wird bezogen – Freudenstadt ist bis 1976 Garnisonsstadt.

1962
Insgesamt über 100 000 Kurgäste, darunter über 20 000 Ausländer, mit zusammen 800 000 Übernachtungen; 100 Kongresse und Tagungen.

1963
Eröffnung des Waldschwimmbades Langenwaldsee nach völliger Renovierung.

1966
Verleihung der 1. Bürgermedaille an Hotelier Steurer.

1967
Fertigstellung der neuen Theodor-Gerhardt-Schule.

1969
Baubeginn des Kurmittelhauses – das Projekt wir 1971 fertiggestellt.

1971
Neue Häuser erweitern das Bettenangebot der Kurstadt.
Gründung des Zweckverbandes Wasserversorgung Kleine Kinzig.

1973
Am 01. Januar 1973 ist landesweit die Kreisreform abgeschlossen. Freudenstadt wird Kreisstadt des neu gebildeten Landkreises. Durch die Gemeindereform werden Ober- und Untermusbach, Frutenhof, Grüntal, Wittlensweiler, Igelsberg, Kniebis und Dietersweiler Stadtteile von Freudenstadt.

1974
Bau der David-Fahrner-Sporthalle an der Landhausstraße.

1975
Bau des Schulzentrums Nordstadt – 1. Bauabschnitt.
Bei den Übernachtungen wird die Millionengrenze überschritten. Das Großklärwerk Manbach wird fertiggestellt.

1976
Die vierteilige Stadion-Sporthalle wird ihrer Bestimmung übergeben. Das neue Kreiskrankenhaus mit 400 Betten ist fertiggestellt.

1977
Bau des Skistadions auf dem Kniebis mit beleuchteter Skiloipe.

1978
Baubeginn der Talsperre des Zweckverbands „Wasserversorgung Kleine Kinzig".
Taufe des Lufthansa-Airbus „Freudenstadt".
Größtes Skiloipennetz des Nordschwarzwaldes mit 88 km wird seiner Bestimmung übergeben.

1979
Zahl der Fremdenverkehrsbetriebe
in Freudenstadt: 535
in den Stadtteilen: 404

Fertigstellung des 2. Bauabschnitts des Schulzentrums Nordstadt (Keplerschule) für Hauptschule und Gymnasium.

1980

Abbruch der Gebäude der französischen Kaserne. Das 1. Teilstück der Umgehungstraße „Süd“ wird dem Verkehr übergeben. Freudenstadt wird im Städtewettbewerb des ADAC „Sicherheit für Fußgänger“ 1. Landessieger und 1. Bundessieger. Die neue Stadthalle des Landkreises beim Stadion wird ihrer Bestimmung übergeben.

1981

Die Kuranlage im Stadtteil Dietersweiler-Lauterbad wird eingeweiht.

1983

Umstellung des städtischen Gasversorgungsnetzes auf Erdgas.
Eröffnung des Panoramabades.

1984

Einweihung des Martin-Haug-Stiftes als Altenwohn- und Pflegeheim.

1985

Inbetriebnahme der Wasserversorgung „Kleine Kinzig“.
Richtfest am neuen Sparkassengebäude und auf dem Gelände des ehemaligen Keplergymnasiums.
Die Nord-Süd-Umgehung (B 294 neu) wird dem Verkehr übergeben.

1986

Das 25jährige Jubiläum der Partnerschaft mit Courbevoie wird in beiden Städten feierlich begangen.

1987

Modernisierung des Hermann-Saam-Stadions.
Baubeginn Marktplatz Tiefgarage.

1988

Freudenstadt wird Große Kreisstadt.
Neuer Busbahnhof wird fertiggestellt.

1989

Fertigstellung Kongreßzentrum mit Tiefgarage am Kurhaus.
Fertigstellung der Tiefgarage am oberen Marktplatz.

1990

Fertigstellung des Umbaus der Innenstadt. Fußgängerzone oberer Marktplatz, Reichsstraße und angrenzendes Gebiet.

1993

Der Berta-Huss-Kindergarten wird gemeinsam mit dem Taborkindergarten der katholischen Kirche erbaut.

1994

Einweihung des Mehrzweckgebäudes „Kniebishalle“ auf dem Kniebis.

1996

Einweihung Dorfplatz Igelsberg.

1997

Freudenstadt erhält das Prädikat „Heilklimatischer Kneippkurort“.
Einweihung „Seniorenzentrum Jägerhof“.
Einweihung Gemeindeverbindungsstraße Wittlensweiler.
Verabschiedung des Leitbildes/Stadtentwicklungsplans.

1998

Die Umgestaltung des unteren Marktplatzes befindet sich in der Endphase. Die Festvorbereitungen zum 400-jährigen Jubiläum der Stadtgründung laufen auf Hochtouren. Für 1999 sind über 100 Veranstaltungen in den Bereichen LebensFreuden, SportFreuden, KunstFreuden, und NaturFreuden geplant.

1999

Dieses Jahr wird zu einem Ganzjahres-Freudenfest mit vielen Ereignissen und Attraktionen werden.

Gemeinsam Zukunft schaffen

Das Leitbild von Freudenstadt

Wie soll in den kommenden Jahren auf die Veränderungen in Gesellschaft und Wirtschaft reagiert und die Stadtentwicklung aktiv gestaltet werden?
Diese Frage beantwortet für die Stadt Freudenstadt das 1997 verabschiedete Leitbild sowie der daraus entwickelte Stadtentwicklungsplan. Beide Instrumente wurden gemeinsam von Bürgerinnen und Bürgern, Unternehmen, Institutionen, Interessensgruppen und politischen Vertretern sowie der Stadtverwaltung erarbeitet.
Das Leitbild stellt den Rahmen für die zukünftige Entwicklung der Stadt Freudenstadt dar und bietet dadurch den Bürgerinnen, Bürgern und Unternehmen mehr Planungssichereit.

Wir, die Freudenstädter Bürgerinnen und Bürger, wollen die Zukunft unserer Stadt und der Region aktiv gestalten. Gemeinsam mit unseren politischen Vertretern, unserer Verwaltung und unseren Nachbarn wollen wir handeln, um in den nächsten Jahren das Fundament für eine erfolgreiche Weiterentwicklung zu legen.
Dabei gilt es, mit neuem Elan an die traditionellen Werte der Wiederaufbauzeit und des Zusammenstehens, der Gastlichkeit, Herzlichkeit und Eigeninitiative der Freudenstädter Bürgerschaft anzuknüpfen und mit mehr Risikobereitschaft dem schnellen Wandel der Zeit Rechnung zu tragen.
Freudenstadt ist eine Tourismusstadt. Sie ist touristisches Zentrum und Mittelzentrum der Region Nördlicher Schwarzwald. Deshalb muß sich unsere Ausrichtung an den klassischen Stärken des Schwarzwaldes orientieren. Natur, gesunde Luft, viel Wald und sauberes Wasser sind die Ressourcen, die im Mittelpunkt all unserer Überlegungen stehen sollen.
Wir wollen uns auf die Schaffung einer neuen, erlebnisorientierten Tourismusattraktion der Stadt und der Region konzentrieren und uns gleichzeitig bemühen, unsere Verkehrsprobleme zu lösen. Wir wollen dafür sorgen, daß unsere Stadt ansprechender und begrünter wird. In und um unsere Stadt soll unsere starke Naturorientierung deutlich werden.

Tourismus, Freizeit, Kultur und Kur

Der Freudenstädter Tourismus soll sich auf die Stärken unserer Region konzentrieren. Die aktive Erlebniswelt von Natur, Wald, guter Luft, sauberem Wasser, also eine gesunde, intakte Umwelt, soll als Thema im Mittelpunkt unserer Angebote stehen. Wir wollen mit Freude freundliche Gastgeber sein.
Wir wollen den ökologischen Schwarzwald-Erlebnispark in Freudenstadt ermöglichen. Als zentrale, zeitgemäße Attraktion soll er uns viele neue Feriengäste, Kurzurlauber, und viele Investoren nach Freudenstadt bringen.
Die derzeitige KTK soll unter neuem, ansprechendem Namen privatwirtschaftlich organisiert, die touristische Darstellung und Vermarktung unserer Stadt wahrnehmen. Für unsere Urlaubsgäste und Kongreßteilnehmer soll sie zentrales Dienstleistungszentrum und Tourismusinformationsstelle werden.
Unser Kur- und Kongreßhaus möchten wir verstärkt als Kommunikationszentrum für die Bürger und Gäste unserer Stadt nutzen.
Die Freudenstädter Kur soll sich für Kurzurlauber und Feriengäste zu Wellness, Fitness, Gesundheit und Wohlbefinden von Körper, Seele und Geist weiterentwickeln. Unsere Hotellerie ermutigen wir, mit neuen Investitionen zeitgemäße Angebote zu schaffen und in unserer Stadt mindestens ein Spitzenhotel mit fünf Sternen zu etablieren.
Mit familienfreundlichen Ideen, Angeboten, Pauschalen und Veranstaltungen in Hotellerie,

Gastronomie, Handel und Gewerbe möchten wir auch jüngere Menschen in unsere Stadt bringen.
Das Freizeit- und Kulturangebot müssen wir kompakter und hochwertiger gestalten und zentral organisieren. Veranstaltungen und Festivals für jung und alt auf hohem Niveau sollen auch überregional unser Image verbessern.

Wirtschaftsförderung, Handels- und Gewerbeentwicklung

Die bestehenden Freudenstädter Handels- und Gewerbebetriebe sowie Industrieunternehmen müssen gepflegt und gefördert werden. Die aktive Ansiedlung von touristisch unbedenklichen, ökologisch verträglichen High-Tech-Unternehmen, Gewerben, Handwerken und Dienstleistungen muß vorangetrieben werden, wie dies auch mit der Fortschreibung des Flächennutzungsplanes angestrebt wird. Das Dienstleistungsverhalten von uns allen muß professioneller und herzlicher werden.
Wir brauchen eine effiziente Institution, die unter Einbindung der Wirtschaftsförderung des Landkreises und der Region effizient organisiert und privatwirtschaftlich orientiert, aktive Wirtschaftsförderung im Sinne unseres Leitbildes betreibt. Durch eine koordinierte und positive Selbstdarstellung und Pressearbeit soll diese Institution seriöse, engagierte Investoren für unsere Stadt begeistern.
In Freudenstadt sollen gezielt Forschungs- und Entwicklungsinstitutionen, Fachhochschulen und mittelständische Unternehmen angesiedelt werden, die sowohl aus dem Tourismus- als auch aus dem Wirtschaftsstandort Freudenstadt und der Region Schwarzwald Synergien schöpfen können.
Mit der Bauleitplanung wollen wir uns noch stärker an den Anforderungen und Bedürnissen, insbesondere der jüngeren und besonders innovativen Unternehmer, orientieren. Zur weiteren Förderung auch von Existenzgründern wollen wir mit Bürgern, mittelständischen Betrieben und Banken unserer Stadt einen Innovationsfonds gründen.
Der innerstädtische Einzelhandel soll zeitgemäßer und erlebnisreicher, der Fachhandel hochwertiger werden. Kundenfreundlichkeit, einheitliche Öffnungszeiten, eine verbesserte Warenpräsentation, Ideenreichtum und eine breite, serviceorientierte Sortiments- und Angebotsstruktur sollen die Lebensqualität für Bürger und Gäste gleichermaßen steigern.
Der ökologische Schwarzwald-Erlebnispark ist das zentrale Wirtschaftsförderungsprojekt der Stadt. Holzindustrie und Handwerk, Forschung und Entwicklung, Touristik, Freizeitgestaltung und Einzelhandel sollen ihn zu einer einzigartigen Institution werden lassen, die langfristig moderne Arbeitsplätze schafft.

Kommunalentwicklung und Verwaltung

Langfristiges konzept- und themenorientiertes Vorgehen soll in den Entscheidungsgremien der Stadt Einzug halten und kontinuierlich weiterentwickelt werden. Dabei soll die Einbindung und Nähe zum Bürger oberste Priorität haben, wozu auch eine aktive und konsequente Informations- und Pressearbeit der Stadt beitragen soll.
Die Kommunikation zwischen den Bürgern und ihrer Verwaltung und der Politik wollen wir verbessern. Um Bürgernähe wirklich zu leben und alle gesellschaftlichen Gruppen in unsere Entscheidungsfindung mit einzubeziehen, soll es zukünftig einen regelmäßigen Austausch zwischen den einzelnen Interessengruppen unserer Stadt geben.
Um die Belange und die Selbstverantwortung unserer Jugend noch stärker zu fördern, soll ein Jugendgemeinderat ins Leben gerufen werden.
Unserer Verwaltung wollen wir die Möglichkeiten und Mittel zur Verfügung stellen, die sie befähigen, langfristig ein bürgernahes, modernes und effizientes städtisches Unternehmen zu werden. Wir wollen auf das Fachwissen und den Sachverstand der Mitarbeiter der Verwaltung bauen und ihre Leistungen und ihr Engagement auch anerkennen.
Kürzere Verfahren und ergebnisorientierte Umsetzungen sollen die gemeinsame Arbeit fördern. Entscheidungsfindungen sollen versachlicht und Investitionen erleichtert werden.
Wir bekennen uns als Freudenstädter Bürger zu unserer Verantwortung und zur Funktion Freu-

denstadts als Mittelzentrum für den Landkreis und die Region Nordschwarzwald. Gemeinsam mit unseren Nachbarorten wollen wir zur Verbesserung der Gesamtsituation im Schwarzwald beitragen.

Verkehrsplanung, Infrastruktur und Umwelt

Die Schonung unserer schwarzwaldspezifischen Ressourcen hat für uns oberste Priorität. Die innerstädtische Verkehrssituation muß dringend und erheblich entschärft werden. Straße und Schiene müssen Freudenstadt gut an Straßburg, Stuttgart, Karlsruhe, Basel und die Hauptverteilungsachsen (BAB) anbinden.
Wir wollen eine Untertunnelung, die einen Teil unserer Verkehrsprobleme löst, damit Schwerlast- und Durchgangsverkehr aus der Stadt verbannt werden.
Um den umweltschonenden Individualverkehr zu stärken, wollen wir die Frequenz des ÖPNV erhöhen und das Radverkehrsnetz sowie andere innovative Lösungen für unseren innenstädtischen Verkehr entwickeln. Hierdurch soll die Anbindung der Stadtteile und wichtiger Einrichtungen verbessert werden.
Die Anfahrtszeiten zu unserer Stadt müssen verkürzt werden. Eine verbesserte Schienenanbindung muß Freudenstadt mit den Ballungszentren verbinden, um sich so als Urlaubs- und Naherholungsgebiet profilieren zu können.
Der Marktplatz soll unser großes lebendiges Zentrum sein und als Begegnungsstätte von Bürgern und Gästen, jung und alt, dienen.
Die vom Gemeinderat im „Kommunalen Programm zur Reinhaltung und zum Schutz von Boden, Wasser, Luft und Klima" vereinbarten Ziele wollen wir weiter verfolgen.

Wohnen, Soziales und das „Miteinander"

Wir, die Freudenstädter Bürgerinnen und Bürger, wollen ein neues Miteinander zwischen Gästen, Politik, Verwaltung und Unternehmen pflegen. Herzlichkeit, Gastlichkeit, Familien- und Kinderfreundlichkeit sollen wieder zu den Hauptwerten unserer Stadt zählen. Das konstruktive Miteinander von Alt und Jung wollen wir intensivieren und fördern. Wir wollen konstruktiv und tolerant miteinander umgehen. Das Leben, Wohnen und Arbeiten soll attraktiver werden, besonders für junge Familien.
Wir sind stolz auf unsere Stadt und ihre Werte. Wir stehen zu unserer sozialen Verantwortung und kümmern uns um die Schwächeren in unserer Gesellschaft. Um unsere Gäste bemühen wir uns persönlich.
Die Stadtgründung vor 400 Jahren wollen wir im Jahre 1999 feiern. Die Renaissance-Idee der Neubesinnung und Belebung soll uns auch weiterhin begleiten.
Durch die Ausweisung neuer und preiswerter Wohnungsbaugebiete wollen wir die Ansiedlung junger Familien mit Kindern fördern. Besonders kinderfreundliche Projekte und ökologische Bauweise durch den Einsatz regionaler Rohstoffe wollen wir unterstützen.
Wir wollen uns sehr viel stärker um interessante, zukunftssichere Arbeitsplätze, attraktive Fortbildungs- und Freizeitangebote für die Jugendlichen unserer Stadt bemühen.
Symbol unserer aller neuen Gemeinsamkeit und Gastlichkeit soll eine grüne und blühende Stadt sein, die wir miteinander gestalten und pflegen wollen.

400 Jahre Freudenstadt

Renate Karoline Adler

Erst 400 Jahre zählt Freudenstadt – ungewöhnlich jung. Nur ganz wenige Gemeinden lassen sich im Landkreis finden, die noch jünger als die Kreisstadt sind. 400 Jahre – das sind in der Regel 13 bis 14 Generationen; ein relativ überschaubarer Zeitraum. Schon über drei bis vier Generationen reichen selbst mündliche Überlieferungen zurück.

Keine gewachsene Stadt – eine gegründete Stadt. Wurzellos? Kühl? Zugleich aber faszinierend. Nicht nur auf dem Stadtplan. Wirkte die Stadtanlage im 17. Jahrhundert schon bald wie ein zu groß geschneidertes Hemd, so sprengte sie im 19. Jahrhundert sogar diesen Rahmen.

Freudenstadt ist nicht wurzellos, Freudenstadt hat viele Wurzeln! Wirklich tiefe Wurzeln haben Bäume. Und Freudenstadts eigentliche Wurzeln stecken im Wald. Auf vielfältige Weise ist die Stadt mit ihrem Wald verwachsen. Und erst durch ihre unmittelbare Nähe zum Wald erhält diese Stadtanlage ihre unverwechselbare, ja einzigartige Note. Ohne Wald wäre Freudenstadt nicht denkbar.

Ein gewisser Zwiespalt prägte diese Stadt von Anfang an. Entstanden durch die groß angelegten Zukunftsentwürfe Herzog Friedrichs I. von Württemberg, mußte sie schon bald um das nackte Überleben kämpfen. Einige Jahrzehnte später – zwischenzeitlich war die Stadt durch Brand und Krieg fast entvölkert – wurde sie im Auftrag Herzog Eberhards III. zur Festungsstadt ausgebaut. Auch hier waren es die eigentlich utopischen Vorstellungen eines Herzogs, die die Stadt voranbrachten. Später waren es dann

die Visionen der Stadtschultheißen bzw. deren Nachfolger, die die Stadtentwicklung maßgeblich beeinflußten. Keine gewachsene Stadt – aber auch keine geschichtslose Stadt.
Eine Stadt, die keine kontinuierliche Entwicklung durchlief. Eine Stadt, deren Geschicke von ungewöhnlichen Höhen und Tiefen geprägt wurden. Eine Stadt mit vielen Besonderheiten: Eine Planstadt, eine Herzogsstadt, eine Berg(werks)stadt, eine Exulantenstadt, eine Grenzstadt, eine Festungsstadt, eine Oberamtsstadt, eine Kurstadt, eine Höhenstadt, eine Lazarettstadt, eine Kreisstadt, eine zerstörte Stadt, eine wiederaufgebaute Stadt, eine Schwarzwaldstadt, eine Kongress-Stadt, eine Tourismusstadt, eine Freudenstadt...
Was zog eigentlich im Laufe der Jahrhunderte die Menschen in diese rauhe Höhenlage. Zunächst waren es Handwerker aus der Umgebung, die hier, wo innerhalb weniger Jahre eine Stadt „aus dem Boden gestampft" wurde, Arbeit suchten, bald schon folgten Glaubensflüchtlinge aus Steiermark, Kärnten und Krain, später dann Arbeiter beim Festungsbau, um ihres Glaubens wegen Vertriebene aus dem Salzburger Land, Einwanderer, italienische Eisenbahnarbeiter, Sommerfrischler und Luftschnapper, Verwundete der Weltkriege, Flüchtlinge, Gastarbeiter, Kurgäste und Wanderfreunde, Aussiedler, Asylsuchende, Touristen, Kongressbesucher, Ruhesuchende ... Vielleicht wird man eines Tages noch hinzufügen können: Besucher eines Ökologischen Schwarzwalderlebnisparkes oder gar eines großen Naturreservats?
Jubiläen sind ein Moment des Innehaltens, zumal wenn sie wie in Freudenstadt jeweils mit einer Zeitenwende einhergehen. Fortschrittsglauben und Zukunftsängste mischen sich ganz besonders in solchen Zeiten. Jahrhundert- oder gar Jahrtausendwenden bieten Gelegenheiten für Visionen. 400 Jahre Freudenstadt umfassen fünf Jahrhundertwenden.
Herzog Friedrichs Vision wurde nur teilweise realisiert, nie fand sich auf dem Marktplatz ein Schloß, nie durfte sich Freudenstadt die heimliche Hauptstadt Württembergs nennen. Dagegen wurde der Traum des Stadtschultheißen Hartranft Wirklichkeit: Freudenstadt entfaltete sich um 1900 zu einem internationalen Luftkurort. Auch heute gibt es Visionen, Leitbilder, Zukunftsentwürfe. Wie weit sind sie umsetzbar? Wie weit müssen sie umsetzbar sein? Zum fünften Mal in seiner noch jungen Geschichte steht Freudenstadt an der Schwelle zu einem neuen Jahrhundert, zum erstenmal aber an der Schwelle zu einem neuen Jahrtausend. Mit Mut und Freude wollen wir uns der Zukunft dieser Freudenstadt stellen.

Abkürzungen

a.a.O.	am angegebenen Ort
AOCol	Archives de L´Occupation Colmar
BAFA	Bundesarchiv Filmarchiv Berlin
BAMA	Bundesarchiv Militärarchiv Freiburg i. Br.
BayHSTAM	Bayerisches Hauptstaatsarchiv München
BMA	Bürgermeisteramt
Bü	Büschel (Akteneinheit)
DG	Der Grenzer (Freudenstädter Tageszeitung)
ebd.	ebenda
ev. Dek. A. FDS	evangelisches Dekanatsarchiv Freudenstadt
F^3	Akten Bestand Flattich 3. Auflage 1938
F^4	Akten Bestand Flattich 4. Auflage 1949
FB	Freudenstädter Beiträge (folgt Nummer und Jahrgang, sofern es sich um gedruckte Quellen handelt)
FDS	Freudenstadt
FH	Freudenstädter Heimatblätter
FL	Freudenstädter Listen (Materialsammlung von Klaus M. Heckmanns zum III. Reich)
fol.	folio / folia
Gem. A. Loß.	Gemeindearchiv Loßburg
GRP	Gemeinderatsprotokolle
Jahrg./Jg.	Jahrgang
LKAS	Landeskirchliches Archiv Stuttgart
LRA	Landratsamt
LS	Luftschutz
MGFA	Militärgeschichtliches Forschungsamt Freiburg i.Br./Potsdam
NSG	Naturschutzgebiet
OAF	Oberamt Freudenstadt
OAB FDS	Oberamtsbeschreibung Freudenstadt – Beschreibung des Oberamts Freudenstadt
o.D./o.J./o.O.	ohne Datum / ohne Jahr / ohne (Erscheinungs-)Ort
r	recto folio = Vorderseite eines Blattes
Rep.	Repertorium = Verzeichnis
rk. Dek. A. FDS	katholisches Dekanatsarchiv Freudenstadt
SB/SchwaBo	Tageszeitung Schwarzwälder Bote
SHAT	Service Historique de L´Armée de Terre Vincennes
Sign.	Signatur
Stadt A FDS	Stadtarchiv Freudenstadt
STAL	Staatsarchiv Ludwigsburg
STAS	Staatsarchiv Sigmaringen
SR	Schwarzwald Rundschau
SWR	Stichwortregister (betr. Zeitungen 1928–1945 – Materialsammlung zum III. Reich – Klaus M. Heckmanns)
SZ	Schwarzwald Zeitung
TBA	Tiefbauamt
Tb./Tgb.	Tagebuch
v	verso folio = Rückseite eines Blattes
vgl.	vergleiche
WH	Württemberg – Hohenzollern

Quellen- und Literaturverzeichnis

Unveröffentlichte Quellen

Archives de l´Occupation Colmar (AOCol.)
Bestand WH (C1196), (C2255), C2521, (C2555), (C2988), C3505, (C3597)

Bayerisches Hauptstaatsarchiv München (BayHSTAM)
Pfalz Neuburg Akten, Neuburger Abgabe 1912 Nr. 716

Bundesarchiv Filmarchiv Berlin (BAFA)
Deutsche Wochenschau 515/1940

Bundesarchiv Militärarchiv Freiburg i. Br. (BAMA)
MGFA Study Grimmeiß MS B – 598, MGFA RW 47/v.6 – KTB FHQ Nr. 3, RH 20-19

Evangelisches Dekanatsarchiv Freudenstadt (ev. Dek. A FDS)
Akten Pfarramt I: B II 1a, B IV 3, C II 1a, C II 4a, C III 2, C IV 4;
Pfarrbeschreibung für die Pfarrei Freudenstadt gefertigt auf 1. Oktober 1905 von Dekan Paul Zeller; Gustav Adolf Blatt aus Württemberg 53. Jg. Nr. 2,1925;

Gemeindearchiv Loßburg (Gem A Loß)
Bestand Schömberg – Akten nach Stichworten – Wahlen / Reichstags- / Gemeinderatswahlen; Schulakten.

Hauptstaatsarchiv Stuttgart (HSTAS)
Bestände A 28a, A 44, A 58a, A 61a, A 132, A 202, A 206, A 209, A 213, A 228, A 244a, A 247, A 249, A 281, A 284/28, A 288, A302, A 303, A 339, A343, A 344, A 566, H 101, H 107, H 108, J 1, J 381, M 437.

Heimatmuseum Freudenstadt
Eisernes Buch der Stadt Freudenstadt

Katholisches Dekanatsarchiv Freudenstadt (rk. Dek. A. FDS)
Chronik der katholischen Kirche in Freudenstadt

Landeskirchliches Archiv Stuttgart (LKAS)
Reg. A 127/E 61

Service Historique de l´Armée de Terre Vincennes (SHAT)
Les Grandes unités Françaises – Gefechtskartensatz 1re Armée Française;
KTB IIe CA, 2e DIM, 5e DB; Divisionsakten 2e DIM – 11P/39, Armeeakten 1re Armée Française 10P-EM Ordres du Jour.

Staatsarchiv Ludwigsburg (STAL)
Bestände D 73; E 177 I; PL 501/I; PL516

Staatsarchiv Sigmaringen (STAS)
Bestände Rep. Wü. 65/10 Bde. 1 und 2

Stadtarchiv Dornstetten
Bestand DB XI

Stadtarchiv Freudenstadt (Stadt A FDS)
FA 2,2; FA IV.2; FA VI.2; FA VI. 2d; FA VII.1; FA VII; FA VIII.4; FA XII; FA F^3 1202, 1220, 1229, 9421, o.Nr., BMA; FA F^3 1915, 3604, 3607 STA; FA F^3 3665, 3705 TBA; FA F^3 Kindergärten; FA F^3 Juden; FA LwH Tgb. I 1943/44 (Rommel), Akten des Verschönerungsvereins. FB VIII, FB XI, FB XIII.
Badfronerliste 1604; Wachtregister 1613; Kellerei-Lagerbuch Freudenstadt 1681/82; St. Christophstaler Factorei-Lagerbuch 1682; Jeremias Baldenhofer, Kurze Beschreibung der Fürstlichen Bergstatt und Vöstung Freudenstadt 1671; Hugo Müller, Die Württembergischen Hüttenwerke im Forbachtal im Schwarzwald, Friedrichstal 1943; Handschriftliche Anmerkungen von A. Nestle zu M. Eimer „Geschichte der Stadt Freudenstadt".
Gerichts- und Gemeinderatsprotokolle ab 1758
Bürgermeisterrechnungen 1715/16 – 1759/60.
Heiligenrechnungen 1780/81 – 1789/90, 1792/93, 1800/01, 1804/05.
Rezessbuch der Heiligenpflege 1705/06 – 1854/55.
Baugesuche und Baudiarien.
Vorarbeiten zum Ortssippenbuch Freudenstadt von Günther Frey (Quellenbuch), Werner Hausmann, Pfarrer i.R. Otto Strobel.

Sammlung Heckmanns Freudenstädter Listen (FL) (Materialsammlung zur Geschichte des III. Reiches) und Stichwortregister (SWR) zu den Zeitungen (Der Grenzer, Schwarzwaldzeitung, Schwarzwald-Rundschau) der Jahrgänge 1928–1945.

Stadt Freudenstadt – Ämter – Registraturen
Ordnungsamt LS Akten.
Tiefbauamt (TBA) Bauakten – darin enthalten auch Sachakten F4 9725 und diverse GRP Auszüge.
Städtisches Liegenschaftsamt Akten betr. Kaserne auf den Zehmorgen.
Rathaus – Ehrenbuch für die Gefallenen beider Kriege (Vitrine).

Literatur

Die Literatur zu den einzelnen Beiträgen ist jeweils in den Anmerkungen zu denselben genannt.

Bildnachweis

Georg Agricola, Zwölf Bücher vom Berg- und Hüttenwesen, Berlin 1928: S. 48–49. Andreae, Valentin, Republicae Christianopolitanae, Descriptio Straßburg 1619: S. 37. Feilenhauerei Bernhard Bührle, Christophstal: S. 137 (Foto Karl-Heinz Kuball). Stadtarchiv Courbevoie: S. 19 links. Heimatmuseum Dornstetten: S. 278. Emil Eberle, Freudenstadt: S. 281. Verlag Franz Eher Nachf., München 1936: S. 313 unten, 320 oben. Foto-Fernsner, Freudenstadt: S. 106. Fiedler-Verlag, Freudenstadt: S. 36 unten, 102 unten, 105, 108 oben, 172 unten, 220, 228, 242, 250, 260 oben, 263 unten, 266, 273, 295, 368, 371, 375, 376, 377. Sigwart Fleischle, Klosterreichenbach: S. 347. Heimatmuseum Freudenstadt: S. 15, 19 rechts, 25, 104, (129, 143, 222, 223, 243, Fotos: Karl-Heinz Kuball), 277, 279, 296 unten. Stadtarchiv Freudenstadt: S. 6, 12, 47, 63, 79, 82, 90, 92, 95, 102 oben, 108 unten, 109, 110, 114, 121, 130, 140, 141 unten, 146/149, 155, 167, 173 links, 180, 185, 199, 201, 207, 208, 216, 218, 221 oben, 225, 231, 233, 234, 235, 236/237, 239, 240, 245, 247, 248, 254, 255 oben, 256, 257, 258, 262 oben, 263 links Mitte, 265, 267, 268, 269, 286, 289, 291, 297, 298, 303, 304, 307, 313 oben, 316, 319, 325, 326, 333 unten, 338, 349, 350, 351, 352, 353, 360, 363, 379, 380, 384, 385. Zeitschrift für Geschichte der Architektur, Jg. III, Heft 2/1909: S. 35 unten, 36 oben. Dr. Reiner Haehling von Lanzenauer, Baden-Baden: S. 346. Haus der Geschichte (Gebr. Metz): S. 255 unten, 260 unten, 263 oben links u. rechts, 296 oben. Klaus M. Heckmanns, Freudenstadt: S. 10, 310, 320 unten, 333 oben, 361, 364, 387, 389. Arnold Huber, Freudenstadt: S. 358. Verlag Oskar Kaupert, Freudenstadt 1937: S. 61. Rolf Kneißler, Freudenstadt: S. 128. Walter Kneule, Dietersweiler: S. 21. Eleonore Kötter, Dornstetten; Tuschezeichnung, 1983: S. 57 oben. Verlag Jakob Krapohle, Schloss Hülchrath: S. 382. Kurt Kunzmann, Leverkusen: S. 145. Landesvermessungsamt Baden-Württemberg: S. 145, 328, 345. Adolf Lazi, Freudenstadt: S. 221 unten, 397. Horst Möller, München, 1994: S. 285. Müller Werbung, Freudenstadt: S. 227. Hauptstaatsarchiv München, Bay HSTA Pfalz Neuburg, Akten Neuburger Abgabe 1912: S. 67. Stadtarchiv Oberkirch: S. 16, 17. OFD Stuttgart, Staatliche Schlösser und Gärten, Bestand: Inv. Nr. Sch.L. 2430: S. 86 rechts. Erika Reich, Wittendorf: S. 369. TB Verlag Rowohlt, Hamburg, 1983: S. 141 oben. Ina Saame, Königswinter (Nachlaß Speidel): S. 296 Mitte. Verlag der Schlätz'schen Buchhandlung, Freudenstadt 1908: S. 103, 107, 172 oben. Verlag Schnitzler, Freudenstadt: S. 158. Archiv Harald Schukraft, Stuttgart: S. 18. Lichtbildverlag, Dr. F. Stoedtner, Meerbusch: S. 29. Strähle KG Luftbild, Schorndorf Nr.1500, 1923: S. 293. Hauptstaatsarchiv Stuttgart: Bestand A 58 a: S. 139, 151, Bestand A 206: S. 159, Bestand A 244 a: S. 177, Bestand A 249: S. 120, Bestand A 339: S. 68/69, Bestand C 3: S. 65 Bestand J 300: S. 30, Bestand N 3: S. 50, 51, 52/53, 66, 126, 127, Bestand N 200: S. 118, Bestand N 220: S. 11, 23, 31 oben, 33, 35 oben, 43, 60. Prof. Dr. Markus Völkel, Berlin: S. 32. Verlag Volk und Wissen, Berlin: S. 31 unten. Verlag J. Welten, Karlsruhe: S. 58, 230. Dr. Wolf u. Trischler, Frankfurt am Main: S. 262 unten. Württ. Landesbildstelle, Stuttgart: S. 173 rechts. Württ. Landesmuseum/Münzkabinett, Stuttgart: S. 40, 56, 57 unten, Bestand E 18: S. 86 links.